histoire de la France rurale

histoire de
la France rurale

sous la direction de Georges Duby,
professeur au Collège de France
et Armand Wallon, inspecteur général
de l'Agriculture

Seuil

tome 4

la fin de
la France paysanne
de 1914 à nos jours

par Michel Gervais,
maître de recherches à l'Institut national
de la recherche agronomique,
Marcel Jollivet,
maître de recherches au CNRS,
Yves Tavernier, maître de conférences
à l'Institut d'études politiques
de Paris

Ce livre est publié dans la collection
l'Univers historique

Dans cette histoire de la France rurale qui va du néolithique à nos jours, le tome 4 prend une place particulière. Il traite de la vie même de chacun d'entre nous et plus intimement encore de la vie de tous ceux qui sont d'origine rurale. Il ne peut donc pas bénéficier du détachement intellectuel et affectif que le lecteur manifeste à l'égard d'une histoire des temps révolus qui s'offre à lui comme une terre inconnue. Et cependant la compréhension de l'histoire, qu'elle soit ancienne ou immédiate, exige le même effort pour tenter d'organiser les faits en un ensemble intelligible et cohérent. Le vécu quotidien, aussi riche soit-il, est retenu comme une information parmi d'autres et il ne prend de sens qu'en fonction d'une explication des mécanismes d'évolution de la société tout entière. C'est cette explication que nous allons tenter de dégager.

A la fin du XIXe siècle, un schéma est déjà construit qui servira jusqu'à nos jours à la fois pour décrire et pour expliquer les rapports entre l'histoire rurale et celle de l'ensemble de la société française. C'est celui de l'opposition villes/campagnes. Pouvons-nous le faire nôtre ?

Ce schéma existe déjà lorsque s'ouvre notre période. Il s'applique tout particulièrement aux problèmes de population dans les années cruciales de la fin du XIXe siècle. La ville est alors considérée comme le tombeau de la race ; elle met en péril les âmes, les valeurs morales fondamentales et la société dans son ensemble. Ce sont les campagnes qui, grâce à leurs populations prolifiques et vertueuses, sauvent la nation de l'anéantissement. A travers de multiples vicissitudes, cette vision manichéenne de la société française domine durant toute la période, même si elle ne fait pas l'unanimité. Son caractère politique est patent. Mais, politique ou idéologique, la représentation de la société qui lui est opposée et qui tend à montrer la supériorité de la ville ne l'est pas moins. C'est, semble-t-il, une raison suffisante pour considérer cette dichotomie comme objet de l'histoire et non comme instrument d'analyse.

Pourtant, l'opposition villes/campagnes prend une nouvelle vigueur au lendemain de la Seconde Guerre mondiale. Elle se présente alors plus systématiquement que jamais comme un cadre théorique d'analyse du changement social dans la société française grâce à une convergence de la géographie humaine, de

Soyez tranquilles,
petits propriétaires familiaux,
vos défenseurs veillent sur vous
qui trimez pour eux.
Artaud, paysan français.
Terre d'Oc, mars 1958.

la démographie, de l'histoire, de la sociologie et, d'une façon
générale, de toutes les sciences sociales. « L'ordre éternel des
champs », titre que Roland Maspétiol donne à son « essai sur
l'histoire, l'économie et les valeurs de la paysannerie », s'oppose
au mouvement de la « société industrielle » dont Raymond Aron
commence alors d'ébaucher la théorie. A la même époque,
Georges Friedmann parle de « milieu naturel » opposé au
« milieu technique », voulant ainsi caractériser de façon globale
ce qui distingue milieu rural et milieu urbain. Villes et campagnes, de réalités communes et vulgaires, deviennent donc
notions, ou au moins, supports de notions. Après quoi il suffit,
quand la réalité l'impose, comme c'est le cas aujourd'hui, de
parler de l'urbanisation des campagnes ou de rurbanisation,
pour traduire le mouvement qui précisément nie l'opposition
radicale d'abord posée. Quitte par ailleurs à parler de la ruralisation des villes pour évoquer le mouvement qui défait parallèlement la ville. Comment s'en tenir à une dichotomie qui finit
par se détruire d'elle-même ?

Dirons-nous qu'elle a au moins valu en son temps, même si ce
temps apparaît maintenant révolu ? De fait, villes et campagnes
connaissent des évolutions apparemment divergentes au cours
de la majeure partie de la période considérée, en gros jusqu'aux
années 1960. Opposition fondamentale et qui prend une forme
de plus en plus achevée : tandis que la « vocation » industrielle
et tertiaire de la ville se développe et s'affirme, les campagnes
sont de façon toujours plus poussée cantonnées dans l'activité
agricole et dans les activités corollaires à l'agriculture. Toute
leur histoire sociale s'en trouve affectée. C'est d'abord le
dépeuplement qui s'accentue ; de ce point de vue, la guerre de
1914-1918 marque sans doute une date importante, comme
on le verra. Ce massif transfert de population entraîne évidemment des évolutions sociales très différentes et crée des
problèmes sociaux de nature opposée dans les villages de plus
en plus exsangues et déserts et dans les villes atteintes de
gigantisme.

Dans le même temps, l'évolution des techniques de production en agriculture, activité dominante des campagnes, ne suit
pas celle de l'industrie. Si la mécanisation de certains travaux
de la terre progresse incontestablement dans l'entre-deux-
guerres, la motorisation, elle, n'est pas à l'ordre du jour avant
1945. Jusqu'aux années 1960, les processus de la production
agricole restent proches des processus naturels, à l'opposé de
l'artificialisation croissante de ceux de la production industrielle. On parle sans cesse d'industrialisation de l'agriculture
sans qu'elle se fasse, même d'un point de vue technique. Les
structures de la production elles-mêmes restent artisanales :
le débat est constant, dans toute la période, sur les vertus respectives de la grande et de la petite exploitation. D'où le
développement d'une économie rurale spécifique qui prétend
établir un corps de théorie économique particulier à l'agriculture pour expliquer son évolution et ses problèmes propres,

et notamment le fait que les structures sociales dans lesquelles s'organise l'activité de production sont fondamentalement différentes dans l'agriculture et dans l'industrie.

Ce phénomène, déjà observé avec intérêt par les tenants du conservatisme politique et social à la fin du XIXᵉ siècle et au début du XXᵉ siècle, s'accentue : le maintien de l'exploitation familiale, mieux, le développement du faire-valoir direct, font que le monde rural semble échapper à la question sociale fondamentale telle qu'elle est posée dans la société industrielle et urbaine : celle du rapport entre le travail et le capital. Cette évolution différente se traduit par un genre de vie, un temps social, des rapports sociaux propres à la vie rurale, ainsi que par la place particulière de la paysannerie dans la structure sociale française.

Sur ces bases se développe une sociologie rurale, qui se veut spécifique elle aussi et qui systématise l'opposition villes/ campagnes : à la structure de classe de la société industrielle, elle oppose les structures unitaires, familiales et villageoises du « monde » agricole ; à l'entreprise, l'exploitation familiale ; au capital et à la recherche du profit, le patrimoine et la reproduction du statut social, etc. En un mot, deux « mondes », deux « civilisations » différentes. Et entre les deux, des médiateurs : les « notables »... Si l'un se développe au détriment de l'autre ou, à la rigueur, en entraînant l'autre dans son sillage, c'est par un pur effet de domination, dû à sa faculté d'innover, opposée à la routine traditionnelle du monde rural. La ville est prométhéenne, d'elle part le changement. Quant à la campagne, au mieux, elle suit le mouvement, s'adapte, et si elle change, c'est en restant fidèle à ses traditions et en respectant leur logique propre.

Ces analyses convergent avec les idéologies de droite qui voient dans la paysannerie la force sociale susceptible de faire contrepoids au risque révolutionnaire que représente la classe ouvrière et qui défendent en conséquence le projet politique d'une transformation de l'agriculture qui aille à l'encontre d'une extension à ce secteur de la lutte des classes.

Les idéologies socialistes nient au contraire l'existence d'une spécificité absolue de la campagne face à la ville. Elles affirment que l'ouvrier et le paysan sont également exploités par le système capitaliste, mais dans des conditions différentes qui rendent difficile la perception d'une communauté d'intérêts. Si la théorie permet d'expliquer l'évolution de la société globale, elle ne réussit pas à définir de manière rigoureuse la place et le rôle de la paysannerie dans cette évolution.

Dans la mesure où la révolution dans les rapports sociaux est conçue comme intrinsèquement liée à la révolution industrielle et au développement de la classe ouvrière, le paysan apparaît comme un résidu de l'histoire qui ne peut survivre que s'il se dépouille de ses caractères de producteur artisanal. Mais parallèlement, ce travailleur indépendant, maître pour l'essentiel de ses instruments de production, qui vit du fruit de son effort et qui n'exploite aucune force de travail étrangère à sa famille, représente fondamentalement des valeurs anticapitalistes. Il est ainsi défendu parce qu'il apparaît comme un facteur de contradictions au sein du système global. L'incapacité des différentes familles socialistes à définir sa place dans la société qu'elles veulent bâtir les conduit à défendre en pratique l'organisation actuelle de la production agricole.

La difficulté de faire coïncider la théorie économique et l'analyse des rapports sociaux explique l'ambiguïté de la démarche socialiste à l'égard de la question agraire. La mise en œuvre du projet révolutionnaire tend ainsi à recréer une spécificité paysanne que la doctrine rejette. Cette contradiction éclaire la relative faiblesse des partis socialistes dans les campagnes et les raisons pour lesquelles ils n'ont pas vraiment réussi à mobiliser politiquement les paysans.

Les analyses « ruralistes », quant à elles, accentuent les contrastes et donnent à penser que, contrairement à la ville, les campagnes ont peu changé dans la première moitié du XXe siècle : c'est parce qu'il y a moindre changement et au total peu de changement qu'il y a différence. La France rurale des années 1950 est encore volontiers considérée comme un témoin de la France du XIXe siècle. A cela une explication est donnée : la politique protectionniste de Jules Méline a empêché la modernisation des structures de la production agricole en son temps. La crise des années 1930 mise à part, l'entre-deux-guerres apparaît comme une sorte d'intermède. D'abord, il est si court ! L'holocauste de la Première Guerre mondiale, l'irruption brutale de l'ère moderne à travers la seconde font figure d'événements historiques d'une bien plus grande portée. Et si changements il y a, c'est, dit-on, à ces grandes perturbations qu'on les doit.

Les deux grandes guerres qui ont marqué l'époque contemporaine et la profonde dépression économique d'envergure mondiale qu'elles encadrent sont certes des événements capitaux dans l'histoire de la France rurale comme dans l'histoire du pays tout entier. Non seulement elles ont provoqué des drames multiples et des transformations radicales dans les conditions de vie des contemporains, mais elles ont également entraîné des changements structurels profonds.

Pourtant nous n'avons pas organisé le plan de l'ouvrage selon un découpage chronologique. Temps fort de l'évolution de la société, ces événements ne font, en effet, qu'accompagner les grandes tendances de la période. Elles traduisent l'exaspération des contradictions qui s'y nouent. C'est pourquoi, selon le niveau où l'on se situe, elles semblent freiner ou précipiter le déroulement de l'histoire. La guerre de 1914-1918 tire toutes les conséquences de la crise des années 1880 ; celle de 1939-1945 au contraire, prolongeant elle-même la crise des années 1930, accélère la décomposition des structures qui se sont mises en place à la fin du XIXe siècle.

Quant à l'entre-deux-guerres, l'évolution qui s'y poursuit est loin d'être négligeable, car c'est l'époque où se généralisent les changements commencés dans la seconde moitié du XIXᵉ siècle. C'est également à ce moment que se prépare la rupture des années 1955-1960 qui nous apparaissent comme les années charnière de la période 1914-1974.

1914-1960, c'est en réalité l'apogée de l'exploitation familiale et de la démocratie villageoise paysanne. Le développement vers 1950, des études économiques et de la sociologie rurales s'explique alors tout naturellement. L'une et l'autre sont les produits historiques de l'évolution qu'elles se proposent d'analyser. En un sens elles rendent donc bien compte du réel et en sont bien une certaine connaissance. Mais elles ne peuvent pas expliquer ce réel comme un produit de l'histoire, ni par conséquent y saisir les changements à l'œuvre. Et au moment même où elles se systématisent en une théorie (vitaliste pour l'agriculture, culturaliste pour les sociétés rurales), dans les années 1950, leur objet est en train de se dissoudre et d'échapper au cadre théorique dans lequel elles essaient de le figer, car, à ce moment-là précisément, l'agriculture fait un véritable bond en avant dans le mouvement qui la pousse à participer toujours plus au circuit de production et d'échange des marchandises.

Cette brutale accélération des évolutions agricole et rurale, liée à des transformations d'ensemble de l'économie et de la société françaises, remet à l'honneur une vérité première : l'agriculture et le monde rural évoluent en fait au gré de l'économie et de la société globales. Si, dans ses modalités, l'évolution des structures de la production agricole est différente de celle de l'industrie, les contraintes économiques, sociales et politiques auxquelles elle correspond sont par contre les mêmes. Comme l'industrie, l'agriculture évolue selon les nécessités du développement du capitalisme français, compte tenu de ses particularités, et selon les nécessités de la formation sociale française. C'est même là l'argument central du présent ouvrage. Et ceci est vrai aussi bien en 1914 qu'en 1974. Mais à ces deux dates, la place et la fonction de l'agriculture ne sont pas les mêmes, parce que l'économie française n'a pas la même structure et parce qu'elle n'occupe pas la même position sur la scène internationale. La bourgeoisie ne peut plus utiliser les mêmes atouts dans une économie mondiale dominée par un capitalisme dont la structure a évolué et dont le centre de gravité, encore européen en 1914, est progressivement passé aux États-Unis.

L'opposition villes/campagnes n'est donc pas l'explication fondamentale. Au contraire, les évolutions différentes constatées dans les villes et dans les campagnes sont solidaires, car elles sont toutes deux consécutives à une accentuation de l'inscription dans l'espace de la division du travail social telle que l'opère le développement du capitalisme. Les villes sont ce qu'elles sont parce que les campagnes sont ce qu'elles sont, et inversement. Les mêmes exigences du système économique et social global sont à l'œuvre dans l'agriculture et dans l'industrie, donc dans les campagnes et dans les villes. L'épanouissement de l'exploitation familiale, les transformations du village et le développement du capitalisme français vont de pair. L'exploitation et le village assurent la production agricole et la gestion de l'espace rural au mieux des intérêts qui gouvernent le système économique et dans les meilleures conditions pour ce qui les concerne. Ils évoluent dans la mesure où les besoins de ce système évoluent, aussi ne peut-on pas parler d'une autonomie de l'agriculture et du monde rural par rapport à la société globale. On doit alors s'interroger sur la réalité même des différences observées et, qu'il s'agisse de l'agriculture ou de l'industrie, des campagnes ou des villes, saisir, au-delà des apparences, l'unité d'une histoire soumise au seul et même jeu dominant des mécanismes d'extension et de transformation interne du capitalisme.

Mais, inversement, les évolutions des années 1960 auront été rendues possibles et nécessaires par les transformations internes de la famille, du village, des représentations collectives paysannes et des équilibres politiques durant la période précédente. Cette dernière remarque nécessite qu'on s'y arrête car elle définit un autre point fondamental de la perspective adoptée dans cet ouvrage et qui justifie son plan. En effet, si c'est bien aux exigences du capitalisme, que répondent tous les changements économiques, sociaux et politiques, inversement ceux-ci ne peuvent se faire que selon les modalités permises par les transformations sociales déjà réalisées et dans la mesure où les acteurs sociaux les prennent en charge et les imposent. C'est précisément le rôle de l'appareil de l'État de définir ces modalités, d'évaluer les limites acceptables par la société, et de transformer l'exigence fondamentale de la loi du profit en projet adapté à l'état de la formation sociale et assimilable par elle sans risques de bouleversements sociaux. C'est alors un projet proprement politique, c'est-à-dire un projet défini par les rapports de force entre les classes sociales tels qu'ils sont organisés dans et par le jeu des institutions politiques.

Les transformations sociales et les problèmes politiques ne sont donc pas simplement les conséquences des changements économiques. Les caractéristiques des structures agraires et des exploitations, la structure de la famille, les rapports sociaux au sein du village, les caractéristiques des organisations professionnelles, la politique de l'État, etc., contribuent aussi à définir la forme historiquement prise à un moment donné et pendant toute une période par l'évolution du système socio-économique et donc l'histoire de celui-ci en même temps que l'histoire tout court. Autrement dit l'économique, le social et le politique participent du même mouvement historique, s'influencent, mieux même, se mêlent et constituent ensemble le mouvement historique ; mais ce mouvement tire son sens et sa loi du système économique.

L'histoire des campagnes est ce qu'elle est dans la période qui nous concerne parce que le développement du capitalisme achève d'éliminer les industries rurales et soumet de façon toujours plus poussée la production agricole, et donc le travail agricole et le genre de vie des agriculteurs, à la loi du marché et de la marchandise. L'histoire rurale de cette période est donc l'histoire de ces processus et surtout du second car la disparition des industries rurales est essentiellement le fait du XIXᵉ siècle. Il s'agit en fin de compte de regarder comment se fait et se traduit la pénétration de l'univers de la marchandise dans les différents aspects de la vie rurale, dans la production et dans la politique agricoles, mais aussi dans ces cadres élémentaires de la vie quotidienne des agriculteurs que sont l'exploitation, la famille, le village, ainsi que dans les rapports que les agriculteurs entretiennent avec le reste du corps social, que ce soit à travers l'action de défense professionnelle ou dans les alliances politiques et dans les attitudes à l'égard de l'État.

Tel est le parti adopté dans cet ouvrage : montrer que, quel que soit l'aspect de la vie sociale considéré, c'est la même histoire, c'est-à-dire l'histoire d'un même processus que l'on retrouve ; montrer par là même et en même temps les multiples facettes de ce processus et comment il enveloppe la totalité de la réalité sociale ; et enfin à travers les multiples méandres, entrelacs et faisceaux de convergences ainsi reconstitués, recomposer autant que possible le mouvement historique, le restituer en lui conservant une certaine épaisseur tout en faisant apparaître son unité derrière son foisonnement.

o Place de l'agriculture française dans l'économie nationale,
o Structures de production et famille,
o Village et espace rural,
o Forces, organisations et actions professionnelles,
o Forces politiques et politiques agricoles,
tels sont les cinq volets qui composent finalement cette histoire de la France rurale contemporaine. Cinq volets qui sont à la fois cinq histoires parallèles, cinq fois la même histoire et ensemble une histoire.

Charente,
1933.

Lot,
1953.

la fin
de la France
paysanne

Ain,
1965.

Aube, 1941.

Gironde, 1975.

I

l'agriculture dans l'économie nationale

un monde cohérent

la France se suffit à elle-même

A la veille de la guerre, la primauté de l'agriculture n'est pratiquement pas discutée en France. D'abord, parce que la nation a gardé une importante population paysanne : les personnes employées dans l'agriculture représentent plus de 40 % de la population active totale, alors qu'à la même époque l'Allemagne ne compte que 16 % d'agriculteurs dans sa population active. Ensuite, parce que ces paysans représentent l'idéal social de la Troisième République : si les grands propriétaires souhaitent conserver de nombreux salariés agricoles, les dirigeants politiques voient diminuer sans regret ce groupe qui représente encore 38 % de la force de travail engagée dans l'agriculture. Enfin, parce que, selon l'idée commune, l'agriculture est la richesse essentielle du pays. En 1913, Daniel Zolla, professeur d'économie rurale à Grignon, estime « que le produit brut agricole de la France atteint 12 milliards », et « qu'aucune industrie en France ne donne un produit aussi élevé. Toutes les industries françaises, dans leur ensemble, ne sauraient même l'emporter sur l'agriculture [1] ». La production agricole représente alors un quart de la production intérieure brute.

Les représentants de la grande industrie reconnaissent eux-mêmes cette prééminence. Ainsi, en 1912, le Musée social, centre d'étude et de réflexion où se retrouvent des représentants des cercles dirigeants du pays, organise une série de conférences pour présenter la situation économique de la France. Le président de l'Union textile, chargé de cette tâche, déclare : « Afin de bien marquer les progrès réalisés dans les

Un grand nombre d'hommes et de femmes doivent consacrer leurs forces à l'agriculture. Dépiquage de la moisson, Morbihan, début du siècle.

Léon Lhermitte, scènes rurales aux environs de 1900 : intérieur paysan, et l'école au village.

branches les plus importantes du travail national, nous avons pensé qu'il fallait parler d'abord de l'agriculture puis ensuite des deux très grandes industries qui ont tant de rapports avec la production agricole, l'industrie des textiles et l'industrie métallurgique. »

Population agricole	1906	1911
population totale, en milliers	39 252	39 602
population agricole active,		
en milliers	8 722	8 517
% total actif	43,8	41,9
patrons, en milliers	5 375	5 219
salariés,		
en milliers	3 347	3 298
% actifs agricoles	38,1	38,7
population masculine agricole active,		
en milliers	5 452	5 279
% total actif masculin	44,3	41,9

SOURCE   Recensements de la population.

Cette agriculture, qui constitue toujours la base de l'économie et de la société françaises, n'est pas un secteur immobile, endormi dans ses routines. Sans doute, d'une exploitation à l'autre et, plus encore, d'une région à l'autre, le degré d'ouverture au monde extérieur varie considérablement. Le plus souvent, les formes d'exploitation et de vie paysannes traditionnelles prédominent au point de faire oublier que les exploitations et même les régions d'avant-garde ne sont pas absentes de l'agriculture française. La statistique globale, qui fait disparaître les différences individuelles, enregistre cependant une importante évolution d'ensemble de l'appareil productif agricole.

Cette évolution marque le paysage rural. Les terres labourables et particulièrement les surfaces consacrées aux céréales reculent régulièrement, au bénéfice des superficies toujours en herbe et des cultures fourragères*. L'agriculture française accorde lentement de plus en plus de place à l'élevage bovin. Les évaluations du cheptel national montrent que le nombre des bovins augmente de 7 % en vingt ans, tandis que la taille du troupeau porcin reste pratiquement stationnaire, et que les ovins continuent à disparaître devant la concurrence toujours plus accentuée des producteurs de laine de l'hémisphère Sud.

* Pour l'évolution de la répartition des surfaces et de la taille des troupeaux, voir les tableaux p. 138 et 140.

La réduction des surfaces cultivées en céréales s'accompagne d'une augmentation de la production, en particulier du froment, céréale noble, culture des pays riches, qui se substitue aux céréales pauvres (seigle) et aux cultures traditionnelles (sarrasin). Au cours de la mauvaise année 1910, la récolte, qui n'atteint pas les trois quarts de celle de 1909, dépasse encore 70 millions de quintaux. D'autre part, l'accroissement du troupeau bovin permet d'alimenter un petit courant d'exportations (environ 200 000 têtes en 1911). De même, les progrès des cultures maraîchères, bénéficiant des efforts intéressés des compagnies de chemin de fer qui les transportent, nous assurent une place non négligeable sur le marché allemand.

En somme, au-delà des variations conjoncturelles qui sont alors de très grande amplitude, le fait important, celui d'ailleurs qu'évoquent tous les auteurs, c'est la capacité de la France de se nourrir elle-même. Les plus optimistes, tel Joseph Ruau[2], espèrent même la voir accéder, dans un avenir proche, au rang de nation exportatrice.

Le ciel n'est pourtant pas absolument sans nuages. Les accords internationaux sur le sucre, qui viennent d'être signés à Bruxelles, suscitent chez les betteraviers la crainte d'être éliminés par les planteurs de canne à sucre. Les viticulteurs du Midi se sentent menacés par le vignoble algérien dont la production à l'hectare passe pour la plus forte du monde. Porte-parole de ces groupes professionnels bien organisés, Anatole de Fontgalland[3], président de l'Union du Sud-Est, qui a été choisi par le bureau du Musée social pour faire le bilan de l'agriculture, entretient longuement ses auditeurs de ces difficultés.

Mais dans l'ensemble, il le concède, la situation est bonne. Depuis dix ans, la haute conjoncture régnant sur les marchés des produits agricoles favorise l'essor de la production. Sans doute la concurrence étrangère et coloniale doit-elle être contrôlée, mais l'avenir s'annonce sous un jour favorable.

Accroissement des productions en millions de qx (sauf vin et lait : millions hl)	1885-1894	1895-1904	1905-1914
céréales	147,39	153,73	154,92
dont froment	81,49	89,25	87,97
pommes de terre	118,04	106,22	117,85
vin	30,70	45,05	52,79
viande	13,74	14,64	15,35
lait	87	81	109
laine	0,523	0,401	0,344
olives et oléagineux	2,376	1,735	1,234
lin et chanvre (filasse)	0,613	0,395	0,327

SOURCE   J.-C. Toutain, *Histoire quantitative de l'économie française*, 1961, p. 13-16.

1917. Paris est loin.
Le petit bourg
de Donzenac,
Corrèze.

Les séries statistiques reconstituées dont nous disposons aujourd'hui justifient l'optimisme des contemporains. Elles enregistrent bien une nette croissance de la production de céréales et de produits animaux, ainsi que la reconstitution de notre potentiel de production viticole; toutefois, elles montrent également que les textiles et oléagineux métropolitains connaissent une réduction spectaculaire. Au total, la production agricole finale est indiscutablement en croissance. En francs de 1905-1914, elle était de l'ordre de 9 milliards et demi en 1885-1894, elle atteint presque 12 milliards à la veille de la guerre, soit un taux de croissance supérieur à 1 % par an à partir de 1895.

Les principaux responsables politiques et professionnels voient dans ce développement la preuve de l'efficacité de leur politique économique, de l'excellence de notre organisation sociale, et des bienfaits dont la nature a comblé l'hexagone. Mais il y a dans ce concert d'autosatisfaction quelques voix discordantes, celle de Michel Augé-Laribé [4] par exemple. Pour souligner le caractère relatif des progrès accomplis, il lui suffit de comparer les résultats de l'agriculture française avec ceux des agricultures des pays voisins. « Nous avons récolté, en France, dit-il, 14,81 quintaux de grains à l'hectare. Les agriculteurs allemands en ont obtenu 20,50 et les Belges 25,19. Nous avons noté, en France, pour 1909, un rendement de 107,82 quintaux de pommes de terre à l'hectare. Dans cette même année, l'Allemagne enregistre une production moyenne de 140,51 quintaux, la Grande-Bretagne de 160,34, la Belgique de 175,45. Nos voisins sont bien plus avancés que nous dans la voie de l'agriculture capitaliste. Les moyennes élevées qu'ils annoncent signifient évidemment que chez eux le progrès a été beaucoup plus général. Les résultats d'ensemble sont moins brillants chez nous parce qu'une foule de petits producteurs ignorants et pauvres se traînent lentement à la remorque de ceux qui leur montrent le chemin [5]. »

Une seule force
d'appoint :
les animaux.
Défrichement en
Bretagne, 1911.

Travail ou repos, une vie entière
ensemble sur le terroir du village. Corrèze, 1907.

Un seul impératif pour tous :
le travail.

le protectionnisme et ses limites

Nos voisins sont plus avancés que nous, notre agriculture n'est pas assez moderne, nous prenons du retard. L'argument est ancien — Mathieu de Dombasle l'utilisait déjà en 1824 [6] —, il ne cessera d'être employé tout au long de la période que nous analysons. Mais il convient de le préciser davantage : en quoi notre agriculture est-elle « en retard »* ? Pourquoi ce retard a-t-il été pris ?

Sur la nature du retard, l'accord est unanime. L'agriculture française n'utilise pas assez de moyens de production d'origine industrielle. Elle n'utilise ni assez d'engrais minéraux, ni assez de machines. Et pourtant en ce qui concerne les engrais, A. de Fontgalland note que nous avons eu de la chance : « En 1893 on met au jour les célèbres phosphates de Gafsa en Tunisie, qui constituent le plus puissant gisement du monde, et notre agriculture se trouve dès lors dotée d'un trésor inépuisable. » Aussi, « en 1884 le superphosphate 13/15 se payait couramment 14 francs les 100 kilos. Aujourd'hui il vaut 5 à 6 francs environ selon les régions [7]. »

Malgré cela, une étude de la consommation comparée d'engrais minéraux en France et en Allemagne n'est pas du tout à notre avantage. « La France, qui achète pour 208 millions de francs d'engrais minéraux, alors que l'Allemagne en consomme pour 485 millions, est dans un état d'infériorité notoire et (...) sa richesse monétaire s'en ressentira par la suite. Il faut donc, sous peine de nous laisser dépasser, accroître notre production agricole, en doublant nos achats d'engrais azotés et en employant les superphosphates en quantités toujours plus grandes. »

L'apparition des machines sonne le glas d'une certaine poésie et provoque la nostalgie des intellectuels : « On n'est pas encore bien habitué à l'idée que des mécaniques labourent et ratissent le sol, qu'elles font en cliquetant " le geste auguste du semeur ", qu'il y en a d'autres pour moissonner et lier les gerbes, d'autres pour battre le grain, d'autres encore pour tous les travaux de la ferme où les longs beuglements vont s'éteindre dans la pétarade des moteurs [8]. »

En fait, même la partie éclairée de l'opinion ne voit dans les machines qu'un palliatif au manque de main-d'œuvre sur les grands domaines. Ainsi, dans *l'Économiste français* du 1er août 1914, un article sur « l'agriculture et l'emploi des machines » conclut : « Somme toute, le mouvement... de l'emploi des machines en agriculture semble être appelé à se

* M. Augé-Laribé opère selon le procédé classique des partisans de « l'industrialisation » de l'agriculture : comparer une abstraction (l'agriculture française) à une autre abstraction (l'agriculture américaine ou danoise) sans tenir compte des conditions réelles de la production. L'écart constaté devient alors un retard à combler. Privée de détermination historique, la comparaison dégénère toujours en métaphore sportive par laquelle on enjoint aux paysans français de « rattraper leur retard » dans une course au progrès totalement mythique.

développer encore beaucoup, la cause principale de cet essor, à savoir l'exode rural, ne paraissant pas malheureusement sur le point de disparaître [9]. »

Au congrès de mécanique agricole de février 1911, les voix les plus autorisées soulignent que « les machines ne font leur apparition dans une ferme qu'après le départ des ouvriers ». Les besoins de l'agriculture française sont estimés à 450 000 semoirs mécaniques, 300 000 faucheuses, 400 000 moissonneuses, soit 10 et 20 fois plus que ce que nous avions en 1892, ce qui n'a rien d'exagéré puisqu'on compte alors plus de 3 millions d'exploitations de plus de 1 hectare.

Ainsi, l'agriculture « industrialisée » et « commercialisée » dont M. Augé-Laribé souhaite le développement, « celle qui utilise les méthodes de la division du travail à l'intérieur des entreprises et recourt à la spécialisation des cultures... qui emploie des machines... qui augmente et régularise la production de marchandises en vue de la vente... l'agriculture qui se développe grâce à la concurrence entre producteurs et sous la domination du capital, n'arrive pas à supplanter l'agriculture traditionnelle. Pourquoi [10] ? »

Pour A. de Fontgalland qui exprime le courant agrarien classique, la réponse est évidente : « Acheter des machines, des engrais, c'est bien, mais encore faut-il en avoir les moyens qui font le plus souvent défaut au petit cultivateur accusé de routine, d'entêtement alors que son escarcelle est vide [11]. » L'agriculteur français est trop pauvre pour se moderniser.

Bien sûr, une loi de 1884, votée alors qu'Albert Viger était ministre de l'Agriculture, a posé les bases de l'organisation du crédit agricole. Ce système reste toutefois peu développé. Jusqu'en 1912, le réseau officiel auquel l'État a consenti plus de 50 millions de francs d'avances, a prêté un peu plus de 70 millions à ses 150 000 sociétaires qui appartiennent à 3 338 caisses locales regroupées en 97 caisses régionales. Mais il n'a ramassé que 2 200 000 francs de dépôts, tandis que l'ensemble des dépôts aux caisses d'épargne dépasse 5 milliards « absolument improductifs et retirés de la circulation, alors que, versés en partie dans les caisses de crédit locales, ces millions travailleraient sur place et accroîtraient la prospérité agricole [12] ».

De son côté, le crédit libre (cœur financier de l'organisation conservatrice que dirigent les grands propriétaires) « regorge de dépôts » au point qu'il lui a fallu constituer une banque centrale, mais il n'a également effectué que 65 millions de prêts. Le nombre d'agriculteurs qui sont insérés dans les circuits de crédit reste donc infime. Pour A. de Fontgalland, seul l'enseignement agricole pourrait faire évoluer la situation. Malgré les efforts de quelques convaincus, l'État n'a pas su ou pas voulu lancer une grande politique scolaire agricole.

On ne peut que souscrire à ce jugement qui voit dans la timidité du recours aux engrais et aux machines la contrepartie d'une faible monétarisation de l'économie paysanne. De ce

L'éternel retard.

point de vue, la situation n'a guère changé depuis la crise des années 1880. Les dépenses courantes du secteur agricole représentent à la veille de la guerre entre 10 et 20 % du produit agricole final, proportion déjà atteinte vers 1880. Peut-on se contenter de voir, dans cette réticence à emprunter les circuits de l'économie monétaire et marchande, le seul fruit de l'ignorance et de la routine ? L'opinion « éclairée » n'en doute guère, même si pour beaucoup le développement de l'éducation ne suffira pas à moderniser l'agriculture, ce qui les amène à préconiser une médication plus énergique : le libre-échange.

Avec la critique du protectionnisme, l'analyse du courant « moderniste » atteint son plein développement et paraît présenter une argumentation sans faille : les agriculteurs sont pauvres parce qu'ils sont ignorants. Ils sont ignorants parce qu'aucun effort sérieux d'éducation professionnelle n'a été entrepris. Les intérêts des notables des campagnes et des députés qui spéculent sur cette ignorance sont assez puissants pour s'opposer à tout effort d'envergure en ce domaine. Ces intérêts à courte vue ne seront vaincus que par une coalition d'intérêts plus forte, plus « morale » et plus scientifique qui reconnaîtra dans la concurrence sur le marché intérieur et dans les échanges internationaux la grande loi du progrès économique.

Tandis que les responsables politiques et professionnels paraphrasent à plaisir l'étonnante formule de Jules Méline souhaitant pour notre agriculture « le stimulant d'une protection plus efficace », la Ligue du libre-échange regroupe économistes distingués et industriels éclairés pour dénoncer le protectionnisme comme la raison majeure du renchérissement de la vie. Les colonnes du *Temps* lui sont acquises et quand un rédacteur de ce journal rassemble dans un livre paru à la fin de 1912 les enquêtes économiques qu'il a effectuées à partir de mai 1911, le volume s'ouvrira sur une étude intitulée : « Le protectionnisme et la condition des ouvriers » pour se terminer par une enquête de mai-juin 1912 consacrée à « la hausse du blé ».

Relancée par le renouvellement du tarif douanier en 1910, la querelle entre libre-échangistes et protectionnistes reprend de plus belle. Puisque cette controverse met directement en cause la place de l'agriculture dans l'économie française, il est nécessaire de rappeler les données de fait sur lesquelles elle s'appuie.

Les approvisionnements extérieurs.   Pour évaluer l'importance de la protection dont bénéficie l'agriculture française, il suffit de comparer la place que tiennent les importations agricoles dans la consommation nationale aux environs de 1910 avec la place qu'elles occupaient avant l'instauration des tarifs protecteurs, c'est-à-dire avant 1882.

Alors que l'indice des prix à la consommation des produits agricoles métropolitains retrouve, entre 1905 et 1914, le niveau qu'il avait atteint aux environs de 1870, la consommation française de produits agricoles de la zone tempérée a crû de près d'un tiers, mais les importations, qui ne sont pas négligeables puisqu'elles atteignent 1,5 milliard de francs, ne sont passées que de 6 à 12 % de la consommation nationale.

Sans être totalement isolée de l'extérieur, la France continue bien à assurer l'essentiel de son approvisionnement à partir du travail de sa population paysanne. Mais la place de la production métropolitaine dans la consommation nationale a subi, selon les branches, des évolutions très variables, depuis l'instauration des barrières douanières.

Production métropolitaine dans la consommation nationale
% en quantités

	1865-1874	1885-1894	1905-1914
œufs	117,8	108	93,6
beurre, fromage	107,5	107,1	101,1
vin	104,8	80,2	91,4
pommes de terre	101,2	100,9	100,5
viande et volaille	99,5	98,8	100,2
céréales	98,1	90,2	90,3
oléagineux	70,1	36,4	15,8
lin et chanvre	65	46,7	24
laine	24,9	16,5	8,2

SOURCE   J.-C. Toutain, *Histoire quantitative de l'économie française*, 1961, p. 246 et 250.

Avant l'établissement du système protectionniste, nous étions grands exportateurs d'œufs et, dans une moindre mesure, de beurre, de fromage et de vin. En viande et céréales, nous étions pratiquement autosuffisants. Par contre, les oléagineux et textiles métropolitains étaient fortement concurrencés par des produits d'importation, même s'ils couvraient encore les deux tiers de nos besoins. Quant aux laines locales, elles ne fournissaient plus que le quart des quantités utilisées par notre industrie.

A la veille de la guerre, nous ne sommes pratiquement plus exportateurs nets de quelque produit agricole que ce soit. Nous couvrons largement nos besoins en produits animaux. Mais pour le vin et les céréales, près de 10 % de notre consommation vient de l'extérieur. Le phylloxera d'une part, les céréales moins chères des pays neufs d'autre part, sont les responsables de cette situation. Elle tend cependant à s'améliorer en ce qui concerne le vin, mais elle est stationnaire depuis vingt ans en ce qui concerne les céréales. Et c'est en fait principalement à ce propos que s'affrontent protectionnistes et libre-échangistes.

Si l'on compare l'évolution de notre approvisionnement en céréales à l'évolution de nos approvisionnements en oléagineux

1914 : Premières tentatives de motorisation...

et en textiles, il est clair que la production métropolitaine de céréales est fortement protégée puisqu'elle ne régresse plus depuis 1885. Mais cette même comparaison indique les limites du protectionnisme français, puisqu'il n'a pas pu empêcher la disparition de branches entières de la production agricole nationale.

En outre, les quantités de céréales et de vin que nous nous procurons à l'extérieur sont suffisamment importantes pour que l'on ne puisse pas raisonner comme si l'agriculture française évoluait sans subir les pressions du monde extérieur. Le système en place agit comme un amortisseur et non comme un écran.

La protection douanière a certainement pesé sur les modalités de notre insertion dans la division internationale du travail qui s'est installée au plan mondial dans le domaine des productions agricoles au milieu du XIXᵉ siècle. Elle ne nous en a pas isolés. Nous sommes partie prenante à ce système.

Bien sûr, les prix français des céréales dépassent généralement de quelques francs les cours mondiaux, mais même pour le blé les quantités importées permettent de maintenir les cours à un niveau raisonnable, et ces quelques francs supplémentaires, en assurant du travail dans l'agriculture à des millions de familles, laborieuses, frugales, épargnantes, souvent propriétaires, toujours patriotes, ne sont peut-être pas de l'argent si mal placé...

D'ailleurs les libre-échangistes en conviennent, et accordent que les avantages idéologiques et politiques de la protection agricole ne sont pas à négliger. Ils protestent surtout contre des excès au nom de l'efficacité économique et du courage moral. Même sur ce terrain, leur dossier n'est peut-être pas aussi solide qu'on l'admet habituellement.

Une fois passée la grande crise agricole des années 1880, la croissance française globale a-t-elle vraiment été entravée par une paysannerie rebelle au progrès, insuffisamment proli-

fique et conduite par des démagogues sans scrupules ? Les critiques du protectionnisme l'affirment en se bornant le plus souvent à donner des indices de production, de rendement, de revenu, à comparer des taux de croissance. Rares sont ceux qui cherchent à préciser ce que ces chiffres expriment. On oublie qu'en France comme en Allemagne ou aux États-Unis, la finalité du système social était — elle est toujours — non pas la généralisation du bien-être par le gonflement le plus rapide possible des biens et services disponibles pour chacun, mais uniquement la poursuite de l'accumulation du capital. C'est donc par rapport aux possibilités concrètes d'expansion s'offrant vers 1910 à la bourgeoisie française, qu'il convient de juger de la pertinence du recours au protectionnisme, et pas seulement par rapport aux résultats de ce protectionnisme sur la quantité des marchandises agricoles produites en France ou sur la forme d'évolution de l'appareil productif agricole français.

... Mais « on n'est pas encore bien habitué à l'idée que des mécaniques labourent... »

un modèle de développement original

La France des années 10 n'est pas seulement ce pays de rentiers et d'avocats qu'on se complaît à décrire. Comme l'indique Jean Weiller, la bourgeoisie française réputée avare et casanière a su développer une politique d'expansion capitaliste à l'échelle mondiale. « Une infériorité militaire toute nouvelle en face de la concentration de puissance réalisée autour du bassin de la Ruhr... va être compensée par les expéditions coloniales : des hommes... vont s'en aller en Indochine ou en Afrique, tandis que les capitaux iront d'un autre côté... et que les marchandises continueront surtout à se vendre au pourtour de nos frontières [13]... » Nous venons de voir que si des hommes partent aux colonies, celles-ci nous renvoient assez vite une quantité appréciable de produits agricoles. Mais cela ne change rien au schéma d'ensemble.

Les trois zones impériale, commerciale et financière qui constituent, à l'époque, les bases de pouvoir de la bourgeoisie française, ne se confondent pas. Cette distribution spatiale originale manifeste à la fois la force et la faiblesse de notre impérialisme, résume son développement historique et exprime nos « préférences nationales de structures ». Les contemporains ne s'y sont pas trompés. Henri de Peyerimhoff, secrétaire général du Comité des houillères, déclarait en janvier 1914 : « Un pays d'ancienne civilisation, de dimensions restreintes, de mise en valeur relativement avancée, dont la population stationnaire tient l'épargne pour une vertu nationale et, plus affinée chaque jour et plus exigeante, monte l'échelle sociale d'une ascension presque continue, a, par avance, les caractéristiques de son économie extérieure si logiquement marquées, que les faits qui la décèlent et les chiffres qui la mesurent ne ménagent pour ainsi dire aucune surprise [14]. »

L'ampleur de la phrase classique ne doit pas masquer aux yeux du lecteur d'aujourd'hui la rigueur de la description du modèle de croissance français qui est ici évoqué. Il suffit que, dans la suite de son propos, l'orateur précise : « C'est par la compagnie de chemin de fer que s'est développé l'esprit d'entreprise de la France moderne, c'est par elle qu'il déborde rapidement au-delà des frontières », pour que cent ans de développement capitaliste français soient fidèlement résumés. La perte, en 1870, du bassin lorrain, et la crise agricole des années 1880, ont mis en question notre puissance internationale. Aux environs de 1910, nous ne sommes plus que le quatrième producteur mondial de fonte et d'acier. Notre développement industriel reste trop centré sur la métallurgie et le textile, alors que, comme le constate Peyerimhoff, « les Allemands ont le pas sur tous pour l'électricité et les produits chimiques ».

Mais à travers guerres et crises, et à cause même de notre population stationnaire, épargnante, qui n'a pas l'esprit d'entreprise et refuse de sortir de sa routine (en agriculture principalement), nous sommes restés les banquiers du monde. H. de Peyerimhoff évalue à 50 milliards de francs-or, « un peu plus du sixième de notre fortune totale », l'importance de nos placements extérieurs. « Nous jouons plus que nos concurrents — encore qu'en réalité moins riches — le rôle de banquiers universels » au point que si nos industriels se sont effacés devant les Américains du Nord, du Mexique au Brésil, il n'apparaît pas que ceux-ci aient pu si aisément se passer de nos banquiers.

Banquiers universels, nous avons besoin de fonds pour nos placements extérieurs, et d'un État fort qui, selon une tradition plus vieille que Colbert, soit le premier démarcheur et le défenseur inconditionnel de ses banquiers et de ses industriels.

L'épargne nationale ainsi engagée n'est pas disponible pour nous permettre d'acheter à l'extérieur les produits agricoles dont nous pouvons avoir besoin. La limitation de nos importations agricoles, grâce au protectionnisme, est indispensable pour dégager les excédents de la balance des comptes nécessaires à l'expansion internationale de nos capitaux [15].

Sans doute cela conduit-il à abandonner des possibilités d'exportations agricoles que nous avions déjà commencé d'exploiter au milieu du XIXe siècle. De même, un tel mécanisme d'accumulation du capital néglige les investissements possibles en France aussi bien dans la production agricole que dans les secteurs fournisseurs et clients de l'agriculture. Les tenants de l'abandon du protectionnisme n'évoquent jamais l'indispensable liaison entre l'intensification de la production agricole qu'ils espèrent et le changement de structures industrielles qui

1914 : Démonstration d'un motoculteur italien.

devrait rapidement se produire pour que cette intensification se poursuive. On sait pourtant que la fabrication des 1 600 000 tonnes de superphosphates consommés par notre agriculture absorbe déjà 60 % de la production française d'acide sulfurique et que les besoins de notre industrie augmentent sans cesse. Pour doubler la consommation de superphosphates, doit-on, peut-on doubler la capacité de notre industrie chimique ? La rentabilité d'une telle opération étant probablement moins importante, en tout cas plus problématique que celle de nos investissements extérieurs, on ne voit pas pourquoi ceux-ci seraient abandonnés au profit de celle-là.

Dans le même ordre d'idée, la mécanisation de notre agriculture rencontre d'autant plus de difficultés que notre appareil industriel n'est pas en mesure de répondre à des besoins dont nous avons indiqué l'ampleur. Sans compter les petits constructeurs locaux, la Chambre syndicale des constructeurs de machines agricoles a beau rassembler 333 membres, 95 % des machines utilisées par notre agriculture viennent de l'étranger. Les importations de machines agricoles venant d'Allemagne, de Grande-Bretagne et des États-Unis sont passées de 3 millions de francs en 1890 à 48 millions en 1909. Les dirigeants agricoles s'en inquiètent d'autant plus qu'en 1910, le prix d'une moissonneuse-lieuse américaine passe de 860 à 950 francs !

Ainsi, le modèle de croissance français de 1910 minimise les moyens mis à la disposition de l'agriculture, ce qui l'amène à maximiser les heures de travail que la société doit consacrer à la production de marchandises agricoles. Tout naturellement, les responsables politiques et professionnels estiment que « l'agriculture manque de bras », bien que 40 % de la population travaille encore dans l'agriculture. Mais ce modèle minimise également les besoins en capital du secteur agricole, permettant d'utiliser la plus grande partie de l'épargne paysanne en dehors de cette branche.

L'importance de l'épargne. Si l'on ajoute aux 5 milliards de dépôts des caisses d'épargne les milliards des emprunts russes et autres qu'ont acquis les Français, on mesure à quel point l'adoption d'une politique agricole libérale, poussant à la modernisation continue des exploitations agricoles, aboutirait à remettre en cause les bases financières et industrielles de notre politique économique. L'efficacité de celle-ci, quant à l'accumulation du capital, est certaine, puisqu'elle nous maintient depuis plus d'un siècle dans le groupe des quatre nations les plus puissantes. Ou si l'on préfère, la nécessité de protéger les formes particulières du pouvoir financier et industriel de la classe dirigeante, et particulièrement les bases internationales de ce pouvoir, implique que l'on minimise les occasions d'investissement dans l'agriculture en France, et donc que le travail du paysan puisse être protégé de la concurrence internationale. Le protectionnisme, la puissance financière, l'agriculture archaïque et la faible croissance démographique, sont des aspects interdépendants d'une même réalité sociale. On ne saurait qualifier cette réalité de pathologique ou de retardataire puisqu'elle obéit à sa loi d'organisation fondamentale : accroître la puissance de la bourgeoisie par l'accroissement du capital que celle-ci contrôle.

De ce point de vue, les perspectives ne sont pas mauvaises. Ayant recensé, de l'Argentine à la Russie et à la Chine, les occasions d'investissements qui s'offrent à nous, H. de Peyerimhoff résume : « La partie bat encore son plein et notre jeu n'y est pas trop mal tenu [16]. » On a même l'impression que notre position internationale s'améliore jusques et y compris en matière de production agricole.

Sans doute plus riche en bras qu'en machines, à l'aube de l'année 1914, tout compte fait, l'agriculture française se porte bien ou, plus exactement, elle répond aux exigences du système économique d'ensemble. En progression lente mais continue, elle accroît ses productions tout en fournissant au reste de la société les hommes et les capitaux dont celle-ci a besoin. Mais les statisticiens font observer qu'en 1912 où les récoltes ont été bonnes, les 20 milliards de francs auxquels on peut évaluer la production agricole, n'ont laissé que 772 millions de profit. Si l'on cherche à apprécier la rentabilité du capital mis en œuvre dans l'agriculture métropolitaine, il faut rapporter ces 772 millions à une masse de moyens de production et de biens fonciers estimée à 90 milliards de francs-or. Comme le note M. Augé-Laribé : « Le montant du produit net agricole doit provoquer, de la part des commerçants et des industriels qui le considèrent, un sourire d'ironique pitié. Par rapport au capital mis en œuvre, c'est un intérêt de 0,857 % [17]. »

Si l'on suit M. Augé-Laribé, on serait amené à conclure que la « ferme nationale » n'est pas rentable, ou qu'elle ne l'est qu'en ne rétribuant pas, ou en rétribuant mal, le travail qu'elle emploie. Mais l'ensemble de ce calcul repose sur l'assimilation des moyens de production utilisés par les paysans au capital mis en œuvre par les entrepreneurs industriels pour s'approprier un profit. Il suppose que le travail agricole est rétribué par un salaire, c'est-à-dire qu'il est acheté à des travailleurs qui ne vivent que du produit de la vente de leur force de travail. Un tel calcul n'a qu'une valeur analogique. On peut tout aussi bien, au vu des mauvais résultats auxquels il aboutit, en déduire que les avances monétaires à la production agricole n'ont généralement pas la même nature économique que le capital engagé dans l'industrie, pas plus que le travail utilisé dans l'agriculture n'est, pour l'essentiel, du travail salarié.

Dans la France des années 10, l'agriculture garde donc une organisation sociale originale. Grosse consommatrice de travail peu rétribué, elle ne satisfait pas aux règles comptables de la reproduction du capital, mais elle répond aux exigences du système économique et évolue au rythme que celui-ci détermine. Du moins en temps de paix. La guerre ne va pas tarder à soumettre cet équilibre à rude épreuve.

la guerre
et ses problèmes

parer au plus pressé

1er août 1914 : les tensions accumulées dans la partie internationale à laquelle la bourgeoisie française participe avec ardeur trouvent leur issue dans la guerre mondiale. Les conditions de fonctionnement de l'appareil productif en sont bouleversées. Dès la déclaration de guerre, près de 30 % de la population masculine active est, en quelques jours, retirée des usines et des champs. Sur les 5 200 000 actifs agricoles masculins recensés en 1911, entre 1 500 000 et 2 000 000 sont ainsi enlevés à la production dès le début du conflit.

Personne ne juge cependant nécessaire de tenter d'adapter les structures productives à cette situation nouvelle, parce que personne ne prévoit que cette situation exceptionnelle puisse se prolonger. Dans son éditorial de l'*Économiste français* du samedi 8 août 1914, Paul Leroy-Beaulieu résume ainsi l'opinion des cercles dirigeants : « Il n'est pas probable qu'une guerre obstinée... puisse se terminer en moins de trois mois ; peut-être même, comme celle de 1870, pourrait-elle durer une demi-année. »

Croyant s'engager dans une guerre de quelques mois, les Français pensaient qu'un recours temporaire aux marchés mondiaux résoudrait les problèmes de l'alimentation de la nation en temps de guerre. La liberté de mouvement qui nous était, en principe, assurée sur les mers, et notre puissance financière internationale rendaient ce choix raisonnable. Les statistiques douanières de l'année 1915 enregistrent ce recours systématique aux sources d'approvisionnement extérieur. Les « importations d'objets d'alimentation », voisines de 1 800 millions de francs en 1912, 1913, 1914, atteignent 3 315 millions en 1915. Mais la nécessité de poursuivre une politique d'importation massive pendant plusieurs années, et l'ampleur des besoins nationaux qu'il a fallu couvrir par les achats extérieurs, ont abouti à des résultats désastreux pour l'équilibre de nos échanges extérieurs, et donc pour notre position internationale.

De 1915, première année totalement consacrée à l'effort de guerre, à 1920, dernière année où les conséquences directes du conflit pèsent encore sur nos échanges extérieurs, notre balance commerciale agricole enregistre un déficit cumulé de 37,6

En pleine moisson, avant battages et vendanges, près de deux millions d'agriculteurs sont enlevés à la production. Paris, gare du Nord, août 1914.

Les paysans composent la majeure partie du corps de bataille. Retour des tranchées, au mois de décembre 1914.

L'évacuation des populations du Nord, décembre 1914.

milliards de francs, soit près de 35 % du déficit commercial total pendant cette période. On mesure l'effort financier imposé à la France par la conduite de la guerre, si l'on songe que nos placements extérieurs s'élevaient alors à 50 milliards de francs.

Un équilibre rompu. Les exigences de la lutte que la France entreprend pour défendre sa position à l'intérieur du système capitaliste mondial mettent en péril cette position même. Dans l'effort financier immense qu'il nous a fallu consentir, la part consacrée aux achats alimentaires a été considérable. Alors qu'on avait répété que le protectionnisme nous permettait de conserver une agriculture capable de garantir l'alimentation du pays en toute circonstance, la guerre a révélé l'incapacité de la production métropolitaine à répondre aux besoins nouveaux du pays.

Dès les premières semaines de la guerre, une douzaine de départements sont envahis. Après la bataille de la Marne, neuf restent en partie aux mains de l'armée allemande (Nord, Pas-de-Calais, Somme, Oise, Aisne, Marne, Meuse, Meurthe-et-Moselle et Vosges), un département, celui des Ardennes, étant totalement occupé. 2 500 000 hectares de territoire agricole, soit 6 % de la superficie totale cultivée, sont soustraits de l'appareil productif national. La perte est d'autant plus sensible que les rendements atteints dans ces départements étaient toujours, et parfois de fort loin, supérieurs à la moyenne nationale.

« C'est des grandes plaines du Nord et du Nord-Est où la culture des betteraves a fait faire de sérieux progrès à la culture des céréales que la France retirait plus d'un cinquième de son blé, plus du quart de son avoine, la moitié de son sucre, plus des deux tiers de son alcool industriel [18]. » Pendant cinq ans, cette zone devient, au contraire, incapable de nourrir les habitants qui ne se sont pas enfuis : « Dans les départements envahis, particulièrement démunis, un comité d'alimentation du Nord de la France, animé par l'industriel Louis Guérin, obtint des autorités allemandes une garantie contre les réquisitions militaires, grâce à laquelle les alliés facilitèrent les envois de vivres, sous le contrôle de la *Commission for Relief in Belgium* de Hoover [19]. »

Cette amputation territoriale, qui provoque un déficit dans la production, s'accompagne de destructions considérables résultant des combats et de l'occupation. La commission des réparations présentait, en 1921, une évaluation des dommages agricoles proche de 9 milliards de francs de 1914, soit plus de 21 milliards et demi de francs de l'après-guerre.

Mais ces « terres perdues » ne suffisent pas à expliquer la réduction de la production agricole. La subite pénurie de moyens de production de tous types que connaissent alors les agriculteurs a joué, de son côté, un rôle important dans la réduction des rendements des principales cultures. La guerre a d'abord entraîné la réquisition des animaux de trait et des moyens de transport. Alors que les paysans utilisaient plus de 3 millions de chevaux et mulets, et de nombreux bœufs et vaches de travail, la statistique agricole de 1918 recense

2 233 000 chevaux et 167 000 mulets. De nombreux côtés, on se plaint de l'intendance qui n'a pas hésité à réquisitionner des bovins de trait pour la consommation des armées. « Ces réquisitions ont eu, pour l'agriculture, des conséquences désastreuses puisqu'au moment où les bras manquaient, elles lui enlevaient aussi le concours des attelages [20]. »

Dans le même temps, les fournitures d'engrais se réduisent considérablement. Les quantités de scories de déphosphoration mises à la disposition de l'agriculture passent de 416 000 tonnes en 1913 à 70 000 tonnes en 1917. En outre, les moyens de transport et d'abord les chemins de fer (accaparés pour les besoins militaires) font défaut.

La pénurie de wagons entrave l'approvisionnement de l'agriculture en produits industriels. Le tonnage transporté en petite vitesse, pour les civils, reste compris, année après année, entre la moitié et les deux tiers de celui d'avant la guerre.

Ces pénuries de moyens de production et de moyens de transport affectent d'abord la minorité d'exploitants qui pratiquaient alors une agriculture intensive. Elle gêne aussi la couche beaucoup plus nombreuse de ceux qui fournissaient au marché un surplus encore peu important, mais en augmentation régulière parce qu'ils commençaient à utiliser un ou deux sacs de scories ou de nitrates du Chili. Reste la masse des petits exploitants dont l'apport commercial est faible parce qu'ils vivent largement hors des circuits monétaires, tant en ce qui concerne leur approvisionnement que leur consommation. L'interruption des livraisons de produits industriels ne les concerne guère. Leur famille se repliera encore plus dans une économie de pure subsistance.

L'absence des hommes.

Grandes ou petites, toutes les exploitations vont souffrir de l'absence des forgerons, charrons, mécaniciens de village et, surtout, du départ de la plupart des hommes en âge de travailler. Près du tiers d'entre eux, nous l'avons déjà vu, ont rejoint l'armée dès les premiers jours de la guerre. En 1918, on évalue à plus de 3 millions le nombre des agriculteurs mobilisés, soit plus de 60 % des paysans recensés en 1911. En leur absence, ce sont les 3 millions de paysannes qui ont dû prendre en main les travaux de culture. Les dirigeants, comme s'ils étaient confiants dans les capacités des exploitations familiales à s'adapter à leur nouvelle situation, ne proposeront que des palliatifs dérisoires à la formidable pénurie de main-d'œuvre que la guerre a provoquée dans les villages.

En août 1914, le Syndicat central des agriculteurs de France se préoccupe de renvoyer à la terre les chômeurs d'origine rurale. En mars 1915, le ministère de l'Agriculture met sur pied un Office national de la main-d'œuvre agricole qui va recevoir 15 000 demandes d'emploi dans les dix mois qui suivent et placer près de 14 000 travailleurs. A partir de 1916, on tente de rétablir les arrivées de main-d'œuvre immigrée. En 1918, la France a ainsi accueilli près de 150 000 Espagnols et Portugais et 2 000 Italiens. Le commandement, de son côté,

Novembre 1914. Un Corrézien écrit à ses parents : « ... Je suis à droite sur la photo... »

1914. La guerre mobi-
lise aussi... les chevaux.

Il faut nourrir l'armée:
bovins réquisitionnés
emmenés par des ter-
ritoriaux, 1914.

manifeste au moins sa bonne volonté en établissant un système
de permissions agricoles. Mais ses tentatives de constitution de
compagnies de travailleurs agricoles, qui atteignent au total
6 000 hommes, tournent court ; et en 1917, quand il décrète la
mise en sursis des agriculteurs mobilisés les plus âgés —
180 000 sursis sont effectivement accordés aux plus de
quarante-cinq ans —, l'appel sous les drapeaux des classes 17,
18 et 19 prélève deux jeunes pour un soldat qui rentre au
village. Même en prenant en compte les 50 000 prisonniers
allemands qui finiront la guerre en travaillant dans l'agriculture ou les compagnies agricoles scolaires qui visent à utiliser
de façon productive le travail des enfants, l'ensemble de
ces mesures ne permet pas de répondre aux besoins de l'agriculture.

Elles sont bien loin de compenser la formidable réduction
de main-d'œuvre qu'a subie un secteur dont les techniques de
production restent essentiellement consommatrices de travail
humain. Privée de ce « facteur de production », l'agriculture
devra, durant les cinq années de guerre, passer à une exploitation plus extensive du territoire national.

Sur une superficie cultivée réduite par l'invasion, la distribution des cultures change. L'évolution en cours depuis
vingt ans reflétait déjà le relatif « manque de bras » d'un
secteur qui ne remplaçait pas assez l'effort des hommes par les
moyens de production industriels ; elle va s'en trouver accélérée. La régression de la sole de céréales se précipite. En 1918,
elle est réduite aux deux tiers des surfaces d'avant la guerre. A
l'intérieur de cette sole, l'orge et l'avoine, indispensables pour
l'alimentation du troupeau, régressent moins nettement que le
blé qui n'occupe, en 1917, que 63 % de la superficie moyenne

Août 1914 : On rassemble sur la
pelouse de Longchamp « le troupeau de précaution du camp
retranché de Paris ».

des années 1905-1914. Il semble que, pour les agriculteurs, l'ordre des priorités ait été le suivant : assurer l'alimentation du troupeau bovin, ce qui les amène à ne réduire les cultures fourragères qu'en proportion de la réduction du cheptel ; mener ensuite à bonne fin les travaux sur les cultures sarclées, d'où le maintien relatif des surfaces plantées en pommes de terre ; cela fait, et alors seulement, répondre aux sollicitations des pouvoirs publics soucieux de maintenir la production de blé.

Cet arbitrage ne fait que traduire l'impossibilité d'accomplir le travail habituel, impossibilité qui aboutit surtout au développement des surfaces en herbe. Celles-ci dépassent, dès 1917, la superficie qu'elles occupaient en moyenne entre 1905 et 1914.

Comme, dans le même temps, la pénurie de moyens de production d'origine industrielle rend impossible toute augmentation des rendements, le recours aux approvisionnements extérieurs reste donc bien la seule solution qui préserve la France d'une crise alimentaire aux conséquences incalculables.

nourrir la France en guerre

Le blé américain.   Dès 1914, les céréales qui, avant la guerre, occupaient la quatrième ou cinquième place dans nos achats à l'étranger, deviennent notre premier poste de dépenses à l'extérieur. Il en est de même en 1915, 1917 et 1918, et elles occupent encore la deuxième place en 1916, 1919, 1920 et 1921. Ce n'est qu'à partir de 1922 qu'elles retrouveront, pour un temps, leur rang d'avant la guerre.

De 1915 à 1920, la quantité de céréales importées chaque année dépasse généralement 30 millions de quintaux, soit environ le double des importations annuelles de la décennie qui précède l'ouverture des hostilités. Dans ce total, les importations de froment sont supérieures à 20 millions de quintaux et atteignent le triple de la quantité d'avant la guerre. Une telle augmentation de nos achats n'a pu être réalisée qu'en recourant massivement à ces céréales des pays neufs contre lesquelles nous nous protégions depuis trente ans. Tandis que les livraisons d'Afrique du Nord restent voisines de trois millions de quintaux, les États-Unis et l'Argentine deviennent, et de loin, nos principaux fournisseurs, suivis par l'Australie et le Canada.

Les importations augmentent régulièrement, car la production métropolitaine ne cesse de se réduire. Elle atteint en moyenne à peine 70 % de la production céréalière de la décennie 1904-1914 (60 % en ce qui concerne le froment). Les disponibilités annuelles en céréales ne dépassent pas 80 à 85 % des disponibilités d'avant la guerre. Cette situation pèse sur le marché des grains. Au total, de 1914 à 1920, le prix du blé a triplé, ce qui n'a rien d'étonnant lorsqu'on constate que, dans la même période, les prix du gros matériel ont, eux aussi, été multipliés par 3, ceux des aliments du bétail par 4, et ceux des engrais par 5. Mais ce réajustement a toujours été concédé de mauvaise grâce et après bien des hésitations.

Ces continuels retards pris sur l'événement sont sans doute en partie provoqués par l'indécision des politiciens. Mais leur horreur du dirigisme et leur faiblesse apparente ne relèvent pas seulement d'un choix doctrinal ou d'un défaut de caractère. S'ils respectaient autant les lois du marché, c'est aussi parce qu'ils ne pouvaient guère faire autrement.

La plus grande partie de la collecte de céréales était fournie par une multitude de petits livreurs, n'apportant au marché que de maigres surplus. Largement à l'écart des circuits économiques et monétaires, cette masse peu sensible à la conjoncture pouvait déléguer la quasi-totalité de ses hommes pour participer à la guerre et continuer à subsister sans que les gouvernants aient à se préoccuper de sa survie. C'était là un avantage réel pour la poursuite des hostilités. Mais en contre-partie, les dirigeants n'avaient pas les moyens d'obtenir de l'agriculture l'effort productif qu'ils auraient souhaité. Dans ces conditions, la couverture des besoins alimentaires des villes et des armées devenait problématique et pas seulement en matière de céréales. Les mêmes difficultés pesaient sur les fournitures de produits animaux.

En ce domaine, la notion de besoin est d'ailleurs ambiguë. A *La France découvre* la veille de la guerre, la consommation moyenne de viande est *le frigo.* de 64 kilos par tête et par an (175 grammes par jour) [21] pour les habitants des villes et de 24 kilos par an pour les ruraux. Sous les armes, les Français ont droit en principe à une ration qui varie de 500 à 300 grammes par jour suivant qu'ils sont en première ligne, en deuxième ligne, au repos ou dans un dépôt de l'intérieur.

En ce qui concerne l'approvisionnement en viande, la guerre pose trois problèmes d'ampleur fort différente. L'armée doit créer un système d'approvisionnement capable de se procurer quotidiennement de très grosses quantités de viande. Dans le même temps, il faut continuer à approvisionner les villes aux conditions les plus voisines possible de celles du temps de paix, tant en ce qui concerne les tonnages que les prix. Quant aux ruraux, on peut espérer que les ressources locales suffiront en tout état de cause à satisfaire des besoins réduits.

Faisant en 1922 le bilan du « ravitaillement en viande pendant la guerre », pour la *Revue de l'intendance*, le sous-intendant Sigmann note que « l'attente d'une guerre courte avait conduit à admettre que le troupeau français pourvoirait seul à tous les besoins... Bien plus, il avait paru inutile d'établir un plan de ravitaillement en bétail variable suivant les saisons et faisant intervenir tour à tour nos diverses régions d'élevage. Les réquisitions ou achats à l'amiable devaient frapper les mêmes départements quelle que fût l'époque de l'année à laquelle la guerre se trouvait éclater. »

La rue du village devient le chemin de l'enfer, et la place un lieu de rassemblement militaire, 1915.

Ayant dû abandonner leurs labours, les charretiers ont retrouvé leurs chevaux.

Cette pratique eut des conséquences fâcheuses que relève Alfred Masse, sénateur, ancien ministre du Commerce, dans un article du *Temps*, le 12 février 1919 : « On devait réquisitionner des bovins dans l'Allier qui n'approvisionne d'ordinaire le marché que pendant les mois d'hiver, tandis que tout à côté, dans la Nièvre, qui expédie son bétail en été et en automne, les prés d'embouche étaient chargés d'animaux en état que l'on ne pouvait expédier faute de moyens de transport. »

D'autre part, « le service de l'intendance, en 1914, en était encore à cette conception archaïque, datant du temps de César, d'après laquelle les armées devaient être suivies de tout ce qui était nécessaire à leur subsistance ». On expédie donc les animaux réquisitionnés au front, ou dans des parcs improvisés à l'intérieur des enceintes fortifiées. Le « troupeau de précaution » du camp retranché de Paris, hâtivement constitué au bois de Boulogne, sur la pelouse de Longchamp, connaît ainsi son heure de gloire. Le gaspillage est extraordinaire. En cinq mois, les réquisitions enlèvent 735 000 têtes à notre troupeau bovin, soit plus de 5 % du total des bovins dont dispose l'agriculture française. Les dégâts ainsi causés risquent d'être irrémédiables, mais la prolongation du conflit va imposer de nouveaux systèmes d'approvisionnement et sauver l'élevage français.

Avant la guerre, et malgré les efforts de l'Association pour le froid industriel, la France ne dispose d'aucune industrie frigorifique. Elle est fermée à l'importation de viande congelée. Sur le plan mondial, ce commerce est pratiquement un monopole britannique puisque l'Angleterre achète 700 000 des 800 000 tonnes vendues chaque année. Devant l'incapacité de couvrir les besoins militaires avec les ressources nationales, le gouvernement a recours à celles de notre allié. Un marché passé en 1915 nous assure la fourniture, pendant toute la durée de la guerre, de 20 000 tonnes de viande congelée par mois, soit le tiers de ce que peut transporter la flotte frigorifique anglaise. Tout un système de transport et de stockage est mis en place et l'armée ne tarde pas à couvrir 60 % de ses besoins en viande avec du « frigo ».

Au printemps 1918, dernière période critique pour le ravitaillement en viande, le cheptel métropolitain ne contribue plus que pour 20 % à l'approvisionnement du front. La moyenne annuelle des prélèvements effectués de 1915 à 1918, sur le troupeau national, tombe ainsi à 540 000 têtes. En 1918, le ministère de l'Agriculture évalue à 12 251 000 le nombre de têtes de bovins dont nous disposons, soit 270 000 de moins qu'en 1915. L'hécatombe des premiers mois a été stoppée.

La viande congelée d'importation n'est pas seulement utilisée pour couvrir les besoins militaires. Dès 1915, certaines municipalités en reçoivent un tonnage réduit pour « familiariser le public avec ce nouveau mode d'alimentation reconnu indispensable à la sauvegarde et à la reconstitution de notre cheptel », mais aussi parce que « consentis à des prix très bas, ces livraisons contribuent à lutter contre la vie chère ». C'est là, on le

Bois et champs expriment l'horreur du massacre collectif.

sait, en matière agricole, la préoccupation principale du gouvernement. Or, pendant les dix premiers mois de guerre, les arrivages à La Villette, qui joue déjà le rôle de marché directeur, ont varié d'un mois à l'autre entre 85 et 97 % des arrivages du temps de paix. Il en résulte, courant 1915, une augmentation du prix du bœuf qui atteint 15 % à la production et 50 % au détail. Le filet vaut 6 francs et le plat de côtes, 2,20 francs. Les ventes de bœuf congelé permettent d'offrir le filet à 4,50 francs et le plat de côtes à 2 francs. L'intendance intervient ainsi directement dans la lutte contre la hausse des prix agricoles. Grâce à ces efforts, en 1918, le prix du bœuf à la production n'est que le double du prix de 1914, et cela malgré la timidité des mesures prises pour limiter la demande urbaine. Il faut attendre le 14 avril 1917 pour que paraisse un arrêté imposant la fermeture des boucheries parisiennes deux jours par semaine (le jeudi et le vendredi). Selon un article de la *Revue de l'intendance* de mars 1923, la chute de la consommation urbaine pendant la guerre a été de l'ordre de 6 %, et l'auteur précise qu'il ne s'agit là que d'une « restriction volontaire due elle-même à l'augmentation du prix de la viande ».

En tenant compte des besoins militaires, la guerre entraîne un accroissement global de la demande que beaucoup considèrent comme définitivement acquis. « Il est à craindre que cette consommation ne revienne jamais à ce qu'elle était avant 1914. Des habitudes nouvelles ont été prises aussi bien par les civils que par les poilus... ce serait se leurrer que de penser que, même à la campagne, on se contentera désormais de manger de la viande deux ou trois fois par semaine [22]. » Cette situation nouvelle risque de poser des problèmes dans la mesure où les faiblesses techniques et économiques que les circuits d'approvisionnement ont manifestées, ne seront pas supprimées. Dès 1915, dans son livre sur *le Troupeau français et la guerre*, A. Masse propose déjà une réforme fondamentale du marché de La

Villette et la construction d'un réseau d'abattoirs régionaux. Dans sa préface à l'ouvrage, J. Méline lui-même assure que « l'avenir est pour longtemps du côté de la production de viande et ceux qui le comprendront feront fortune [23] ». En novembre 1922, la *Revue de l'intendance* note que « la porte est ouverte à la modernisation de l'abattage du bétail ».

En attendant, la guerre a également permis de mettre au point un système de recours aux importations comme élément régulateur du marché national. Il s'avérera très utile aux gouvernants puisqu'il leur permet de repousser la nécessité de réaliser les transformations reconnues comme nécessaires tant au niveau de la production que de la transformation et de la commercialisation de la viande.

Au total, les importations de viande fraîche et préparée ont constamment dépassé 2 millions de quintaux par an pendant toute la durée de la guerre. Les importations de viande ont représenté notre cinquième poste de dépenses à l'étranger en 1915, le neuvième en 1916, le douzième en 1917, le sixième en 1918 et 1919, alors qu'elles étaient pratiquement négligeables avant 1914.

Malgré l'existence d'une très petite production coloniale (Madagascar et Sénégal), notre approvisionnement en viande, comme celui des céréales, est devenu tributaire des agricultures étrangères contre lesquelles nous nous défendions depuis si longtemps. Parmi les produits agricoles de grande consommation, seul le vin a pu être fourni par le vignoble français dans des conditions voisines de celles du temps de paix. Mais à la différence des céréales et des viandes, le vin est produit par un ensemble d'exploitations qui, quelle que soit leur taille, sont passées depuis longtemps dans les circuits commerciaux et produisent pour vendre la quasi-totalité de leur récolte.

En ce qui concerne la production métropolitaine, les statistiques du ministère de l'Agriculture signalent une très mauvaise récolte de vin en 1915 : 20 millions d'hectolitres, alors que la récolte de 1910, elle-même très faible, atteignait près de 29 millions d'hectolitres. Puis la production remonte en 1916 et 1917, pour atteindre 45 millions d'hectolitres en 1918, soit le volume de la récolte de 1911. Parallèlement, l'Algérie fournit 8 millions d'hectolitres en 1915, entre 4 et 5 millions en 1916 et 1917, un peu plus de 2 millions en 1918, 1919 et 1920.

De 1916 à 1920, entre 2 et 4 millions d'hectolitres sont achetés chaque année à l'Espagne et au Portugal, généralement pour le compte de l'intendance. Mais en 1913 déjà, nous avions acheté 2 millions d'hectolitres à l'Espagne.

Globalement, le problème viticole pendant la guerre se réduit à un problème d'approvisionnement des armées et cela bien qu'à l'ouverture des hostilités le vin ne figurât pas dans les denrées dont la distribution était prévue par l'intendance. Il ne devait, en effet, être distribué qu'à titre exceptionnel « lorsque les économies des ordinaires et les circonstances locales leur permettraient d'en acheter ».

Les vergers sont transformés en cuisines, Retheuil, Aisne, 1916.

Du vin pour nos soldats.

La place de la Concorde : annexe de la Halle aux vins pour les besoins de la troupe.

Mais, dès l'automne 1914, les viticulteurs du Midi fournissent à l'armée des quantités importantes de vin. Ces dons dépassent 200 000 hectolitres; le département de l'Hérault, à lui seul, offre 100 000 hectolitres. M. Augé-Laribé y voit « une manifestation caractéristique des sentiments de générosité dont tout le monde était alors animé. Toutefois, poursuit-il, si, au lieu de se laisser guider par le cœur, les vignerons avaient consulté leur intérêt, ils n'auraient pas pu agir plus habilement. Ils avaient encore des stocks importants et ils venaient de rentrer une récolte abondante qu'ils n'avaient plus l'espérance d'écouler, puisque les consommateurs étaient partis et puisque les moyens de transport faisaient défaut... le seul moyen de relever (les cours) était de rouvrir un débouché... [24] »

C'est à Alexandre Millerand, alors ministre de la Guerre, que revient le mérite historique d'avoir donné à ce débouché la sécurité que procurent les règles de l'administration militaire, puisque c'est lui qui prescrivit de distribuer quotidiennement du vin à l'ensemble des soldats.

La guerre devient ainsi, pour des centaines de milliers d'hommes venus des régions de l'Ouest de la France, l'occasion d'abandonner les boissons traditionnelles produites hors des circuits marchands au profit du vin qu'il faut acheter. L'usage du vin n'est pas nouveau; la consommation de viande n'était pas avant la guerre totalement absente des menus ruraux. Ce qui est nouveau, c'est le changement d'habitudes alimentaires d'une partie importante de la population agricole pendant son séjour aux armées.

En 1916, la ration ayant été portée à 50 centilitres par jour et par homme, l'intendance militaire prévoit que ses achats s'élèveront à 6 millions d'hectolitres. Les besoins des troupes ne cessant d'augmenter, ces achats atteignent 12 millions d'hectolitres en 1917. Le rassemblement de telles quantités de vin posait des problèmes de transport et de manutention considérables. L'intendance eut ainsi à improviser « toute l'organisation d'une grande maison de commerce de vin, avec un établissement principal à Montpellier et des succursales à Narbonne, Nîmes, Bordeaux, Marseille, Rouen, Paris, mais les spécialistes compétents et les manutentionnaires ne manquèrent pas; il n'y avait qu'à les prendre parmi les mobilisés [25] ».

Mais surtout, les achats de l'armée rendirent la vie au marché des vins. « Si l'on admet que le cours moyen, pour les vins rouges du Midi à 9° qui peuvent être pris comme moyenne de base, était avant la guerre de 25 francs l'hectolitre, on constate que les prix consentis par l'intendance à la fin de la guerre étaient environ 3 fois plus élevés. Mais les prix commerciaux avaient monté beaucoup plus haut. » De fait, l'hectolitre de vin atteignait 102 francs en 1918; les prélèvements de l'intendance avaient plus qu'assaini le marché. Cette hausse des prix fera excuser les inconvénients des procédures de réquisitions et des tracasseries administratives.

Finalement, la guerre et l'immédiat après-guerre se traduisent par un afflux d'argent dans les campagnes. Les contemporains l'ont enregistré, souvent avec aigreur. *L'Humanité* du 18 avril 1916 rapporte les propos d'un gros éleveur en ces termes : « On vend ce qu'on veut, mais cher et le prix qu'on veut !... Vous dire ce que j'ai "gagné" depuis la guerre! C'est fantastique! Il y a des moments où j'ai comme un remords. Mais bah! C'est la guerre. Il faut en profiter. » Un peu plus tard selon M. Augé-Laribé, pourtant constamment soucieux de défendre les paysans « toujours injuriés et méprisés par leurs frères supérieurs des villes [26] », le colonel Mirepoix, dirigeant des viticulteurs languedociens, déclare : « La hausse passe, je veux en profiter jusqu'à la garde [27]. » Selon Ernest Pérochon qu'on ne peut guère soupçonner d'hostilité envers la paysannerie : « Il faut remarquer seulement que jamais de mémoire d'homme, et même jamais depuis les temps des temps, il n'était entré autant d'argent chez ceux de Fougeray [28]. »

Effectivement, les évaluations statistiques montrent que la valeur totale de la production végétale, qui était de 12 milliards de francs en 1913, décroît jusqu'à 10 milliards en 1915, mais passe à 19 milliards en 1917 et atteint 34 milliards en 1920. Le mouvement général des prix évoluant au même rythme, ce gonflement des rentrées monétaires ne traduit pas forcément un enrichissement réel. Si la situation monétaire des agriculteurs ne s'est pas aussi substantiellement améliorée que les citadins aimaient à le croire, il n'en reste pas moins que, dans cette période d'inflation rapide, les recettes monétaires des paysans ont crû à un rythme comparable à la hausse du niveau général des prix. Leur situation globale ne s'est donc pas dégradée par rapport à l'immédiat avant-guerre, période que tous s'accordent à reconnaître comme favorable. Les différents secteurs de la production agricole ne bénéficient pas également de ce

Les bénéfices agricoles et l'inflation.

La Victoire, ce sont aussi
des ruines à relever.

mouvement. La viticulture a probablement tiré le meilleur parti de ces temps troublés. Les profits des éleveurs sont cependant moins évidents, et ceux des céréaliculteurs n'ont pas augmenté. Mais, selon M. Augé-Laribé, « ce qui, par-dessus tout, a permis aux agriculteurs de réaliser de véritables bénéfices, ce sont les productions secondaires... le lait et les produits de laiterie, la volaille et les œufs, les légumes, les fruits [29] ».

Au total, la guerre a plutôt amélioré la situation économique du secteur agricole mais elle a en même temps fait apparaître les faiblesses et les rigidités de notre appareil productif. Et quand la fin du conflit semble proche, l'heure paraît venue de réfléchir aux moyens d'améliorer son fonctionnement.

des projets pour la paix

Le 13 juin 1917, à l'Académie d'agriculture, M. Loreau, régent de la Banque de France, introduit au nom de la section du génie rural une communication « sur l'organisation de la moyenne culture en France » présentée par le capitaine Périssé. Pour celui-ci la guerre montre à la fois la nécessité d'un bouleversement des méthodes de culture anciennes qui n'ont pas permis de répondre aux besoins du pays et la voie qu'il faut emprunter pour accroître la production agricole.

Le centre du village de Vieil Arcy
et, à droite,
la route de Trosly-Loire.
Aisne, 1918.

Même sans hommes, Roupy doit renaître. Aisne, 1917.

Premiers retours à Chavignon. Aisne, 1918.

« L'intensification de notre production agricole, après la guerre, est sans contredit un des problèmes les plus importants de l'heure présente... Une méthode d'exploitation nouvelle vraiment scientifique et industrielle, basée sur la motoculture, apparaît comme indispensable pour répondre aux besoins actuels [30]. » « Il faut faciliter la création de grandes sociétés d'exploitation, ayant pour objet l'exploitation par les procédés industriels d'une importante partie de la moyenne culture française particulièrement menacée dans son avenir par la pénurie de main-d'œuvre et le morcellement des terres. » Ce sont les sociétés « disposant de capitaux importants, dirigées par des hommes rompus aux affaires, gérées par des techniciens... qui sont destinées à devenir peu à peu les véritables exploitants de la moyenne culture [31] ».

Ces perspectives d'avenir ne suscitent pas l'enthousiasme des académiciens. Pour J. Méline : « Dans cette société capitaliste, dans cette sorte de mise en actions de la terre qu'on propose d'organiser, l'agriculteur ne jouera qu'un rôle secondaire ; il ne travaillera pas, comme aujourd'hui, de tout son cœur [32]... » Admirable raccourci qui montre bien à quel point le rôle capital que l'on accorde, en parole, à l'agriculteur, n'est que l'expression de l'intérêt porté à son acharnement au travail, à sa soumission inconditionnelle aux exigences de la production.

C'est bien d'ailleurs ce que souligne également M. Loreau qui regrette que le projet « supprime l'initiative de celui qui, sou par sou, jour par jour, moisson par moisson, a fourni le domaine et construit la maison ».

On peut effectivement se demander s'il est raisonnable d'introduire des capitaux, donc de chercher des profits, dans un secteur où les moyens de production sont acquis et remplacés sans cesse par ces hommes qui ne se soucient pas plus de rentabiliser les avances qu'ils consentent que de minimiser leur propre travail. C'est, en somme, ce que rappelle Eugène Tisserand : « On semble poser en principe qu'il n'y a que l'industrialisation de l'agriculture qui permette d'arriver (à accroître la production), c'est-à-dire la transformation de l'exploitation au moyen de grandes usines agricoles comme on l'a fait pour l'industrie. Il faudrait le prouver. Or en Belgique, Danemark, Hollande, ce sont les pays de la petite culture, de la démocratie rurale, qui obtiennent la production la plus élevée à l'hectare... La petite culture est donc capable de réaliser le but que nous désirons... gardons-nous de toucher à notre organisation terrienne... car, n'oublions jamais que c'est sur cette classe des petits propriétaires cultivateurs et ouvriers ruraux que reposent le plus sûrement la fortune et la puissance du pays et le recrutement de ses défenseurs les mieux disciplinés et les plus résistants [33]. »

Le débat n'a pas fini d'agiter les cercles dirigeants. Il fait et il fera appel à des arguments idéologiques ou politiques plus qu'au raisonnement économique qui pourtant le soutient. Il s'agit, en fait, de déterminer l'organisation de la production agricole qui répond le mieux aux besoins de la société. Pour les uns, le calcul économique mené sur des hypothèses d'organisation capitaliste du processus de production montre que la fourniture de produits agricoles par les structures traditionnelles est une opération économique non rentable. Ils en déduisent qu'il convient de passer au plus vite à une organisation de type industriel. Les autres nient la pertinence du calcul économique classique quand on l'applique à la production agricole et affirment, au contraire, que les mauvais résultats comptables observés dans l'agriculture sont l'indice de l'impossibilité de produire des aliments par les méthodes d'organisation du capitalisme industriel. Ils font en outre remarquer que la paysannerie constitue un réservoir d'hommes qu'il faut garder pour y puiser les forces dont la nation a besoin dans les usines en temps de paix, dans les armées en temps de guerre.

Mais dans les faits, la guerre a démontré que ces deux objectifs ne peuvent être réalisés simultanément. Les hommes mobilisés ne produisant plus, les denrées agricoles mises en marché se raréfient, leurs prix montent, et cette tension nouvelle met en danger le fonctionnement harmonieux du système économique. C'est l'heure où la bourgeoisie, assurée d'une nouvelle période de paix, se demande comment remplacer les paysans qui risquent, dans ces conditions nouvelles, de coûter cher.

Or les conditions économiques qui vont prévaloir dans l'après-guerre ne permettent pas de gaspiller dans l'agriculture du capital et du travail qu'il sera indispensable d'engager dans la bataille industrielle. Car le monde ancien ne reviendra pas. C'est ce qu'affirme avec lucidité l'historien Henri Hauser lorsqu'il rédige le rapport général d'une grande enquête lancée en 1917, sur la production française et la concurrence étrangère : « On peut le regretter, on ne peut pas se refuser à le constater. L'Europe semblait, il y a quelques années, s'avancer vers un état de choses où les intérêts économiques, les affinités naturelles, le libre jeu des échanges auraient seuls déterminé les groupements des peuples entre eux. Il est évident que cette évolution a été brusquement arrêtée, ou plutôt qu'elle a subi une régression. Ce n'est pas la première fois qu'une guerre est engagée en grande partie pour des causes économiques. C'est peut-être la première fois qu'une paix aboutira à un état de guerre économique.

« ... Le temps est passé où la France pouvait rester seulement un pays agricole. Nous n'avons plus le choix. C'est seulement par une activité industrielle intense que nous réparerons nos pertes, que nous pourrons alimenter nos budgets. Nous sommes engagés dans la voie industrielle, nous y entrerons plus encore après la guerre. Notre agriculture elle-même n'est-elle pas en face de ce dilemme : s'industrialiser ou mourir [34]. »

Reste à voir comment s'est effectivement réalisée cette adaptation à un monde que l'on pressentait fort agité.

les limites du système

le temps des faucheuses

La guerre n'a pas conduit à l'abandon du modèle de développement propre au capitalisme français, pas plus qu'elle n'a transformé les conditions de la production agricole. Mais elle a montré la nécessité d'une intensification beaucoup plus rapide que celle qui semblait suffisante avant 1914. Mais, au début des années 20, les multiples déclarations rappelant la nécessité d'intensifier la production agricole n'ont pas toutes les mêmes objectifs. S'agit-il d'utiliser au maximum les surfaces et les bras disponibles tout en accroissant modérément la masse des moyens de production industriels mis en œuvre, conservant ainsi la logique de développement d'avant la guerre ? S'agit-il au contraire d'abandonner radicalement les habitudes anciennes et de se lancer dans « l'industrialisation » de l'agriculture en fournissant le maximum de moyens de production d'origine industrielle à une population agricole en diminution rapide ? Les deux branches de cette alternative sont également abstraites : dans la pratique, des influences diverses et parfois opposées vont engager l'agriculture française sur une voie tenant à la fois de l'une et de l'autre, comme le montre l'évolution de l'utilisation du territoire.

Entre 1921 et 1938, les forêts s'étendent sur 400 000 hectares supplémentaires et les terres cultivées se réduisent de 1 700 000 hectares. S'il y a eu intensification, ce serait donc par augmentation de la productivité des meilleures terres et abandon des sols les moins fertiles. L'évolution de la répartition des terres cultivées ne correspond pas vraiment à une intensification de l'exploitation. Tandis que la vigne occupe une superficie constante, les surfaces livrées à l'herbe, qu'il s'agisse de prés permanents ou de pâtures plus ou moins utilisées, augmentent de 700 000 hectares et les terres labourables régressent de plus de 2 millions d'hectares. Les labours reculent donc en quinze ans autant qu'ils l'avaient fait en vingt ans avant la guerre. Mais les pâturages non cultivés progressent beaucoup moins vite que durant cette période. Peut-on alors en conclure qu'une partie du territoire est simplement abandonnée tandis que celle qui reste en culture est soumise à une exploitation plus intensive ?

Malgré le progrès mécanique, le travail des hommes reste essentiel. Scène de battage, fin des années 20.

Fourrages et jachères.   L'étude de l'utilisation des terres labourables confirme cette hypothèse. En dépit des grandes incertitudes qui pèsent sur les chiffres relatifs aux superficies en jachère, on note que la statistique annuelle de 1938 les évalue à 1 700 000 hectares. Au début des années 20, c'est sans doute au moins 3 millions, peut-être même 4 millions d'hectares, que les paysans français laissaient en repos chaque année. On conçoit que de tels chiffres aient pu scandaliser les agronomes. Ils témoignent, en effet, de la lenteur avec laquelle l'agriculture française abandonne les pratiques culturales traditionnelles pour utiliser les moyens modernes de reconstitution de la fertilité des sols. Il n'en reste

Ariège.

Les vieux ont leur place pour les menus travaux : garde des animaux, Ariège, 1932 ; ramassage du bois mort, Ile-de-France, années 20.

pas moins qu'en quinze ans la jachère a reculé de moitié. Ce recul traduit le développement d'un système de production plus intensif sur les 20 millions d'hectares que l'on continue à labourer.

Cependant, cette tendance à l'intensification ne donne que des résultats limités. Elle ne bouleverse pas la situation qui prévalait avant la guerre. L'agriculture française continue d'accorder de plus en plus d'importance aux productions animales ; ce qui provoque à la fois un accroissement de la production de fourrages cultivés et l'extension des surfaces toujours en herbe. Il en résulte une croissance non négligeable de la taille du cheptel national. Atteignant 15 millions de têtes en 1938, le troupeau de bovins a augmenté de 2 millions d'unités depuis 1920. Son développement est deux fois plus rapide qu'entre 1892 et 1913. Le troupeau ovin se stabilise entre 9 et 10 millions de têtes et le troupeau porcin, s'accroissant de près de 50 % en quinze ans, retrouve, en 1938, avec plus de 7 millions d'unités, son importance de 1913.

Mais l'intensification de la production ne peut pas s'apprécier uniquement en termes d'occupation du sol ou de taille des troupeaux *. Il faut aussi préciser la nature des moyens de production mis en œuvre et l'évolution du volume de population au travail dans l'agriculture. Dans les années 20, le remplacement de la main-d'œuvre par les machines et l'accroissement de la productivité du travail par l'utilisation des engrais ou des semences sélectionnées, répondent avant tout à une nécessité physique. Du fait de la guerre, l'agriculture a perdu plusieurs centaines de milliers d'hommes et a vu revenir presque autant d'invalides [35]. De nombreux paysans, enfin, ont préféré rester en ville pour ne pas avoir à se réhabituer aux contraintes économiques et sociales de la société rurale. Une fois résorbées les conséquences du conflit, le problème de la main-d'œuvre continue à se poser. Les contemporains ne cessent d'enregistrer avec regret, et souvent même avec effroi, la poursuite de l'exode rural.

De fait, entre 1921 et 1936, la population agricole active diminue de 1 800 000 unités et passe de 42 à 36 % de la population active totale. Pour s'en tenir à la série statistique la plus sûre, la population masculine active agricole diminue de plus de 500 000 hommes entre 1921 et 1931 alors qu'elle n'avait perdu que 200 000 hommes entre 1901 et 1911. Malgré la crise, 220 000 actifs masculins abandonnent encore l'agriculture entre 1931 et 1936. Pour que la production ne diminue pas, il faut donc que chacun de ceux qui restent produise plus. Seul le recours à des moyens industriels permet d'atteindre cet objectif, et ce recours apparaît d'autant plus nécessaire que ce sont effectivement les « bras » qui quittent la terre, c'est-à-dire les paysans qui ne disposent que de leur force de travail sur un lopin trop exigu, ou les ouvriers qui ne peuvent que vendre la leur.

Dans l'immédiat après-guerre, les départs sont surtout le fait des petits paysans qui ne peuvent revenir à l'économie de subsistance d'autrefois. La statistique classant la population qui travaille dans les « établissements » n'enregistre que près de 300 000 départs chez les « isolés », un maintien des salariés, mais une chute des chefs d'établissement qui atteint 600 000. Il en résulte un accroissement relatif de la fraction de la force de travail agricole fournie par la main-d'œuvre salariée. Mais dès 1926 la tendance s'inverse.

Entre 1926 et 1931, près des deux tiers des partants sont salariés, ou bien ils ont un statut si peu précis que les recensements les regroupent dans la catégorie fourre-tout des « isolés ». La proportion de salariés dans la population au travail régresse. Cette régression se poursuit malgré la crise et, en 1936, les salariés ne représentent plus qu'à peine le tiers de la force de travail agricole. Le niveau de 1921 est retrouvé.

Ile-de-France.

Les hommes.

---

* Pour l'évolution de la répartition des surfaces et de la taille des troupeaux, voir les tableaux p. 138 et 140.

La guerre a sonné le glas d'une agriculture grosse consommatrice de travail humain. En ce domaine, qu'on le regrette ou qu'on s'en réjouisse, le XIXᵉ siècle est terminé. Le recours aux moyens modernes de production, et d'abord aux machines, ne peut plus être repoussé.

En 1925, une moissonneuse-lieuse fait en une journée le travail d'une douzaine d'ouvriers, une batteuse peut battre 120 hectolitres de blé en un jour en ne mobilisant que douze personnes. Constatant ces faits, le directeur de la station de mécanique agricole de Toulouse s'interroge : « Combien de fléaux et combien de temps faudrait-il pour obtenir ce résultat ? Puisqu'il n'y a plus d'ouvriers en nombre suffisant, le rapport au nombre d'hectares qui fixe le seuil de rentabilité des machines n'a plus qu'un intérêt historique... N'aurait-on qu'un hectare de prairies ou de céréales à couper, il faut utiliser la machine si on veut que le travail soit fait au moment qui convient [36]. »

Comme aux temps bibliques, le berger continue de symboliser l'alliance de l'homme et de la nature. Massif central, années 20.

Outre qu'elle permet de respecter au mieux les contraintes de temps qui jouent un rôle primordial dans l'intensification de la production, la machine permet de réduire les gaspillages. Ainsi, le semoir mécanique n'utilise que 80 à 130 litres de froment pour ensemencer un hectare, alors que « le geste auguste du semeur » en dépense 220 à 240.

Enfin, l'emploi généralisé des machines est censé assurer une vie meilleure au travailleur de la terre. « Devenant conducteur de machines, travail qui relève de son intelligence et très peu de sa force musculaire, il s'élève socialement : le soir en rentrant chez lui, il n'est plus exténué de fatigue ; il peut aider sa famille dans divers travaux [37]. »

Les années de crise gênent le développement d'un mouvement qui aboutit à augmenter les charges monétaires de l'exploitation, donc à la rendre plus sensible aux déséquilibres que le système économique n'arrive pas à surmonter ; et pourtant, plus on approche de la fin de cette période, plus les appels à la mécanisation se font pressants.

En 1936, René Dumont souligne que « la motoculture et le machinisme agricole sont immédiatement applicables en France, si nous savons utiliser chaque instrument sur une surface suffisante ». Il évoque en détail le fonctionnement d'une exploitation de 1 400 hectares d'un seul tenant en Tunisie. L'exploitation paysanne cultivée par l'agriculteur et sa famille, aidée au maximum d'un ou deux domestiques, reste peut-être un idéal social, admet-il, « un idéal technique, sûrement pas [38] ».

Les machines.   Les observations faites au moment de l'enquête agricole de 1929 donnent une idée du degré de mécanisation atteint par l'agriculture française dans l'entre-deux-guerres. Dans 1 380 000 exploitations, l'araire a été remplacé par des charrues ou brabants plus perfectionnés. De même, on compte plus de 1 000 000 de faneurs et râteaux à cheval et 1 388 000 faucheuses. En somme, la quasi-totalité des 1 800 000 exploitations

Population agricole

	1921	1926	1931	1936
population totale, en milliers	38 798	40 228	41 228	41 183
pop. agr. active, en milliers	8 951	8 135	7 637	7 141
% pop. act. totale	42	38	36	36
pop. masc. agr. active, en milliers	4 993	4 742	4 447	4 222
% masc. act. totale	39	36	33	34
pop. établissements, totale, en milliers	7 818	7 183	6 792	6 297
salariés, milliers	2 320	2 357	2 126	1 879
% salariés dans la pop. établissements	30	33	31	30

La population active est comptée, armée non comprise. La population agricole inclut les travailleurs des forêts, mais exclut les pêcheurs. La population des établissements exclut les isolés (petits patrons et ouvriers à domicile ou salariés à emploi irrégulier).

SOURCE   Recensement de la population.

---

de plus de 5 hectares se situe au moins à ce degré de mécanisation simple, ce qui représente un très grand changement par rapport à la situation de la fin du XIXᵉ siècle. Seules quelques centaines de milliers d'exploitations ont acquis un matériel plus complexe et plus coûteux. On ne compte que 322 000 semoirs mécaniques, et 420 000 moissonneuses-lieuses. Tandis que, malgré le faible coût de la main-d'œuvre locale, la céréaliculture d'Afrique du Nord n'hésite pas à employer des moissonneuses-batteuses (il y en a 400 en Algérie), celles-ci ne sont qu'une centaine en métropole.

L'agriculture française en reste à l'utilisation de machines à traction animale. Dans les années 30, de nouveaux types de machines de récolte munies de moteurs auxiliaires font leur apparition. Mais le problème de la motorisation de l'agriculture n'est pas à l'ordre du jour. Même si l'on compte 27 000 tracteurs, ce qui implique que la quasi-totalité des exploitations les plus grandes en possède au moins un, l'usage de la traction mécanique reste limité. En 1923, Henri et Joseph Hitier notaient qu' « avec le prix élevé de l'essence, l'hectare travaillé au tracteur revenait sensiblement plus cher que travaillé par les attelages » et affirmaient que le vrai rôle du tracteur, « c'est celui d'instrument de recours [39] ». En 1936, pour R. Dumont, la motorisation totale est une utopie : « Elle ne doit pas être poussée trop loin... il ne faut jamais envisager le remplacement de tous les chevaux par la traction inanimée [40]. »

La version pacifique du char d'assaut ne quitte pas les grandes plaines du Nord. Fin des années 20.

Il est vrai que les fabricants de tracteurs, français ou étrangers, produisent alors un matériel lourd, proche parent du char d'assaut, totalement inadapté aux besoins de plus de 80 % des exploitations, trop petites pour utiliser de tels engins.

Quant aux machines, l'essentiel de l'effort d'adaptation du progrès technique aux structures des exploitations est effectué par une myriade de fabricants locaux qui s'attachent à perfectionner la série d'instruments correspondant aux conditions particulières de la petite région où ils exercent leurs talents. Les mécaniques qu'ils proposent au marché local cherchent à respecter l'organisation courante du travail agricole et remettent le moins possible en cause les relations de l'exploitation avec le système économique général.

La mécanisation est avant tout adoptée comme substitut de la main-d'œuvre qui disparaît. Si elle entraîne une croissance du rendement et de la production globale, c'est par un effet secondaire du mouvement que provoque l'appel de main-d'œuvre hors de l'agriculture.

... Même si elles prennent des formes originales : locomobile actionnant une charrue-treuil. Brie, 1936,

les tentatives de passage à la traction mécanique restent encore très limitées (1919)...

Seule la petite mécanisation progresse : râteau mécanique, 1919.

Le Petit Journal agricole, 1927.

Cette mécanisation du travail agricole n'est cependant pas négligeable. La valeur du parc de matériel à la disposition de l'agriculture française qui, en 1910-1914, était estimée entre 2 et 6 milliards de francs selon les auteurs, se serait élevée à 33 milliards vers 1925 et 50 milliards en 1938. Elle aurait donc au moins doublé en valeur constante d'une avant-guerre à l'autre. L'agriculture commence ainsi à s'engager dans des systèmes de production qui la transforment en un vaste marché potentiel pour de nouvelles industries. Mais l'industrie française de la machine agricole n'a pas les moyens de précipiter à son profit l'évolution des techniques agricoles et de bouleverser l'appareil productif traditionnel.

A l'inverse, l'industrie chimique, déjà beaucoup plus concentrée, va trouver dans l'agriculture des débouchés croissants. Elle y réalisera des profits substantiels, tout en restant fidèle aux habitudes du capitalisme français peu soucieux d'aventure et désireux avant tout de limiter et de contrôler les initiatives des pouvoirs publics.

chimie : des bénéfices plus que des bienfaits

A la veille de la crise, l'agriculture française utilise un bon tiers d'éléments fertilisants de plus qu'au lendemain de la guerre. Malgré la stagnation des échanges marchands au début des années 30, et le recul corrélatif de la consommation d'engrais, le tonnage global de 1938 dépasse de 5 % celui absorbé en moyenne entre 1924 et 1929, et il est 2 fois plus important que celui de 1913.

D'autre part, le paysan français maîtrise beaucoup mieux les techniques de fertilisation. Avant la guerre, il se bornait le plus souvent à répandre du superphosphate ou des scories, ce qui explique que l'acide phosphorique représente, en 1913, les trois quarts du tonnage d'éléments fertilisants consommés par l'agriculture. Entre 1920 et 1938, aidé par la propagande des Potasses d'Alsace redevenues françaises et par celle du cartel des fabricants d'azote, il apprend à réaliser une fumure équilibrée. Tandis que les apports d'acide phosphorique restent stables (441 000 tonnes en 1938), ceux de potasse sont multipliés par trois (ils atteignent 288 000 tonnes en 1938), ceux d'azote par plus de deux (218 000 tonnes en 1938). Là encore, les habitudes changent, un nouveau modèle de production se met en place. Mais la transformation est lente puisque subsistent les écarts notés avant 1914 entre la France et ses voisins européens.

En 1933, au congrès de l'industrie et de l'agriculture françaises, le directeur général de la Société des agriculteurs de France souligne que la France consomme à l'hectare le tiers des engrais potassiques et à peine la moitié des engrais azotés utilisés en Allemagne. La même année, l'*Annuaire des engrais* indique que l'on consomme à l'hectare, en Belgique 7 fois plus, en Hollande 5 fois plus, en Allemagne 3 fois plus d'azote qu'en France. En 1938, la situation ne s'est pas améliorée.

En l'absence de tout enseignement professionnel sérieux, l'accroissement de la consommation d'engrais est obtenue surtout par l'action de propagande et de publicité des marchands et fabricants d'engrais chimiques. Après la mise en sommeil des offices agricoles départementaux, cette action commerciale sera pratiquement la seule action de vulgarisation visant à transformer les techniques de production agricole, montrant ainsi à quel point, même quand les pouvoirs publics renoncent à prendre directement en charge la modernisation et le progrès, les industriels fournisseurs de l'agriculture restent les agents les plus intéressés et les plus actifs de la propagation de ce progrès.

Le Syndicat national de propagande pour développer l'emploi des engrais chimiques est créé dès le 27 juillet 1920. Il multiplie les éditions de brochures techniques, les distributions de matériel pédagogique pour les écoles, les jeux de patience visant à apprendre aux enfants la nécessité d'une fumure chimique équilibrée. Il réalise même des documentaires filmés. De leur côté, en 1929, « les chemins de fer de l'État eurent l'idée de vulgariser l'emploi des engrais et des semences sélectionnées dans le but d'intensifier la production agricole et d'augmenter ainsi le tonnage de marchandises à transporter [41] ». Un train exposition parcourt le réseau d'État. 10 000 pancartes sont placées dans les gares. Le train circule dans 20 départements, s'arrête dans 134 gares, reçoit 50 000 visiteurs dont un bon tiers suivent les conférences de vulgarisation organisées à l'occasion. Parallèlement les fabricants, et notamment le Comptoir de l'azote, multiplient les champs d'expériences. Les protège-cahiers et buvards à la marque des Potasses d'Alsace ou des Engrais d'Auby atteignent les écoles les plus éloignées. Le marché s'ouvre, la propagande s'avère payante, sans qu'il soit nécessaire à l'industrie d'utiliser le meilleur argument de vente dont elle aurait pu disposer : une substantielle baisse du prix relatif de ses produits.

Développer les ventes.

Le prix moyen des engrais phosphatés est en 1927-1929, à l'indice 560 sur une base 100 en 1911-1913. Le prix des engrais azotés est à l'indice 460, le prix des engrais potassiques à l'indice 400. De son côté, l'indice des prix des produits agricoles est aux environs de 500. En somme, le doublement de la consommation, l'accroissement considérable des fabrications, la mise en œuvre de sources d'approvisionnement nationales nouvelles (Potasses d'Alsace), de procédés plus productifs (azotés de synthèse), tout cela n'a en rien entraîné une baisse des prix relatifs.

Le jeu de la loi de l'offre et de la demande est parfois bien subtil mais ses résultats sont clairs : « En 1927, avec un capital

Moissons près de Châteaulin, Finistère, 1920.

Le petit paysan demeure l'homme à la faux, 1932.

Dès 1919 dans le Bassin parisien, la fameuse annonce des temps nouveaux : moissonneuse-javeleuse à Chelles, 1919, et...

les premiers temps du semoir mécanique, en Bretagne, 1920 (à droite).

Mais le geste auguste du semeur anime encore le paysage. Ile-de-France, 1930.

Le battage mobilise...

... la parenté et le village.
Châteaulin, 1920.

de 36 000 000, la Société de Gafsa (phosphates) a distribué 26 326 858 francs de bénéfices [42]. » La même année Kuhlmann distribue un dividende de 40 francs par action de 100 francs. La recherche du profit n'est pas incompatible avec les taux de croissance modérés de la production agricole. Sans doute, « la routine paysanne » a-t-elle freiné la diffusion des bienfaits de la chimie agricole. Elle n'a pas, en tout cas, mis en péril les bénéfices des sociétés industrielles directement intéressées.

Dans le domaine de la fabrication des engrais azotés, celles-ci ont même su agir pour que les bouleversements techniques qu'il leur fallait mener à bien soient accomplis sans que les intérêts en place s'en trouvent menacés.

Jusqu'en 1914, la principale source d'azote restait le nitrate de soude importé du Chili. La guerre fournit la preuve que la société allemande BASF a réussi à mettre au point un procédé industriel de synthèse de l'azote de l'air, qui ouvre une source inépuisable de matière première pour la fabrication des explosifs, aussi bien que des engrais.

Les grandes sociétés françaises, directement intéressées (Saint-Gobain, Kuhlmann, etc.), fondent, dès la cessation des hostilités, une société d'étude de l'azote qui cherche à acquérir les procédés BASF. Soucieux des intérêts du pays, le 11 novembre 1919, le gouvernement passe une convention avec la société allemande en vue de la construction d'une usine d'azote synthétique. Mais, entre-temps, Saint-Gobain a quitté la société d'études pour miser sur le développement d'une technique de synthèse différente mise au point par un ingénieur français (Georges Claude).

Assurer les bénéfices. Les négociations entre Saint-Gobain et Kuhlmann durent toute l'année 1920. Malgré les pressions gouvernementales, l'entente ne peut être conclue, car Saint-Gobain exige « le droit à la fourniture de la moitié des engrais ammoniacaux consommés en France, et s'il n'est pas en mesure de les fournir, un droit à une ristourne sur toute quantité livrée par l'autre groupement [43] ».

A partir de janvier 1921, les sociétés privées se montrent encore plus réticentes car le gouvernement décide que l'usine à construire doit être localisée dans une région moins exposée que les environs de Lens aux conséquences possibles d'une nouvelle guerre. Le 13 mars 1921, c'est au tour de la société Solvay de se retirer pour rejoindre une autre combinaison patronnée par la General Chemical américaine.

« Les établissements Kuhlmann, isolés entre deux groupes disposant de ressources considérables, se refusèrent (alors) à assurer seuls la responsabilité financière de réunir les capitaux importants nécessaires à l'exploitation du contrat passé par l'État avec BASF [44]. »

La loi portant approbation de la convention et création d'une usine aux frais de l'État vient en discussion à la Chambre en 1922. Le texte adopté offre le choix entre une formule qui reviendrait à faire réaliser les dépenses par l'État pour mieux privatiser les bénéfices, et la remise de l'usine au Service des poudres au cas où la société ne pourrait être mise sur pied. En mars 1924 au Sénat, le rapporteur de la loi cherche à éviter aussi bien « la formule anti-étatiste absolue qu'une formule étatiste à l'excès [45] ». Il propose de créer un Office national industriel de l'azote pour mettre en service et faire fonctionner l'usine prévue à Toulouse. Malgré un dernier baroud d'honneur de certains sénateurs qui défendent les intérêts des sociétés chimiques et vont jusqu'à déclarer qu' « une usine d'État paralysera toute l'industrie [46] », le projet est adopté. L'ONIA fonctionnera sans trop de difficultés, d'autant que la commercialisation de ses produits se fera par l'intermédiaire du Comptoir français de l'azote où Saint-Gobain et Kuhlmann ont le rôle dirigeant.

Il aura donc fallu attendre cinq ans pour que la convention soit approuvée, quinze ans pour que l'industrie nationale des engrais azotés, qui ne fournissait que 25 % de notre consommation en 1913, assure enfin 85 % de notre approvisionnement.

Mais nous sommes alors en pleine crise, la consommation régresse, des quotas d'importation ont été imposés, le marché est partagé entre l'usine d'État et les usines privées ; la bataille fait rage entre les intérêts agricoles et les industriels de l'azote coalisés pour déterminer l'ampleur des baisses à consentir sur les prix des engrais. Celles-ci resteront modestes.

Dès qu'on évoque avec quelques précisions un cas concret, comme on vient de le faire pour le développement de la fabrication de l'azote de synthèse, les rapports agriculture-industrie, ou plutôt les rapports État-agriculture-industrie, perdent la simplicité caricaturale sous laquelle on les représente habituellement. On ne peut plus les réduire en effet à l'opposition manichéenne entre, d'une part, la routine paysanne et le manque d'esprit d'entreprise des industriels français et, d'autre part, des aspirations confuses et supposées universelles au progrès des sciences et des techniques. Dans notre système économique, la diffusion des innovations n'est pas commandée par des problèmes psychologiques. Elle se développe dans des conditions économiques et sociales qui évoluent, en fin de compte, dans la mesure où sont ainsi garanties des occasions de profit.

Au travers de toutes ces péripéties, la transformation des techniques de production a effectué un pas décisif. Le recours aux méthodes de production intensive s'est développé. A l'achat occasionnel d'une charrue brabant ou d'une moissonneuse, s'ajoutent désormais les dépenses annuelles d'engrais. Dans leur quasi-totalité les exploitants apprennent ainsi, sans doute avec réticence, à accroître leurs dépenses en vue d'augmenter leurs recettes.

Les dépenses totales d'engrais qui, selon les sources, se situaient entre 141 et 265 millions avant la guerre de 1914, retrouvent cette valeur en francs constants vers 1924. Au début des années 30, elles atteignent 1 900 millions de francs courants, soit 50 % d'augmentation; elles se fixent, selon Joseph Klatzmann, à 2 900 millions de francs en 1937-1939, soit au moins trois fois plus en francs constants que durant les années 10. Dans le même temps, la dépense totale de l'agriculture, qui dépassait quelque peu 10 % du produit final en 1911-1913, ne cesse de croître malgré la crise, pour atteindre approximativement 20 % du produit final en 1938 *.

Un tel accroissement des dépenses consenties pour assurer la production pose des problèmes financiers à bon nombre d'agriculteurs.

l'épargne avant l'investissement

Principale institution financière travaillant avec l'agriculture, le système de Crédit agricole mutuel [47] enregistre ce changement et commence enfin à connaître un développement à la mesure des espoirs de ses fondateurs. Son succès n'est cependant assuré que grâce au soutien très actif des pouvoirs publics, car la masse des paysans ne cherche pas encore à utiliser sa propre épargne pour moderniser l'agriculture.

Évolution des dépôts et des prêts en cours au Crédit agricole mutuel
en millions de francs courants et au 31 décembre de l'année

	1922	1926	1930	1934	1938
solde des dépôts	47	269	968	1 141	1 639
prêts court terme	126	299	784	1 248	3 783
prêts moyen terme	15	132	608	838	617
prêts long terme,					
individuels	103	307	678	1 067	952
collectifs	73	168	489	818	940

SOURCE   1922 et 1926 : Rapports sur les opérations des caisses régionales du Crédit agricole mutuel. 1930, 1934 et 1938 : Statistique agricole annuelle, Récapitulatif 1930-1965.

* Dans ce volume global de dépenses la part prise par les syndicats et coopératives d'approvisionnement a crû avec une vitesse encore plus grande. M. Augé-Laribé évalue à plus de 800 millions les achats effectués en 1925-1926 par les agriculteurs auprès de leurs organisations coopératives. En ce sens, le développement du réseau coopératif apparaît comme une condition de l'ouverture du secteur agricole aux secteurs industriels qui lui fournissent des moyens de production.

Sans doute les prêts du Crédit agricole touchent-ils un nombre de plus en plus grand d'entre eux. « La dotation et les redevances versées par l'État au titre du crédit agricole, qui pendant longtemps étaient restées en partie inemployées, ne suffisent bientôt plus à satisfaire les demandes d'une clientèle accrue... Dès lors, le Crédit agricole entre dans l'ère des crédits budgétaires [48]. » Mais ces prêts sont, soit des courts termes qui visent à faciliter les opérations de trésorerie de la minorité d'exploitants travaillant principalement pour le marché, soit des longs termes grâce auxquels les agriculteurs acquièrent ou conservent la propriété de leur exploitation. Le moyen terme est encore moins développé dans l'agriculture que dans le reste de l'économie. La préoccupation majeure reste la conquête de l'indépendance totale grâce à l'appropriation d'un lopin, ou de quelques hectares supplémentaires. Ce trait essentiel des engagements financiers acceptés par le monde agricole entre les deux guerres apparaît encore plus nettement si l'on cherche à faire le bilan de la totalité de l'endettement agricole à cette époque. En 1936, selon Madeleine Degon [49], sur les 9 milliards et demi d'emprunts en cours, 2 milliards sont fournis par le crédit foncier et 3 milliards sont constitués par des « dettes hypothécaires privées ou obligations notariées portant hypothèques ». En ajoutant le milliard de longs termes individuels du Crédit agricole mutuel, c'est près des deux tiers de l'endettement total qui concernent les transactions sur le sol. Ainsi se trouvent mesurées aussi bien la faiblesse des engagements consentis pour la modernisation de l'appareil productif que la principale particularité de l'agriculture, sans cesse confrontée à un problème foncier que l'évolution du système social laisse entier.

Après 1934, la crise provoque un tassement des engagements à moyen terme mais on assiste à un développement important des courts termes et des longs termes collectifs, conséquence directe de l'intervention de l'État sur le marché des céréales. Les longs termes collectifs financent le développement du réseau coopératif qui a pris en charge la commercialisation du blé, et la plus grosse partie des nouveaux courts termes sont des prêts consentis pour le paiement de cette récolte dès sa livraison.

A la veille de la guerre, l'agriculture n'utilise pas le crédit mutuel et encore moins les autres banques pour transformer les conditions de la production. Qui plus est, les emprunts qu'elle se résout à effectuer ne mobilisent même pas les ressources qu'elle fournit grâce à ses dépôts. Même s'ils ne représentent qu'une faible part de la masse monétaire mise en mouvement par la commercialisation des produits agricoles, ces dépôts croissent pourtant à un rythme très rapide, dès les années 20. Les soldes de dépôts sont dès 1926 égaux aux engagements à court terme, et cet équilibre ne sera détruit que par l'instauration du système de financement qui consolide après 1936 l'action de l'Office du blé. Techniquement, rien n'empêchait donc les caisses de crédit d'asseoir sur leurs ressources propres une politique de crédit plus dynamique, au moins pour le court terme. Or il n'en a rien été : « Trouvant auprès des organismes gouvernementaux des capitaux à bas intérêt pour effectuer leurs opérations de court terme, elles ont préféré faire bénéficier leur clientèle de cet avantage et devenir pour elle des instituts d'épargne plus que des caisses mutuelles de crédit... C'est donc dans des achats de titres que fréquemment elles trouvaient l'emploi de leurs excédents de dépôt [50]. »

Ce comportement, que beaucoup ne manquent pas d'interpréter comme la preuve du mauvais vouloir de la paysannerie face à la nécessaire modernisation de l'agriculture, n'a rien d'aberrant. Pour la plus grande partie des déposants, l'ouverture d'un compte au Crédit agricole est alors une opération de même nature que la possession d'un livret de caisse d'épargne. On ne tire sur ce trésor que dans les cas extrêmes, jamais pour le fonctionnement quotidien de l'exploitation. Ce comportement d'épargnant et non d'investisseur n'est pas limité aux zones d'agriculture traditionnelle où les paysans vivent repliés sur l'exploitation familiale. Ainsi, deux caisses de crédit reçoivent, à elles seules, près du quart de l'ensemble des dépôts, d'une part la caisse du Loir-et-Cher qui bénéficie des rentrées d'argent des producteurs de céréales de la Beauce aussi bien que de celles des primeuristes et vignerons de la vallée de la Loire, d'autre part la caisse d'Avignon, approvisionnée, elle aussi, par la vigne, les fruits et les primeurs. Or, les prêts à court et moyen terme en cours au 31 décembre 1932 dans ces deux caisses atteignaient à peine un quart de leurs disponibilités ; le reste avait été placé en titres divers.

Ainsi se perpétuent les liens particuliers qui se sont établis en France au cours du XIXᵉ siècle entre l'agriculture, le capitalisme industriel et l'État, liens que l'intégration de plus en plus complète de tous les producteurs agricoles aux systèmes

Le paysan apprend à s'organiser pour vendre. Beurre au départ de la coopérative de Nieule-sur-l'Autize, Vendée, 1930.

Mais les marchés traditionnels restent prépondérants.

La livraison des artichauts, Saint-Pol-de-Léon ,Finistère, 1925.

d'échanges et aux circuits monétaires n'altère pas fondamentalement. Supposée à l'écart du système capitaliste et de ses
contraintes, l'agriculture reste pour le système global une
source d'épargne, non une zone d'investissements. L'État
quant à lui se borne à accompagner l'évolution d'un appareil
productif que le capitalisme industriel n'a pas encore reconnu
comme un débouché privilégié pour les biens qu'il fabrique.

Malgré une importante amorce de transformation de cet
appareil productif, le modèle économique hérité du XIXe siècle,
qui attend de l'agriculture non seulement des produits agricoles en quantité aussi grande que possible mais aussi les
hommes et surtout l'épargne dont le reste de l'économie a
besoin, structure toujours la société française.

Les efforts entrepris pour modifier les méthodes de production en agriculture, et donc les liaisons avec le reste de l'économie, ont en partie échoué parce que la place de l'agriculture
dans la structure économique nationale ne peut évoluer sans
que changent en même temps les relations de la France au
système économique mondial. Or depuis 1920, celui-ci n'a pu

Le marché aux cerises à Avignon, années 20.

ni retrouver l'équilibre dynamique qui guidait son développement dans les années 10, ni être réorganisé autour de nouveaux pôles. Cette permanence du déséquilibre se manifeste entre autres, et de manière spectaculaire, après 1929 sur les marchés internationaux, tout particulièrement sur ceux des produits agricoles. Ainsi bloquée dans son développement, l'agriculture française passe d'une période de reprise et d'expansion brillante dans les années 20 aux difficultés économiques, politiques et sociales qui secouent le monde rural comme le reste de la société dans les années 30.

une dépendance inchangée

Selon Jean-Claude Toutain [51], la production agricole française rattrape vers 1925 son niveau d'avant la guerre. Elle connaît, jusqu'au début des années 30, des taux de croissance annuelle dépassant 2 % et supérieurs aux meilleures performances jamais enregistrées dans le passé, mais le marasme qui s'installe à la suite de la crise et jusqu'à la veille de la guerre, sans interrompre cette croissance, ramène son taux à un rythme comparable à celui enregistré durant la crise des années 1880 (0,34 en moyenne de 1885 à 1894).

Au total, et pour l'ensemble de la période, la vitesse moyenne de croissance de la production agricole finale dépasse 1 % par an, chiffre rarement atteint auparavant. Mais au cours des vingt années séparant les deux guerres mondiales, la population totale croît de 7 %, et le volume de produits agricoles de tous types, nécessaires aussi bien à l'alimentation des Français qu'au fonctionnement de l'industrie nationale, augmente de 20 % ; il voit en outre sa structure évoluer considérablement.

Avant la guerre, les produits végétaux constituaient 55 % du volume de produits agricoles consommés ; ils dépassaient donc en importance les produits animaux ; de leur côté, les produits exotiques de base (café, thé, cacao, caoutchouc et coton) ne représentaient que 4,5 % du total. En 1935-1938, en francs constants, les produits exotiques de base ont doublé d'importance (9 %) ; les produits animaux (45,4 %) dépassent de peu les produits végétaux (45 %).

Ces transformations structurelles, comme d'ailleurs l'essentiel de la croissance du volume des produits consommés, sont réalisées avant 1935. La période 1935-1938 est une période de stagnation générale pendant laquelle la croissance des consommations de produits animaux se ralentit.

Face à cette évolution des besoins en produits agricoles, le développement de la production nationale est tout juste suffisant pour maintenir l'équilibre global qui existait dans les années 10.

Croissance de la production, en millions de qx
(sauf vin : millions d'hl)

	1905-1914	1920-1924	1925-1934	1935-1938
céréales	154,92	130,57	145,91	139,95
dont froment	87,97	67	74	71
pommes de terre	117,85	101,84	131,54	138,08
vin	52,79	62,95	56,87	58,60
viande	15,35	14,90	16,32	17,37
beurre, fromage	3,44	3,90	4,43	4,90
laine	0,34	0,18	0,18	0,17
oléagineux	1,23	0,74	0,58	0,50
lin, chanvre	0,32	0,20	0,23	0,26

SOURCE   J.-C. Toutain, *Histoire quantitative de l'économie française*, 1961, p. 13-16.

Estimée en francs constants, la production agricole finale atteint, dès 1920-1924, 83,2 % de la consommation totale de produits agricoles, retrouvant ainsi la place qu'elle occupait avant la guerre. Dans la décennie qui suit, la production régresse si on tient compte des besoins en produits exotiques de base et se maintient si on écarte ces derniers. Après 1935, enfin, elle prend une importance au moins égale à celle des années 1910-1913 ou même légèrement supérieure si on ne raisonne que sur les produits non exotiques.

Globalement, la France de l'entre-deux-guerres n'a vu ni s'accentuer ni se réduire sa dépendance extérieure en matière de produits alimentaires. Les évolutions divergentes des principales branches de production n'ont pas permis d'atteindre l'objectif d'autosuffisance nationale qui paraissait si important en 1917.

De 1920 à 1938, les céréales, et tout particulièrement le froment, ne retrouvent à aucun moment leur production moyenne d'avant la guerre. Les productions traditionnelles destinées à l'industrie (laine, oléagineux, textiles) continuent à disparaître pour faire place aux produits exotiques. En revanche, le vin, les pommes de terre, tous les produits animaux, sont fournis par la métropole dans des quantités supérieures, et de loin, à celles d'avant la guerre.

Il en va de même pour les œufs (plus de 30 % en 1925-1934 par rapport à 1905-1914) et pour les fruits et légumes. Toutefois, les branches de production qui ont le plus progressé (viande, beurre, fromage ou pommes de terre) ne peuvent répondre à la demande intérieure et c'est au contraire dans la production céréalière que la part de la production nationale progresse, tout en ne dépassant guère 90 % de la consommation. Il s'ensuit que, de 1920 à 1936, les céréales figurent constamment dans les cinq premiers postes d'importation, sauf en 1926 et en 1930 où elles occupent respectivement les neuvième et huitième rangs. Elles représentent même notre second poste de dépenses en 1931 et le premier en 1932. Après 1936, elles retrouvent leur place des années 10.

Production métropolitaine dans la consommation nationale
% en quantités

	1905-1914	1920-1924	1925-1934	1935-1938
céréales	90,3	85,8	87,9	93,3
dont froment	84,9	82,7	85	92,2
pommes de terre	100,5	100	99,4	99,5
vin	91,4	92	83,1	82,3
viande	100,2	93,3	95,9	98,6
beurre, fromage	101,1	98,5	98,4	100,2
laine	8,2	6,5	8,3	—
oléagineux	15,8	13	7,6	4,5
lin, chanvre	24	34,7	30,7	57,3

SOURCE   J.-C. Toutain, *Histoire quantitative de l'économie française*, 1961, p. 246 et 250. Statistiques douanières.

Nous continuons à dépendre de sources d'approvisionnement extérieur pour les céréales. De même, notre dépendance s'est fortement accrue en ce qui concerne le vin. Les achats de ce produit qui n'occupaient que le septième ou huitième rang de nos dépenses à l'importation avant 1914, sont au troisième rang en 1931, 1932 et en 1936, 1937 et 1938, au deuxième rang en 1934 et 1935, au premier rang en 1933. Ils prennent alors une telle importance que l'Algérie devient, grâce à eux, notre deuxième fournisseur en 1932, 1937 et 1938 et le premier de 1933 à 1936, devançant ainsi, à la faveur de la crise, les États-Unis, la Grande-Bretagne et l'Allemagne (nos trois premiers fournisseurs entre 1921 et 1931).

Quant à la production de laine et de graines oléagineuses, elle est totalement abandonnée au profit de l'étranger. Pour tous ces produits, les fournisseurs sont pratiquement les mêmes qu'avant la guerre, mais dans un ordre différent : l'Afrique du Nord nous fournit deux à trois fois plus de céréales (4 à 6 millions de quintaux) que dans les années 10; l'Algérie double progressivement ses livraisons de vin, pour atteindre les 12 millions d'hectolitres; l'Afrique occidentale envoie 5 millions et demi de tonnes d'arachides en coques ou décortiquées en 1938, contre 2 millions en 1913. Ainsi dans nos importations alimentaires, les produits venant des colonies prennent une place deux fois plus importante en 1935-1938 qu'en 1910-1913. Dans toutes ces branches, la division internationale du travail qui prévalait avant 1914 a persisté ou s'est renforcée, surtout dans sa composante « impériale ».

Le lin du Nord, 1931.

En outre, nous n'avons pas pu supprimer le recours au marché mondial de la viande congelée auquel la guerre nous avait contraints. En ce domaine, la dépendance française s'est accrue par rapport à l'immédiat avant-guerre.

Compte tenu des bouleversements que connaît l'économie mondiale et des difficultés que rencontre l'économie française pour retrouver, dans ce système qui se délabre, une place aussi avantageuse que celle qu'elle occupait aux environs de 1910, le maintien de notre dépendance alimentaire met en péril notre équilibre extérieur.

Selon les statistiques douanières, entre 1910 et 1913 les échanges portant sur des « objets d'alimentation » se soldaient par un déficit de l'ordre de 1 milliard de francs courants qui représentait à peu près les deux tiers du déficit de notre balance commerciale. Entre 1920 et 1923, le déficit de nos échanges alimentaires a atteint 4 milliards de francs, alors que notre déficit commercial total variait entre 2 et 3 milliards. Dans les années 1924 à 1928 où notre balance commerciale est généralement excédentaire, le déficit des échanges d'aliments varie entre 5 et 8 milliards, soit plus de deux fois l'excédent final.

Après 1929, tandis que nos échanges extérieurs diminuent *Un déficit* considérablement en francs courants, notre balance commer- *qui se creuse.* ciale devient déficitaire à un niveau qui se stabilise aux environs de 10 milliards de francs. Jusqu'en 1934, le déficit des échanges d'aliments variant entre 6 et 9 milliards représente généralement près de 80 % du déficit total. Ce n'est qu'entre 1934 et 1938 que le déficit des échanges d'aliments retrouve une place un peu plus réduite que celle qu'il occupait entre 1910 et 1913. Il atteint la moitié du déficit total. A part ces trois années, le déficit de nos échanges agricoles paraît ainsi jouer un rôle déterminant dans l'affaiblissement de nos positions extérieures.

Si l'effort de transformation des méthodes de production entrepris dans les années 20 n'a pas fondamentalement changé la place relative de la production nationale et de l'approvisionnement extérieur dans la satisfaction des besoins alimentaires des Français, il a cependant été assez important pour poser des problèmes considérables d'écoulement de la production nationale. Au grand scandale des paysans et de l'opinion publique, les conditions prévalant sur les marchés mondiaux, jointes aux limites imposées au développement de la demande solvable de produits agricoles par la répartition des revenus existant dans les années 30, ont provoqué l'encombrement des marchés et l'apparition de surplus invendables qu'il faut se résigner à détruire.

Pour que la dépendance extérieure s'atténue, il faudrait que la production augmente encore. Une telle évolution exigerait des moyens techniques et financiers plus importants. Elle impliquerait surtout que se développe le caractère marchand de toutes les exploitations agricoles. Mais les conditions de fonctionnement des marchés suscitent déjà la crainte ou la colère de bon nombre d'agriculteurs et beaucoup croient raisonnable de préserver une base d'autosubsistance qui leur apparaît comme leur meilleure protection contre la misère.

En 1928 un observateur étranger peut encore écrire : « La ferme française moyenne n'est pas organisée sur une base commerciale, c'est plutôt un domaine familial conçu pour satisfaire autant que possible les modestes exigences de la famille de l'exploitant, aussi n'est-elle pas suffisamment capitalisée pour permettre une gestion efficace de type commercial [52]. »

Et pourtant, sous le vieux système autarcique, l'économie d'échange marchand ne cesse de progresser [53]. De plus en plus le travail de l'agriculteur et de sa famille est utilisé pour créer des biens qu'il lui faut vendre de façon à acheter ce dont il a besoin. Lentement l'agriculture française sort de l'autosubsistance. Toutefois, en 1938, le tiers de la viande de porc, plus du tiers du lait et des produits laitiers, 40 % des œufs sont autoconsommés, ainsi que près de 20 % de la récolte de vin et même plus de 10 % de celle de blé. Reste à préciser par quels circuits les quantités qui ne sont pas retenues pour l'autoconsommation sont livrées aux consommateurs.

le règne du marchand de grain se termine

L'évocation des marchés agricoles renvoie généralement à une mythologie à double face. Qu'il s'agisse du marché aux volailles d'un chef-lieu de canton, du marché au blé de Chicago ou du carreau des Halles, l'impression qui prévaut est celle d'une large confrontation entre vendeurs et acheteurs, proche de la concurrence parfaite. Mais dans le même temps, du négociant en vins ou en grains au commissionnaire à La Villette, s'impose l'image de spéculateurs qui prélèvent des rentes abusives au détriment du consommateur en profitant de ce que les produits agricoles restent « livrés aux hasards d'une liberté désordonnée [54] ».

Ces deux images ne sont contradictoires qu'en apparence. Ensemble, elles rendent fidèlement compte de l'organisation qui a longtemps été la règle dans le commerce des produits agricoles.

Depuis les débuts de l'expansion urbaine et industrielle, le problème de la distribution des produits agricoles n'a cessé d'être celui du rassemblement en un flux régulier, aux qualités les mieux définies possibles, d'une multitude de livraisons individuelles, de taille comme de qualité très variables et dont la régularité même ne pouvait être garantie.

Pour parer aux aléas de l'approvisionnement et remédier aux difficultés de transport, s'est constituée dans chaque branche une pyramide d'intermédiaires telle que jamais un acheteur ne dépend d'un seul vendeur ; il a toujours la possibilité de trouver chez un concurrent le produit qui peut momentanément manquer chez son fournisseur habituel.

Qu'il s'agisse du blé, du vin, des produits laitiers, de la viande, ou des fruits et légumes, dans chaque canton, quelques centaines de producteurs trouvent en face d'eux quelques négociants qui eux-mêmes font face ou sont soumis à un nombre encore plus réduit de commerçants en gros d'un centre urbain important. Ces derniers, au nombre de quelques dizaines au maximum, savent à la fois assurer la régularité d'approvisionnement du marché central qu'ils contrôlent et protéger leur rente de situation. Ce dispositif est peut-être coûteux pour la collectivité, mais nécessaire aussi longtemps qu'une situation de relative pénurie tend à régner sur le marché.

Ce système est particulièrement développé dans le domaine de la commercialisation des viandes. Selon l'Association générale des producteurs de viande, à la sortie de l'exploitation agricole, « l'animal est vendu à un marchand ou courtier qui le transporte sur le marché du grand centre destinataire : Paris, Lyon, Saint-Étienne, Marseille, etc. pour y être vendu, le plus souvent par les soins d'un commissionnaire, au boucher en gros dit *chevillard* (du nom des chevilles où il suspend les demi-bœufs) qui le fait abattre et approvisionne à son tour les détaillants. Donc là, quatre intermédiaires... Nous n'envisageons pas le cas où l'animal passe sur un même marché dans plusieurs mains consécutives, faisant l'objet d'une spéculation... qu'on appelle ici le *regrat* [55]. »

Tout ce système fonctionne en mettant en jeu l'habileté des participants à apprécier sur l'animal vif son rendement probable en viande. C'est ainsi qu'une « bande composée de quatre bœufs limousins et quatre bœufs charolais (ayant été) achetée 38 000 francs à un commissionnaire par un chevillard..., le vendeur estimait avoir vendu le kilo de viande nette 10,60 francs, alors que l'acheteur estimait l'avoir payé 10,75 (au total, le rendement de ce lot mettait le kilo à 10,598 francs). Cela montre à quelle précision un simple coup d'œil peut conduire [56]. »

Le commerce des viandes reste donc un domaine qui échappe à l'action des agriculteurs, même lorsque ceux-ci essaient de se grouper pour contrôler collectivement la vente de leurs produits. Quelques exemples de syndicats de vente existent, notamment dans la Sarthe, mais ils restent très rares [57].

Il est aventureux de parler d'un prix moyen pour des produits aussi hétérogènes que ceux qui transitent par ce marché et sont l'objet d'une telle cascade de transactions. Nous nous bornerons à indiquer que, selon les calculs de J.-C. Toutain, le prix de la viande, qui était en moyenne à l'indice 402 entre 1920 et 1924 sur une base 100 en 1905-1914, avait augmenté

Le jour du marché à Pamiers, Ariège, en 1938.

plus que l'indice général des prix puisque, pour la même période, celui-ci prend une valeur moyenne de 341. Malgré le début de la crise qui fait perdre 22 % au prix du bœuf à La Villette entre mai et décembre 1933, l'indice du prix du kilo de viande atteint, sur la décennie 1925-1934, une valeur record de 744, alors que l'indice des prix est à 528. Entre 1935 et 1938, les effets de la crise sont nets puisque l'indice du prix de la viande retombe à 472, tandis que le niveau général des prix atteint 541. Sur l'ensemble de la période, on ne peut cependant pas dire que l'organisation du marché dessert les éleveurs, qui d'ailleurs ne prennent guère d'initiative pour en changer ou en surveiller le fonctionnement.

L'essor coopératif. Dans le domaine des produits laitiers, les actions collectives des agriculteurs sont plus importantes. Réussite déjà ancienne, l'Association centrale des laiteries coopératives des Charentes et du Poitou retrouve en 1924 ses 80 000 sociétaires de 1913. Elle collecte plus de 3 500 000 hectolitres de lait par an. Grâce à la bonne renommée du beurre des Charentes « fabriqué suivant les techniques industrielles les plus modernes [58] », ses recettes nettes près de cinq fois supérieures à celles d'avant la guerre protègent ses membres contre les effets de la dépréciation monétaire. Cette réussite coopérative, dans le domaine de la fabrication du beurre, reste l'exception. A la fin des années 30, on estime que les 213 millions de kilos de beurre produits se répartissent comme suit : 113 à la ferme, 25 en fromagerie, 75 en laiterie industrielle [59].

C'est à la ferme que se fait l'essentiel de la transformation du lait. Toutefois, les fromages sont souvent produits dans de petits établissements spécialisés de forme industrielle et surtout coopérative.

En ce qui concerne enfin l'approvisionnement des villes en lait, la coopération, qui jouait déjà avant guerre un rôle important sur le marché parisien, progresse autour de Lyon, en Alsace, dans l'Ouest. En 1930, est fondée la Fédération syndicale nationale des coopératives laitières. Ce développement ne rencontre pas toujours la bonne volonté des pouvoirs publics puisqu'on voit même l'administration des Finances poursuivre en 1926 les producteurs de lait pour « coalition irrégulière », tant la lutte contre « la vie chère » passe avant toute autre considération politique.

L'indice moyen du prix du lait reste pourtant constamment inférieur à l'indice général des prix puisqu'il atteint 281 entre 1920 et 1924, 481 entre 1925 et 1934, 512 entre 1935 et 1938 (toujours sur une base 100 en 1905-1914).

Dans l'ensemble, les marchés de produits animaux ne connaissent aucun bouleversement de structure puisque la situation antérieure, caractérisée par une forte pression de la demande, ne subit pas de réelle modification, et qu'en définitive le gouvernement peut se contenter d'intervenir en faisant appel au marché mondial. La situation des marchés du vin et du blé est complètement différente.

Le casse-croûte des vendangeurs, Bourgogne, années 30.

CRÉDIT LYONNAIS
EMPRVNT NATIONAL 1920

Terre de France

Le Petit Journal

ADMINISTRATION
61, RUE LAFAYETTE, 61

Les manuscrits ne sont pas rendus — 31me Année

On s'abonne sans frais
dans tous les bureaux de poste

15 CENT. — SUPPLÉMENT ILLUSTRÉ — **15 CENT.**

DIMANCHE 1er AOUT 1920

Numéro 1.545

ABONNEMENTS

	SIX MOIS	UN AN
France et Colonies	5 fr.	8 fr.
Étranger	6 fr.	10 fr.

Production du Blé en France

	Quintaux de 100 k.
1914	76,936,000
1915	60,630,000
1916	55,700,000
1917	39,482,000
1918	64,000,000
1919	46,630,711
1920	?

Importations du Blé en France

	Quintaux de 100 k.
1914	17,501,190
1915	19,749,481
1916	27,209,317
1917	22,017,332
1918	17,567,630
1919	16,396,395

Prix du Blé
au quintal de 100 Kilos

Année	Prix	
1914	24 à 26 fr.	
1915	30	(loi du 16 Octobre)
1916	33	(loi du 29 Juillet)
1917	36	(Décret du 8 Avril)
"	50	(Décret du 13 Juillet)
1918	75	(Décret du 21 Mai)
1919	73	(Décret du 18 7bre)
1920	100	(loi du 2 Juillet)

LE BLÉ

De 1914 à 1920 : Le prix du Blé et les chiffres de la production nationale et des importations de l'Étranger

En ce qui concerne le vin, si les premières années de l'après-guerre sont assez favorables aux producteurs qui voient l'hectolitre de vin du Midi passer de 98 francs en 1921 à 190 en 1926, une succession de bonnes récoltes et le développement du vignoble d'Afrique du Nord ne tardent pas à faire régner sur le marché une surproduction chronique. Les prix tombent de 154 francs l'hectolitre en 1929 à 128 en 1932 et même 64 en 1935. Aux yeux des vignerons, le réseau de négociants traditionnels, loin d'atténuer les effets de la crise, semble au contraire les aggraver dans la mesure où il leur paraît jouer à la baisse. Grâce aux efforts des « députés du vin », les gouvernements successifs doivent alors s'engager dans une politique de soutien des cours et d'organisation du marché.

Non content de faire campagne pour développer la consommation de vins ordinaires, ou de créer des confréries pour servir la propagande des vins de cru (chevaliers du Tastevin, par exemple), le gouvernement en arrive à tenter de réduire la production en proposant des primes d'arrachage. Surtout, il cherche à contrôler la mise en marché des récoltes et il pousse à la destruction par distillation des stocks invendus. Pour asseoir cette politique, l'établissement d'un réseau de coopératives de vinification, permettant de mieux contrôler les quantités produites, devient un élément fondamental de la politique de contrôle du marché. Le nombre de ces coopératives passe de 92 en 1920 à 239 en 1926 et 834 en 1939.

Une évolution du même ordre peut être observée sur le marché du blé. Jusqu'à la crise de 1929, le développement des coopératives de vente de céréales reste très faible. La puissance du négoce privé entraîne même parfois de sérieux déboires pour les promoteurs de la coopération agricole. A partir de 1929, une série de récoltes excédentaires, conjuguée à l'effondrement des prix mondiaux, pousse les producteurs de céréales à se grouper pour limiter les effets de la spéculation à la baisse dont ils sont victimes. Le quintal de blé, qui était payé 70 francs en 1921 et avait atteint 183 francs en 1926, tombe en effet à 134 francs en 1929, 117 en 1932, 74 en 1935.

Une fois créé l'Office national interprofessionnel du blé [60], le mouvement coopératif, puissamment aidé par les pouvoirs publics, se développe rapidement. Alors qu'elles étaient 650 en 1935, on compte, en 1939, 1 100 coopératives céréalières qui ramassent 85 % du blé vendu par les agriculteurs et préfinancent la récolte grâce aux prêts à court terme du Crédit agricole mutuel. Le règne du marchand de grain, tout-puissant dans son canton, touche à sa fin. La surproduction l'a rendu anachronique.

Comme pour la viticulture, l'État a été conduit à utiliser le mouvement coopératif, à susciter même son développement, pour trouver dans les représentants du monde agricole les intermédiaires qui lui permettent de contrôler le développement économique du secteur.

L'entre-deux-guerres dégage ainsi peu à peu les bases d'une nouvelle articulation entre l'agriculture et ses clients dans laquelle l'État joue un rôle croissant; elle voit également se développer, entre l'exploitation agricole et les consommateurs, un appareil industriel qui met sur le marché une quantité croissante de produits nouveaux ou qui reprend à son compte une partie du travail effectué autrefois à la ferme. Selon Louis-André Vincent [61], l'ensemble des entreprises qui composent la branche des industries agricoles et alimentaires de la comptabilité nationale voient leur production de 1928 dépasser de 25 % celle de 1913. Du fait de la crise, leur croissance se ralentit dans les dix ans qui suivent puisque la production de 1938 ne dépasse celle de 1928 que de 6,5 %.

Dans l'ensemble, ces industries ont cependant augmenté leur production de plus du tiers, d'un avant-guerre à l'autre. Ce sont les conserves de viande qui connaissent la croissance la plus spectaculaire; la production augmente de près de cinq fois entre 1913 et 1938. Viennent ensuite les biscuiteries et fabriques de produits de régime dont la production est multipliée par 3,5, l'industrie du lait et celle des pâtes alimentaires qui fait plus que doubler sa production, les conserveries de poisson, les confitureries et conserveries de légumes, l'industrie de la confiserie et de la chocolaterie. La production de l'ensemble des industries agricoles et alimentaires croît de 1913 à 1938, deux fois plus vite que la production agricole.

Qu'il s'agisse de l'organisation de l'appareil productif lui-même ou de son intégration au système économique général, l'entre-deux-guerres apparaît bien, tout compte fait, comme une période de transition. Aucun bouleversement d'ensemble n'a lieu en apparence et les observateurs les plus intransigeants ou les plus lucides peuvent, à bon droit, regretter l'immobilisme qui semble prévaloir en matière agricole. Mais, du recours systématique aux engrais à l'entrée dans le système de crédit mutuel, du développement de la coopération et des industries agricoles au lent basculement vers les productions animales, de profondes mutations s'opèrent sous l'apparente permanence des structures. Les conséquences de ces transformations ne se manifesteront que le jour où l'effondrement du système économique global rendra nécessaire un changement de rythme dans l'exploitation du potentiel productif national. La vigueur de la réponse aux incitations nouvelles étonnera alors les experts qui ont si longtemps souligné la routine des campagnes.

la paysannerie paie la crise

En attendant, le potentiel de production français reste sous-employé, et cette situation malthusienne ne se traduit même pas par une amélioration de la situation relative de la population au travail dans l'agriculture. Celle-ci n'est pas en mesure de transformer en gains monétaires la limitation de l'offre qui semble prévaloir. Il suffit pour s'en convaincre de rapprocher la part de la population active dans l'agriculture de la place prise par les produits agricoles dans l'ensemble des biens et services fabriqués par la totalité des travailleurs français.

Si l'on en croit L.-A. Vincent [62], en 1913, les 37 % de Français travaillant dans l'agriculture créaient une masse de produits dont la valeur marchande représentait près de 29 % de la production intérieure brute. On en déduit habituellement que ce déséquilibre fait apparaître dans les comptes nationaux le retard technique de notre agriculture qui n'avait pas généralisé l'emploi des procédés de production les plus modernes.

En 1928, selon les mêmes calculs, 32 % de la force de travail occupée en France produisait 24 % de la production intérieure brute ; en 1938, la population active agricole représentait 31 % de la population active totale, et la part de la production agricole dans la production intérieure brute était de 21 %. En vingt-cinq ans, et malgré les transformations que nous avons signalées, les deux séries ne se sont pas rapprochées.

Le « retard agricole français » persiste, et l'analyse globale arrive comme avant 1914 à la conclusion que le capital engagé dans l'agriculture ne peut être rentabilisé. Selon M. Augé-Laribé, la marge nette est en 1928 plus étroite que celle d'avant la guerre. Autant dire qu'elle est nulle.

En 1930, le député de Monicault, vice-président de l'Union du Sud-Est, constate que le capital d'exploitation ne rend pas plus de 5 %, rémunération de l'exploitant comprise, mais après prélèvement de sa nourriture [63].

En 1933, Samuel de Lestapis, directeur général de la Société des agriculteurs de France, constate : « Des sociétés anonymes d'exploitation se sont constituées, assez nombreuses, il y a une dizaine d'années ; à notre connaissance, toutes ont abandonné ou fait faillite, ce qui démontre la difficulté de " faire travailler des capitaux " en agriculture : l'individu exploitant pour son propre compte et par prélèvement sur sa rémunération normale ou sur celle des siens y réussit, mieux que tout autre [64]. »

Puisque l'exploitant n'entre pas directement dans la logique de la recherche du profit, il ne saurait donc être traité selon les mêmes règles que les autres classes qui assurent la création des richesses nationales. Le système fiscal auquel il est soumis ne peut être la simple extension du système général. De fait, la paysannerie échappe aussi bien à l'impôt sur le revenu (elle en verse 5,5 %) qu'à l'impôt sur les bénéfices industriels et commerciaux dont elle ne paie que 2 %. En outre, l'impôt sur les bénéfices agricoles ne procure à l'État qu'une très faible part de ses recettes fiscales (40 millions sur plus de 2 milliards et demi en 1930). Comme, depuis le XIXe siècle, le poids de l'impôt foncier n'a cessé de se réduire, toute la France non agricole s'accorde à penser que la paysannerie jouit d'un scandaleux traitement de faveur.

Les calculs des représentants de l'agriculture qui ajoutent, aux impôts réellement payés à cause de l'activité agricole, les droits de mutation sur les transactions foncières et l'ensemble des impôts payés par les agriculteurs pour leur consommation, peuvent montrer que vers 1930, les quelque 33 % d'agriculteurs, bénéficiant de 27 % des revenus privés dont jouissent les Français, paient 23,9 % des recettes de l'État [65]. Ils ne sont pas écoutés.

La paysannerie échappe, sans doute en partie, au fardeau fiscal, mais son revenu global n'en fait pas une des catégories privilégiées par l'évolution économique. Selon les calculs de Jean Dessirier, sur une base 100 en 1913, le pouvoir d'achat de l'agriculture « est resté dans la période 1921-1924 aux alentours du coefficient 80. Ce n'est guère qu'à partir de 1925 qu'il se rétablit à une valeur plus favorable. On est aux alentours du coefficient 90 en 1926-1927, et enfin on dépasse légèrement le coefficient 100 pour les seules années 1928 et 1929, mais pour reculer violemment à partir de 1930... Le pouvoir d'achat de l'agriculture (reste) en 1931-1935 à un niveau raisonnable (de l'ordre de 80). Par contre, la situation s'aggrave fortement en 1934 et considérablement en 1935 [66]. » L'indice Dessirier tombe même à 67 vers l'été et l'automne 1935. Il remonte aux environs de 80 à partir de 1936 et jusqu'en 1939.

Souvent cités, ces chiffres ne sont pas toujours interprétés avec la finesse que J. Dessirier lui-même considérait comme indispensable. Il souligne en effet que son indice enregistre l'évolution des masses monétaires globales entrées dans le compte de l'agriculture et qui en sont sorties, et qu'il ne représente donc pas la variation de pouvoir d'achat par tête. Il faut le pondérer par la diminution de population active qui se poursuit tout au long de la période. Comme cette diminution est de l'ordre de 20 %, il en résulte qu'un indice voisin de 80 est bien « à un niveau raisonnable », puisqu'il est le symptôme d'un pouvoir d'achat par tête proche de celui de 1913, que beaucoup s'accordaient à trouver acceptable.

La situation monétaire de l'agriculteur moyen aurait donc été assez satisfaisante de 1925 à 1933, mauvaise et même catastrophique en 1934-1935, et supportable après 1936. Cela ne préjuge en rien de la signification de cette moyenne qui masque de très grandes diversités de situations, d'autant que plus on s'éloigne de 1913, plus les rapports des paysans à la monnaie se modifient. L'argent cesse d'être un instrument de thésaurisation pour devenir de plus en plus le moyen de satisfaire les besoins de la vie quotidienne, dans le ménage comme pour l'exploitation. Des rentrées monétaires par tête en 1938 comparables à celles de 1913 peuvent correspondre, pour beaucoup, à un appauvrissement relatif puisque la façon dont ils vivent et produisent exige désormais beaucoup plus de numéraire.

Quelle que soit la signification exacte des indices Dessirier, tous les observateurs s'accordent à penser que la crise a été en grande partie payée par l'agriculture. « Dans cette tornade, coexistent un secteur abrité, et un secteur dévasté ; le premier essentiellement urbain, cartellisé, organisé, étatisé, le second constitué par l'économie « sauvage » dont l'agriculture représente une part importante [67]. »

Des capitaux non rentabilisés, des travailleurs en surnombre, mal rémunérés et premières victimes de la grande dépression : Alfred Sauvy voit dans cette situation la conséquence de l'erreur qu'il dénonce pour la période 1921-1931, « erreur qui va à la fois retarder le progrès économique et maintenir les paysans dans une condition modeste. Au lieu de favoriser une réduction de la population agricole de façon à relever son revenu, les efforts (Cheron, Borel) visent à relever le revenu par le jeu des prix de façon à ralentir l'exode [68]. »

En supposant qu'il s'agisse d'une « erreur », il faudrait encore comprendre pourquoi elle a été commise avec tant de persévérance. Ce qui revient à se demander si cette politique était aussi erronée qu'on veut bien le dire, compte tenu des objectifs que se fixaient les classes dirigeantes françaises à cette époque.

Puisque la société de l'entre-deux-guerres a gardé, pour l'essentiel, sa structure des années 10 et que la bourgeoisie y assure son hégémonie par des moyens idéologiques, politiques et économiques qui ont peu varié depuis le début du siècle, on ne peut, pas plus qu'avant la guerre, évoquer les objectifs de cette bourgeoisie sans analyser son rôle sur la scène internationale.

De 1920 à la crise, le système capitaliste mondial tend, sans y parvenir, à retrouver les lignes de développement qu'il suivait avant 1914. En ce qui concerne les échanges commerciaux on note, « pour la plupart des grands pays européens, la tendance à un retour au moins partiel à l'ancienne structure des importations et des exportations ». La France apparaît d'ailleurs de ce point de vue comme un cas extrême. A la fin des années 20, « si l'on mettait à part le développement des échanges avec l'ensemble des territoires dépendants d'outre-mer, on retrouvait très généralement un parallélisme étonnant [69] » avec l'avant-guerre. Nous l'avons observé dans le domaine des échanges des produits agricoles.

Mais, dans le même temps, les troubles monétaires qui vont *L'impossible* mener à la dévaluation de la livre en 1931 et du dollar en 1934, *restauration.* puis les mouvements erratiques de capitaux, ne cessent de manifester l'impossibilité de retrouver le vieil équilibre inter-impérialiste dont le centre de gravité économique était Londres.

Or, les aspects financiers du capitalisme continuent à retenir l'attention de toutes les composantes de la société française. La masse de la population considère encore l'épargne comme une vertu cardinale. Quant aux cercles dirigeants, ils s'acharnent à retrouver les bases immuables d'une monnaie solide et de finances saines. Ils sont incapables d'entendre les voix minoritaires des prophètes du productivisme industriel. La tendance à préférer les placements extérieurs à l'exploitation systématique des occasions d'investissement en France reste une constante du système économique national.

Puisque le rôle respectif des placements et des investissements productifs n'a pas changé depuis les années 10, puisqu'en somme les intérêts de la bourgeoisie française sont encore ceux qu'évoquait H. de Peyerhimoff, il n'est pas étonnant qu'à la veille de la crise, l'agriculture ait conservé les caractéristiques essentielles qui étaient déjà les siennes vingt ans plus tôt. Source de main-d'œuvre dans la mesure où le reste de l'économie l'exige, source importante d'épargne, l'agriculture française commence à faire partie du marché intérieur, mais elle n'est encore ni un grand marché de biens de production spécifiques, ni une partie indifférenciée du marché des biens de consommation. Bien plus que ses homologues belge, néerlandaise, allemande ou anglaise, elle reste en partie en marge du système économique parce que, à la différence de ses concurrents, le capitalisme français cherche à garder un mode de développement original qui ne lui a pas si mal réussi depuis bientôt cent ans.

Des forces poussent à sa transformation, elles triomphent dans l'industrie mécanique, dont la production croît de 57 % entre 1913 et 1929, elles agissent plus discrètement, nous l'avons vu, dans le secteur agricole. D'autres tendent à la conservation des rapports économiques et sociaux anciens. Ces dernières sont d'autant plus puissantes que la comparaison entre le niveau et le mode de vie des années 20, et celui d'avant la guerre, fait ressortir une amélioration incontestable, même si les changements réalisés sont faibles par rapport aux besoins inassouvis qu'ils font naître.

La crise et ses séquelles ne changent pas profondément cet état de choses, si ce n'est qu'elles amènent la quasi-totalité de la bourgeoisie française, appuyée par une bonne partie de la France rurale, à craindre pour son hégémonie sociale et politique. Dans ces conditions, la défense des intérêts des classes dominantes ne se posera plus en termes de fonctionnement plus ou moins harmonieux du système économique, d'autant que ce fonctionnement était déjà gravement compromis par la désarticulation du système d'échanges internationaux.

Si la période de crise sanctionne l'incapacité de retrouver l'équilibre détruit par la Première Guerre mondiale, elle est peu propice au déploiement rapide de virtualités nouvelles. C'est particulièrement vrai pour la France qui subit la dépression plus tardivement, mais plus longtemps que ses concurrents.

La production industrielle française est en 1930 pratiquement identique à son niveau record de 1929, alors que l'Angleterre, l'Allemagne et les États-Unis connaissent déjà des baisses spectaculaires. Mais, en 1933, ces pays voient leur production repartir, tandis que la situation française ne s'améliore guère. Au printemps 1935, alors que la reprise internationale est indubitable, nous atteignons le fond de la crise.

Dans toute cette période, la coalition conservatrice au pouvoir « met au premier plan de ses préoccupations le maintien de la monnaie... Pour avoir refusé une dévaluation de 15 à 20 %... qui, l'expérience l'a montré en tous pays, aurait rendu la vie à toute l'économie, elle voit le franc perdre plus de la moitié de sa valeur et subit, par ailleurs, dans ses propres biens, des dommages étendus [70]. »

Des occasions manquées.

Cette obstination financière ne nous paraît pas provoquée par le manque d'intelligence des hommes politiques de droite. Elle est l'ultime tentative de sauvegarde d'un type de développement qui a fait ses preuves. Mais cette tentative a lieu au moment même où disparaissaient définitivement les conditions internationales qui avaient présidé à son épanouissement. Le manque de souplesse des conservateurs fait mûrir la crise sociale et politique que porte en elle la crise économique française, dans la mesure où le pays abrite une fraction importante de travailleurs qui récusent l'ensemble de l'organisation sociale. Le Front populaire gagne les élections législatives.

Son action économique, rarement décrite sans passion, se ramène selon J. Weiller à une expérience de démarrage économique. « En réalité, il ne pouvait s'agir *d'expérience* comme dans un gigantesque laboratoire. Il s'agissait d'une combinaison complexe de politiques économiques sur laquelle vint s'exercer l'influence de plus en plus dominante d'éléments perturbateurs extra-économiques [71]. »

Malgré ce handicap, le dispositif de politique économique du Front populaire cherche à s'attaquer aux grands problèmes de l'heure dans l'agriculture comme dans les autres secteurs. Victime principale de la chute de revenus provoquée par la gestion conservatrice de la crise, puisque le revenu de l'agriculture décroît selon A. Sauvy de 24 % entre 1931 et 1935 [72], la paysannerie voit ce revenu augmenter de 54 % entre 1935 et 1938; elle devient ainsi la principale bénéficiaire de la politique économique du Front populaire. Comme nous l'avons montré, c'est également à ce moment que se développent les bases concrètes de la collaboration entre l'État et les organisations agricoles. Mais la paysannerie n'a pas encore assez pris conscience des transformations techniques qui sont à sa portée pour se prêter sans réticences à cette collaboration.

L'abandon du programme du Front populaire au printemps de 1938 peut faire place à une ultime tentative de relance de l'économie, « la reprise libérale n'est pas bien perçue sur le moment et elle est ensuite couverte par le fracas des événements [73] ». Les accords de Munich sont signés en septembre 1938, la Tchécoslovaquie livrée à Hitler en mars 1939. L'attaque nazie contre la Pologne, le 2 septembre 1939, entraîne la France dans une guerre dont elle ne veut pas.

la rupture

décomposition de l'espace économique

En août 1914, les Français s'étaient lancés dans la guerre, sans soupçonner qu'ils ne retrouveraient jamais malgré leurs efforts les certitudes et les habitudes qu'ils quittaient. Le 3 septembre 1939, dans leur très grande majorité, ils abordent au contraire l'épreuve sans aucune exaltation, et en redoutant déjà ce qui, en tout état de cause, pourrait sortir du conflit.

Dans un premier temps, comme en 1914, la mobilisation désorganise l'agriculture. Elle prélève 2 millions d'hommes sur les quelque 7 millions de personnes qui travaillent aux champs, ceci, comme vingt-cinq ans auparavant, à la veille de la pointe des travaux de l'automne. En outre, selon les régions, 20 à 60 % des chevaux sont réquisitionnés par l'armée.

Dans ces conditions, le maintien de la production nationale à son niveau du temps de paix devient difficile. Mais, à l'inverse de ce qui s'était passé lors du premier conflit mondial, la déclaration de guerre n'entraîne pas un affrontement immédiat et total des deux armées. Ce répit, après la bonne moisson de 1939, permet de procéder à la récolte des betteraves, aux vendanges, aux travaux d'automne et même aux semailles du printemps 1940. Celles-ci seront effectuées avec l'aide de centaines de milliers d'agriculteurs mobilisés qui bénéficient de permissions agricoles de trente jours à partir du 1er mars 1940.

Après six mois de guerre, la situation dans les campagnes est stabilisée. Un ouvrage de propagande tel que *la France en guerre* peut consacrer un de ses quatre chapitres à la France paysanne sans avoir à déguiser la réalité et en montrant une assurance tranquille : « Le vin de France continuera à remplir la double mission qu'il assume dans les circonstances présentes : réconforter les défenseurs du pays, être son ambassadeur au-delà des frontières. »

On ne cache pas que l'élevage constitue un problème car « la production de viande équilibrée en temps de paix est déséquilibrée par la guerre puisque le régime des mobilisés doit être plus riche en éléments carnés [74]... » Mais le répit de la « drôle de guerre » a également permis de mettre en place une réglementation de la vie économique, préparée à la

Au lendemain de l'armistice du 22 juin 1940, le territoire français est fragmenté en cinq zones :
• L'Alsace et la Lorraine sont purement et simplement annexées au Reich. Un gauleiter est nommé pour chacune des deux provinces dont la première est rattachée au Bade et la deuxième au Palatinat.
• La zone comprise entre la frontière ainsi modifiée et une ligne qui joint approximativement l'embouchure de la Somme au lac de Genève, est déclarée zone interdite. Les Français qui l'ont quittée ne peuvent y revenir. Encore convient-il de distinguer dans cette zone :
— les départements du Nord et du Pas-de-Calais rattachés à l'administration allemande de Belgique,
— le département des Ardennes, principal foyer d'implantation des colons allemands,
— le reste de la zone interdite qui demeure sous administration française.
• Au nord d'une ligne approximative Tours - frontière suisse et à l'ouest d'une ligne Tours-Bayonne, le territoire devient zone occupée par l'armée allemande.
• Au sud et à l'est de cette « ligne de démarcation » s'étend le territoire concédé au régime de Vichy.
• L'armée italienne occupe une petite partie de la Côte d'Azur. Après le 11 novembre 1942, les Allemands occupent la zone sud, mais ils abandonnent la portion de territoire à l'est du Rhône à l'armée italienne qui l'occupe jusqu'au renversement de Mussolini, en août 1943.

lumière de l'expérience de la Première Guerre mondiale. « Timidement, les premières mesures de rationnement entrent en vigueur : pour la viande, en décembre 1939 (fermeture des boucheries trois jours par semaine, mesure qu'il sera nécessaire de confirmer à plusieurs reprises) ; pour le pain, en mars 1940. Fin février, la carte de rationnement fait son apparition dans la législation. A la même époque, le nombre de plats que peuvent servir les restaurants est réglementé [75]. » Rien de tout cela n'entraîne de grandes difficultés. En ce qui concerne l'agriculture et le ravitaillement, les dirigeants peuvent être optimistes : « En résumé, grâce à l'énergie de ses paysans, à la fertilité de son sol et à l'appoint de son empire, le pays peut faire face aux besoins accrus que suscite la guerre [76]. »

En un mois, l'offensive allemande du 10 mai 1940 balaie cette sérénité, ébranle de fond en comble l'édifice social français et entraîne une rupture totale du système économique national.

Cette rupture se manifeste d'abord physiquement par l'interruption des courants d'échanges traditionnels entre la France et l'extérieur, et une désagrégation de l'unité du territoire sans équivalent depuis les périodes les plus critiques de la Révolution française.

La France isolée. Dès 1940, la victoire allemande entraîne l'interruption des relations avec la Grande-Bretagne, et le passage sous l'autorité de la France libre d'une partie des colonies d'Afrique. En 1941, le contact est perdu avec l'Indochine, la Syrie, le Liban, et les relations rompues avec l'URSS. L'isolement est à son comble en 1942, année où, la France entière étant occupée, Vichy rompt avec les pays d'Amérique et perd le contrôle de Madagascar, de la Réunion et de l'Afrique du Nord. Cette évolution transparaît dans les statistiques douanières. Par exemple, les importations nettes de céréales, qui dépassaient 15 millions de quintaux par an entre 1934 et 1938, tombent à 2 millions de quintaux en 1941 et sont remplacées par des exportations nettes (en direction de l'Allemagne), de l'ordre de 7 millions de quintaux à partir de 1942. « En 1943 et 1944, il n'y a plus d'importations des territoires d'outre-mer. Le commerce extérieur de la France devient pratiquement nul, et le territoire de la métropole est privé de 15 % des ressources alimentaires d'avant la guerre, et notamment des deux tiers des corps gras [77]. »

Dans le même temps, les Allemands prélèvent chaque année en métropole, soit dans le cadre des obligations de la convention d'armistice, soit en recourant à diverses formes de pillage, 2 à 3 millions d'hectolitres de vin, 7 500 000 quintaux de blé, 220 000 tonnes de viande de bœuf, des produits laitiers, à concurrence de 15 % du volume de lait collecté par les circuits commerciaux. Pour l'ensemble des produits agricoles, les prélèvements allemands varient entre 10 et 15 % de la production [78].

La politique économique imposée par les nazis en matière alimentaire ne peut être mieux résumée que par cette analyse présentée par Gœring en août 1942 aux commandants militaires des territoires occupés : «... La collaboration de MM. les Français, je la vois seulement de la façon suivante : qu'ils livrent ce qu'ils peuvent jusqu'à ce qu'ils n'en puissent plus ; s'ils le font volontairement, je dirai que je collabore ; s'ils bouffent tout eux-mêmes, alors ils ne collaborent pas [79]... »

L'effet de ce parasitisme, joint à la subite interruption de courants d'approvisionnement extérieur dont on n'avait pu se passer depuis trente ans, entraîne des perturbations d'autant plus grandes que le mouvement des marchandises à l'intérieur du territoire métropolitain est lui-même fortement entravé par le cadre réglementaire imposé par l'occupant. La ligne de démarcation entre la zone occupée et la zone non occupée est une véritable frontière que rien ne peut franchir légalement sans l'accord des Allemands, même après l'invasion de la zone sud en novembre 1942.

La zone occupée représente 55 % du territoire, 67 % de la population totale et 57 % des agriculteurs. Elle fournissait, en temps normal, 62 % des céréales, 70 % des pommes de terre, 25 % du vin, 70 % du lait de vache et 87 % du beurre produits en France. Pour certaines de ces denrées (blé, vin), étant donné leur localisation, les échanges entre les zones se poursuivent nécessairement, mais ils ne cessent de rencontrer des difficultés administratives. En outre, la zone occupée est elle-même fragmentée. Dès le 24 juillet 1940, un cordon douanier allemand sépare l'Alsace-Lorraine du reste du territoire ; les Allemands exigent cependant que les fournitures agricoles, que les trois départements de l'Est faisaient venir de l'intérieur, continuent à leur être acheminées.

De plus, une dizaine de départements du Nord et de l'Est *La France* sont déclarés zone interdite au rapatriement des réfugiés qui, *morcelée.* par centaines de milliers, avaient quitté leurs villages pour fuir l'avance allemande. A l'intérieur de cette zone, les deux départements du Nord et du Pas-de-Calais sont directement rattachés à l'administration allemande de Belgique. A eux seuls, ces deux départements fournissaient habituellement 23 % des betteraves industrielles, 17 % des légumes secs, 8 % du blé, 6 % des pommes de terre produits en France. Les occupants cherchent à soustraire la production de cette région à la consommation nationale pour assurer, en priorité, une alimentation un peu moins maigre aux travailleurs des usines et des mines de la région dont ils ont besoin pour leur effort de guerre. Dans le reste de cette zone interdite, surtout dans le département des Ardennes, les Allemands tentent de germaniser l'agriculture en implantant des colons. Ils forment une société, l'Ostdeutsche Landbewirtschaftung, qui, dès la deuxième quinzaine de septembre 1940, reprend à son compte l'exploitation de fermes abandonnées, puis se donne en novembre 1940 le droit de prendre en charge des exploitations « qui ne sont pas exploitées par les méthodes allemandes [80] ». L'Ostland contrôlera jusqu'à 170 000 hectares.

Qu'on ajoute à cela la définition d'une zone côtière, où rien ni personne ne peut entrer et sortir sans autorisation, puis l'extension jusqu'à la vallée du Rhône de la zone d'occupation italienne, enfin les efforts des autorités de Vichy pour construire un cadre régional qui se superpose au cadre départemental habituel, jugé pernicieux puisque issu de la Révolution, et l'on aura une idée de l'imbroglio administratif qui entrave à l'époque le mouvement des marchandises. En tant qu'espace économique national, il est à peine exagéré de dire que, de 1940 à 1944, la France n'existe plus.

D'autant que, dans le climat de pénurie qui ne cesse de s'aggraver, « les préfets, très souvent, se conduisent davantage en représentants de leurs administrés qu'en agents du gouvernement. Par le jeu des taxations et des bons de circulation, de nombreux départements cherchèrent à interdire la sortie de leurs productions alimentaires. Cette tendance humaine était renforcée, d'ailleurs, par l'action des autorités allemandes locales soucieuses, elles aussi, de se réserver le maximum de provisions de bouche [81]. »

le temps des doryphores

Le problème de la production agricole ne tarde pas, en effet, à devenir dramatique. Les moyens de production se font rares. Les importations de phosphates sont nulles en 1943-1944, et celles de pyrites tombent dès 1941 à quelques centièmes de celles de 1938. Les mines de potasse de l'Alsace sont devenues allemandes ; quant à l'azote, les prélèvements allemands et les destructions dues à la guerre réduisent, progressivement, les fournitures à l'agriculture de plus de 200 000 tonnes en 1938-1939 à 125 000 en 1941-1942 et 50 600 tonnes en 1944-1945.

En moyenne annuelle, l'apport d'éléments fertilisants pendant les années de guerre n'a pas dépassé 120 000 tonnes d'azote, 107 000 tonnes d'acide phosphorique, 175 000 tonnes de potasse, soit 400 000 tonnes au total, c'est-à-dire moins de la moitié de la fumure minérale réalisée en 1938.

D'autres difficultés d'approvisionnement entravent l'effort productif de l'agriculture française. La viticulture, qui utilisait, en 1938, 90 000 tonnes de sulfate de cuivre et 65 000 tonnes de soufre pour lutter contre les maladies cryptogamiques de la vigne, reçoit des contingents de plus en plus maigres. En 1943, elle ne dispose que de 15 000 tonnes de sulfate et un peu plus de 2 000 tonnes de soufre. Les moissons exigeaient, avant 1939, environ 30 000 tonnes de ficelle de sisal. Cette plante était importée du Mexique, des Indes, de Madagascar et d'Afrique. La ficelle de sisal disparaît à partir de 1942. Elle est remplacée par un tonnage réduit de ficelle de papier qui ne peut remplir le même usage. On a estimé que, par manque de moyens de liage, c'est près de 30 % des récoltes qui ont été perdues sur certaines exploitations. Faute d'arséniate de plomb, les récoltes de pommes de terre sont chaque année plus menacées par la multiplication d'un insecte parasite : le doryphore. Les enfants des écoles conduits en rang par deux à la chasse aux insectes ne sont pas d'un grand secours. Mais les autorités du nouveau régime, avec la bénédiction de l'occupant, voient surtout dans ces travaux pratiques l'occasion d'inculquer aux jeunes générations le sens de l'humilité et de l'effort patient et obstiné qu'elles veulent restaurer dans les classes laborieuses.

Privée de carburant, coupée de ses fournisseurs étrangers, l'agriculture française ne peut enfin ni utiliser intensément, ni entretenir correctement, ni renouveler son parc de matériel. Les moyens de traction dont elle dispose sont fortement réduits. Alors qu'on comptait 35 000 tracteurs en 1939, il n'y en a plus guère que 28 000 à la Libération, dont près de la moitié ont été reconvertis afin de pouvoir utiliser le gaz obtenu par combustion de bois ou de charbon (appareils à gazogène), ce qui a eu pour effet de diminuer considérablement leur puissance de traction. Quant aux chevaux de trait, on estime qu'entre 1938 et 1944, leur effectif subit une diminution de 20 %.

Comme en 1914 enfin, la population agricole est amputée, du fait de la guerre, d'une partie importante de ses éléments les plus dynamiques. La campagne du printemps 1940 s'est soldée par la mort de 55 000 agriculteurs et le départ en Allemagne, parmi les prisonniers, d'environ 500 000 actifs agricoles. 13 % de la population masculine agricole active est absente des exploitations. *Pénuries multiples.*

Le souci d'échapper aux bombardements, aux rafles, au service du travail en Allemagne ou à la disette, a poussé des citadins de toutes conditions à chercher refuge à la campagne. Mais cette main-d'œuvre n'est guère qualifiée et elle favorise plus la création de maquis ou la généralisation des habitudes de résistance aux prélèvements des services du ravitaillement que les efforts d'intensification de la production pour les marchés traditionnels.

Comme pendant la Première Guerre mondiale, toutes ces difficultés enfin se traduisent par des changements dans la répartition du territoire cultivé. Les statistiques officielles enregistrent tant bien que mal ces variations, mais il devient encore plus difficile d'en apprécier la vraisemblance, à une époque où les renseignements rassemblés par l'administration sont à tous moments suspectés de préparer les prélèvements de produits alimentaires et où la dissimulation devient en somme une manifestation de patriotisme et un réflexe de conservation personnelle.

Par rapport à la période 1935-1938, la surface des terres cultivées paraît avoir reculé de plus de 2 millions d'hectares. Cette réduction de superficie, due à la guerre et aux emprises militaires, ne disparaît qu'en 1948. L'affectation des 32 millions d'hectares cultivés est également modifiée. Les terres labourables et les vignes reculent tandis qu'augmentent les surfaces en herbes et les cultures maraîchères. Enfin, sur les terres labourables, les cultures oléagineuses connaissent un développement accéléré parce que nous ne recevons plus d'arachides ni d'autres produits tropicaux. Ces plantes (colza, œillette, tournesol, etc.), qui n'occupaient que 46 000 hectares en 1941, s'étendent sur 287 000 hectares en 1944. La production d'oléagineux métropolitains passe, dans le même temps, de 100 000 à 1 800 000 quintaux.

En ce qui concerne le cheptel, les statistiques montrent une diminution généralisée des effectifs. Les porcheries industrielles disparaissent presque complètement. Seuls parviennent à se maintenir quelques troupeaux adjoints à des laiteries. En revanche, l'élevage fermier prolifère.

Tous ces réaménagements correspondent à la nécessité de faire face à de multiples pénuries et donc de réorienter le système productif de chaque exploitation dans le sens d'un retour à l'autarcie et d'un moindre recours à des achats extérieurs devenus problématiques.

Ce recul relatif des échanges entre l'agriculture et le reste de l'économie se manifeste également dans le fonctionnement du système de crédit agricole mutuel. Malgré la hausse des prix, le total des prêts à court terme qui reviennent essentiellement à financer la récolte de l'année, reste inférieur à son niveau de 1938, et cela jusqu'en 1944 inclus. En 1945, il atteint plus de 5 milliards de francs soit près du double de la valeur de 1938. Mais le franc a déjà vu sa valeur réduite à moins d'un tiers de ce qu'elle était avant la guerre.

De même, jusqu'en 1943, les prêts d'équipement (moyen terme) restent inférieurs à leur valeur de 1938 (617 millions de francs) ; ils doublent entre 1943 et 1944 et doublent encore entre 1944 et 1945, atteignant ainsi 2 871 millions. Cette accélération rapide, qui ne rétablit guère qu'un volume monétaire égal à celui de l'avant-guerre, traduit cependant le regain d'activité qui réveille les campagnes dès la Libération.

Quant aux opérations immobilières (long terme), elles dépassent à peine le milliard en 1945, en recul de 30 % par rapport à 1938. La guerre stoppe les opérations nouvelles et favorise l'extinction de l'endettement ancien dans la mesure où elle fournit aux agriculteurs des moyens monétaires qu'ils ne peuvent guère dépenser pour leur exploitation ou pour leur ménage. Cette thésaurisation forcée consolide les citadins dans l'opinion que la guerre enrichit scandaleusement les paysans. Elle nourrit les rumeurs qui décrivent des lessiveuses paysannes pleines de billets de banque.

L'opinion urbaine exagère sans doute fortement le réel enrichissement global de la paysannerie, car elle surestime la fraction de la récolte qui fait l'objet de transactions clandestines (Michel Cépède évalue cette part à moins de 20 % de la production pour le beurre, les œufs, le porc, les poulets, les lapins, les pommes de terre et les haricots secs [82]). Elle oublie

Le paternalisme en pratique.

que le retour à l'autoconsommation n'entraîne aucun enrichissement monétaire et que les prix officiels restent bas. Surtout, elle sous-estime la réduction des quantités produites et les pertes provoquées par la diminution des quantités vendues.

Or, selon les séries officielles [83], en prenant comme base la moyenne des années 1934-1938, l'indice général de la production agricole finale oscille aux environs de 80 de 1941 à 1944. Il tombe à 66 en 1945, reste en forte baisse en 1947 pour des raisons climatiques et ne retrouve les niveaux de l'avant-guerre qu'en 1948.

Se cacher
pour survivre.

Cette décroissance de la production nationale n'est pas surprenante. Compte tenu des moyens dont disposaient les agriculteurs, le résultat global est honorable et il peut se comparer aux variations de production que la France a connues entre 1914 et 1920.

A peine sortis des formes d'exploitation du XIXe siècle, pratiquant encore largement un système très diversifié de polyculture-élevage, peu dépendants du marché, de nombreux agriculteurs n'ont pas eu à changer considérablement leurs méthodes de travail. Ils ont pu, sauf dans les régions monoproductrices telles que le vignoble languedocien, faire face sans rencontrer de difficultés insurmontables aux problèmes de production et de consommation nés de la guerre et de la décomposition de la structure économique nationale. Mais la chute de production qui en est résultée se combine avec une brutale réduction des importations pour aboutir à une compression considérable des disponibilités alimentaires nationales.

A partir de 1941, les Français ne disposent plus que des deux tiers des quantités de céréales panifiables, de viande ou de pommes de terre, qu'ils consommaient en année normale. Le tonnage de sucre disponible ne couvre qu'un peu plus de la moitié des besoins d'avant la guerre. Dans ces conditions, la circulation des produits et leur répartition par le jeu normal des marchés ne sont plus possibles. L'État se trouve contraint d'intervenir pour tenter d'assurer à chacun le minimum d'aliments indispensable à son existence et empêcher, autant que faire se peut, que les tensions sur les prix deviennent insupportables.

L'administration de la pénurie ouvre la porte aux délices kafkaïennes du grand jeu bureaucratique.

La réglementation établie dès le 1er septembre 1939 a posé le principe du blocage des prix et des salaires. Les prix taxés ne montent donc que fort progressivement pendant toute la durée de la guerre, d'autant que les Allemands font pression sur les autorités françaises pour que leurs prélèvements soient réglés aux taux les plus bas possible. Le quintal de blé vaut officiellement à la production, en 1944, 450 francs contre 205,75 en 1939, le lait est payé 2,75 francs le litre contre 1 franc en 1939, le vin de 9°, 5,43 francs le litre, soit trois fois plus cher qu'en 1939, et le kilo de bœuf de première qualité est à 26,80 francs à La Villette, soit à l'indice 234 sur la base 100 en 1939. La hausse officielle des prix agricoles reste du même ordre que la hausse officielle des prix de détail dont l'indice à Paris est à 280 en juin 1949 sur la base 100 en 1938.

Ce mouvement des prix n'a évidemment aucun rapport avec la confrontation des quantités disponibles et des besoins solvables des consommateurs. Il ne fait que traduire la volonté de l'État ; celle-ci ne s'exerce que sur les quantités qui suivent les circuits légaux et sont distribuées sous le contrôle des services de ravitaillement, en fonction d'une grille de rationnement variable selon l'âge, la profession, le lieu de résidence des Français. Le calcul des rations est en outre compliqué par le fait que les recensements entrepris pour connaître les effectifs à nourrir donnent des résultats fort différents de ce que l'évolution démographique pouvait laisser supposer. Des centaines de milliers de faux rationnaires sont recensés tandis qu'un grand nombre de personnes échappent ou cherchent à échapper au recensement (réfractaires, résistants, juifs, etc.).

Le ravitaillement impossible.

En définitive, fin 1942 par exemple, les services du ravitaillement allouent quotidiennement à un adulte habitant d'un grand centre urbain : (en grammes) pain : 275 ; viande de boucherie : 21,9 ; charcuterie : 5,7 ; beurre : 9,5 ; pommes de terre : 156 ; sucre : 19 ; pas de lait mais un verre de vin. Au total, 1 200 calories, alors qu'en 1938, un adulte fournissant un travail physique modéré, consommait au moins 2 400 calories. Cette ration d'adulte urbain tombe d'ailleurs à 1 000 calories pendant les trois premiers trimestres de 1944. Si l'on s'en tient aux dispositions légales, les citadins crèvent de faim. Il est sûr en tout cas que chaque Français se voit contraint de dépenser une bonne partie de son activité quotidienne à tenter de sortir par tous les moyens de cette situation critique. Or les chances d'y parvenir sont très variables.

L'habitant pauvre d'une grande ville, sans aucune relation à la campagne, ne bénéficiant d'aucun avantage particulier par son travail (cantine d'entreprise ou produit à échanger), est réduit à la ration officielle. Il doit consacrer beaucoup de temps à percevoir les maigres rations auxquelles sa carte d'alimentation lui donne droit. Sa situation est souvent grave et parfois dramatique. A ses côtés, le citadin qui a su garder ou retrouver le contact avec les cousins ou les amis restés au village, peut espérer recevoir des colis qui ne lui seront peut-être pas comptés aux prix officiels, mais qui, moyennant un supplément honnête, de l'ordre de deux fois le prix taxé, amélioreront radicalement sa situation.

Ce système des colis familiaux, accepté par l'administration du ravitaillement, prend une ampleur considérable. « De braves paysans se retrouvent parents de citadins hier totalement inconnus. Les colis familiaux ne sont plus que l'antichambre du marché noir et l'on estime à 300 000 le nombre de Parisiens qui en auraient été quotidiennement les bénéficiaires [84]. »

Pour ceux qui n'ont pas de problèmes financiers et peuvent régulièrement ou occasionnellement dépenser sans compter, des circuits de distribution clandestins n'ont en effet pas tardé à voir le jour. Le marché noir offre ses produits au triple ou au quadruple des prix taxés, mais il autorise ceux qui peuvent y recourir à ignorer les restrictions.

Ainsi, le « marché amical et familial » et le « marché noir » ont permis d'établir avec l'agriculture d'autres contacts que ceux que contrôlent les services officiels. Une enquête [85] effectuée en janvier-février 1944 parmi les fonctionnaires les plus modestes du Service national de statistique, et portant sur seize grandes villes y compris Paris, montre que ces citadins peu aisés consommaient entre 1 800 et 2 550 calories par jour, soit plus de 50 % en sus de la ration officielle. En 1942, le professeur Richer estime que la ration moyenne du Parisien adulte est de 1 725 calories. Aux 1 200 calories de la ration, s'ajoutent au moins 200 calories fournies par le marché libre et autant provenant des colis familiaux et du marché noir [86].

Nécessité   Cette véritable institutionnalisation de circuits d'approvi-
du marché noir.   sionnement illégaux n'est pas une illustration de la perversion de l'humanité ou de l'imbécillité des dirigeants. Face à la destruction du système économique national, le marché noir, avec ses multiples prix et sa mosaïque de réseaux d'approvisionnement, est d'abord une réponse sociale adaptée à la situation. Les agriculteurs ne travaillent plus pour produire des marchandises et les livrer au commerce, mais d'abord pour renouveler et agrandir leur stock de subsistance, tandis que le moindre surplus qui peut quitter la ferme représente pour chaque citadin une utilité d'une valeur inestimable. Cet état de fait est renforcé par la disparition de tout système de référence. Le système de prix de 1939 est pratiquement conservé pour le marché légal. Or il renvoie à un ensemble de rapports sociaux et de rapports productifs que la guerre et la défaite ont anéantis. S'il s'appliquait à la totalité des quantités échangées, il entraînerait la ruine des agriculteurs au moment même où les fruits du travail paysan n'ont au sens propre plus de prix

puisque celui-ci tend normalement à se fixer au maximum compatible avec les possibilités financières de chaque acheteur.

D'autre part, l'éclatement des circuits d'échange est une conséquence et une condition du fonctionnement d'un ensemble social qui a lui-même éclaté en groupes antagonistes au point de se vouer réciproquement à extermination. Miliciens, résistants, juifs et réfractaires, les Allemands eux-mêmes qui bâtissent leur propre système d'approvisionnement « au noir », tous ne peuvent cohabiter et tirer sur le même stock alimentaire que si les nouveaux circuits qui se créent sont socialement étanches. Dans la mesure où les produits peuvent encore changer de mains, il est souvent vital que ces mains s'ignorent. Chacun est donc livré à ses ressources et à ses besoins.

En résumé, entre 1940 et 1944, c'est une chance pour la France de compter encore un bon tiers de sa population dans l'agriculture et 7 à 8 millions de personnes vivant en zone rurale, en contact étroit avec une paysannerie encore largement accoutumée à tirer de l'exploitation familiale la quasi-totalité de ses moyens de subsistance. L'effondrement des structures économiques nationales aboutit à mettre en évidence les avantages relatifs de l'exploitation traditionnelle de polyproduction. Les paysans ont profondément ressenti leur avantage temporaire. Mais pour beaucoup, ce renversement de situation a plus été vécu comme une ultime rémission que comme la démonstration d'une supériorité enfin reconnue.

Un repas de mariage en Sologne, 1943.

l'heure des changements

L'irruption des motos et des blindés nazis en 1940, les brassages de population provoqués par l'exode et les évacuations, la découverte de l'agriculture d'outre-Rhin par les agriculteurs prisonniers ; pour certains, chaque soir, l'ouverture au monde extérieur dans la recherche fébrile de la radio de Londres ; jusqu'au rythme lancinant des milliers de « forteresses volantes » dans les nuits du printemps 1944 et au déferlement du matériel mécanique américain à la Libération : la guerre, par sa présence quotidienne, a convaincu de nombreux paysans que l'heure des changements avait sonné.

Malgré les avantages immédiats que leur procurait leur vieille société rurale, ils ne pouvaient plus écarter cet univers nouveau, assez puissant pour les rejoindre jusque dans la cour de leur exploitation et bouleverser les habitudes de leur village. André Vial, à l'époque jeune militant jaciste, et qui sera jusqu'en 1957 président de l'Association catholique de la jeunesse française, a parfaitement évoqué les effets contradictoires de l'occupation dans un milieu paysan traditionnel du Forez : « Nous sommes allés voir passer les Américains sur les routes et il nous a fallu constater que nos tracteurs agricoles, dont les plus récents dataient de 1939, avaient l'air de jouets à côté du matériel d'outre-Atlantique. Quant à nos attelages à bœufs ou à vaches, n'en parlons pas : ils semblaient sortir des cavernes... En 1940, l'invasion allemande avait replié mon pays sur lui-même et l'avait en quelque sorte mis en état d'hibernation. La Libération allait le projeter de façon brutale dans un univers pour lequel il n'était pas préparé... Notre mode de travail allait apparaître dérisoire au regard des pressentiments que nous inspirait la force physique de la Libération. Le monde s'ouvrait à toute allure, une nouvelle vie allait commencer [87]. »

En mai 1945 dans le clocher de son village où il montera, avec les jeunes gens de son âge, sonner les cloches de la paix : « Le regard plongé dans une campagne habillée de vert qu'on ne voit qu'en mai, au milieu de l'ivresse de la fin de la guerre, je me sentirai envahi par une profonde mélancolie : je me surprendrai à dire adieu à la civilisation paysanne. »

Effet de la décomposition du système économique et social, le triomphe temporaire du paysan annonce une époque où il faudra établir de nouveaux rapports entre l'agriculture et le reste de l'économie, comme entre l'économie nationale et le monde extérieur. La glorification des traditions de la paysannerie qui berce la France envahie ne recouvre pas seulement la répudiation du passé récent. Elle masque pour quelque temps encore la nécessité de bouleversements proches.

A écouter, au lendemain de la défaite, la voix chevrotante de l'octogénaire qui prétend incarner et sauver le pays, on pourrait douter de l'urgence de ces transformations. Dès le 15 août 1940, Pétain annonce « un arrêt, sinon même un recul dans la voie de l'industrialisation à outrance où la France

Le mirage du retour à la terre :
volontaires de la moisson, en
Beauce, août 1941.

s'efforçait de rivaliser avec d'autres nations, mieux partagées
qu'elle quant à l'abondance de la population ou la richesse des
matières premières ». Il revient sur ce thème le 23 août : « La
France redeviendra ce qu'elle n'aurait jamais dû cesser d'être,
une nation essentiellement agricole [88]. »

Au-delà de ces bergeries officielles, la politique économique
de l'État français ne se réduit pas au retour à la terre. En ce
qui concerne l'agriculture, les responsables politiques choisis
par Pétain sont les chefs de file du courant corporatiste qui

réclame depuis plus de dix ans une réévaluation de la place des agriculteurs dans la nation. Les chefs de la Corporation paysanne aimeraient que l'État se borne à les aider à réaliser par eux-mêmes une transformation raisonnable des campagnes françaises qui les rapproche de leurs homologues danois ou hollandais. Ils n'auront guère le loisir de faire avancer leurs projets. L'occupant allemand a de son côté des ambitions plus vastes pour la mise en exploitation, à son profit, du potentiel agricole français qu'il juge incroyablement sous-utilisé. Certains techniciens s'engagent sans réticence dans ces perspectives d'un monde nazifié. D'autres, résistant sous de multiples formes, espèrent que la paix retrouvée permettra enfin de secouer une routine agraire qu'ils ont toujours désapprouvée, mais ils attendent que la fin du cauchemar rouvre à la France les chemins d'un monde libre. Ce qui est frappant, c'est qu'au-delà d'irréductibles divergences de fond, tous fixent pour objectifs à l'agriculture une transformation technique profonde et un rôle nouveau dans l'équilibre économique national. Comme à la fin de la guerre de 1914, la « modernisation » de l'agriculture est à l'ordre du jour.

Après avoir largement évoqué le déclin continu de l'activité et de la productivité agricoles en France, Marcel Braibant, chantre de la collaboration rurale et agrarien convaincu, constate que « les conditions matérielles des paysanneries qui ont opté pour le progrès, aux Pays-Bas et au Danemark par exemple, attestent qu'on peut associer le travail de la terre avec l'hygiène, l'aisance, le confort et l'élégance dans l'habitation, le vêtement et tout le comportement de l'existence [89] ». Il affirme que « la France ne doit pas attendre pour s'engager dans la même voie et généraliser dès à présent, dans toute la mesure de ses moyens, les méthodes employées pour la production intensive ».

A l'autre extrémité de l'éventail politique, R. Dumont approfondit les thèses qu'il a exposées dans *Misère ou Prospérité paysanne*. Sa réflexion ne pourra être diffusée qu'en 1946, dans un livre majeur, *le Problème agricole français*, qui affirme, en contrepoint de la thèse de M. Braibant : « La plus faible rémunération rurale vient d'abord d'une productivité moindre, résultant d'un équipement inférieur. C'est à cette cause profonde qu'il faut s'attaquer. Les seules bases solides, durables, de la prospérité rurale, donc du relèvement du niveau de vie paysan, sont un large accroissement de la productivité unitaire du travailleur des campagnes, par le matériel moderne; une structure plus rationnelle de notre agriculture, puis une extension des débouchés par le relèvement du standing général, surtout alimentaire; accessoirement, la réduction, sinon la suppression des prélèvements parasitaires opérés sur les revenus agricoles [90]. »

Il conclut son livre ainsi : « Notre schéma reste imprécis, mais sur la tendance générale nous n'hésitons pas : une agriculture instruite, équipée, modernisée, productive, prospérera dans un cadre adapté à l'économie d'abondance. Une agriculture routinière repliée dans une position autarcique et malthusienne conduirait à la ruine le pays en entier : l'agriculture française sera moderne... ou ne sera pas. »

La modernisation inéluctable.

Ces deux auteurs définissent au passage des méthodes analogues pour stimuler l'accroissement de productivité du travail agricole qu'ils préconisent. Ils sont l'un et l'autre persuadés que la transformation souhaitable des techniques de production ne peut se réaliser que si l'État intervient pour définir le cadre économique dans lequel les exploitants travailleront. Prenant en exemple l'Office du blé, M. Braibant voudrait que « cette institution si décriée dans certains milieux plus inspirés de ressentiment politique que de réalités économiques, (soit) étendue aux principaux produits agricoles [91] ». Tout le livre de R. Dumont est consacré à dégager les lignes directrices d'un plan agricole qui cherche à adapter la production aux besoins et grâce auquel « l'agriculture retrouverait son objectif éternel, qui n'est pas la recherche du profit, mais la nourriture de l'humanité [92] ».

Surtout, ils comptent l'un et l'autre sur les fournitures de machines, de tracteurs, d'engrais, de produits chimiques de toute nature, et donc sur le développement des systèmes de crédit et de coopération qui rendent ces moyens de production accessibles aux exploitants familiaux, pour atteindre les objectifs de production en forte hausse qu'ils envisagent. Enfin, ils soulignent la nécessité d'un important développement des industries de transformation des produits agricoles (conserves, jus de fruits, industries laitières, etc.).

Ils préconisent en somme l'intégration complète de l'agriculture dans le système économique, par multiplication des échanges entre le secteur agricole et les secteurs industriels fournisseurs ou clients.

Cette convergence technique peut surprendre si on la rapproche de la totale divergence des perspectives globales que R. Dumont et M. Braibant imaginent tant pour l'agriculture en France que pour la France dans le monde. Elle résulte d'une même conception étroite du développement économique et social, conçu comme la mise en œuvre de procédés techniques supposés politiquement et socialement neutres, au service de choix politiques ou idéologiques que l'on croit ainsi indépendants de l'organisation technique de la production *.

Tout à son rêve agraire, M. Braibant croit pouvoir faire passer dans la réalité le mythe pétainiste d'une France où la production agricole dominerait les autres activités tant du point de vue idéologique qu'économique. Le développement industriel du pays n'est à ses yeux que la conséquence de

---

* Les années 1940 et 1950 ont vu s'épanouir sans contrainte cette lecture techniciste du développement social. L'expérience des vingt-cinq dernières années a conduit certains experts, dont R. Dumont, à la remettre totalement en cause.

l'expansion des besoins de l'agriculture. Et ceux-ci peuvent mobiliser un nombre croissant de Français puisque, grâce à Hitler, la France va pouvoir se consacrer à l'approvisionnement de l'Europe entière : un marché de 400 millions d'habitants. « Ainsi l'Europe se fera par la terre, par la terre française plus encore que par les autres terres de ce continent, parce que c'est ici que l'intensification de l'agriculture sera la plus rapide et la plus facile, et donnera les meilleurs résultats [93]. » Le problème du Marché commun agricole est posé !

Se référant à un cadre idéologique et politique sur lequel ne pèse plus l'hypothèque nazie, R. Dumont fixe à l'appareil productif français des objectifs beaucoup plus réalistes, mais eux aussi tournés vers l'approvisionnement des marchés extérieurs. Il propose au secteur agricole un double rôle : acteur à part entière dans les échanges extérieurs du pays, et marché pour les industries nationales. En même temps, il suppose la France engagée dans un vaste système d'échanges commerciaux mondiaux auquel l'ancien empire colonial sert d'armature. Nous sommes loin de l'équilibre traditionnel qui accordait dans nos contacts extérieurs au moins autant d'importance aux mouvements des capitaux qu'à celui des marchandises, qui ne cherchait pas à étendre au maximum les possibilités d'absorption du marché intérieur et qui considérait l'agriculture à la rigueur comme une source d'épargne, mais certainement pas comme un champ privilégié de l'investissement national.

Le changement de perspectives est considérable mais, malgré sa présentation « planiste », ce nouveau modèle de développement n'est pas à proprement parler révolutionnaire. Tout au plus propose-t-il de nouvelles modalités pour poursuivre l'accumulation du capital sur une base nationale. De ce fait, il correspond aux besoins du moment, car la France sort de la guerre dans une situation telle qu'il ne peut être question de revenir, à l'intérieur de l'espace national comme sur la scène mondiale, aux conditions de production et d'échange qui prévalaient en 1938. C'est pourquoi ces idées seront à la base du premier plan de modernisation et d'équipement en 1946.

ouvrir la France au monde

L'allégresse de la Libération ne masque pas longtemps de fort sombres réalités : 600 000 personnes ont été tuées au cours des combats ou des bombardements, fusillées, mortes en déportation. Environ 2 millions de prisonniers et de travailleurs requis ne reviendront d'Allemagne que progressivement (jusqu'en août 1945), souvent en mauvaise condition physique. Une habitation sur 22 a été complètement détruite, une sur 6 endommagée; au total, 208 000 exploitations agricoles sont partiellement ou totalement sinistrées et, à la différence de la Première Guerre mondiale, les dégâts sont répartis sur l'ensemble du territoire national. L'appareil productif est gravement atteint. Surtout, le système de transports n'existe plus. En 1944, 5 000 ponts doivent être reconstruits, 85 % du réseau des voies navigables est hors d'usage; sur 42 500 kilomètres de lignes de chemin de fer, 18 000 seulement sont utilisables; les ports maritimes sont en ruine et leur capacité d'accueil réduite de plus des trois quarts. En outre, la Libération n'est pas la paix. A la fin de 1946, plus d'un million d'hommes sont encore sous les armes.

En dépit d'un important effort de reconstruction et de l'affectation de nombreux prisonniers de guerre allemands aux secteurs prioritaires (dont 250 000 pour l'agriculture), « il n'en a pas moins fallu près de quatre ans et demi pour que les Français retrouvent en moyenne leur niveau de vie d'avant la guerre, et ce fut alors sur un palier de prix multiplié par 20, avec toutes les inégalités et toutes les misères que suppose un tel chiffre. Par comparaison, soulignons que la Belgique a retrouvé ce niveau un an plus tôt que nous, avec des prix multipliés seulement par 4 (le niveau des prix était alors multiplié par 1,8 aux États-Unis, par 2 en Grande-Bretagne, 2,6 aux Pays-Bas [94]). »

Ce lent redémarrage enregistre à la fois l'ampleur de la rupture introduite par la guerre et les erreurs, incohérences ou faiblesses de la politique économique suivie après 1944. Les comparaisons internationales ci-dessus peuvent amener à privilégier ce deuxième type d'interprétation, alors qu'il faudrait plutôt, nous semble-t-il, y voir une confirmation de l'hypothèse selon laquelle le retour à l'équilibre ne pouvait être obtenu en France qu'au prix d'un bouleversement des liaisons entre l'économie nationale et le reste du monde; bouleversement bien plus profond que celui auquel étaient confrontés les pays cités plus haut. De tels changements entraînent des conséquences monétaires considérables et une importante restructuration de l'appareil productif national.

Une reprise difficile.

En ce qui concerne le secteur agricole, l'ampleur de l'évolution à entreprendre est pressentie par nombre d'agriculteurs et une fraction importante des responsables. Elle n'est même pas soupçonnée par la majorité des Français. Pour ceux-ci, la fin du pillage organisé par les Allemands doit permettre de retrouver rapidement l'abondance et donc d'abandonner le rationnement. Les pouvoirs publics ne sont pas en mesure de résister à cette aspiration. Les cartes de pain sont supprimées en octobre 1944, à la veille des élections à la Constituante. Dès le 1er janvier 1946, il faut les rétablir et baisser la ration; on ne pourra les faire disparaître définitivement qu'en février 1949. Le rationnement de sucre, lui, ne sera levé qu'en décembre 1949, alors que, dès 1948, 27 % de la récolte de betteraves est allée à la distillation. Dans le même temps, le marché noir continue à sévir, et ne disparaît qu'au fur et à mesure de la mise en vente libre des produits alimentaires.

La prolongation du désordre économique n'est pas seulement la conséquence du manque de courage des dirigeants. Elle traduit l'extrême tension sociale dans laquelle la France se retrouve à la Libération et la difficulté pour le pays de retrouver son équilibre politique. De plus, les conditions météorologiques de 1945, 1946 et 1947 ne sont pas favorables. Compte tenu du manque de moyens de production industrielle qui se fait encore fortement sentir, les récoltes sont médiocres. Celles de 1945 représentent moins de 60 % de leur niveau moyen d'avant la guerre (blé 52 %, orge 63 %, avoine 57 %, pommes de terre 40 %, vin 47 %). La production de viande et celle de lait ne dépassent pas les deux tiers de celle de 1934-1938. L'hiver 1946-1947 détruit les blés d'hiver. La récolte de blé de 1947 n'atteint que 32 millions de quintaux, contre 67 l'année précédente et plus de 80 millions avant la guerre. Par contre, 1948 bénéficie d'excellentes conditions météorologiques, tandis que les livraisons d'engrais dépassent leur niveau de 1938, et que le parc de tracteurs atteint le double de celui de 1938. A ce moment seulement, le retour à la normale est assuré et la tendance à la hausse des prix agricoles est freinée. Mais les prix de gros sont, par rapport à 1938, multipliés par plus de 11 pour le blé, 13 pour la pomme de terre, 21 pour le lait (prix taxé), 22 pour le bœuf, 23 pour le vin. A la même date, le salaire hebdomadaire est à Paris 14 fois plus élevé qu'en 1938. Du simple point de vue des rentrées d'argent, l'agriculture bénéficie encore en 1948 d'une amélioration nette de sa situation par rapport à l'avant-guerre. La nécessité de recourir plus que jamais aux achats de produits industriels réduit considérablement ces avantages et le retour aux conditions normales de production ne va pas tarder à le faire disparaître.

Cependant, de 1945 à 1948, la production nationale étant insuffisante, c'est au marché extérieur qu'il faut faire appel pour couvrir les besoins du pays. En 1945-1946, nous importons 26 millions de quintaux de céréales (dont 20 de blé), 92 000 tonnes d'huile, 15 000 tonnes de beurre. En 1946-1947, les achats à l'étranger concernent 13 millions de quintaux de blé, 130 000 tonnes d'huile, 318 000 tonnes de viande.

Si l'on compare à l'avant-guerre, cet approvisionnement extérieur n'a ni la même origine ni la même composition. Le volume de produits bruts venus des colonies est inférieur de moitié à ce qu'il était en 1938. Les achats de céréales, de viande, d'huile aux pays d'Amérique et d'abord aux États-Unis, ont pris leur place. Le problème de l'équilibre de notre balance des paiements extérieurs se pose donc en termes nouveaux, et cela d'autant plus impérativement que notre balance commerciale est profondément déséquilibrée, que le tourisme n'a pas repris, que les transports maritimes nous coûtent cher puisqu'ils sont désormais un monopole américain, et que les revenus de capitaux sont devenus négligeables à la suite de la liquidation de la quasi-totalité de nos placements extérieurs.

Les recettes courantes, qui équilibraient à peu près les dépenses en 1938, n'en couvrent plus que 19 % en 1945, 27,5 % en 1946, 51 % en 1947 et 49,5 % en 1948. A court terme, nous ne pouvons vivre qu'à crédit : « Dès le printemps 1947, nos réserves de moyens de paiements commençaient à s'épuiser alors que des achats de blé supplémentaires devaient être prévus. La crise des paiements extérieurs du deuxième semestre 1947 ne trouva de solution que grâce à l'aide américaine [95]. » A long terme, c'est tout le problème de la définition des objectifs à fixer à notre économie qu'il nous faut reprendre. Dès 1946, l'établissement du premier plan de modernisation et d'équipement fixe l'orientation qui va dominer la croissance française de l'après-guerre.

« Dans les années qui viennent, la France n'aura plus pour vivre que le produit de son travail. De nombreuses matières premières d'une nécessité vitale manquant sur notre sol, nous devons exporter même l'utile pour nous procurer l'indispensable. » Ce résultat ne peut être obtenu que si nous pouvons nous imposer sur le marché mondial. Or « il n'y aura que deux moyens de réaliser une masse importante d'exportations : comme le Japon avant la guerre, au prix de salaires de famine et d'un bas niveau de vie de la population ouvrière; ou comme l'Angleterre, grâce à un équipement industriel relativement moderne et à une productivité du travail élevée ». Il faut donc que « chaque heure de travail en France crée le maximum de produits tant agricoles qu'industriels [96] ». Ouvrir la France au monde en la lançant dans un effort de production de marchandises sans précédent grâce à l'emploi résolu des techniques les plus modernes à l'usine comme aux champs, investir dans l'agriculture pour en tirer non seulement l'approvisionnement national mais, aussi vite que possible, un courant permanent d'exportations agricoles : ce nouvel impératif prend explicitement le contre-pied de l'idéologie du progrès raisonnable et de la mesure en toute chose, du mythe de la France, jardin du monde, heureuse en son enclos, si souvent développés depuis la fin du XIXe siècle. Le changement de ton est tel qu'il entraîne la dénonciation du passé immédiat et l'oubli des conditions de structure qui le rendaient sinon nécessaire, du moins acceptable aux yeux de l'immense majorité des Français.

Les agronomes veulent enfin pouvoir réaliser leur rêve et bâtir « une agriculture française convenablement orientée et puissamment équipée, conciliant le caractère des agricultures de l'Europe nord-occidentale évoluée grâce à l'équipement de l'exploitation familiale, avec, dans certaines régions, la mécanisation de la grande culture intensive [97] ».

L'exportation nécessaire.

Conseiller agricole du Commissariat général au plan, R. Dumont voit ses thèses triompher. Elles emportent l'adhésion des agriculteurs aussi bien que des fonctionnaires et techniciens socialistes qui tentent de s'imposer à la direction politique et sociale du monde paysan aux lieu et place des notables de la Corporation paysane, victimes d'abord de leur compromission avec le nazisme ou avec ses épigones français, mais aussi de la tonalité archaïsante et sectaire qu'ils avaient donnée à leur entreprise.

Le ministère de l'Agriculture établit un plan d'équipement rural qui prévoit l'investissement de 331 milliards de francs de 1939, en trente ans, et croit pouvoir annoncer l'extrême rentabilité des capitaux ainsi utilisés. On envisage donc « de multiplier par 5 ou 6 le volume des investissements effectués dans le passé [98] ». Le premier plan, qui ne vise qu'à assurer en 1950 une production égale ou supérieure à la moyenne d'avant la guerre, prévoit un volume d'investissements analogue, mais met l'accent sur la mécanisation de l'agriculture. Il espère que les 352 milliards de francs 1947 qu'il voudrait voir investis dans la production agricole seront fournis aux deux tiers par les agriculteurs eux-mêmes et, pour 20 %, par l'État et les collectivités publiques. Comme le souligne M. Cépède [99], ce plan supposait une restriction de la consommation pour dégager les ressources nécessaires aux investissements, une discipline stricte de la part des producteurs en vue de l'utilisation rationnelle des capitaux et une stabilité monétaire qui permette d'échapper aux influences extérieures.

Les conditions politiques nationales et internationales qui prévalent à partir de 1947 ne permettent de réaliser aucune de ces trois conditions, nécessaires à l'exécution d'un plan national aussi rigoureux. Les forces qui veulent profiter de la phase de reconstruction pour établir les bases matérielles d'une stricte indépendance économique, sont vaincues au profit d'un projet plus laxiste qui s'appuie davantage sur l'aide extérieure. 1947 est à la fois l'année du départ de Pierre Tanguy-Prigent du ministère de l'Agriculture et celle de la confirmation des nouveaux rapports qui se sont établis dès la Libération entre la France et les États-Unis.

Le poids des États-Unis. Au moment même où ils prévoyaient de retrouver en quatre ans le niveau de production d'avant la guerre, les dirigeants français étaient hantés par la crainte de recréer des surplus comparables à ceux des années 30. « C'est alors (5 juin 1947) qu'intervient l'annonce du plan Marshall, modifiant les conditions du problème, offrant une aide limitée dans le temps au 30 juin 1952, et d'autre part dégressive, et entraînant une confrontation des programmes dans divers pays adhérant à une politique de coopération économique européenne [100]. » L'acceptation de la proposition américaine, donc d'un système économique mondial dominé par les États-Unis, conduit à la révision du premier plan.

Il faut maintenant « rechercher quel pourrait être le programme propre à permettre d'atteindre l'équilibre de la balance des comptes en 1952, le plan Marshall donnant à ce problème des finances extérieures le pas sur les considérations de production et de consommation qui avaient été à la base du plan Monnet [101] ».

Une fois exploitées au maximum les possibilités d'exportation de biens comme de services, doublée la valeur des exportations agricoles, supprimées toutes les importations agricoles autres que les corps gras et les produits exotiques, les planificateurs constatent qu'il faut encore combler un déficit de 300 à 400 millions de dollars avant 1952. Bien que la conjoncture économique de l'année 1948 ne soit guère favorable aux agriculteurs, dont le « prélèvement Mayer » diminue les réserves monétaires au moment même où l'indice des prix industriels rejoint et dépasse l'indice des prix agricoles, les choix à moyen terme imposent de tabler sur une vigoureuse croissance de l'agriculture.

Ce secteur est classé parmi les secteurs stratégiques, bénéficiaires des crédits Marshall. Le nouveau plan qui se substitue au plan Monnet prévoit qu'en 1952 nous exporterons 10 à 15 millions de quintaux d'une récolte de blé qui devra atteindre 100 millions de quintaux, 200 à 300 000 tonnes de viande soit 10 à 13 % de la production, l'équivalent de 12 millions d'hectolitres de lait, soit 7 % de la production. Dès 1948, à la faveur d'une série de belles récoltes, la France exporte son blé, et la même année, elle prend pour la première fois une position exportatrice lors des discussions de l'accord mondial sur le blé à Washington.

De l'accord de Bretton Woods (18 juillet 1945) à l'entrée en vigueur du plan Marshall (3 avril 1948) et à la signature de la convention de coopération économique européenne (OECE, 16 avril 1948), un nouvel équilibre mondial se met en place, dont le centre de gravité est aux États-Unis. Dans ce monde, la France tient une place réduite par rapport à celle qu'elle occupait avant la guerre ; avec son empire financier en ruine, et malgré l'illusion d'une puissance coloniale qui l'encombrera encore pendant plus de dix ans, elle a perdu une bonne part de son autonomie sur le plan international. Mais elle entre dans un système de rapports internationaux nouveaux, dégageant les conditions d'un nouvel équilibre dans lequel l'agriculture devient une pièce de première importance, à condition que soit réalisé un énorme accroissement de production agricole. Cela ne peut être obtenu que par un recours massif aux moyens de production industriels. L'agriculture devient dans le même mouvement un gros demandeur de capitaux et un vaste marché intérieur pour une série d'industries qui y trouvent la base d'une croissance assurée. Ces changements simultanés réalisent un nouveau modèle de croissance dans lequel l'agriculture cesse d'être un élément entraîné par le mouvement économique général pour se transformer, toujours davantage, en un rouage totalement solidaire des autres pièces de la machine productive. C'est cette transformation et les conséquences qu'elle a entraînées depuis vingt-cinq ans qu'il faut voir maintenant.

le progrès
et ses difficultés

sur les marchés du monde

En vingt-cinq ans, l'agriculture française a changé plus qu'elle ne l'avait fait pendant les soixante-dix ans qui séparent la fondation de la Troisième République de la fin de la Deuxième Guerre mondiale. Les objectifs d'accroissement de la production nationale et d'accession au rang de grand exportateur de produits agricoles ont été atteints.

Alors qu'en 1949, les récoltes atteignent tout juste le niveau moyen d'avant la guerre, il suffit de cinq ans pour que les principales productions se développent autant qu'elles l'avaient fait entre 1924 et 1938. En 1953, la France récolte 180 millions de quintaux de céréales. La production de viande (volailles et abats exclus) atteint 2 270 000 tonnes, soit 13 % de plus qu'en 1949. Ce taux de croissance est égal à celui qui a été réalisé entre 1905-1914 et 1935-1938. La production laitière est estimée à 170 millions d'hectolitres, 30 % de plus qu'en 1949, augmentation, elle aussi, comparable à celle réalisée dans l'entre-deux-guerres. Cette expansion des productions animales entraîne l'effondrement des marchés.

Devant la vivacité des réactions paysannes, l'État est contraint d'intervenir. Si ces péripéties témoignent des difficultés auxquelles se heurtent les efforts de développement des productions animales, particulièrement celles liées à l'élevage bovin, elles sont insuffisantes pour freiner l'essor général de la production agricole nationale.

En 1954, la récolte de blé atteint 105,7 millions de quintaux. Le précédent record historique, qui datait de 1907 (103,8 millions de quintaux), est battu. De 1954 à 1963 (mise à part l'année 1956 dont les conditions météorologiques sont exceptionnellement mauvaises pour le blé), la récolte se fixe régulièrement au-dessus de 100 millions de quintaux. A partir de 1964, un nouveau palier est atteint; et jusqu'en 1971, si l'on met à part l'année 1966, la récolte de blé oscille autour de 140 millions de quintaux. Depuis 1972, et jusqu'en 1974 inclus, il semble qu'un nouveau pas soit franchi puisque les récoltes de blé (tendre et dur) dépassent 170 millions de quintaux. Depuis 1949, la récolte a doublé.

Rungis : le marché commande.

Dans le même temps, la récolte d'orge a été multipliée par 7 (14,5 millions de quintaux en 1949, 108 millions en 1973). Le maïs, qui connaît une révolution technique provoquée par l'introduction des hybrides, envahit les plaines à blé du Bassin parisien et les bocages de l'Ouest. On en récoltait 2 millions de quintaux en 1949, on atteint 106 millions en 1973. Depuis 1971, la France produit chaque année plus de 300 millions de quintaux de céréales, soit plus du double des volumes atteints à la fin du XIXe siècle, à une époque où bêtes et gens dépendaient essentiellement de la production céréalière.

Évolution
des principales productions

	1949	1955	1963	1971	1974
en millions de qx					
blé	81	103,8	101,8	149,7	189*
orge	14,5	26,6	73,8	89,1	100,1*
maïs	2	10	38,7	89,5	88,8*
toutes céréales	136,5	180,6	252,4	370,6	405*
en milliers de tonnes					
bœuf	675	1 020	1 000	1 304	1 518
porc	770	950	1 208	1 417	1 510
volailles	—	—	494	652	821
toutes viandes	1 865	2 545	3 845	4 616	5 107
en millions d'hl					
lait	130	178	254	268**	284**
vin	42,9	61,1	55,9	61,8	75,5
en milliers de tonnes					
légumes	—	—	7 225	7 417***	6 781***
fruits	—	—	2 436	3 342***	3 685***

*Commerce extérieur des produits agricoles et alimentaires français, CFCE, 1975, p. 163, ** Les comptes de l'agriculture française en 1974, INSEE, C n° 39, p. 26. *** Du 1er juillet de l'année précédente au 30 juin de l'année.

SOURCE   1949, 1955 : Le mouvement économique en France de 1944 à 1957, INSEE, p. 135, 141, 144. 1963, 1971, 1974 : Bilans alimentaires et autres, Rétrospectif 1959-1974. Études, n° 139, SCEES, 1975.

L'essor des productions animales est tout aussi spectaculaire. La production de viande de bœuf qui s'élevait à 675 000 tonnes en 1949 atteint pour la première fois 1 million de tonnes en 1954 et reste comprise chaque année entre 900 000 et 1 million de 1954 à 1966. Depuis cette date, et jusqu'en 1970, elle s'est généralement fixée aux environs de 1 200 000 tonnes, soit le double de la production de 1949.

La production porcine, périodiquement décrite comme le dernier refuge des archaïsmes les plus condamnables, n'est pas restée en arrière : elle aussi a doublé en vingt-cinq ans, atteignant 770 000 tonnes en 1949, elle s'est fixée entre 900 000 et 1 million de 1953 à 1958, puis aux environs de 1 200 000 entre 1958 et 1966; enfin, depuis cette date, elle avoisine 1 400 000 tonnes.

Malgré des incertitudes statistiques considérables, les séries relatives aux quantités de lait produites en France permettent également d'affirmer que la production a plus que doublé entre 1949 et 1974. Enfin, on voit se constituer une branche de production de volaille entièrement nouvelle; elle produit depuis 1972 plus de 700 000 tonnes de viande par an, alors qu'en 1957 encore les statisticiens déclaraient ne pouvoir citer de chiffres sûrs quant à la production « parce que l'élevage des volailles et lapins est dispersé sur tout le territoire, et fait rarement l'objet d'efforts de modernisation, bien que de grands progrès soient possibles [102] ». Dans le même temps, la production de légumes croît modérément et se fixe entre 6 et 7 millions de tonnes par an. Les cultures fruitières connaissent un essor considérable. Entre 1951 et 1955, le tonnage moyen est double de celui d'avant la guerre. Il triple encore entre 1955 et 1974.

Seule, la production viticole n'est passée que de 60 à à 70 millions d'hectolitres par an et paraît obéir à d'autres lois qu'à celles qui président à la croissance ininterrompue des autres branches agricoles.

Dans l'ensemble, les quantités fabriquées ont donc au moins doublé en vingt-cinq ans. Pour la première fois dans son histoire, la France produit beaucoup plus qu'elle ne peut consommer.

Production métropolitaine dans la consommation nationale
% (en quantités)

	1956-1960	1961-1965	1966-1970	1971-1974
œufs	94,4	99,6	99,4	100
beurre, fromage	102,8	107,2	112	115,2
vin	77	90,2	95	99*
pommes de terre	100,6	101,4	101,6	104*
viande	100,4	99,6	95,4	96
céréales	109,6	122,8	140,4	167,2
oléagineux	8,6	11	19,6	28
fruits et légumes	95	93,7	95,5	98

*Moyenne 1971-1973.

SOURCE   Bilans alimentaires rétrospectifs, 1956-1971 et 1959-1974, SCEES, nov. 1972 et déc. 1975.

*Une force
nouvelle.*   Quatrième exportateur mondial de produits agricoles en
1963, la France est passée en 1974 au deuxième rang, loin
derrière les États-Unis mais avant les Pays-Bas, le Danemark
ou le Canada. Ce résultat n'a pas été obtenu aussi vite que le
souhaitaient les planificateurs de l'immédiat après-guerre.
Les objectifs d'exportation du plan révisé en 1948 n'ont pas
été atteints en 1952, mais entre 1955 et 1960, et la balance
commerciale agricole de la France n'est excédentaire que
depuis 1969. Aujourd'hui, les excédents tirés des ventes de
produits agricoles sont devenus un facteur essentiel de l'équilibre global de nos échanges commerciaux. En 1974, ils ont
permis de couvrir 14 % de notre déficit énergétique.

Au cours de cette évolution, la place de la France dans la
division internationale du travail instaurée au milieu du
XIXe siècle et qui s'était maintenue dans l'entre-deux-guerres,
a considérablement changé. Longtemps, l'opinion a prévalu
que l'agriculture française devait chercher à reconquérir ou
développer des débouchés extérieurs pour ses vins, ses fruits
et légumes, ses produits laitiers, ses viandes, en abandonnant
les céréales aux pays mieux armés qu'elle par les conditions
naturelles ou économiques, comme elle avait déjà abandonné
les textiles et les oléagineux.

Nos exportations de fruits frais en conserve ou en jus
couvrent à peine, et seulement depuis 1970, nos importations
de fruits exotiques (agrumes exclus). L'augmentation de
notre production viticole, en nous rapprochant de l'auto-
suffisance, provoque dans les départements languedociens
une crise économique et sociale de première grandeur. Si les
progrès de notre production laitière ont permis d'augmenter
nos exportations de fromage, ils ont également provoqué
l'accumulation périodique de stocks de beurre ou de poudre
de lait dont la liquidation sur le marché mondial est difficile
et fort coûteuse. Nous sommes à peine autosuffisants en œufs;
quant aux viandes, malgré la progression de la production,
nous restons globalement déficitaires.

Par contre, nous produisons aujourd'hui plus du quart des
graines oléagineuses que traite notre industrie. Celle-ci reçoit
donc de l'agriculture nationale une proportion de ses approvisionnements plus importante que celle qu'elle utilisait à la
veille de la Première Guerre mondiale. Surtout, depuis 1956,
nous sommes exportateurs nets de quantités croissantes de
blé tendre. En 1972, avec plus de 8 millions de tonnes exportées, nous fournissions 13 % du marché mondial, nous classant
ainsi derrière le Canada (15 millions de tonnes) et les États-
Unis (32 millions de tonnes) mais avant l'Australie ou l'Argentine. Depuis 1959, nous sommes également un grand exportateur d'orge : en 1972, avec 3,7 millions de tonnes exportées
(28 % du marché), nous arrivions avant les États-Unis et non
loin du Canada (4,5 millions de tonnes). Nous sommes de
même présents sur le marché mondial de l'avoine depuis 1963
et sur celui du maïs depuis 1965. En 1974, nos ventes de

Évolution des prix agricoles à la production, en indices
(base 100 : 1955)

	1949	1954	1957	1962	1967	1972
blé	75,8	101,7	94,2	126,2	141,1	154,9
vin	128	137,2	168,7	219,6	232	353,9
bœuf	78	88,1	123,1	177,6	225,8	352,5
porc	73	109,2	115,6	122	147,3	171,9
lait	98	108,7	108,6	146,2	169,6	234,1
volailles	77,3	99,9	99,8	99,6	99,9	115,5
ensemble des produits	85,9	99,5	117,4	151,3	174,4	233,2
prix à la consommation	68,9	98,7	104,5	143,3	168	220

SOURCE   Annuaire statistique de la France.

céréales atteignent 35 % de nos exportations agricoles. Elles dépassent de beaucoup nos ventes de boissons (14 %) ou de produits laitiers (12 %).

L'agriculture est bien devenue exportatrice, mais pas dans les branches où l'avait prédit toute une lignée d'économistes et d'agronomes fondant leurs espoirs sur les avantages naturels dont jouit l'hexagone. La loi de l'avantage comparatif n'a pas joué aussi mécaniquement qu'ils le supposaient. Force est de reconnaître que, bien loin d'enregistrer purement et simplement les avantages de terroir dont nous pouvons disposer, la situation très positive de l'agriculture dans notre commerce extérieur résulte d'un jeu complexe entre l'évolution des conditions de production, de transformation et de commercialisation des principales denrées dont nous sommes producteurs : céréales, viandes, lait, vins, fruits et légumes.

Il nous faut observer comment chacune de ces branches a évolué, pour préciser à la fois ce qu'est devenue notre agriculture et la nature de ses liens avec le reste de l'économie.

les céréales face à la concurrence américaine

Dès les lendemains de la guerre, le secteur céréalier bénéficie à la fois de la sollicitude des pouvoirs publics, de la solidité de son organisation de défense professionnelle (AGPB) et de sa capacité supérieure à absorber des techniques de production hautement productives (semences sélectionnées, pratiques de fertilisation bien définies, mécanisation poussée de la culture). Dans ces conditions, le volume de la production augmente rapidement, ce qui contraint à trouver des débouchés extérieurs car le marché intérieur est en régression. Dès qu'ils le peuvent, les Français réduisent leur consommation de pain sans pour autant augmenter beaucoup leur demande de pâtes, biscottes ou biscuits. Mais le marché mondial se prête mal à l'absorption de nos excédents de production. Dans les années 50 et 60, les surplus américains pèsent sur les prix mondiaux, en dépit des politiques de restriction de l'offre suivies à Washington.

Nos céréales ne peuvent être exportées que moyennant de fortes subventions gouvernementales. Dans ces conditions, le prix du blé connaît une baisse modérée de 1951 à 1958. Seule l'aide de l'État permet que la croissance continue de la production ne pèse pas trop sur le revenu des producteurs les plus faibles. La solide organisation du marché construite en 1936 remplit son office. Elle fonctionne grâce à la puissance du réseau coopératif qui absorbe plus des trois quarts de la collecte. Mais la subvention d'État au marché des céréales passe de moins de 50 millions de F en 1954 à plus de 300, soit plus de 10 % de la valeur de la production, en 1958. Ce transfert autorise les plus grands céréaliculteurs [103] à percevoir des rentes de situation confortables, peu entamées par les taxes de résorption frappant les gros livreurs. Ces rentes font l'objet de vives critiques, d'autant que les agriculteurs qui en bénéficient tirent souvent avantage, en même temps, de l'organisation très rigide du marché du sucre. Cette dernière coûte, elle aussi, plus de 40 millions en 1954, plus de 90 millions en 1956, 68 millions en 1958. Plus de la moitié des subventions d'État sont affectées à deux produits qui symbolisent la grande agriculture prospère du Nord de la France et du Bassin parisien.

Une telle situation ne peut durer. Plutôt que de réduire le scandale en tenant compte des inégalités entre agriculteurs, il paraît plus facile et tout aussi efficace de fournir à l'agriculture une zone d'expansion extérieure où chacun pourra courir sa chance. La recherche de conditions favorables de vente à l'étranger prend d'abord la forme de contrats à long terme, en particulier avec l'Allemagne. Puis, à partir de 1957, les dirigeants politiques et professionnels et l'immense majorité des agriculteurs voient dans l'établissement de la Communauté économique européenne la chance de l'agriculture française, sûre de trouver là un marché aux dimensions assez vastes pour lui assurer une croissance sans problèmes.

Dans ce cadre, la façon dont ont été résolus les problèmes d'organisation des marchés du sucre et des céréales n'a pas remis en cause les situations acquises à l'intérieur de l'agriculture française [104]. La grille de prix communautaires favorise considérablement le développement de la céréaliculture française, en freinant la baisse du prix relatif de ses produits et leur ouvrant des débouchés importants chez nos partenaires.

La production étant ainsi stimulée, la part des céréales dans la valeur de la production agricole totale ne cesse de croître. Alors que, jusqu'en 1967, elle en représentait entre 11 et 12 %, elle est passée depuis cette date à 14 % et atteint 16 % en 1974. Les subventions des pouvoirs publics sont restées de l'ordre de 10 % de la valeur de la production. Elles ont dépassé 500 millions de F à partir de 1961, 1 milliard après 1966, 1 milliard et demi après 1968. En 1974, elles atteignent encore ce niveau. Mais le Trésor français n'est plus seul à supporter cette charge que finance principalement le Fonds européen d'orientation et de garantie des marchés agricoles. La politique céréalière de la France est devenue l'enjeu permanent de la négociation européenne.

L'agriculture : un équipement lourd, à rentabiliser. Moisson en Beauce, années 60.

Dans le même temps, le marché des céréales a retrouvé partiellement les traits d'un marché de concurrence sans que l'importance du réseau coopératif ait diminué [105]. Le marché intérieur continue à se réduire au rythme de la diminution de la consommation de pain et plus de la moitié de la production de blé français est exportée. Nous n'en sommes pas pour autant devenus les fournisseurs exclusifs de la Communauté européenne. Les importations italiennes, hollandaises, allemandes, de céréales américaines, restent très importantes. Sans doute sommes-nous devenus l'un des membres du club très restreint des grands exportateurs de céréales [106], mais notre position dans le commerce international des grains reste fragile.

En 1974, cinq sociétés spécialisées dans le commerce des grains figuraient dans les trente et une premières firmes exportatrices françaises et réalisaient chacune entre 1 et 2 milliards de F d'exportation sur une valeur totale de 11 milliards d'exportations céréalières [107]. Si deux de ces cinq entreprises étaient des groupes coopératifs, les trois autres étaient des filiales des principaux groupes transnationaux : Conti-

nental Grain, Cargill, Bunge. On peut douter de la volonté d'indépendance nationale de ces groupes.

De plus, dans la mesure où les règlements communautaires nous astreignent à rechercher l'accord des instances européennes pour nos opérations extérieures, nos exportations vers des pays tiers ne peuvent plus servir de base à une action politique indépendante. C'est ainsi que nos exportations de blé tendre ont stagné en 1974. « Ce résultat, quelque

L'adieu aux meules.

Les meules qui proclamaient la richesse du fermier vont disparaître (vue aérienne des champs et route d'Ile-de-France dans les années 30). Les gerbes ne s'aligneront plus jusqu'à l'horizon. On ne posera plus devant l'œuvre achevée (Bourbonnais, 1936).

peu décevant en regard d'une production en augmentation et d'une demande internationale toujours plus forte, ne s'explique que par des restrictions à l'exportation sur pays tiers imposées par Bruxelles [108]. »

Sans doute, les organismes officiels français peuvent-ils souligner « qu'après une campagne 1973-1974 marquée par un frein des exportations hors CEE, Bruxelles se doit de se doter d'une politique commerciale de présence permanente sur les marchés tiers [109] ». Il n'est pas sûr qu'ils soient entendus car le contrôle du marché mondial des céréales met en jeu des intérêts économiques et politiques considérables, et d'abord les intérêts nationaux des États-Unis.

La machine impose sa marque au paysage : moissonneuse- batteuse en action, années 60.

Dans le temps qu'il a fallu à la France pour reconquérir une place de premier rang dans le concert des grandes nations capitalistes, le système économique mondial à direction américaine a lui-même évolué. Il se trouve aujourd'hui engagé dans une phase de restructuration d'ensemble qui risque de mettre en péril certaines de nos positions, particulièrement en matière agricole.

Soucieux de réaffirmer leur primauté, les États-Unis ont, en effet, entrepris de mettre leur agriculture au service d'une politique d'expansion délibérée sur les marchés mondiaux. Or, dans le domaine céréalier que nous venons de conquérir, nous sommes, en Europe, comme dans le reste du monde, leurs concurrents. Le projet de restructuration mondiale de la production agricole qui a les faveurs des États-Unis, est, en effet, fort clair [110]. Il aboutirait à une considérable expansion de leurs exportations nettes de céréales, d'oléagineux et de viandes et, parallèlement, à un développement de leurs importations nettes de produits laitiers.

L'aviculture, symbole de « l'industrialisation » de l'agriculture.

Notre position nouvelle de gros exportateur de céréales devra tenir compte des besoins et des projets américains; ceux-ci convergent avec les pressions qui s'exercent en France pour que des ventes de céréales transformées, c'est-à-dire de produits animaux, se substituent aux ventes de céréales. Ce réaménagement de notre appareil productif, conforme aux intérêts américains, suppose que les agriculteurs soient amenés à accepter les lourdes contraintes techniques et les faibles rémunérations du travail qui sont de règle dans l'élevage et que connaît bien une forte proportion d'entre eux; car l'évolution de la céréaliculture en une sorte d'atelier de la chaîne d'alimentation dont dépendent les éleveurs a déjà commencé pour satisfaire à la forte croissance de la demande nationale de protéines animales. Ces changements ont accompagné la transformation des conditions de production des animaux. Et cette double évolution a profondément changé la structure de notre agriculture aussi bien que la nature de ses liens avec le reste de l'économie.

de la viande à tous les repas

Alors qu'elle était de 67,8 kilos par tête et par an en 1956, la consommation apparente [111] de viande atteint, en 1974, 89,7 kilos, soit plus de 245 grammes par jour. Le Français moyen mange de plus en plus de viande. Dans le même temps, la consommation de céréales, qui était de 99,3 kilos par tête et par an en 1956, s'est réduite à 70,8 kilos. Les 20 kilos de viande supplémentaire qui sont entrés dans la ration des Français sont fournis par la volaille et le porc (plus de 7 kilos

chacun), le lapin, les abats. La consommation de veau se
tasse légèrement (— 1 kilo), celle de bœuf augmente faiblement (+ 1,8 kilo), de même que celle du mouton.

Un tel changement dans les habitudes de consommation
a été rendu possible par la transformation des élevages de
volaille et de porc en de purs et simples ateliers de transformation des céréales en protéines animales. La réduction de
20 kilos de la ration de céréales et l'augmentation égale en
poids de la consommation de viande n'est, pour l'essentiel,
qu'une façon différente et socialement plus agréable de
consommer une quantité croissante de céréales...

C'est d'ailleurs ce qui apparaît dans le bilan céréalier national. Dans le temps où l'alimentation carnée de 50 millions de
Français augmentait de 20 kilos par tête, la consommation
animale de céréales absorbait 7 millions de tonnes supplémentaires et passait de 57 à 70 % de la consommation totale.
En somme, chacun des kilos de viande gagnés dans la ration
moyenne correspond à la transformation de 7 kilos de céréales
supplémentaires auxquels ont été adjoints les éléments
nécessaires à la fabrication de protéines animales d'un type
ou d'un autre.

L'aviculture fournit le modèle le plus achevé de cette *L'industrie*
évolution, c'est pourquoi elle contribue pour plus du tiers à *avicole.*
l'augmentation de la consommation de viande. Cette activité
qui se développait il y a encore vingt ans comme un sous-
produit de l'exploitation agricole, livrée au hasard ou aux
bons soins de la fermière, est devenue une production aussi
minutieusement organisée qu'une ligne de fabrication industrielle. Présents sur l'exploitation, mais n'en dépendant plus
pour leur approvisionnement en aliments ou en animaux,
les ateliers avicoles utilisent à temps plein une partie du travail
familial. Ils sont sous le contrôle de la chaîne de transformation qui lie le fabricant d'aliments, l'abattoir de volailles, le
supermarché et le boucher détaillant chez qui le consommateur se procure son poulet prêt à cuire et même assez souvent
prêt à être mangé. Dans cette chaîne, l'autonomie technique
du producteur agricole a totalement disparu. Il lui reste le
douteux privilège de devoir avancer l'argent nécessaire au
fonctionnement de son élevage et de perdre sa mise, en cas
de mévente ou d'accident dans son poulailler.

La croissance rapide de ce nouveau système de production
intégrée a attiré, dès la fin des années 50, l'attention de nombreux économistes ruraux. Ceux-ci, une fois de plus, ont cru
voir, dans ces phénomènes, les signes précurseurs de la transformation radicale de l'organisation du travail agricole, de
l'industrialisation de l'agriculture, prophétisée périodiquement depuis cent ans [112]. Mais ces formes de contrôle de la
production n'ont pas remplacé les producteurs agricoles par
des salariés hâtivement rassemblés dans des hangars insalubres,
comme de sommaires analogies avec l'industrie textile à ses
débuts avaient pu le faire croire.

Le sacrifice du cochon reste une affaire de famille, Alsace, 1974...

L'aviculture est bien devenue le support d'une véritable industrie : en 1972, 400 établissements d'abattage et de transformation, traitent 60 % du tonnage total de viande de volaille produite en France. Les spécialistes estiment qu'en 1980, une cinquantaine d'établissements atteindront une production moyenne de 10 000 tonnes et représenteront ensemble 75 % de la production industrielle de viande de volaille [113]. Ces entreprises sont parfois la propriété de grandes sociétés privées ou coopératives fournisseurs d'aliments (Duquesne-Purina, Lesieur-Sodeva, Unicopa) qui contrôlent ainsi l'ensemble de la chaîne de fabrication jusqu'à la vente au commerce de détail. Mais ces grandes entreprises industrielles et commerciales, qui tentent de rentabiliser leurs capitaux dans le commerce alimentaire et la transformation des produits agricoles, voient de nombreux avantages dans l'utilisation au stade de la production d'une force de travail non salariée, disponible et peu exigeante. Elles cherchent beaucoup plus à utiliser les structures de production en place qu'à leur substituer des organisations de type capitaliste pur.

Le système social y trouve également son compte. Tandis que la production de viande de volaille doublait, le prix à la production n'a pratiquement pas bougé jusqu'en 1970. Il était, en 1972, à l'indice 115, alors que l'indice des prix de détail atteignait 220 par rapport à 1955, ce qui explique l'apparent engouement des consommateurs français pour le poulet industriel.

Quel bénéfice social supplémentaire aurait-on pu attendre de la construction de véritables usines de poulets, embauchant des salariés ? L'énergie que les agriculteurs bretons ne pouvaient employer autrement qu'en se pliant aux exigences de cette modernisation a largement suffi à assurer le succès économique de l'aviculture « industrielle ». Celle-ci a pu ainsi servir de base à tout un système d'approvisionnement et de transformation fonctionnant selon la logique de l'accumulation du capital.

Cette insertion dans le jeu capitaliste s'est réalisée fort traditionnellement, au travers d'une série de crises de surproduction qui ont rendu possibles et nécessaires la restructuration de la branche et son adaptation aux besoins du marché intérieur [114].

Le gonflement anarchique de la production a abouti au même résultat que la crise céréalière des années 30 : aucune régulation n'étant possible par le recours au chômage, puisque la force de travail employée n'était pas composée de salariés auxquels on aurait pu « rendre leur liberté », l'intervention d'État est apparue indispensable. Celle-ci a entraîné la constitution d'un système d'encadrement de la production dont la gestion est effectuée conjointement par les pouvoirs publics et les responsables professionnels.

Cet appareil syndicalo-gouvernemental n'a toutefois pas pu empêcher nombre de paysans de faire la cruelle expérience du sort que connaissent les travailleurs productifs lors des crises de surproduction par lesquelles notre système règle son développement.

D'autre part, l'aviculture française, étant devenue une sorte de machine à transformer les céréales en poulet, ne peut fonctionner que si elle dispose des matières protéiques végétales indispensables à l'alimentation des animaux en complément de leur ration de céréales. Ces matières protéiques sont essentiellement fournies par des tourteaux de soja dont nos importations sont passées de moins de 10 000 tonnes à 1 500 000, entre 1954 et 1974. Le marché international du soja est sous le contrôle exclusif des producteurs et commerçants américains. L'évolution simultanée des modèles de production, de consommation et de transformation des volailles, aboutit ainsi à renforcer la dépendance française à l'égard du système mondial dirigé par les États-Unis.

Des phénomènes comparables affectent la production et la transformation de la viande de porc et expliquent également la part croissante que prend cette viande dans la ration

La difficile relance porcine.

alimentaire des Français. La production a cessé d'être effectuée, pour l'essentiel, par une multitude d'exploitants familiaux ayant chacun quelques truies et engraissant leurs porcelets avec des aliments confectionnés à la ferme, à partir des productions de l'exploitation (orge, petit-lait par exemple). Les grandes porcheries industrielles annexées à des laiteries ou possédées par des marchands de cochons ou des fabricants d'aliments ne les ont pas remplacés. L'augmentation des quantités produites provient principalement de la multiplication d'ateliers d'engraissement groupant plusieurs centaines d'animaux, fonctionnant sur l'exploitation grâce au travail familial, mais dépendant totalement des approvisionnements fournis par l'industriel. Là aussi, la croissance de la production est obtenue en modifiant les conditions de travail mais non le statut des producteurs. Ceux-ci se trouvent d'autant plus liés à la chaîne d'approvisionnement et de commercialisation dont ils dépendent qu'ils sont restés « indépendants » et donc responsables complets de la bonne marche de leur élevage.

Producteurs traditionnels en voie de disparition et nouveaux ateliers d'engraissement, tous travaillent pour un marché très instable et pour des prix qui sont tendanciellement orientés à la baisse. Le prix à la production du porc évoluait au moins aussi vite que l'indice des prix à la consommation jusqu'en 1957 ; depuis cette date, son avance a disparu, puis son retard s'est accentué. La viande de porc qui représentait 10,5 % de la valeur de la production agricole en 1954 est descendue à 7 % en 1974, bien que la quantité produite ait doublé. Cette évolution a été favorisée par la concurrence des producteurs belges et hollandais que la mise en place du Marché commun a rendue encore plus virulente. Depuis 1970, les importations nettes atteignent 150 000 tonnes par an, soit près de 10 % de la consommation nationale. Les producteurs français ont donc été forcés d'abandonner les formes traditionnelles de production.

La croissance et la concentration de l'industrie de transformation ont joué dans un sens identique, même si, à côté des grandes entreprises industrielles (Olida, Géo), subsistent une foule de salaisonniers de village qui tentent de garder une part du marché en profitant du renom des charcuteries régionales traditionnelles (Bretagne, Auvergne, Alsace).

L'encombrement de ce marché déprimé a là aussi rendu nécessaire l'intervention des pouvoirs publics qui utilisent la crise périodique pour favoriser la concentration du secteur. Depuis 1970, un plan de rationalisation de la production porcine a été lancé. Il absorbe chaque année environ 70 millions de F de crédits d'État. Moins de 20 000 éleveurs bénéficient de cette aide. Ils font tous partie de la minorité organisée au sein des groupements de producteurs [11b].

L'impossible
rationalisation bovine.
L'évolution simultanée de la consommation de la production et de l'appareil de distribution de la viande de bœuf est plus complexe et moins spectaculaire. La consommation stagne,

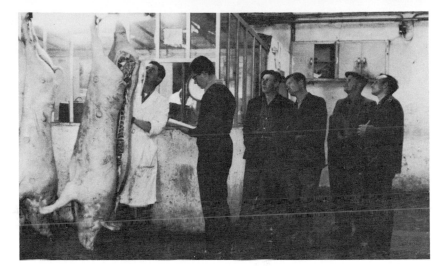

tandis que le prix du bœuf sur pied évolue plus vite que le prix moyen des produits agricoles ou que l'indice des prix à la consommation. La croissance lente mais régulière de la production a fait passer la viande de bœuf de 12 à 17 % de la valeur de la production agricole en vingt ans et assure l'approvisionnement d'un courant d'exportations nettes d'importance variable (50 000 tonnes environ en 1972 et 1973, plus de 200 000 en 1974). Cette tendance longue s'affirme au travers de crises conjoncturelles qui forcent l'État à soutenir les cours et stocker les surplus. La société interprofessionnelle du bétail et des viandes créée en 1953 a ainsi acheté 84 000 tonnes entre 1962 et 1964, et 83 000 tonnes entre 1967 et 1968. Depuis l'entrée en vigueur du marché unique européen, l'intervention publique est restée plus modérée mais les éleveurs s'estiment exploités tandis que les consommateurs limitent leurs achats du fait du niveau des prix de détail atteint par le bœuf et le veau.

Disparu avec les derniers vestiges du XIXe siècle, le problème du pain cher a, en effet, été remplacé par celui du bifteck auquel il a légué son caractère symbolique dans les luttes sociales. Malgré le modèle de consommation unifiée que propose le système capitaliste, les Français se résignent mal à voir le bœuf devenir une consommation de prestige réservée aux jours de fête et aux classes aisées, comme aux États-Unis.

Dans la mesure où les procédés de production de viande de bœuf ne permettent pas de construire une chaîne de fabrication comparable à celles qui produisent les viandes de poulet ou de porc, c'est pourtant ce qui risque d'arriver. Or, la transformation des conditions de production de bœuf ne se heurte pas seulement à des obstacles techniques. Elle bute d'abord sur l'extrême diversité des produits qui sont regroupés pour assurer l'approvisionnement en viande bovine des Français. Plus de la moitié de la viande que nous consommons provient du troupeau laitier, qu'il s'agisse de vaches laitières

1935.

1950.

mises à la réforme (43 % de la viande abattue en 1973) ou des veaux mâles et des jeunes bêtes écartés de ce troupeau avant l'entrée en production. La viande de bœuf, au sens strict, c'est-à-dire celle d'animaux élevés jusqu'à l'âge adulte uniquement pour leur viande, est fortement minoritaire (28 % des abattages en 1973).

Traditionnellement, le prix du bœuf à la production a fort peu tenu compte des coûts de fabrication de ce produit, puisque l'essentiel de la quantité mise en marché apparaissait comme un sous-produit de la production laitière. L'élevage de bœufs proprement dit était profitable, dans la mesure où, mené d'une manière extensive, il garantissait un revenu suffisant dans des conditions de travail et d'existence très particulières et peu contraignantes.

Cette situation a commencé à évoluer il y a vingt ans quand les paysans ont dû acheter de plus en plus de marchandises pour améliorer le niveau de vie de leur ménage et assurer le bon fonctionnement de leur exploitation. Ils ont appris à se préoccuper de la contrepartie monétaire de chaque heure de travail. Il est alors apparu que le travail consacré à l'élevage, sous ses formes traditionnelles, est très mal rétribué et qu'il ne permet d'accroître considérablement ni les quantités produites, ni les disponibilités monétaires de l'éleveur.

On a donc cherché à développer des formes d'élevage beaucoup plus intensives, utilisant, là encore, des mélanges soigneusement dosés de céréales et de matières protéiques végétales pour produire en 12 à 18 mois de jeunes bovins prêts à être abattus. On espère ainsi passer, comme pour le porc et le poulet, à la production de masse, et désamorcer les tensions qui prennent leur source dans le prix du bifteck.

L'État favorise cette évolution. Il finançait en 1971 l'élevage de 200 000 jeunes bovins, de 450 000 en 1974. 60 % de ces animaux sont produits par 195 groupements de producteurs réunissant 72 000 éleveurs. Cet élevage reste cependant d'importance limitée (11 % de la viande abattue en 1973). Son

De la miche au bifteck.

1935. Le partage du pain, symbole de la vie commune...

... et de la fraternité au travail.

1950. Le pain peut-il se réduire à sa fonction alimentaire ?

1935.

Le bifteck arrive en force, comme aliment symbolique du monde moderne. Marché aux bestiaux, à Parthenay, Deux-Sèvres, 1960.

développement est freiné par l'instabilité des cours qui dépendent beaucoup plus du jeu pas toujours heureux des manipulations douanières ou des contrecoups de la croissance de la production laitière que des progrès éventuels de cette production de bœuf industriel.

Des crises conjoncturelles profondes se développent périodiquement, entraînant alors un mécontentement parfois explosif des éleveurs traditionnels, qu'ils possèdent un troupeau laitier ou un troupeau spécialisé dans la production de bœuf; elles provoquent aussi la faillite d'un certain nombre d'élevages intensifs qui comptabilisent beaucoup plus complètement leurs coûts que l'exploitation traditionnelle. Un autre facteur freine le développement de ce nouveau type d'élevage à viande : la rareté relative des veaux ou des bêtes maigres, matière première obligée des ateliers d'engraissement. La production de veaux ne peut être multipliée à volonté comme celle des poussins d'un jour, puisque chaque vache n'a qu'un veau par an.

En attendant que les chercheurs mettent au point des méthodes permettant de multiplier le nombre de veaux que chaque vache peut produire, en l'absence de vastes réserves d'élevage extensif du type de celles de l'Ouest américain, ces formes intensives ne peuvent se développer que si le prix du bœuf augmente ou si le prix des céréales baisse fortement. Cette dernière hypothèse suppose de très grands changements tant au plan national qu'au plan international; elle nous paraît donc peu probable. Une combinaison de ces deux mouvements de prix satisferait également les éleveurs traditionnels. Mais le bœuf deviendrait alors un produit de luxe et le problème du bifteck resterait posé.

Oubliant l'extrême hétérogénéité du produit et la variété des sources d'approvisionnement en viande bovine, gouvernement, éleveurs, consommateurs cherchent alors une autre issue et pensent la trouver dans la réduction des rentes de situation que s'assure la série d'intermédiaires qui règnent encore sur le marché de la viande.

La mesure la plus simple consiste à freiner le prix de vente au détail en faisant confiance aux mécanismes naturels pour comprimer les rentes. Toujours inefficace, cette politique est périodiquement reprise : « Rappelons ainsi les blocages Queuille en juillet 1950, Pinay en août 1952, E. Faure en février 1954, Bourgès-Maunoury en juillet 1957, le plan de stabilisation Giscard en 1963, les engagements de stabilité en 1965, les contrats de programmes de 1966-1971, le blocage d'août 1969, le contrat anti-hausse de septembre 1971 à mars 1972, le contrat de programmation d'avril 1972 à avril 1973 [116]... »

Des mesures plus ambitieuses visent à remanier l'appareil de transformation pour unifier le marché et le rendre plus transparent. Les tentatives de mise en place d'un réseau d'abattoirs industriels modernes, débouchent parfois sur un scandale de la taille de celui de La Villette, mais elles favorisent un changement des méthodes d'approvisionnement et une concentration du secteur qui commercialise et transforme la viande de bœuf. On estime aujourd'hui que le circuit traditionnel dans lequel les animaux étaient abattus dans les centres de consommation (circuit vif) ne concerne plus que 40 % des animaux traités. 48 % des bêtes sont abattues dans les régions productrices et empruntent le « circuit mort ».

D'autre part, sur quelque 12 000 établissements de commerce en bestiaux décomptés en 1967, 2 500 avaient disparu en 1972. Si le commerce de gros regroupe encore 2 000 entreprises, une trentaine seulement contrôleraient 25 % du marché. L'État favorise cette concentration dans l'espoir de voir se construire un pôle interprofessionnel groupant les éleveurs organisés et les spécialistes de la transformation, capable de mettre de l'ordre sur ce marché sensible. Il espère ainsi favoriser l'entrée « dans une étape nouvelle où les rapports des éleveurs avec le marché tendent à changer, où la prise en charge de leur produit par une industrie de la viande devient possible, incitant à modifier leur produit lui-même [117] ».

C'est là un projet à très long terme car le principal facteur de rigidité de l'offre de viande, celui qui donne aux habitudes de consommation des Français une chance de résister, c'est la liaison intime et traditionnelle entre production de viande et production de lait. Par ce biais, l'évolution de la production de viande bovine dépend en partie de l'avenir de la production laitière.

le lait, matière première industrielle

La consommation de lait en nature n'a jamais été très forte en France et les efforts faits pour la développer n'ont guère rencontré de succès. Après une légère augmentation entre 1950 et 1960, la consommation par tête a tendance à régresser. La consommation apparente, qui atteignait près de 90 kilos par tête et par an en 1955, ne dépasse pas 56 kilos en 1974 [118]. Contrairement à une idée fort répandue, cela ne signifie pas qu'à la différence de leurs voisins du Nord de l'Europe dont les habitudes leur sont souvent données en exemple, les Français consomment peu de lait. Ils le consomment de façon différente, pour l'essentiel sous forme de fromage et de beurre. Depuis vingt ans, cette habitude n'a fait que se renforcer. La consommation de beurre, qui ne dépassait guère 6 kilos par tête et par an en 1950, atteint 9 kilos en 1974. Quant au fromage, sa consommation a plus que doublé, passant de 7 à 15 kilos. L'existence de ce modèle alimentaire particulier a conditionné le développement du secteur de transformation des produits laitiers qui a agi en retour sur les habitudes de consommation, tout en exerçant une influence importante sur le développement de la production laitière [119].

La quantité de lait collectée par l'industrie n'a cessé de croître. Elle représentait 65 % de la production en 1966 et 72 % en 1973. Les quantités échappant à la collecte sont essentiellement destinées à l'alimentation animale qui absorbe une proportion très faiblement croissante de la production (19 % en 1956 à 22 % en 1973). On peut penser que le reste est autoconsommé par les agriculteurs : les ventes directes de lait, de beurre ou de fromage ne sont plus que des vestiges du passé. Les ramasseurs de produits fabriqués à la ferme, qui parcouraient encore les campagnes à la fin des années 50, ont été remplacés par les camions des entreprises laitières. De plus en plus fréquemment, ceux-ci viennent pomper dans les réservoirs réfrigérés installés à côté de l'étable le lait que traitent, par centaines de milliers d'hectolitres, de véritables usines fournissant sur l'ensemble de l'hexagone, et même à l'étranger, des produits vendus sous marque et dont la qualité doit être immuable.

Une industrie puissante. La première firme agro-alimentaire française, BSN-Gervais-Danone, tire de la transformation du lait la moitié des 5 milliards de F qu'elle réalise dans l'alimentation. Ce groupe est installé dans tous les pays voisins. Les deuxième et troisième entreprises agro-alimentaires sont aussi des industriels laitiers : Nestlé-Alimentana et Sica Ouest Lait. Cette dernière société qui s'est alliée en 1972 au premier groupe laitier britannique est un groupe coopératif dont le pouvoir s'étend sur la Normandie et une partie de la Bretagne.

En 1971, parmi les 826 entreprises de transformation du lait employant plus de 5 salariés, 15 occupaient ensemble plus de 30 000 salariés (36 % des travailleurs de la branche) et fournissaient 31 % du chiffre d'affaires total. Sans doute, dans certaines régions (Alpes, Jura, Massif central), des centaines de petites coopératives de montagne fonctionnent encore comme au début du siècle et s'enorgueillissent d'un passé plurisséculaire. Elles contribuent à côté des grands groupes coopératifs à transformer plus de 40 % du lait produit et gardent au marché du lait un aspect original. Mais, pour l'essentiel, c'est une véritable révolution industrielle qui a bouleversé l'économie laitière depuis la guerre, particulièrement dans l'Ouest [120]. Quand il s'agit de vendre son lait, l'agriculteur se retrouve aujourd'hui face à des sociétés de capitaux, privées ou coopératives, de taille nationale ou internationale, dont les soucis de rentabilité ne le cèdent en rien à ceux qui guident depuis longtemps le développement du reste de l'économie.

Ces entreprises, dont la compétence et le goût pour l'innovation profitable ne sont plus à démontrer, se heurtent cependant à des contraintes particulières du fait que le prix auquel elles achètent leur matière première est un prix sensible dont dépend le revenu d'une bonne moitié des familles paysannes.

Dès que la production laitière a commencé à croître, le problème de l'adaptation de la demande de produits laitiers aux nouvelles possibilités offertes par le volume croissant du lait disponible, s'est trouvé posé. Puisque la consommation de lait en nature ne se développait guère, il devenait urgent de mettre sur pied une industrie de transformation qui soit en mesure d'écouler la production pour éviter que les surplus pèsent dangereusement sur le prix du lait à la ferme.

Le problème a pris, dès 1953, une dimension telle que, là aussi, l'intervention de l'État est apparue comme une nécessité. Il a fallu « organiser le marché du lait », c'est-à-dire modérer la pression à la baisse sur les revenus des producteurs laitiers sans freiner l'effort d'accroissement de la productivité du travail agricole et en assurant quand même une rentabilité minimum des capitaux engagés dans la mise en place d'un appareil industriel de transformation du lait.

Pour atteindre ce triple objectif, le système retenu s'est borné à assurer, non pas une garantie de prix aux producteurs, mais le rachat des stocks de beurre et de poudre de lait que les transformateurs ne pourraient écouler. En somme, outre les subventions et aides aux investissements que le gouvernement offre à l'industrie laitière, les entreprises les moins innovatrices ou les plus mal placées sont en tout état de cause assurées d'amortir leurs installations puisque le lait ramassé et transformé par leurs soins sera racheté par l'État après transformation. Sans doute, on court le risque périodique de voir s'élever des montagnes de beurre ou de poudre de lait qui ne peuvent trouver preneur ni en France ni sur les marchés extérieurs. Mais les risques des sociétés transformatrices sont réduits au minimum.

Ce système fonctionne depuis vingt ans avec une relative efficacité. Pour soutenir le marché du lait, l'État a fait passer dans la trésorerie des entreprises laitières, quelques dizaines de millions de F jusqu'en 1960, entre 600 et 1 000 millions jusqu'en 1967, et au moins 1 milliard par an depuis 1968. Les stocks de beurre et de poudre, à leur maximum en 1969, ont décru jusqu'en 1973 et se regonflent depuis cette date. On parle périodiquement de réintroduire de la poudre de lait ou de l'huile de beurre dans les aliments du bétail, mais les vendeurs de soja s'y opposent et le bon sens s'en offusque.

Cet effort considérable et compliqué a tout juste permis à la valeur de la production laitière de passer de 16,4 % à 16,9 % de la production agricole totale, et au prix du lait à la ferme d'accompagner le mouvement de l'indice des prix à la consommation. La « paye du lait », salaire de la fermière selon l'expression consacrée, a en somme varié comme le prix du panier d'épicerie qu'elle a la charge d'acheter.

Le scandale de l'économie de marché. Rejet de tomates dans le Roussillon, 1970.

La liberté du négoce ignore la peine des hommes. Montredon, Aude, 1976, 2 morts.

Ce résultat global ne peut satisfaire les producteurs de lait, car l'étable tend à perdre son statut d'activité complémentaire de la culture pour devenir l'activité principale d'exploitants spécialisés qui ne peuvent accepter cette approche ménagère de leur revenu. Mais la pression permanente d'excédents laitiers freine la hausse du prix du lait. Elle contraint chaque producteur à rechercher dans l'intensification de sa production une amélioration de son niveau de vie ou à abandonner l'élevage laitier.

L'industrie se heurte également à des problèmes de débouchés : elle est ainsi amenée à accentuer son effort d'exportation. Les produits laitiers occupent en 1974 le deuxième rang des exportations agricoles, à égalité avec les ventes de vins et spiritueux. Depuis 1970, nos exportations de lait frais sont passées de 200 000 à 500 000 tonnes. Celles de fromage de 98 000 à 163 000 tonnes. Mais la concurrence des Pays-Bas est très vive. L'augmentation de notre part dans les marchés mondiaux dépend de l'effort d'accroissement de la productivité du travail que les éleveurs pourront accomplir ou, plutôt, seront contraints d'accepter. Dans ce processus, les pouvoirs publics joueront un rôle déterminant, aussi bien par l'aide directe qu'ils seront amenés à apporter au soutien des cours que par la gamme d'interventions plus ou moins sélectives qu'il leur faudra mettre en œuvre pour briser les résistances paysannes à la poursuite de la modernisation du système productif.

Loin d'être le résultat de la faiblesse politique et de l'aveuglement technocratique, la complexité des méthodes d'intervention et l'apparent gaspillage de fonds publics qu'elle provoque ne sont que la manifestation des difficultés que le système social doit vaincre pour permettre un emploi de la force de travail agricole compatible avec la recherche du profit dans les autres secteurs d'activité, et d'abord dans l'industrie laitière. Qu'il s'agisse de diminuer le nombre de producteurs laitiers, ou d'amener ceux qui restent dans cette branche à intensifier leur rythme de travail, la mise au chômage des travailleurs en surnombre, la fermeture des entreprises les moins rentables sont impossibles. L'adaptation de la branche aux besoins du système social ne peut donc se faire qu'en pesant sur les conditions de vente de la marchandise qu'elle fabrique, en l'occurrence le lait, ou en payant les éleveurs pour qu'ils acceptent d'abattre leurs vaches.

Comme il est de règle dans notre système, « l'expansion » se nourrira là aussi de la surproduction et de la destruction directe ou indirecte de produits fabriqués. Ce gaspillage choque, parce qu'il s'attaque au lait, bien essentiel, symbole obscur de l'enfance et de la vie; il n'a pourtant rien d'exceptionnel. Il est en fait de règle, depuis longtemps, comme moyen de régulation du marché du vin, de même qu'il est pratiqué à grande échelle pour les fruits et légumes.

le vin à la chaudière, les fruits à la décharge

Qu'il s'agisse du blé, du lait ou de la viande, l'effort d'intensification de la production engagé résolument au lendemain de la Seconde Guerre mondiale a sans doute créé des difficultés, mais celles-ci ont pu être réduites du fait qu'elles se produisaient sur des marchés en expansion. Avec le vin, le problème est différent : le marché international absorbe des quantités croissantes de produits dont nous sommes depuis longtemps exportateurs. Avec plus de 5 milliards de F en 1974, les exportations de vins et liqueurs représentent encore

aujourd'hui, au même niveau que les produits laitiers, notre deuxième poste de vente de produits alimentaires. Mais les quantités de vin vendues ne dépassent guère 5 millions d'hectolitres et ne concernent que des produits de qualité. Ceux-ci ne rencontrent pas plus de difficultés d'écoulement en France où leur consommation a augmenté de 25 % en dix ans, sans pour autant dépasser 10 litres par tête et par an. Il en va tout autrement pour le vin de consommation courante. Tandis que le degré alcoolique du vin consommé augmente, le volume absorbé régresse de 140 litres par tête et par an en 1955, à 103 litres en 1973 ; dans le même temps, la consommation de bière passe de 32 à 44 litres et celle d'eau minérale est multipliée par trois. La demande intérieure de vin ordinaire, qui était en légère augmentation de 1950 à 1957, se stabilise jusqu'en 1963-1964 et décroît depuis lors.

Les conditions d'approvisionnement de ce marché ont changé sans que soit mise en cause sa structure dualiste. Jusqu'en 1962, les colons français d'Algérie fournissaient au marché métropolitain une dizaine de millions d'hectolitres. Soutenus par l'État depuis 1953 grâce à la création de l'Institut des vins de consommation courante, les producteurs français obtenaient des conditions de commercialisation suffisantes pour protéger leur mode de vie. Un appareil coopératif puissant (1 200 coopératives) contrôlant plus du tiers du produit — dans le Languedoc-Roussillon, les coopératives regroupent les quatre cinquièmes des producteurs et ramassent les deux tiers de la récolte — travaillait sans difficulté sérieuse avec le grand négoce des vins. Celui-ci contrôlait la distribution et trouvait, dans la complémentarité des deux vignobles, une source accrue de bénéfices qu'il était facile de justifier par les nécessités techniques de recours aux vins algériens pour adapter les vins du Midi au goût du consommateur.

De 1964 à 1970, le système d'approvisionnement hérité de l'époque coloniale continue à fonctionner grâce à des contrats à moyen terme passés entre la France et l'Algérie. A partir de 1970, l'instauration du marché commun viticole et la disparition des liens privilégiés avec l'Algérie aboutissent au développement des importations de vins d'Italie qui remplacent, pour le négoce, les vins d'Algérie. Le marché français reste ainsi ouvert à des apports que l'on décrit comme indispensables à son équilibre technique, en omettant de signaler qu'ils permettent de fructueuses opérations de coupage [121].

Mais, dans le même temps, la production nationale n'a cessé de croître, au point de fournir aujourd'hui un volume suffisant pour couvrir les besoins nationaux. Compte tenu de l'impossibilité de fermer les frontières, les surplus pèsent sur les cours et sur les revenus de ces producteurs hautement spécialisés que sont les viticulteurs. Ceux-ci sont, pour l'essentiel, concentrés dans six départements méridionaux qui produisent, à eux seuls, plus de 40 % de la récolte nationale et vivent littéralement de la vigne. Le problème du vin tend donc à devenir un problème politique de première grandeur.

Le malaise n'a cessé de s'accentuer depuis dix ans, au fur et à mesure que le prix du vin perdait son avance sur les prix à la consommation, comme sur l'indice d'ensemble des prix agricoles. Jusqu'à ces derniers temps, seul le retour périodique de mauvaises récoltes empêchait que l'évolution soit trop défavorable car, lors de la récolte normale suivante, le prix ne retombait jamais au niveau antérieur. Le fait nouveau et qui assombrit l'avenir de la viticulture française, c'est que la tendance à l'augmentation du volume produit est telle que nous risquons d'atteindre le niveau où les mauvaises récoltes suffiront à couvrir les besoins nationaux. Sauf à distiller chaque année une part croissante du vin fabriqué, la réduction du nombre de viticulteurs et de la superficie plantée risque de devenir inéluctable.

Là encore, la réadaptation de l'appareil productif aux exigences du système économique se fait par la crise de surproduction. Et là aussi, à défaut de pouvoir mettre en chômage, c'est-à-dire laisser perdre avant usage la force de travail devenue socialement inutile, l'État se voit contraint de présider à la destruction des produits de l'effort humain qui, pour notre système, n'ont plus de raison d'être, puisqu'ils ne sont pas marchands. Des 75 millions d'hectolitres de la récolte de 1974, 13 millions ont dû être distillés.

Le vin n'est pas le seul bien détruit pour permettre à ses producteurs de vivre. En 1975, 250 000 tonnes de pommes, soit un septième de la production, ont été produites, ramassées, rachetées par l'État et jetées à la décharge publique. De 1967 à 1970, 540 000 tonnes de fruits et 45 000 tonnes de choux-fleurs et tomates ont connu le même sort. Le dynamisme même des producteurs de fruits et légumes a abouti à des résultats identiques à ceux que l'on impute aisément au manque de souplesse de la viticulture méridionale.

De 1955 à 1965, la production de fruits métropolitains a en effet doublé et ce résultat a été obtenu par un accroissement spectaculaire de la production de pêches et de pommes. « Des vergers modernes doivent remplacer les arbres sans âge qui, au milieu de parcelles trop étroites, donnent épisodiquement des fruits véreux dont la saveur a pour seul agrément d'évoquer les flâneries ensoleillées de l'enfance [122] », conseillaient des économistes en 1965. Ils ont été entendus, la pomme golden a imposé son teint beurre frais et son goût de coton légèrement acidulé. Malgré l'exportation de près d'un demi-million de tonnes, on avait, vers 1970, 200 000 tonnes de fruits en trop. L'État a financé des arrachages de vergers. Depuis cette date, en dépit de l'augmentation des quantités exportées, et des tentatives réussies de diversifier le produit en offrant des fruits bien verts ou bien rouges à côté des pommes jaunes, le marché reste très fragile.

Des réflexions du même ordre pourraient être faites sur la pêche, les tomates et les choux-fleurs; les artichauts ont connu des vicissitudes analogues. Les espoirs fondés sur un « enrichissement » des consommateurs qui aurait ouvert un champ d'expansion indéfini aux fleurs, aux fruits, aux légumes, ne se sont pas réalisés.

En effet pour beaucoup, ces biens restent des produits de luxe; pour les autres, l'avantage relatif des produits du « jardin français » n'a rien d'évident. Les primeurs méditerranéennes sont plus précoces et moins chères que les nôtres. Les tomates sous serres hollandaises sont seules présentes à Paris en hiver. L'expansion même de l'économie française peut jouer contre la consommation de produits nationaux. L'existence d'un pont aérien entre la France et le Nigeria pour alimenter une usine de montage d'automobiles permet aux haricots verts de Haute-Volta de se présenter à des prix abordables sur les marchés parisiens.

Les grands trusts mondiaux de la conserve de fruits et légumes trouvent plus de bénéfices à s'installer dans les pays dits sous-développés qu'à venir en France. Les craintes qu'avait suscitées la tentative de la Libby's dans le bas Rhône se sont révélées vaines. Le trust américain a revendu son usine. Dans des conditions de concurrence internationale délicate, face à un marché difficile, la marge de manœuvre des producteurs reste faible. Les efforts d'organisation des marchés sont pourtant anciens : le marché aux choux-fleurs de Saint-Pol-de-Léon est le modèle sur lequel a été copiée la législation concernant les groupements de producteurs. La multiplication des groupements (310 en 1974) protège mal contre les aléas de marchés qui restent très spéculatifs. Les efforts de moralisation, de rationalisation, ne sont guère efficaces.

Qu'il s'agisse du recul des vins ordinaires devant la bière et les eaux minérales, des progrès du poulet industriel, des pommes golden ou des côtes de porc préemballées, les habitudes alimentaires des Français ont changé au rythme de la transformation des méthodes de production. Ces changements sont généralement considérés comme des reculs de la qualité des produits habituellement consommés en France et il arrive que cette baisse de qualité soit imputée à l'avidité au gain des agriculteurs. Dans une société qui glorifie l'enrichissement quelles qu'en soient les sources, cette avidité est évidemment une réalité mais les désirs d'aisance des agriculteurs ne sont pas, loin de là, les seuls moteurs de cette transformation. Si les produits ont changé, c'est au moins autant parce que les façons de vendre ont elles-mêmes évolué.

Les transformations de la distribution.   Le premier supermarché a été ouvert en 1955 ; en 1960 on en comptait 49. Il y en a 2 719 en 1975 auxquels s'ajoutent 292 hypermarchés. Tous ont un rayon d'alimentation bien fourni qui multiplie les occasions de substitution entre les produits et favorise la vente d'une production de masse, homogène et à qualité invariable. Le grand commerce de détail influence ainsi les formes d'évolution de la production comme il en est, en retour, aidé dans son développement.

En 1910, nous l'avons montré, la campagne française présentait un visage qui répondait de manière fort satisfaisante aux exigences nationales et internationales de l'accumulation du capital, dans les formes où celle-ci était pratiquée par la bourgeoisie française.

Ces formes ont changé au rythme de l'évolution du système mondial. Mais, aujourd'hui comme hier, ce sont toujours les conditions nationales et internationales de l'accumulation du capital qui commandent l'évolution de l'agriculture et déterminent sa place dans l'économie et la société françaises.

Aujourd'hui, l'agriculture n'est plus la première branche d'activité économique. Selon les tableaux de la comptabilité nationale, en 1956 déjà, la valeur de la production agricole aux prix du marché était dépassée par deux branches très hétérogènes (commerce et autres services), mais aussi et d'environ 20 % par une autre branche de production : celle des industries agricoles et alimentaires. En 1973, les industries agricoles dépassent l'agriculture de 30 %, le bâtiment est deux fois plus important que l'agriculture ; la construction mécanique a également une production supérieure.

Dans le temps même où elle perdait sa prééminence, la production agricole a accentué son caractère marchand. L'autoconsommation ne cesse de se réduire. L'agriculture a également changé de clients. En 1956, les ménages absorbaient pour plus de 15 milliards et demi de francs de produits agricoles, alors que la branche des industries agricoles et alimentaires n'en achetait que 14 milliards et demi. En 1974, la situation est largement inversée. Les industries agricoles ont absorbé 70 milliards de produits agricoles, tandis que les ménages passaient au deuxième rang avec 58 milliards de F. Selon l'expression de Louis Malassis, l'agriculture est devenue une activité à « demande dérivée des industries agricoles et alimentaires [123] ». Les intermédiaires industriels et commerçants ne sont plus présentés comme des parasites que le mouvement coopératif se propose de ramener à la raison. De multiples liens se nouent entre la coopération et le secteur privé, et des formes mixtes ont même été établies pour faciliter ces contacts (sociétés d'intérêts collectifs agricoles par exemple).

Le mode d'action des grands groupes coopératifs tend de plus en plus à ressembler à celui des grandes sociétés industrielles [124]. On a même vu une grande coopérative écarter une foule de petits agriculteurs dont le poids économique lui semblait compromettre son développement.

Non seulement les produits agricoles ont pris de plus en plus complètement un statut de marchandises, mais une fraction croissante d'entre eux a acquis celui de marchandise internationale. En 1965, les exportations de produits agricoles représentaient 8 % de la production de l'année. En 1974, elles en représentent 17 %. Le marché mondial, considéré autrefois comme une menace, est devenu un débouché normal, l'arbitre de l'évolution technique à poursuivre, l'endroit stratégique où s'affirment les ambitions de l'agriculture française.

Toutes ces transformations ont entraîné un changement des rapports entre l'agriculture et l'État. Les grandes controverses de l'entre-deux-guerres ne se sont pas prolongées au-delà des années 50, l'État qui se tenait soigneusement à l'écart de la vie quotidienne de l'exploitation agricole est devenu le régulateur de l'évolution économique du secteur. Il contrôle les marchés, fournit des aides économiques, prend en charge les besoins sociaux des agriculteurs.

Adaptation continue aux besoins des grandes entreprises industrielles et commerciales clientes, engagement croissant sur les marchés extérieurs, régulation de la production par l'appareil d'État en collaboration avec les organisations professionnelles et coopératives : telles sont les contraintes nouvelles que vingt ans d'évolution accélérée ont imposées à l'agriculture. Une telle accentuation du contrôle social de la production agricole a transformé les conditions mêmes du travail agricole et modifié les caractères essentiels de l'agriculture française.

un visage nouveau

Même au niveau le plus global, celui de la répartition du territoire entre terres cultivées, non cultivées, non agricoles et bois, la rupture, provoquée à la fin des années 50 par la transformation entamée au lendemain de la chute du nazisme, s'inscrit dans les statistiques.

UTILISATION DU SOL
en milliers d'ha

Occupation du territoire

	1905-1914	1920-1924	1934-1938	1949	1959	1967	1974
territoire nat.	52 953	54 407	55 099	55 104	55 139	55 139	54 908
surface non agricole	6 589	7 790	9 737	4 604	4 731	4 908	5 000
territoire non cultivé				5 899	4 192	3 581	2 740
bois	9 887	10 328	10 729	11 031	11 443	12 783	14 322
terres cultivées	36 477	36 289	34 633	33 571	34 773	33 867	32 846

Répartition des terres cultivées

	1905-1914	1920-1924	1934-1938	1949	1959	1967	1974
vignes	1 647	1 600	1 605	1 560	1 464	1 380	1 310
surface en herbe	10 072	10 868	11 599	12 238	13 122	13 812	13 597
cultures diverses	1 300	1 200	900	1 264	1 249	1 102	1 025
terres labourables	23 458	22 621	20 529	18 509	18 938	17 573	16 914

Utilisation des terres labourables
(quelques données)

	1905-1914	1920-1924	1934-1938	1949	1959	1967	1974
jachères	2 593	4 900	1 700	1 592	688	438	208
cultures fourragères	5 203	5 223	6 107	4 918	5 907	5 331	4 710
betteraves industrielles	312	152	319	400	387	313	538
pommes de terre	1 668	1 464	1 424	982	887	503	293
céréales	13 602	11 095	10 383	8 661	9 173	9 159	9 643
dont blé	6 572	5 337	5 050	4 223	4 439	3 847	3 962
seigle	1 201	888	631	522	328	175	115
orge	760	693	759	896	1 989	2 818	2 712
avoine	3 982	3 436	3 245	2 436	1 504	1 040	666
maïs	476	320	340	304	704	961	1 907

SOURCE   Statistique agricole annuelle. * J.-C. Toutain, *Histoire quantitative de l'économie française*, 1961.

L'extension des surfaces occupées par les villes, les routes, les villages, les aérodromes, absorbe 100 000 hectares de 1949 à 1959, puis 200 000 dans les dix ans qui suivent, et se maintient à ce rythme jusqu'en 1974.

Parallèlement, de 1949 à 1959, le territoire non cultivé régresse de plus de 1 million et demi d'hectares au bénéfice principal des surfaces cultivées, puisque le reboisement ne concerne guère que 500 000 hectares environ.

Depuis cette date, au contraire, la régression du territoire non cultivé se ralentit. Le million d'hectares qui retrouve un emploi productif correspond globalement à une extension du domaine boisé. Celui-ci bénéficie également d'une régression de 1 million d'hectares de la superficie cultivée. En somme, l'extension dans l'espace de l'aire de la production marchande est un phénomène constant depuis vingt-cinq ans, mais ce phénomène connaît deux phases successives. Jusqu'à la fin des années 50, les terres réemployées sont directement utilisées par l'agriculture qui voit, d'une part, se poursuivre la tendance séculaire à l'avancée des herbages (les surfaces en herbe gagnent près de 1 million d'hectares entre 1949 et 1959) et d'autre part, se renverser la tendance ancienne au recul des terres labourables (celles-ci gagnent alors près de 500 000 hectares).

Depuis le début des années 60, au contraire, le recul des terres labourables a repris (elles perdent 2 millions d'hectares entre 1963 et 1974). Les surfaces en herbe ne s'étendent qu'à une vitesse moitié moindre (500 000 hectares en dix ans) et reculent même ces dernières années. Mais le territoire abandonné ne retrouve pas pour autant la friche pure. Les surfaces que plus personne ne peut utiliser pour produire des marchandises agricoles sont reboisées et elles le sont en vue de l'utilisation la plus immédiate possible. Aujourd'hui, comme le temps, l'espace est de l'argent.

La recherche systématique de l'exploitation du sol agricole à des fins marchandes et les changements structurels provoqués par cette recherche même à la fin des années 50 transparaissent également dans l'utilisation qui est faite des terres labourables.

De 1949 à 1959, la jachère se réduit des deux tiers et les quelque 200 000 hectares qui restent inscrits dans les tableaux des années 70 ne correspondent à rien de statistiquement significatif : autant dire qu'aujourd'hui la jachère a disparu. Les cultures sarclées régressent et les cultures industrielles stagnent.

L'effort d'intensification porte d'abord sur l'extension simultanée des cultures fourragères et des céréales, les premières se développant deux fois plus vite que les secondes. Mais, après 1960, l'intensification agricole par le biais des productions fourragères cultivées cesse de réclamer toujours plus de terre. Au même moment le rythme d'extension des surfaces en herbe se ralentit. Les effectifs de mangeurs d'herbe dans le troupeau national ne modèrent pourtant pas leur croissance. En somme, les profondes transformations dans les méthodes d'élevage, mises en œuvre depuis quinze ans, aboutissent à un remaniement substantiel du lien qui, depuis le début du XIXᵉ siècle unit, à l'intérieur même de l'exploitation, la polyculture et l'élevage.

Cheptel national,
en milliers de têtes

	1912	1926	1938	1949	1959	1967	1974
chevaux	3 222	2 894	2 692	2 414	1 825	874	417
bovins	14 706	14 482	15 622	15 432	18 735	21 679	24 300
ovins	16 468	10 775	9 872	7 480	8 942	9 509	10 429
porcins	6 904	5 777	7 127	6 760	8 357	10 693	12 034

SOURCE   Statistique agricole annuelle.

Enfin, l'extension de la sole céréalière, ralentie au début des années 60, a repris depuis 1967 à un rythme comparable à celui des années 50, preuve indirecte de l'efficacité du Marché commun agricole, après 1967, comme instrument de spécialisation céréalière de l'agriculture française. Cette expansion des céréales a bénéficié principalement au maïs et à l'orge qui se sont largement substitués à l'avoine et au seigle, au fur et à mesure que les chevaux de trait disparaissaient et que l'alimentation animale se développait sur la base de la transformation industrielle des céréales. L'observation la plus globale possible des modes d'utilisation du sol pratiqués par la « ferme nationale » confirme donc la grande rupture technique et économique vécue par l'agriculture française entre 1955 et 1960. Cette rupture s'est accompagnée d'un changement encore plus spectaculaire dans l'utilisation par l'agriculture de la force de travail national.

Entre les deux recensements de 1954 et 1968, la population agricole a perdu le tiers de ses effectifs malgré l'arrivée des rapatriés d'Algérie. Près de 2 millions de travailleurs ont quitté ses rangs, soit autant que le contingent sorti entre 1931 et 1954. Mais cette réduction comparable en valeur absolue correspond à une diminution considérable de son poids relatif puisque la population active agricole, qui était encore à peu près égale au tiers de la population active totale, tombe à 17 % en 1968. Encore s'agit-il d'une évaluation large. En 1968 également, les comptables nationaux estiment de leur côté la population au travail dans la branche agricole à 2 963 000 personnes, soit 14 % du total de la population active occupée.

En 1974, toujours selon les comptes de la nation, l'agriculture n'emploie plus que 2 294 000 travailleurs, soit près de 11 % de la population active occupée. Le Danemark compte environ 10 % de population active agricole, les Pays-Bas 7 %,

Population agricole

	1954	1962	1968
population totale, en milliers *	43 777	46 520	49 756
pop. agr. active *			
en milliers	5 142	3 871	3 063
% pop. act. totale	31	20,5	17,2
pop. masc. agr. active *			
en milliers	3 338	2 594	2 265
% pop. masc. totale	27,1	20,8	17,4
exploitants **			
en milliers	1 916	1 677	1 397
% pop. branche agr. act.	37	43	46
aides familiaux **			
en milliers	2 052	1 368	1 061
% pop. agr. branche agr. act.	40	35	34
salariés agricoles **			
en milliers	1 154	826	505
% pop. branche agr. act.	23	22	20

SOURCE   * Recensement de la population [125]. ** Comptes de la nation.

l'Allemagne 7 %, la Belgique 4 %. Le fameux « retard » sur les autres pays d'Europe continentale a été pour une bonne partie rattrapé, car l'évolution de la population agricole a connu un rythme sans précédent depuis un siècle.

Bien que le travail des femmes ait été et reste encore aujourd'hui d'une importance capitale en agriculture, il a donné lieu à des évaluations trop imprécises pour qu'on puisse l'intégrer dans des observations de longue période. Reste donc à étudier l'évolution de la population active masculine agricole. De 1954 à 1968, en quinze ans, 1 million d'hommes ont abandonné l'agriculture. Pour trouver une réduction comparable des effectifs masculins, il faut remonter au début du siècle et considérer les quarante ans qui séparent 1891 de 1931, période qui inclut les conséquences de la Grande Guerre.

Les vitesses d'évolution subies depuis vingt ans n'ont pratiquement pas de précédent. Elles n'en ont pas fait disparaître pour autant les aspects fondamentaux du peuplement national, tels qu'ils ont été modelés par la révolution industrielle. En 1975, comme il y a cent ans, on peut opposer la France agricole et rurale de l'Ouest et du Sud à la France urbaine et industrielle du Nord et de l'Est. A l'ouest d'une ligne Le Havre-Marseille, 2 départements sur 48 ont, dans leur population active, une proportion d'agriculteurs inférieure à la moyenne nationale (la Haute-Garonne et la Gironde). A l'est de cette ligne, 32 départements sur 47.

De même le vigoureux exode rural qui démarre dans les années 50 ne bouleverse pas la répartition de la force de travail agricole entre travail salarié et non salarié. Contrairement à ce que de nombreux économistes ne cessent d'annoncer comme imminent, le salariat ne progresse pas dans l'agriculture. Son poids relatif régresse au contraire, et les exploitants et leur famille qui représentaient 77 % de la population active agricole en 1954 atteignent 80 % en 1968. Mais dans ce groupe, les aides familiaux qui étaient les plus nombreux en 1954 perdent leur prééminence dès 1962. Ce sont eux, en effet, qui ont fourni le plus fort contingent de migrants. Depuis 1962, toutefois, ils partent à un rythme ralenti et c'est le nombre des salariés agricoles qui connaît la décroissance la plus rapide.

Ainsi, l'énorme augmentation qu'a connue depuis vingt-cinq ans la production agricole a été obtenue sur une superficie pratiquement constante en mobilisant un nombre de travailleurs en décroissance rapide. Les conditions économiques d'ensemble ayant changé, l'histoire a donné rétrospectivement raison au courant productiviste qui appelait une telle évolution de ses vœux depuis la fin du siècle dernier.

Aujourd'hui, en tout cas, la cause est entendue, l'agriculture est entrée dans la course aux rendements et à la productivité du travail.

Évolution des rendements de quelques productions
(qx/ha)

	1949	1954	1959	1963	1967	1971
blé	19	23,5	26	27	37	39
orge	16	20,5	24,8	29	35	33
maïs	6,4	23,2	26	39,4	45	55
pommes de terre	98	166	138	190	203	249
betteraves indust.	240	307	200	382	407	469
vin : hl/ha	29,9	42,1	45,6	45,2	49,3 [*]	51,4 [*]
lait [**] :						
litre/vache/an	1 940	2 033	2 268	2 520	2 902	3 098

[*] Direction générale des impôts. Selon cette source, rendement moyen 1972-1974 : 60,4.
[**] Les rendements laitiers sont tirés de la série établie par l'Office de statistique des communautés européennes. Cette série est généralement considérée comme surestimée.

SOURCE   Statistique agricole annuelle.

Toutes les grandes productions végétales ont connu une évolution dont le modèle le plus complet est offert par la production de maïs. En 1950, cette culture n'était possible que dans une dizaine de départements du Sud-Ouest. Elle exigeait alors plusieurs centaines d'heures de travail à l'hectare pour un rendement de l'ordre de 20 quintaux dans les meilleures conditions. Grâce à la mise au point de variétés

De petits exploitants continuent
à épanouiller le maïs, Alsace,
1974, mais le corn-picker règne
sur les champs.

hybrides et de méthodes de fertilisation adaptées ainsi qu'à l'emploi de machines, la culture de 1 hectare de maïs est possible aujourd'hui jusque dans le Bassin parisien ou la Picardie et elle n'exige plus que vingt heures de travail pour un rendement minimum de 50 quintaux/hectare [126]. Dans les productions animales industrialisées, les gains de productivité sont du même ordre. La production laitière a été transformée dans un sens identique, et il est courant aujourd'hui de voir un travailleur mener seul un troupeau laitier de 40 vaches produisant en moyenne plus de 4 000 litres, même si le rendement moyen par vache et par an n'a franchi que très récemment le seuil des 3 000 litres *.

Ces transformations techniques ont fait de l'agriculture française une des championnes pour les gains de productivité. Selon L.-A. Vincent [127], entre 1949 et 1962, avec 6,8 % de taux de croissance moyen du produit par heure de travail, l'agriculture se classe première sur 21 branches d'activité. Le taux moyen de croissance pour l'ensemble de l'économie n'était alors que de 5,5 %. De 1963 à 1967, les comptables nationaux estiment que l'agriculture voit sa productivité du travail progresser encore, pour atteindre un taux de croissance de 8,1 % par an. Elle reste ainsi dans le groupe de tête, tandis que la productivité de l'ensemble de l'économie croît à une vitesse un peu plus faible (5,1 %).

Entre 1967 et 1969, la productivité du travail de l'ensemble du système productif reprend sa progression (5,9 % par an) ; mais sa vitesse de croissance diminue dans l'agriculture (4,7 % par an) et cette branche passe avec le bâtiment, le logement et les commerces, dans le groupe de queue. Comment la première phase de croissance spectaculaire a-t-elle été possible ? Pourquoi tend-elle à se ralentir ?

Silos de maïs à Castelnaudary, Aude.

l'accélération des cadences

Depuis vingt ans, deux véritables révolutions techniques ont bouleversé la production agricole : sa motorisation quasi complète et le recours systématique aux produits du travail scientifique (engrais, aliments composés, hybrides végétaux, animaux sélectionnés). A la fin des années 50, la traction animale, source d'énergie captée depuis des siècles et totalement maîtrisée à partir du XIᵉ siècle, a été remplacée par la traction mécanique. En 1949, outre des centaines de milliers de bovins, plus de 2 millions de chevaux fournissaient la force motrice

* L'expérience des grands pays laitiers (Pays-Bas par exemple) montre qu'une fois constitué un troupeau dont le rendement moyen dépasse 3 000 litres par tête et par an, les résultats obtenus par la sélection laitière progressent rapidement jusqu'au-delà de 4 000 litres. Les progrès redeviennent ensuite très lents.

Techniques rurales
dans la région de Rambouillet.

Traitement des arbres fruitiers
dans les vergers de l'Ardèche.

utilisée par les paysans. Aujourd'hui, il ne reste qu'environ 200 000 chevaux et pratiquement plus aucun bovin de trait ; toutefois, cette substitution ne s'est pas effectuée aussi vite que l'espéraient les experts du premier plan de modernisation.

L'industrie de la machine agricole ayant été classée parmi les six secteurs de base du plan, et un programme substantiel d'importations étant prévu, on s'attendait à voir, en 1950, 200 000 tracteurs — soit 10 fois plus qu'avant la guerre — au travail sur l'ensemble du territoire national. Pour tourner le double obstacle à cette motorisation, que représentaient l'exiguïté des parcelles et celle des exploitations, ces tracteurs devaient être confiés à des coopératives d'utilisation de matériel qui loueraient leurs services aux exploitants. On calculait alors que ces 200 000 tracteurs suffiraient pour remplacer 1 million de chevaux et 1 million de bovins de trait ; ce qui permettait de libérer les 2 millions et demi d'hectares jusqu'alors indispensables à l'alimentation du cheptel de trait et aurait assuré la base fourragère nécessaire à une augmentation de 500 000 têtes du troupeau laitier.

Malgré la logique technique et l'indéniable séduction de ce calcul, ces espoirs se révélèrent vains. En 1950, on ne comptait encore que 137 000 tracteurs et les chevaux et bovins de trait continuaient à fournir l'essentiel de l'énergie utilisée dans les campagnes. Le recensement de 1955 indique que plus de 70 % des exploitations ne possédaient pas encore de tracteur à cette date et que l'emploi coopératif de cette machine concernait moins de 2 % des exploitants.

L'exploitation familiale ne peut garder l'un des principaux avantages * dont elle fait bénéficier la société, à savoir son infinie souplesse dans l'organisation du travail quotidien, que si elle dispose d'une entière liberté de manœuvre dans l'emploi de la force motrice dont elle a besoin. Le tracteur coopératif ne peut offrir cette liberté. Son usage impose alors une réorganisation complète des méthodes de production. Les résultats obtenus au lendemain de la guerre, par de telles méthodes, dans les vieux pays agricoles d'Europe centrale où on a tenté de les implanter, ne permettent pas d'affirmer que la société qui y recourt en tire automatiquement des bénéfices indiscutables. D'autant que cette collectivisation se heurte le plus souvent à une formidable résistance du milieu paysan.

Au contraire, la possibilité d'acquérir des tracteurs de faible puissance (moins de 25 cv) autorise chaque exploitant à entreprendre une modernisation de ses méthodes de travail et à chercher à accroître sa productivité en espérant garder son statut d'entrepreneur indépendant, dans la mesure où l'acquisition de la machine correspond à ses possibilités financières. Le tracteur ainsi « miniaturisé » devient pour l'exploitant le symbole et l'outil de l'entrée dans la société

Les difficultés de la motorisation.

---

* Cet avantage social est évidemment compatible avec une auto-exploitation effrénée de la main-d'œuvre familiale.

Ile-de-France,
1920.

Alsace, 1973.

Brie, 1935.

Alsace, 1973.

La fin d'une amitié.

L'accentuation de l'artificialisation du milieu : la chimie commande la production.

« industrielle », au même titre que l'automobile l'est pour la famille. Les grands fabricants anglo-saxons de machines agricoles n'ont pas tardé à mesurer l'ampleur du marché que représentaient les centaines de milliers de paysans français, dès lors que le produit qu'on leur proposait correspondait à la taille de leur exploitation. Massey Harris et International Harvester s'installent en France en 1951. En 1953, ils contrôlent 63 % des ventes. Ferguson se joint à eux. Il est le troisième vendeur, dès 1954. Parmi les constructeurs français, seul Renault a les moyens de conquérir une part notable du marché. En 1973, il a fourni 12 % des quelque 75 000 tracteurs vendus aux agriculteurs. La moitié seulement de ces tracteurs a été construite en France et, de cette moitié, Massey-Ferguson et International Harvester en fournissent à eux deux plus de 25 000.

Dès le début des années 60, 1 million de tracteurs sont au travail. Les paysans qui n'ont pu en acquérir se sont sentis définitivement condamnés. Parmi ceux qui en possèdent, un certain nombre n'a pu reconstituer l'épargne engloutie dans cet achat somptuaire. Ceux-là ont dû également en tirer la conclusion qu'ils ne pouvaient sortir de l'exploitation traditionnelle largement autosubsistante, et accéder au statut d'agriculteur travaillant exclusivement pour vendre ses récoltes. Tous les autres enfin ont appris qu'une machine doit être amortie.

Il faut donc, d'une part, l'utiliser le plus possible, c'est-à-dire changer la gamme de ses productions et ses méthodes de travail, pour en favoriser l'emploi. Et l'on voit des paysans travailler la nuit à la lueur des phares, pendant les périodes de pointe, abandonnant ainsi leur rythme séculaire commandé chaque jour par le soleil. Les cadences de travail ont été imposées par la machine et les « accidents de chantier » se sont multipliés comme à l'usine, au fur et à mesure d'une évolution qui, comme à l'usine, fait du travail paysan une matière chronométrable et comptabilisable. Toutes ces transformations privent de sens l'ancienne soumission au milieu naturel et aux traditions locales.

Il faut, d'autre part, prélever sur les gains réalisés chaque année de quoi rembourser l'emprunt qui a permis l'achat du tracteur ou de la moissonneuse-batteuse, et constituer l'épargne qui assurera leur remplacement. La vieille habitude paysanne du placement ou de la thésaurisation qui attendent patiemment de se réaliser dans l'achat d'une parcelle longtemps convoitée rencontre une concurrence nouvelle. L'argent devient la forme passagère de biens de production, qui, eux-mêmes, disparaîtront dans l'acte productif pour que la vente des produits reconstitue la somme initiale, augmentée, si possible, de ce qu'il faut pour améliorer le niveau de vie familial. La paysannerie française apprend et pratique toujours plus la vie quotidienne du capital. Elle est ainsi entrée dans le monde de l'instabilité chronique. Le tracteur de 25 cv a dû

Sud-Ouest, fin des années 60.

être remplacé par un autre de 50 cv. Ce sont maintenant des engins de 80 ou 100 cv « qu'il faut » acquérir parce qu'ils permettent d'aller plus vite, de travailler plus, de produire davantage ; seul moyen de rester un « vrai » chef d'exploitation, même si ce chef ne commande qu'à lui-même et si, à tous points de vue, il paie toujours plus cher cet honneur souvent pénible.

Mécanisation de l'agriculture, en milliers de machines

	1950	1954	1959	1963	1967	1971	1973
tracteurs	137	350	628	868	1 106	1 275	1 330
moissonneuses-batteuses	5	14	43	78	117	140	185
presses-ramasseuses	—	15	50	85	228	325	—

SOURCE   Statistique agricole annuelle et J.-P. Bourdon, *l'Agriculture vue par les agents du machinisme agricole*, INRA, août 1974.

L'acquisition, comme l'emploi des machines, n'est qu'un des deux axes de la transformation récente du métier d'agriculteur. Dans le même temps où il s'est équipé, le paysan a vu son travail cesser d'être ce long combat complice contre la nature à laquelle il ne pouvait guère opposer que son opiniâtreté et sa vigilance. Il est devenu l'agent d'une véritable industrie de transformation, qui combine des matières premières achetées (engrais, aliments, plantes et animaux sélectionnés) et utilise comme support un milieu naturel qu'on espère rendre le plus neutre possible en cherchant à contrôler ses réactions et à détruire ce qu'il a de gênant (herbicides, insecticides).

L'essor de la chimie agricole.

Là encore, le démarrage a été relativement lent. En matière d'engrais minéraux, le doublement des quantités consommées, prévu en 1946 pour 1950, n'a été réalisé qu'aux environs de 1960. Mais, entre 1960 et 1970, la consommation double à nouveau. En 1973, avec 5 383 000 tonnes d'élément fertilisants, elle est 5 fois plus importante qu'en 1950. Cette expansion a été possible parce que l'industrie chimique elle-même a bouleversé ses méthodes et sa structure. On a assisté au développement d'usines nouvelles, à une énorme concentration des sociétés privées et publiques et à l'internationalisation complète de la branche. Les grands noms de la chimie française : Pechiney, Kuhlmann, Saint-Gobain... ont des filiales communes avec les groupes d'État. Tous ensemble, ils exploitent des gisements en Amérique ou en Afrique, ils se sont lancés dans la pétrochimie, ils vendent sur les cinq continents. Ainsi l'Office national de l'azote a vu, en 1967, son sort lié à

Ariège, 1974.

Champs d'essais de blés.

celui des mines domaniales de potasse d'Alsace. Cette nouvelle
entreprise d'État (l'Entreprise minière et chimique) participe à
la mise en valeur de gisements au Canada et au Congo. Outre
les usines qu'elle possède en propre, elle a des participations
industrielles communes avec Kuhlmann ou la Société d'Auby.
Sa filiale commerciale touche 66 pays.

Les conditions nouvelles qui se sont ainsi créées, assujet-
tissent toujours plus l'agriculture française au rythme de
développement de l'économie mondiale tout entière. A partir
de 1973, année où la crise économique en cours a débordé le
plan monétaire sur lequel elle mûrissait depuis 1968-1969, pour
se manifester, entre autres, par un spectaculaire remaniement
des termes de l'échange international (doublement du prix
du phosphate naturel, quadruplement du prix du pétrole),
l'expansion de la consommation d'engrais a brusquement cessé.
Alors qu'en 1973 le volume consommé était de 15 % supérieur
à celui de 1972, en 1974, il n'augmentait plus que de 4 %, mais
le prix des engrais croissait de 50 %. En 1975, les comptes de la
nation prévoient une baisse de la consommation de l'ordre de
25 %. Cette situation peut durer quelques années. Mais déjà,
la crise relance la concentration industrielle [128] et l'augmentation des coûts de production qu'elle provoque peut conduire
les agriculteurs à accentuer leurs efforts de « rationalisation »
de la branche, c'est-à-dire d'accroissement de la productivité
du travail agricole.

L'évolution de la consommation d'aliments du bétail a suivi des variations analogues à celles des engrais. Elle double entre 1952 et 1957 et double encore avant 1963. En 1973, avec près de 11 millions de tonnes, elle est 10 fois plus importante qu'en 1954 et cette croissance a bouleversé, nous l'avons vu, les conditions de production du poulet et du porc. Elle s'est, elle aussi, accompagnée d'une importante concentration industrielle et d'une internationalisation de la branche. Les grands groupes internationaux (Ralston-Purina-Unilever) dominent le marché français et, dans le même temps, des firmes françaises sont installées en Espagne, au Maroc, en Grèce. Comme dans le cas des engrais, 1973 marque un tournant dans l'évolution de l'utilisation des produits de cette industrie par l'agriculture.

Les comptes de 1973 enregistraient une progression de 12 % du volume d'aliments du bétail achetés par l'agriculture et soulignaient que les aliments pour gros bovins étaient responsables de l'essentiel de cette hausse. Ceux de 1974 notaient que : « 1974 est une année de repli. Non seulement les agriculteurs ont eu le souci de réduire leurs dépenses d'énergie en consommant moins de produits pétroliers, mais ils ont aussi, semble-t-il, remplacé, dans la nourriture du bétail, les aliments composés par des produits agricoles : lait et fourrages [129]. » En 1975, les quantités consommées ont stagné au même niveau qu'en 1974, mais ce freinage du développement ne doit pas faire oublier que les achats d'aliments qui représentaient, en

Le laboratoire s'impose au paysage. Champs et herbages expérimentaux de l'Institut national de la recherche agronomique. Massif central, années 70.

1950, 6 % de la valeur de la production finale du secteur agricole, atteignaient 12 % de cette valeur en 1974. Même pour produire des animaux, les agriculteurs ont appris à dépenser de l'argent pour tenter d'en gagner. Et c'est dans cette transformation que résident à la fois l'essentiel de l'évolution parcourue depuis vingt-cinq ans et la source des principales difficultés que cette évolution a créées.

En 1950, les dépenses consenties par l'ensemble des paysans pour assurer la production de l'année ne représentaient encore que 19 % de la valeur marchande des produits fabriqués. En 1959, ces consommations intermédiaires absorbaient le quart de la valeur produite. Elles dépassaient le tiers en 1971. Elles atteignaient 43 % de la production agricole finale en 1974, année où le résultat brut d'exploitation restant dans l'agriculture, une fois couvertes toutes les dépenses entraînées par la production de l'année, se réduisait à 48 %.

A la recherche de disponibilités monétaires supplémentaires, chaque paysan a acheté des biens de production industriels qui lui ont permis d'augmenter les quantités de produits qu'il vendait, mais qui l'ont en même temps contraint à dégager les ressources monétaires nécessaires à leur remplacement et à leur entretien. La monétarisation de l'acte productif lui-même a atteint un tel degré qu'elle n'a pu être effectuée sans un large recours à des sources de financement extérieures. C'est ainsi que le Crédit agricole mutuel, qui a longtemps joué vis-à-vis de la paysannerie le rôle d'un institut d'épargne, a pu se transformer en un véritable établissement bancaire à compétences multiples.

Les comptes de l'agriculture

	1950	1959	1967	1974
production intérieure brute	89 600*	227 600*	515 111	1 168 238
production agricole finale, hors TVA	18 520	34 401	58 342	109 043
consommations intermédiaires	3 495	9 261	17 947	46 964
consomm. interm. en % de la production agricole	18,9	26,9	30,7	43,1
dont : aliments du bétail	1 155	2 779	5 324	12 750
produits pétroliers	126	537	774	2 422
chimie et parachimie	723	1 767	3 452	10 751
services des artisans mécaniciens	291	843	1 947	4 382
valeur ajoutée	15 025	25 140	40 395	66 779
RBE (optique commercialisation)	—	18 546	30 401	51 591

* Base 1956.

SOURCE   Collections de l'INSEE, série C, Comptes de l'agriculture et comptes de la nation.

Crédit agricole mutuel, en millions de francs

	1950	1954	1959	1963	1967	1971	1974
prêts court terme, en cours	1 174	2 020	3 267	6 072	10 258	16 966	26 814
prêts moyen terme, en cours	351	1 025	3 762	9 084	22 954	43 783	74 331
prêts long terme, individuels	102	369	1 145	2 545	4 810	10 212	14 351
collectifs	130	942	1 764	2 043	3 696	4 346	4 508
dépôts à vue	883	1 775	4 094	9 956	17 324	30 227	47 000
épargne liqu. et semi-liqu.	—	—	1 265	5 413	17 776	40 559	72 200
emprunts long terme	—	—	2 967	5 281	11 238	19 020	27 100

SOURCE. Rapports annuels de la caisse nationale de Crédit agricole.

En francs courants, de 1950 à 1974, les prêts à court terme consentis par le Crédit agricole ont été multipliés par 25, les moyens termes par plus de 200 et les longs termes par 80, alors que l'indice des prix de la PIB quadruplait. En même temps, les dépôts et placements auprès des guichets du Crédit agricole connaissent une expansion au moins aussi spectaculaire (50 fois plus de dépôts à vue en 1974 qu'en 1950). Jusqu'en 1960-1965, le système de Crédit agricole est resté une institution financière très spécialisée, au moins en ce qui concerne l'emploi des fonds collectés ou avancés par l'État. Il a ainsi assuré simultanément l'équipement des exploitations grâce aux prêts à moyen terme, la vaste redistribution des terres rendue nécessaire par l'exode rural grâce aux prêts à long terme et la constitution d'un important appareil coopératif de commercialisation et de transformation des produits agricoles grâce aux moyen et long termes collectifs. Parallèlement, ce réseau coopératif a conduit chaque coopérateur à posséder un compte à la caisse régionale de son département. En 1974, très rares sont les exploitants qui sont restés totalement à l'écart de cette extension des circuits bancaires. En moins d'une génération, le maniement des chèques a remplacé la thésaurisation des billets de banque.

A partir des années 60, l'expansion du Crédit agricole se poursuit, mais elle correspond à une déprofessionnalisation des emplois et des ressources, si bien qu'en 1974, sur 116 milliards de prêts en cours, 80 seulement ont été accordés à l'agriculture. En tout cas, la spécificité du comportement financier des paysans tend à disparaître. Aujourd'hui, tout exploitant agricole sait qu'il lui faut vivre avec des dettes. En 1954, les

intérêts payés par l'ensemble des agriculteurs représentaient
2 % des charges figurant au compte d'exploitation de l'agriculture ; vingt ans après, les intérêts des emprunts absorbaient
21 % de ces charges. Dès 1969, l'endettement global de la
branche représentait plus des deux tiers de la valeur de la
production agricole finale, ce qui traduisait une introduction
dans les mécanismes bancaires plus complète que celle des
agricultures belge ou néerlandaise et presque aussi grande
qu'en Allemagne. Là aussi, le « retard » sur nos voisins est
comblé. Un des dirigeants de la CNCA peut déclarer : « L'agriculture est très forte consommatrice de capitaux, et apparaît à
ce titre comme une *industrie lourde* [130]. »

Mais cela ne signifie pas pour autant que l'agriculture puisse
être soumise aux règles communes. Le développement de
l'appui bancaire à l'agriculture n'a été possible que grâce à la
fourniture de subventions ou de prêts à taux d'intérêts bonifiés
dont la charge dans le budget de l'État devient telle [131] que
celui-ci a dû plafonner ses dépenses en ce domaine.

On est arrivé à une situation où le vieux système mutualiste
s'est transformé en un puissant outil de sélection des exploitations, et de restructuration de l'appareil productif. Le refus
ou l'acceptation d'un prêt par la Caisse régionale intervient
aujourd'hui comme le signal du départ hors du secteur agricole
ou la confirmation du maintien de l'agriculteur sur le domaine
familial. Ainsi, sur l'exploitation même, le travail a cessé d'être
seulement un moyen d'assurer la subsistance du travailleur et
de sa famille pour devenir, comme dans les autres activités
économiques, l'élément dont le capital doit disposer pour
assurer son accumulation. La dépendance financière croissante dans laquelle vit l'agriculture est une des expressions les
plus évidentes de la fin de son particularisme économique.
Cette tendance à se rapprocher de la norme sociale se manifeste
également dans l'évolution du régime fiscal agricole qui, de
l'assujettissement à la TVA à l'application de l'impôt sur les
bénéfices, prend les formes courantes tout en sécrétant à
chaque instant des conditions d'application particulières. Dans
l'ensemble, les ambitions qui ont rencontré l'adhésion des
Français après 1945 ont été satisfaites. Reste à évaluer les
résultats que les transformations ainsi accomplies ont produits
tant pour la nation que pour l'ensemble des agriculteurs.

des résultats décevants

Dans la logique du développement économique national, il
s'agissait essentiellement de mieux intégrer l'agriculture au
reste de l'économie pour améliorer la productivité du travail
agricole de telle sorte que cette branche cesse d'être un frein à
la croissance d'ensemble et devienne, au contraire, une source
de surplus susceptible de favoriser l'accumulation globale du

capital. Le déséquilibre persistant entre la part de la force de travail national consacrée à l'agriculture et la valeur ajoutée par ce secteur dans la production intérieure brute pouvait passer pour un indice de ce déséquilibre structurel que dénonçaient avec constance, depuis la fin du XIXe siècle, les économistes productivistes de toutes opinions.

L'énorme réduction de population agricole réalisée depuis vingt-cinq ans et les gains de productivité du travail acquis, au moins jusqu'à la fin des années 60, ont-ils abouti à mieux proportionner la quantité de travail que la société consacre à l'agriculture et la valeur que cette même société accorde aux produits de ce travail ? Il n'en est rien. En 1974, 11 % des travailleurs actifs sont agriculteurs. La valeur monétaire des produits agricoles ne dépasse pas 6 % de la valeur de la production intérieure brute. En 1938, 31 % d'actifs agricoles produisaient 21 % de la PIB. En 1913, ces deux indicateurs étaient évalués respectivement à 37 % et 29 %.

Les tendances à l'accroissement de la productivité dans l'agriculture et à la réduction corrélative de la quantité de travail social consacrée à cette branche, sont aussi fortes qu'il y a cent ans. Elles ne diminueront pas. L'exemple des pays industriels avancés depuis plus longtemps que nous sur le chemin de l'assujettissement complet des sociétés paysannes aux exigences du développement capitaliste en témoigne.

Depuis quinze ans, l'OCDE publie chaque année un tableau sommaire de la structure économique de ses membres. Chaque année, dans l'immense majorité des pays concernés, qui tous appartiennent au monde capitaliste, la part du travail national

Le rythme des jours cède aux exigences de la machine. Moisson de nuit en Provence, années 70.

Un déséquilibre persistant.

Moisson dans les rizières de Camargue, 1965.

engagé dans l'agriculture est toujours plus forte que la part des richesses créées par ce travail dans la production intérieure brute du pays considéré. Qu'il s'agisse de la Suède avec 4,2 % de population agricole en 1973, du Danemark (9,5), de la République fédérale allemande (7,5), du Portugal (28,8) ou de la Turquie (63,4), le déséquilibre persiste. Seuls y échappent, outre les pays d'émigration blanche (Australie, Nouvelle-Zélande et parfois États-Unis) où le problème de l'intégration des sociétés paysannes ne s'est pas posé, la Grande-Bretagne (3 % d'agriculteurs), la Belgique (3,9 %) et très souvent, mais pas toujours, les Pays-Bas (6,8 %) : trois vieux pays capitalistes industriels qui utilisent depuis plus d'un siècle leur agriculture nationale comme un atelier de transformation, approvisionné par les matières premières agricoles fabriquées sur les terres d'émigration ou de colonisation.

Faute de pouvoir accéder rapidement à une situation internationale analogue à celle qu'occupent ces pays, on peut penser qu'en France, comme en Allemagne, en Suède ou au Danemark, le déséquilibre persistera. Au travers des oppositions et des conflits qui rythment le développement du capitalisme, des agriculteurs, en nombre de plus en plus réduit, seront amenés à intensifier leurs efforts en utilisant des quantités croissantes de biens de production d'origine industrielle. Cette substitution est, en effet, l'un des moyens par lesquels l'agriculture peut fournir sa contribution à l'accumulation globale du capital. Les statisticiens viennent d'en apporter la démonstration chiffrée en évaluant, pour les années 1970 à 1974, le surplus de productivité globale dégagé par l'agriculture, c'est-à-dire « la quantité marginale de produits qu'une meilleure utilisation de facteurs permet de mettre sur le marché [132] ». Ils concluent : « En définitive, le surplus dégagé par l'agriculture a pour origine essentiellement ses clients et se répartit en grande majorité vers les exploitants et les fournisseurs. Le rôle de ce surplus, dans la croissance économique du secteur non agricole, n'est donc pas négligeable, car une grande partie de la part allant aux exploitants est utilisée ensuite à des fins d'investissement. »

L'agriculture a cessé de servir de simple soubassement au développement capitaliste. Comme les autres branches de production, par la vente de ses produits et l'achat de biens de production industriels, elle est totalement incluse dans la circulation du capital. Les agriculteurs n'en continuent pas moins à vendre les produits de leur travail, et non pas leur force de travail. Ils n'ont pas été remplacés par des salariés. Bien au contraire, dans l'agriculture, ceux-ci voient leur importance relative décroître sans interruption depuis la fin du siècle dernier.

Dans le même temps, de nombreux emplois salariés sont créés dans les branches qui fournissent des moyens de production agricole, dans celles qui transforment et distribuent les produits agricoles, dans les nombreux appareils professionnels et publics qui encadrent l'agriculture. L'environnement de l'agriculture change et s'étoffe et cela transforme les relations de travail et les relations sociales des agriculteurs et des membres de leur famille, sans pour autant faire disparaître les différences de statut du travail des agriculteurs d'une part, de tous les salariés d'autre part. Comme par le passé, c'est *dans* et *par* l'échange des produits de leur travail que les agriculteurs sont amenés à contribuer au développement de l'économie, c'est-à-dire à l'accumulation du capital.

Il n'est alors pas surprenant que l'évolution des prix relatifs aboutisse à maintenir une sous estimation permanente de la valeur du travail inclus dans les marchandises agricoles et que se perpétue ainsi l'écart que nous avons observé entre population active et valeur ajoutée agricole. Dans nos vieux pays agraires, la main-d'œuvre au travail en agriculture ne possédant pas la mobilité si recherchée dans les branches utilisant des salariés, c'est par le maintien d'un décalage entre la quantité de travail fourni et son appréciation sociale (c'est-à-dire la valeur monétaire des marchandises agricoles) que passe la pression pour un accroissement continu de la productivité du travail en agriculture.

Il est, en tout cas, clair aujourd'hui que, sans réaction des paysans eux-mêmes, la course au progrès lancée en 1950 peut connaître des changements de rythme mais pas d'interruption. La plupart de ceux qui ont souscrit à ses objectifs pensaient y trouver les moyens de reconstituer un équilibre d'un type nouveau, mais tout aussi stable et sécurisant que celui auquel ils cherchaient à participer depuis cent ans par l'établissement et la consolidation des sociétés paysannes. Ils savent maintenant qu'ils sont entrés dans la société du déséquilibre institutionnalisé. Quand ils font les comptes des gains que leur ont procurés les bouleversements de ces vingt-cinq dernières années, beaucoup sont déçus.

La vendangeuse automatique au travail près de Lézignan, Aude, 1970.

Résultats de l'évolution

	1950	1955	1959	1963	1967	1971	1974
valeur ajoutée agr. dans la PIB, en %	16,7*	13,7	11	9,4	7,8	6,5	5,7
effectifs employés dans l'agriculture en % de l'effectif des branches prod.	32,4	30,5	25,9	22,5	17,7	15,2	13,1
RBE par travailleur agricole non salarié, en milliers francs	—	4,6	5,5	9,4	12,5	18	27
salaire net annuel moyen, en milliers francs	—	4,1	6,6	9,7	12,4	18,4	26,7

SOURCE   Comptes de la nation.   * Estimation sur la base 1956.

Deux univers, une même société.
Aquitaine, 1959.

Si l'utilité sociale de l'évolution en cours peut être appréciée par l'étude de la place relative de la valeur ajoutée agricole et de la population au travail dans l'agriculture, les bénéfices que cette même évolution a pu apporter à la paysannerie sont d'abord fonction de l'évolution du revenu brut d'exploitation (RBE) de la branche agricole. Sans doute cette grandeur n'a pas de liaison directe avec le revenu individuel de chaque famille paysanne, mais, de par sa définition même, elle mesure le montant de la rétribution que l'ensemble de la population agricole active non salariée tire de la vente des fruits de son travail. Cherchant à tenir compte de la réduction du nombre des parties prenantes à la distribution de ce revenu, la Commission des comptes de l'agriculture publie chaque année un indice de l'évolution du RBE par exploitation. Elle considère en somme chaque famille comme un travailleur collectif dont elle cherche à préciser comment évolue la rémunération. Selon une étude récente : « On n'observe pas de décalage significatif entre la croissance du revenu agricole moyen et celle du salaire moyen au cours des vingt dernières années [133]. » Un résultat analogue peut être obtenu si l'on calcule, non pas le résultat brut par exploitation, mais le résultat brut par actif non salarié [134]. En 1954, le salarié moyen de l'ensemble des branches de l'économie recevait un peu plus de 4 000 francs par an, de même que le travailleur agricole moyen. En 1974, l'un et l'autre reçoivent environ 27 000 F par an.

Au vu de ces chiffres, beaucoup peuvent conclure que les paysans n'ont aucune raison de se plaindre. Ils ont acquis la parité de revenu qu'ils réclamaient si fort, dans les années 60. Cette égalisation n'apparaît qu'au prix d'une assimilation hâtive entre résultat brut d'exploitation et salaire annuel. Cette assimilation est plus que discutable. Tandis que chaque salarié d'un groupe familial donné peut consacrer la totalité de son salaire à faire vivre, bien ou mal, sa famille, le revenu d'exploitation doit d'abord assurer le fonctionnement quotidien de l'exploitation. Sur sa part du revenu d'exploitation, chaque travailleur agricole non salarié se voit contraint d'accepter le prélèvement des sommes indispensables au renouvellement et à la multiplication des machines qu'il utilise. Il lui faut, en outre, constituer l'épargne qui devra être éventuellement consacrée au rachat de l'exploitation à la mort du chef de famille, ou à l'acquisition de terres nouvelles. Or, depuis vingt ans, les sommes ainsi détournées de la consommation pour assurer le développement de la production n'ont cessé de croître. La formation brute du capital fixe en agriculture équivalait à 18 % du RBE en 1954 et à 29 % en 1974. Parallèlement, le prix de l'hectare de terre a doublé en francs constants.

L'égalité dans la médiocrité.

Lorsqu'en fin de période le revenu brut d'exploitation se retrouve au niveau du salaire net moyen, on peut en déduire que, loin d'avoir enfin atteint un niveau de revenu tel que ses dépenses de consommation soient analogues à celles du salarié, le paysan a vu s'accroître son handicap initial. Les enquêtes de consommation confirment d'ailleurs cette interprétation. Le ménage paysan moyen consomme non pas comme le ménage salarié, mais comme le ménage ouvrier moyen, ce qui n'est pas la même chose.

L'appréciation des résultats de la transformation en cours pour la société tout entière vient de nous conduire à la conclusion que le mouvement de capitalisation risque fort de se poursuivre. On peut en déduire que les aspects économiques de l'insatisfaction des campagnes ne sont pas à la veille de disparaître. Ils continuent à servir d'aliment mais aussi d'exutoire au malaise que provoquent les transformations profondes de la vie quotidienne des familles et des villages agricoles : le problème agricole persistera

Seule la diminution de la taille du groupe concerné peut rendre plus aisée la solution dans la mesure où, pour un gouvernement décidé à continuer sur la voie du développement capitaliste, il est plus facile d'acheter le calme de 2 millions de travailleurs que d'en satisfaire 5 millions.

A la veille de la Première Guerre mondiale, le secteur agricole répondait aux sollicitations de l'économie nationale en se modernisant lentement. Il suffisait alors à peine à couvrir les besoins alimentaires du pays. A travers les cahots des années 20, la crise des années 30, puis la Seconde Guerre mondiale, la France a été amenée à redéfinir sa place dans le système économique international et à remodeler la structure de son appareil productif. Si bien qu'aujourd'hui une agriculture dynamique alimente un courant d'exportation tel qu'il assure à la France la deuxième place sur les marchés mondiaux de produits agricoles et alimentaires.

Mais le système économique ainsi réaménagé soumet ceux qui veulent et peuvent rester agriculteurs à des cadences de travail qui s'accélèrent et les contraint à renouveler sans fin des investissements dont le volume ne cesse d'augmenter. Parallèlement l'exode rural reste une nécessité pour une fraction importante des enfants d'agriculteurs. Aujourd'hui comme hier, l'équilibre économique d'ensemble repose en partie sur l'austérité du mode de vie des paysans et sur leur acharnement au travail, même si les formes de ces « vertus paysannes » ont changé. En même temps ces comportements contribuent à déterminer les modalités du développement économique et social.

L'étude de la vie quotidienne des paysans est donc indispensable. Elle ne doit pas seulement permettre de saisir, à ce niveau, les conséquences de l'évolution économique d'ensemble. Elle doit également aider à comprendre en quoi l'activité et les aspirations des travailleurs des campagnes ont en même temps contribué à modeler cette évolution.

2

familles
et exploitations

Au début du XXᵉ siècle, on peut considérer que, sauf dans les régions les plus reculées, prend fin le grand mouvement d' « émigration de la misère » commencé en 1850. L'exode rural, à la veille de la guerre, s'explique par l'extension aux régions les plus isolées des tendances de la fin du XIXᵉ siècle et par une nouvelle accélération de la concentration industrielle entre 1900 et 1913 ; celle-ci entraîne une dernière poussée dans la courbe des départs entre 1906 et 1911.

Les familles qui résistent le mieux sont certes d'abord celles qui disposent de suffisamment de terres pour vivre et qui les exploitent pour l'essentiel par elles-mêmes. Mais encore plus et surtout celles qui sont en mesure de profiter du départ de leurs voisins et concitoyens pour arrondir leur fonds de terre, c'est-à-dire celles qui ont la possibilité d'épargner

pour acquérir de nouveaux lopins. Il faut en effet accumuler, accroître le patrimoine, pour assurer à terme la pérennité de l'exploitation et de la famille. D'où le double mouvement de disparition des plus petites et de consolidation des moins médiocres exploitations familiales ·dès cette époque. Et ce double trait : une plus grande aisance en comparaison du passé d'une part et la nécessité d'épargner pour survivre d'autre part, qui caractérise la situation de la grande majorité des familles paysannes à la veille de la guerre. Dans ce contexte, la possibilité de se maintenir dépend de la cohésion du groupe domestique. L'indice le plus significatif de l'importance croissante de celui-ci est le rôle nouveau que les paysannes sont appelées à jouer. D'entrée les circonstances attirent l'attention sur elles : pendant quatre ans, du fait de la guerre, la production agricole repose sur leurs épaules.

Le quotidien se passe en famille. Trois générations au même pot et au même feu.

L'affaire des femmes. Le ramassage du lait en Alsace, 1974.

Belote et dix de der : le jeu de cartes le plus populaire occupe la veillée. Charente, 1962.

Précoce apprentissage : confection du « pailler ». Sarthe, été 1961.

sous le signe des femmes

l'heure des femmes

Parmi tous ceux qui échappent à l'ordre de mobilisation, c'est en effet pour les femmes surtout que la guerre crée une situation nouvelle. Dès la première quinzaine d'août 1914, quatre sur dix des hommes de vingt à quarante-cinq ans sont rappelés sous les drapeaux et s'ajoutent à ceux qui s'y trouvaient déjà maintenus pour former les troupes de couverture. Les grands travaux d'été battent leur plein. C'est au beau milieu de leur travail que les hommes sont appelés par le tocsin sonné vers cinq heures de l'après-midi au clocher du village. C'est ainsi que, lorsque les cloches de l'église « entrent en branle sur un mode à faire croire que le sacristain a perdu la tête », le père de Pierre Jakez Hélias est en train de couper le blé à la faucille. « Et soudain, le voilà qui se lève tout droit, jette son outil loin de lui et s'en va vers le bourg à travers champs sans desserrer les mâchoires. » La mère s'est assise par terre et pleure dans son tablier. Mais le blé ne doit pas attendre. Alors elle achève de le couper avant de rentrer à la maison, après avoir récupéré la faucille de son mari parmi les noisetiers du talus. Durant tout le temps où elle sera seule, c'est cette faucille qu'elle utilisera. « Le travail ira plus vite avec cet instrument d'homme [1]. » Il sera plus dur aussi.

C'est donc à ceux (et surtout à celles) qui restent de poursuivre la tâche. Les mobilisations successives aggravent la situation. Dès l'automne 1914, quand il faut préparer la récolte de 1915, les deux cinquièmes des hommes en pleine force de l'âge sont partis. Et ainsi, pendant les quatre années que dure la guerre, de moisson en moisson, et de semailles

1915. Les femmes ont pris les rênes en main. Le retour des champs à Plougastel Daoulas, en Bretagne.

Les meules, par Dunoyer de Segonzac, détail.

1915. Les lavandières.

1916. La semeuse.

en semailles, le nombre des hommes disponibles ne cesse de décroître, chacune des classes nouvelles étant mobilisée en avance et les mesures de récupération des exemptés, réformés ou ajournés de l'avant-guerre, puis des blessés eux-mêmes durant la guerre, étant appliquées avec une extrême rigueur.

Restent donc les enfants, un bon million de jeunes gens et de jeunes filles de moins de vingt ans, quelques centaines de milliers d'hommes de vingt à quarante-neuf ans qui échappent à la conscription, 1 800 000 hommes de plus de quarante-neuf ans. Et les femmes de plus de vingt ans : 1 demi-million d'ouvrières et 2 millions et demi de femmes d'exploitants ou de veuves ou divorcées chefs d'exploitation. Parmi elles, 850 000 dirigent l'exploitation à la place du mari mobilisé et 300 000 femmes d'ouvriers se retrouvent seules à la tête et avec la charge de la famille : un bon tiers des familles agricoles, ouvrières comme exploitantes, se trouvent ainsi dirigées par une femme du fait de la guerre [2].

Ce n'est pas que le travail des femmes soit une nouveauté. Elles en prennent déjà largement leur part avant la guerre. Il n'en demeure pas moins qu'elles doivent désormais y ajouter celle des hommes et se livrer à un certain nombre de travaux qui étaient jusqu'alors réservés à ceux-ci. Le spectacle est nouveau, par exemple, de la femme « accrochée à la charrue sur ce guéret aux mottes grosses et dures où chaque pas lui fait perdre l'équilibre », ou « tressautant sur la selle étroite de la faucheuse » [3]. En outre c'est à elles qu'incombe la tâche de diriger l'exploitation, c'est-à-dire de décider des productions, de commander la main-d'œuvre et de vendre, signe ultime de l'autorité. Les circonstances, il est vrai, sont peu favorables à l'innovation ou à la simple originalité et la main-d'œuvre est

En temps de paix
comme en temps de guerre.

réduite. D'autre part la femme est souvent entourée d'autres membres de la famille. Les vieux parents ou beaux-parents reprennent du service. De même « les oncles et les tantes, vieux garçons et vieilles filles, laissés pour compte par le mariage, personnages modestes et effacés en temps ordinaire, mais que la disparition du père met en beau relief ». La famille paysanne a ses réserves, elle aussi, qu'elle peut faire donner en cas de difficulté ; et qui s'avèrent bien utiles. C'est là une des raisons de sa plasticité tant vantée.

Il n'empêche que c'est la femme qui se retrouve le chef de la maisonnée et que de son impulsion dépend la tournure des événements et le devenir de l'exploitation familiale. Et, de ce point de vue, les louanges sont unanimes. « Dans cet immense effort, les femmes tiennent le premier rang avec honneur et un entrain qui est beauté », s'exclame Emmanuel Labat qui ne tarit pas de compliments pour celles qui ont donné « l'exemple » et « pris les devants ».

Les rôles traditionnels demeurent, des tâches nouvelles s'imposent.

Il faut dire que les femmes paysannes n'avaient pas trop bonne presse parmi les défenseurs de l'ordre éternel des champs à la fin du XIXᵉ siècle et au début du XXᵉ, alors que la population rurale ne cessait de diminuer. Elles étaient volontiers considérées comme l'une des causes importantes de l'exode rural, leur départ entraînant le célibat des jeunes paysans. Cette observation revient comme un leitmotiv dans les propos et les écrits sur la « désertion des campagnes ». La petite fille « sur laquelle l'enseignement, le milieu et aussi l'instinct naturel de coquetterie agissent davantage à mesure qu'elle grandit », a de plus en plus « d'aversion pour le travail agricole et rêve d'épouser un citadin », constate, exemple entre mille, un des orateurs de la réunion annuelle de la société d'économie sociale consacrée précisément à ce thème en 1909 [4].

Aussi, avec la guerre, l'occasion est-elle trop bonne de ne pas leur ménager les compliments, quand, enfin, elles font leur devoir... E. Labat se garde bien de la manquer, dressant au contraire pour le coup une véritable statue de la femme gardienne de l'âme paysanne et garante de la continuité, alors que la guerre est rupture et danger pour celle-ci. La seconde partie du devoir des femmes — la première partie étant de produire — est de « garder l'âme des jeunes en contact et en communion » avec la terre, écrit-il. Ainsi, au moment où leur travail, non seulement ne se fait plus à l'ombre, pour ne pas dire au service, du chef de famille, mais encore prend une valeur patriotique, les femmes paysannes sont enfin reconnues ! C'est leur heure de gloire ! Quelques années plus tard, E. Pérochon leur tressera encore des couronnes dans un roman qu'il intitulera précisément les Gardiennes [5].

Mais, outre que l'éloge est intéressé, il vise à remettre les choses en place : que les femmes ne cherchent surtout pas à mettre à profit une situation tout à fait exceptionnelle pour s'émanciper ! Leur devoir tout tracé est au contraire celui qu'elles ont toujours eu, de garder le foyer, en attendant que celui qui en est le chef naturel ait repris sa place. C'est ce qu'illustre parfaitement la Misangère, l'héroïne aux cheveux blancs et à la ténacité exemplaire du roman d'E. Pérochon. Pour elle, il faudra n'avoir pas à rougir quand les hommes, au retour, demanderont : « Qu'avez-vous fait de tout ce que nous avions laissé ? Femmes ! Êtes-vous restées bonnes gardiennes chez nous ? Avez-vous entretenu le feu de nos maisons ? » Et quand le jeune Clovis, son gendre, dira « de sa rude voix orgueilleuse » : « Montrez-moi ma ferme !.. Où sont mes bêtes ? A-t-on garni leur râtelier ?... Où sont mes outils ? J'en veux essayer le manche ! Femmes ! servez-moi les fruits de mon verger et versez dans mon verre le vin de ma vigne ! », tout devra être en ordre et le sera.

Tel est le bel exemple qui est proposé aux femmes.

Le danger de féminisme est réel et E. Labat le signale. « Certes, les femmes dont je parle n'en savent ni le nom, ni la chose, ajoute-t-il : mais, si demain on leur offrait le droit de vote, plus d'une l'accepterait avec conscience de l'avoir mérité. Les maris, au retour, noteront peut-être certaines nuances. » Sans doute des changements d'attitudes n'ont pu manquer de se produire de part et d'autre, chez les femmes comme chez les hommes, durant ces quatre années de séparation, d'épreuves et d'expériences personnelles différentes. E. Labat, qui observe de près tout ceci, note une histoire significative : « Hier, dans la cour de la gare, une paysanne avec sa carriole attendait son homme. Il arrive, coiffé du casque, s'appuyant sur le bâton grossier des tranchées. Embrassades, effusions, d'ailleurs courtes. L'homme monte sur la carriole, et lui, que je connais grand amateur de chevaux, habile à les conduire, modestement se place à sa gauche, cependant que sa femme, raide, cambrée, saisit les rênes et d'un large coup de fouet enlève l'attelage sous des regards qu'elle sent admiratifs. » Quand le père de P. J. Hélias est de retour, il laisse sa faucille entre les mains de sa femme. « Il n'en était plus le maître, pensait-il, car elle avait été bien gagnée par la mère. » Mais jusqu'où cela va-t-il et que se passe-t-il réellement lorsque reviennent les hommes ?

le retour des hommes

En quatre ans, combien de milliers de familles ont reçu la visite du maire ou des gendarmes leur apportant la terrible nouvelle qui les mettait en deuil ? Le rapport Marin parle de 673 000 morts et disparus pour l'agriculture. Michel Huber, lui, en dénombre 538 000. Mais ces estimations sont bien incertaines [6]. Elles ne rendent, en tout état de cause, que fort mal compte des réalités vécues. Un mort est un mari, un père, un fils, un frère, un oncle, un gendre, etc., et que ce soit par la filiation, la collatéralité ou l'alliance, la plupart des familles sont touchées ; bien rares doivent être les familles épargnées. C'est pour ainsi dire le village entier qui est en deuil. A Pouldreuzic, à la messe du dimanche, allongée par l'appel des morts, seules quelques toutes jeunes filles portent encore la coiffe blanche. « Les autres sont brunies en signe de deuil. » Il faut aussi mentionner les blessés dont certains ne reviendront que bien après la fin des combats : dans l'agriculture on en compterait 500 000 toujours selon le rapport Marin, 360 000 selon M. Huber, ces nombres étant donnés avec les mêmes réserves que les précédents.

Les conséquences d'une disparition sont évidemment fort différentes selon la place que celui qui n'est pas revenu occupait dans la famille et selon le nombre des hommes que celle-ci comptait. L'invalidité consécutive à la blessure, lorsqu'elle est grave, pose les mêmes problèmes que la disparition, auxquels s'ajoutent les drames personnels de ceux qui ne peuvent

RÉPUBLIQUE FRANÇAISE

Bulletin des Communes

Belfort, le 23 Septembre 1914.

A AFFICHER   *L'Administrateur-Préfet de Belfort a l'honneur de porter à la connaissance de la population les premières et deuxièmes nouvelles officielles du jour :*

PREMIÈRES NOUVELLES

Aucun changement dans la situation.

DEUXIÈMES NOUVELLES

1° *A notre aile gauche.* — Sur la rive droite de l'Oise, nous avons progressé dans la région de Lassigny où se sont livrés des combats violents.
Situation inchangée sur la rive gauche de l'Oise et au nord de l'Aisne.

2° *Au centre.* — Entre Reims et la Meuse, aucune modification notable. Dans la Woëvre, au nord-est de Verdun et dans les directions de Mouilly et de Dompierre, l'ennemi a tenté des attaques violentes qui ont été repoussées. Dans le sud de la Woëvre, il tient la ligne Richecourt-Seicheprey-Lironville, d'où il n'a pas débouché.

3° *A notre aile droite* (Lorraine et Vosges). — Les Allemands ont évacué Nomény et Arracourt et ont montré peu d'activité dans la région de Domèvre.

Théâtre d'opérations austro-russes. — On annonce la prise par les Russes de la forteresse de Jaroslaw, en Galicie.

Le Préfet,
G. GOUBLET.

AVIS

Par circulaire du 18 Septembre 1914, M. le Ministre de la Guerre signale que les particuliers au détriment desquels des dégâts ont pu être causés par les troupes doivent porter leur plainte au juge de paix ou à défaut du juge de paix au maire de leur commune. Ces magistrats sont, conformément aux prescriptions de l'article 29 du décret du 2 Août 1879, qualifiés pour faire l'enquête et dresser le procès-verbal qui sera remis aux plaignants pour faire valoir leurs droits à indemnité.

Le Préfet,
G. GOUBLET.

A Monsieur le Maire de

plus reprendre leur place, et la charge qu'ils représentent pour leur famille. En contrepartie, les pensions de guerre vont assurer aux familles concernées un revenu fixe et en numéraire qui va contribuer à une profonde transformation des mentalités et accélérer l'intégration des familles dans l'économie de marché.

Comment rendre compte de l'infinité et de la variété des drames vécus ? Retenons « ces exemples d'une tragique simplicité » qu'A. Salères nous donne pour sa région [7] et qui nous font bien sentir la profondeur de la blessure reçue : « Ici la veuve a continué l'exploitation avec le concours de son père trop vieux et de son fils trop jeune, elle a tenu le coup avec ses réserves d'avant la guerre et sa pension de veuve, elle est riche. Là il y avait deux fils et une fille, les deux fils sont restés là-bas, la fille aidée de la pension du vieux est riche ; plus loin c'était un couple de métayers avec un enfant : la veuve est partie, a attaché l'enfant sur son corps et s'est jetée dans la Garonne ; une autre est partie à la ville et a roulé au ruisseau ; ceux-ci avaient trois fils, deux y sont restés, le troisième est parti ailleurs et les deux vieux étaient naguère, après quatre-vingts ans, chacun de leur côté de foyer désert ; le père est parti à son tour et la mère est seule [8]. »

Frappant des familles qui étaient déjà fort réduites par la baisse de la natalité et l'exode des jeunes, ces pertes brutales obligent à des compensations délicates ; et même, celles-ci ne sont pas toujours possibles. L'exode des veuves est parfois la seule solution.

Dans les régions de forte natalité, où la densité de peuplement reste élevée, la guerre est occasion de rupture. Ce sont alors les hommes qui ne reviennent pas, comme, dans les pays bigouden, ces « gaillards » sains et saufs, « entiers » et « bien portants » qui ont trouvé ailleurs un travail convenable. Au demeurant, beaucoup d'entre eux n'étaient-ils pas déjà condamnés à l'exil au moment où la guerre les a mobilisés ? Le même phénomène se produit dans les régions qui, sans être très peuplées, n'ont que de pauvres ressources, comme les montagnes.

La guerre est cause d'exode. Et c'est bien pourquoi ceux qui souhaitent que le monde rural soit préservé soulignent la mission conservatoire — et conservatrice — des femmes : là où une femme maintient un foyer et, qui mieux est, une exploitation en activité, l'homme a plus de chances de revenir occuper la place qui lui a été gardée [9]. Et s'il ne vient pas, la femme est là pour tenir les choses en l'état jusqu'à ce que la génération suivante puisse prendre le relais.

De fait, entre 1906 et 1921, la population active féminine agricole augmente fortement : elle s'accroît de plus de 600 000 unités, soit près de 20 % de son effectif de 1906! Mais ce mouvement poursuit largement celui de la deuxième moitié du XIXe siècle et de l'avant-guerre. Quelle est l'influence propre de la guerre ? Il faut distinguer les femmes chefs d'exploitation et les ouvrières agricoles.

Le nombre des chefs d'exploitation masculins diminue de 175 000. Celui des femmes chefs d'exploitation augmente au contraire de 325 000 unités (soit de 13,5 %). Mais cette augmentation est d'abord pour une part imputable aux femmes de chefs d'exploitation : poursuivant la tendance de l'avant-guerre, 165 000 de plus se déclarent actives. L'expérience de la guerre a pu y être pour quelque chose, mais elle n'était pas nécessaire. En 1921, 99,5 % des femmes de chefs d'exploitation mariées se déclarent actives contre 93,6 % en 1906 [10].

L'influence de la guerre est plus évidente en ce qui concerne les veuves. En effet, leur nombre augmente de 128 000 unités et de 75 % par rapport à 1906. Toutefois, là encore, il faut préciser. La grande majorité de ces veuves supplémentaires ne sont pas des femmes d'exploitants tués au combat, mais de vieilles mères dont le fils n'est pas revenu et qui ont dû reprendre l'exploitation quand le père est décédé. Le nombre des veuves de vingt à quarante ans, âge approximatif des hommes qui ont payé le plus lourd impôt du sang, n'augmente, lui, que de 28 000, ce qui ne peut d'ailleurs manquer de surprendre.

Chefs d'exploitation par nécessité.

Le nombre des femmes chefs d'exploitation célibataires a également augmenté. C'est une petite minorité, certes, dans l'ensemble des chefs d'exploitation féminins [11], mais l'augmentation est forte, puisqu'elle atteint presque 75 %, et donc très significative : ce sont autant de fiancés ou de frères qui ne sont pas revenus.

On dénombre ainsi au total en 1921 quelque 160 000 familles exploitantes qui, d'une façon ou d'une autre, ont perdu dans la guerre un homme chef de famille ou sur le point de l'être.

Mais le nombre des familles touchées est en réalité beaucoup plus important et il est impossible de le chiffrer. En effet, plusieurs indices montrent à l'évidence que nombre de veuves de chefs d'exploitation ne succèdent pas à leur mari disparu. Dans le même temps où elles deviennent veuves, elles cessent d'être chefs d'exploitation comme si elles ne l'étaient que par l'intermédiaire de leur mari. Ce sont sans doute là des femmes qui ont renoncé à l'exploitation quand elles ont appris la mort de celui-ci. On note que c'est précisément parmi les plus jeunes que ce recul s'observe, ce qui renforce la thèse de l'abandon. On comprend alors pourquoi le nombre de veuves de moins de quarante ans augmente si peu dans l'effectif des chefs d'exploitation.

Les jeunes femmes qui n'ont pas pu ou pas voulu poursuivre, leur mari mort, le projet qu'elles avaient entrepris de réaliser avec lui, ont rejoint les rangs des ouvrières agricoles, augmentant d'autant le nombre des jeunes veuves parmi celles-ci. Ou bien, elles sont parties en ville. Ou bien encore, elles peuvent être revenues à la condition obscure d'aide familiale, l'exploitation ayant été reprise par le vieux père, ou par une sœur ou un frère du disparu. Elles ne sont d'ailleurs pas les seules à avoir renoncé; d'autres, dont le mari a pourtant survécu à la guerre, en ont fait autant, sans qu'il soit possible d'en estimer le nombre.

La tendance à la féminisation est plus nette encore dans le groupe des ouvriers agricoles, où, il est vrai, la proportion des femmes dans la population active est, en 1906, nettement inférieure à ce qu'elle est parmi les chefs d'exploitation. C'est le nombre des célibataires qui croît le plus, phénomène dû au jeune âge de cette population en comparaison avec celle des femmes chefs d'exploitation. Les filles d'ouvriers qui étaient célibataires quand la guerre a éclaté subissent, comme celles des chefs d'exploitation, le contrecoup de la rareté des hommes; elles doivent retarder leur mariage, voire y renoncer.

Le nombre des veuves n'en augmente pas moins aussi parmi les ouvrières, même si c'est dans des proportions beaucoup plus faibles que parmi les femmes chefs d'exploitation. Et si, là aussi, le vieillissement de la population dû à la guerre explique une bonne partie de l'augmentation, l'accroissement du nombre des veuves de moins de quarante ans représente néanmoins une proportion trois fois plus forte que dans le groupe des femmes chefs d'exploitation : il s'agit donc, beaucoup plus souvent que dans le cas de celles-ci, de la femme d'un combattant disparu, et bien moins souvent de la survivante d'un vieux ménage.

En somme, les femmes d'ouvriers, quant à elles, se substituent bien à leur mari, comme chef et soutien de famille, et deviennent par conséquent actives quand il disparaît.

Quoi qu'il en soit, d'après ces estimations (que l'on doit considérer, soulignons-le, avec quelques réserves), le nombre des femmes de chefs d'exploitation qui se retrouvent en 1921 chefs de famille et chefs d'exploitation à cause de la guerre, est donc de l'ordre de 128 000. Si l'on ajoute les 33 000 femmes chefs d'exploitation qui sont célibataires du fait de la guerre, c'est au total moins de 5 % des exploitations de 1921 qui sont dirigées par une femme à cause de l'hécatombe des jeunes hommes. Ce n'est pas considérable.

Par contre, à la même date, l'ensemble des veuves et des femmes célibataires à la tête d'une exploitation représente 13 % du total des chefs d'exploitation, ce qui est loin d'être négligeable et traduit l'importance des femmes dans la structure familiale de la production agricole.

Bien que, dans l'entre-deux-guerres, leur nombre diminue très nettement, on ne revient pas à la situation de l'avant-guerre et, en 1936, elles représentent toujours près de 11 % de l'ensemble des chefs d'exploitation. En 1946 encore, la proportion demeure à peu près la même. Les coupes sombres opérées par la guerre dans les jeunes générations font longtemps sentir leurs effets : les jeunes veuves de guerre ont vieilli, mais sont restées veuves dans leur grande majorité et demeurent aux commandes comme le mari l'aurait fait, jusqu'à leur mort ; au demeurant les plus jeunes d'entre elles n'ont pas encore de fils ou de fille en âge de succéder, si même elles ont des enfants. Et là où le successeur n'est plus, il faut bien que les vieilles mères poursuivent seules.

Mais voici qu'à partir de 1931, le nombre des chefs d'exploitation célibataires augmente : c'est à nouveau l'effet de l'exode des femmes. La guerre terminée, ses séquelles familiales plus ou moins réparées, les jeunes filles reprennent le chemin de la ville. Comme avant la guerre, les contemporains le soulignent. « A coup sûr, la femme a souvent la plus grosse part des responsabilités dans la décision des nouveaux mariés de faire leur vie hors de la glèbe » , estime, entre autres, Émile Guillaumin. C'est que, si son statut social au sein de la famille a quelque peu changé à la suite de la guerre, ses conditions de vie, elles, sont pour l'essentiel restées les mêmes.

la patronne

Et pourtant l'intérêt porté à la condition des paysannes croît, précisément parce que leur départ préoccupe. Les livres édifiants qui sont écrits à leur sujet, à défaut de pouvoir l'être à l'intention du plus grand nombre d'entre elles, se multiplient. Cependant le souci d'agir se manifeste également et plus directement par le développement de l'enseignement ménager dans les écoles privées d'agriculture.

A une époque où l'idée de patronage* chère à Frédéric Le Play a décidément vécu pour ce qui est des hommes, car, comme le déclare avec regret Paul Doin dans *Réforme sociale* dès 1920, « mieux vaut un propriétaire-paysan garant de l'ordre social qu'un grand propriétaire absentéiste [12] », du côté des femmes au contraire elle est en plein essor. Les « châtelaines » ont été mobilisées et ont répondu à l'appel que leur adressait Émile Cheysson en 1905 au congrès des syndicats agricoles de Périgueux (affiliés à la Société des agriculteurs de France) dans sa conférence sur « l'action des femmes dans les syndicats agricoles ». « Tant qu'il n'y avait à résoudre que les problèmes d'affaires, d'engrais chimiques et de machines, voire d'assurance et de crédit, on n'avait pas besoin de vous », s'écriait-il alors. Mais quand « l'action syndicale ne s'adresse plus seulement aux intérêts, mais aux sentiments », quand il ne s'agit plus « du bétail et de la ferme, mais du cultivateur lui-même et de sa famille », du « soulagement de ses misères », et, bien sûr, de « la consolidation de la paix sociale », en un mot, « le jour où il s'agit de bonté, de dévouement, on ne peut plus se passer de vous et vous êtes tenues d'entrer en scène [13] ». La voie est désormais toute tracée au développement de la mutualité sociale, mais aussi de l'enseignement ménager. Pour symboliser, encadrer et appuyer institutionnellement cet engagement des femmes dans l'action syndicale, une section des dames de la Société des agriculteurs de France a été créée en 1912 et connaît son épanouissement en 1922 par sa transformation en Union centrale des associations rurales féminines [14].

Concernant l'enseignement ménager, les principes de l'action sont tracés également dès avant la guerre [15]. L'axiome principal est que ce sont « les femmes (qui) font et défont les maisons ». La ligne directrice est donc que, dans l'éducation de celles-ci, tout doit « tendre à mettre en action le premier verbe et à éviter le second ». Le vieil adage bourgeois et la conception de la famille qui en découle sont donc proposés comme vérités premières aux familles agricoles et se font en effet populaires. « La femme est la vie de la maison. » C'est d'elle que dépend la santé morale et physique de la famille et, partant, de la société. Le cadre est d'emblée tracé et délimité : il importe que « la femme consciente de ses devoirs comprenne toute la grandeur et la dignité de sa mission et qu'elle l'aime assez *pour rester* dans son domaine propre, c'est-à-dire : la maison ». C'est là un écho direct aux mises en garde d'É. Cheysson dans sa conférence de 1905 « contre une confusion qui serait fâcheuse ». Il ne s'agit pas, précise-t-il en effet alors, de demander à la femme « d'arborer le drapeau du féminisme et de la pousser à envahir le forum ou le parlement en cherchant à doubler

---

* Notion selon laquelle le propriétaire foncier — et plus généralement le « patron » — a des devoirs sociaux envers les personnes qui dépendent de lui (métayers, ouvriers). Le Play est un des théoriciens de la doctrine paternaliste.

l'homme ». En effet, « ce doublement est contre nature : on ne gagnerait rien à former le ménage avec deux hommes pas plus qu'avec deux femmes... Nous ne ferons donc de la femme ni une politicienne, ni une féministe, mais nous lui ouvrirons l'accès des questions sociales », conclut-il.

Il est vrai que dans son « domaine propre », la femme a déjà beaucoup à faire si l'on en juge par le programme quotidien qui lui est tracé : préparation des repas, visite du poulailler, soins aux lapins, aux cochons, aux veaux, ménage des chambres, comptabilité, etc. Elle fait aussi « porter le beurre au marché ainsi que le surplus des œufs ». Heureusement la fermière est aidée par sa servante et se contente d'avoir l'œil du maître sur les affaires, « elle travaille peu de ses mains, beaucoup de son activité, va partout, voit tout, veille à tout » et... « donne ses ordres la veille pour le lendemain ». Néanmoins, étant donné la multiplicité de ses tâches, on comprend qu'elle doive être « la première levée, la dernière couchée ».

C'est le modèle de la « maîtresse » qui est proposé à la paysanne, y compris dans les relations hiérarchiques avec les ouvriers, car il dépend beaucoup d'elle qu'ils soient dévoués à la ferme et consciencieux dans leur travail. Ainsi, « elle sort de nouveau à l'improviste et ne surprend aucun délit parce que tout le monde sait à la ferme que sa surveillance est de tous les instants ». Voilà pourquoi « les devoirs de la femme qui habite la campagne sont bien plus étendus que ceux de la femme qui réside dans les cités, il ne suffit pas qu'elle soit bonne ménagère, elle doit prendre une part active à la direction des travaux de l'exploitation ».

Ces beaux préceptes ne sont pas seulement prétexte à littérature, ils sont déjà dûment enseignés. Dès avant la guerre, les établissements d'enseignement ménager agricole sont nombreux. Certes l'intérêt des populations rurales pour ces questions reste très limité et le rayonnement de ces nouveaux apôtres réduit. Mais il s'agit d'abord de constituer les cadres. Et c'est aux jeunes filles de « la société », en particulier aux filles de ces classes possédantes terriennes qui ont donné le mauvais exemple de l'exode et qui retrouveront là le sens de leur mission sociale, que s'adressent en premier lieu les institutions qui se créent. Ainsi de l'Institut agronomique Jeanne d'Arc, fondé sous le contrôle de membres de la Société des agriculteurs de France et qui, de plus, a été « honoré d'un bref du Souverain Pontife » et a reçu « l'approbation unanime de l'épiscopat français [16] ». La guerre freine ce bel élan. Mais les bases sont établies.

C'est donc sur elles que l'action de la droite agrarienne dans la direction des femmes se développe et se renforce durant l'entre-deux-guerres. Ce sont elles que la comtesse de Kéranflech-Kernezne, secrétaire, puis présidente de la section des dames de la Société des agriculteurs, enfin présidente de l'Union centrale des associations rurales féminines à partir de 1928, définit une nouvelle fois dans son ouvrage de 1933, préfacé par

L'enseignement ménager.

le marquis de Vogüé, président de la Société des agriculteurs de France. « C'est l'homme qui *fait la terre* sans doute, écrit-elle notamment, mais c'est la femme qui entretient cette volonté de l'homme » et qui « crée le milieu favorable ou défavorable au développement de l'exploitation ». Certes, et l'expérience récente de la guerre ne permet pas de dire le contraire, elle peut, « dans un moment difficile, remplacer le chef de famille défaillant, infirme ou enlevé par la mort », néanmoins « le travail normal de la femme dans l'agriculture est surtout un travail de collaboration » et « dans la pratique courante elle a son domaine particulier, son activité propre qui concourent également à la prospérité de l'exploitation ». La « grande mission de la paysanne », l'œuvre pour laquelle elle est « irremplaçable » n'a pas changé. C'est toujours : « garder l'homme à la terre en lui créant un intérieur agréable, où il retrouve, après sa rude journée, la détente et le modeste confort auxquels il a droit, charmer la vie rurale par sa gaîté, sa vaillance et sa belle humeur, l'ennoblir par son influence morale, son exemple, ses vertus, sa prière ; enfin, élever de nombreux enfants dans l'amour du sol natal, du métier paternel [17] ».

Les manuels d'enseignement ménager appliquant ces principes se multiplient [18]. Les écoles et les cours d'enseignement ménager par correspondance également. La comtesse de Kéranflech-Kernezne n'en dénombre pas moins de 14 et son recensement n'est qu'indicatif. 64 écoles ambulantes départementales, dépendant du ministère de l'Agriculture, organisent des sessions ménagères. Des journées rurales et agricoles prolongent les cours par correspondance. Telle la Journée de Genlis, initiative de la Protection de la jeune fille, où, après quatre conférences allant des responsabilités de la mère de famille au secourisme en passant par l'économie domestique et l'obtention d'un lait pur et sain, le curé termine par une homélie d'où il ressort qu'il faut accepter et aimer son travail, se sanctifier par son travail. Des Semaines agricoles féminines couronnent l'ensemble et connaissent « depuis leur premier et victorieux essai en 1919... tant de faveur et une si prompte et générale diffusion, qu'il semble aujourd'hui difficile d'en parler sans se répéter ».

Sans doute, les responsabilités que les femmes ont assumées durant la guerre ont contribué à accroître leur rôle et leur place au sein de la famille. En pays breton, les hommes « dont la femme a eu la charge de tout pendant quatre ans » ont du mal à « s'imposer de nouveau à leur place » à leur retour, nous confie P. J. Hélias. Celle-ci « a pris de telles habitudes, a tellement peiné nuit et jour, qu'elle abandonne difficilement des prérogatives » passées. « Quelques héros couverts de médailles n'arriveront plus jamais à commander », ironise-t-il.

Mais le développement de la propriété paysanne après la guerre et le renforcement du groupe familial qui découle du rôle de plus en plus important qu'il joue dans la production agricole, appellent en eux-mêmes cette « promotion » de la femme. Comment en effet la famille pourrait-elle jouer son rôle si le départ des femmes condamne les hommes au célibat ? C'est au contraire un risque mortel que l'exode féminin fait courir à la famille et à l'exploitation paysannes. Pour rester, la femme a besoin d'un peu plus de considération, dit-on : il faut que sa place et sa fonction soient reconnues. Il faut aussi et surtout qu'elles soient pleinement assumées et bien remplies par les femmes, car le bon fonctionnement de l'exploitation familiale l'exige et son efficacité en dépend. La division du travail entre l'homme et la femme a aussi sa raison d'être économique. La femme « doit se rappeler qu'il ne suffit pas que le fermier travaille, laboure et sème, il est indispensable que sa compagne, économe, prévoyante et laborieuse, amasse un peu chaque jour », écrivait déjà Mme Borel de la Prévostière avant la guerre.

Dans l'entre-deux-guerres, l'optique devient plus technique : l'idée de rationalisation fait son apparition. C'est « dans les pays où l'enseignement ménager agricole est le plus répandu et le mieux organisé... que l'on rencontre... la meilleure utilisation de l'effort de la fermière », note la comtesse de Kéranflech-Kernezne, et « c'est par l'école ménagère que le travail domestique rationalisé a quelque chance de s'introduire dans la maison rurale ».

Le modèle de la « maîtresse » a tout particulièrement un sens pour les exploitations moyennes ou grandes qui se constituent alors par le démembrement de la grande propriété et où se perpétue la forme du groupe domestique. Comme avant la guerre, en effet, il demeure de l'intérêt du chef d'exploitation que les ouvriers agricoles soient aussi intégrés que possible au groupe familial. L'augmentation du coût de la vie renforce même substantiellement cet avantage si l'on en croit P. Doin qui souligne en 1920 l'intérêt, pour les ouvriers comme pour les patrons, de tirer le maximum de leur nourriture de leur travail direct de la terre.

Pour les patrons, l'intérêt de nourrir le personnel est d'autant plus grand que les prix de la nourriture fournie en nature augmentent en proportion des prix courants, ce qui a pour effet de diminuer considérablement le salaire versé. C'est ainsi que, dans la Brie, la partie du salaire représentative de la nourriture augmente de trois et demi à quatre fois entre 1912 et 1920. Ainsi, alors que les salaires des ouvriers non nourris et non logés ont presque triplé, suivant en cela à peine l'augmentation du coût de la vie, ceux des ouvriers logés et nourris ont seulement doublé.

Pour les salariés, il n'y a de sécurité relative que dans l'emploi permanent. « L'engagement à la semaine ou à la journée, fréquent autrefois, n'est plus qu'un pis-aller, note É. Guillaumin : les ouvriers de cette catégorie sont obligés trop souvent à rechercher au loin tous chantiers de hasard, étant dédaignés par la culture en dehors des périodes de travail pressé. » Aussi bien voit-on leur nombre décliner rapidement.

L'école ménagère prépare l'avènement d'une nouvelle économie domestique. École ménagère de Belfort, 1922.

Le culte du fourneau : jeunes filles de la bonne bourgeoisie se préparant à porter le nouvel évangile domestique dans les campagnes. Belfort, 1922.

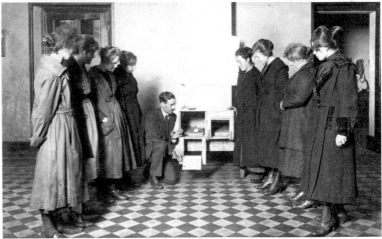

Selon l'enquête de 1929, l'engagement permanent s'assortit encore, la plupart du temps, du logement à la ferme. Le nombre des ouvriers nourris n'est par contre pas indiqué. Mais comme la nourriture va le plus souvent de pair avec le logement, on peut estimer que l'ouvrier nourri et logé est le cas le plus général. Le domestique ou valet de ferme, « jeune homme de quatorze à vingt ans ou célibataire endurci, fait partie de la famille », observe d'ailleurs Aristide Salères pour sa région. Il est « toujours nourri, logé, chauffé au même foyer, souvent blanchi et rapiécé », car il est rare et « les bons sont jalousement gardés par le propriétaire à qui fut échue cette chance ». R. Darpoux fait encore la même observation dans la région de Brioude en 1944 : « D'une façon très générale, l'ouvrier, homme ou femme, est logé et nourri par l'employeur, les hommes sont, de plus, presque toujours blanchis et raccommodés. [19] » Et sa description des rapports entre les ouvriers et les patrons dans cette région rappelle celle, générale, de Georges Risler en 1920. « Il est généralement traité comme faisant partie de la famille, note alors celui-ci. Travaillant tout le jour côte à côte avec le maître, il mange à sa table et prend part à toutes les réjouissances familiales. Rien d'étonnant donc à ce qu'il apporte la plus grande conscience dans l'exécution de son travail et s'inquiète à chaque instant de la bonne marche de l'exploitation au même titre que son employeur lui-même [20]. » Dans les années 50, 60 % des ouvriers permanents sont encore logés et nourris, les deux tiers sont encore nourris et aucune évolution bien nette ne se dégage entre 1951 et 1954 allant dans le sens d'une réduction de ces proportions [21]. Le groupe domestique, réunissant patrons et ouvriers, est donc bien une réalité incontestable jusqu'à une période très récente. La rémunération en nature continue également d'être pratiquée à l'égard des ouvriers non nourris et non logés. Ils reçoivent sous forme

de produits une partie de leur nourriture et du bois de chauffage, ou bien on leur concède un jardin qu'ils cultivent à leur profit et pour lequel ils utilisent le fumier, les outils et les attelages de la ferme [22].

Il est certain que, dans ce groupe domestique fondamental, le rôle et la place de la femme sont importants. Mais ils l'étaient déjà avant la guerre, même si la guerre et l'accession à la propriété les ont renforcés. Ce qui est plus nouveau, sans doute, c'est que le modèle de la « maîtresse » s'est démocratisé. Son avantage en effet est qu'il vaut pour toutes les femmes de « chefs d'exploitation ». Que le domaine soit grand, moyen ou petit, le statut et la sphère de compétences qui leur sont reconnus sont à peu près les mêmes. Si « maîtresse » est manifestement déplacé, on peut sans lésiner donner de la « patronne » : l'idée est la même, toutes choses égales par ailleurs, et la femme du patron se sentira créditée de ce qui lui revient. Mais, ô combien différent, peut-être justement le « toutes choses égales par ailleurs »...

Aux femmes les tâches délicates. L'épluchage des endives, 1926. Le brossage des pêches avant conditionnement pour la vente, 1922.

une mutuelle familiale

Certes l'après-guerre apporte une relative aisance aux familles qui réussissent à se maintenir en dépit des vicissitudes. L'accession des uns à la propriété, le départ des autres renforcent la structure familiale de l'agriculture. L'époque appartient par excellence à ceux qui disposent d'une terre suffisante et de la main-d'œuvre familiale nécessaire.

Mais, précisément, la continuité de la famille suppose le respect de judicieux équilibres et exige la solidarité de ses membres. Rien ne peut donc être laissé au hasard, à l'improvisation ou même à la fantaisie des uns et des autres. Dans cette lutte pour la survie, il faut un chef et des sujets, même dans les petites exploitations. Le chef, c'est encore l'homme : mais, là aussi, la femme est volontiers la « patronne ».

Cependant, si la liste des tâches proposée à la maîtresse de maison dans les manuels d'enseignement ménager correspond bien à ce qui est effectivement le secteur particulier de la femme dans l'activité de l'exploitation modeste, elle ne donne pas une image juste de la condition réelle qui est faite à celle-ci. C'est que, dans la grande majorité des cas, la servante n'existe pas et que, loin d'être aidée dans ses tâches propres, c'est la femme au contraire qui doit participer directement aux travaux des champs. Du modèle de la « patronne », on passe ainsi à celui de travailleur — que la femme a d'ailleurs en commun avec son chef d'exploitation de mari. « Tous les initiés savent que le quotidien urgent d'un domaine représente pour une femme un engrenage terrible. Ménage, repas, vaisselle, traite et laiterie, soins de la basse-cour, savonnage hebdomadaire, fournée de décade, lessive mensuelle. Puis, à la belle saison, la garde du bétail, les séances fréquentes dans les cultures avec les hommes. Entre-temps, les repassages et ravaudages : l'on se déchire vite aux rudes besognes de la terre! Et la préparation des marchés, le long déplacement qu'ils nécessitent. Et les enfants, là où il y en a [23]. »

Ce tableau, dressé par É. Guillaumin, fait bien saisir la distance qui sépare la femme qui fait de celle qui fait faire ; et c'est bien celle-là et non celle-ci qu'on rencontre le plus souvent. Vue sous cet angle, la situation de la femme n'a d'ailleurs rien d'exceptionnel. De la même façon qu'elle, et comme avant la guerre, tous les membres de la famille sont mis à dure contribution et souvent même au-delà de leurs possibilités. « Dans notre vie, il n'y a pas d'étape, écrit A. Salères : on marche jusque tout à fait à la fin. Après soixante-quinze ans, les hommes surveillent le bétail, nettoient les rigoles, taillent la vigne, épamprent, étrillent les bêtes et ratèlent les épis autour des gerbières ; après quatre-vingts ans, les femmes soignent les lapins et préparent les légumes, entre deux chansons auprès des berceaux. » Il en va de même des enfants. Dans le Limousin, les enfants commencent à se rendre utiles dès l'âge de sept ou huit ans. « On les occupe alors à la garde des animaux, à couper la litière et à ramasser l'herbe pour les lapins. Au-dessus de quatorze ans, les fils apportent une aide très appréciable aux champs et les filles à la maison [24]. » La division sexuelle du travail est très précoce.

Ce travail de chacun est nécessaire pour la survie de tous, puisque de lui dépend le maintien ou l'augmentation du patrimoine grâce auquel les uns et les autres travaillent et subviennent à leurs besoins. De ce point de vue, la dévaluation monétaire consécutive à la guerre a eu l'incontestable mérite de consolider dans l'immédiat l'emprise des paysans sur leur outil de travail. Mais elle ne dispense pas de l'effort d'épargne, qu'il soit nécessaire pour faire face à l'inéluctable augmentation de la superficie de l'exploitation ou, plus modestement, plus prudemment, plus craintivement, destiné à parer les mauvais coups du sort. Et que ce soit sur le plan climatique, économique ou social, ceux-ci sont nombreux et la famille paysanne ne peut guère compter que sur ses propres ressources pour les affronter sans devoir s'y dépouiller de l'essentiel. En ce qui concerne l'exploitation, il n'est guère que la grêle ou l'incendie pour lesquels un recours existe. Mais la sécheresse, la mévente ? La crise des années 30 met précisément les budgets à l'épreuve. Quant à la prévoyance et à la protection sociales, elles sont inexistantes, sauf en ce qui concerne l'assurance des salariés contre les accidents du travail.

Les accidents et les maladies précisément sont des épreuves redoutées. Pourtant, on ne s'arrête pas facilement et on s'adapte à tout prix à la situation. « Pour peu qu'on ne soit pas trop touché, on peut encore surveiller le bétail ou les enfants ou encore travailler des mains si les jambes sont prises », note A. Salères, sans broncher. Mais si la maladie est grave, elle peut être « la ruine d'une famille ». Sans parler du décès prématuré.

La famille est donc la première institution de prévoyance et de protection sociales pour ses membres. Cela peut justifier le travail gratuit dont ceux-ci lui font l'apport et légitimer l'autorité du chef de famille, dans la mesure où il gère le patrimoine « en bon père de famille », c'est-à-dire au mieux de l'intérêt de tous. C'est l'homme qui, étant chef d'exploitation, est par là même chef de famille. « A l'houstau, le chef est le père », écrit Ulysse Rouchon à propos de la Haute-Loire. « Il s'occupe de l'administration des intérêts du ménage, il commande le personnel à demeure ou à la journée, il garde la responsabilité du bétail, il dirige les gros travaux champêtres, il ordonne les cultures [25]. » Jeanne-Marie Delord fait une description tout à fait semblable du rôle du père dans le Limousin. C'est là, précisément, le domaine où les femmes n'ont pas à s'aventurer, selon leurs respectables conseillères.

Mais si c'est l'homme qui est le chef de la famille, c'est en fait la femme qui en a toute la charge. A. Salères le note avec finesse; ce n'est plus une question d'autorité, dit-il : entre mari et femme, elle est maintenant « partagée en ce sens que la femme conduit la cuisine et la basse-cour comme elle l'entend, comme l'homme l'étable et les cultures ». Il n'empêche. « Ce qui reste pourtant, c'est à la femme le pli de l'esclavage. Elle sert à table, elle prépare les plats, en prenant elle-même son repas ; les jours de gerbière, de battage, d'entraide, en d'autres occasions, elle est la servante, elle fait et range la vaisselle pendant que les hommes restent à table ; parfois même, si la beuverie se prolonge, elle va soigner le bétail... Comme elle ne s'absente que très rarement, c'est toujours son lot de soigner les cochons et de gorger les foies. » En fin de compte, si « la part de la femme est la plus lourde », c'est parce que c'est sur elle que repose la responsabilité aussi bien morale que pratique et quotidienne de la famille, ainsi que l'ont d'ailleurs toujours clairement souligné, on l'a vu, les théoriciennes de l'enseignement ménager. Si c'est elle qui sert à table, c'est parce que c'est elle qui assume la fonction nourricière de la famille. Ce n'est pas, « comme on pourrait le croire, parce qu'elle est l'esclave, mais précisément parce qu'elle est la maîtresse, qu'elle doit dominer son chantier pour avoir l'œil à tout », que la femme ne s'assoit jamais « quand elle traite des invités ou des visiteurs », et cela « même si elle a une servante », écrit P. J. Hélias. Pour être dite d'une façon plaisante et en dépit d'une apparente opposition dans les termes, l'observation va bien en fin de compte dans le même sens que celle d'A. Salères. La responsabilité de la femme en ce domaine est si fondamentale qu'elle y joue véritablement son statut de « maîtresse ». Dans les repas d'entraide, notamment, c'est purement et simplement la réputation, pour ne pas dire le rang même de la famille qui est en jeu, sans compter qu'une nourriture mal appréciée peut compromettre le concours ultérieur des voisins. Et c'est sur les épaules de la femme que l'enjeu repose. Elle est bien la « gardienne » du foyer, en temps de paix comme en temps de guerre ! Ce qui se manifeste encore par une responsabilité supplémentaire : le soin et l'éducation des enfants. La famille étant l'auxiliaire de l'exploitation, la femme est en quelque sorte cette servante de confiance à qui il incombe d'en faire au moindre coût l'instrument toujours efficace dont a besoin le chef d'exploitation.

Lorsqu'en 1946, la Jeunesse agricole catholique féminine proposera comme thème de réflexion annuel à ses militantes et à ses sympathisantes « le rôle de la femme dans la vie rurale », c'est encore pour l'essentiel ce modèle qu'elle prendra en charge et approfondira, dans son désir de « découvrir la vraie place (de la femme) dans toute la vie rurale afin d'être plus intelligemment, plus totalement, épouse, maman, éducatrice [26] ».

Le malheur, c'est que la famille assure en fait plus que médiocrement sa fonction mutualiste. Elle a besoin du travail de tous et supporte mal les bouches inutiles. Elle soutient de moins en moins bien la comparaison avec la législation sociale qui se met en place progressivement en faveur de la classe ouvrière. Non seulement elle couvre mal les risques sociaux,

Allons en vendange.
Bourgogne, 1930.

mais encore elle n'assure même plus la sécurité de l'emploi, la garantie de l'avenir, fondement même de la solidarité qu'elle peut exiger de ses membres. A la veille de la Seconde Guerre mondiale, quand la Jeunesse agricole catholique lance une première grande enquête sur les causes de l'exode rural intense qui s'observe dans toutes les régions, les causes envisagées tournent autour de cette impuissance de la famille à garantir un niveau et des conditions de vie qui satisfassent les jeunes gens et encore plus les jeunes filles. Sans doute le fait n'est-il pas nouveau et l'exode rural a-t-il connu des périodes de plus grande intensité. Mais dans l'entre-deux-guerres, il ne s'agit plus pour l'essentiel d'un exode des gens sans terre et misérables, une proportion importante des émigrés vient des familles propriétaires. J.-M. Delord en fait la remarque pour le Limousin. « Jadis, seuls les salariés ou les très pauvres gens quittaient la terre pour aller en ville, écrit-elle. Aujourd'hui, le mouvement a gagné toutes les classes rurales, celle des métayers comme celle des propriétaires. » Ce sont donc les fils et surtout les filles sur lesquels devait reposer l'avenir du patrimoine péniblement amassé par les parents, qui renoncent et souvent avec la bénédiction de ceux-ci [27]. L'exode ne sanctionne pas seulement l'échec du projet de toute une couche de paysans de constituer leur famille en un groupe solidaire, il traduit une contradiction fondamentale du modèle patriarcal de la famille soumis aux contraintes d'un système économique et social qui le remet en cause au moment même où il semble le promouvoir. Le salaire ou la terre, c'est dans ce choix que s'exprime cette contradiction pour les jeunes gens et les jeunes filles. Et c'est un choix qui ne s'esquive pas.

l'enfant, le salaire et la terre

Entre les deux guerres, le nombre moyen d'enfants survivants dans les familles agricoles évolue peu. Il passe de 2,18 à 2,23. La très légère augmentation observée n'est certes pas sans intérêt, puisqu'elle va à contre-courant de l'évolution générale. Mais elle est si faible!

C'est que la restriction des naissances est de rigueur. Il y a longtemps que la naissance n'est plus une bénédiction. Sans doute l'affirmation devrait-elle être nuancée et tenir compte de facteurs aussi différents que le mode de faire-valoir ou la pratique religieuse. Dans le Limousin par exemple, selon J.-M. Delord, le métayage maintient une fécondité supérieure à la moyenne. En 1939 encore, alors que « la natalité a beaucoup fléchi dans le milieu rural comme partout ailleurs, la campagne limousine demeure génératrice des derniers foyers féconds ». Il n'en demeure pas moins que, là aussi, « la natalité ne cesse de décroître », passant de 16,8 naissances pour

1 000 habitants en 1926, à 15,3 en 1931 et 12,1 en 1938, ce qui n'a rien de très exemplaire! Ce recul accompagne les progrès que la propriété fait au détriment du métayage. En 1946, la fécondité des ménages d'agriculteurs « semble beaucoup plus liée à l'attitude devant la religion et, de façon générale, aux questions culturelles », qu'au niveau de vie, note-t-on par ailleurs à partir des résultats du recensement de la population[28]. Une comparaison de la répartition géographique du nombre d'enfants pour cent hommes mariés et de la carte de la pratique religieuse fait en effet apparaître une certaine correspondance. Mais ce ne sont là que variations par rapport à un mouvement d'ensemble dont le résultat est qu'en 1946 le nombre moyen d'enfants par famille est encore un peu plus faible que celui de 1911[29]; et aucune explication par une variable unique et générale ne peut à la fois rendre compte et de ces variations et de la tendance générale. C'est dans les caractéristiques mêmes de la famille exploitante et dans les contradictions où elle se débat en raison de l'évolution économique et sociale qu'elle subit, qu'il faut chercher la raison de la réduction des naissances.

La naissance est une « catastrophe », va jusqu'à écrire A. Salères en 1936, parlant, il est vrai, d'une région où la dénatalité est particulièrement forte. Il admet pourtant qu'il coûte beaucoup moins cher d'élever un enfant à la campagne qu'à la ville. « On a du lait à leur donner, dit-il, et des cendres pour la lessive. » Néanmoins, l'enfant « coûte » de plus en plus. « Il y a trente ans, une sage-femme dans nos campagnes demandait 20 francs; aujourd'hui, le médecin en demande, au minimum 500 », précise-t-il. Mais ce n'est pas tout. Fait plus important : la mère qui allaite est handicapée dans son travail pendant plusieurs mois. Et pourtant, elle ne s'octroie guère de bon temps. « Elle n'est immobilisée qu'à demi... Elle vaque encore aux soins du ménage, même aux soins de la basse-cour » et des cochons. « Après six mois, pour peu qu'il y ait dans la maison quelque bonne vieille ou quelque fillette, la mère reprend son rôle, avec quelque labeur en plus. » S'il le faut, d'ailleurs, tant qu'il ne marche pas, l'enfant est laissé seul toute la demi-journée pendant que la mère est aux champs[30]. Ainsi, en dépit du peu de soin et de temps que la mère consacre à ses « relevailles » et à sa maternité, la naissance est très souvent une source de gêne.

Une descendance nombreuse multiplie les occasions de festivités : baptême, première communion et surtout noces; la réduction du nombre des enfants les diminue. Au demeurant ces fêtes perdent beaucoup de leur éclat d'antan. Les noces en particulier réunissent moins de monde qu'avant la guerre. En pays bigouden, pays par excellence des noces où les invités sont foule, le dernier grand « fricot » à la ferme a lieu quelques années après la guerre. Dans le Limousin aussi, « si les invitations sont encore nombreuses, ce ne sont plus les fastes exceptionnels d'autrefois[31] ». La dot elle-même est moins reconnue

Honneur à la longévité. Les troisièmes noces, les novis. Centre, années 10.

Présentation de l'enfant à Dieu...
et au village, années 10.

Déjà homme, déjà femmes!
Environs d'Évreux, 1924.

nécessaire. Dans le pays de Villeneuve-sur-Lot, « elle n'existe plus beaucoup avec les fils uniques »; là où il y a plusieurs enfants, « elle creuse bien un peu le budget, mais moins qu'autrefois... On entend même dire que la dot est plus nuisible qu'utile : l'absence de dot donne la liberté complète et oblige à se débrouiller ». Par contre elle demeure très importante dans la Haute-Loire où elle consiste en apports en nature, bijoux, vêtements, mobilier, et en donations de champs, prés ou bois [32]. Dans le Limousin, si le paysan marie sa fille, il lui en coûte au minimum ses économies de l'année, « les six draps, le lit et la commode traditionnels représentent déjà plus de 2 000 francs ». S'il marie son fils, il lui faut faire l'emplette des vêtements de noce du jeune homme et de ceux de sa future ainsi que d'une bague et il lui en coûte à peu près autant.

Tout ce qui limite la capacité d'épargne du groupe familial est ressenti comme compromettant son avenir. Les destructions de richesses qui accompagnent les fêtes familiales sont regrettées. La logique de l'accumulation impose le travail et chasse la fête, alors que la misère l'appelle.

Le moment le plus crucial pour la continuité du groupe familial est le décès du chef de famille, qui ouvre la succession. La famille est alors affrontée à ses contradictions les plus fondamentales, car si elle a pu exiger le travail gratuit de ses plus jeunes membres, c'est en contrepartie d'un droit de chacun d'eux sur un patrimoine qui est en fait collectif. Ce droit, chacun peut en effet y prétendre et le faire valoir puisque la loi le reconnaît et en organise l'exercice lors de l'héritage, par le partage égalitaire au nom du Code civil. Mais au moment même où l'héritier l'exerce, c'est pour en saisir toute la dérision car le morcellement de la terre qui en résulte le condamne dans la plupart des cas en tant que travailleur indépendant. Il est au contraire le biais par lequel l'héritier se trouve transformé en salarié, dépossédé de son outil de travail et de son moyen de subsistance, s'il n'a pas devancé de son propre chef ce moment inéluctable en prenant l'initiative de l'exode. Que peut-il

Jeune fermière écimant le maïs.
Gascogne, 1934.

faire en effet ? Rester et venir augmenter les effectifs de ces journaliers-propriétaires que par ailleurs l'exode de ceux qui le sont déjà ne cesse de dégarnir. Rester, louer et se louer, et le voilà ouvrier agricole, de son propre locataire parfois. Louer et partir vendre sa force de travail en ville. Vendre et partir nanti d'un petit pécule qui peut, dans le meilleur des cas, lui permettre d'acheter un petit fonds de commerce, ultime recours contre la prolétarisation. Les jeunes gens savent ce qui les attend. Aussi acceptent-ils de moins en moins des obligations en contrepartie desquelles la famille ne leur fournit aucune garantie sur l'avenir.

La famille n'a plus de sens que comme cellule nourricière et éducative pour ceux qui n'ont pas encore une force de travail susceptible d'intéresser un patron. L'enfant paie d'ailleurs très vite de sa personne, comme on l'a vu, et couvre au moins une partie des charges qu'il occasionne par le travail qu'il fournit. A la rigueur, la famille en tire profit entre le moment où il sort de l'école et celui où il part au service militaire. « A dix ans ils gagnent leur vie, à quinze ans ils donnent du bénéfice », dit crûment A. Salères. Mais encore faut-il que de ce bénéfice, le bénéficiaire puisse être la famille, et l'exiguïté des propriétés familiales ne le permet que dans des limites très strictes. Un recours là encore est l'emploi à l'extérieur, ce qui, dans l'agriculture, devient de plus en plus difficile.

Lorsqu'ils travaillent à la ferme familiale, jeunes gens et jeunes filles ne tardent pas, comme avant la guerre, à regimber contre l'absence totale de rémunération ou contre son insuffisance quand ils en reçoivent une. C'est là une des causes de l'exode rural selon les observateurs de l'époque. Dans les années 30, en Haute-Vienne, « le salaire en espèces donné au jeune ménage varie selon l'importance de l'exploitation »; il semble que, dans un domaine courant de 30 hectares, c'est une somme de 1 000 à 1 500 francs [33] qu'il touchera pour son « argent de poche », estime J.-M. Delord. Que l'on ne s'y trompe pas : cet argent « n'est pas consacré comme on pourrait

Le travail n'interdit pas le plaisir. Le jeune moissonneur peut rejoindre la gardienne de vaches, 1934.

Dans les années 30, la cheminée reste encore souvent le cœur de la maison. Poitou, 1931.

Un droit d'usage de tous sur la terre, qui subsiste dans les années 30 : le glanage. C'est grâce à lui que les plus pauvres peuvent élever quelques volailles. C'est la tâche des femmes et des enfants.

le croire exclusivement à l'achat de superflu, mais sert, le cas échéant, à payer les frais de maladie, ceux de vêtements ou de voyage ». Voilà qui remet les choses en place. Ce n'est qu'un transfert de charges d'un budget à un autre.

Le problème se pose bien en effet. Au point que, dans le cadre des mesures prises en faveur de la famille en 1939, est institué le principe du salaire différé, en vertu duquel une rémunération forfaitaire payable en une seule fois, au décès de l'exploitant, est versée à ceux des héritiers qui travaillent sur l'exploitation. Le montant de ce « salaire » est révélateur de la situation réelle de la main-d'œuvre familiale, puisqu'il est de la moitié du salaire de l'ouvrier agricole logé et nourri ou de la servante de ferme logée et nourrie, si l'héritier n'est pas marié. En outre, quelle que soit la durée de la collaboration apportée, la rémunération ne pourra en aucun cas dépasser le montant du salaire dû pour une période de dix années. Aussi limité soit-il, ce « contrat (tacite) de salaire différé » permet de réduire, sinon de réparer, « l'injustice qui atteint, au moment de la succession, ceux qui sont restés par rapport à ceux qui occupent en ville un emploi rémunéré [34] ».

Le salaire différé, qui consiste en fin de compte en un droit de créance sur la succession, est également un moyen nouveau pour atténuer les conséquences du partage égalitaire de l'héritage. Et l'on touche ici une autre contradiction et une autre faiblesse fondamentales de la mutuelle familiale.

L'épineux partage.

Le partage égalitaire, en effet, si le nombre des héritiers est important, dissout littéralement le bien, c'est-à-dire ne rend possible à aucun des enfants la survie en tant que chef d'exploitation. Or si, dans les familles d'une certaine aisance, les vieux parents peuvent « passer la main » avant leur décès, dans la plupart des cas au contraire, ils ont, jusqu'à leurs derniers jours, besoin des revenus de la terre pour vivre. Et même lorsqu'ils se retirent avant, leurs enfants, en particulier les aînés, sont déjà âgés et généralement mariés et chefs de famille eux-mêmes. Ils seraient mis dans une situation désastreuse par un partage qui se ferait à ce moment-là et qui les démunirait de l'exploitation sur laquelle ils ont jusqu'alors vécu. Leur intérêt, face à cette menace, serait évidemment de quitter la ferme familiale le plus vite possible afin de faire leur propre situation ailleurs et par eux-mêmes. Mais l'exploitation familiale ne peut survivre que par eux : les vieux parents ont besoin d'eux pour fournir la force de travail nécessaire au moment où la leur décline et pour les prendre en charge lors de leurs vieux jours. Il est donc indispensable de compenser, en faveur des enfants qui acceptent de rester pour jouer ce rôle, les inconvénients d'un partage égalitaire.

Tout le sens du groupe familial est là, non pas dans une sorte de mystique de la terre, mais dans l'impérieuse nécessité pour les vieux parents d'être pris en charge par leurs enfants et dans son corollaire : que les enfants engagés dans ce devoir soient à leur tour assurés de leur avenir au moment où, les parents disparaissant, l'orientation de leur vie est déjà faite.

Vieux problème qui oppose depuis F. Le Play les tenants du droit d'aînesse à ceux de l'égalitarisme républicain et qui donne encore lieu, à la veille de la Seconde Guerre mondiale, à de vives controverses sur les remèdes à apporter au dépeuplement des campagnes. Sur le plan législatif, la seule mesure qui ait été prise avant 1938 dans le but d'éviter la dissolution des patrimoines est celle qui concerne le bien de famille insaisissable (loi du 12 juillet 1909).

C'est à l'absence de régime de retraite que doit suppléer en somme le groupe familial. La mise en place des assurances sociales ne résout rien puisque la retraite des vieux travailleurs est réservée aux salariés et en 1939, au moment de l'enquête jaciste, la retraite semble être, de toutes les mesures sociales dont jouit la classe ouvrière, celle qui suscite le plus d'envie chez les paysans. Suzanne Sailly-Laisné cite plusieurs témoignages qui montrent bien comment, à travers elle, le paysan découvre soudainement sa misérable condition de travailleur. « La moindre retraite, observe-t-on en Charente-Inférieure, représente un capital de 150 000 francs. Pour avoir cette somme après une vie active de quarante ans, il faudrait près de 4 000 francs de bénéfice net par an. Le petit exploitant ne peut pas songer à ce résultat. » Du Rhône, cette observation : « Quand ce cultivateur aura soixante ans, il n'aura pas les moyens d'existence d'un petit fonctionnaire retraité qui n'a jamais vu son traitement diminuer, tandis que le bénéfice du cultivateur devient d'année en année plus petit. » Et d'Auvergne, ce cri : « Le paysan ne se couche que pour mourir. »

Tous les moyens sont bons pour assurer tant bien que mal la transition entre les vieux parents et le successeur. Dans le Limousin, en Haute-Saône, on « fait un aîné ». Aux ressources que le droit offre par le jeu de la quotité disponible [35] s'ajoutent celles, variables, des coutumes. Le principe mis en pratique, quelle que soit la modalité utilisée, est toujours le même : il s'agit de transférer toute la propriété à un seul des enfants, les autres étant désintéressés par les soultes qui leur sont versées par le bénéficiaire.

Cette pratique fort courante va à l'encontre des dispositions du Code civil et dépend du bon vouloir des cohéritiers qui peuvent refuser tout arrangement. La loi du 7 février 1938 accorde le droit au fait, en autorisant le maintien de l'unité de l'exploitation et sa transmission dans son intégralité à un seul héritier, moyennant un juste dédommagement des autres. Mais ceci ne résout que partiellement le problème car la lourdeur des soultes à payer peut compromettre l'installation de celui qui a été choisi comme successeur. Afin d'alléger cette charge, le Code de la famille institue le prêt à l'établissement des jeunes ménages. Il n'en demeure pas moins que la limitation du nombre des enfants demeure une nécessité. Dans le Sud-Ouest, « le fils unique a supprimé le partage et si, par hasard, il y a une sœur, on lui donne seulement quelques billets de mille, très peu : on estime beaucoup plus qu'avant la charge des parents », déclare A. Salères.

La famille paysanne s'empêtre dans ses contradictions dans la mesure même où elle cherche à les résoudre en vase clos. La solution par la limitation des naissances a ses limites, l'enfant unique est un trop grand risque, car s'il est « appelé à rester à la terre, il s'en évade souvent » ; sa disparition prématurée est une catastrophe. La seule issue en fait est dans la concentration foncière au profit d'un des enfants et dans le départ des autres. C'est le constat que fait la loi du 7 février 1938, dans un souci de retenir au moins l'un d'eux à la terre. Mais ce constat porte un coup mortel au principe de l'égalité sur lequel reposait, de plus en plus fictivement sans doute, la cohésion du groupe familial. Le contrat de salaire différé, mesure exceptionnelle qui s'inscrit dans le cadre de la politique de défense de la famille, est une compensation, mais bien modeste. Le législateur pare les coups, plus qu'il ne gouverne, quand la guerre, encore elle, va permettre de reculer les échéances.

De toute façon, les conditions de vie et l'avenir des familles dépendent beaucoup moins de l'action de l'État en leur faveur que de l'évolution de l'exploitation dont elles tirent leur subsistance. Et cette évolution est importante durant l'entre-deux-guerres.

le triomphe de l'exploitation familiale

"à chaque famille son exploitation" *

D'une guerre à l'autre, une seule enquête générale a permis d'avoir une vue d'ensemble des exploitations agricoles. Cette observation unique survenait après trente-sept ans de négligence statistique, si bien que nous ne pouvons comparer les résultats du recensement de 1929 qu'avec celui de 1892.

Entre ces deux dates, le nombre d'exploitations diminue de 30 % mais la superficie moyenne cultivée augmente peu. Elle passe de 6,1 à 8,3 hectares. Les effectifs de toutes les classes inférieures à 10 hectares reculent; ceux des classes comprises entre 10 et 200 augmentent dans des proportions variables. Le nombre des très grandes, celles de plus de 200 hectares, diminue légèrement (— 10 %).

Comme au XIXe siècle, ce mouvement d'ensemble masque d'importantes différences régionales. Les exploitations de moins de 20 hectares restent très peu nombreuses dans le Bassin parisien et ses marges de l'est et du sud, où les terres sont principalement occupées par des unités de plus de 100 hectares. Elles occupent de même une place plus réduite que les grands domaines sur la façade méditerranéenne. Elles dominent par contre l'Ouest breton et le Cotentin, une zone allant de l'Alsace à l'Ardèche et englobant le Dauphiné, la Savoie, la région lyonnaise et le Puy-de-Dôme; enfin de la Charente-Inférieure aux Basses-Pyrénées en passant par la Corrèze, tout le pourtour du Bassin aquitain.

Mais quelles que soient les régions, l'évolution de la structure des exploitations correspond partout à une évolution parallèle de la structure de la population au travail en agriculture et ce double mouvement aboutit à la consolidation de l'exploitation familiale de taille moyenne [36]. Les exploitations qui disparaissent, ce sont d'abord celles de moins de 1 hectare que les recensements du XIXe siècle classent dans la « très petite culture ». Leur nombre s'est réduit de moitié entre 1892 et 1929, et du million qu'il atteignait encore à cette dernière

L'exploitation familiale domine à partir des années 20. Équipe de battage posant pour l'objectif. Ain, 1943.

* L'expression est de Victor Boret présentant à la Chambre des députés, le 3 juin 1919, son programme d'extension de l'exploitation familiale et d'accession à la propriété.

date, il tombe à 150 000 en 1955. Ce mouvement libère
600 000 hectares de cultures entre 1892 et 1929 et plus de
400 000 entre 1929 et 1955. Dans le même temps, les exploitations de 1 à 5 hectares connaissent un sort analogue. Les
effectifs de cette classe régressent d'abord de plus de 30 %,
puis de plus de 40 %. Ce recul libère plus de 1 500 000 hectares
entre 1892 et 1929, puis 1 300 000 entre 1929 et 1955.

La disparition de ces centaines de milliers d'exploitations
correspond à celle d'un nombre égal de petits exploitants qui
fournissaient souvent aux fermes de quelques dizaines ou de
quelques centaines d'hectares la main-d'œuvre de complément
indispensable à leur fonctionnement. Dans le même temps la
frange de travailleurs occasionnels non exploitants régresse
dans des proportions analogues, c'est donc la structure même
de la population au travail dans l'agriculture qui se trouve
profondément modifiée. Variant dans la mesure où des changements sociaux se produisent, et traduisant la façon dont la
société perçoit ces changements, les cadres statistiques enregistrent bien le phénomène. En 1892 le recensement distingue
les « journaliers » des « maîtres valets » et « domestiques de
fermes », et les inclut parmi les « cultivateurs ». 1 200 000 travailleurs sont ainsi rassemblés dans une catégorie à part. Bien
que la moitié d'entre eux ne cultivent aucune terre pour leur
propre compte, ils ne sont pas inclus dans les classes salariées
mais dans celle des « cultivateurs ».

L'enquête de 1929 cesse de les séparer de l'ensemble des
salariés agricoles. Les « journaliers » sont devenus « ouvriers
temporaires » résidant dans la commune ou les communes
voisines. Sous cette rubrique ils ne sont plus que 660 000;
260 000 sont de « petits propriétaires travaillant à la journée »
et 380 000 des non-propriétaires. Les recensements démographiques, qui bénéficient d'une bonne périodicité, fournissent
des estimations du même ordre. Ainsi, à la veille de la
Seconde Guerre mondiale, les journaliers représentent moins
de 10 % de la population agricole active.

Cette couche sociale qui, tout au long du XIXe siècle, a
campé aux marges de l'agriculture tout en jouant un rôle si
particulier dans la cohésion de la société rurale, est en voie
d'extinction. Les familles qui la composaient sont parties en
ville ou, beaucoup plus rarement, ont acquis le statut d'exploitants. Dans tous les cas elles ont cessé de travailler pour les
autres agriculteurs. Ce sont les plus grandes exploitations qui
sont les plus atteintes par ces changements. La même évolution
économique et sociale qui chasse les journaliers de la société
rurale réduit l'importance de la grande culture.

De 1892 à 1929, les exploitations de plus de 50 hectares
voient leur nombre augmenter de 85 000 à 114 000, mais ce
gain est tout entier réalisé dans la tranche de 50 à 100 hectares.
Au contraire celle de plus de 100 hectares régresse légèrement.
La superficie aux mains des exploitants de grande culture
diminue de plus de 2 500 000 hectares qui proviennent princi-

palement de la réduction du nombre des très grands domaines
Ce mouvement se poursuit de 1929 à 1955, période pendant
laquelle l'effectif des exploitations de plus de 200 hectares
décroît des deux tiers. La part du territoire cultivé occupée par
la grande culture se réduit encore de 300 000 hectares. Les
recensements démographiques enregistrent eux aussi ce
mouvement lorsqu'ils étudient l'évolution des établissements
agricoles et sylvicoles classés selon le nombre des salariés
permanents qu'ils emploient. Tout se passe comme si, tout
au long de la période, la fragilité des exploitations était

Les salariés dans l'agriculture et les forêts

	1921	1926	1931	1936
établ. sans salariés,				
en milliers	1 234,871	1 327,319	1 341,112	1 274,760
%	47,3	52,8	55,4	55
établ. avec salariés*				
en milliers	1 374,606	1 187,318	1 080,821	1 006,750
%	52,7	47,2	44,6	44,1
dont, en % :				
à 1 salarié	50,3	53,5	54,7	57
2 à 5	46,5	43,5	42,4	40,4
5 à 20	3	2,8	2,7	2,3
plus de 20	0,2	0,2	0,2	0,2
total (milliers)	2 609,477	2 514,637	2 421,923	2 281,51

* Parmi ces établissements agricoles et sylvicoles sont comptées les entreprises forestières, les
entreprises de travaux agricoles, celles de battage, etc.
SOURCE Recensement de la population.

proportionnelle au nombre de salariés qu'elles emploient.
Seules les très grandes unités de production échappent
partiellement à cette règle. Elles maintiennent leur place
relative et voient même leur nombre absolu augmenter
considérablement entre 1926 et 1931, pour décroître tout
aussi brutalement entre 1931 et 1936. La crise a rendu encore
plus difficile la transformation de la grande exploitation
domaniale en entreprise capitaliste à nombreux salariés.
   La disparition simultanée des micro-exploitants et des
grands domaines laisse la place à des tenures à la taille d'une
famille ; c'est pourquoi les effectifs des classes d'exploitations
comprises entre 10 et 50 hectares prennent une importance

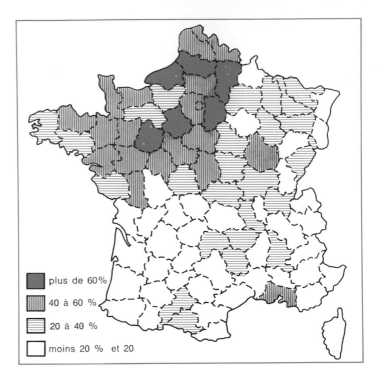

Superficie occupée par le fermage en France en 1929, d'après les résultats généraux de l'enquête de 1929.

Légende :
- plus de 60%
- 40 à 60 %
- 20 à 40 %
- moins 20 % et 20

croissante. Ils passent de 764 000 unités en 1892 à 973 000 en 1929. Ils atteignent encore 907 000 en 1955 malgré la forte diminution du total des entreprises recensées. Ces exploitations de taille moyenne accroissent les surfaces qu'elles cultivent, d'au moins 3 millions d'hectares entre 1892 et 1929 et de 1 500 000 encore, entre 1929 et 1955. A cette date elles représentent 40 % de l'effectif total et occupent 50 % de la superficie cultivée.

Si l'on ajoute à la majorité des établissements recensés qui, après 1926, n'emploient aucun ouvrier, ceux qui n'en emploient qu'un seul et sur lesquels le travail familial est plus important que le travail salarié, c'est 75 à 80 % des exploitations qui, du point de vue de la nature du travail utilisé, méritent l'appellation d'exploitations familiales. Selon l'enquête agricole de 1929, sur 3 650 000 chefs d'exploitation recensés à cette date, quatre sur cinq, propriétaires ou fermiers, ne font qu'exceptionnellement appel à l'aide d'autrui.

Le double mouvement de croissance des exploitations de taille moyenne et de réduction continue de l'importance des grands domaines et des microtenures transforme enfin en réalité sociale dominante ce mythe de l'exploitation familiale si souvent évoqué et glorifié, dès les débuts de la Troisième République. Reste à examiner dans quelle mesure il triomphe dans la forme que décrit l'idéologie officielle, c'est-à-dire par la généralisation du faire-valoir direct.

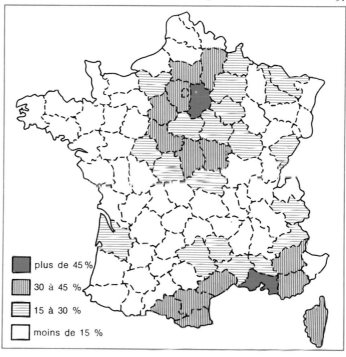

la terre aux paysans

En 1929 comme en 1892, les trois quarts des exploitants recensés sont propriétaires, 20 % sont fermiers. Le nombre des métayers, en légère baisse, représente un peu plus de 5 % des agriculteurs.

Cette apparente immobilité relative des modes de faire-valoir masque des évolutions dans les processus de redistribution du sol agricole, différents selon les époques et selon les régions.

Dans l'immédiat après-guerre, le marché foncier connaît une activité inhabituelle qui aboutit à de nombreux transferts de propriété au bénéfice des exploitants. Au retour de la paix, la disparition au combat de nombreux agriculteurs ou de leurs héritiers, libérant des terres et diminuant le nombre de candidats à l'achat ou à la location, a certainement offert aux survivants une chance meilleure que jamais d'accéder au statut de propriétaire-exploitant. Mais l'animation du marché résulte aussi de la liquidation des multiples transactions suspendues pendant le conflit. Au total l'ampleur exacte du mouvement d'acquisition du sol par les paysans est mal connue.

Elle a sans doute été surestimée par bon nombre d'observateurs qui y voyaient souvent un objet de scandale confirmant l'énorme enrichissement illicite que la guerre avait, pensaient-ils, permis aux paysans de réaliser. Ceux qui se veulent les défenseurs attitrés des paysans tendent au contraire

Superficie occupée par les exploitations de 100 hectares et plus, en 1929, d'après les résultats généraux de l'enquête de 1929.

Les multiples visages de l'exploitation familiale.

Sologne, 1939.

Poitou, 1931.

Charente, 1930.

à minimiser l'importance du transfert de propriété dont auraient bénéficié ceux-ci.

D'après la progression des droits de mutation, Pierre Caziot évalue le total des transactions foncières agricoles au « triple de ce qui se serait vendu avant la guerre dans la même période [37] ». Mais par rapport à 1914, le prix de la terre a doublé en francs courants, ce qui diminue fortement le volume réel de transferts représenté par ce gonflement des droits. Il reste que les paysans ont pu, plus aisément qu'au début du siècle, transformer leur épargne gonflée par la guerre en propriété foncière puisque la valeur de la terre avait diminué de moitié par rapport aux années 10. Par ailleurs ils sont les mieux placés pour effectuer ces placements car, à cause de l'inflation, la faiblesse des baux fait qu'« au point de vue du revenu, la terre n'est ... intéressante à acheter que par ceux qui la cultivent eux-mêmes ».

Mais P. Caziot observe également que le mouvement de transfert se ralentit sensiblement dès 1921. « C'est en 1920 que la valeur de la terre a atteint son maximum. Depuis il y a eu un tassement général, puis une reprise dans quelques régions favorisées. »

Cette reprise de la hausse ne se produit que dans les zones où existe une forte concurrence entre petits paysans pour la propriété du sol qu'ils cultivent. Au sud de la Loire, pays de faire-valoir direct et de faible pression démographique, comme dans les régions de grand fermage du Centre et de l'Est, la

La liberté par la propriété.

Cantal, 1939.

concurrence entre exploitants est insuffisante pour pousser à la hausse. Celle-ci ne dépasse pas 35 % dans le Nord et le Bassin parisien. Dans une certaine mesure, la guerre, par la terrible sélection qu'elle a opérée, a encore détendu la situation foncière.

Dans l'Ouest et en Bretagne où une foule de petits fermiers et métayers cherche à assouvir sa faim de terre, la hausse atteint jusqu'à 200 et même 300 %. Les caisses du Crédit agricole mutuel des départements bretons enregistrent cette poussée paysanne. Dans le Morbihan, la caisse permet à environ 1 500 ouvriers agricoles et petits fermiers de devenir propriétaires, de 1921 à 1929 [38]. Parallèlement à cet essor du crédit, les dettes hypothécaires qui grevaient la propriété paysanne disparaissent. Ainsi dans le Finistère où celle-ci était hypothéquée à 50 %, elle est pratiquement libérée en 1918.

Dans ces régions à forte concurrence sur la terre, le mouvement favorisé par la bonne tenue des cours des produits agricoles se poursuit jusqu'à la veille de la crise. Mais, à partir de 1931, l'activité du marché foncier se ralentit là aussi. Les paysans rencontrent beaucoup de difficultés pour consolider leur emprise sur la terre. Les plus fragiles bénéficiaires de la période précédente ne peuvent faire face aux difficultés nouvelles. En 1935, le quart des remboursements de prêts à long terme individuels en cours à la caisse de crédit du Morbihan ne rentrent pas. La reprise des années 1938-1939 réactive les transactions foncières sans que celles-ci retrouvent leur niveau des années 20. Il faudra attendre la fin des années 50 pour que reprenne le mouvement séculaire d'achat des terres agricoles par les exploitants.

En ce qui concerne le métayage, rares sont les évaluations lucides de son importance et de son rôle. Ce mode d'exploitation est, soit aussi vigoureusement attaqué qu'au XIXᵉ siècle où certains le décrivaient déjà comme « l'association sur un sol pauvre du travail lent et du capital timide [39] », soit défendu avec acharnement par le courant agrarien qui y voit l'exemple même de la collaboration organique entre le capital et le travail, sans se rendre compte à quel point les rapports de dépendance qu'il suppose ne sont plus tolérables. P. Caziot pense même y trouver le moyen de « la restauration de l'ancienne vitalité de la famille paysanne [40] », qu'il appelle de ses vœux.

Les renseignements régionaux dont nous pouvons disposer donnent à penser qu'après une période de régression plus ou moins marquée pendant les années 20, la crise puis la guerre ont freiné le lent recul de ce vieux mode d'exploitation. Celui-ci continuait d'occuper ses zones d'implantation traditionnelles et n'a pratiquement disparu qu'après l'adoption du statut du fermage.

Le déclin de la classe des propriétaires fonciers, accéléré par la guerre et ses séquelles, se traduit non seulement par la paralysie progressive du métayage mais aussi, grâce à l'érosion monétaire, par une chute relative des taux de fermage. Les données rassemblées pour la basse Normandie par M. Lévy-Leboyer [41] montrent que le versement imposé au fermier représentait un prélèvement équivalant à 30 % de la récolte moyenne de blé à l'hectare en 1875-1890, qu'il avait reculé de moitié à la fin du XIXᵉ siècle, et n'atteignait plus que 12 % de cette récolte entre les deux guerres.

Dans les années 20, les fermiers connaissent de ce fait une relative aisance. Mais la crise y met fin et accroît les contradictions qui les opposent à leurs propriétaires. Après 1931, l'insolvabilité de nombre des plus petits d'entre eux est à l'origine de violentes luttes contre les saisies. Avec Henri Dorgères, l'extrême droite agrarienne trouve dans ces mouvements sociaux l'occasion de récupérer à son profit le ressentiment de nombreux paysans, principalement dans l'Ouest. A partir de 1935, les baux ruraux sont révisés en baisse.

Ainsi, l'entre-deux-guerres est une période de transition où les conditions économiques, sociales et politiques évoluent de telle sorte qu'un statut plus favorable au fermier pourra enfin être établi par la loi dans les années 40 [42]. Les propriétaires non exploitants cessent d'être des agents actifs de l'organisation de la production. Toutefois leur effacement ne profite pas aux entrepreneurs capitalistes dont certains annonçaient la prochaine hégémonie dès le milieu du XIX⁰ siècle [43], mais aux exploitants familiaux. Contredisant le rêve industrialiste, l'évolution de l'exploitation et celle de la propriété foncière donnent plutôt raison à la droite agrarienne traditionnelle.

Après 1914, alors que les revenus de la propriété foncière paraissent à ce point insuffisants aux propriétaires non exploitants qu'ils cherchent à réaliser la valeur de leurs terres pour investir dans des activités productives rentables, les familles paysannes ne font aucune difficulté pour continuer à se priver, comme elles l'ont fait au XIX⁰ siècle, et pour engager leur épargne dans l'achat du sol. Leur comportement n'a pourtant rien d'aberrant.

La terre que l'exploitant acquiert est la condition même de son existence puisqu'il l'exploite en cherchant d'abord à en tirer les produits nécessaires à sa vie quotidienne et à celle de ses animaux. Elle est d'autre part l'instrument indispensable à l'utilisation des forces de l'ensemble du groupe domestique en même temps que la base concrète de son statut social. Dans ces conditions, la somme à verser pour l'achat d'une ferme ou pour un hectare supplémentaire ne peut être comparée par l'exploitant qui se porte acquéreur au flux de revenus qu'il réalisera par la vente des produits tirés de cette terre. Ce calcul de rentabilité capitaliste n'a pour lui aucun sens. Il voit plutôt dans l'argent qu'il verse un droit à acquitter pour affirmer ou établir son statut de travailleur autonome, qui ne

Les mérites de l'exploitation familiale.

L'autre visage de l'exploitation agricole des années 30 : la grande ferme à nombreux salariés. En Seine-et-Marne, chez le plus jeune maire de France.

dépendra plus que de son travail et de celui de sa famille. La liberté au village est inscrite dans le cadastre.

Le seul problème qui se pose au paysan est en fait celui de disposer, le jour où le propriétaire est prêt à vendre, de la somme d'argent nécessaire à l'achat. Si l'on tient compte de la faible monétarisation d'une économie domestique encore largement fondée sur l'autoconsommation, cette somme est considérable. Elle peut représenter l'épargne de toute une vie. Mais l'accumulation de cette épargne et son transfert hors du secteur agricole correspondent non seulement à l'intérêt bien compris du propriétaire-vendeur, mais également, nous l'avons montré, à celui du système économique national.

C'est pourquoi l'État a été amené à créer un système de crédit qui réduit cet obstacle à la relève de la classe des propriétaires fonciers par la paysannerie en facilitant la mobilisation de l'épargne agricole. Nous avons montré comment, dans l'entre-deux-guerres, le Crédit agricole mutuel développe ses opérations foncières [44]. Grâce à lui le versement, en une seule fois, de la somme importante qu'exige le propriétaire se transforme pour l'exploitant en un prélèvement annuel qui garde en partie les caractères de la rente autrefois perçue par le même propriétaire ; et cela, moyennant un taux d'intérêt nettement inférieur au taux moyen tant il est vrai que « ce qui importe au capital, c'est de ne pas avoir à supporter la charge foncière quitte à ne pas en percevoir les revenus [45] ».

Pas plus que les achats de terre, les achats de biens de production effectués par les paysans ne relèvent des calculs de rentabilité auxquels sont astreints les mouvements du capital. Nous avons déjà noté le caractère aberrant des résultats des calculs de rentabilité du capital global engagé dans l'agriculture [46]. S'il en va de même au niveau de l'exploitation, c'est que les évaluations relatives à la rentabilité de l'exploitation familiale n'ont pas de sens autre qu'analogique. Elles permettent bien de tenir un discours comptable qui provoquera un redoublement des efforts productifs de l'exploitant familial. Celui-ci sera amené à rechercher l'amélioration de ses « résultats économiques », dans l'espoir de dégager, sur sa fiche de gestion, un « revenu net » c'est-à-dire une sorte de surprofit. Mais elles ne peuvent en aucune façon être sanctionnées par la faillite de l'entreprise. Elles laissent en fait le champ libre à un tout autre mode de calcul qui repose sur l'immense possibilité de fourniture de travail manuel gratuit que recèle ce type d'unité de production. Ceci explique à la fois que de nombreux économistes puissent affirmer que la petite exploitation n'est pas rentable parce que la productivité du travail y est inférieure à celle de la grande exploitation et que, pourtant, l'exploitation familiale se voit consolidée par le développement du capitalisme tandis qu'échouent les efforts de passage à une « véritable » organisation capitaliste de la production agricole.

Ceci est particulièrement apparent dans l'entre-deux-guerres où l'atmosphère de stagnation générale [47] dans laquelle s'enfonce petit à petit le capitalisme français ne suscite même pas la généralisation à toute la petite production des techniques déjà mises au point dans d'autres pays (Pays-Bas, Danemark) ou dans les régions françaises les plus intégrées dans les circuits marchands.

Importance croissante du faire-valoir direct, maintien dans une large autosubsistance, utilisation intensive du travail humain, relative stagnation technique, tous ces traits de l'agriculture française sont bel et bien, au niveau de chaque exploitation, les conditions nécessaires au fonctionnement de notre économie [48]. Celles-ci induisent dans l'organisation technique de la plupart des exploitations une forme originale de développement du système de polyculture-élevage. Ce système doit répondre aux exigences simultanées et contradictoires d'un maintien de l'autosubsistance familiale et d'un développement de la production marchande qui seule permet d'acquérir les produits et les habitudes venus de la ville.

Parce que l'autosubsistance reste forte, les vieux assolements céréaliers persistent dans toutes les régions et l'usage de la jachère est encore fort répandu. Parce que les besoins d'argent se multiplient, des plaines à céréales au Midi viticole, des éleveurs normands aux maraîchers bretons, les zones anciennes de l'agriculture commerçante se voient rejointes par un nombre croissant de producteurs. Ceux-ci trouvent dans la très grande souplesse du système de polyculture les moyens de multiplier les marchandises qu'ils produisent, tout en minimisant le volume d'achats que ce passage à la production commerciale implique pour l'entreprise comme pour la famille.

De l'autarcie quasi complète à la monoproduction pour le marché, mille possibilités s'ouvrent à chaque paysan et l'observateur superficiel croit ainsi trouver dans l'agriculture le visage souriant de la liberté des choix individuels.

Fruitière dans le Jura, années 30.

les mille visages de la polyculture

L'extrême hétérogénéité de l'agriculture française apparaît déjà lorsqu'on cherche à comparer, pour différentes régions, les résultats techniques atteints dans le rendement d'un même produit. Ainsi en moyenne, entre 1930 et 1939, la culture du blé est assurée par des procédés qui, si l'on en croit la statistique agricole, permettent au département du Nord d'atteindre sur 105 510 hectares un rendement moyen supérieur à 31 qx/ha, battant ainsi nettement les records établis sur des surfaces comparables par le Danemark ou les Pays-Bas. Durant la même période les 777 171 hectares de la « région Toulouse-Marseille-Montpellier » ne dépassent pas 9 qx/ha,

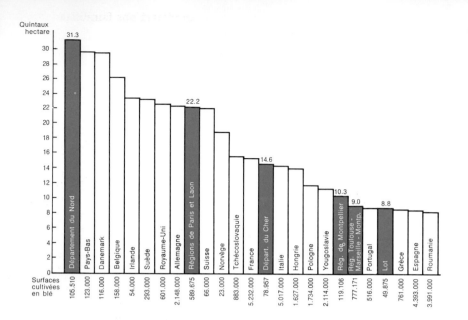

Quintaux hectare

Valeur	Pays/Région	Surfaces cultivées en blé
31.3	Département du Nord	105.510
	Pays-Bas	123.000
	Danemark	116.000
	Belgique	158.000
	Irlande	54.000
	Suède	293.000
	Royaume-Uni	601.000
	Allemagne	2.148.000
22.2	Régions de Paris et Laon	589.675
	Suisse	66.000
	Norvège	23.000
	Tchécoslovaquie	883.000
	France	5.232.000
14.6	Départ. du Cher	78.957
	Italie	5.017.000
	Hongrie	1.627.000
	Pologne	1.734.000
	Yougoslavie	2.114.000
10.3	Rég. de Montpellier	119.106
9.0	Rég. Toulouse - Marseille - Montp.	777.171
	Portugal	516.000
8.8	Lot	49.875
	Grèce	761.000
	Espagne	4.393.000
	Roumanie	3.991.000

Comparaison des rendements en quintaux à l'hectare de la culture du blé en France et en Europe, moyenne 1930-1939, d'après M. Cépède, *Agriculture et Alimentation pendant la Seconde Guerre mondiale*, éditions M.-Th. Génin, 1961.

soit à peine plus que les rendements atteints sur des superficies comparables au Portugal ou en Grèce. Variations résultant, non seulement de la diversité des conditions naturelles régionales, mais aussi de la complexité et de l'hétérogénéité de la structure économique et sociale du pays.

La France de l'entre-deux-guerres est une sorte de musée des structures agraires où coexistent des exploitations qui diffèrent énormément, tant par leur organisation spécifique et donc par la vie quotidienne des familles qui les mettent en valeur, que par leurs potentialités économiques et donc par l'évolution sociale de ces familles.

On peut y observer des formes que l'évolution économique et sociale condamne à un interminable combat en retraite, tenures trop petites pour fournir du travail à une famille entière, ou exploitations familiales acharnées à défendre leur économie autarcique. A leurs côtés d'autres se sont depuis longtemps transformées en exploitations commerçantes et ont plus ou moins réduit leur base d'autosubsistance; tandis que de grands rassembleurs de terres se préoccupent déjà de passer à la mécanisation complète de leur exploitation et raisonnent en termes de rentabilité des capitaux qu'ils investissent [49]. Ces différences de méthode de travail et de mode de vie renvoient évidemment à de considérables variations de revenus monétaires.

Sur ce point et jusqu'au lendemain de la Seconde Guerre mondiale, il est difficile d'apporter autre chose que des preuves indirectes car nous ne disposons pas d'un ensemble de résultats ou d'estimations comptables permettant d'apprécier la hiérarchie des revenus procurés par le travail des champs. Les seuls travaux de comptabilité sérieux et prolongés auxquels on puisse aisément se reporter ont été exécutés par les offices de comptabilité, qui tels ceux de Soissons, du Loir-et-Cher, d'Étrépagny (Eure) travaillaient dans des régions et sur des types d'exploitations beaucoup trop particuliers pour avoir valeur d'exemple. Leurs promoteurs eux-mêmes le savaient parfaitement. Ainsi J. Ferté, président de l'office de Soissons, évoquant les travaux de l'Union des offices de comptabilité agricole qui venait de se créer, déclarait en 1937 : « Les travaux de quelques offices isolés, portant sur de grandes exploitations, ne sauraient suffire à guider la politique d'un pays comme la France... Ceci est d'autant plus vrai que ce sont, en France, les petites exploitations qui sont les plus représentatives du pays... C'est donc leur situation qu'il faudrait connaître pour juger sainement de l'ensemble des problèmes agricoles [50]. » Mis à part des cas particuliers isolés, c'était impossible et devait le rester jusque dans les années 50.

L'emballage des œufs, années 60.

Les travaux des économistes ruraux de l'entre-deux-guerres et de l'immédiat après-guerre, tel par exemple l'excellent ouvrage de L. Malassis [51], font systématiquement appel aux documents comptables suisses ou danois pour pallier l'absence de travaux français. Il faut attendre les études de Joseph Klatzmann [52] puis la publication de l'ouvrage de M. Latil sur l'*Évolution du revenu agricole* [53] pour avoir une idée d'ensemble des disparités de revenu existant dans l'agriculture française.

Écrivant en 1955, Latil note qu'en 1947-1948, 30 % des exploitations auraient eu un revenu brut inférieur à 200 000 francs, 60 % un revenu brut de moins de 400 000 francs et 10 % un revenu brut supérieur à 1 million.

« Ainsi le tiers environ des exploitations aurait eu en 1947-1948 (années de mauvaise récolte, mais de revenu relatif élevé) un revenu brut inférieur à 200 000 francs. Si ces proportions s'étaient maintenues grosso modo depuis lors, on pourrait dire que, dans la période 1952-1955, près de 1 million d'exploitations ont eu un rendement brut inférieur à 350 000 francs, soit un revenu net inférieur à 250, 280 000 francs ; même avec les avantages de l'autoconsommation... un tel revenu ne permet pas de faire vivre une famille [54]. » La faiblesse des ressources est évidente, même compensée par les avantages de ce que Latil évoque comme un « mode de vie campagnard qui peut leur rendre cette situation moins pénible qu'aux prolétaires des villes ». Aussi conclut-il : « Ils n'ont pratiquement aucun espoir d'amélioration, à moins de partir : dans un tel cadre, aucun progrès technique et aucune promotion humaine ne semblent possibles. »

Dans son ensemble, si l'on en croit ces estimations, les disparités de revenus entre agriculteurs étaient à l' « époque au minimum de 1 à 5. Cette hiérarchie des rémunérations du travail agricole est fort voisine de la hiérarchie des salaires qui prévaut alors, hors de l'agriculture. En 1954, le cadre supérieur moyen gagne un peu plus de quatre fois plus que l'ouvrier moyen [55]. »

Semailles
dans le
Morbihan.

Labours
en pays
basque.

Dans les années 50,
l'agriculture traditionnelle
persiste.

Le battage à l'ancienne à
Châteaudouble, Var.

La moisson en Aquitaine.

A la veille d'une période de transformation plus rapide qu'aucune de celles qu'elle a traversées dans son histoire, l'agriculture française porte déjà en elle une hiérarchie sociale très voisine de celle de la société globale. Elle garde, en outre, un sous-prolétariat d'ouvriers agricoles dont les revenus monétaires sont encore plus faibles et qui ne peut guère améliorer sa situation, puisque souvent ceux qui l'emploient ne sont pas mieux placés que les ouvriers de l'industrie. Les transformations des conditions de vie des familles agricoles reflètent cette évolution des revenus.

signes d'aisance

On a vu ce qu'il en est réellement de la prospérité de la paysannerie dans les dix années qui suivent la guerre. Par ailleurs, la crise des années 30 touche profondément les conditions d'existence des familles paysannes. Au total, durant l'entre-deux-guerres, celles-ci ne sont pas considérablement améliorées.

Ce sont les évolutions de l'avant-guerre que l'on retrouve. Comme alors, c'est dans l'alimentation que les changements sont les plus sensibles. Les régions qui étaient restées en retrait au cours de la première décennie du siècle connaissent les évolutions qu'elles n'avaient pas pu faire plus tôt. Le pain de froment est d'un emploi généralisé, même s'il coexiste avec le pain local traditionnel [56]. Il en va de même du vin qui continue de supplanter piquettes et frênettes; après la vigoureuse publicité qui lui a été faite pendant la guerre auprès des combattants, il vient même narguer sur leurs propres terrains les boissons plus nobles comme le cidre et la bière. Il est vrai que la bière, de son côté, gagne les pays du vin; pas dans les mêmes proportions toutefois.

Là où, que ce soit pour le pain de froment, le porc ou le vin, le terrain était déjà conquis, les évolutions se poursuivent. On peut en retracer les principales, grâce à une enquête sur l'alimentation populaire traditionnelle lancée en 1935 et qui vient enfin d'être exploitée [57]. Si l'on considère les principaux produits consommés, ce sont les permanences qui l'emportent. Certes, le pain cesse d'être « l'essentiel » du régime alimentaire; sans doute perd-il de sa « valeur symbolique »; et il est vrai que « rares sont les régions où les fermiers (le) font encore ». Toutefois, la régression de sa place dans l'alimentation paysanne ne se fait que très lentement. Témoin la persistance de la soupe qui conserve toute son importance.

La disparition des bouillies et des galettes comme aliment principal fait incontestablement baisser la consommation du lait. Celui-ci sert de plus en plus à l'élevage de veaux de boucherie, ou bien est commercialisé. Déjà les fromages locaux sont délaissés, remplacés par des fromages industriels vendus à l'épicerie. Mais la consommation de beurre augmente considérablement, au moins dans certaines régions comme la Bretagne [58].

Quant à la « viande », c'est toujours le porc, « même si la charcuterie est bien plus élaborée que jadis ». Avec les volailles, les lapins et les œufs, il est « la source principale des protides animaux ». La visite au boucher demeure occasionnelle et limitée.

Le régime alimentaire qu'A. Salères décrit dans sa région en 1936 rappelle de façon étonnante celui qui était sans doute déjà le plus commun dans l'ensemble de la France à la veille de la guerre de 1914-1918. « Le repas du paysan est toujours frugal : le matin vers sept heures, soupe et fruits, confitures, fromages ou les restes de la veille. A midi, viande et légumes, le plus souvent mêlés. Le soir, à la nuit, soupe et le reste comme le matin. En été, pendant les grands travaux, soupe trois et quatre fois par jour, collation le soir vers cinq ou six heures. Toujours du vin à discrétion. Parfois, si l'année est mauvaise, vins de sucre, piquettes. Pas de viande de boucherie, sauf pour la gerbière, le dépiquage et rarement le dimanche [59]. »

Mais si les grandes bases de l'alimentation paysanne ne sont en aucune manière modifiées par rapport au début du siècle, une exigence nouvelle fait son apparition, celle de la variété. Les informateurs qui répondent à l'enquête de 1935 la notent fréquemment. A. Salères l'illustre parfaitement lorsqu'il souligne l'importance du « savoir-faire et de la gourmandise des cuisinières ». C'est la fermière, dit-il, qui, le plus souvent, « dirige d'une façon absolue cette partie de la tâche commune ». Mais « encore faut-il qu'elle s'ingénie à mettre toujours quelque chose d'appétissant sur la table! » Et de fustiger ces « ménagères qui savent seulement servir de la viande et de la viande ».

Cette variété, qui rompt avec la monotonie de l'alimentation traditionnelle, même enrichie, telle qu'on l'observait au début du siècle, est d'abord due à une diversification des produits consommés. C'est ainsi que « le poisson frais entre dans les habitudes : les espèces consommées deviennent plus nombreuses; en conserve, elles font l'ordinaire des petits repas ». Les légumes sont réhabilités grâce à une plus grande diversité : épinards, choux-fleurs, céleris, artichauts, aubergines, melons, tomates surtout, haricots verts figurent dans les menus paysans. Les champignons aussi, qui ne suscitaient jusque-là que méfiance ou mépris.

Mais la préparation des plats, plus élaborée, contribue également pour beaucoup à rompre la monotonie de l'alimentation. C'est là qu'intervient le « savoir-faire » et la « gourmandise » des cuisinières et que l'on retrouve la nécessité de l'enseignement ménager. En effet « les nouvelles recettes sont d'origine citadine : les sauces varient, les tourtes deviennent tartes », nous apprend l'enquête de 1935. Le souci d'économie est moindre : « la crème se substitue au bouillon de lard salé,

Les mérites de la cuisinière.

les gaufres se font au lait », les brioches au beurre et aux œufs
« comme en ville ». La pâtisserie comme la charcuterie est plus
recherchée et diversifiée. On fait des confitures, on stérilise
fruits et légumes.

Sans doute cela coûte-t-il un peu plus cher que la cuisine
traditionnelle; le boulanger, le poissonnier, l'épicier surtout
sont davantage sollicités. Et peut-être aussi un peu le boucher.
Mais, pour l'essentiel, c'est en puisant dans les deux ressources
propres de l'exploitation familiale, le système de polyculture-
élevage d'une part, le travail ménager des femmes d'autre part,
que les foyers d'agriculteurs parviennent à améliorer leur
ordinaire. Le blé pour le pain blanc, la vigne ou les pommiers
pour le vin ou le cidre, la pomme de terre pour l'alimentation
familiale et pour celle des porcs, le jardin pour les légumes,
quelques arbres pour les fruits et l'eau-de-vie, quelques vaches
pour le lait, le beurre, à l'occasion, mais rarement, le veau ou
la gore [60], quelques porcs pour le « lard », quelques volailles et
lapins, pour les œufs et la « viande » du dimanche, c'est ce que
tout bien-fonds qui se respecte doit réunir : on peut alors
envisager l'avenir et se permettre quelque spéculation qui vous
livre aux caprices d'un marché fantasque comme une loterie.

Quant à la femme, c'est dans son rôle de ménagère qu'on la
retrouve et c'est le développement d'un des aspects fondamentaux de celui-ci que l'on saisit sur le vif; il se heurte
d'ailleurs souvent à la dure vie de travailleur des champs
qu'elle mène.

De cette union d'une terre et d'une famille, le repas de
batteuse est la grande célébration. Alors que les fêtes déclinent,
que les cérémonies familiales elles-mêmes se font plus rares
et plus intimes, le repas de batteuse, lui, prend une importance
de plus en plus considérable et « les battages sont l'occasion de
bombes pantagruéliques » [61]. Les voisins sont venus prêter la
main, à charge de revanche. La tâche est rude dans la chaleur
de l'été. « Il y a là 25 à 30 hommes qui, la poussière et la
fatigue aidant, boivent sec et mangent dur. Un peu partout on
déplore sur tous les tons cet état de choses, des commis de
trésorerie vous diront qu'on pourrait boire beaucoup moins, ils
ajoutent même que la boisson provoque la transpiration.
D'accord, à moins que ce soit la transpiration qui provoque le
besoin intense de boire. Dès le matin on ne commence pas à
boire, on commence à travailler : le boire ne vient qu'après. »
Et puis l'événement mérite un hommage tout particulier.
« C'est une fête que le dépiquage : le cultivateur amène au
grenier sa subsistance pour l'année, il recueille le fruit de toutes
ses peines, on peut bien se réjouir un brin. On cherche quelques
vieilles bouteilles, la fermière soigne avec amour le potage et le
rôti. Après le travail, quelques belles chansons ou quelques
bonnes gaudrioles, il faut bien vivre. Ce n'est pas si souvent que
cela. Il est vrai que cela coûte : des têtes de volailles et du vin.
'' Nous allons t'en boire une douve '', dit au propriétaire le
voisin facétieux. Souvent une douve ne suffit pas. » Oui, cela

coûte. Dans la région de Cognac-le-Froid (Haute-Vienne), tel fermier de 50 hectares dont 20 labourables, 25 de prés et 5 de châtaigneraies, dépense 1 000 francs en 1939 pour nourrir les 45 personnes que le battage a réunies à sa table. De cette dépense, voici, en marge, le détail fort évocateur.

La famille entière, qui ne compte pas moins de onze enfants, ne dépense pas plus pour sa consommation annuelle de viande de boucherie ! Mais noblesse oblige ! « Depuis la guerre, le point d'honneur dans chaque maisonnée de faire mieux que les autres (dans les repas de battage) s'est développé jusqu'à l'excès [62]. » Tous les symboles sont réunis qui consacrent la famille à son rang parmi ses pairs : l'homme préside, la femme sert, les voisins sont venus, l'offrande alimentaire est ce qu'elle doit être. Ailleurs, ce sont les vendanges qui remplissent ce

Le déjeuner des moissonneurs, 1938.

	francs
vin	300
viande ou volaille	400
pain	150
liqueurs	100
desserts, café	50
	1 000

rôle. Cérémonies mineures par rapport au repas de battage ou de vendange, la gerbe-beaude [63] et le sacrifice du cochon donnent lieu à des réjouissances semblables et ont, à des degrés divers, la même valeur symbolique.

Le vêtement continue d'évoluer, inégalement selon les régions. Côté masculin, la principale nouveauté est le pardessus. Il se généralise en tant que vêtement de sortie, de même que les peaux de chèvres, les imperméables et les guêtres de cuir. Dans le Limousin toutefois, à la veille de la Seconde Guerre mondiale, revêtir un pardessus en hiver est encore l'indice d'une véritable révolution vestimentaire réservée aux hommes de moins de quarante ans. La blouse continue d'être portée par les plus âgés, ainsi que le chapeau rond à larges bords, tandis que les plus jeunes adoptent casquettes et bérets. Le vêtement féminin change davantage, si l'on en croit les observateurs, en majorité masculins, qui en parlent. É. Guillaumin qui, décidément, en veut à la coquetterie des femmes, est critique : « Côté féminin, ce ne fut pas toujours aussi sage. Peut-être abuse-t-on des soies artificielles, falbalas et fanfreluches point toujours du meilleur goût, s'adaptant mal au cadre comme au genre de l'intéressée. Attirer les regards, se vouloir toujours protagoniste des modes nouvelles, parer les enfants de façon originale aboutit souvent au ridicule. »

Sans doute en effet, les jeunes femmes compensent-elles leur nostalgie de la ville comme elles le peuvent, avec les tissus qu'elles peuvent se procurer, et avec un goût qui se cherche et qui ne peut se chercher, pour la plupart d'entre elles, que dans une imitation plus ou moins réussie de la mode féminine des classes populaires citadines. Elles en ont connaissance par les catalogues et surtout par l'exemple de leurs camarades émigrées qui mettent, bien sûr, leurs plus beaux atours quand elles reviennent au pays. Mais l'ordinaire de la grande majorité des femmes est beaucoup plus simple et modeste. Capes et châles sont abandonnés, ou ne restent en usage que chez les personnes âgées; les coiffes traditionnelles également, encore qu'à différents degrés selon les régions. Et la garde-robe usuelle est la plupart du temps à l'image de celle du Limousin, « qui varie en quantité selon les fortunes » mais qui « est toujours bon marché et de couleur foncée : elle dure longtemps [64] ».

Un habitat vétuste. De même, dans l'ensemble, les améliorations apportées à l'habitation paraissent fort modestes. Comme avant 1914, il y a moins de changement pour l'habitation que pour la nourriture [65]. Généralement, à la fin de l'entre-deux-guerres, l'habitat rural se distingue par sa vétusté et son inconfort. En 1940, la proportion des maisons qui ont plus de cent ans varie de 37 à 84 % selon les régions et n'est qu'exceptionnellement inférieure à 50 %. Par contre, les maisons construites depuis 1918 sont en nombre très réduit, sauf dans le Nord où il a fallu réparer les dommages de la guerre [66]. La reprise de la construction est très rapidement stoppée par la crise économique [67]. Au total, elle ne va guère au-delà des nécessités de l'heure, à savoir reconstruire ce qui a été détruit, et le nombre des constructions nouvelles entre 1919 et 1945 demeure bien inférieur à celui de la période qui va de 1871 à 1914, bien que cette période ait aussi connu une crise agricole profonde et qu'elle n'ait pas eu à réparer de dommages comparables à ceux de la guerre de 1914-1918 [68]. Enfin, les 165 000 constructions nouvelles de la période 1914-1948 ne concernent qu'une très faible proportion des quelque 3 millions de familles dont le chef exerce une profession dans l'agriculture en 1936 [69]. A la veille de la Seconde Guerre mondiale, neuf sur dix d'entre elles au moins habitent une maison dont la construction est antérieure à 1915, huit sur dix une maison datant d'avant 1871, c'est-à-dire âgée d'au moins soixante-dix ans, et six sur dix une maison vieille de plus d'un siècle. Fait notable, c'est donc sur un patrimoine immobilier ancien que vit encore la population agricole lorsque éclate la guerre de 1939-1945.

Si des efforts ont été faits en matière de construction, ils « portent plutôt sur les bâtiments d'exploitation proprement dits dont la nécessité apparaît absolue, et cela au détriment de l'habitation », note-t-on dans l'enquête sur l'habitation rurale de 1939. La statistique des constructions nouvelles entre 1919 et 1929, c'est-à-dire pendant la période la plus propice à la construction, est de ce point de vue fort éloquente : le nombre des étables, écuries, granges et hangars construits (174 708) est en effet plus de deux fois supérieur à celui des logements (80 609) !

C'est, de plus, un habitat qui a été fort peu amélioré et encore moins rénové. Certes on note que la pierre est de très loin le matériau de construction dominant dans toutes les régions à l'exception du Nord où l'on utilise surtout la brique. Les matériaux traditionnels autres que la pierre ne subsistent plus qu'à l'état de vestiges dans beaucoup de régions. Leur présence peut encore cependant s'observer ici et là, comme dans le Nord, le Nord-Est, en Normandie, dans les Alpes, le Centre-Est. De même les toitures sont en très grande majorité de tuiles ou d'ardoises, le chaume n'apparaît plus guère de façon notable qu'en Normandie ou en Bretagne. Ces transformations étaient déjà bien avancées avant la guerre de 1914, elles se sont poursuivies. Le taudis au sol de terre battue et sans fenêtre a disparu à peu près. A. Salères en fait l'observation pour sa région. Le bétonnage, le carrelage ou le parquetage du sol sont à peu près les seules améliorations observées par U. Rouchon dans la Haute-Loire. En 1934, on trouve bien encore en Bretagne quelques « maisons rudimentaires » où « bêtes et gens (vivent) sous le même toit, dans la pièce unique et basse, au sol de terre battue, que partage une cloison de planches à mi-hauteur [70] ». Mais ce sont ici des exceptions.

Le seul changement important, mais il est fondamental, dans l'entre-deux-guerres, est l'électrification grâce au développement des réseaux à partir de 1921. En 1946, 82,5 % des logements ruraux ont l'électricité. Par contre, à la même date,

La salle commune, avec l'éclairage à l'acéthylène. Goûter des enfants. Gascogne, 1939.

Le dîner à la ferme, 1948.

moins d'un sur cinq est doté de l'eau courante, le puits reste le moyen d'alimentation en eau le plus usuel, la pompe ou la fontaine publique sont par contre relativement peu répandues. Enfin le tout-à-l'égout est pratiquement inexistant : 3,7 % des logements seulement sont raccordés à un réseau [71].

Quelques témoignages donnent à penser que le logement est devenu plus spacieux. Dans les Dombes, alors qu'« autrefois la ferme n'avait qu'une seule chambre à coucher pour le fermier et sa femme » et que « les enfants et les servantes dormaient à la cuisine et les domestiques avaient leurs lits à l'écurie », à la veille de la guerre « on trouvera toujours des pièces spéciales pour les domestiques [72] ». En Haute-Loire, entre Loire et Allier, à côté de la *grande cuisine* avec son annexe la *souillarde*, le rez-de-chaussée comporte un *salon* qui n'est en fait qu'une chambre à coucher. Des chambres

Croissez et multipliez. Famille paysanne
dans le Velay, 1926.

Haute-Loire,
années 50.

Dans certaines régions (rares),
les traditions natalistes sont solidement ancrées.

s'ajoutent à l'étage ; elles sont « réservées aux jeunes gens, aux
nouveaux mariés » et l'on y trouve le même agencement
que dans le *salon*, berceaux en plus. « Si les domestiques, le
vacher et le berger continuent à coucher à l'étable, le cultivateur et les siens ont leur lit dans les chambres de l'étage ou
au salon [73]. Toutefois on ne fait que retrouver là aussi une
évolution déjà apparue avant 1914, car une des chambres de
l'étage, comme alors, sert de grenier à grain.

Au total, à la fin de l'entre-deux-guerres, la maison avec
cuisine-salle commune et une ou deux chambres reste le modèle
moyen du logement agricole. Le recensement de 1946 évalue
à 2,7 le nombre de pièces par logement dans les communes
rurales. La salle commune faisant office de cuisine est encore
la pièce caractéristique de l'habitat rural, réplique de la petite
cuisine urbaine : on la trouve dans 80 % des logements ruraux
et dans 36 % des logements urbains.

L'une des chambres peut aussi servir de salon. Alors
que la cuisine-salle commune est le lieu par excellence de la
vie quotidienne et même un peu le prolongement de la ferme,

Ils sont déjà quatre. Et l'aînée
n'est pas bien grande. Le Puy,
1942.

Famille beaucoup plus représentative quant au nombre des enfants. Noter le soin avec lequel ceux-ci sont habillés. Allier, 1942.

le salon* est à la fois la pièce de réception et le sanctuaire de la famille. Façade de la famille à l'usage du monde extérieur, on y resserre tout naturellement ce que l'on a de plus précieux, ou plus précisément de plus prestigieux, selon les canons du temps et du pays, qu'il s'agisse de la belle armoire où l'on range le beau linge ou la belle vaisselle ou d'un mobilier moderne par lequel on prouve à ses hôtes que l'on est de son temps et que « l'on a les moyens ». « C'est là que le propriétaire, heureux d'étaler les preuves de son aisance, reçoit ses invités [74]. » Là aussi, comme pour l'habillement, le goût peut souffrir, la décoration être à la mesure de ce qu'offrent « les tristes magasins de la ville » et les colporteurs en tous genres [75] : en vérité, le salon est d'abord le grand musée de la « culture du pauvre [76] ». Mais il est beaucoup plus encore : lieu des trésors de la famille, espace où celle-ci se condense, se met en représentation, il est par là même l'incarnation de la famille et de l'idée de la famille. Sorte de nouvel autel aux dieux lares, il s'ornemente du maximum de ces reliques du nouveau culte que sont les souvenirs de toutes espèces et les photographies [77].

Mais par rapport à la salle commune où se déroule la vie de famille, c'est une pièce morte que ce salon. En Bretagne, « laide et sacrée », elle ne sert « qu'à coucher les rares hôtes et à donner les grands repas où figurent des citadins [78] ». En Limagne, la *maison*, c'est la cuisine, « si bien qu'entrer dans la *maison*, c'est entrer dans la cuisine et que toute autre partie du logis n'est plus proprement la *maison* ». Pourtant, le salon tend à être plus utilisé, il devient « l'endroit où la famille se repose en écoutant la TSF, où la ménagère se livre à de menus travaux de couture, où le père se retire pour la tenue de son livre de comptes, sa correspondance [79] ». Une nouvelle appropriation de l'espace s'opère, mais n'est pas encore intégrée dans les représentations que véhicule la langue.

Une évolution contradictoire.   Ainsi, que ce soit dans l'alimentation, l'habillement ou la maison, une double évolution transparaît. La famille renforce son empire sur la vie sociale, elle en constitue un foyer de plus en plus exclusif; elle en forme une ossature de plus en plus marquée. Ceci s'observe tout particulièrement à propos des innovations alimentaires : ce sont les cérémonies à caractère privé qui demeurent le banc d'essai des plats nouveaux aux lieu et place des fêtes collectives [80]. Il en est de même dans la disposition de la maison, avec l'apparition du salon, lieu du culte domestique. Mais en même temps les modèles culturels sur lesquels reposait la vie de la famille achèvent de se décomposer. Au moment où, par l'accession à la propriété, se réalisent pour un plus grand nombre les conditions formelles d'une autorité patriarcale renforcée, les contradictions auxquelles la famille se heurte l'affaiblissent. Le père se voit consacré chef de famille, mais n'a pas les moyens de son autorité. Les conditions de vie médiocres et l'avenir incertain qu'offre la famille le rendent impuissant à empêcher le départ

* L'appellation est variable selon les régions.

de ses enfants. Paradoxe et ironie, son statut même de propriétaire et de travailleur indépendant aggrave son impuissance en l'empêchant de bénéficier de la législation sociale qui se développe en faveur des salariés et au nom de laquelle ses fils et ses filles le quittent. La latitude partielle qui lui est donnée ou l'obligation qui lui est faite par la loi de leur octroyer ce statut révèlent elles-mêmes une double faille de la famille paysanne : à la fois sa négation par l'introduction en son sein, entre père et fils, du rapport salarial et en même temps l'impossibilité matérielle et de fait de réaliser une telle mutation sans mettre purement et simplement l'exploitation familiale en faillite.

La femme est prise dans les mêmes contradictions au moment même où elle devient la patronne. A quoi s'ajoute pour elle l'adaptation au nouveau rôle dans lequel s'incarne précisément le modèle naissant de la famille petite-bourgeoise et qui est même le biais fondamental par lequel celui-ci pénètre la famille traditionnelle et s'y réalise.

Sentiment d'avoir atteint l'objectif tant convoité, d'avoir réalisé son désir le plus cher, de voir enfin ses droits et ses mérites reconnus, de se voir enfin justice rendue, mais sentiment d'être aussitôt frustré de sa victoire : la situation est vécue sur ces deux plans presque simultanément dans toute sa contradiction, par les plus âgés comme par les plus jeunes, par les hommes comme par les femmes. Certes, dans l'euphorie de l'après-guerre, l'heure est à la satisfaction de soi, on jouit de la paix et de la prospérité retrouvées. Mais très rapidement les perspectives se troublent; dès 1927, les prix agricoles marquent le pas. C'est à un véritable dédoublement de sa culture et de sa personnalité que la famille paysanne doit alors faire face. C'est ce que symbolise avec une netteté toute par-

ticulière l'avènement du salon, cette pièce « inutile et sans âme [81] » qui coupe la maison en deux. Mais ceci se retrouve aussi dans l'alimentation où, malgré les transformations du système alimentaire, des plats anciens se maintiennent, mais avec une position toute nouvelle : traits d'union avec le passé, ils réapparaissent aux fêtes; plats de l'enfance révolue, ils ont précisément charge de la restituer dans cet instant de communion véritablement eucharistique avec elle qu'est le dessert, moment préféré de l'enfant, fin, raffinement et luxe du repas. Tel est par exemple l'heureux destin de la millière au riz en Loire-Atlantique, du matefaim dans le Centre, des bugnes. C'est également la dissonance de l'ancien et du nouveau qui éclate dans la « laideur » du salon ou dans le « mauvais goût » de l'habillement, qui fait qu'on sacrifie « des meubles anciens » en fort bon état pour le plaisir d'avoir du neuf « plus maniéré, plus tape-à-l'œil », qu'on dépense « par simple bluff ou passagère satisfaction d'orgueil [82] ». Cette dissonance enfin, les enfants la vivent au plus profond de leur affectivité à travers le décalage, encore accusé parfois par le bilinguisme, entre le monde de l'école et celui de la famille. L'émigration d'une partie des jeunes l'introduit entre les frères et les sœurs : la

L'eau courante tarde à venir à la ferme. De la pompe « Dragor » installée sur un puits dans une ferme champenoise, 1927, à cette autre pompe, encore utilisée dans les années 50, le progrès n'est pas évident.

jalousie, l'acrimonie s'installent entre ceux qui sont restés et ceux qui sont partis [83]. La cohabitation enfin la rend source de conflits entre beaux-parents et brus, parents et fils ; déjà ceux-ci étaient revenus de la guerre avec des idées et des attitudes nouvelles qui les faisaient renâcler devant l'autorité paternelle [84]. Oui, décidément, « la vie en commun se révèle beaucoup plus difficile qu'autrefois car l'autorité morale du père s'est affaiblie et les divergences d'idées et de goûts sont infiniment plus accentuées que jadis entre les générations [85] ».

C'est sur cette famille malade, lieu où convergent et où sont vécues dans les rapports affectifs les plus quotidiens les contradictions générales qui découlent de la place de l'agriculture dans le système socio-économique et politique, creuset où se forme et où se vit à travers l'expérience individuelle de chacun ce « complexe d'infériorité » collectif qui en résulte et dans lequel toute la paysannerie est plongée, que s'abattent la crise économique, puis à nouveau la guerre. L'exploitation politique d'un tel état d'esprit explique les troubles des années 30. La guerre et l'État de Vichy vont offrir une revanche éphémère et ambiguë.

le chant du cygne

Ainsi le but que l'on croyait atteint s'avère être un trompe-l'œil et à la frustration qui en résulte s'ajoute le ressentiment contre ceux qui en sont la cause, car il faut bien qu'il y ait des responsables. Les paysans s'aperçoivent non seulement qu'ils n'ont pas le pouvoir, mais qu'ils ne sont pas, comme beaucoup le croyaient, les protégés des classes qui l'ont.

Cependant, dans ces années noires, alors que le monde se charge d'hostilité, et que des forces mauvaises s'y font de plus en plus menaçantes, la famille encore une fois fait ses preuves. Elle est le havre dans lequel on peut survivre sinon se protéger des dangers et des changements. Ceci se manifestait déjà à l'occasion de la crise des années 30 : selon Philippe Ariès, celle-ci connaîtrait en effet un ralentissement de l'exode, voire un faible mouvement de retour à la terre. Entre 1931 et 1936, la population rurale augmente dans dix-sept départements, observe-t-il [86]. Toutefois, la diminution de la population active agricole, de son côté, ne marque nullement le pas. En fait c'est surtout au cours de la Seconde Guerre mondiale que la famille retrouve toute sa raison d'être.

Cette période se clôt comme elle avait commencé ; à nouveau, les femmes doivent prendre la relève des hommes mobilisés. Et l'on retrouve les mêmes accents pour les honorer. « Le jour où l'homme s'en est allé, la femme a repris le travail où il l'avait laissé... La paysanne continue... Lorsque la femme a pris la charge, elle n'a discuté, ni avec la besogne, ni avec elle-même. Elle l'a reçue comme un prolongement de sa

La seule eau courante reste souvent celle de la rivière. Région de Parthenay, Deux-Sèvres, 1940.

vocation [87]. » A lire tout ce qui est écrit sur ce thème, on se croirait revenu un quart de siècle en arrière. L'histoire n'est d'ailleurs pas si ancienne : les femmes qui subissent l'épreuve de la Seconde Guerre mondiale sont dans leur grande majorité les filles des femmes qui ont subi celle de la première; elles l'ont elles-mêmes connue étant enfants. Il arrive aussi qu'une vieille mère ait à refaire pour le compte de son fils ce qu'il lui avait fallu faire vingt-cinq ans plus tôt pour remplacer son mari. Mais la guerre ne prend pas la même tournure que la précédente. Des mesures sont immédiatement prises par le gouvernement pour faciliter les travaux agricoles. La bataille proprement dite est de courte durée. Le nombre des morts est beaucoup moins élevé [88]. Certes l'absence des prisonniers se fait sentir pendant cinq ans. Mais le fait a beaucoup moins d'ampleur qu'en 1914. Après l'armistice, les femmes sont près de 300 000 à se retrouver ainsi à la tête d'une exploitation soit temporairement, soit définitivement [89]. Et une centaine de milliers de femmes d'ouvriers agricoles se retrouvent de la même façon seul soutien de famille. Leur nombre aura un peu diminué en 1944, grâce au retour progressif d'environ 200 000 prisonniers. Nous sommes loin des proportions de la Première Guerre mondiale : l'homme est bien plus souvent et bien plus vite revenu « à sa place ». Mais ceci n'est pas particulier aux familles paysannes.

Par contre, sur bien des points, celles-ci sont nettement privilégiées, car les répercussions de la guerre sur leurs conditions de vie sont d'une façon générale moins rigoureuses que sur celles des familles citadines. En dehors de l'épisode dramatique de l'exode de mai-juin 40 qui entraîne l'abandon des villages, des pertes de toutes sortes, des pillages [90], les campagnes sont moins directement impliquées dans la guerre que les villes. Elles connaissent certes les douloureux effets des représailles de l'occupant contre la Résistance, cependant elles échappent aux bombardements massifs que subissent régulièrement les agglomérations industrielles.

Mais c'est surtout dans le domaine alimentaire que le décalage est sensible. Le rationnement, on l'a vu, se fait de plus en plus rigoureux dans les villes de 1940 à 1944. C'est une véritable sous-alimentation organisée. Les familles paysannes, et surtout celles qui pratiquent la polyculture et l'élevage, sont évidemment beaucoup moins affectées que les autres par ces mesures de restriction, dans la mesure où elles consomment ce qu'elles produisent. Et cette autoconsommation, souvent, reste le fondement de l'alimentation paysanne à la veille de la Seconde Guerre mondiale, sauf dans les régions de monoculture. Aussi, « schématiquement, on peut affirmer que, dans la pénurie générale, le producteur a maintenu le niveau de son alimentation », affirme François Houillier en 1944 [91]. Un indice de cette situation privilégiée des agriculteurs est fourni par l'évolution du taux de mortalité : entre 1936-1938 et 1941-1943 en effet, il diminue en basse Normandie, Bretagne, Vendée, dans la plus grande partie du Massif central et de l'Aquitaine, dans les Alpes et les zones rurales du rebord oriental du Bassin parisien, c'est-à-dire les campagnes les moins « évoluées » économiquement, alors qu'il augmente dans les régions fortement urbanisées et le Midi méditerranéen [92].

Les achats alimentaires des agriculteurs diminuent, les prélèvements sur la production de l'exploitation augmentent. Les cultures vivrières s'étendent d'autant plus aisément que leur abandon est récent et que les méthodes culturales qu'elles requièrent sont encore familières. Les conditions du marché poussent d'ailleurs également à leur production. C'est ainsi qu'en Bretagne, l'orge, l'avoine, le seigle et le sarrasin connaissent au détriment du blé de véritables booms qui dureront dans les deux ou trois années qui suivront la Libération [93]. La pomme de terre a partout droit à son champ. On baratte la crème dans toutes les fermes pour avoir son beurre. On va parfois jusqu'à remettre en service les vieux fours familiaux et c'est le pain cuit à la ferme qui est maintenant le pain blanc, en comparaison de celui, de plus en plus noir, de la boulangère. L'abattage familial peut toujours pourvoir aux besoins en viande. On met au point des procédés pour tuer le cochon sans qu'il ait eu le temps d'ameuter le voisinage. « L'agriculteur consomme gaillardement les produits de son travail. Il le fait avec un égoïsme inconscient, mal informé d'ailleurs des restrictions que supportent les citadins [94]. » Peut-être. Mais ne peut-on pas dire, plus simplement et plus justement, que les circonstances ne lui laissent pas le choix ? Quoi qu'il en soit le paysan mange à sa faim, et en tout cas mange mieux que l'habitant des villes et même que son voisin artisan ou commerçant.

En 1946 encore, selon l'Institut national d'hygiène, les régions rurales consomment 50 % de viande et charcuterie de plus que les habitants de Paris et Marseille, deux fois plus de beurre, d'œufs et de fromage que les Parisiens [95].

Cette inversion de la situation habituelle est aussi perçue comme une revanche par les paysans. Voici que le genre de vie qui est le leur, que les citadins aiment à brocarder, qu'ils ont ressenti eux-mêmes comme une condition inférieure, fruit de l'injustice des dirigeants à leur égard et de l'abandon dans lequel ils les ont laissés, au nom duquel ils se sont sentis humiliés enfin, voici que ce genre de vie est réhabilité, suscite l'envie et leur permet de tenir la dragée haute aux citadins transformés en quémandeurs! Il leur permet de se nourrir correctement, d'aider les parents émigrés en ville grâce aux colis familiaux, de se procurer l'introuvable grâce au troc et d'accroître leurs revenus dans des proportions inespérées, de façon d'ailleurs illicite. Cette soudaine abondance d'argent conjuguée avec la pénurie des biens de production et l'absurdité de l'épargne dans les conditions exceptionnelles de l'époque met beaucoup de paysans dans cette situation inhabituelle pour eux de pouvoir dépenser sans trop compter! Une nou-

La revanche.

velle attitude à l'égard de l'argent est observée dans les campagnes. F. Houillier s'efforce de la comprendre. Alors que jusque-là, note-t-il, « dans la hiérarchie des valeurs, l'argent n'avait qu'une place secondaire, celle qu'on laisse aux moyens, le but (la possession de la terre et sa mise en valeur) gardant la première », alors que, pour la terre, « un véritable agriculteur n'hésitait jamais à renoncer à ses aises et même à la satisfaction d'autres besoins », voici que, « devenu riche en quelques mois d'occupation, le paysan regorgerait de gros billets, pour lesquels il afficherait un dédain paradoxal », se permettant maintenant des achats « devant lesquels il renâclait hier ». Même s'il fait la part aux exagérations dans les témoignages des citadins courant la campagne pour se ravitailler, il accorde que les paysans dépensent davantage pour acheter au prix fort des objets ou des services qui ne sont pas de première urgence. « Mais c'est uniquement par rapport à son budget antérieur que ces achats paraissent somptuaires, fait-il observer. Les filles du fermier se font faire des permanentes à la petite ville voisine, le fils a acheté une canadienne, et le sac à main de la fermière fait loucher la femme du tabellion. » En somme, les paysans vivent comme des citadins au moment même où ceux-ci doivent renoncer plus qu'au superflu : au nécessaire. F. Houillier parle avec beaucoup de perspicacité des « dangereuses illusions » qu'engendre cette « abondance relative d'argent à la campagne », expliquant qu'elle n'est que la conséquence de la hausse des prix et « de l'impossibilité d'effectuer les achats les plus nécessaires pour le maintien de la productivité agricole ». Mais les conséquences sur les familles de ces achats, quand ils redeviendront possibles, seront bien plus profondes que celles de l'illusoire richesse que leur procure leur « lessiveuse », tirelire plus adaptée à l'épargne papier que le bas de laine tout juste bon pour l'épargne métal. En développant chez les agriculteurs une attitude nouvelle à l'égard de l'argent, l'aisance monétaire des années de guerre prépare une modernisation accélérée de l'agriculture dont les conséquences sur les familles seront considérables.

Mais pour le moment, à l'aise comme jamais elle ne l'a été sur le plan matériel, la paysannerie se voit en outre reconnaître la première place dans l'État corporatiste de Vichy. Une politique sociale nouvelle avait déjà pris forme en faveur des familles paysannes à la veille de la guerre. Certes, la loi du 15 décembre 1922 et le décret du 5 août 1936 assimilaient encore strictement les chefs d'exploitation à des patrons en leur étendant les obligations de tout employeur vis-à-vis de ses salariés, en l'occurrence l'obligation de les assurer contre les accidents du travail et celle de cotiser pour eux à une caisse d'allocations familiales. Néanmoins, cette assimilation n'était que très partielle, puisque la législation sociale ouvrière ne s'appliquait que de façon très limitée aux ouvriers agricoles. D'une façon négative donc, sous la pression des gros exploitants et au détriment des ouvriers, une spécificité était reconnue aux exploitations agricoles quelle que fût leur taille. Mais en 1938 et 1939, la politique suivie va beaucoup plus loin, elle met véritablement en place les premiers éléments d'un droit social particulier aux familles paysannes et aux exploitations familiales. En 1931 déjà, la loi de finances avait accordé un allègement fiscal aux successions portant sur des exploitations familiales et le décret-loi du 21 avril 1939 vient préciser et compléter ces dispositions. Prolongeant la loi du 7 février 1938, le décret-loi du 17 juin de la même année consacre le droit de tout héritier habitant et travaillant une exploitation familiale d'en obtenir l'attribution sans partage moyennant compensation aux cohéritiers. Le contrat de travail à salaire différé et le prêt d'établissement aux jeunes ménages agricoles, que nous avons déjà évoqué, complètent un dispositif législatif qui est donc loin d'être négligeable quand la guerre éclate. A ces mesures particulières s'ajoute le fait que le Code de la famille étend aux chefs d'exploitation (comme à tous les employeurs et tous les travailleurs indépendants de toutes les professions) le bénéfice des allocations familiales jusqu'alors réservé aux seuls salariés. La mesure a beau ne pas être propre aux paysans, le ministère de l'Agriculture pourra souligner qu' « ainsi se trouve réalisée l'égalité de traitement entre les salariés et les chefs d'exploitation qui avait été instamment réclamée par le monde agricole » (circulaire du 31 mai 1940).

Le gouvernement de Vichy marque le triomphe du plus conservateur des courants de pensée qui appuient la législation de 1938-1939. Aussi, la politique en faveur des familles et des exploitations paysannes vient-elle tout naturellement prolonger celle-ci [96]. La loi du 20 juillet 1940, puis celle du 15 janvier 1943 codifient et complètent la législation successorale élaborée depuis 1938. Les lois du 15 juillet 1942 et du 4 septembre 1943 améliorent les droits des fermiers. La loi du 5 janvier 1944 institue l'apprentissage familial : l'enfant qui travaille dans l'exploitation de ses parents peut y être déclaré comme apprenti agricole s'il reçoit une « formation professionnelle méthodique ». En contrepartie, la famille continue de bénéficier des allocations familiales jusqu'à ce qu'il ait dix-sept ans, et non plus quatorze. La loi du 5 août 1941 enfin, est de portée plus générale puisqu'elle transfère au ministère de l'Agriculture la compétence en matière de lois sociales et familiales en agriculture, jusque-là attribuée au ministère du Travail : cette loi marque la naissance du corps des assistantes sociales rurales. Les premières mesures de l'après-guerre renforcent la politique suivie par l'État français, notamment en ce qui concerne les fermiers et les métayers. Une politique sociale de la famille paysanne et de l'exploitation familiale est bel et bien née, d'autant plus indispensable que celle-ci apparaît encore aux lendemains de la guerre comme la structure économique la mieux à même d'opérer le rapide redressement de l'agriculture indispensable à la restauration de l'économie française.

de l'exploitation familiale à l'entreprise individuelle

la propriété, un droit d'entrée

De 1945 à 1955, les exploitations familiales reprennent les efforts d'intensification de la production qu'elles avaient engagés à des degrés divers dans les années 20 et 30. Mais les conditions économiques générales dans lesquelles elles travaillent ont bien changé. Au lieu que ce soit pour des marchés encombrés dans une ambiance de stagnation générale, elles participent au mouvement de croissance accélérée que connaît l'économie entière, une fois la reconstruction achevée. Cette croissance entraîne un remaniement progressif des structures agraires, mais ne remet pas en cause le modèle d'exploitation familiale qui s'est progressivement imposé depuis la fin du XIXe siècle.

La diminution de population agricole qui s'est réalisée depuis vingt ans a provoqué une réduction considérable du nombre des exploitations et une élévation de leur taille moyenne. Mais la dispersion autour de cette moyenne de celles qui subsistent ne s'écarte pas radicalement de la distribution qui prévalait au lendemain de la Seconde Guerre mondiale. En 1955, les exploitations de taille inférieure à la moyenne représentaient les deux tiers des 2 200 000 exploitations dénombrées. En 1970, la proportion de ces petites exploitations n'a pas changé, elles représentent toujours à peu près 66 % des 1 500 000 qui subsistent. Mais entre-temps, l'exploitation moyenne a vu sa taille passer de 14,2 à 20,4 hectares.

Comme avant la guerre, ce sont les plus petites exploitations qui disparaissent. Mais ce mouvement a d'abord affecté celles de moins de 5 hectares; il a atteint entre 1955 et 1963 celles de 5 à 10 hectares dont le nombre a alors diminué d'un quart. Entre 1963 et 1967, tandis que la disparition des unités de moins de 10 hectares se poursuivait, la classe des 10 à 20 hectares a commencé à se réduire, perdant 12 % de ses effectifs. De 1967 à 1970, les exploitations comprises entre 20 et 35 hectares ont amorcé à leur tour un mouvement de recul (— 4 %). Parallèlement, les effectifs des classes de taille les plus élevées connaissent une augmentation continue. Celle-ci ne se poursuit sur l'ensemble de la période que pour la classe des plus

Un cadre ancien peu propice à la modernisation : paysage agraire de l'Ariège.

Une concentration
progressive.

de 35 hectares, et elle est d'autant plus rapide que l'on monte dans l'échelle des tailles.

Entre 50 et 100 hectares, le nombre d'exploitations augmente de plus du tiers en quinze ans. Au-dessus de 100 hectares, la tendance séculaire à la décroissance du nombre des exploitations s'est inversée. Les effectifs de cette classe ont crû de moitié depuis 1955. Ils n'atteignent cependant que 30 000 en 1970, soit, à 10 % près, le nombre des grandes exploitations recensé aussi bien en 1929 qu'en 1892. Sans doute de nombreuses raisons juridiques (lois sur les cumuls) et fiscales (imposition aux bénéfices réels) peuvent-elles pousser les grands exploitants à se faire plus petits qu'ils ne sont réellement. La concentration réelle est plus importante que celle que révèlent les statistiques [97]. Il n'en reste pas moins que la généralisation de la très grande exploitation regroupant des milliers d'hectares, n'est toujours pas réalisée. Sauf bouleversement social, elle ne se réalisera pas dans les années qui viennent. Le mouvement de concentration devrait se poursuivre sous une forme analogue à celle que nous venons de décrire.

L'arrivée à l'âge de la retraite de nombreux agriculteurs travaillant sur de petites exploitations et ne disposant d'aucun remplaçant continuera à réduire le nombre d'exploitations. Dans dix ans, on n'en comptera plus que 900 000 à 1 million. Mais, en 1985, si l'on en croit le rapport Vedel [98], la répartition des exploitations autour de la moyenne, conservera la même structure.

L'importance prise par chacune de ces classes de taille dans l'occupation du territoire agricole vient renforcer l'impression qui ressort de l'étude de la répartition du nombre d'exploitations : les grandes exploitations croissent, elles ne sont pas dominantes. Celles de plus de 100 hectares n'occupent, en 1970, que 15 % de la surface cultivée. La rapide progression des exploitations de plus de 50 hectares ne leur permet pas de regrouper, à cette date, plus de terres que celles qui sont occupées par les exploitations de 20 à 50 hectares.

Cette évolution lente conserve au paysage rural français les grandes caractéristiques régionales héritées d'un passé déjà lointain. Dans chaque enquête et recensement effectués depuis 1955, on retrouve les quatre zones classiques de petite tenure : l'Alsace, la Bretagne et le Cotentin, une zone autour de Lyon allant du Jura à l'Isère et au Puy-de-Dôme, enfin, dans le Sud-Ouest, une zone allant de la Dordogne aux Hautes-Pyrénées et au golfe de Gascogne. A ces régions s'opposent celles où la grande culture, c'est-à-dire les exploitations de plus de 100 hectares, occupe la majeure partie de la surface cultivée (Bassin parisien d'une part, zone d'exploitation extensive de montagne d'autre part).

Ces régions exceptées, le remodelage progressif des structures conserve à l'exploitation de taille moyenne son caractère de modèle dominant. Mais, contrairement à ce que nous

Les exploitations agricoles

exploitations par classe de taille de SAU	1892	1929	1955	1963	1967	1970
	milliers	milliers	milliers	milliers	milliers	milliers
moins de 5 ha	4 064	2 160	800	549	447	422
de 5 à 20 ha	1 217	1 310	1 013	849	724	606
de 20 à 50 ha	335	380	377	394	399	394
de 50 à 100 ha	52	81	75	85	92	101
100 ha et plus	33	32	20	23	26	30
total	5 701	3 963	2 285	1 900	1 688	1 553

SOURCE. Annuaire statistique de la France, 1975.

avons noté au début du siècle ou dans l'entre-deux-guerres, le temps n'est plus où n'importe quel travailleur des campagnes, dès lors qu'il était installé sur deux ou trois parcelles, pouvait espérer acquérir quelque lopin à force de privations puis l'arrondir et constituer progressivement une unité d'exploitation garantissant son autonomie et celle de sa famille. Aujourd'hui, si l'on ne contrôle pas, d'une façon ou d'une autre, au moins 40 hectares, on n'entre plus dans l'agriculture, on en sort.

De ce fait, les possibilités d'accession au métier d'agriculteur se trouvent sans cesse rendues plus difficiles. Il est impossible d'espérer constituer petit à petit une exploitation viable; d'autant que cet effort n'est plus favorisé par des prêts gouvernementaux. Le système de Crédit agricole mutuel réserve ses prêts fonciers aux exploitants qui contrôlent une surface minimum : la surface minimum d'installation. Pour ceux qui louent ou possèdent déjà quelques dizaines d'hectares, le contrôle de la moindre parcelle supplémentaire peut devenir une question de vie ou de mort pour l'ensemble de l'entreprise. Dans ces conditions, les luttes provoquées par les problèmes de répartition des terres libérées à la suite du départ d'un exploitant ou de la dispersion d'un patrimoine, atteignent une vigueur inégalée depuis cent ans. L'État est ainsi amené à élaborer une législation toujours plus complexe pour tenter de « régler le problème foncier ».

Dans les faits, le problème général du transfert des droits à l'usage du sol, d'une génération à l'autre, d'un exploitant à l'autre, éclate en une infinité de cas particuliers. Les habitudes locales, la richesse du candidat à l'achat ou à la location du sol, ses liens et ceux de sa famille avec les notables locaux, les caractéristiques économiques et sociales de l'individu et de la famille qui contrôlent la pièce de terre ou l'exploitation convoitée, font que chaque dévolution ne ressemble à aucune autre.

De cette multitude de situations spécifiques, une seule ligne de force tend à se dégager : l'évolution en cours tend à faire de l'exercice du droit de propriété sur une partie au moins de l'exploitation existante ou de celle que l'on cherche à constituer, un véritable droit d'entrée dans la branche dont le paiement est obligatoire pour quiconque prétend à l'exercice de la profession d'agriculteur. La rigueur croissante avec laquelle cette obligation joue, explique aussi bien la stabilité globale de la répartition des superficies cultivées en faire-valoir direct et en fermage, que l'évolution des différentes catégories d'utilisateurs du sol (propriétaires, fermiers et métayers).

En 1970 comme en 1955, malgré la disparition entre ces deux dates du tiers des exploitations, un peu plus de la moitié des terres sont exploitées par leur propriétaire, un peu moins de la moitié sont concédées à un exploitant autre que le propriétaire ; et parmi ces dernières, le métayage a considérablement régressé [99]. Cette permanence globale masque un double mouvement. On assiste d'une part à la réduction de moitié du nombre d'exploitants qui possèdent la totalité de leurs terres, et à une diminution du même ordre des effectifs de fermiers et métayers purs, d'autre part à une augmentation en nombre et en poids relatif des exploitants partiellement propriétaires et partiellement fermiers.

Les modes d'exploitation mixtes qui concernaient un quart des exploitations en 1955 sont pratiqués en 1970 par 43 % des exploitants. Parmi ces derniers les exploitations où prédomine le fermage voient leur nombre augmenter plus vite que celles où l'emporte le faire-valoir direct, sans pour autant égaler ces dernières. Au total, en 1970, 88 % des exploitants sont propriétaires d'au moins une partie de leur exploitation. Le faire-valoir direct pur ou à titre principal concerne les deux tiers des exploitants.

Cette généralisation de la propriété, parallèle au recul du faire-valoir direct pur, est facilitée par le mouvement de concentration que nous avons décrit. Les classes de taille qui disparaissent sont celles qui comptaient le plus grand nombre de propriétaires-exploitants. Souvent, leur disparition se traduit par la dispersion, au bénéfice de plusieurs exploitants voisins, des parcelles que les deux ou trois générations précédentes avaient eu tant de mal à rassembler. Cette redistribution aboutit, ici, à permettre à un fermier d'acquérir quelques hectares qui lui assurent à la fois un meilleur cadre de travail, la possibilité de se présenter à la caisse de crédit en offrant une hypothèque, et un placement pour ses vieux jours ; là, elle permet, au contraire, à un petit propriétaire de bénéficier d'une location qui lui procurera les quelques hectares manquants pour utiliser au maximum le travail de sa famille et la puissance de ses machines.

Et malgré la multitude de transferts ainsi réalisés, là encore, les différences régionales léguées par l'histoire subsistent. On retrouve en 1970, au nord et à l'ouest d'une ligne

LES MODES DE FAIRE-VALOIR

Répartition des exploitations

nombre d'exploitations	1955		1963		1967		1970	
	milliers	%	milliers	%	milliers	%	milliers	%
faire-valoir direct pur	1 212	53,6	866	45,7	744	44,2	659	41,6
faire-valoir direct dominant			362	19	357	21,2	377	23,7
fermage ou métayage dominant	580	25,4	266	14	266	15,8	319	19,9
fermage ou métayage pur	467	20,7	392	20,8	299	17,7	233	14,7

Répartition de la superficie cultivée
en % de la surface agricole utile (SAU)

faire-valoir direct	52,3	51,5	52,6	51,8
fermage ou métayage	47,7	48,5	47,2	48,2

SOURCE   Statistique agricole, supplément série Études n° 93 bis, décembre 1971.

qui joindrait La Rochelle à Lyon et Nancy, une France du fermage, distincte de la France du faire-valoir direct qui domine au sud et à l'est de cette même ligne. L'opposition entre la zone des petites fermes dépendant de grands propriétaires des pays de bocage de l'Ouest et la zone des grandes fermes rassemblant souvent les terres de plusieurs propriétaires dans les champs ouverts de l'Est, est également toujours présente.

Mais, depuis quinze ans, conformément au schéma que nous venons d'évoquer, ces oppositions commencent à perdre de leur importance. « Dans les pays de fermage traditionnel du Nord et du Bassin parisien, et dans les pays de faire-valoir direct du Massif central et du Midi, on constate un changement de tendance aux alentours de 1960. Alors qu'avant cette date l'écart se creusait entre ces deux types de régions — le fermage et le faire-valoir direct progressant là où ils étaient largement majoritaires —, on observe maintenant un mouvement en sens inverse : les fermiers du Nord devenant souvent propriétaires, les propriétaires du Sud devenant souvent fermiers pour une part au moins de leurs exploitations [100]. »

Cette égalisation relative des situations régionales provient en partie des mécanismes mêmes de ce qu'il est convenu d'appeler le marché foncier. Les transactions de terres ne s'effectuent pas sur un marché unifié au niveau national ou même

Une mosaïque de monopoles fonciers.

Le montagnard est toujours contraint à un travail épuisant :
la fenaison aux environs du col d'Aspin, Hautes-Pyrénées, 1970.

Pour tous les autres,
la machine tentatrice.

Foire de matériel agricole au
début des années 60.

régional. On serait beaucoup plus près de la réalité en considérant que chaque échange fait l'objet d'un marché unique dans lequel un monopoleur, le vendeur ou du moins son représentant qualifié, notaire ou marchand de biens, met en concurrence un nombre réduit d'acheteurs. Parmi ces acheteurs les deux ou trois exploitants agricoles concernés voient dans l'affaire qui les intéresse une occasion irremplaçable d'assurer leur maintien à la terre ou de le consolider. Cette mosaïque de monopoles partiels s'adressant à des acheteurs condamnés à la surenchère, a permis, dans chaque cas, la fixation du prix de vente de l'hectare agricole à des niveaux très élevés.

Compte tenu de l'inexistence d'un véritable marché national où se confronteraient l'offre et la demande globales de terre agricole, l'étude de la série du prix moyen national des terres agricoles n'a évidemment qu'une valeur indicative. Il est quand même remarquable que ce prix moyen atteigne 11 750 F en 1974, soit dix fois plus qu'en 1950 *. En francs constants, le prix de 1974 est près de trois fois supérieur à celui de 1950. La valeur réelle de la terre a pratiquement doublé depuis 1959, époque à laquelle, selon Luce Prault, elle n'atteignait que 64 % de la valeur de 1914 [101]. On peut, en somme, considérer qu'en 1974 la valeur réelle du sol a retrouvé son niveau du début du siècle.

La concurrence entre exploitants reste le principal moteur de cette hausse continue du prix du sol. Premiers vendeurs de terre (environ 45 % des surfaces vendues leur appartiennent), ceux-ci sont en effet, et de loin, les premiers acheteurs. Chaque année depuis 1965, ils ont acquis plus de 70 % des surfaces vendues [102]. La concurrence entre eux est d'autant plus vive que les parcelles mises en vente sont petites. Entre 1965 et 1972, le prix moyen des parcelles inférieures à 2 hec-

* Dans le même temps, les valeurs mobilières françaises à revenu variable ont vu leur cours multiplié par huit. Le cours de l'or a doublé.

Pour sauver la petite exploitation, une tentative : le matériel en commun. La moissonneuse-batteuse en copropriété, Drôme, 1965.

tares est à tous moments le double du prix des pièces de 50 hectares. Or, durant toute cette période, plus des deux tiers des ventes concernent des lots de moins de 5 hectares.

Cette prédominance des ventes de petites parcelles favorise davantage l'accession aux modes d'exploitation mixtes, que le bouleversement des modes de faire-valoir. Elle rend, d'autre part, la tension sur le marché foncier littéralement intolérable pour un grand nombre d'agriculteurs, acheteurs potentiels, qui y voient une menace directe à leur maintien dans l'agriculture. Si la possession de quelques hectares supplémentaires devient une condition d'entrée ou de maintien dans l'agriculture, et si les prix sont tels qu'ils découragent une fraction croissante des candidats acheteurs, ceux-ci ne peuvent alors que se retourner vers les pouvoirs publics. Ils leur demandent d'établir une législation foncière qui leur laisse une chance, et essaient parfois d'unir leurs forces pour peser collectivement sur la définition de cette politique ou sur les modalités de fonctionnement du « marché foncier ». Dans un premier temps, du contrôle des cumuls à la mise en place des SAFER, ils croient avoir obtenu les moyens de moraliser les transactions. Les années 70 leur révèlent les limites de l'action entreprise.

En tout état de cause, l'évolution des structures foncières résultant de l'activité du marché ne peut qu'être très lente, car celui-ci ne concerne chaque année qu'une fraction très réduite de la superficie cultivée. En un an, pour 100 hectares de surface agricole utile, moins de 2 hectares sont achetés et vendus. Ces ventes ne permettent qu'à 40 exploitants sur 1 000 de modifier les dimensions de leurs exploitations, et cela, puisque les ventes de petites parcelles sont les plus nombreuses, dans des proportions fort réduites.

Si le transfert des quelque 600 000 hectares qui sont vendus chaque année suscite des querelles, des discussions, l'élaboration de toute une législation, il a moins d'effet sur l'évolution

de la structure agraire que la reprise des quelque 1 200 000 hectares qui font annuellement l'objet de mutations à titre gratuit (donations et successions). La possibilité d'être agriculteur reste ainsi, selon les cas, un privilège ou une malédiction héréditaire.

Plus de tracteurs, moins d'ouvriers : grande exploitation en Seine-et-Marne, 1960.

Petits exploitants à Saint-Maur, dans le Cher, 1966.

Qu'il s'agisse d'héritage ou d'achat, plus de 8 sur 10 des exploitants agricoles d'aujourd'hui ont dû acquitter un véritable droit d'entrée dans la branche : soultes aux cohéritiers [103], impôts à l'État ou paiement au vendeur.

Les servitudes de la propriété. Comme l'importance des engagements à long terme auprès du Crédit agricole le confirme, le plus souvent ils ne peuvent s'en acquitter sans recourir au crédit et passent ensuite plusieurs dizaines d'années à rembourser leur dette. Ils supportent ainsi un prélèvement annuel sur leurs revenus qui a en somme tous les caractères de la rente foncière pour celui qui l'acquitte, même si, de son côté, celui qui le perçoit a pu, grâce aux avances du Crédit agricole, le toucher en une seule fois [104]. Ce transfert monétaire commencé avant 1914, largement développé dans l'entre-deux-guerres, continue à se généraliser.

L'ensemble des exploitants directs alimente ainsi un circuit de financement spécifique, qui permet à une fraction réduite d'entre eux de racheter tous les trente ans le droit de poursuivre leur activité d'agriculteurs. La sélection à opérer parmi ceux qui restent pour qu'ils aient la base foncière nécessaire à la croissance de la productivité de leur propre travail pose des problèmes de plus en plus délicats, que l'État tente de régler par divers artifices juridiques.

Dans ces conditions, de plus en plus nombreux sont les agriculteurs qui souhaitent être déchargés du « fardeau du foncier ». Il est peu probable qu'ils voient leur souhait exaucé puisque la lourdeur même de cette charge joue un rôle de premier plan dans les mécanismes de sélection des exploitants, mécanismes indispensables tant que l'accroissement continu de la productivité du travail reste, aux champs comme à l'usine, un impératif social quasi unanimement accepté. La possession de la terre est ainsi à la fois la condition de l'autonomie de chaque agriculteur et l'un des plus sûrs moyens de son assujettissement aux exigences de la reproduction élargie du capital.

Mais, pour fournir l'effort productif qui leur permettra de garder ou d'acquérir leur patrimoine-outil de production, les exploitants se retrouvent de plus en plus souvent réduits à leurs propres forces et à celles de leur famille la plus proche. Les modalités traditionnelles d'accroissement progressif du patrimoine, qui permettaient une lente montée sociale de certaines familles au sein de la société villageoise, perdent toute efficacité. Le groupe domestique dont la cohésion sur des dizaines d'années était nécessaire au succès de ces projets à long terme se voit remplacé par le couple auquel il ne reste que l'espoir d'un enrichissement d'autant plus hasardeux qu'il est difficilement transmissible. L'ascension de la famille comme structure fondamentale de la société villageoise se résout de plus en plus en une aventure individuelle dans un monde où les anciennes solidarités survivent avec difficulté.

un entrepreneur solitaire

Lors du dernier recensement de l'agriculture, près de 9 exploitations françaises sur 10 n'employaient aucun salarié permanent. Parmi celles qui en utilisaient, près des trois quarts n'en avaient qu'un seul. 3 % seulement des exploitations utilisaient en permanence les services de plusieurs ouvriers. Quant aux exploitations employant plus de 5 ouvriers, on en comptait à peu près 9 000, soit 0,56 % du total des exploitations recensées.

Les salariés agricoles permanents

% d'exploitations employant :	1955*	1967	1970
aucun ouvrier permanent	82,2	86,5	88
1 salarié permanent	9,5	9,6	8,8
plusieurs salariés permanents	4,8	3,9	3,2
dont : plus de 5	0,69	—	0,56

SOURCE Recensements et enquêtes du ministère de l'Agriculture. *Non déclarés : 3,5.

Cette suprématie de l'exploitant, qui ne fait travailler personne d'autre que sa famille, s'est renforcée depuis vingt ans, puisqu'en 1955, près de 20 % des exploitations employaient au moins 1 salarié. A cette même époque, près de 5 % du total des exploitations utilisaient les services de plusieurs ouvriers. Plus de 15 000 entreprises agricoles (0,69 % du total des exploitations) en avaient plus de 5.

Il convient, en outre, de préciser qu'une fraction de ces emplois de salariés permanents est constituée de postes de travail qui ne peuvent occuper un travailleur à temps complet. En 1970, trois emplois sur dix étaient des emplois à temps partiel contraignant les salariés agricoles qui les occupent à louer leurs services à plusieurs exploitants. L'importance de ces emplois à temps partiel varie fortement d'une région à l'autre. Ce type de travail ne concerne qu'un emploi sur dix dans le Bassin parisien, mais un sur deux dans l'Ouest.

L'étude du travail salarié utilisé par les agriculteurs fait ainsi réapparaître une régionalisation directement liée à celle que l'on a observée, tant à propos de la concentration des exploitations qu'en ce qui concerne le mode de faire-valoir. La France du salariat agricole permanent, c'est celle des grandes exploitations en fermage du Bassin parisien, mais aussi celle des exploitations moyennes, qu'elles soient tenues en fermage comme en Bretagne ou en faire-valoir direct comme celles de la bordure méditerranéenne. Mais les grandes exploitations de plaine ou les grands domaines du Midi offrent surtout des emplois à temps complet. Ce sont également eux qui continuent à utiliser les services de nombreux salariés. On rencontre quatre à six fois plus d'exploitations occupant plus de 5 salariés dans le Bassin parisien ou le long de la Méditerranée qu'en Bretagne. Par contre, les petites et moyennes exploitations de l'Ouest n'offrent généralement du travail qu'à un seul ouvrier, et encore cet emploi est-il insuffisant pour l'occuper complètement.

Si le recours aux services de salariés permanents devient de plus en plus exceptionnel, l'utilisation temporaire d'une force de travail d'appoint continue à être beaucoup plus répandue. La succession, pour chaque culture, de périodes de relative inactivité et de périodes de travail soutenu, n'a pas disparu du jour où tout ou partie des opérations productives ont pu être mécanisées. De plus, un certain nombre de travaux (vendange, cueillette des fruits, par exemple) ne peuvent encore se faire qu'à la main ; ce qui nécessite la mobilisation de véritables bataillons d'ouvriers temporaires.

En 1973, si 12 % seulement des exploitations font appel à de la main-d'œuvre permanente, une sur quatre emploie des salariés temporaires [105]. Cette main-d'œuvre d'appoint se rencontre aussi bien dans les exploitations de plus de 100 hectares du Bassin parisien, que dans celles de moins de 5 hectares du Languedoc ou de Provence. Dans ces dernières régions, où les exploitations fruitières et viticoles sont très nombreuses, on trouve des salariés temporaires dans plus de 50 % des exploitations. Les salariés temporaires ne fournissent cependant que le quart du travail des salariés permanents.

Le temps des grandes migrations qui amenaient les Bretons dans les champs de betteraves de Beauce ou de Brie n'est plus qu'un souvenir. Mais, « en Bretagne, beaucoup de jeunes filles se déplacent encore pour la cueillette des fraises dans le Finistère, des asperges en Sologne, puis pour la vendange à partir de septembre dans le Maine-et-Loire ou la Loire-Atlantique [106] ». De plus en plus souvent cependant, les Français laissent ces travaux aux étrangers. En 1973, « 80 % des salariés temporaires ont été embauchés sur des exploitations des régions Méditerranée, Ouest et Sud-Ouest. Ils comportent un tiers d'étrangers. Sur 100 salariés temporaires, 43 sont des femmes [107] ».

Régression du salariat.   Immigrés, femmes, seules les catégories ouvrières les moins combatives restent à la terre car, aujourd'hui comme hier, les salariés agricoles, qu'il s'agisse des temporaires ou des ouvriers, sont en moyenne mal payés. Depuis la grande vague de luttes sociales de 1968, cette sous-rémunération traditionnelle a perdu sa base légale puisque le salaire minimum agricole, jusqu'alors distinct du SMIG, a été brusquement doublé, pour l'amener au niveau de celui-ci. Aujourd'hui, en principe, les salariés agricoles sont en droit de réclamer au moins le SMIC, comme tous les autres salariés. Cette évolution de la

Le revenu de la fermière et une occasion de bavarder. Vente directe du lait dans la cuisine de la ferme, Haute-Loire, 1957.

législation a entraîné une relative amélioration du sort des ouvriers agricoles, ou du moins de ceux qui travaillent sous la protection des lois en vigueur. Mais, en avril 1973, selon la statistique officielle, le salaire mensuel moyen des salariés non qualifiés travaillant à temps complet, a été de 901 F, et leur salaire horaire a atteint une moyenne de 4,51 F, c'est-à-dire un montant inférieur à celui du SMIC qui était de 4,64 F [108].

Les ouvriers temporaires étaient évidemment encore plus mal rémunérés. Leur salaire horaire net était en moyenne à la même époque de 4,14 F. « L'industrialisation » de l'agriculture n'est toujours pas parvenue à aligner les conditions de travail des salariés agricoles sur celles de leurs camarades de l'industrie. Dans la mesure où ces ouvriers ne travaillent pas tous dans de grandes entreprises à la rentabilité confortable, on peut affirmer que ces bas salaires sont la condition d'emploi de travailleurs salariés par bon nombre d'exploitants.

Et, même dans ces conditions, l'ensemble du travail salarié, qu'il soit permanent ou saisonnier, ne représente que 15 % du travail agricole total.

Parallèlement, c'est de plus en plus souvent la possibilité de tirer de l'exploitation agricole les ressources nécessaires à l'entretien de toute une famille qui disparaît. On a vu que cette évolution a provoqué un important courant d'exode rural. En outre, un tiers au moins des ménages d'agriculteurs français perçoivent des revenus à partir d'activités exercées par un membre de la famille, en dehors de l'exploitation. En résumé, le profond bouleversement technique que vient de connaître l'agriculture a bien transformé les méthodes et les rythmes de travail agricole, ses rapports avec les autres activités productives. Il a réduit son autonomie. Mais il n'a pas changé le statut des travailleurs des campagnes, au point de l'aligner sur celui qui prévaut dans les autres branches de l'économie. Pourtant, en 1965 encore, l'évocation des conséquences de « l'industrialisation » de l'agriculture aboutissait parfois à des prévisions sur l'extension du salariat déjà démenties par les faits depuis le début du siècle. Des économistes affirmaient qu'en une génération ou deux « l'entreprise agricole à forme capitaliste classique sera généralisée et la population agricole active réduite à quelques centièmes de la population active totale [109] ».

La réduction de la population agricole se produit bien comme prévu. Quant au passage à l'entreprise capitaliste classique, si l'on s'en tient à une définition précise de cette forme d'organisation sociale de la production, il ne s'effectue pas. L'entreprise capitaliste est, en effet, une unité de production gérée par un individu ou un groupe qui achète la force de travail d'un nombre variable de salariés et organise la production de marchandises, dans le but de réaliser, par leur vente, un profit qui prend sa source dans la mise en valeur de la force de travail achetée. Loin de devenir la règle de l'orga-

Les techniques changent, les contraintes de l'élevage demeurent.

Traite manuelle, Puy-de-Dôme, 1964.

Le progrès des années 60 et 70 : la salle de traite et le réservoir réfrigéré. Normandie, 1965.

Stabulation libre d'un élevage à viande. Ariège, années 60.

nisation de la production agricole, nous avons observé que ce type d'unité de production tend depuis un siècle à diminuer d'importance.

L'exploitation, dite familiale, montre encore aujourd'hui beaucoup plus de souplesse qu'on ne le supposait, et continue à se plier, sans créer trop de difficultés, aux exigences du système social. Non seulement elle a su, avant même le début du siècle, accroître la quantité de marchandises qu'elle mettait en marché, par une utilisation toujours plus raisonnée de ses propres moyens, mais, depuis 1955, elle a prouvé qu'elle pouvait accroître ses performances en recourant aux moyens de production que l'industrie met à sa disposition.

Comme l'a montré C. Servolin [110], elle a ainsi répondu simultanément aux besoins de la société et aux tentatives répétées des agriculteurs pour obtenir un niveau de vie comparable à celui des autres travailleurs ; ce faisant, elle a prouvé sa capacité à adapter à la production agricole les progrès des sciences et des techniques que de nombreux observateurs la jugeaient incapable de maîtriser. Mais elle n'a pu le faire que parce que chaque exploitant, subissant la concurrence de tous les autres, a cherché à garantir la survie de son entreprise en rassemblant de plus en plus de moyens de production.

Cette recherche de la protection de chaque exploitation par l'extension de la dimension économique de l'entreprise est à la fois la seule mesure de défense de leur ancienne autonomie que peuvent adopter les paysans, et le moyen par lequel ils sont conduits à se plier aux exigences du système social : « C'est leur effort pour conserver la maîtrise de leurs conditions de travail qui les conduit à travailler pour la mise en valeur d'un capital qui ne leur appartient pas. C'est leur désir même de recevoir la valeur du produit de leur travail dans l'échange qui tend à les réduire à la simple vente de leur force de travail.

« Néanmoins, il faut bien voir que ce procès respecte le caractère formel de l'exploitation individuelle. Il ne fait pas du producteur un travailleur *libre*, complètement séparé de ses moyens de production [111]. »

Ainsi, cherchant à améliorer les résultats économiques de leur exploitation et corrélativement à agrandir leur base foncière, les agriculteurs sont contraints d'accentuer constamment leur propre concurrence. Outre les conséquences globales que nous avons déjà notées, cette concurrence renouvelée oblige chacun

Le progrès des années 50 : la machine à traire.

L'usine à lait : salle de traite à rotolactor. Région lyonnaise, 1972.

d'eux à concentrer ses efforts sur une gamme réduite de productions pour lesquelles il s'estime le mieux placé.

Dans cette recherche de la meilleure combinaison productive possible, le système de prix agricoles dicte à chacun les souhaits de la société tout entière. Tandis que les exploitations de plus de 50 hectares se spécialisent dans les productions végétales, celles de moins de 25 hectares poussent leur spécialisation dans les productions animales [112]. Compte tenu de la distribution géographique des petites exploitations et de l'inégale distribution de la population agricole, beaucoup plus abondante dans le quart nord-ouest du pays que sur le reste du territoire national, cette tendance à la spécialisation des exploitations en fonction de la taille, de la main-d'œuvre disponible et des conditions naturelles, aboutit à une différenciation régionale renforcée [113].

Spécialisation des exploitations. Le Bassin parisien et les Champagnes à leurs marges constituent une zone céréalière qui tend à se vider de son bétail. Dans les grandes fermes briardes ou beauceronnes, l'exploitant, aidé du seul de ses fils resté près de lui, fait évoluer ses machines autour d'un parterre fleuri, seule trace visible de l'opulent fumier d'autrefois. Le quadrilatère de bâtiments plus qu'à demi désert a vu disparaître petit à petit les animaux de trait, puis le troupeau de bovins ou de moutons, qui faisaient jadis l'orgueil de l'exploitation. Les champions de concours ont laissé leurs plaques aux portes des étables vides, et si l'agriculteur se lance dans l'élevage des jeunes bovins, c'est parfois pour échapper à l'ennui, autant que pour un gain qui ne pourra se comparer aux bénéfices laissés par les blés et les maïs étalés jusqu'à l'horizon.

Du Poitou au Dauphiné, au contraire, le fer à cheval des régions de petite exploitation affirme toujours plus sa vocation laitière. Là, les troupeaux se sont multipliés, tandis que la diversité d'autrefois qui faisait ressembler l'inventaire du cheptel vif de chaque exploitation à une sorte de liste pour arche de Noé, s'est sensiblement réduite. La formule hollandaise, qui voulait que le petit-lait de l'étable servît aux porcs et que la basse-cour profitât des restes, a cédé, le jour où l'alimentation des animaux est devenue affaire de science. Des fermes à poulets sont apparues, hors des régions d'aviculture traditionnelle, leurs voisins ne gardant plus qu'une basse-cour réduite, destinée à les prémunir de la consommation du « poulet·aux hormones ». Les porcheries industrielles se sont développées chez certains autres, et les élevages fermiers régressent. Les étables anciennes, où cinq ou six vaches suffisaient à remplir un bâtiment vétuste et à donner un surcroît d'ouvrage biquotidien à la fermière, ont souvent disparu. Les stabulations libres et salles de traite mécanique ont permis de passer de quelques animaux à des dizaines. La traite doit maintenant être réglée comme une opération militaire ; au point que, regardant sa montre à 500 kilomètres de chez lui, le producteur laitier meusien ou morbihannais

Spécialisation régionale :
vendanges en Champagne
et, au verso, élevage dans
le Morvan.

peut, sans grand risque d'erreurs, annoncer le moment précis ou telle bête de son troupeau sera dans la stalle de traite. Les temps de travaux n'en ont pas été pour autant diminués, et les deux heures passées hier, matin et soir, « derrière les vaches », sont toujours absorbées par le cérémonial méticuleux de la traite. Mais souvent, l'affaire est devenue d'une telle importance pour la bonne marche de l'exploitation que la fermière a abandonné cette tâche au chef d'entreprise sans salarié, son mari.

Les zones montagneuses, particulièrement le Massif central et ses abords, traditionnellement vouées à l'élevage à viande, tentent avec plus ou moins de bonheur de moderniser et de rentabiliser leurs vieux systèmes extensifs. Assez aisée en Charolais où la renommée mondiale de la race locale assure la survie d'une aristocratie d'éleveurs, jalouse de son prestige international, l'affaire est plus problématique en Aubrac dans des conditions de milieu beaucoup plus rudes.

En dépit des travaux d'aménagement du bas Rhône qui poussent à diversifier les cultures, le Midi viticole garde globalement sa spécialisation ancienne. Le Sud-Ouest, aux mille terroirs et à la population clairsemée, multiplie les expériences et les spécialisations souvent réussies, des coteaux d'Armagnac aux vergers de la vallée de la Garonne et au vignoble charentais.

La France rurale prend ainsi un nouveau visage aux traits à la fois plus fortement contrastés, puisque les grandes productions tendent à séparer leurs aires respectives et, sur d'autres points, plus uniformes, car les mêmes machines, les mêmes techniques, les mêmes façons de travailler, de s'habiller, d'habiter, de se distraire, prennent, ici et là, le pas sur les anciennes coutumes.

Il ne faudrait pas pour autant en conclure qu'une spécialisation étroite, prélude à la monoproduction, s'installe dans chaque exploitation et dans chaque région. Tentant de dégager, par le calcul, dans l'enquête agricole de 1967, les types d'exploitation définis par la combinaison productive pratiquée, M. Lenco aboutit à des résultats relativement nuancés. Les groupes qu'il retient sont encore en filiation directe avec les anciens systèmes de production hérités du XIXe siècle [114].

Son classement isole clairement les vignerons du Midi, les maraîchers de Provence ou des pays de la Loire, les producteurs de maïs et de volaille du Sud-Ouest ou de Bresse, les grands producteurs de céréales et de plantes industrielles du Bassin parisien. Il fait également apparaître nettement les fermes de taille moyenne des bocages de l'Ouest, condamnées par la pression démographique à tirer le maximum de production du système traditionnel de polyculture-polyélevage, aussi bien que les éleveurs extensifs des régions de montagne ou les spécialistes de l'élevage à viande du Plateau central.

Par contre les producteurs laitiers se distinguent moins facilement d'une fraction importante des producteurs de

Allant à la foire. Saint-Yrieix, Haute-Vienne.

Castelnaudary, Aude, années 60.

porcs qui ont, eux aussi, une étable laitière. Les céréaliers des régions Centre et Poitou-Charentes sont, en même temps, des éleveurs de bétail. Les spécialistes en aviculture forment un groupe hétérogène où les grandes unités « industrielles » côtoient les exploitations de retraite ou de subsistance « définies par la présence de volaille dans la mesure où il n'y a rien d'autre permettant de les définir [115] ».

Sur 15 classes d'exploitation, 5 seulement peuvent être aisément rattachées à une aire géographique précise. Les 10 autres « sont rencontrées dans plus de 80 % des départements, et même assez souvent dans 90 % ».

Non seulement le mouvement de spécialisation garde ainsi un rythme mesuré, mais chaque production est assurée simultanément par des groupes de producteurs, de taille et de niveaux de productivité fort variés.

les petits et les gros

Ce phénomène peut aisément être apprécié si l'on cherche à préciser la structure des apports en marché des grands produits agricoles. En première analyse, les marchés des céréales et d'abord celui du blé, sont approvisionnés pour une part croissante par une minorité de grands exploitants, tandis que

Bresse, années 70.

les marchés de produits animaux, et principalement celui du lait, restent l'apanage des petits exploitants. Mais il subsiste une frange non négligeable de petits céréaliers, de même que la taille des exploitations laitières demeure sans doute réduite, mais connaît un assez large éventail de variations [116]. Ainsi, selon les statistiques de l'Office national interprofessionnel des céréales en 1950, les producteurs mettant en marché plus de 1 000 quintaux de blé, c'est-à-dire ceux qui consacraient à cette culture plusieurs dizaines d'hectares, fournissaient 11,2 % du total de la collecte et ne représentaient que 0,4 % du total des vendeurs. En 1967, ils fournissaient 30,7 % de la collecte et représentaient 2,4 % des vendeurs. En 1974, leur part de la collecte atteint 47,1 % et eux-mêmes regroupent 7,5 % des vendeurs.

Dans le même temps, la part de la collecte fournie par des livraisons de moins de 100 quintaux, c'est-à-dire celle provenant d'exploitations cultivant moins de 5 hectares de blé, est passée de 40,4 à 13 %, puis à 5,9 % du total. Ce type de livreurs qui représentait 88 % des vendeurs en 1950, n'atteint plus que 68 % en 1967 et 44 % en 1974 [117]. Ce dernier chiffre montre que, même si leur contribution à la masse commercialisée devient négligeable, plus de 200 000 petits exploitants, parfois agriculteurs à temps partiel, sont tout autant intéressés à l'évolution du prix du blé que les 36 000 grands producteurs.

Marketing et centrales d'achats n'ont pas encore tué la vie grouillante des marchés.

La Garde-Guérin, Lozère, années 70.

Pour ces petits livreurs, en effet, la vente de quelques sacs de blé représente, au même titre que celle d'un veau ou en complément du salaire extérieur, une source indispensable à la vie du ménage.

Le marché du lait diffère de celui du blé en ce que les grands producteurs y sont pratiquement inexistants. En 1973, les éleveurs ayant moins de 5 vaches laitières représentent encore 29 % des producteurs, mais 7 % du troupeau, tandis que ceux qui ont plus de 30 vaches laitières possèdent 13,4 % du troupeau et sont 3,4 % du total. Il y a dix ans, ces « grands producteurs laitiers » ne représentaient que 0,7 % des étables, et ne possédaient que 3,2 % des vaches laitières. Les troupeaux de plus de 50 vaches laitières n'étaient présents que chez 0,46 % des éleveurs laitiers et ne regroupaient que

En Normandie, aujourd'hui.

2,87 % du troupeau. La tendance à l'accroissement des tailles
est évidente. Elle reste modérée. Si les 3 000 exploitations
possédant à la fois plus de 50 hectares et de 50 vaches laitières
attestent que la production de lait n'est pas l'apanage exclusif
des petits et moyens exploitants, ceux-ci n'en restent pas moins
largement dominants.

Les marchés des grands produits agricoles traditionnellement fournis par les exploitations familiales de polyculture
ne sont pas les seuls à voir coexister des *grandes* et des *petites*
unités de production. La production de vin de consommation
courante continue à rassembler, dans le Midi, des groupes de
producteurs très hétérogènes. Sans doute, depuis le début des
années 50, l'introduction du tracteur a changé, là comme ailleurs, les conditions de travail dans l'exploitation [118].

Dans une campagne mécanisée,
les bruits et les odeurs des animaux maintiennent en partie la
vie et l'atmosphère d'autrefois.

Il y a trente ans, avec un cheval, deux hommes pouvaient cultiver quelque 7 hectares de vigne, à condition de recourir à une main-d'œuvre extérieure pour faire face aux deux pointes de travail de la taille et de la vendange. Aujourd'hui, un seul homme possédant un tracteur peut mettre en valeur 8 à 10 hectares de vigne. C'est donc à partir de 20 hectares que l'exploitation viticole cessera d'être à la taille d'une famille puisqu'on admet que le groupe familial, même réduit, peut fournir deux travailleurs.

Le changement ainsi intervenu dans les conditions d'exploitation a entraîné une diminution de 44 % de l'effectif des exploitations viticoles existantes. « Le seuil de superficie, à partir duquel les effectifs cessent de diminuer, est passé de 5 hectares entre 1955 et 1963, à 10 entre 1963 et 1970... Les classes de taille en vigne supérieures à 10 hectares ont vu leurs effectifs et leur superficie s'accroître notablement, cet accroissement étant particulièrement net pour les exploitations ayant plus de 20 hectares de vigne [119]. » Mais, aujourd'hui encore, 79 % des exploitations en possèdent moins de 7 hectares. Elles cultivent 31 % du vignoble, soit une part sensiblement égale à celle qui est entre les mains des quelques milliers de viticulteurs travaillant entre 10 et 20 hectares de vigne. Le dernier tiers du vignoble est aux mains de 2 000 à 3 000 exploitants qui, sur plus de 20 hectares, ne peuvent se passer de salariés. Parmi cette dernière catégorie, un groupe d'environ 200 exploitations cultive 15 000 hectares de vigne avec des normes d'organisation du travail et de profit analogues à celles du capitalisme le plus classique.

Entre ces derniers et le vigneron âgé qui attend la retraite sur quelques hectares, la distance est aussi grande qu'entre le producteur de 80 quintaux de blé et le chef d'entreprise qui règne sur 600 hectares en Brie, ou entre le vendeur d'une vache de réforme prélevée sur un troupeau d'une douzaine d'animaux en Sologne, et l'éleveur de baby-bœuf de Champagne crayeuse. Pour chacun de ces produits agricoles, le même marché est ainsi approvisionné par des exploitations dans lesquelles la productivité du travail est fort différente, et qui ne peuvent ni rémunérer leurs travailleurs, ni amortir leur capital productif de la même façon, encore moins dégager des gains monétaires nets du même ordre. Le raisonnement économique courant voudrait, qu'à terme au moins, les uns éliminent les autres, et que les conditions de production tendent à s'uniformiser.

La phase de transformation technique accélérée que nous venons de vivre a bien abouti à l'élimination des moins productifs, mais l'écart des niveaux de productivité existant entre les entreprises les plus efficientes et les exploitations les plus traditionnelles qui produisent ensemble, pour un même marché, n'a pas diminué. Le niveau de productivité moyenne du travail s'est déplacé. Les écarts par rapport à la moyenne ne se sont pas réduits. On peut, sans doute, comme il y a trente, cinquante ou cent ans, y voir la preuve que l'essentiel reste à faire, que l'agriculture française a du retard, qu'il faut moderniser et lutter contre la routine. L'efficacité idéologique et, par là même, économique de ce genre de discours, n'est plus à démontrer.

Il ne faudrait toutefois pas oublier que la perpétuelle renaissance de ce décalage entre les unités de production existantes correspond à la logique profonde de notre système économique. On sait depuis longtemps que les différents types d'exploitations agricoles, grandes et petites, modernes et traditionnelles, sont souvent complémentaires, qu'elles se répartissent les productions en fonction de leurs performances respectives et qu'elles sont liées les unes aux autres par des réseaux d'échanges dont elles dépendent les unes et les autres. Il convient de rappeler qu'avant tout les différences de productivité du travail qui les séparent constituent un des mécanismes les plus sûrs de l'accumulation du capital au niveau global.

Une différenciation nécessaire.

En effet, l'investissement productif de pointe, réalisé par l'entrepreneur le plus dynamique dans un secteur donné, est d'abord, à ses yeux, le moyen par lequel il s'assurera une rente d'innovation. Celle-ci lui est nécessaire pour accéder à un statut social qu'il juge meilleur. Elle est impossible à réaliser en l'absence d'un groupe de producteurs « retardataires ». A l'inverse, une partie au moins de ce groupe qui, lui aussi, lutte pour une plus grande intégration sociale et veut bénéficier d'un niveau de vie « moderne », va se voir obliger de modifier plus ou moins complètement ses méthodes de travail pour rester dans la production. Ces producteurs « moins bien placés » s'imposeront d'autant plus volontiers ce fardeau supplémentaire qu'ils espéreront bénéficier des mêmes avantages que ceux que réalisent initialement leurs concurrents plus *avancés*. Les seconds, comme le premier, se verront frustrés d'une partie de leurs espoirs, puisque l'augmentation de production qui résultera de leurs efforts conjoints pèsera sur le prix relatif de leurs produits. Ils ne pourront échapper à cette baisse qu'en redoublant d'efforts, pour la plus grande satisfaction des sociétés qui leur vendent un matériel sans cesse amélioré et des industries qui leur achètent leurs produits.

L'établissement d'éléments de monopole au bénéfice des producteurs peut évidemment tempérer ce mouvement. Mais l'intérêt du groupe monopoleur est alors, pour défendre sa rente de situation, de protéger les producteurs qui restent à des niveaux de productivité plus faible. Il le fait quitte à sacrifier périodiquement ceux que l'évolution globale a laissés trop loin en arrière, pour mieux sauver le reste de la troupe.

Dans tous les cas, sur chaque marché, les petits, les retardataires, les moins rentables, continuent et continueront à contribuer à la production au côté d'entreprises, dites plus efficientes, puisque chacun joue pour l'autre le double rôle de la carotte et du bâton. Restent à préciser quels résultats ces

Le vignoble bordelais semble immuable, 1965.

Le raisin quitte encore la vigne à dos d'homme, Hérault, 1950.

Mais les techniques de vinification changent : tour de vinification à Limoux, Aude, 1970.

différentes catégories d'agriculteurs obtiennent à partir d'une telle situation.

Depuis la fin de la Seconde Guerre mondiale, le mouvement *Des revenus d'OS* de monétarisation croissante qui s'est emparé de l'agriculture *et de PDG.* a enfin conduit à réduire les lacunes existantes en matière de statistiques de revenu de l'exploitation agricole. Cette amélioration relative des connaissances a d'abord été fort modeste, elle ne s'est vraiment affirmée qu'à la fin des années 60. Ainsi, la commission d'étude des perspectives à long terme de l'agriculture française (rapport Vedel) propose une évaluation, pour 1963, de la répartition des exploitations en fonction de leur résultat brut d'exploitation (RBE) [120]. Il en résulte qu'à cette date 2 % des exploitations produisent un RBE plus de 5 fois supérieur à la moyenne nationale, tandis que les deux tiers perçoivent un RBE inférieur à cette même moyenne. Quoique bien vagues, ces indications sont suffisantes pour affirmer que l'écart de 1 à 5 que nous avons relevé dix ans plus tôt, en ce qui concerne les rémunérations du travail agricole, n'a certainement pas disparu. A la même date, l'écart entre les salaires du cadre supérieur et de l'ouvrier moyen a tendance à s'accentuer. La hiérarchie de revenu des travailleurs de l'agriculture continue à évoluer comme celle des salariés qui tirent leur revenu de leur participation aux autres branches de l'économie.

Cherchant à préciser les causes de cette permanence des disparités de revenu, le rapport Vedel en donne une analyse régionale qui ne manque pas d'intérêt. En 1963, le RBE moyen des régions : Aquitaine, Rhône-Alpes, basse Normandie, Limousin et Bretagne, se situait à un indice compris entre 62 et 75 par rapport à la moyenne nationale, tandis que la région parisienne, la Picardie, et la Champagne atteignaient des indices supérieurs ou égaux à 230. Cette manifestation régionale des disparités internes à l'agriculture ne fait que traduire, d'une part l'inégale répartition des exploitations selon la taille, d'autre part la spécialisation des productions selon les régions.

Ceci est confirmé par les séries dont nous disposons à partir, soit de 1964 en provenance de l'Institut de gestion et d'économie rurale, soit de 1968 grâce au réseau d'information comptable agricole. Elles permettent d'identifier les relations entre la hiérarchie des revenus, la taille des exploitations et l'orientation technico-économique de celles-ci. On peut dire, en première approximation, qu'en 1964, le travail familial ne peut certainement pas être rétribué à plus de 10 000 F par tête et par an [121] dans toutes les exploitations de moins de 30 hectares, ou dans celles consacrées à l'élevage quelle que soit leur taille. Il peut atteindre 20 000 F dans les exploitations de plus de 50 hectares, autres que les exploitations où l'élevage est important. Il atteint ou dépasse 40 000 F dans les exploitations de plus de 100 hectares qui se consacrent principalement aux productions végétales (céréales, cultures industrielles).

On comprend dans ces conditions qu'à cette époque, la grande majorité des agriculteurs n'aient pas tenu pour satisfaisantes les rémunérations qu'ils se procuraient par leur travail. Ni la hiérarchie des rémunérations internes à l'agriculture, ni la place des différentes couches de la paysannerie par rapport à leurs homologues des villes n'a changé après dix ans d'efforts continus. Sans doute le revenu réel de l'ensemble des Français, agriculteurs compris, a-t-il progressé, mais la place de ces derniers est restée celle qu'indiquait M. Latil en 1955. Pour beaucoup, la parité qu'ils réclament est restée celle dont ils ne veulent pas, qui les aligne sur les ouvriers les plus mal payés; une fraction plus réduite garde une situation comparable à celle des employés ou cadres moyens; les revenus de cadres supérieurs ou de PDG sont, en agriculture comme ailleurs, très au-dessus de ceux de la masse des travailleurs, mais très peu nombreux.

Les dix ans qui ont suivi ont-ils modifié les écarts qui persistent, ou changé la place des agriculteurs dans la hiérarchie des revenus ? Les renseignements que fournit le réseau d'information comptable agricole permettent de répondre par la négative à ces deux questions [122]. Les inégalités de revenus dans l'agriculture sont aussi grandes aujourd'hui. Un rapport de 1 à 4 au moins sépare les groupes les plus mal placés des groupes favorisés, dans le même temps où le salaire du cadre supérieur est plus de quatre fois celui de l'ouvrier.

Les inégalités de revenu agricole

% des exploitations dans lesquelles le revenu par travailleur familial est :	1969 SMIC = 10 000	1971 SMIC = 12 000	1972 SMIC = 15 000	1973 SMIC = 18 000
non connu	7,5	7,5	9	8,9
inférieur au SMIC	52,7	45,1	30,2	41,5
entre 1 et 2 SMIC	30,6	33,5	36,8	38,3
entre 2 et 3 SMIC	6	9,5	13	5,4
3 SMIC et supérieur	3,1	4,3	11	5,8

SOURCE C. Roger, *les Variations des revenus agricoles*, INRA, Paris, 1976.

Comme il y a trente ans, la masse des agriculteurs perçoit, pour son travail, des rémunérations comparables à celles des ouvriers.

Même dans une année exceptionnelle comme 1972, au moins un tiers d'entre eux ne touchent même que des revenus monétaires d'OS. Mais quelques dizaines de milliers de privilégiés bénéficient de revenus très confortables. Ces différences sont plus que jamais liées à la taille et à l'orientation technique des exploitations. Débarrassés de leurs animaux, certains grands céréaliers du Bassin parisien en arrivent à parler de leur rotation culturale : blé-Côte d'Azur-maïs-sports d'hiver. Les exploitations productrices de viande de bœuf ou de lait sont, sauf année exceptionnelle, toujours les plus mal placées.

Comme elles sont également les plus petites, rien d'étonnant à ce qu'elles forment les gros bataillons de la pauvreté rurale. Selon J.-L. Brangeon et G. Jegouzo « dans le champ délimité (de l'étude) on voit qu'une très forte majorité des groupes d'agriculteurs pratiquant les spéculations bovines ou la polyculture et l'élevage, sur 5-10 ou sur 10-12 hectares, ont de bas, de très bas revenus par travailleur »

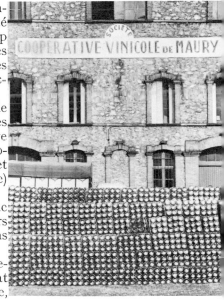

« On trouve aussi de bas revenus, sinon même parfois de très bas, dans de très petites exploitations spécialisées (cultures fruitières de moins de 5 hectares en Provence, viticulture languedocienne de 5-10 hectares), sur de plus grandes (20-50 hectares) non spécialisées qui ont des bovins (Aquitaine et Midi-Pyrénées, Limousin et Auvergne, Languedoc et Provence) ou des ovins et caprins (Languedoc et Provence) [123]. »

En somme, l'énorme effort de transformation technique accompli depuis trente ans a juste permis aux agriculteurs qui ont pu rester à la terre de conserver leur place relative dans une économie et une société en évolution constante.

La pyramide des revenus du travail agricole reste largement comparable à celle des revenus salariaux. Mais ce résultat d'ensemble est obtenu grâce au transfert, année après année, d'une fraction importante des travailleurs ruraux vers d'autres activités.

Nous serions donc tentés de souscrire au jugement d'un économiste nord-américain, pourtant farouche partisan de l'exploitation familiale, qui déclarait en 1965 : « Un cynique pourrait affirmer que l'exploitation familiale est une institution qui fonctionne pour entraîner les familles des exploitants à fournir une grande quantité de travail et de capitaux à un niveau de rendement inférieur à ce qui est normal, afin d'apporter, à l'économie, les produits agricoles à bas prix [124]. »

Cette situation de fait ne suffit pas pour assimiler purement et simplement les agriculteurs aux différentes couches de la population salariée. Leur place dans la structure sociale n'est pas totalement définie par leur niveau de revenu, la structure de leur consommation ou le rôle réel qu'ils jouent dans le fonctionnement de la machine économique. Elle tient également au fait qu'ils sont toujours propriétaires d'une partie au moins des moyens de production qu'ils mettent en œuvre et souvent de la totalité; que ces moyens de production sont en même temps leur outil de travail et enfin qu'ils sont vendeurs de marchandises et non de force de travail. En un mot, ils exercent leur activité productive dans le cadre familial, cadre qu'il nous faut maintenant étudier.

autour du couple

la dissolution du groupe domestique : la fin du salariat

A partir de 1955, une fois l'après-guerre terminé, l'ensemble des problèmes auxquels la famille paysanne est confrontée depuis le début de la période, s'impose avec une vigueur redoublée en raison même de la nouvelle impulsion donnée par la guerre au développement de l'exploitation familiale. La remise en question de la famille dans ses caractéristiques et sa structure du début du siècle se fait très vite; en outre, sur le fond, elle est radicale, dans la mesure où elle revendique le droit du couple à exister dans son autonomie la plus complète; elle entraîne une décomposition accélérée des structures familiales traditionnelles.

Les premiers membres du groupe domestique qui en disparaissent sont les salariés, les domestiques et les servantes. Aussi constate-t-on une régression du nombre des ouvriers nourris et logés, régression qui est d'abord la conséquence arithmétique de la diminution globale du nombre des salariés permanents travaillant à temps complet pour un seul employeur (en fait les seuls à entrer véritablement dans le groupe domestique). En 1970, 218 000 hommes et 15 000 femmes seulement sont dans cette situation. Et le nombre des exploitations concernées atteint à peine 8 % du total! Parmi celles-ci, 7 sur 10 n'en ont qu'un.

D'autre part, quand l'ouvrier permanent existe encore, il est de moins en moins logé et nourri. Alors que six ouvriers permanents sur dix le sont encore en 1954, moins d'un sur quatre le demeure en 1972. Dans le même temps, le nombre des ouvriers qui ne sont ni logés ni nourris passe de 15 % à 34 %.

Néanmoins le poids de l'histoire retarde les évolutions. Le groupe des ouvriers agricoles rescapés de l'exode rural porte en effet les stigmates de la condition faite à ceux-ci depuis le début du siècle.

En 1968, leur pyramide d'âges est intermédiaire entre celle des chefs d'exploitation et celle des aides familiaux. Comme chez les premiers, quoique de façon nettement moins accusée, les classes les plus âgées sont relativement impor-

Villes et campagnes : une même jeunesse, années 70.

tantes : 40 % des salariés ont plus de quarante-cinq ans et 22 % plus de cinquante-cinq ans (contre respectivement 27 % et 12 % chez les salariés de l'industrie). Comme chez les aides familiaux, l'exode se fait sentir dans les jeunes classes entre vingt et vingt-neuf ans.

Par ailleurs, c'est la catégorie où le célibat est le plus répandu. En 1954, entre trente-cinq et quarante-quatre ans, 30 % des salariés agricoles et 27 % des salariées sont encore célibataires alors que 11 % seulement des ouvriers et 15 % des ouvrières de l'industrie le sont. Même le célibat des exploitants ou celui des personnels de service masculins, pourtant supérieur à la moyenne, est beaucoup plus faible. On ne trouve de proportions équivalentes de célibataires que parmi les personnels de service féminins.

Enfin le nombre de travailleurs immigrés y est élevé : moindre que chez les mineurs et les manœuvres, la proportion des ouvriers étrangers y est plus grande que chez les OS et équivalente à celle que l'on trouve parmi les gens de maison. Elle est en progression comme dans la plupart des catégories d'ouvriers, surtout chez les moins qualifiés. En 1971, elle n'est que de 13,9 %, mais elle est de 20,1 % en 1972.

Loger cette main-d'œuvre souvent sans attaches est pour le patron une impérieuse nécessité. Au moment où la crise du logement sévissait particulièrement dans les agglomérations urbaines, la fourniture d'un logement était une façon de l'attirer et de le retenir. Enfin, dans les petites communes ou dans les régions d'habitat dispersé, le logement des ouvriers par leur patron est à peu près inévitable. Ceci explique que le logement de l'ouvrier à la ferme non seulement persiste, mais se développe. Nourrir cette main-d'œuvre reste également indispensable, particulièrement en ce qui concerne les célibataires.

Mais, si les servantes continuent généralement d'habiter la maison du patron, les autres domestiques sont logés dans des bâtiments annexes ou dans une maison avoisinante; et le repas en commun pose des problèmes. Lorsqu'il n'y a qu'un salarié nourri, il prend habituellement ses repas avec la famille de l'exploitant, mais dès qu'ils sont deux, la situation devient plus délicate. « Sur ce sujet, les employeurs sont divisés », note Françoise Langlois [125]. Les uns sont pour le repas en commun en pensant qu'ainsi les ouvriers « font partie de la famille ». Les autres sont contre « pour leur permettre une plus grande liberté d'expression ». La question de la nourriture à la ferme devient une pierre d'achoppement dans les rapports entre le patron et le salarié. « Chaque intention peut être déformée : les repas en commun deviennent parfois une chaîne étouffante et le service en deux tables peut être considéré comme l'expression d'un profond mépris. » Au moment où les jeunes couples revendiquent leur autonomie par rapport aux parents, la présence de l'ouvrier au repas est ressentie comme une atteinte à l'intimité familiale. « Le problème se

Les salariés agricoles permanents selon leur mode de rémunération de 1954 à 1970.

	logés et nourris	ni nourris ni logés
1954	59,4	14,7
1958	45	17
1972	22,9	34

SOURCE 1954-1958 : Enquêtes sur les salaires et l'emploi en agriculture, INSEE; 1972 : Enquête sur les salaires et la main-d'œuvre salariée dans l'agriculture, SCEES.

complique encore lorsqu'ils ont de jeunes enfants et que leur salarié a une éducation différente de la leur. » Ces difficultés et ces réticences trahissent la disparition de l'esprit constitutif du groupe domestique quand bien même, par obligation, le patron doit encore nourrir son salarié.

Par ailleurs, l'ouvrier agricole n'est plus que très exceptionnellement un exploitant en puissance. En 1970, parmi les 335 000 salariés permanents, une dizaine de milliers seulement travaillent simultanément sur une exploitation familiale soit comme chefs d'exploitation, soit comme aides familiaux. Inversement, 62 000 personnes comptées comme membres des familles exploitantes, et parmi eux des chefs d'exploitation, n'ont qu'une activité à temps partiel sur l'exploitation familiale et prennent comme activité supplémentaire un emploi de salarié agricole sur une autre exploitation. Mais, d'une façon générale, on sait les difficultés des ouvriers agricoles à s'installer comme exploitants ainsi que celles des fils de petits exploitants à succéder à leurs parents. En 1970, 16 500 salariés agricoles (soit 3 % du total) deviennent agriculteurs, tandis que 12 000 agriculteurs deviennent salariés agricoles. Dans le même temps, 26 700 salariés agricoles et 14 000 exploitants deviennent ouvriers de l'industrie [126]. L'ascension sociale des salariés agricoles à l'intérieur de l'agriculture, sans être insignifiante, est donc très rare. Les salariés permanents ne sont plus qu'exceptionnellement les fils des petits exploitants de la région qui se sont « loués » en attendant que leur père leur cède la place. Si la relation entre l'ouvrier

La condition de journalier agricole reste souvent misérable. Cette famille de six enfants (on ne voit ici que trois d'entre eux) vit dans une pièce unique. Manche, 1965.

et son patron conserve un caractère personnel, celui-ci n'est plus dans la « familiarité » qui découle de la commune appartenance terrienne et de l'interconnaissance due au voisinage, il n'est plus que dans la dépendance qu'engendrent précisément les prestations en nature et notamment le logement qu'il faut quitter en fin ou en cas de rupture du contrat. Si la syndicalisation reste difficile, c'est à cause de cette dépendance aggravée par la dispersion des ouvriers agricoles et non plus à cause d'une origine sociale qui favoriserait un esprit de collaboration de classe. Il faut toutefois nuancer : les caractéristiques sociales des salariés, leurs modes de rémunération et donc les rapports qu'ils entretiennent avec leurs patrons sont très différents selon les régions.

Les conditions d'existence des ouvriers agricoles, tout en s'étant fort sensiblement améliorées, restent généralement celles d'un sous-prolétariat. Les exploitations agricoles qui ont besoin d'une main-d'œuvre salariée doivent encore en trouver une qui accepte des conditions de vie médiocres et les inconvénients éventuels d'une rémunération partielle en nature. En 1971, 80 % des salariés permanents bénéficient d'avantages en nature, dont 48 % d'avantages autres que le logement et la nourriture. Les vieux ouvriers agricoles peuvent encore préférer un mode de rémunération qui leur donne le sentiment de participer un tant soit peu à une vie familiale, surtout s'ils sont célibataires et isolés. Les chefs d'exploitation qui préféreraient être débarrassés des prestations en nature, quelle qu'en soit la forme, peuvent être contraints d'en conserver certaines pour avoir quelque chance de trouver de la main-d'œuvre ; ceci à cause de l'état de décomposition sociale dans lequel cette couche particulièrement misérable de la classe ouvrière est entrée lorsqu'elle a cessé d'être à la fois le trop-plein de la main-d'œuvre familiale des petites exploitations, chefs d'exploitation comme aides familiaux, un recours provisoire pour ceux qui devaient attendre pour pouvoir s'installer et un vivier où puiser des candidats au fermage ou au métayage avant de l'être à la propriété.

Mais le groupe familial est lui-même ébranlé par ses propres conflits internes. Le principal d'entre eux trouve toujours son fondement dans les contradictions que comporte la situation d'aide familial.

le père et le fils

La situation vécue entre 1940 et 1945 a accéléré la montée des exigences chez les jeunes ruraux. « Voyons-le, dans les circonstances présentes, ce jeune paysan à qui tout semble sourire, à qui l'on vient de tous côtés, que l'on flatte par surcroît », écrit en 1944 R. Jouve [127]. La quantité inhabituelle d'argent dont il dispose lui permet de s'offrir des satisfactions qu'il s'était jusque-là refusées. « La jeunesse, moins tenue par des habitudes de stricte économie, rêve de plus de confort, d'une vie plus large; ayant plus de besoins, elle se laisserait tenter plus facilement par les profits illicites du marché noir, ou ceux plus tangibles encore du troc », constate F. Houillier.

Dans une relation où il se sent enfin l'égal du jeune citadin, voire mieux loti que lui, le jeune paysan liquide son complexe d'infériorité. C'est son vêtement que l'on « chine » ? « Qu'à cela ne tienne, il a fort bien noté comment s'habillent les jeunes citadins et le voilà lui aussi en complet de ville. » Comme eux, il porte col mou, tweed à grandes rayures, pantalons de golf et souliers découverts. « De leur côté, les jeunes filles vont tête nue, les cheveux savamment ondulés ou roulés selon le goût du jour, les lèvres peintes, serrées dans un tailleur sport dont la robe s'arrête au-dessus du genou. » L'aspiration à un genre de vie nouveau, déjà bien marquée dans l'entre-deux-guerres, se renforce considérablement grâce aux circonstances. Cette période, loin d'être une sorte de temps d'arrêt, est propice à un profond changement grâce au renversement des valeurs qui se produit en faveur de la paysannerie et de la terre dans l'ordre politique et idéologique, grâce aux revenus substantiels que le paysan tire de son activité et grâce aussi au fait que c'est à travers un marchandage direct de ses produits, dans lequel il éprouve quotidiennement la force que lui donne sa position de producteur et de nourricier, qu'il peut mesurer la valeur et la dignité de son travail.

Mais cette nouvelle confiance en soi, loin de restaurer les valeurs anciennes comme le voudrait l'idéologie pétainiste, est le ressort qui va permettre de combler les retards accumulés par rapport aux citadins. Le jeune s'engouffre dans la brèche ouverte par les événements, pour cesser d'être un « attardé ». Jusque-là « il avait honte de sa gaucherie, de sa timidité, de son ignorance, parce qu'elle l'humiliait devant les autres » et c'est ce qui faisait son « complexe d'infériorité ». Maintenant, il assume sa condition, « il se juge lui-même et, non sans excès de sévérité, il se condamne », mais c'est en même temps pour exiger que cela cesse.

Et cette révolte donne lieu à un véritable débridement des mœurs, si l'on en croit R. Jouve. On perd « la notion du bien et du mal lorsque les ordres ne se font plus entendre », déclare-t-il. Les marques les plus criantes de ce « cynisme », de cette « fanfaronnade du vice » sont « de considérer comme le plus estimable celui qui a eu le plus de bonnes fortunes, qui a été le plus hardi auprès des jeunes filles; ou, en matière de boissons, celui qui pourra boire davantage ». A côté de ce « mépris de la pudeur et de la vertu », notre observateur note aussi « la montée de l'égoïsme », le recul du patriotisme, de la pratique religieuse, le désir de régler soi-même ses affaires, l'irrespect à l'égard des parents, etc. En somme, une véritable « révolution culturelle » qui s'attaque aux tabous, notamment sexuels, aux contraintes qui ont perdu leur sens, et aux autorités qui les imposent.

La famille se ressent directement de ce changement d'attitude, car ce que les jeunes rejettent, les parents, « leurs vieux », comme ils commencent à dire, l'incarnent. « Les jeunes devant le visage ridé, les joues mal rasées de leur père, sa démarche lourde, ses mains calleuses, son vêtement en velours à côtes rapiécé, ce corps peu soigné, son silence fatigué, ou face à la vieille femme qui tient la maison, leur mère, sentent qu'ils ne peuvent plus se confier à eux. » Sans doute. Mais surtout, ils refusent une condition qui les conduirait à devenir semblables à leurs parents. Ils ne veulent pas que la terre les retienne « en servitude, dans une situation amoindrie » car « ils ne veulent plus être considérés en mineurs, mais en hommes, dans la famille moderne ». Ce discours, tenu alors que la guerre n'est pas encore achevée, est appelé à se généraliser et à avoir le plus grand retentissement jusque dans les années 60, notamment à travers toute la presse professionnelle tenue par les militants du Centre national des jeunes agriculteurs.

Il accompagne un travail en profondeur de formation technique et d'initiation à la gestion des exploitations pris en charge par la Jeunesse agricole catholique, bientôt relayée par le syndicalisme des jeunes, et appuyé par l'État. Les jeunes agriculteurs ne veulent plus se contenter d'être une main-d'œuvre livrée au pouvoir discrétionnaire de leur père, chef d'exploitation. Ils veulent tranformer les méthodes de production pour améliorer leurs conditions de travail, leur niveau de vie, leur genre de vie; en un mot pour être « de leur temps ». C'est tout bonnement refuser le statut d'aide familial et revendiquer celui de coresponsable dans l'exploitation.

C'était déjà le cas, on l'a vu, de leurs aînés, revenant de la guerre de 1914. Mais la grande affaire en 1919, c'est d'acquérir la terre, et cela fonde le pouvoir des pères. En 1945, c'est d'acquérir la machine et de moderniser les techniques de production et cela fonde plutôt le pouvoir des fils. C'est souvent sous leur pression qu'est acheté le tracteur, symbole de leur entrée dans la « modernité ». La création en 1956 du Centre national des jeunes agriculteurs consacre cette ascension des jeunes et la reconnaissance par les adultes de leur vocation de chefs d'exploitation. Elle va être en même temps le moyen pour eux de consolider leur position de chefs d'exploitation ou de candidats à cette fonction en obtenant, du syndicalisme « aîné » et parfois au prix de conflits sérieux avec lui, que soit menée une action en faveur d'une politique agricole prenant en compte leurs problèmes et leurs ambitions propres.

Mais cela aggrave les contradictions de la famille patriarcale. D'abord, cela remet en question l'autorité du chef d'exploitation; la génération « qui revendique son affiliation

au monde moderne » n'accepte pas la loi d'un « clan où l'autorité est généralement détenue par les adultes de l'âge intermédiaire, les cinquante/soixante-cinq ans » et où elle s'exerce
« comme une entrave au progrès »; les jeunes ne veulent plus
« gouverner trop tard » déclare Michel Debatisse dans un livre
qui se présente comme le véritable manifeste de cette nouvelle
génération [128]. D'autre part, cela rend encore plus inadmissible
la situation dans laquelle se retrouve le jeune au moment de
la succession, de racheter à ses frères et sœurs une exploitation dont il a été le maître d'œuvre. Si l'autorité paternelle
peut justifier le partage, parce qu'elle implique par définition
que le bien est au père, qu'il en est le maître et donc qu'il a le
droit d'en disposer, le partage au détriment du fils d'une affaire
dirigée, ou au moins codirigée par lui, devient inadmissible.
Le maintien du lien entre famille et exploitation ou plus
exactement entre exploitation et patrimoine est plus fortement que jamais en question.

La revue *Paysans* qui exprime bien le point de vue de ces
jeunes agriculteurs modernistes oppose de plus en plus radicalement la notion d'entreprise agricole à celle d'exploitation familiale au cours des années 60. « Le cas n'est pas
rare où l'aîné, reprenant l'exploitation, la développe, la fait
prospérer, assure par les revenus de la ferme les études et
l'installation des frères et sœurs plus jeunes », écrivent par
exemple M. Faure et L. Clerc en 1961. « Et alors que la
stricte justice voudrait que ce soit la valeur de l'entreprise au
moment où le frère aîné l'a prise en main qui soit soumise au
partage, et que soient déduits de ce partage tous les frais
occasionnés par les études, l'entretien, l'installation des
frères et sœurs, on assiste souvent à cette anomalie de voir
partager la ferme telle que le frère aîné l'a fait prospérer, le
privant du fruit de son travail et l'obligeant, ce qui est pire,
au rachat de son propre travail! Et cela provient de la confusion entretenue dans les esprits entre famille et exploitation [129]. » L'analyse est, dans l'esprit, fort semblable à celle
que nous avons évoquée dans l'entre-deux-guerres; mais les
conclusions sont d'une tout autre portée dans la mesure où elles
proposent une dissociation entre la famille et l'entreprise,
alors que le but visé dans les années 30 était au contraire de
réintroduire l'harmonie dans leur association, afin d'assurer
la continuité de l'exploitation familiale. Si c'est bien encore de
cela qu'il s'agit dans l'esprit des jeunes agriculteurs de 1970,
les conditions qu'ils posent sont tellement rigoureuses qu'ils
signent en fait l'arrêt de mort d'un bon nombre d'exploitations
et bouleversent les rapports entre les membres de la famille et
entre la famille et l'exploitation dans celles qui se maintiennent.

L'aboutissement de cette évolution est la loi du 13 juil-
let 1973 relative au statut des associés d'exploitation. Le
CNJA en fait une présentation vengeresse qui le montre bien.
« Fini le temps des marginaux qui travaillent pour de l'argent

Le père et le fils moissonnent
ensemble, Charente, années 60.

*Associés
dans l'exploitation.*

de poche! Fini le temps des spoliations légalisées au moment des partages! Fini le temps des manœuvres sans responsabilités! Bref, il est fini le temps des aides familiaux. Comme tous les jeunes agriculteurs, ceux-ci veulent prendre en main leur destin, c'est-à-dire participer activement à la conduite de l'exploitation familiale et en assumer une partie des responsabilités. Ils désirent avoir la possibilité de se former pour devenir des exploitants à part entière. Ils réclament surtout une juste rémunération de leur travail. »

De fait la loi leur accorde un droit à rémunération et un droit à formation professionnelle. Et les modalités prévues pour leur rétribution ouvrent bel et bien aux aides familiaux un droit de regard sur la gestion même de l'exploitation. En effet, si la rémunération ne consiste, sauf convention spéciale, qu'en une allocation mensuelle de dix-huit à vingt-cinq ans, elle est obligatoirement un intéressement aux résultats de l'exploitation pour les aides familiaux de vingt-cinq à trente-cinq ans [130]. Or il est expressément prévu que les sommes revenant à l'associé d'exploitation au titre de l'intéressement peuvent être inscrites « en comptabilité à un compte ouvert au nom de l'associé » et être alors « utilisées par le chef d'exploitation, avec l'accord de l'associé et pour son compte, à accroître, moderniser ou remplacer le cheptel vif ou mort de l'exploitation [131] ». Cet accord de l'associé d'exploitation suppose évidemment, au moins en théorie, que celui-ci estime judicieux l'emploi envisagé pour les fonds dont il crédite l'exploitation; et donc qu'il participe aux décisions de gestion.

On retrouve d'une certaine manière le principe du salaire différé puisque cet argent ne sera en fin de compte réellement à la disposition de l'ayant droit qu'au moment de la succession. Mais l'intéressement est quand même fort différent du salaire différé, d'abord parce que l'aide familial peut en exiger le versement mensuel, ensuite par l'influence qu'il donne à l'aide familial sur la gestion, et enfin, en ce qu'il représente une rémunération sans doute supérieure; et supplémentaire puisqu'il peut être cumulé avec le salaire différé au moins jusqu'à une certaine limite.

Le principe d'une allocation minimale versée mensuellement est par ailleurs et en tout état de cause posé et seule la partie de l'intéressement qui excède celle-ci peut être éventuellement retenue pour contribuer à l'autofinancement de l'exploitation. Là aussi le changement est d'importance : le chef d'exploitation doit désormais en principe à ses enfants un salaire équivalent au SMIC, les avantages en nature étant évidemment décomptés pour calculer le montant de l'allocation minimale mensuelle.

Le problème est en fait celui de l'application. Les premiers décrets établissant, l'un les modalités du congé de formation, un autre celles du calcul et du versement de l'intéressement, un autre enfin le montant de l'allocation minimale, sont publiés en septembre et en décembre 1974. Et le commentateur est prudent. Il sait que, « comme toutes les lois régissant les rapports entre les membres d'une même famille, la législation relative aux associés d'exploitation doit être soumise à l'épreuve du temps » et qu'il « ne faut donc pas s'attendre à une modification immédiate des relations économiques entre chefs d'exploitation et associés d'exploitation ». La loi elle-même, au demeurant, a des ambitions modestes : elle est loin de faire disparaître l'inégalité sociale entre les aides familiaux et les salariés comme le montre la fixation à 250 F en décembre 1974 du montant de l'allocation mensuelle minimale !

Dans le même temps toutefois, une évolution favorise les jeunes agriculteurs : le père, chef d'exploitation, tend en effet à se retirer de plus en plus fréquemment avant sa mort. Les vieux agriculteurs conservent un lopin, louent le reste de leur propriété à leurs enfants et leur transmettent les terres dont ils avaient la jouissance en fermage. Le fait est déjà expressément constaté lors du recensement général de l'agriculture de 1955.

La retraite du père.

Après cette date, la mise en place d'un régime de retraite pour les exploitants, la transformation des coutumes sous la pression des jeunes, une moindre pauvreté aussi, font que les agriculteurs âgés cèdent de plus en plus fréquemment la place. La loi du 10 juillet 1952, qui étend aux exploitants le bénéfice de l'allocation de vieillesse, permet aux agriculteurs et aux membres de leurs familles d'obtenir une retraite de plus en plus substantielle dans la mesure où la période de cotisation s'allonge. Ceci se traduit par l'augmentation du nombre des bénéficiaires et en particulier de ceux ayant droit à la retraite complémentaire. Le passage à la retraite ne signifie pas toujours cessation d'activité. Néanmoins, le nombre des « anciens agriculteurs » (qui regroupe, il est vrai, anciens salariés comme anciens exploitants) augmente rapidement, passant de 394 000 en 1954 à 423 700 en 1962 et à 570 000 en 1968. L'augmentation est surtout sensible entre 1962 et 1968 où elle atteint 34,5 % (en six ans) contre 7 % entre 1954 et 1962 (en huit ans).

L'attribution aux vieux agriculteurs d'une allocation destinée à encourager leur retrait de la profession, l'indemnité viagère de départ (IVD), vient également contribuer à ce processus à partir de 1963. Le nombre des agriculteurs qui en bénéficient est très élevé, et s'il diminue après 1969, c'est que les vieux agriculteurs susceptibles d'en bénéficier se font nettement plus rares. Toutefois, l'influence de l'indemnité viagère de départ sur l'installation des enfants d'exploitants reste limitée. Si l'on ajoute aux enfants les autres membres de la famille qui s'installent grâce aux terres libérées par un vieux parent bénéficiaire de l'IVD, on n'atteint guère plus de 11 à 12 % de successions familiales dans l'ensemble des transferts de responsabilités occasionnés par l'IVD. Et les chefs d'exploitation qui s'installent grâce à celle-ci, qu'ils soient membres ou non de la famille de l'agriculteur qui se retire, ne sont pas particulièrement jeunes : près de la moitié en effet ont plus de quarante ans, et un sur cinq seulement en a moins de trente [132].

La loi de 1973 n'est pas la seule à transformer les rapports entre le père, chef d'exploitation, et le fils, aide familial. Déjà la législation sociale mise en place pour améliorer la couverture des risques sociaux des exploitants, et dont les aides familiaux bénéficient au même titre que ceux-ci, a étendu les obligations des premiers en faveur des seconds. Ainsi, la loi du 10 juillet 1952 relative à l'allocation vieillesse agricole oblige le chef d'exploitation à cotiser pour chacun des membres de son ménage, en sus de la cotisation forfaitaire cadastrale qu'il verse par ailleurs. Et celle du 25 janvier 1961 vient lui donner une obligation supplémentaire à l'égard de ceux-ci, en instituant l'assurance obligatoire de tous les membres de la famille contre les risques de maladie, invalidité, maternité et décès. Encore que, à l'égard de ces différents risques sociaux, les cotisations et les prestations ne soient pas exactement les mêmes que celles du régime d'assurances sociales agricoles, la situation de l'aide familial par rapport au chef d'exploitation s'apparente de plus en plus à celle du salarié, et inversement celle du chef d'exploitation à l'égard de ses enfants à celle du patron.

D'ailleurs un nombre important de fils et de filles d'exploitants sont carrément déclarés comme salariés et assujettis à la législation sociale des salariés; réciproquement leurs pères se donnent vis-à-vis d'eux les mêmes obligations légales que vis-à-vis du salarié. En 1955, 176 000 hommes et 82 000 femmes sont recensés comme salariés agricoles, tout en étant membres de la famille des exploitants. Ces statistiques comportent beaucoup d'incertitude et, même lorsqu'elles correspondent à la réalité du point de vue de l'affiliation aux différents régimes de protection sociale, encore faudrait-il être sûr que le salaire, lui, n'est pas tout bonnement fictif!

Il s'agit là, en tout état de cause, d'une minorité, les aides familiaux sont bien dans leur ensemble considérés comme tels. Et les différences des droits sociaux sont importantes et tiennent précisément à ce que l'aide familial est davantage assimilé à un associé d'exploitation qu'à un salarié. C'est d'ailleurs ainsi qu'il se considère lui-même.

Et c'est en tant que tel, pressé de prendre la succession, soucieux de s'y préparer, désireux d'obtenir une reconnaissance de la valeur de son travail, aspirant pour l'immédiat à de meilleures conditions d'existence et à plus d'autonomie personnelle, qu'il provoque une crise profonde dans les rapports familiaux.

Cette crise est encore amplifiée par l'attitude de ses sœurs et consœurs tout aussi deshéritées, les aides familiales.

la femme et le foyer

Le comportement des aides familiales évolue dans le même sens en partant de prémices différentes. Ce n'est pas d'abord la femme du chef d'exploitation qui veut s'émanciper. C'est en premier lieu la jeune fille qui n'accepte pas le genre de vie que le mariage avec un futur agriculteur lui réserve, au point qu'elle lui préfère un ouvrier même non qualifié. Entre 1955 et 1970, le nombre des travailleuses familiales diminue de 44 %, tandis que celui de leurs homologues masculins ne diminue que de 29 %. En 1955, leur nombre représente 95 % de celui des travailleurs familiaux masculins, en 1970, 75 % seulement. Le développement du célibat parmi les aides familiaux et les chefs d'exploitation masculins est une conséquence directe de cet exode féminin.

Il faut dire que les jeunes aides familiales occupent la dernière place dans le groupe domestique ainsi que le révèle une enquête de 1972 [133]. Étant les moins nombreuses à participer à l'ensemble des travaux de l'exploitation, elles sont aussi les moins associées aux décisions. Elles en conçoivent une certaine insatisfaction. Et ceci d'autant plus que la conséquence de leur moindre insertion dans le travail productif se traduit par une faiblesse toute particulière de leurs ressources.

C'est pourquoi elles sont, de toutes les catégories d'aides familiaux, la moins encline à choisir de rester à la terre. Vivre et travailler en ville, c'est être assuré d'un revenu stable, jouir d'une totale liberté par rapport aux parents, occuper des emplois plus féminins, pouvoir ne s'occuper que de son foyer et de ses enfants. De la même façon que, lorsqu'elle est célibataire, c'est la contradiction entre sa façon de vivre sa féminité et le mode de vie qu'elle considère comme lié au statut de

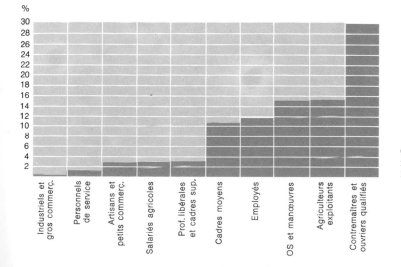

Catégories sociales des époux des filles d'agriculteurs. Source : INSEE, statistiques des mariages.

Le cortège de mariage demeure l'occasion pour la famille de montrer au village sa puissance et sa cohésion. Savoie, 1955.

« Nous Deux »...

femme d'exploitant qui incite l'aide familiale à quitter la terre, lorsqu'elle est mariée, c'est en tant que « femme au foyer » qu'elle manifeste ses exigences pour y rester. Les femmes d'exploitants sont aussi nombreuses que les aides familiales à souhaiter n'avoir à s'occuper que de leur foyer et une sur trois seulement estime que la femme doit travailler sur l'exploitation. En ce sens, la jeune paysanne de 1970 a retenu la leçon que lui donnait la JACF dès 1946 et la fille de la jeune mère d'alors continue de poursuivre le même idéal. « L'intimité du foyer, l'éducation des enfants, la bonne tenue de la maison, tout ce qui constitue les conditions d'un amour vrai, c'est bien beau, mais comment réaliser cela ? La femme ne peut actuellement remplir son rôle. Toujours dans les champs, elle mène souvent une vie très dure et la pensée qu'il en sera toujours ainsi décourage les jeunes filles. L'on en voit certaines aspirer à vivre en ville afin de vivre l'idéal familial qu'elles ont entrevu [134]. » Ces propos vieux de trente ans pourraient être mis mot pour mot dans la bouche des jeunes filles qui ont répondu à l'enquête de 1972. Ce que celles-ci continuent de revendiquer dans le mariage, c'est leur autonomie de mères, d'épouses et de ménagères. Le droit d'éduquer ses enfants à sa guise, celui de jouir d'une intimité avec son mari, celui enfin de pouvoir choisir et s'approprier son équipement domestique et de gérer soi-même son budget et ses affaires sont leurs principales revendications. C'est le caractère privé du couple qu'elles veulent renforcer afin d'en faire le champ de leur liberté. Cependant leurs exigences rejoignent ou prolongent celles de leur mari sur deux points. C'est d'abord la nécessité d'un véritable revenu mensuel, car il n'y a pas de liberté sans budget. C'est ensuite la participation aux décisions concernant l'exploitation parce que le revenu du foyer en dépend. Elles ont d'ailleurs leur domaine propre dans la production et le même esprit de modernisation prévaut dans les activités « réservées » à la femme que dans les autres activités de production ; la vulgarisation a sa branche féminine.

Autonomie du budget, autonomie du « pot » et du « feu »,
autonomie du travail, la poussée en avant du couple est totale.
La législation sociale y contribue dans la mesure où elle
consacre l'existence du couple comme entité séparée au sein
du ménage. Il en est tout particulièrement ainsi des prestations
versées au titre des allocations familiales, dont le financement
est assuré par la cotisation forfaitaire cadastrale des exploitants, et qui sont versées à l'aide familial marié, voire même
directement à sa femme. Elles constituent les premières ressources monétaires propres du jeune couple, son premier
revenu mensuel régulier pendant longtemps, et souvent à peu
près le seul argent dont la bru puisse disposer en toute liberté.

1948.

Mais cela n'est déjà plus une nouveauté dans les années 60.
Par contre, la mise en place de l'assurance maladie des
exploitants agricoles en 1961 dote littéralement la famille de
l'aide familial d'un budget de soins autonome puisque le
remboursement des actes médicaux lui est également directement assuré, grâce, là encore, à l'obligation de cotiser qui
a été faite aux chefs d'exploitation. La femme de l'aide
familial ou de l'associé d'exploitation peut de cette manière
plus facilement et plus librement exercer sa responsabilité
de mère à l'égard de ses enfants.

L'évolution de l'exploitation elle-même donne corps à ce
foyer. Un des principaux traits de l'évolution de la famille
paysanne dans les dernières décennies est en effet que le lien
qui l'unit à l'exploitation agricole cesse d'être exclusif et que
l'identification de la famille et de l'exploitation cesse d'être

Le couple et la famille étendue.

Sur les traces du père, premiers pas dans la carrière, 1970.

absolue. La famille paysanne cesse d'être agricole dans le même temps où la famille agricole cesse d'être paysanne.

Ceci s'observe notamment dans la forte progression du nombre des membres de la famille qui ont une activité, et donc des ressources extérieures. En 1955, 201 000 jeunes gens et jeunes filles vivent dans les familles exploitantes en exerçant un travail extérieur, et sans aucune activité sur l'exploitation. En 1970, ils sont 323 800 dans ce cas. La progression est de 60 % ! Et ils se retrouvent près de 20 % plus nombreux que les aides familiaux occupés à temps complet sur l'exploitation, femmes d'exploitants non comprises.

Parmi les aides familiaux proprement dits, un bon nombre ont également une activité extérieure et ne travaillent qu'à temps partiel sur l'exploitation. En 1970, il en est ainsi de 333 800 aides familiaux masculins, alors que les aides familiaux travaillant à temps complet sur l'exploitation ne sont que 215 700; ils représentent donc 61 % du total. La comparaison ne peut pas être directement faite avec 1955 car pour cette date les indications comparables manquent. Mais, sur l'ensemble de la main-d'œuvre familiale masculine, chefs d'exploitation compris, pour laquelle des données comparables existent, il apparaît bien qu'entre 1955 et 1970, l'augmentation de l'activité à temps partiel sur les exploitations est très élevée : le nombre des membres masculins de la famille travaillant à temps partiel passe en effet de 359 600 à 907 000 entre 1955 et 1970 ! Dans le même temps, celui des travailleurs familiaux masculins à temps complet diminue. Tant et si bien que la proportion des premiers dans l'ensemble de la main-d'œuvre masculine des exploitations passe de moins de 13 % à plus de 45 % !

Certes, dans le cas des aides familiaux à temps partiel, la cohabitation ne correspond pas à un simple hébergement familial, elle a une contrepartie dans un travail fourni. Elle

est même pour l'exploitation le moyen d'avoir à sa disposition le volant de main-d'œuvre à temps partiel qui lui est nécessaire, et qui, non rémunéré, permet d'échapper aux charges salariales qu'impose une main-d'œuvre étrangère à la famille, même employée occasionnellement. La forte augmentation de travailleurs à temps partiel traduit donc bien à la fois la rapide diminution des besoins en main-d'œuvre de l'exploitation familiale et l'avantage que celle-ci tire d'une main-d'œuvre qui reste familiale sans être totalement à charge (quand elle ne rapporte pas, grâce à une modique pension payée par les jeunes), voire la nécessité même dans laquelle elle est de conserver cette main-d'œuvre en l'état pour durer.

Néanmoins, le groupe familial ne se réduit plus à une « communauté de travail ». La cohabitation est de plus en plus fondée sur la fonction qu'a la famille d'héberger les jeunes travailleurs en attendant qu'ils soient en mesure de fonder un foyer. De ce point de vue la situation des jeunes gens et des jeunes filles d'origine agricole est la même que celle des jeunes travailleurs citadins vivant chez leurs parents. Mais, pour la famille paysanne le changement est d'importance, car de cellule de production qu'elle était, la voilà qui devient cellule de consommation, à l'instar des autres « ménages ». Ou plus exactement, sa fonction de consommation n'est plus dérivée d'un travail productif en commun et les rapports entre les membres de la famille ne sont plus, ou sont en tout cas moins directement fondés sur ceux qui organisent le travail de l'exploitation.

L'augmentation des taux et de la durée de la scolarisation, qui est d'ailleurs très liée au développement des activités extérieures, agit dans le même sens sur la famille. Agriculteurs et salariés agricoles sont les catégories sociales dans lesquelles la proportion du nombre des enfants scolarisés au-delà de la durée légale est la plus faible en 1954 et croît le plus fortement

Scolarisation des jeunes gens de 16 à 18 ans selon la profession du père en %.

	1954	1968
agric. exploit.	7,5	38,2
salar. agr.	6	21,7
patrons ind. et comm.	30	51,7
cadres sup. et prof. lib.	59,3	90
cadres moyens	42,6	74,6
employés	34,9	54,3
ouvriers	16,3	35,4

SOURCE Recensements généraux de la population.

entre 1954 et 1968. Le modèle de la mère au foyer s'accorde fort bien avec cette tendance.

Un statut de travailleur pour la femme.   L'évolution en ce sens est telle que la question de la femme au foyer fait l'objet des mêmes débats dans les couples d'agriculteurs que dans les couples de citadins. La place de la femme est-elle à la maison, son rôle est-il d'être l'auxiliaire de la famille ? Celles qui ne le contestent pas sont le plus grand nombre. Mais parmi elles commence à s'exprimer la revendication féministe contemporaine d'une reconnaissance de la valeur du travail ménager. En 1974, les clubs féminins de la Confédération nationale de la famille rurale préparent même leur congrès national par une réflexion sur ce thème. Et à cette occasion, animatrices et responsables de clubs prennent conscience de leur rôle de « travailleuses exerçant des responsabilités dans la gestion de leur budget familial, dans l'éducation de leurs enfants, dans la production de leur travail de tous les jours » et apprennent à « chiffrer la valeur de ce travail non reconnu comme tel, parce que dévalorisé par rapport à tout autre travail professionnel ». Le fruit de leurs réflexions est la revendication d'un « statut social » de la mère de famille, portant « droit à la Sécurité sociale, droit au repos, droit à la retraite, droit à la considération de (leur) tâche et à la formation permanente ».

Une minorité de femmes au contraire refuse cette « ségrégation » féminine et estime que seule une activité professionnelle leur permet « d'exister pour elles-mêmes ». Et il s'agit bien pour elles de ne pas se contenter du statut encore dépendant d'auxiliaire de leur mari qui est le leur quand elles « secondent » celui-ci en participant à la gestion ou même aux travaux de l'exploitation. C'est une responsabilité à part entière qu'elles désirent, un « poste de travail », et donc « un statut de travailleur »[135]. C'est donc le statut de « femme d'exploitant » qui, comme celui d'aide familial, est récusé. Ceci se traduit par exemple dans les Groupements agricoles d'exploitation en commun (GAEC) par le choix que font certaines femmes d'exploitants d'être elles-mêmes considérées comme associées à part entière, faisant un apport en industrie ou en capital. Mais dans l'exploitation familiale proprement dite, il n'y a pas encore de formule juridique correspondant à cette nouvelle conception du rapport mari-femme dans le travail productif de l'exploitation.

L'exploitation travaillée par l'équivalent de deux hommes adultes, dite exploitation à 2 UTH, qui est le pivot de la politique agricole à partir de 1960, est la réalisation et la légitimation sur le plan économique de cette nouvelle exigence sociale des jeunes agriculteurs qu'est le couple. Sans doute correspond-elle à une évolution technique et économique de l'agriculture, qui la rend possible, voire nécessaire comme structure de la production, et utile comme instrument d'une politique de modernisation dans le domaine agricole. Mais sa fortune est aussi due au fait que le gouvernement doit, pour

mener à bien la politique agricole qu'exige sa volonté d'industrialiser la France, s'appuyer sur le CNJA, porte-parole de la
paysannerie moyenne moderniste, partie dynamique donc du
secteur de production familial. Pour celui-ci, l'avenir ne peut
évidemment être que dans la rénovation de l'exploitation
familiale et cette rénovation passe nécessairement par l'émancipation du couple, moyen à la fois d'échapper à la tutelle
sclérosante des anciens et d'accéder à un mode de vie plus
satisfaisant. La loi d'orientation de 1960 confirme donc le lien
entre la famille et l'exploitation, mais surtout elle en établit
le nouvel étalon, celui qui définit le domaine où le jeune
chef d'exploitation, économiquement et familialement, est
pleinement maître chez lui.

Certes, la loi ne crée pas le fait. Il y a beau temps que les
ménages d'agriculteurs ont commencé de se scinder en familles
séparées quand elle est promulguée. Néanmoins, la fin de la
cohabitation bouleverse les rapports mutualistes de la famille
traditionnelle et modifie radicalement le lien entre la famille
et l'exploitation. Une telle transformation ne peut pas se faire
rapidement. Aussi l'évolution tendant à l'autonomie du couple
connaît-elle des limites très nettes aujourd'hui encore.

l'indépendance dans l'interdépendance

Les limites de cette évolution apparaissent en premier lieu
dans la persistance de la cohabitation. Même celle avec les
salariés et domestiques continue de se pratiquer, quoiqu'elle
soit en rapide régression. En 1954, 13,5 % des ménages
d'agriculteurs comptent au moins un salarié ou un domestique
logé comme membre du ménage. En 1962, cette proportion
est au moins de 9 %, et en 1968 elle est encore de l'ordre de
7,5 %. Ces proportions sont bien supérieures aux moyennes
de la plupart des autres catégories de ménages : par exemple,
dans les ménages ruraux non agricoles, celle-ci n'est que de
2,1 % et de 1,5 % dans les ménages des villes et agglomérations urbaines. Toutefois, dès 1954, avec une proportion de
15,5 % de ménages comportant un domestique, les membres
des professions libérales et des cadres supérieurs sont, en
termes relatifs, plus nombreux que les agriculteurs à loger un
salarié sous le toit familial.

En ce qui concerne les membres de la famille, la cohabitation
est évidemment beaucoup plus fréquente. Elle est normale et
nécessaire s'agissant de célibataires quels que soient leur
sexe et leur âge. Et les intéressés n'y trouvent guère à redire.
Mais ce qui est caractéristique dans les familles exploitantes,
c'est d'abord la fréquence et la durée de la cohabitation qui
découlent toutes deux de l'importance du célibat à tous les
âges et du célibat définitif parmi les aides familiaux. Leur

A l'égal de l'homme, Charente,
1970.

La lessive comme grand-mère.
Loire, 1961.

Auxiliaire de son mari, 1964.

Technicienne : le contrôle laitier,
Ain, 1966.

Aspects de la condition féminine
dans les années 60.

Seule... Alsace, 1973.

```
        0   5   10  15  20  25  30  35  40  45  50  55  60  65  70
        └───┴───┴───┴───┴───┴───┴───┴───┴───┴───┴───┴───┴───┴───┘
```

Secteurs non agricoles

Industriels et gros commerçants
Cadres supérieurs et professions libérales
Cadres moyens
Artisans
et petits commerçants
Employés, contremaîtres
et ouvriers qualifiés
Ouvriers spécialisés
et manœuvres

Secteur agricole

Exploitants agricoles
de 50 ha et plus
Exploitants agricoles
de 20 à 50 ha
Exploitants agricoles
de 15 à 20 ha
Ensemble
des exploitants agricoles
Exploitants agricoles
de 10 à 15 ha
Exploitants agricoles
de 5 à 10 ha
Exploitants agricoles
de moins de 5 ha
Salariés agricoles
Aides familiaux agricoles

Le célibat dans les différentes couches de la population agricole, comparé à celui des autres catégories sociales. Source : INSEE.

travail gratuit étant encore une nécessité pour la plupart des exploitations familiales, la cohabitation est un mode de rémunération souvent à peu près exclusif. En 1972, à la veille de la loi relative au statut d'associé d'exploitation, selon l'enquête du CNJA, sur cent jeunes célibataires de dix-huit à trente-cinq ans, soixante-sept reçoivent pour tout salaire de l'argent de poche donné par les parents ; et d'une façon qui est loin d'être toujours régulière [136]. Vingt-deux perçoivent directement des revenus de l'exploitation (mais parmi eux, quinze sont chefs d'exploitation). Onze bénéficient d'un salaire (mais huit d'entre eux l'obtiennent d'un travail extérieur à l'exploitation). Ainsi, un quart seulement de ces jeunes tirent un revenu réel et régulier de leur activité sur l'exploitation, et 12 % seulement si l'on exclut les chefs d'exploitation pour ne considérer que les aides familiaux. Dans ces conditions, le montant de leurs ressources est naturellement très faible. Les deux tiers d'entre eux sont donc totalement dépendants de leurs parents sur le plan financier ; et surtout pour eux, aucun lien direct n'existe entre leur participation effective aux travaux de l'exploitation et leur rémunération : en quelque sorte, leur travail n'existe pas socialement. Ce mode d'existence suppose bien évidemment le célibat, non seulement parce que les jeunes couples acceptent de plus en plus difficilement la cohabitation, mais encore parce que le mariage introduit dans la famille d'abord une bouche de plus, puis bientôt d'autres, et que les ressources de l'exploitation risquent vite d'être insuffisantes pour faire face à ces nouvelles charges. C'est alors que l'activité extérieure s'impose. Mais la place n'est de toute façon guère enviée par les jeunes filles.

Les régions de grande culture :
hameau beauceron, bâtiments
et hangars;
au recto, labour en Picardie.

Un véritable cercle vicieux s'instaure ainsi entre le célibat et la cohabitation. D'où un célibat de la pauvreté parmi les aides familiaux surtout masculins, célibat qui réapparaît bien évidemment parmi les chefs d'exploitation quand les aides familiaux célibataires le deviennent en avançant en âge.

Mais c'est surtout la cohabitation des aides familiaux mariés, et en particulier de celui qui doit prendre la succession, ou celle du jeune chef d'exploitation avec les parents, qui est caractéristique des familles paysannes, et qui pose le plus grand problème. Elle reste importante au début des années 60. Elle est d'ailleurs une des cibles favorites des jeunes agriculteurs en mal de progrès [137]. Certes, dans l'ensemble des ménages agricoles résidant dans des communes rurales, le nombre de ceux où deux familles cohabitent est relativement faible (7,7 %), même s'il est nettement plus élevé que dans les ménages ruraux pris globalement (4,6 %) et, à plus forte raison, que dans les ménages urbains (2,2 %). Il faut aussi tenir compte de la cohabitation avec un ascendant isolé qui s'observe dans 9,9 % des ménages. Et surtout, il faut considérer les seuls agriculteurs exploitants et examiner la situation au niveau régional : la fréquence de la cohabitation apparaît alors plus grande, au moins dans certaines régions. N'atteint-elle pas près du quart des ménages dans le Limousin, un ménage sur cinq dans le Midi-Pyrénées ? En 1960, une enquête de la Mutualité sociale agricole des Basses-Pyrénées fait même apparaître que 42,5 % des exploitations de ce département sont exploitées par des ménages constitués de plusieurs familles vivant en cohabitation.

Les curiosités du célibat : le couple mère-fils. Landes, dans les années 50.

Entre 1962 et 1968, la proportion des ménages dans lesquels deux familles cohabitent a diminué d'un cinquième environ. La cohabitation avec des ascendants isolés n'a pas changé, par contre. La situation en 1968 n'est donc pas fondamentalement différente de celle de 1962. En 1972, selon l'enquête déjà citée, 61 % des jeunes agriculteurs, célibataires compris, habitent avec leurs parents, et 13 % vivent dans un logement distinct mais proche ; un quart seulement vivent donc nettement séparés d'eux. D'autre part, 62 % prennent la majorité de leurs repas avec eux, dont 59 % tous ou presque tous. Un tiers environ des jeunes qui cohabitent sont mariés : un jeune agriculteur sur cinq est donc un homme marié vivant en cohabitation avec ses parents.

C'est que l'autonomie domestique est un luxe parce qu'elle suppose l'existence d'un budget séparé et donc un revenu mensuel qui permette de disposer d'une maison, de pouvoir équiper un foyer et de vivre. Par ailleurs, la prise en charge d'un ascendant isolé continue d'être considérée comme une obligation morale, sans compter qu'elle comporte moins d'inconvénients que la cohabitation avec le couple des vieux parents, voire même qu'elle peut présenter quelques petits avantages, aussi bien pour la vie de la famille que pour le fonctionnement de l'exploitation.

Ainsi, l'aspiration profonde du couple à l'autonomie se heurte-t-elle souvent aux caractéristiques mêmes de l'exploitation, et malgré les objections de plus en plus vives qu'elle suscite, la cohabitation demeure alors une nécessité à laquelle un bon nombre de familles exploitantes, les moins aisées, ne peuvent échapper.

Elle n'est d'ailleurs qu'un des aspects par où se traduit la persistance du lien entre la famille et l'exploitation. Et sa cessation ne suffit pas à assurer la totale autonomie du couple. Les aides familiaux mariés, quand bien même ils ont leur propre foyer, continuent à travailler sur l'exploitation, à en tirer leurs revenus et à attendre la succession : 42 % des aides familiaux masculins ont vingt-cinq ans et plus, 31 % trente ans et plus, 14,5 % quarante ans et plus et un bon 10 % quarante-cinq ans et plus. Les problèmes touchant le niveau de leurs revenus, leurs conditions de travail, leur participation aux décisions de l'exploitation, l'appropriation de leur outil de travail et leur avenir ne sont en rien résolus par le fait qu'ils font feu à part. La question du revenu se pose au contraire avec plus d'acuité puisqu'il faut faire face aux charges d'un foyer supplémentaire.

C'est alors que le recours à l'activité extérieure, quand il est possible, s'avère indispensable. C'est la solution miracle à la quadrature du cercle : l'exploitation est maintenue, des revenus supplémentaires sont assurés, la cohabitation peut cesser, les problèmes de travail et d'avenir se posent d'une façon moins absolue. C'est évidemment parmi les très petites exploitations que cette pratique est la plus fréquente. C'est là que l'on trouve notamment les ouvriers-paysans qui constituent la forme la plus connue, la plus courante et la plus poussée de cette alternance d'activité. Dans les exploitations de moins de 5 hectares, celle-ci est le fait d'au moins quatre sur dix des membres masculins de la famille et de plus du quart de l'ensemble [138]. C'est par contre dans les exploitations familiales « moyennes » qu'elle est la moins fréquente. Plus la taille de l'exploitation se rapproche de 50 à 70 hectares, plus en effet la proportion décroît pour descendre au-dessous d'un homme sur dix dans cette dernière classe de superficie. Elle augmente légèrement dans les plus grandes superficies, mais l'activité extérieure n'a plus alors la même signification économique et sociale. Globalement, c'est dans au moins quatre exploitations familiales sur dix qu'un membre adulte de la famille a une activité extérieure. Mais ce sont surtout les plus petites d'entre elles qui ont recours à cette solution.

Pour les exploitations familiales de taille moyenne, d'autres solutions peuvent être recherchées. En permettant la réunion de plusieurs exploitations en une seule, le Groupement agricole d'exploitation en commun (GAEC) en propose une qui a été parfois utilisée. En effet, comme la formule d'associé d'exploitation, mais beaucoup plus clairement et beaucoup plus radicalement qu'elle, le GAEC favorise l'installation d'un jeune en lui donnant la possibilité d'accéder, avant la retraite de son père, à la parité dans la gestion de l'exploitation et de clarifier les situations familiales. Mais cette formule suppose que l'exploitation ait une superficie suffisante pour faire face aux charges qu'elle entraîne. C'est la raison pour laquelle la superficie moyenne des GAEC au moment de leur constitution est de 115 hectares entre 1965 et 1969. L'apport moyen par associé se situe alors à 42 hectares. Et jusqu'en 1968-1969, la majorité des GAEC ont des salariés. Après 1969 toutefois, la superficie se réduit, elle descend à 80 hectares et à 31 hectares par associé, et une minorité seulement des nouveaux GAEC occupe un ou des salariés.

Ainsi, la formule du GAEC comme celle de l'associé d'exploitation traduisent la nécessité de modifier le rapport entre la famille et l'exploitation pour sauvegarder et l'une et l'autre. Mais à travers elles, c'est encore l'exploitation familiale qui tente de faire peau neuve, même si c'est au prix du sacrifice d'un grand nombre d'entre elles. Les chances de succès dépendent du prix qu'il doit en coûter aux membres de la famille. Et d'abord du niveau de vie, des conditions d'existence et, plus globalement encore, du mode de vie que ceux-ci peuvent espérer obtenir en contrepartie de leur travail, dans le cadre de l'exploitation familiale.

vers la fin de l'autarcie

L'avènement du couple a pour corollaire l'équipement du foyer. Et, en cela, le couple représente une puissante incitation à la modernisation de l'agriculture dans la mesure où il augmente les charges pesant sur l'exploitation.

Dès 1946, on note une reprise des constructions nouvelles, au profit des ménages agricoles. Mais, en 1951, l'essentiel de l'effort porte encore sur les bâtiments d'exploitation. Les transformations de l'agriculture aux lendemains de la Seconde Guerre mondiale exigent de nouveaux bâtiments et de plus fonctionnels, l'élevage notamment qui absorbe les 6/10e des sommes consacrées aux bâtiments agricoles [139].

Les constructions d'habitations se font de plus en plus nombreuses après 1954. Entre 1954 et 1961, la progression est de l'ordre de 27 % par rapport à la période 1949-1953 (avec environ 9 500 constructions par an au lieu de 7 500). Entre 1962 et 1968, elle dépasse 66 % par rapport à la période 1954-1961 (avec plus de 15 000 constructions par an). Il y a en moyenne deux fois plus de constructions neuves par an entre 1962 et 1968 qu'entre 1949 et 1953. Les salariés agricoles bénéficient de ce mouvement proportionnellement plus que les chefs d'exploitation.

Le progrès technique après la guerre. Loiret, années 50.

Les conditions de logement des familles agricoles selon leur consommation, 1963-1964, en %

consommation totale annuelle du ménage	logements sans eau courante
agriculteurs	
moins de 6 000 F	63
de 6 000 à 8 000 F	57
8 000 à 10 000 F	51
10 000 à 14 000 F	40
14 000 à 22 000 F	30
22 000 F et plus	17
ensemble (1962) RGP	52,5
salariés agr.	
moins de 10 000 F	51
10 000 F et plus	29

SOURCE Enquête OSCE 1962-1964, citée par Brangeon-Jegouzo, *la Pauvreté en agriculture*, INRA, 1972.

Il en résulte un rajeunissement sensible de l'habitat des ménages agricoles dans leur ensemble. Néanmoins cela ne touche qu'une très faible proportion d'entre eux. En 1968, 8 % seulement des ménages d'agriculteurs, de salariés agricoles et d'anciens agriculteurs, anciens salariés compris, habitent une maison dont la construction est postérieure à la guerre ; dans les communes rurales mêmes, exploitants comme salariés demeurent les catégories sociales qui ont le plus vieil habitat. Ces constructions nouvelles expliquent en partie l'amélioration très nette du confort moyen des logements des ménages agricoles qui s'observe aussi entre 1954 et 1968. Le logement devient sensiblement plus spacieux, le gain moyen est de l'ordre d'une demi-pièce entre ces deux dates. L'équipement du logement se perfectionne.

Le développement de l'adduction d'eau, très rapide à partir de 1954, a été également un facteur important de cette évolution en permettant d'améliorer l'habitat ancien. C'est ainsi que s'expliquent pour une bonne part la progression très forte de l'équipement des logements en eau courante, l'installation des W.-C. à l'intérieur des logements, l'aménagement de salles d'eau.

Il n'en faut pas moins souligner le caractère tardif et les limites de ces améliorations. En 1962, 42 % seulement des logements des agriculteurs sont à la fois construits en dur, dotés d'une cuisine et équipés d'eau courante à l'intérieur ; 9 % seulement ont en outre des cabinets d'aisance intérieurs et 6 % seulement ont, en plus, une baignoire ou une douche installée : proportions bien inférieures aux moyennes nationales.

Toujours en 1962, 28 % seulement des fermes sont raccordées à un réseau collectif d'alimentation en eau courante ; si on ajoute les 20 % qui sont raccordées à un puits, à une fontaine, à une source, ou même à une citerne, on obtient encore moins de la moitié du total. Dans la majorité des fermes, on continue donc d'aller chercher l'eau à un point d'eau. Il est vrai qu'en ce domaine les progrès sont importants après cette date. En 1970, 78 % des exploitations ont l'eau sous pression. Mais le décalage entre le confort des logements dans les ménages agricoles et dans les autres catégories sociales reste important, même si l'on s'en tient aux communes rurales. Il est même tel qu'en 1968 encore les exploitants agricoles, loin d'être comparables aux artisans et petits commerçants ruraux, ont dans l'ensemble des logements plus inconfortables que les ouvriers ruraux eux-mêmes, les salariés agricoles venant toujours, quant à eux, bons derniers. Le seul point sur lequel les chefs d'exploitation apparaissent privilégiés est le nombre de pièces dont ils disposent.

Mais cette position globalement défavorisée des agriculteurs ne doit pas cacher que ce groupe est loin d'être homogène et que tous les chefs d'exploitation n'ont ni la même condition, ni le même sort. En 1963, une étude sur les budgets familiaux fait apparaître dans toute son ampleur l'inégalité sociale qui existe entre les agriculteurs [140]. Elle montre notamment que la proportion des maisons sans eau courante est quatre fois plus élevée chez les agriculteurs les plus pauvres que chez les plus aisés ; les trois classes d'agriculteurs qui ont une proportion inférieure à celle de l'ensemble représentent 45 % de celui-ci. En 1966, une enquête du ministère de l'Agriculture fait ressortir que les chefs d'exploitation de 5 à 35 hectares ont en moyenne des logements moins confortables que les salariés agricoles. Par contre, les chefs d'exploitation de plus de 50 hectares s'avèrent logés à bien meilleure enseigne. C'est parce qu'une forte proportion des agriculteurs vit dans un état de grande pauvreté que ceux-ci, appréhendés dans leur ensemble, se retrouvent au bas de l'échelle sociale. Mais il y a des agriculteurs pauvres, des agriculteurs aisés et des agriculteurs riches : inégalité qui se traduit par un confort plus ou moins grand.

Les fermiers, la plupart du temps locataires de leur logement, et à plus forte raison les métayers, encore plus dépendants, se heurtent à l'inertie de leurs propriétaires. C'est si vrai qu'en 1954 ils sont, sous bien des aspects, logés dans de plus mauvaises conditions que les ouvriers agricoles, qui sont, il est vrai, plus souvent propriétaires de leur logement. Les exploitants-propriétaires apparaissent par contre un peu plus favorisés, dans des proportions, il faut toutefois le souligner, qui restent très modestes.

L'amélioration du confort des logements des ménages agricoles se traduit également par la rapide diffusion qui s'y observe dans les années 60 des équipements les plus usuels dans les familles urbaines. L'après-guerre au contraire ne comporte pas de ce point de vue des changements spectaculaires ; simplement le réchaud ou la cuisinière à gaz viennent compléter ou remplacer le poêle à charbon, et le poste de radio se généralise. En cela d'ailleurs, les ménages agricoles sont à l'image de l'ensemble des ménages français. En 1959 encore, la proportion des ménages équipés est très faible. En cette fin des années 50, on est donc encore, pour l'ensemble des ménages agricoles (comme pour l'ensemble des ménages français) à la « phase initiale » de l'équipement. A la fin de 1972 au contraire, d'une façon générale, plus de sept ménages sur dix disposent de la « télé », du « frigo » et de la machine à laver le linge, les trois équipements à l'aide desquels se mesure en fait, sous couvert d'une estimation objective du « bien-être », le degré de conformité des ménages à la norme sociale de la période, l'intérêt plus ou moins grand pour les capitaux de continuer à s'investir dans telle ou telle branche de la production et celui des commerçants de continuer à prospecter tel ou tel « marché ». Nul doute qu'entre 1960 et 1970, les ménages agricoles ont dans l'ensemble bien pris part à la tendance générale à l'équipement domestique. Néanmoins en 1973 encore, comme pour le confort de l'habitation, ils apparaissent parmi les catégories sociales les moins favorisées.

Le confort des logements des agriculteurs selon les exploitations en 1966 en %

	eau courante, équip. sanit., et W.-C.	
	avec	sans
sans terre	30	7
moins de 5 ha	19,6	14,5
5 à 20 ha	11,5	21,1
20 à 35 ha	13,3	17,9
35 à 50 ha	18,2	12
50 ha et plus	35,6	8
ensemble	16	17,3
salariés	16,2	17,5

SOURCE Min. de l'Agriculture.

Équipés comme en ville.

Équipement des ménages d'agriculteurs
selon leur consommation annuelle totale
1963-1964, en %

dépenses des ménages	réfrigérateur	machine à laver
moins de 6 000 F	5	7
6 000 à 8 000	15	14
8 000 à 10 000	21	21
10 000 à 14 000	31	37
14 000 à 22 000	35	45
22 000 et plus	54	57
ensemble *		
agriculteurs exploitants	24,2	25,9
salariés agricoles	16,6	20,5

* Selon l'enquête sur les conditions de vie des ménages, INSEE, 1963.

SOURCE Enquête OSCE, 1963-1964, citée par Brangeon-Jegouzo.

En outre, là encore, cette évaluation moyenne portant sur l'ensemble des agriculteurs cache une grande hétérogénéité. En 1963-1964, l'écart entre le groupe des agriculteurs les plus favorisés et celui des plus défavorisés est de près de 1 à 11 pour la possession du réfrigérateur et de 1 à 8 pour la machine à laver le linge. Les exploitants les plus favorisés ont alors un taux d'équipement semblable à celui des patrons de l'industrie et du commerce pour le réfrigérateur et à celui des professions libérales et cadres supérieurs pour la machine à laver.

La rapidité et l'ampleur du mouvement d'acquisition des biens domestiques à la campagne sont des indices certains que les couples et les ménages agricoles ont largement adopté l'image urbaine du foyer. Ces biens en effet n'ont-ils pas avant tout été conçus pour répondre plus précisément aux besoins des foyers urbains ? Dès lors, le retard qui s'observe dans le rythme d'équipement des ménages agricoles est-il le signe d'une spécificité culturelle ou à tout le moins et plus simplement d'un mode de vie différent ? Il est sûr que, si les constructions nouvelles introduisent dans les campagnes la distinction entre la cuisine d'une part et la salle à manger-salle de séjour d'autre part, l'importance des maisons anciennes dans l'ensemble du patrimoine immobilier rural n'en maintient pas moins la tradition de la cuisine-salle commune dans le plus grand nombre des ménages, même si des transformations intérieures sont venues modifier assez souvent la disposition traditionnelle des pièces. Simplement cette pièce où l'on vit prend davantage l'apparence d'une cuisine avec tous les appa-

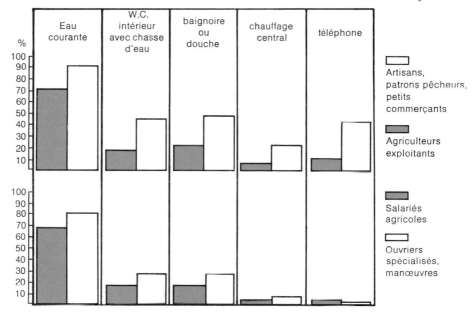

reils et meubles qui s'y logent, surtout s'ils sont, comme c'est parfois le cas, incorporés dans des ensembles fonctionnels. La télévision et la grande table indiquent toutefois qu'il s'agit bien encore de la salle commune.

Le fait de disposer d'une cave bien fraîche, la possibilité de recourir au jardin pour l'approvisionnement en légumes frais expliquent sans doute que l'acquisition du réfrigérateur ait été au début moins recherchée que celle de la machine à laver le linge, qui semble jouir au contraire d'un attrait particulier dans les ménages agricoles. Mais celle-ci est en fait appréciée dans toutes les catégories de ménages où l'on ne peut pas se payer de domestique, et à plus forte raison si la femme travaille : la machine à laver connaît plus de succès également chez les ouvriers jusque dans les années 60 alors que le réfrigérateur l'emporte immédiatement sur elle chez les patrons de l'industrie et du commerce, les cadres supérieurs et les membres des professions libérales. Les familles paysannes s'apparenteraient donc sur ce point aux familles de travailleurs; ni plus, ni moins.

En 1972, le réfrigérateur est de toute façon l'équipement le plus courant dans toutes les catégories sociales, il atteint même ou est bien près d'atteindre le « seuil de saturation » chez presque toutes. Concernant les ruraux, faut-il y voir le reflet d'une transformation des attitudes d'approvisionnement liée au recul de l'autoconsommation, et donc une similitude renforcée avec le mode de vie urbain ?

Le congélateur qui connaît un incontestable succès dans les campagnes [141] introduit par contre une donnée fondamenta-

Éléments de confort dans le logement : comparaison entre les ménages agricoles et les couches sociales homologues dans les communes rurales en 1968. Source : Recensement général de la population, 1968.

lement nouvelle dans la mesure où il permet de concilier une importante autoconsommation et des habitudes alimentaires privilégiant les aliments frais : les légumes congelés peuvent se substituer aux conserves et la viande fraîche au salé. Là aussi, l'avantage est à l'agriculteur qui peut vivre toute l'année des fruits de son verger, des légumes de son jardin et de la viande de son étable, de sa porcherie, de sa basse-cour... ou de la chasse. A lui la nourriture la plus fraîche puisque congelée aussitôt que récoltée ou qu'abattue, de la meilleure qualité dans la mesure où elle peut porter sur des produits faits maison qui échappent encore aux procédés de la production industrielle, et au moindre coût, puisque économisant tous les frais de la transformation et de la commercialisation. Les enquêtes de l'Institut national d'hygiène, réalisées entre 1946 et 1952, avaient déjà fait apparaître l'importance de l'autoconsommation au lendemain de la guerre. Mais les circonstances pouvaient alors l'expliquer. Or, en 1956, elle représente encore 53,1 % de la consommation alimentaire des exploitants [142]. Et elle se maintient de façon très notable même jusqu'en 1971, dernière estimation dont on dispose. A cette date, elle représente encore près du tiers de la consommation alimentaire totale de l'ensemble des ménages agricoles habitant les communes rurales, salariés et anciens agriculteurs compris. Chez les seuls exploitants, la proportion serait plus forte [143]. Elle est par contre plus faible dans la population agricole résidant dans les communes urbaines (23,1 % en 1971) et sa régression s'est accélérée entre 1970 et 1971 par rapport à la période précédente.

Une consommation « rustique ». Ce maintien relatif de l'autoconsommation va de pair avec une importance respective des différents aliments dans la consommation totale qui est très particulière aux ménages agricoles, salariés aussi bien qu'exploitants. Ceci se traduit par une plus grande part accordée aux aliments riches en éléments énergétiques bon marché, tels que le pain, les pommes de terre, les pâtes alimentaires, et par une forte consommation, relativement aux autres catégories sociales, de volailles, lapins et gibiers ainsi que de lait frais. Par contre, la consommation d'agrumes et bananes est de 50 % inférieure à celle des autres catégories de ménages, la viande de boucherie, le poisson, sont également nettement moins consommés. Il est difficile de faire ici le départ entre ce qui tient aux possibilités respectives des agriculteurs d'une part (les ressources de l'exploitation et du jardin) et des citadins d'autre part (un commerce alimentaire plus proche, plus diversifié, plus puissant), aux niveaux des ressources des différentes catégories sociales, aux habitudes alimentaires proprement dites des uns et des autres. Ce qu'on peut dire simplement, c'est que les caractéristiques propres de leur consommation alimentaire, les ménages agricoles les partagent avec les ménages ouvriers. Toutefois, ils sont dans une position encore plus extrême que ceux-ci : ils consomment encore plus de pain, de pâtes, et d'une façon générale, d'aliments à base de céréales, nettement plus de volailles et de lapins et nettement moins de fruits frais et notamment d'agrumes, ou de viande. Sans doute, les possibilités d'autoconsommation qui s'offrent à eux expliquent-elles cette différence des comportements alimentaires.

On retrouve donc, dans les années 70, des traits caractéristiques, même s'ils se sont beaucoup estompés, de l'alimentation paysanne de l'entre-deux-guerres. C'est d'abord la place d'honneur du pain : en 1972, la consommation annuelle de pain par unité de consommation [144] est encore de 140,7 kilos dans les ménages d'agriculteurs, et de 117,5 dans ceux de salariés agricoles, alors qu'elle va de 54 à 90 kilos dans les autres catégories [145]. C'est ensuite la prééminence du porc et des petits animaux de l'élevage domestique comme pourvoyeurs de l'alimentation carnée : volailles et lapins représentent 40 % de la quantité de viande consommée, porc et charcuterie 32 %, la viande de boucherie compte à peine pour le quart, les conserves de viande faisant la différence. C'est aussi et enfin l'importance du vin : la consommation moyenne de vin est de 163,5 litres par an et par personne adulte dans les ménages d'agriculteurs et de 132,5 litres chez les salariés agricoles, alors qu'elle se situe entre 76,5 litres et 115 litres et demi dans les autres catégories de ménages. La différence est encore plus nette pour la consommation de cidre.

Mais ces estimations laissent de côté un aspect important de l'alimentation, celui qui touche à la préparation des aliments. Sur ce point, les descriptions précises manquent. Mais elles confirmeraient le mouvement noté pendant l'entre-deux-guerres vers plus de variété et feraient apparaître une plus grande similitude encore entre la cuisine préparée à la ferme et celle des ménages citadins. Elle montrerait aussi, sur ce plan comme sur les autres, des différences importantes entre les diverses couches d'agriculteurs.

En fait, les familles d'agriculteurs participent dans l'ensemble et chacune à sa place de plain-pied à la vie sociale, et à la culture des mass media. Certes, l'isolement se rencontre encore, mais il est exceptionnel. Le plus courant et le plus profond n'est d'ailleurs pas celui qui découle des conditions géographiques, mais celui qui est dû à la pauvreté et au dénuement [146]. Et cet isolement-là n'est pas particulier aux populations agricoles même s'il y touche des couches particulièrement nombreuses, notamment parmi les personnes âgées et les ouvriers agricoles. Produit d'un système économique et social fondamentalement inégalitaire, il n'a rien à voir avec une quelconque spécificité culturelle que toute l'évolution engendrée par ce système s'est de toute façon employée à détruire.

Depuis longtemps, les agriculteurs sont une des catégories sociales où la possession d'une voiture est plus fréquente qu'en moyenne. Habitat et profession en font une nécessité. En 1972, 76 % des ménages d'agriculteurs en ont une. Sept

Quantité autoconsommée par les ménages agricoles et non agricoles, en 1971, en %

	pop. agr.	pop. non agr.
pain	4,8	0,1
p. de terre	79,1	17,9
légumes frais	71,4	24,7
légumes secs	57,5	18,6
fruits frais	49,9	14,7
porc	50,2	3,2
jambon	42,3	3,1
charcuterie	32,1	2,1
volailles	74	11,3
lapins	92	3,5
œufs	73,9	13,6
lait frais	67,9	1,7
beurre	22,2	0,4
vin	42,1	3
cidre	98,1	48,4

SOURCE La consommation alimentaire des Français en 1971, INSEE.

La famille « moderne », 1966.

ménages sur dix, on l'a vu, ont la télévision, et si le téléphone est nettement plus rare, il est cependant à peu près aussi fréquent que chez les employés. Les ouvriers agricoles sont toutefois nettement plus défavorisés, sauf pour la télévision.

Prises globalement, les familles agricoles ont les « pratiques culturelles » des familles populaires. C'est même très précisément aux familles ouvrières qu'elles se comparent le mieux. Par rapport à ces dernières, toutefois, deux différences sensibles s'observent. C'est d'abord une vie sociale moins développée, les agriculteurs sortent moins de chez eux, reçoivent moins d'amis et de parents et sont moins souvent en visite que les ouvriers. Leur vie sociale est plus exclusivement familiale. D'autre part, ils ont moins que ces derniers recours aux moyens de diffusion de ce qu'il est convenu d'appeler la « culture », savante ou populaire : ils lisent moins de livres, vont à moins de spectacles, visitent moins les musées; ils regardent même moins la télévision. Leur insertion dans la vie sociale se fait plus spécifiquement par le biais professionnel, c'est ce qui explique qu'ils lisent davantage d'hebdomadaires et de mensuels que les ouvriers (car il s'agit essentiellement de périodiques professionnels) et aussi qu'ils participent davantage qu'eux à des associations.

Mais est-il légitime de parler ici encore en termes aussi généraux ? Chaque couche d'agriculteurs a le mode de vie que ses conditions d'existence et ses ressources lui permettent; chacune d'elle copie ou s'efforce de copier celui de la classe sociale à laquelle elle s'identifie. Tandis qu'une infime minorité

d'agriculteurs multiplie les voyages à l'étranger, voire participe à des safari, le jeune agriculteur moyen s'efforce de trouver une formule d'entraide lui permettant d'aller passer quinze jours au bord de la mer. Le plus grand nombre des agriculteurs cependant continue de ne pas prendre de vacances.

Si l'on considère leur consommation totale, les agriculteurs ont en moyenne une position très défavorisée par rapport aux autres catégories sociales. Toujours très proches des ouvriers, ils sont même plus souvent au-dessous qu'au-dessus d'eux, entre 1956 et 1971. Quant aux salariés agricoles, la médiocrité de leur niveau de vie n'est dépassée que par celle des personnels de service. Cette infériorité des dépenses de consommation des ménages agricoles porte sur toutes les catégories de dépenses. Mais elle se traduit également par une part plus importante des dépenses consacrées à l'alimentation : en 1971, celle-ci représente environ 45 % de leurs dépenses, alors que la moyenne d'ensemble est de 37 % et que, même chez les ouvriers, elle n'atteint pas 40 %. C'est certes là l'indice d'un niveau de vie faible, car cela montre que les ressources dont disposent les ménages agricoles doivent continuer d'être consacrées en priorité aux besoins les plus élémentaires. Et ceci d'autant plus que le montant de leurs dépenses alimentaires est parmi les plus faibles. Mais cela découle aussi de la façon dont sont estimées les dépenses alimentaires des ménages agricoles. L'autoconsommation, dont on a vu l'importance, est évaluée en effet au prix de détail, alors qu'il ne s'agit pas de dépenses réelles en argent. Les agriculteurs, en fait, s'ali-

Les trois sources de l'éducation : la famille, l'école, la télévision. Devant la télévision, la famille devient un public. Les échanges interpersonnels s'en trouvent réduits d'autant. Saône-et-Loire, 1963.

mentent pour une bonne part sans compter, alors que tous les achats effectifs dépendent des disponibilités monétaires du moment. C'est ce qui explique, au moins pour une part, qu'à niveau de revenu égal, ils dépensent plus que les autres catégories sociales pour l'alimentation, alors qu'ils sont généralement au-dessous de la moyenne pour tous les autres postes. Autrement dit, ils se nourrissent bien parce qu'ils ont moins à dépenser pour le faire, dans la mesure où ils savent se contenter de leurs propres productions. La valeur d'usage reprend ici ses droits et permet aux agriculteurs de s'offrir une table qui échappe partiellement aux limites de leurs ressources monétaires. Mais à la condition d'accepter les contraintes de l'autoconsommation. Ceci est surtout vrai pour les chefs d'exploitation aux revenus les plus modestes qui ont une « dépense » alimentaire bien supérieure à celle des ouvriers, alors que leurs dépenses non alimentaires sont fort comparables.

De médiocres consommateurs. Mais s'il est un tant soit peu remédié à la pauvreté dans le domaine alimentaire par un recours à l'autoconsommation, ses conséquences sont saisissantes sur toutes les autres dépenses des ménages agricoles aux ressources les plus faibles. En 1963, l'écart entre la dépense moyenne par personne adulte dans les ménages d'agriculteurs pauvres et dans les ménages d'agriculteurs riches est en effet au moins de 1 à 7, sauf en ce qui concerne le loyer, le combustible et l'éclairage où il est de 1 à 3 et où la part de l'autofourniture est élevée [147]. Il atteint 1 à 8 pour l'enseignement, dépasse 1 à 10 pour les achats de meubles et d'équipements ménagers, les dépenses « culturelles », celles de transports et de communication,

Jeune fille cohabitant et travaillant avec ses parents. Manche, 1965.

Une cuisine bien équipée dans le Sud-Ouest, 1974.

culmine avec les dépenses de santé pour lesquelles il va de 1 à 22,4.

On retrouve là, exprimée fort crûment, l'extrême hétérogénéité du groupe des agriculteurs ; ils sont ainsi placés chacun à leur rang dans une société qui hiérarchise ses membres selon leur capacité à consommer.

En l'occurrence, le constat est clair : 70 % des ménages d'agriculteurs ont une consommation inférieure à celle de la valeur moyenne de leur propre groupe. Parmi eux, deux sur dix ont dans la plupart des domaines, alimentation non comprise, une dépense égale à 20 ou 30 % de la dépense moyenne et deux autres ont une dépense égale à 40 ou 50 % de la dépense moyenne. Si l'on songe que cette moyenne est déjà une des plus faibles dans l'ensemble des catégories sociales, on a une idée du degré de pauvreté atteint par des centaines de milliers d'exploitants en 1963-1964. L'augmentation du niveau de la consommation moyenne par ménage observée entre 1965 et 1969 correspond pour une bonne part à la disparition d'un grand nombre de ces exploitants pauvres qui, du groupe des agriculteurs, passent à celui des inactifs, parmi les « anciens agriculteurs ». Elle ne signifie donc pas forcément une amélioration de la situation de ceux qui restent.

A l'autre extrémité de l'échelle, 8 % d'agriculteurs très aisés ont un niveau de vie à peu près deux fois plus élevé que le niveau de vie agricole moyen, ce qui les situe parmi les catégories sociales les plus favorisées.

Cette inégalité dans la consommation en recoupe d'autres. Elle rejoint celle qui a déjà été évoquée à propos du célibat. C'est aussi l'existence d'une importante paysannerie pauvre qui explique les taux élevés de la mortalité infantile chez les agriculteurs. La place qu'occupent les ouvriers agricoles dans ces statistiques de la misère sociale, à côté des manœuvres, est particulièrement significative. Combien de petits agriculteurs ont en fait les mêmes conditions d'existence misérable qu'eux ? Les agriculteurs sont également, avec les ouvriers et les salariés agricoles, la catégorie sociale qui subit le plus fortement l'inégalité face à la scolarisation. Mais le destin scolaire des enfants n'est pas le même selon l'importance de l'exploitation où ils naissent et ce déclassement des agriculteurs dans leur ensemble face à l'école est en fait dû à la « petite culture »; c'est encore vrai après l'augmentation récente de la scolarisation des enfants d'agriculteurs comme le montre une recherche réalisée entre 1970 et 1972 au Centre d'ethnologie française [148]. Le nombre des enfants qui atteignent ou dépassent le

Quotients moyens annuels de mortalité des hommes
suivant la cause de décès, pour 10 000
(groupe d'âge : 46-55 ans)

	toutes causes	cirrhose du foie	accidents	suicides
techniciens, sect. privé	60,5	3,4	5,8	2,4
cadres moyens, sect. pub.	63,7	5,1	4,3	2,2
cadres moyens, sect. privé	69,1	5	5,5	2,9
contremaîtres et ouvriers qualifiés, sect. public	73,5	9,6	9	3,1
agriculteurs exploitants	74,1	8,9	7,4	5,9
empl. de bureau, sect. public	78,3	9,8	8,1	2,7
patrons indust. et commerce	80,7	10,2	6,9	3,1
empl. de bureau, sect. privé	82,2	8,1	5,8	2,5
contremaîtres et ouvriers qualifiés, sect. privé	90,9	10,2	10,2	3,8
ouvriers spécialisés, secteur public	91,1	14,4	12,1	4,7
secteur privé	98,1	11,9	12,8	4,6
salariés agricoles	101,6	12,7	17,8	8,8
manœuvres	129,5	18,8	19,7	7,2
ensemble de la France	97,8	11,4	10,2	4,6

SOURCE Données sociales, INSEE, 1973.

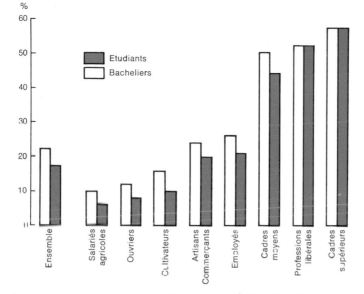

niveau du baccalauréat est près de quatre fois plus important dans les grandes exploitations que dans les exploitations familiales.

L'inégalité sociale entre les familles paysannes et la position très défavorisée des agriculteurs considérés en bloc dans le système de production et de distribution des richesses seront donc restées un trait constant et fondamental de la période [149]. Elles reflètent la place qu'occupe l'agriculture dans le développement du capitalisme et les transformations qu'elle subit sous la pression de celui-ci.

Toutefois les familles paysannes et leur place réelle dans la vie sociale ne peuvent être totalement saisies si elles ne sont pas situées dans la société villageoise, cadre élémentaire et premier de leur existence sociale. Celui-ci constitue un échelon à leur mesure de la vie en société, voire un glacis plus ou moins durablement efficace contre les influences d'un monde extérieur étranger, sinon menaçant. Les familles étant les cellules de base de la vie sociale villageoise, l'inégalité entre elles est certes le fondement même de la hiérarchie sociale du village, dans laquelle s'intègrent aussi les autres catégories de la population rurale. Mais inversement, les rapports sociaux au sein du village interviennent dans la formation de cette inégalité. Ils l'estompent dans la mesure où, communautaires, ils continuent de constituer un recours contre le dénuement matériel et l'isolement social; individualistes, ils l'aggravent au contraire en augmentant la compétition et donc l'élimination des plus faibles.

Le village est transformé par l'évolution des cellules familiales qui le composent et notamment par l'importance croissante que la famille prend et la clôture toujours plus accentuée des rapports sociaux qui en résulte. Mais, comme la famille, il subit le contrecoup du développement du capitalisme.

Proportion des étudiants et des bacheliers selon la profession du père, d'après *Population*, 3, 1973, p. 586. Parmi les enfants ayant quitté le cycle des études élémentaires en 1962, 10 % seulement des enfants de salariés agricoles ont accédé au grade de bachelier dix ans plus tard, et 10 % seulement des enfants de cultivateurs ont entrepris des études supérieures. La comparaison de ces proportions avec celles qui caractérisent les autres catégories socio-professionnelles montre que le handicap scolaire des enfants d'origine agricole est comparable à celui des enfants d'origine ouvrière.

3

le paysan
dans ses villages

paysan maître chez soi

la consécration de la paysannerie

La guerre terminée, les survivants revenus, chaque famille paysanne peut donc procéder à un bilan, évaluer ses atouts; et d'abord, sa propre possibilité de se perpétuer dans un fils ou un petit-fils. A travers l'histoire des exploitations et des familles, nous avons évoqué l'atmosphère du village au lendemain de la guerre, jusqu'à la crise des années 30. Des familles paysannes en pleine ascension sociale voient leurs efforts d'épargne et d'accumulation ruinés par la disparition de l'héritier. La propriété de la terre n'est plus rien sans homme pour la faire valoir et assurer la descendance qui la fera valoir à son tour. Un homme ayant la pleine disposition de ses moyens est un bon parti pour les héritières les mieux nanties, même s'il est sans fortune et sans terre. Le drame vécu par ceux qui sont ruinés, soit dans leur fortune, soit dans leurs espoirs, et la peine d'avoir perdu un ou parfois même plusieurs êtres chers se mêlent à la joie de ceux qui sont revenus, de ceux qui les attendaient, et à l'excitation que provoquent la remise en état de la ferme, les bonnes récoltes successives, la reprise et même le développement des échanges et cette euphorie que l'inflation donne à ceux dont les revenus en bénéficient.

Les bouleversements monétaires dus à la guerre assurent la consolidation de la paysannerie moyenne montante. On l'a vu en présentant les séries statistiques. Les observations monographiques confirment cette tendance et en font apparaître les incidences sur les structures sociales villageoises.

Le village, un hâvre souvent bien désert! Double page précédente : un village de Seine-et-Marne, 1960. Communauté ou solitude ? Les deux à la fois.

Bois de Maillol illustrant les *Géorgiques* de Virgile, éd. Ph. Gonin, 1950.

Entrée d'un village d'Alsace, 1973.

La cueillette des olives.

La taille de la vigne.

Celles-ci varient beaucoup selon les régions. Mais, d'une façon générale, la démocratie paysanne s'installe au village.

Cependant cette ascension s'accompagne d'un dépeuplement qui remet progressivement en cause la vie villageoise elle-même. Ceci est lié au fait que le village achève de prendre sa physionomie exclusivement agricole tout en s'intégrant toujours plus à la société globale.

Nombre de grandes propriétés sont en difficulté et se démembrent. De vieilles « grandes » familles perdent leur position sociale dominante pour devenir les témoins historiques respectés ou haïs, doucement plaints ou raillés, de la société désormais bien révolue du XIXe siècle [1]. C'est la tendance de la fin du siècle passé qui se poursuit ou reprend avec vigueur, après avoir plus ou moins marqué le pas dans la première décennie du XXe. Pierre Clément observe nettement cette reprise de l'éclatement des grandes propriétés dans le canton de Sauve (Gard), en pays viticole. Pierre Bozon fait la même constatation dans le Vivarais, Max Derruau dans la Limagne bourbonnaise et Julien Casebonne explique comment, dans le Sud-Ouest aquitain, le propriétaire doit reprendre son exploitation en gestion directe ou la céder à son métayer [2].

Ceux qui n'ont pas suffisamment de terre pour vivre en la travaillant partent en plus grand nombre encore. La disparition des très petites exploitations s'accélère. De ce point de vue, la guerre paraît même marquer, au moins dans certaines régions, une véritable rupture.

Il en est par exemple ainsi dans le Vivarais où, selon P. Bozon, l'accroissement du nombre des petits propriétaires et de la part du sol qu'ils détiennent s'observe jusqu'en 1913, alors qu'au contraire, après cette date, le nombre des propriétaires de moins de 5 hectares diminue fortement et que le nombre des propriétaires forains * s'accroît considérablement. « C'est que beaucoup de ces petits possédants sont des émigrés, ayant gardé une maison ou un lopin au pays : en moyenne, c'est de 20 à 30 % des possesseurs de moins de 5 hectares qui ont émigré au loin. » Parfois, c'est beaucoup plus : 35 % ou même 45 % en un demi-siècle.

L'évolution est identique dans les campagnes toulousaines où, comme le note Robert Brunet, « l'ascension de la propriété paysanne s'est faite en deux temps » : d'abord une phase d'extrême morcellement à la fois de la propriété et de l'exploitation, puis une concentration de la propriété paysanne, les très petites cotes disparaissant progressivement. « C'est seulement après la guerre de 1914-1918 que les petites entreprises disparaissent une à une, au profit des exploitations de 15 à 30 hectares », souligne-t-il [3].

C'est l'histoire de la fin du XIXe siècle et de l'avant-guerre qui là aussi se poursuit ; la guerre simplement la précipite. Et

* Ceux qui ne résident pas dans la commune.

pas seulement par l'hécatombe qu'elle provoque au sein de la paysannerie. La multiplication du nombre de propriétaires forains traduit aussi l'accélération de l'exode rural qu'elle entraîne, comme on l'a déjà noté. La guerre agit là comme une sorte de révélateur; gigantesque bouleversement, elle met à l'épreuve les êtres et les situations.

Surtout elle s'accompagne d'une crise économique qui, si elle remet en cause des situations acquises et ouvre des possibilités nouvelles à certaines catégories sociales jusque-là moins favorisées (comme les métayers, par exemple), provoque aussi la prolétarisation des plus faibles. Ainsi, « le berger mobilisable qui vivait en 1914 de l'élevage et de l'exploitation d'un troupeau qu'il dut liquider à bas prix, ne peut racheter au cours de l'après-guerre qu'en empruntant s'il trouve du crédit : sinon, adieu moutons, montagne et... liberté ». De même, « l'ouvrier agricole, le domestique, qui avait économisé héroïquement dans le but d'acquérir une maison, de fonder un foyer, pourra peut-être acheter quelques meubles... d'occasion ». Et même, parmi les exploitants, « nombre de femmes de métayers et de fermiers restées seules avec des enfants souvent en bas âge, avaient cessé leur exploitation, vendu toujours à vil prix le cheptel; si des maris heureusement revenus valides désirent retourner à la terre, ils trouveront certainement des fermes à louer, mais subiront pour s'équiper à nouveau en bêtes de travail les conditions onéreuses d'usuriers sans scrupule. Perspective peu encourageante [4] ».

Cette évolution favorise au contraire tous ceux qui, « installés à l'avance dans une exploitation, purent continuer sa mise en valeur au long de la tourmente : propriétaires cultivant, gros et moyens fermiers, métayers même », constate É. Guillaumin [5]. C'est en ce sens que l'on peut parler de consolidation de la paysannerie.

Grands propriétaires, fermiers et métayers.

Il n'empêche qu'il existe toujours des régions entières où les sociétés villageoises continuent d'être très hiérarchisées, et de vivre sous le patronage du grand propriétaire.

Sur l'entre-deux-guerres, les descriptions manquent. Mais, au milieu du XXᵉ siècle encore, après la crise des années 30 qui fut une si rude épreuve pour l'agriculture et alors que celle-ci est plongée depuis vingt ans dans les transformations profondes que la Seconde Guerre mondiale a rendues nécessaires, la grande propriété continue de dominer dans les régions où elle est depuis longtemps la mieux implantée.

Parfois même, le grand propriétaire est encore un noble de vieille extraction. Dans tel village des Mauges, par exemple, les rapports sociaux sont encore en 1965 fort semblables à ceux que l'on trouve dans le bas Maine au début du siècle [6]. Les neuf dixièmes de la terre sont encore possédés par trois familles nobles; l'une est résidente, l'autre absentéiste, et la troisième vient en vacances l'été. Pratiquement tous les agri-

culteurs dépendent de l'une de ces trois familles; toutefois
le fermage s'est substitué au métayage. La famille paysanne
est restée très patriarcale, le père a l'autorité et la mère est
« gardienne » du foyer. Les ouvriers agricoles, qui fournissent
la main-d'œuvre permanente, sont des domestiques attachés
depuis longtemps à une exploitation. Les jeunes qui débutent
comme ouvriers agricoles ne le restent pas et partent sans
tarder à l'usine. La hiérarchie sociale est très marquée, la
distinction essentielle est entre les notables que sont les trois
châtelains, le patron de l'usine et le curé, et le reste de la
population. « Dans la vie sociale, le rapport châtelain/métayer,
analogue au rapport père/fils dans la vie familiale, est le
modèle de beaucoup d'autres rapports sociaux; en particulier,
les rapports patron/ouvrier et curé/fidèle en sont une transpo-
sition directe : forte distance sociale, subordination acceptée,
confiance faite au notable pour résoudre les problèmes de la
collectivité mais aussi les problèmes familiaux. »

Les notables, châtelains en tête, assurent les rapports de la
commune avec l'extérieur. Leur autorité et leur rôle sont
considérés comme allant de soi par la grande majorité des gens.
Pourtant déjà le pouvoir économique et la richesse désignent
les futurs notables. Certes dans l'immédiat, ces notables
potentiels, riches et respectés en tant que tels, ne sont pas
encore reconnus comme les « guides naturels » de la communauté. Tout en se situant à un niveau plus élevé de la hiérarchie
sociale que les autres familles, ils restent socialement inclus
dans la communauté dont ils ne se distinguent que par leur
pouvoir économique. Néanmoins la richesse est le facteur
déterminant pour être dorénavant reconnu capable d'exercer
des responsabilités. Ainsi, faute de châtelain, on élira au
conseil municipal l'agriculteur le plus riche qui reprendra la
fonction globale du notable; personne n'imagine que cette
fonction puisse être fragmentée et répartie.

Donc, dans cette région, « la cohérence de la société traditionnelle s'est perpétuée de manière étonnante; le maintien
de l'autorité traditionnelle et le consensus des habitants ont
contribué à conserver à la collectivité ses traits essentiels.
Certes, l'agriculture s'est modernisée, la vie religieuse a été
assouplie, l'autorité des notables a diminué, les commodités de
la vie moderne et les habitudes urbaines ont pénétré, mais sans
rompre l'équilibre, qui n'était pas non plus rompu par l'exode
freiné autant que possible par les cultures spéciales et les
emplois industriels. Dans ces conditions, vu de l'intérieur,
avec les yeux des habitants, il semble que l'équilibre puisse se
maintenir longtemps ».

La Puisaye offre un autre exemple de « constance d'une
structure sociale très hiérarchisée et d'une atmosphère
paternaliste [7] ». Là le grand propriétaire change selon les
époques, mais la grande propriété se maintient. « Au XXᵉ siècle,
de nouveau, l'épuisement des vieilles fortunes amène le propriétaire noble en difficulté à se défaire de ses domaines au

profit de fortunes plus récentes, qui rachètent le plus souvent tout l'ensemble, ou au moins la part la plus considérable de la propriété, ne se défaisant que de quelques fragments. » Ainsi, en 1958, à Tannerre-en-Puisaye, deux de ces nouveaux propriétaires possèdent à eux seuls plus du cinquième du finage. Ils appartiennent pour la plupart à l'industrie ou aux professions libérales et, dans l'ensemble, ils ne résident pas. Néanmoins certains ont pris la relève de la vieille noblesse locale, aujourd'hui éloignée : le château de Tannerre-en-Puisaye, par exemple, et son domaine, soit plus du sixième de toute la commune, appartiennent à un grand industriel d'Auxerre. « Ainsi, à travers quelques changements de mains, le visage foncier de la Puisaye est à peine modifié, et la grande propriété, toujours prépondérante, crée aujourd'hui à l'exploitation un cadre apparemment favorable. »

La société villageoise est très hiérarchisée et le patronage du propriétaire a laissé de profondes empreintes. L'arrivée du maître n'était-elle pas encore très récemment fêtée par tout le village, comme celle du « père le plus débonnaire au milieu de ses enfants » ? Mais, contrairement à ce que l'on a vu dans les Mauges, une possibilité relative d'ascension existe et cette société soigneusement hiérarchisée n'est nullement cloisonnée. Un système très raffiné combinant le fermage, le métayage et l'emploi salarié permet au contraire à chacun, selon ses moyens et selon ses mérites, de gravir plusieurs échelons de la hiérarchie allant de l'état de journalier non propriétaire à celui de gros métayer ou même de gros fermier. L'ensemble du système, bien entendu, est conçu de façon à la fois à fixer, le plus efficacement possible, la main-d'œuvre et à préserver le pouvoir du propriétaire. Ainsi, de même façon que le bas Maine au XIXᵉ siècle, la Puisaye apparaît en 1960 comme « une région où le métayage fonctionne de façon exemplaire et fait preuve de son efficacité économique et sociale », laquelle se traduit en effet par ce résultat remarquable, « trait caractéristique » de la Puisaye : le faire-valoir y est en plein milieu du XXᵉ siècle pratiquement inexistant !

Le modèle est loin d'être toujours aussi pur et prospère. Dans son village du Forez, le quatrième comte de Lurcieu voit sa maison se défaire, dès la fin de la Seconde Guerre mondiale : une partie de ses fermes sont vendues, d'autres ne sont plus exploitées, il ne trouve plus de fermiers « capables de payer sans exiger plus de réparations qu'ils ne donnent d'argent, ni de métayers à moitié fruits, pas même au tiers, ni de journaliers », les fonds sont convertis en pâtures et en bois. Sa famille tombant en quenouille, désargenté, il abandonne la partie [8]. Pour donner du grand propriétaire une image moins brillante que celle de la Puisaye, cette description est sans doute plus commune.

Mais, même lorsque la grande propriété se maintient honorablement, voire lorsqu'elle conserve un lustre certain, les exploitants, généralement fermiers, sont économiquement,

Le dehors...
Fermé sur lui-même, village du Vaucluse, 1957.

On partage le même genre de vie.

La grosseur du tas classe la
ferme. Lorraine, années 50.

Rue d'un village de la Nièvre, 1920.

... et le dedans : la petite place, la rue où l'on se rencontre entre « connaissances ». Charente, 1959.

socialement et politiquement, souvent bien moins dépendants de leurs propriétaires au milieu du XXᵉ siècle qu'à la fin de la Première Guerre mondiale. Philippe Bernard donne un exemple particulièrement remarquable de la perte d'influence des grands propriétaires fonciers à propos de la Brie. « L'aristocratie des grands propriétaires, si elle survit, a beaucoup perdu en richesse, et plus encore en domination, écrit-il. La possession de la terre ne représente plus qu'un avantage économique réduit, et vis-à-vis de l'aristocratie foncière, les autres classes se sont singulièrement affranchies. Par suite, l'avantage social que représente la possession de la terre est devenu très secondaire, très insuffisant pour assurer à ceux qui en bénéficient une renommée et une considération comparables à celles qu'elle procurait cent ans plus tôt [9]. »

Il faut qu'une fortune exceptionnelle s'ajoute à la grande propriété pour que, comme la famille Sommier, raffineurs de sucre, ou la famille Rothschild, le propriétaire conserve une influence locale. Mais ce n'est plus la possession de la terre qui assure sa domination et ces cas sont exceptionnels.

C'est en général un Parisien qu'on ne voit jamais, qui, bien que parfois porteur d'un nom illustre, est un inconnu pour les fermiers ; en un mot, « sur ses propres terres, il est devenu un étranger dont nul n'a besoin ».

C'est à un passé dont la persistance est étonnante que nous renvoient les descriptions des Mauges et de la Puisaye ; l'inégalité dont elles parlent évoque la féodalité. Pourtant déjà des signes de profonde transformation s'y manifestent. Dans la Brie et le Multien, ces transformations sont achevées et les structures agraires fondées sur la grande propriété y ont pris une forme moderne dominée par la grande exploitation.

Patrons et ouvriers. Au sommet de la hiérarchie sociale, le fermier a pris la place du propriétaire et ceci a provoqué un déplacement du centre de gravité dans les rapports sociaux. Désormais en effet, « la frontière sociale la plus marquée passe entre les exploitants qui, comme propriétaires ou locataires, ont la jouissance des moyens de production, et les salariés qui n'ont que leur force de travail. Cette situation, qui n'a fait que se renforcer depuis un siècle, domine les rapports des propriétaires et des fermiers ». Le rapport social fondamental demeure toujours aussi inégalitaire ; il a par contre pris une forme tout à fait nouvelle et semblable à celle du rapport de classes le plus pur du système de production capitaliste. On n'appelle d'ailleurs pas le fermier « fermier », mais bien « patron ».

Et, de fait, les grands exploitants de Seine-et-Marne forment « une classe vigoureuse et pleine de cohésion ». Ceci s'exprime en particulier par l'absence volontaire de concurrence. « Ainsi, on ne soustrait pas à un voisin une terre qui lui est traditionnellement louée ; on n'embauche pas un ouvrier débauché d'une exploitation voisine, particulièrement s'il l'a été pour son activité syndicale ou politique, on ne paie pas un ouvrier au-dessus du tarif légal, etc. »

En dessous des grands exploitants, viennent les cadres techniques : ingénieurs, techniciens, chefs de culture, gérants de coopératives, etc. Mais ils constituent une couche sociale peu nombreuse, très marginale, et sans grande influence réelle dans la stratification sociale.

Par contre, les ouvriers agricoles sont le second élément nécessaire de la structure sociale, face aux gros exploitants. Ces ouvriers agricoles furent d'abord des anciens « manouvriers », ces journaliers-petits propriétaires qui étaient fort nombreux au milieu du XIXᵉ siècle et qui ont été contraints de louer leur terre à un fermier voisin et de se louer eux-mêmes avec leur cheval, devenant ainsi ouvriers agricoles. Mais les descendants de cette première génération d'ouvriers agricoles ont quitté la terre. Dans les années 50, la population ouvrière est extrêmement instable, déracinée, nomade ; elle comprend une forte proportion d'étrangers, une des plus importantes, sinon la plus importante de tous les départements français. Sa situation sociale est particulièrement lamentable, les salaires sont bas, les ouvriers qui sont logés le sont dans des conditions la plupart du temps médiocres et parfois scandaleuses. De plus, la condition d'ouvrier agricole « paraît être atteinte d'une espèce de tare, de malédiction particulière ». Elle entraîne une véritable régression psychique des individus. « Peu estimé, l'ouvrier agricole avait peu de chance de voir la nature de son travail, son logement, son salaire s'améliorer beaucoup. Inversement, son patron pouvait difficilement compter de sa part, en dehors de toute surveillance, sur une application et un intérêt très grands à son travail. Ainsi, s'est déroulé un processus où tout concourait au même résultat : l'abaissement de la condition de l'ouvrier agricole, qui rejaillit sur sa conscience et se traduit par l'arrêt de son développement. L'ouvrier agricole des régions de grande exploitation de Seine-et-Marne se présente généralement comme un être fruste, aux réactions simples et brutales, peu bavard, qu'il soit français ou étranger, moins fin et ouvert que le paysan des plus reculées de nos provinces. La grande évasion, c'est l'absorption hebdomadaire de boisson comme la plus régulière des distractions. »

Cette régression entraîne même des troubles mentaux spécifiques consécutifs au véritable « vide social »[10] qui règne dans ces villages, « champ clos où s'oppose une masse ouvrière à un très petit nombre d'exploitants ». On a affaire à la structure sociale de classes par excellence, et pourtant, la lutte des classes, latente, ne peut même pas s'exprimer du côté ouvrier, car elle est solidement réprimée et muselée par les gros exploitants.

Cet exemple pris dans une des régions où la très grande culture règne en maîtresse à peu près absolue montre à quelles extrémités atteint l'ordre social capitaliste, lorsque, sans le contrepoids d'une classe ouvrière organisée, sa loi est mise à nu. Inversement, il administre la preuve que l'agriculture dans

Barrières et clôtures. Chacun chez soi... et les vaches seront bien gardées. Pays basque, 1935.

Structures dualistes.

son ensemble ne peut être organisée sur la base du salariat, dans les conditions où elle l'a été dans ces régions, car la généralisation de la situation très localisée qui existe dans ces zones de très grande culture ne pourrait que provoquer la disparition de tout tissu social.

La situation est loin d'être aussi extrême dans toutes les régions de grande exploitation; toujours à la même époque, elle est déjà différente dans la Brie de Provins, par exemple, où la concentration de l'exploitation est moins considérable. Les villages sont en général plus importants, même s'ils sont plus éloignés les uns des autres. Le nombre des fermes par village descend rarement au-dessous de 10, exceptionnellement au-dessous de 5, et les fermes n'emploient presque jamais plus de 10 ouvriers. L'agriculture est d'ailleurs loin d'être le seul emploi : les glaisières, les petites industries de Provins, les carrières absorbent une main-d'œuvre très importante. Il n'y a pas ici de séparation marquée entre ouvriers des villes et des campagnes. D'autre part, les ouvriers sont beaucoup moins directement dépendants; ils changent très fréquemment d'emploi. Mais surtout, ils gardent leur logement même s'ils changent d'employeurs. « Ils sont attachés à leur pays, sont connus du voisinage. Enfin, ils forment une société d'interconnaissance, un milieu pittoresque, actif, remuant [11]. »

L'existence d'une population stable, propriétaire au moins de sa maison, constituant une forme, aussi réduite et embryonnaire soit-elle, de société villageoise, suffit pour faire disparaître l'anomie * sociale. Mais ceci ne peut se produire que si l'offre d'emploi n'est pas le monopole d'un gros exploitant et même s'étend à d'autres secteurs que l'agriculture. Ou bien il faut, comme dans la Beauce de Voves, qu'il existe une moyenne et petite paysannerie familiale qui, coexistant avec la grande exploitation à salariés, crée une vie sociale, donne au moins un corps, sinon un projet social au village; et ainsi camoufle, noie — et occulte par la même occasion — le face à face muet du fermier patron et de son salarié.

Certes, la société villageoise de la « petite Beauce » ressemble par bien des traits à celle de la Brie. Il n'existe, par exemple, pratiquement pas de vie sociale organisée dans le village beauceron, chaque famille vivant repliée sur elle-même sans rapport réel avec ses voisins. La hiérarchie sociale est très marquée; fondée sur la richesse, elle affecte, comme toujours, le rang le plus bas de l'échelle aux ouvriers agricoles, tandis que les gros agriculteurs en occupent le sommet. Les rapports sociaux entre gros agriculteurs et salariés agricoles sont des rapports de classes qui se heurtent à la même détermination des agriculteurs d'en bloquer l'expression ouvrière. On pourrait même, à la limite, prétendre qu'il n'y a pas vraiment de

* État social caractérisé par l'absence, l'incertitude ou l'incohérence des normes de sorte que l'individu ne sait comment orienter ses conduites et que la société perd toute cohésion.

société locale, et que le village n'est ni plus ni moins qu'une fraction de la société nationale participant intégralement à la « culture de masse [12] ».

Il n'empêche que cette société comporte un noyau sociologique fort consistant, constitué par le réseau de parenté qui regroupe les vieilles familles d'exploitants propriétaires, et au sein duquel se joue à chaque génération la transmission de l'essentiel du patrimoine foncier directement possédé par les exploitants de la commune. Certains ouvriers agricoles font d'ailleurs partie de ce réseau de parenté, ils participent ainsi à la vie de relation familiale et à ses implications dans la vie politique locale. D'une façon plus générale, les ouvriers agricoles prennent part à la vie sociale que ce noyau de familles paysannes induit dans le village, aussi modeste soit-elle. Ceci ne va toutefois pas plus loin, et la dualité de la structure sociale réapparaît et s'exprime politiquement lors des élections, la fraction paysanne de cette structure s'efforçant alors, avec peu de succès d'ailleurs, de se démarquer par rapport à l'opposition de classe entre salariés et gros exploitants agricoles [13].

Cette structure dualiste, déjà bien en place au début du siècle, devient de plus en plus la structure caractéristique des sociétés villageoises de l'entre-deux-guerres au fur et à mesure que le grand propriétaire perd pied. Sa disparition en tant que propriétaire ou, s'il le demeure, son simple effacement en tant que notable, ont en effet pour conséquence de limiter la société villageoise aux seules couches de producteurs agricoles : c'est entre elles désormais que se règlent les rapports de pouvoir au sein du village. Or les domaines sont rarement démembrés quand la grande propriété se divise. Avec l'accession des fermiers et des métayers à la propriété des terres que souvent ils exploitent depuis de nombreuses générations, la structure de la propriété qui se constitue tend au contraire purement et simplement à coïncider de plus en plus avec la structure des exploitations qui, elle, est en place depuis fort longtemps. La structure sociale qui émerge alors est donc dans l'ensemble tout naturellement celle qui existait en fait à l'ombre ou sous le patronage du propriétaire. La profonde transformation qui s'opère dans les structures sociales va ainsi de pair avec une réelle continuité des structures agraires.

R. Brunet en fait la constatation dans les campagnes toulousaines lorsqu'il fait le bilan des transferts de propriété : le résultat est « assez piquant », observe-t-il, puisqu'il arrive de retrouver en plein milieu du XXᵉ siècle dans certaines communes « des structures (agraires) d'Ancien Régime », c'est-à-dire concentrées en exploitations moyennes comme elles l'étaient sous le régime de la grande propriété, avec les bordes. « A ceci près qui est essentiel, conclut-il, que les exploitations moyennes sont désormais davantage aux mains des paysans que des propriétaires bourgeois, sauf exceptions; et la foule des travailleurs sans terre a disparu [14]. »

Vendée, 1935.

Qu'il s'agisse de métayers devenant fermiers, de métayers ou de fermiers devenant propriétaires, les couches qui naissent de la disparition de la grande propriété sont, de ce fait même de moyenne ou de grosse paysannerie. Les terres qu'elles acquièrent, ou dont elles disposent de plus en plus librement grâce à la substitution du fermage au métayage et à la disparition du propriétaire résidant, sont généralement mieux groupées et forment des exploitations aux superficies plus importantes que les petites propriétés, morcelées, dispersées, péniblement constituées lopin par lopin que le descendant du journalier-propriétaire ou du brassier du XIXe siècle a héritées des trois ou quatre générations qui l'ont précédé.

M. Derruau note avec beaucoup de finesse la persistance, en 1949, du contraste entre la Limagne bourbonnaise, de propriété bourgeoise jusqu'à la Première Guerre mondiale, et la Limagne auvergnate, au contraire très tôt sous l'emprise de la petite propriété paysanne, même si la première a commencé à perdre du terrain. Certes, « les propriétaires vendent et les métayers deviennent propriétaires, écrit-il en 1949. Mais le recul de la propriété bourgeoise dans le Nord ne supprime pas le contraste avec le Sud. En effet, les exploitations qui proviennent des anciens domaines bourgeois, même disloqués et passés aux mains des paysans, restent plus grandes et mieux groupées que les petites propriétés du Sud. Ainsi, l'opposition des deux types sociaux n'est pas près de disparaître [15]. »

En fait, une observation plus fine montrerait qu'en dehors des régions aux structures agraires égalitaires [16], où la hiérarchie sociale reste dans l'ensemble inchangée jusque dans les années 50, l'opposition de ces deux « types sociaux » existe la plupart du temps au sein même du village. Certes la propriété et l'exploitation paysannes moyennes dont on suit l'ascension dans les statistiques se constituent aussi bien par le rassemblement des parcelles souvent infimes de la très petite propriété libérée par l'exode que sur les morceaux de la grande. Mais la guerre a d'un seul coup incontestablement donné une avance considérable à la minorité qui a pu bénéficier de la deuxième voie. Et c'est une structure sociale très inégalitaire que, dans l'ensemble, le village de l'entre-deux-guerres hérite de ce passé quasiment féodal dont il conserve la structure foncière à peu près intacte.

Mais le grand vide d'hommes créé par la guerre, le démembrement de la grande propriété et l'exode des petits paysans libèrent de la terre. L'agrandissement des petites exploitations peut encore se faire au rythme de l'épargne familiale, et lopin par lopin, au fur et à mesure des terres libérées. La guerre a donné une nouvelle chance au « brassier ». Les plus grandes exploitations n'ont pas intérêt à une extension considérable de leur superficie. La soif de terre n'est pas impérieuse, et ce n'est pas la terre qui manque le plus. La crise des années 30, puis la guerre de 1939-1945 ne changent en rien la situation de ce point de vue. C'est seulement dans les années 50, avec le développement de la motorisation, que la concurrence pour la terre deviendra de plus en plus grande entre les exploitants. Durant l'entre-deux-guerres, le climat social du village n'est pas marqué par la vive tension sociale que la question foncière a introduite depuis vingt ans dans le village contemporain.

La vie du village n'en est pas moins tout entière ancrée dans la terre, les rapports entre individus sont médiatisés par leur appartenance familiale et par leur place dans leur famille ; ce sont donc en réalité des rapports entre familles, et les rapports entre familles sont fonction de leurs rapports respectifs à la terre.

La terre.

A partir de là, l'histoire du village est faite de l'infinité de ces petits événements par lesquels chaque famille s'efforce d'acquérir, de conserver ou d'étendre, selon les moyens dont elle dispose, la part d'emprise sur le terroir qui lui est nécessaire pour survivre. Il faudrait, pour la retracer et la comprendre, percer le secret des mariages, des naissances acceptées et des naissances refusées, des testaments enfin : tâche délicate s'il en est, et des plus malaisées [17].

La vie sociale du village est pénétrée dans tous ses aspects de ce profond mouvement qui redistribue lentement l'appropriation du sol entre les familles paysannes. Des mécanismes très complexes, infimes et imperceptibles pour l'observateur extérieur, mais essentiels et chargés de signification pour les villageois, jouent lors des transactions foncières. Les rapports de parenté, le voisinage, des affinités multiples enfin, les personnalisent : on ne vend pas, on ne donne pas à exploiter sa terre à n'importe qui. Chaque transaction met à l'épreuve la solidité et la profondeur de liens de toutes natures, ravive des solidarités, mais aussi des clivages, des antagonismes, des haines aussi irréductibles qu'anciennes. Elle est une occasion où l'ensemble des rapports sociaux qui sous-tendent la vie sociale villageoise s'appliquent, s'exercent, se confirment, ou se redistribuent partiellement.

Ces mécanismes, par leur multiplicité et par la diversité des critères qu'ils mettent en jeu, contribuent à une répartition plus égale des chances de s'agrandir entre les familles paysannes : chacun peut, à un moment ou à un autre, être le partenaire ayant le plus d'atouts pour acquérir tel ou tel lopin. Ils jouent donc aussi pour tempérer une domination trop nette et trop rapide des exploitants les plus importants. De plus l'imbrication entre les parcelles, les rapports étroits entre le territoire du village et les familles qui habitent le village et exploitent son terroir, circonscrivent étroitement les partenaires des transactions foncières. La lutte foncière se joue nécessairement à huis clos : c'est un concitoyen, voire même le voisin ou, à la rigueur, un exploitant d'un village limitrophe — comme on le voit dans la lutte entre les villages faibles et les villages forts de Picardie — qui prend la suite de celui qui disparaît. C'est la raison pour laquelle il est impossible de parler d'un marché foncier au-delà de l'échelon local.

S'il ne s'agit pas, à l'époque, d'une lutte intense, la compétition n'en est pas moins sourdement présente ; chacun est sur le qui-vive, veillant jalousement à ne pas se laisser distancer et à conserver son rang. « Hélas, au village, riches et pauvres sont jaloux et envieux... ils n'aiment pas qu'un d'eux se singularise » écrit le comte de Neufbourg parlant du Forez en 1945. C'est que l'évolution économique rend toujours plus précaire la survie des familles paysannes disposant des plus petites exploitations, la perpétuation de la famille suppose l'agrandissement de la superficie de celles-ci d'une génération à l'autre.

D'un autre côté, les exploitants plus aisés cherchent également à étendre leurs exploitations, soit pour occuper plus complètement la main-d'œuvre familiale, soit pour utiliser à plein les machines qu'ils acquièrent et la main-d'œuvre qu'elles libèrent, soit pour placer leurs économies dans ce qui est la forme du placement par excellence pour un paysan, soit pour maintenir par rapport à leurs pairs — ou pour renforcer à leur détriment — leur position sociale dans la société villageoise. D'où une lente érosion des familles paysannes, celles qui demeurent s'appropriant les terres de celles qui disparaissent. Processus profondément inégalitaire puisque ce sont évidemment ceux qui sont déjà le mieux nantis qui sont aussi les mieux placés pour se maintenir et qui sont donc les acquéreurs presque obligés des lopins abandonnés par les plus démunis contraints au départ.

Cette compétition se transforme volontiers en rapport de classes, lorsque, étant par trop inégale, elle aboutit systématiquement à l'écrasement des uns et au triomphe des autres. C'est alors la lutte du « petit » contre le « gros », forme inversée d'une idéologie rigoureusement égalitariste sur laquelle sont fondés les rapports sociaux au sein du village.

La liberté par l'égalité. Marque de l'émancipation politique et sociale par rapport au « seigneur », la libre propriété de la terre est en effet considérée comme le moyen même de la liberté ; l'exigence égalitaire est la garantie de cette liberté, le garde-fou contre la formation « de nouveaux seigneurs » susceptibles d'imposer leur loi aux « petits » : le paysan pauvre ne veut pas avoir quitté le vêtement du serf féodal pour entrer dans celui du salarié agricole, dépendant d'un nouveau « maître » ; il n'a pas plus envie de devenir salarié dans l'agriculture que dans l'industrie ; et il ne tient pas davantage à subir la loi d'un puissant dans les affaires municipales. S'il ne peut pas faire autrement, il exige au moins de lui l'humilité, s'arrange pour qu'il se considère comme son obligé, et l'utilise sans vergogne [18]. Mais il préfère encore écarter le danger ; d'où sa vigilance contre ceux qui, prenant trop de place ou de pouvoir, deviennent une menace ; sa jalousie aussi face à une réussite qui le diminue. Et s'il est un moment où il croit bien avoir atteint son but et son idéal

Causons sous la pluie.
Pendant que les « jeunes » sont aux champs,
on se rencontre entre
« anciens » pour bavarder; près de Pontoise,
1935.

libertaire, c'est dans cette période qui s'étend des lendemains de la Première Guerre mondiale à ceux de la Seconde.

De fait, la disparition progressive des brassiers et des grandes propriétés réduit toujours un peu plus la hiérarchie sociale. A la veille de la Seconde Guerre mondiale les ouvriers agricoles, permanents ou temporaires, ne comptent plus que dans les régions de grande culture et de culture spécialisée. Les chefs de famille paysanne sont des « chefs d'exploitation ». Paradoxale et déroutante, c'est une structure sociale sans ouvriers ni patrons que les observateurs voient se développer dans les campagnes. Le plus grand nombre a atteint à la dignité suprême de ne plus travailler « chez les autres », d'être son propre maître. Par ailleurs, fermiers plus souvent que métayers, petits propriétaires (au moins pour une partie de leur exploitation) plus souvent que fermiers, ils n'ont cessé de consolider leur indépendance sociale à l'égard des propriétaires fonciers qui ont d'ailleurs, dans la plupart des régions, physiquement disparu des campagnes.

La voilà donc réalisée, cette société idéale de citoyens libres et égaux; plus précisément : égaux entre eux parce que libres, c'est-à-dire non dépendants les uns des autres! Et, qui plus est, gouvernée par des représentants issus de l'élection! Le village apparaît dès lors comme le modèle même de la démocratie, il est cité en exemple, pour ne pas dire monté en épingle à ce titre.

Et de fait, la commune existe avant tout comme assemblée de propriétaires, ou mieux, comme syndicat de copropriétaires, à la fois gardienne des droits de chacun, arbitre des conflits, et autorité reconnue pour résoudre la contradiction entre les droits absolus d'user et d'abuser de son bien que le Code civil confère à chaque propriétaire et les nécessités de la vie collective, qualifiées d'intérêt général, au nom duquel elle peut limiter les premiers ; dans le cadre de la loi, bien entendu. Ce statut social, commun à tous et reconnu par chacun à chacun, de propriétaire privé et copropriétaire pour ces « parties communes » que sont les propriétés communales, est le fondement même des rapports sociaux au sein du village. Il en découle ce que ceux-ci peuvent avoir à la fois d'individualiste et de mutualiste, ce qu'ils peuvent comporter de méfiance à l'égard des autres et de repli sur soi d'une part, de désir de faire partie d'une communauté humaine d'autre part, de défiance contre toute autorité sociale enfin et de nécessité pourtant d'y adhérer, car elle est en même temps la meilleure garantie des droits de chacun [19]. A la limite, l'élection même est impossible, car elle rompt l'égalité. D'où la complexité des tractations et des dosages qui sont nécessaires pour résoudre la contradiction [20].

Cet « individualisme » est une constante de la vie villageoise jusqu'aux années 1950-1960. Il est aisément pris pour de l'égoïsme. Ainsi, à la fin de l'entre-deux-guerres, le sociologue M. Halbwachs, écrivant sa psychologie des classes sociales, ne voit dans le village que des hommes « séparés par leurs intérêts et leurs préoccupations, qui ne se rattachent point aux mêmes parties du sol, et n'ont en général rien de solidaire ». Il n'y a que des familles isolées. « Chacun ne pense qu'à soi ou aux siens... On est économe, frugal. On cherche à arrondir sa terre. Mais on ne se soucie pas des autres. Il n'y a pas une tendance naturelle à s'associer, même entre les habitants d'un même village, d'une même région, dans une pensée d'intérêt commun [21]. »

Le comte de Neufbourg comprend mieux la volonté du petit producteur indépendant de se préserver tel, qui sous-tend et qui suscite cet individualisme, lorsque, toujours parlant de son village du Forez, il prend le soin de rectifier : les paysans « sont non pas individualistes comme on le dit, mais particularistes, cantonnés dans leur domaine familial, jaloux des libertés naturelles qu'ils y cachent », écrit-il. Il y a chez eux « une crainte de la fourmilière, un particularisme de courtil, de mas, de domaine, de nid, qu'il serait fou de persécuter et de détruire », conclut-il. Et il est vrai que, s'il faut savoir s'entraider, coopérer, s'unir pour préserver ce particularisme, les paysans, dans leurs villages, savent le faire.

Les rouages de la société agricole villageoise qui se met en place permettent donc un ajustement progressif des structures agraires à l'évolution économique de l'agriculture, telle qu'elle est commandée par l'évolution d'ensemble de la société française. Des terres sont-elles abandonnées à la suite d'un départ ou d'une absence d'héritiers ? Il y a toujours quelqu'un pour reprendre au moins celles d'entre elles qui peuvent être exploitées en harmonie avec les grandes tendances de l'évolution de l'économie agricole de la période. Si une catégorie sociale est trop touchée par les transformations économiques, il y en a une autre pour prendre le relais : le métayer devient propriétaire et le propriétaire, exploitant ; le faire-valoir direct gagne du terrain. Ainsi, selon les structures foncières et les couches sociales en présence, chaque région écrit sa variante d'une histoire sociale commune ; et chacune de ces variantes exprime précisément cette souplesse d'adaptation des structures sociales villageoises à l'évolution économique et sociale, même si ce n'est pas toujours pour le meilleur résultat économique [22].

Mais cette évolution, dans le même temps où elle assure la continuité de la production agricole et l'ascension sociale d'une fraction de plus en plus minoritaire des familles paysannes, consacre la mort lente des sociétés villageoises.

Le bureau des postes en 1920, ses employés, leur famille.

le revers : le village, peau de chagrin

Déjà la guerre a considérablement augmenté le rythme de l'émiettement des communes rurales. Une comparaison entre 1911 et 1921 fait clairement apparaître l'augmentation particulièrement spectaculaire du nombre des plus petites communes entre les deux dates. Alors que la population totale des communes de moins de 3 500 habitants, que l'on peut considérer comme représentant à peu près les communes rurales [23], diminue de 9 % entre les deux dates, elle double dans les communes de moins de 50 habitants, elle augmente de 43 % dans les communes de 51 à 100 habitants et de 19 % dans celles de 101 à 200. Dans les communes de plus de 400 habitants au contraire, elle diminue, et ce, de plus en plus nettement au fur et à mesure que l'on monte vers les catégories supérieures.

Le rythme auquel les communes rurales se disloquent est considérablement accéléré par la guerre puisque, entre 1911 et 1921, le nombre des communes déclassées double par rapport à la décennie précédant la guerre dans la plupart des catégories.

Le résultat est qu'en 1921 déjà les communes rurales sont très souvent minuscules : plus de la moitié a moins de 400 habitants, plus du tiers moins de 300, et près du quart moins de 200 ! En outre, de nombreuses communes rurales sont composées de plusieurs villages. Le cadre élémentaire de la vie sociale paysanne qu'est l'habitat est donc plus limité encore, plus fragmentaire, plus éparpillé que ne l'indiquent ces nombres.

Si l'on considère la population, et non plus les communes, la dispersion est nettement moindre. Il n'en demeure pas moins qu'un rural sur vingt, soit 1 095 000 personnes, habite une

commune de moins de 200 habitants, un sur huit, soit
2 560 000 personnes, une commune de moins de 300 habitants, un sur cinq, soit 4 150 000 personnes, une commune
de moins de 400 habitants. Un rural sur quatre, enfin, soit
5 560 000 personnes, habite une commune de moins de 500 habitants. Il faut s'en souvenir lorsque l'on parle de sociétés
villageoises.

Toutefois, les conséquences les plus importantes de la
guerre ne sont pas là, mais dans la profonde modification
qu'elle a apportée au processus en cours au début du siècle.

Fait essentiel en effet, le mouvement ascendant des communes rurales les plus importantes, constaté entre 1901 et 1911,
ne se retrouve pas entre 1911 et 1921. L'augmentation de population ne semble se produire que dans l'ensemble des communes de plus de 5 000 habitants et dans quelques communes
de 4 000 à 5 000.

C'est donc bien désormais tout le tissu du peuplement rural
qui est touché : les petites communes deviennent encore plus
petites et les plus grosses qui tendaient à se constituer comme
des noyaux de peuplement proprement ruraux s'effondrent.

En même temps qu'elle semble effectivement mettre fin à
la croissance d'une partie des communes rurales, la guerre
de 1914-1918 relance le développement des villes de moyenne
dimension (50 à 100 000 habitants), lequel est suivi d'une
reprise très forte de la croissance des villes de 10 000 à
50 000 habitants, avec des taux analogues à ceux des meilleurs
moments du siècle précédent [24]. Ceci explique cela. La guerre
marquerait donc une étape importante dans le processus
d'urbanisation, activant l'exode rural, et cette fois-ci, à partir
des communes rurales les plus importantes et non seulement
des plus petites.

Le mouvement ainsi lancé se poursuit en s'accentuant
jusqu'à la fin de la Seconde Guerre mondiale. Certes, de
1921 à 1926, un nombre non négligeable des communes
comprises entre 500 et 1 000 habitants passe dans la classe
supérieure. Mais il ne s'agit que d'un mouvement de compensation caractéristique de l'après-guerre. Dès 1926, au
contraire, le seuil de croissance se relève à nouveau, si bien que,
dans la période 1931-1936, on peut considérer que toutes les
communes de moins de 4 000 habitants voient leur population
diminuer. Dans la décennie qui englobe la Seconde Guerre
mondiale, le seuil élevé de la période 1911-1921 est à nouveau
atteint. Mais ceci est infiniment moins imputable à l'incidence
de la guerre qu'en 1914-1918. Les pertes de population dues
au conflit ne sont en effet pas comparables. En réalité, le
mouvement qui fait qu'à nouveau entre 1936 et 1946 les
communes de moins de 4 000 habitants ont une population en
régression, renoue avec la tendance, observable au moins
depuis le début du siècle, qui veut que la taille à partir de
laquelle une commune rurale peut espérer voir sa population
augmenter ne cesse de s'élever. Le niveau atteint accidentelle-

Évolution du seuil de croissance
ou de décroissance
des communes
entre 1901 et 1968

	habitants
1901-1906	1 500 à 2 000
1906-1911	2 000 à 2 500
1911-1921	4 000 à 5 000
1921-1926	500 à 1 000
1926-1931	1 500 à 2 000
1931-1936	3 500 à 4 000
1936-1946	4 000 à 5 000
1946-1954	500 à 1 000
1954-1962	500 à 1 000
1962-1968	500 à 1 000

ment entre 1911 et 1921 du fait de la guerre devient normal entre 1936 et 1946. Ainsi, au fur et à mesure que le siècle avance, les communes rurales les plus importantes sont progressivement grignotées pour être soumises aux mêmes lois d'évolution que les autres. C'est donc bien l'ensemble de l'espace rural et du réseau d'habitat qui l'organise, qui se vide de sa population. Aucun noyau d'urbanisation, même secondaire, n'y apparaît. A partir de 1946, une évolution nouvelle semble se manifester : le seuil se stabilise entre 500 et 1 000 habitants. On verra plus loin comment interpréter ce fait nouveau.

Au total, que sont devenus les villages un demi-siècle après la Première Guerre mondiale, alors que, depuis cent vingt ans, l'évolution qu'ils subissent s'est constamment traduite par une véritable hémorragie de leurs forces vives ?

Évolution du nombre des communes
de moins de 5 000 habitants
classées selon leur taille

	1911	1962	1968
moins de 50 habitants	174	800	982
50 à 100	1 191	2 615	2 895
100 à 200	4 970	7 361	7 514
moins de 200	6 335	10 776	11 391
200 à 300	5 361	5 941	5 822
300 à 400	4 332	4 287	4 018
400 à 500	3 242	2 951	2 776
200 à moins de 500	12 935	13 179	12 616
500 à 700		4 169	3 964
700 à 1 000		3 079	2 860
500 à moins de 1 000	9 409	7 248	6 824
1 000 à 1 500	3 197	2 519	2 484
1 500 à 2 000	1 648	1 151	1 134
1 000 à moins de 2 000	4 845	3 670	3 618
2 000 à 2 500	719	658	669
2 500 à 3 000	541	385	392
3 000 à 3 500	303	342	331
3 500 à 4 000	209	247	234
4 000 à 5 000	276	272	312
2 000 à moins de 5 000	2 048	1 904	1 938
total	35 572	36 777	36 387

Le facteur et le garde champêtre.

Une comparaison entre 1911 et 1962 fait ressortir qu'entre les deux dates, le nombre de communes augmente jusqu'au seuil de 300 habitants; entre 300 et 5 000 habitants, au contraire, il diminue. C'est l'émiettement. Ce sont les plus petites communes qui voient leur nombre augmenter le plus. Les communes de 2 000 à 5 000 habitants — parmi lesquelles nombreuses sont les communes rurales — voient elles-mêmes leur nombre diminuer de 1911 à 1962, alors que les communes de plus de 5 000 habitants augmentent, elles, de plus des deux tiers. On passe donc plus facilement le seuil des 5 000 que celui des 2 000 habitants. Les communes de 1 000 à 2 000 semblent demeurer bien à l'écart d'un processus d'urbanisation qui toucherait par contre la quasi-totalité des communes de plus de 3 000 habitants. La période considérée est donc bien celle d'une séparation toujours plus nette entre deux sortes de communes : les communes urbaines qui se peuplent, même les plus petites d'entre elles, et les communes rurales qui se dépeuplent, même les plus importantes d'entre elles.

Solidarité, mais aussi « virilité » et prestige des hommes. Cheylade, Cantal.

Un regard sur le début du siècle : les gendarmes de la brigade de Mialet, Dordogne, 1913.

Lacour   Marvier   Ginet   Sautereau

Cette évolution se traduit par un véritable délabrement démographique et social des villages. La densité du peuplement se faisant de plus en plus ténue, les formes les plus élémentaires de la vie de voisinage, l'entraide habituelle deviennent impraticables. Les groupements organisés ne trouvent plus d'adhérents ; encore moins de responsables. Les groupements informels, comme les classes d'âge par exemple, sont réduits à quelques individualités et ne peuvent plus accomplir leurs fonctions sociales, telle pour les jeunes celle d'organiser les réjouissances collectives. La charge de conseiller municipal, d'élective devient obligatoire, voire même ne peut pas être pourvue. Les lieux publics et les grandes occasions de rassemblement tournent en dérision la « communauté » qu'ils sont censés réunir en matérialisant sa décrépitude :

Avec le courrier, le facteur apporte des nouvelles fraîches des villages alentour. Charente, 1958.

L'information a encore un visage familier. Le garde champêtre fait une annonce au tambour. Saône-et-Loire, 1953.

A la sortie de la messe, le point avec le notable. Charente, 1958. L'instituteur et le curé sont encore les pôles de la vie sociale et politique du village.

l'école se vide et l'église aussi ; les fêtes sont dans le meilleur des cas l'occasion de réunir les fragments épars du grand corps social en faisant revenir et en mobilisant le temps d'une commémoration ou d'une réjouissance collective les parents, les voisins, les amis émigrés. Mais nombre de fêtes tombent en désuétude ou deviennent l'ombre d'elles-mêmes. Tout ce qui contribuait à tonifier le corps social en le réunissant et à créer un temps fort de la vie sociale à l'occasion et par le biais de cette réunion régresse au fur et à mesure que, telle une peau de chagrin, la vie sociale s'étrique, s'ankylose, avant de s'éteindre tout à fait.

Personnages du village des années 50.

Le village et l'espace étendu aux villages environnants qui est l'univers de la vie quotidienne de labeur et de détente deviennent même incapables dans certaines régions d'assurer cette fonction élémentaire qu'est, dans une société organisée sur la base de l'alliance et de la filiation, le choix du conjoint. Le célibat masculin atteint des proportions élevées et finit par accélérer la disparition des exploitations agricoles.

Vieillards et célibataires. L'augmentation du célibat est signalée par de nombreux auteurs ; elle concerne aussi bien la Champagne du Berry, les monts du Lyonnais et du Beaujolais, le Vivarais que les campagnes gasconnes ou béarnaises qui ont la réputation solide mais, selon R. Brunet, « quelque peu surfaite », d'être peuplées de « vieux garçons » [25].

Parallèlement, le vieillissement de la population villageoise s'observe dans toutes les campagnes. Ainsi, dans la Champagne du Berry, le nombre des vieillards de plus de soixante ans passe de 8,6 % en 1861 à 11,5 % en 1906, 18 % en 1921, et 21,4 % en 1962. La proportion du quart est même dépassée dans de nombreux villages. « Il y a là plus qu'une transformation numérique, commente François-Paul Gay, mais l'annonce d'une profonde transformation technique, et, en même temps, d'une conservation sociale qui a retardé sans aucun doute le dépeuplement de nos villages et accéléré l'exode des jeunes. Au-delà de quarante ans, le départ a été considéré comme de plus en plus difficile ; les besoins essentiels étant satisfaits, un nombre important de résignés a continué à demeurer dans nos villages. » Dans le même temps, les moins de vingt ans ont représenté une proportion sans cesse décroissante de la population, passant de plus de 45 % en 1861 à environ 30 % en 1921, et moins encore ensuite.

Ces proportions sont également fréquentes dans les contrées démographiquement les plus délabrées du Vivarais ; dans les zones demeurées plus vigoureuses et en cela fidèles à leur tradition, le déclin entre 1911 et 1946 n'en est pas moins considérable : la proportion des personnes de plus de soixante ans est passée de moins de 12 % à 16-17 % et celle des jeunes de moins de vingt ans est tombée de plus de 40 % à environ le tiers de la population totale. Encore convient-il de souligner que nous sommes là dans une des régions les plus prolifiques de France. Dans les autres régions, à l'instar du Berry, le nombre des vieillards est généralement supérieur au cinquième et celui des jeunes inférieur à 30 %, comme on le voit par exemple dans le Salavès en 1946.

Le vieillissement de la population accentue la léthargie sociale et accroît le malaise des jeunes qui, déjà dominés par les rapports de pouvoir, sont en plus enfermés dans un environnement social peu dynamique, peu de leur goût, et qu'ils ne sont pas en mesure de transformer.

Nombreuses sont les descriptions de cette décrépitude démographique des villages. Et les auteurs dénoncent à l'envi les « déséquilibres » de leurs structures démographiques. En vérité, ce ne sont des déséquilibres que si l'on considère encore le village comme un cadre de reproduction de la vie sociale ; ce qu'il n'est plus. Devenu simple groupement plus ou moins dense, plus ou moins volumineux, plus ou moins structuré, d'exploitations agricoles, il n'a, d'une certaine manière, pas plus à être considéré désormais sous l'angle de sa population globale qu'une usine. Ou si ce décompte a encore lieu d'être fait, ce n'est plus qu'en termes d'emploi et nullement en considération ou dans la perspective d'une quelconque vie sociale locale dont il faudrait prendre en compte et préserver les « équilibres ».

C'est ici que l'évolution de la population commandée par la transformation des conditions de la production agricole entre en contradiction avec l'organisation sociale de cette production, dans la mesure où celle-ci est liée au village, lieu de résidence obligé des familles paysannes. Et tel est le village au milieu du XXᵉ siècle : un simple établissement agricole installé sur les terres qu'il exploite, et dont toute la vie et l'histoire sont commandées par cette fonction purement économique. L'opposition très nette qui s'est instaurée entre l'évolution démographique et sociale des villages et des villes n'est que le reflet de celle qui se fait de plus en plus radicale au cours de cette période, entre l'industrialisation de celles-ci et la réduction progressive de l'activité économique des campagnes à la seule agriculture.

l'achèvement des villages agricoles

Il est difficile d'avoir une vue d'ensemble précise de l'évolution des emplois industriels, entendus au sens strict, dans les campagnes après la Première Guerre mondiale. Aucune statistique commode et claire n'existe et les témoignages portant sur les différentes régions ne vont pas tous dans le même sens.

L'électrification contribue sans nul doute au maintien, voire même à un nouveau développement de certaines industries ici ou là. Pierre Barral observe ce phénomène dans l'Isère et M. Derruau dans la région de Thiers [26].

La fin des industries rurales.

Un faible mouvement de dissémination d'entreprises en milieu rural peut être noté en liaison également avec l'extension de la voie ferrée. C'est encore M. Derruau qui cite plusieurs cas de ce genre en Limagne : tels Saint-Germain-des-Fossés avec son activité ferroviaire, Peschadoires/Pont-de-Dore avec ses industries thiernoises, Vic-le-Comte où la papeterie de la Banque de France, avec ses 500 employés et ouvriers, « a fait naître une petite agglomération, avec des villas, des cafés, une école et un terrain de sport », ou encore Vertaizon, où une scierie s'installe dans les années qui précèdent la Seconde Guerre mondiale et atteint en une dizaine d'années un effectif de 300 ouvriers et employés. Ces exemples font cependant figure d'exceptions dans les régions où ils se situent et, s'ils permettent localement une augmentation de la population, ils n'empêchent pas que le phénomène général d'exode et de dépeuplement rural l'emporte partout ailleurs.

Le sabotier, Fougères, Ille-et-Vilaine, 1930. Le charron, Vienne, 1934.

Métiers
de la campagne
dans
les années 30.

Le tonnelier, Segonzac, Dordogne, 1932.

Scieurs de long, et maréchal-ferrant, dans la Nièvre, 1925.

Le boulanger ambulant, 1918.
Bruyères-le-Châtel, Essonne.

Dans certains cas, le phénomène d'industrialisation est nettement moins ponctuel. Ainsi, la vallée franc-comtoise de la haute Loue voit ses industries anciennes progressivement remplacées par des industries nouvelles [27]. Plus nettement encore : dans 47 communes rurales de l'Isère, le nombre des ouvriers passe de 845 en 1896 à 1 227 en 1936, soit une augmentation de 45 % en quarante ans. P. Barral peut à ce propos parler de « l'influence croissante de la grande industrie sur les campagnes ». Et de fait, en 1946, 60 % de la population de l'Isère vivant dans les communes de moins de 2 000 habitants tire son revenu principal d'activités non agricoles.

Mais ce sont là des cas très localisés et exceptionnels. Pour trouver des situations similaires à celle du département de l'Isère, il faut aller dans le Nord ou dans l'Est ; il est le seul de son genre dans le Centre et le Sud.

Par contre, les zones rurales qui avaient conservé une activité industrielle relativement importante avant la guerre de 1914, la voient considérablement régresser dans l'entre-deux-guerres et après la Seconde Guerre mondiale. Ainsi dans le Vivarais, les filatures de soie disparaissent très vite, le moulinage se maintient jusqu'à la crise des années 30, mais ne résiste pas à celle-ci et à la guerre de 1939. En 1944, l'industrie vivaroise de la soie n'emploie plus que 7 à 8 000 personnes, soit moitié moins qu'en 1930. A partir de 1953, la rayonne et surtout le nylon redonnent un peu de vigueur à ces vieilles usines en crise et empêchent qu'elles ne disparaissent tout à fait. Néanmoins en 1955, ce sont seulement 5 à 6 000 personnes, trois fois moins qu'en 1860, qui y trouvent un emploi. En outre ce sont précisément les petites fabriques de campagne qui entrent en déclin : la main-d'œuvre est de moins en moins rurale. En 1955, les trois cinquièmes seulement des ouvriers de la soie sont des ruraux. « L'industrie vivaroise abandonne la campagne et s'urbanise », conclut P. Bozon.

Tout aussi démonstrative est la diminution du nombre des artisans et des ouvriers d'usines dans cette autre région rurale d'exceptionnelle activité industrielle qu'est la Picardie. Dans les trois cantons étudiés par Philippe Pinchemel, la perte n'est rien moins que de 55 % entre 1911 et 1936! Dans le canton le plus industrialisé au début du XXe siècle, elle est même de 77 % [28]!

On retrouve la crise des industries textiles rurales et ce recul s'accompagne d'un mouvement de concentration des emplois industriels dans un nombre de plus en plus restreint de communes. Ainsi dans le canton de Rosières, en 1936, six communes seulement ont conservé une population industrielle active représentant plus de 10 % de leur population active totale, alors qu'elles étaient douze en 1911.

La serrurerie du Vimeu, tout en offrant sans doute l'exemple le plus remarquable d'industrie rurale résistante, n'occupe plus en 1954 qu'environ 50 % de ses effectifs du début du siècle (environ 2 700 personnes contre 5 000); et près de 45 % des serruriers travaillent désormais dans des usines de plus de 50 salariés. Il est vrai que la robinetterie a pris la relève avec 2 500 actifs et des structures très artisanales, puisque 55 % des ouvriers travaillent dans des ateliers comptant de 6 à 20 salariés seulement : « Tous ceux qui veulent devenir patrons s'orientent vers elle : le coût d'installation est égal au quart de celui exigé par un petit atelier de serrurerie [29]. »

Un phénomène toutefois joue en faveur de l'augmentation du nombre des ouvriers industriels ruraux : ce sont les migrations quotidiennes. Une population rurale de plus en plus nombreuse peut, grâce aux facilités de transport, combiner une résidence rurale et une activité urbaine. Les déplacements quotidiens entre l'habitation et le lieu de travail se font sur des distances de plus en plus longues autour de toutes les villes, grandes ou petites, ou même autour des bourgades qui s'industrialisent. Le fait n'est pas nouveau puisqu'il est déjà constaté au début du siècle [30]. Mais il devient fréquent. Et il contribue à maintenir la structure agraire microfundiaire et les rapports sociaux entre les différentes strates de propriétaires datant du XIXe siècle : simplement l'ouvrier-paysan migrant quotidien s'est substitué au journalier-propriétaire ou à l'artisan-journalier. « Les agriculteurs prêtent leur attelage pour labourer le champ de l'ouvrier; l'ouvrier fournit la main-d'œuvre occasionnelle pour les travaux de binage ou pour l'arrachage des pommes de terre [31]. »

Solution satisfaisante de tous côtés, puisqu'elle permet aux industriels de disposer d'une main-d'œuvre moins revendicative, aux exploitations agricoles de disposer d'une main-d'œuvre d'appoint fort précieuse, aux très petits propriétaires de continuer à exploiter leur bien et d'éviter la prolétarisation absolue. Solution qui n'est pas sans inconvénients ni pour l'industrie qu'elle pourvoit d'une main-d'œuvre peu qualifiée

Paysan artisan : un des derniers fabricants de pelles à four. Haute-Loire, 1957.

et peu disciplinée, ni pour l'agriculture marchande à laquelle elle soustrait une partie non négligeable du territoire cultivé, ni pour l'ouvrier-paysan qu'elle contraint ainsi que sa femme à une vie très pénible où le travail agricole s'ajoute au travail industriel. Solution transitoire sans doute qui conserve du XIXᵉ siècle l'idée chère au petit propriétaire parcellaire d'associer une activité vivrière à une activité lucrative et son espoir d'accéder à partir de son épargne à la dignité de paysan-propriétaire, mais qui, en même temps, le prépare à l'abandon de la terre, de même que l'émigration temporaire a frayé la voie à l'émigration définitive.

A travers tous ces mouvements, s'il paraît difficile de dresser un bilan précis, la conclusion n'est guère douteuse : la population des ouvriers industriels ruraux va sans cesse s'amenuisant, la plus grande partie des campagnes la voit pratiquement disparaître de ses villages, elle n'a de poids réel et parfois croissant que dans les zones rurales proches des villes ou des régions industrialisées, qui prennent même parfois l'allure de banlieue diffuse, éclatée en villages-dortoirs. Et le mouvement d'industrialisation va à ce point dans le sens de la concentration spatiale, donc de la désindustrialisation rurale au cours de ce demi siècle, que celui-ci se terminera par un cri d'alarme sur le déséquilibre qu'une telle évolution provoque au sein du pays [32] et par la recherche d'une politique nouvelle en matière de localisation des industries.

Ainsi, le village devient purement agricole. C'est particulièrement net dans les régions où les activités artisanales rurales étaient les plus développées. Ph. Pinchemel parle d'une « métamorphose » des campagnes picardes au cours de la période 1836-1936. « Aux communautés rurales où les cultivateurs, les paysans vivaient à côté d'artisans, d'ouvriers d'usine, de commerçants très nombreux composant une structure sociale variée, se sont substitués des villages presque uniquement peuplés de cultivateurs et d'ouvriers agricoles, écrit-il ; l'évolution s'est faite dans le sens d'une simplification de la structure sociale, d'une " ruralisation " pourrait-on dire, dans la mesure où l'ouvrier, le commerçant, le fonctionnaire sont maintenant considérés comme des gens de la ville. »

D'une façon générale, cette « ruralisation » est le destin commun de toutes les « campagnes profondes », c'est-à-dire de celles qui ne sont ni des zones péri-urbaines ni contiguës à ces dernières. Et une caractéristique également commune à ces campagnes purement agricoles est le dépeuplement, car la loi d'évolution de la population agricole au cours de cette période est la réduction de ses effectifs liée à la concentration des exploitations et à la mécanisation du travail.

C'est pourquoi, dès après la guerre, les commerçants des villages disparaissent. Privés de clientèle par la dépopulation, ils sont en plus concurrencés par les commerçants du bourg ou de la petite ville, chez lesquels on se rend de plus en plus aisément.

Commerçants et artisans.

L'épicerie du village.

Le débit de boissons ne manque de rien. Un cabaret breton vers 1930.

Leur nombre suit avec une étonnante constance celui de la population totale. Dans les 47 communes de l'Isère qu'il a retenues comme échantillon, P. Barral observe que le nombre des commerçants représente le même pourcentage de la population en 1896 et en 1936 (3,2 % contre 3,3 % exactement). Ph. Pinchemel remarque également que « le secteur commercial épouse avec une grande sensibilité les transformations démographiques » puisque, dans le canton de Rosières par exemple, le nombre d'habitants par commerçant est de 33 en 1911 et de 34 en 1936.

Cette stabilité relative ne doit pas faire oublier que le nombre absolu des commerçants diminue, puisque la population totale diminue. Ainsi, dans l'Isère, là où il y avait 1 000 personnes en 1896, il n'en reste que 872 en 1936, soit une diminution de 12,8 %. Dans le canton de Rosières, les 326 commerçants de 1911 se retrouvent 232 en 1936, soit 28,8 % de moins.

Et ce qu'il importe encore plus de souligner, c'est que le mouvement de recul affecte inégalement les différentes communes. Si l'on y regarde de près, 18 seulement des 47 communes étudiées par P. Barral présentent une réelle constance du taux de la population commerçante dans la population totale; dans 13 communes au contraire ce taux diminue et dans 16, il augmente.

Les variations observées d'une commune à l'autre expriment en fait un mouvement déjà très sensible de concentration des commerces dans un nombre limité de communes qui sont amenées à exercer une fonction commerciale de plus en plus importante pour les communes des alentours. Ces villages-centres, Ph. Pinchemel les voit se détacher plus nettement encore dans ses cantons picards et ceci dès le XIXe siècle, mais le mouvement se poursuit entre 1911 et 1936. Dans le canton d'Hornoy, par exemple, le nombre des communes sans un seul commerçant passe de 1 à 6 et celui des communes de moins de 5 commerçants passe de 14 à 20 entre ces deux dates; dans le même temps trois centres augmentent leur prépondérance commerciale en regroupant 62 % des commerçants du canton en fin de période au lieu de 55 % initialement.

Les artisans connaissent le même destin. Dans les cantons picards, les mêmes observations que pour les commerçants peuvent être faites : le nombre d'habitants par artisan reste remarquablement stable entre 1911 et 1936 et le mouvement de concentration dans les villages-centres se poursuit également ; le nombre des communes avec moins de 10 artisans passe de 25 à 38.

Dans les Alpes, le recul paraît plus important ; dans ses 47 villages de l'Isère, P. Barral dénombre seulement 1 147 artisans en 1936 contre 1 931 en 1896 ; la perte est considérable, de l'ordre de 40 %, et se traduit par une diminution de la place relative de la population artisanale dans la population totale (6,2 % en 1896, 4,9 % en 1936).

Dans le Vivarais, P. Bozon observe également que ce sont les communes les plus rurales qui ont vu fondre le plus les effectifs de « ces serviteurs du monde paysan que sont certains commerçants et surtout les artisans ». En 1946, tel village de 81 ménages n'a plus qu'un artisan alors qu'il en comptait 14 en 1911 pour 117 ménages. Les pertes supérieures à 50 % sont courantes et les villages totalement démunis d'artisans et de commerçants sont nombreux, surtout dans les régions de relief accentué.

Mais ce sont là des observations ponctuelles, et il faut prendre garde à ne pas trop généraliser. On doit distinguer selon les régions, selon la taille des agglomérations et surtout selon les types d'artisans.

La marchandise à domicile. Abondance et choix : une concurrence mortelle pour les commerces de village. Aveyron, années 60.

Les artisans ruraux en 1929

	maîtres	ouvriers	total
maçons	56 061	81 878	137 939
charpentiers-menuisiers	52 024	34 115	86 139
forgerons	46 951	21 708	68 659
charrons	33 039	14 293	47 332
entrepreneurs de battage	19 892	19 208	39 100
bûcherons	10 865	21 434	32 299
couvreurs	15 315	11 810	27 125
sabotiers	17 210	5 960	23 170
électriciens-mécaniciens	12 121	10 979	23 100
réparateurs d'outils	13 669	8 807	22 476
bourreliers	14 903	5 140	20 043
entrepreneurs de distillation	11 241	3 017	14 258
tonneliers	9 804	3 654	13 458
scieurs de long	3 560	3 667	7 227
entrepreneurs de trav. agr.	1 805	1 987	3 792
taillandiers	2 020	864	2 884
total	320 480	248 521	569 001

SOURCE   Statistique agricole de 1929.

Certains auteurs distinguent les artisans qui sont les auxiliaires des industries et qui ont place aux côtés des ouvriers industriels ruraux dont ils ne sont qu'une variante, et les artisans qui sont au service des populations locales, pour lesquelles ils fabriquent, entretiennent, réparent. Mais déjà, la distinction, pourtant capitale, n'est pas toujours faite, ni toujours commode à faire.

Et il faudrait en faire une autre, encore plus fine, au sein de la deuxième catégorie, entre les artisans qui travaillent exclusivement ou essentiellement pour les agriculteurs et l'agriculture, et ceux qui satisfont aux besoins des habitants du village en tant que tels, autrement dit à la consommation familiale.

Cette seconde distinction est certes en pratique extrêmement difficile à faire : s'il est à la rigueur aisé de classer d'un côté le tailleur ou le sabotier, de l'autre l'entrepreneur de travaux agricoles ou l'entrepreneur de battages, cela devient plus délicat lorsqu'il s'agit du charpentier-menuisier, du maçon ou du couvreur et même du forgeron, du bourrelier ou du charron, qui travaillent aussi bien pour les non-agriculteurs que pour les agriculteurs et ceci d'autant plus que presque tout le monde est peu ou prou agriculteur, même si ce n'est pas là l'activité principale.

Néanmoins la distinction est importante pour parler avec discernement de l'évolution de l'artisanat rural dans l'entre-deux-guerres et même jusqu'aux années 50. Durant toute cette période, les artisans du fer, du bois, du cuir et du bâtiment sont des auxiliaires nécessaires de l'agriculture. Ainsi, l'enquête agricole de 1929 recense-t-elle près de 570 000 personnes actives dans l'artisanat rural de service, au beau milieu de l'entre-deux-guerres. Elle montre que, parmi les artisans spécifiques de l'exploitation agricole, la prééminence du forgeron et du charron est encore incontestable et incontestée à l'époque; pourtant la transition apparaît : les entrepreneurs de battage sont déjà nombreux et les mécaniciens-électriciens ne sont plus exceptionnels. Et l'on peut souscrire au jugement de M. Augé-Laribé, lorsqu'il écrit qu' « il est d'autant plus justifié d'ajouter (ces travailleurs) à la classe agricole que ces métiers sont exercés par des ouvriers permanents dans les grandes exploitations, que les agriculteurs petits et moyens ne peuvent pas se passer de ces artisans et qu'eux-mêmes ne travaillent, ou presque, que pour les agriculteurs », sans compter que, de plus, « ils ont presque tous un peu de terre qu'ils cultivent à leurs moments de loisirs et avec l'aide de leurs clients [33] ».

La campagne est encore bien desservie par le train dans les années 50.

Si une sélection se fait parmi les artisans, elle est d'abord directement liée à l'évolution des goûts, des habitudes de consommation et des conditions de production des biens de consommation durables; et en ce domaine, très tôt, le commerçant s'est substitué à l'artisan de village. Mais il demeure nécessaire de ferrer les chevaux, de fabriquer et de réparer les harnais, de remplacer et d'entretenir les charrettes, d'aiguiser les socs, tant que la traction animale et le matériel correspondant existent. Si quelque artisan demeure indispensable, c'est bien celui qui permet la reproduction ou au moins l'entretien de ce matériel. Et l'on sait que celui-ci a continué d'être utilisé jusqu'à une période très récente. L'évolution des métiers a suivi celle des instruments de culture; avec le développement des machines et de la traction à moteur, le mécanicien et l'électricien — souvent confondus dans la même personne — ont progressivement remplacé charrons, forgerons et bourreliers. Ce n'est que très récemment que l'électricien-mécanicien à son tour s'est vu lui-même contraint de se faire de plus en plus simple revendeur, voire même de disparaître en raison du développement des services après-vente.

Ainsi on retrouve encore les villages agricoles à travers les commerçants et les artisans ruraux; ceux-ci en sont en quelque sorte les premiers équipements d'intérêt général, ils évoluent au gré des techniques agricoles, ils disparaissent enfin au fur et à mesure que les industries agricoles étendent leur action propre jusqu'à l'exploitation agricole elle-même, accroissant de cette façon leur emprise directe sur elle. L'artisan est donc de moins en moins présent dans la vie du village. Dans le meilleur des cas, bourg non compris, il est réduit à une individualité dans sa spécialité. Et toutes spécialités réunies, le groupe des artisans n'atteint une consistance réelle que dans les villages-centres [34].

L'ouverture.   C'est qu'en même temps que le village se trouve de plus en plus confiné dans sa fonction agricole et semble par là même mis à l'écart des grandes transformations de la société industrielle, il est en réalité, et du fait même de sa fonction, à la fois le lieu et le reflet par excellence des transformations que subit l'agriculture. Et de ce point de vue, son insertion dans la société globale est complète, comme celle de l'agriculture dans le système de production dominant. La disparition des artisans et des commerçants en est un indice particulièrement clair : les transformations et les développements des échanges marchands entre l'agriculture et l'industrie en sont la cause ; et d'un autre côté elle entraîne, en même temps qu'elle traduit, un assujettissement plus étroit de l'agriculture aux firmes industrielles qui produisent pour elle ou pour lesquelles elle produit. Tout ceci est possible parce que le village est de plus en plus aisément accessible et que, par réciproque, le villageois peut de plus en plus aisément en sortir.

Certes, après la guerre, le « tortillard » entre en déclin. En 1936, on ne compte plus que 2 625 kilomètres de tramways pour voyageurs avec ou sans messageries. Par contre, les lignes de chemin de fer d'intérêt local ont continué de se développer et atteignent 30 202 kilomètres en 1936 contre 11 609 en 1910, alors que, dans le même temps, le réseau d'intérêt général n'a pour ainsi dire pas changé (45 369 kilomètres en 1936 contre 43 731 en 1910). Mais, comme le note M. Augé-Laribé, si la voie ferrée est d'une incontestable utilité, « sans les automobiles parcourant un excellent réseau routier, la circulation ne serait pas assez ramifiée [35] ».

En 1933, le réseau routier de toutes catégories atteint 630 422 kilomètres (contre 475 926 en 1909) et, comme à la veille de la guerre de 1914, « ce qui a surtout augmenté, c'est la longueur des chemins vicinaux, c'est-à-dire ceux qui desservent les campagnes et sont utilisés par les agriculteurs pour rejoindre les grandes routes et le chemin de fer ». En 1935, il existe 38 731 kilomètres de services publics automobiles subventionnés par les départements et les communes et environ 106 000 de services non subventionnés. Ces services d'autocars, qui ont encore été accrus après 1935, ont été pour les agriculteurs un progrès des plus appréciés parce qu'ils leur ont permis de se rendre rapidement à la ville voisine et de recevoir et d'expédier commodément les colis postaux, les correspondances, la petite messagerie. Ils ont concurrencé victorieusement les tramways et, grâce à leur plus grande souplesse, ils ont étendu dans les campagnes l'usage — et

On est de son temps, selon ses moyens. La mobylette est devenue indispensable.

Elle sert à tout. Pays basque, 1960.

La ville
à la portée
de tous.

l'emprise — du transport motorisé collectif, beaucoup plus
facilement et largement que ceux-ci n'auraient pu le faire.
Une mobilité toujours plus grande des personnes et des marchandises est ainsi possible.

C'est par une intervention toujours plus poussée de l'État
que s'est réalisée l'amélioration des voies de communication,
même locales. La loi de 1836 consacrée aux chemins de grande
communication n'a pas hésité à les mettre sous l'autorité
directe du préfet et du conseil général, c'est-à-dire à dessaisir les communes de toute compétence sur une partie de
leurs chemins vicinaux et donc à leur imposer des décisions
et des charges. La Troisième République a étendu les pouvoirs des conseils généraux en la matière et réorganisé les
services départementaux pour plus d'efficacité. Corollaire de
cette intervention de l'État, le système des subventions n'a
cessé de se développer.

Si, pour ce qui est des routes, les subventions au réseau de
desserte locale prolongent et complètent l'action que l'État
a entreprise à travers les routes nationales, en ce qui concerne
les voies ferrées, il en va différemment : les subventions ont
en fait pour but de compenser le manque d'intérêt des compagnies privées pour un investissement de moindre profit que
les lignes nationales. Jusqu'en 1937, indirectement, la subvention aux collectivités locales est en fait une subvention aux
grandes compagnies.

Une politique semblable va permettre cette autre forme
d'insertion du village dans la société et dans l'économie
nationale qu'est l'électrification.

Haute-Loire, 1950.

Le chemineau solitaire, personnage
pratiquement disparu aujourd'hui.

L'électrification.

Il est bien rare que l'on puisse
encore bavarder, comme ici, en
rentrant à pied du champ, par
les chemins. Aude, années 60.

Si le développement des moyens de communication est
essentiellement l'œuvre du XIXᵉ siècle, l'électrification des
campagnes est, quant à elle, bel et bien celle du XXᵉ; c'est
le grand changement qui intervient dans la vie des villages
au cours de l'entre-deux-guerres.

A la veille de la guerre, certaines communes rurales sont
déjà électrifiées. En 1919, on peut en estimer le nombre à
6 400. Dans la plupart des cas, il s'agit de communes qui,
favorisées par leur situation, bénéficient du passage d'une
ligne destinée à électrifier une agglomération ou une industrie.
L'électrification est donc prise en charge intégralement par
des sociétés concessionnaires et sans aucune aide de l'État [36].

C'est entre 1919 et 1924 qu'une politique de l'électrification
rurale est conçue et mise en vigueur. L'objectif déclaré est en
premier lieu de tenter de résoudre le problème de la main-
d'œuvre agricole grâce au moteur électrique, «moteur idéal pour
l'agriculture». En outre, « l'éclairage électrique procurera

Les visages du « progrès »,
1960-1970.

Le releveur des compteurs
électriques.

Évolution du nombre
des communes rurales
électrifiées (estimations)
1919-1932

	nombre de communes électrifiées *	% du total des communes
1919	6 400	17
1926	16 660	45
1927	16 897	
1928	19 825	
1929	23 155	
1930	25 722	
1931	28 278	77
1932	30 392	83

* Proches des nombres réels de
1927 à 1932, ces estimations
sont beaucoup plus approxi-
matives pour 1919 et 1926.
SOURCE Notes et documents
statistiques sur l'électrification
rurale, ministère de l'Agriculture, 1932.

aux agriculteurs la lumière qui leur est aussi indispensable
que la force et qui doit être considérée également comme
un véritable instrument de travail, déclarent alors les documents officiels. La possibilité de jouir d'un éclairage intensif
sans danger d'incendie permettra, en effet, d'occuper les
familles agricoles pendant les longues soirées d'hiver et d'assurer le développement des petites industries rurales susceptibles de procurer un supplément de ressources appréciable
aux habitants des campagnes ». L'objectif prioritaire est donc
d'augmenter la productivité du travail humain afin « d'améliorer les conditions d'existence des cultivateurs et d'accroître
la production agricole ». Si, par ailleurs, l'électricité rend leur
cadre de vie « plus agréable » et allège « leur rude tâche », on
peut alors escompter que « les cultivateurs, moins tourmentés
par les difficultés matérielles de la vie, seront moins enclins
à délaisser les champs pour la ville [37] ».

Il est vrai qu'il est aussi de l'intérêt des grandes sociétés
productrices d'électricité que, les villes et les industries étant
largement investies, s'ouvre au moindre coût le vaste marché
des consommateurs ruraux. Et la politique de subventions
aux collectivités locales qui est dès lors mise en place est de
ce point de vue fort intéressante pour elles.

Les résultats sont évidents. Selon une étude de 1932 [38], le
nombre des communes rurales électrifiées quintuple presque
dans les treize années qui suivent la Première Guerre mondiale.
Il passerait ainsi du sixième à plus des huit dixièmes du
nombre total des communes rurales. En 1932, il ne resterait
donc plus que quelque 6 300 communes rurales à électrifier,
soit 17 % de l'ensemble.

Il faut pourtant nuancer ce bilan par deux précisions
restrictives. La première tient à l'écart qui existe entre le
moment où le projet d'électrification est accepté et celui où
les travaux sont effectivement réalisés. Le décalage est tel
qu'en 1932 un ralentissement des études nouvelles paraît
souhaitable. Les nombres donnés ci-dessus des communes
électrifiées à différentes dates sont donc vraisemblablement
surévalués.

Seconde remarque : l'électrification d'une commune ne veut
pas dire l'électrification de la totalité de cette commune. Au
contraire, la limite fixée par les pouvoirs publics pour la
dépense subventionnable par habitant desservi, de 1923 à
1930, a inéluctablement pour effet de restreindre le développement des réseaux primitifs, au moment de leur création,
dans les régions où l'habitat est dispersé et le coût relativement
élevé. Il convient donc de compléter les évaluations portant
sur le nombre des communes par des statistiques concernant
le nombre des ruraux pouvant réellement bénéficier, s'ils le
désirent, d'un raccordement à un réseau électrique [39]. Au
1er janvier 1932, pour autant que l'estimation puisse être
faite à partir des données disponibles, il reste encore au moins
4 500 000 à 5 000 000 d'habitants des campagnes à desservir,

soit un minimum de 22 à 25 % de la population rurale totale. C'est beaucoup, alors que toute la population urbaine est desservie, elle, depuis environ vingt ans.

Les subventions ont joué un rôle décisif puisque, parmi les 30 400 communes rurales électrifiées au 1er janvier 1932, 4 000 à 5 000 seulement l'ont été sans aucune aide publique. Le bilan financier établi à cette même date fait apparaître que celle-ci a assuré 63,5 % du financement de l'électrification rurale, les autres ressources provenant d'emprunts (dont, pour 10 %, ceux à taux réduits du Crédit agricole, qui représentent également une forme indirecte de subventions).

Selon M. Augé-Laribé, il ne restait plus que 1 200 communes, représentant 350 000 personnes, à électrifier en 1938. Mais en tenant compte de 6 à 7 000 communes qui n'avaient encore qu'une distribution incomplète, le nombre d'habitants des campagnes à relier au réseau pouvait encore en fait être estimé à 2 500 000 personnes.

L'agent du Gaz et de l'Électricité et la postière.

Il faut attendre 1954 et le premier inventaire de l'électrification rurale pour avoir des statistiques précises sur le nombre de communes et de ruraux réellement desservis. Le fait est assez symptomatique du peu d'intérêt global porté à cette question dans l'entre-deux-guerres. Depuis 1954, par contre, les inventaires se sont multipliés à des intervalles variables : 1956, 1960, 1966. Ils montrent qu'entre 1932 et 1954, soit en une quinzaine d'années si l'on décompte les années de la guerre, environ 15 % de plus de ruraux ont été desservis (soit 60 % de la population restant à desservir en 1932).

La desserte est à peu près totalement assurée en 1966. Si l'on prend comme date de départ la loi de 1923 et le décret de 1924 qui fixèrent les règles d'attribution des subventions publiques, il a fallu trente ans pour électrifier les campagnes; un demi-siècle si l'on part de la réalisation des premiers réseaux de distribution.

L'électrification est le seul apport — considérable, il est vrai — de l'entre-deux-guerres à la modernisation des villages. L'adduction d'eau ne sera vraiment l'objet d'une politique qu'à partir des années 50. Il faudra également attendre cette période, et même la fin des années 50, pour que de nouveaux changements importants s'observent dans la physionomie des villages. Jusque-là, ils restent tels que, dès 1900, l'évolution de la seconde moitié du XIXe siècle les a faits; ils conservent le même aspect et vivent sur les acquis de cette période.

Mais, dans ce cadre voué à l'agriculture et en apparence immuable, des transformations sociologiques profondes se produisent, qui correspondent à celles que nous avons déjà notées dans l'économie agricole. Les structures sociales, on l'a vu, évoluent. Mais surtout, comme l'électrification, l'évolution de la vie collective, des coutumes et de la culture populaires marquent en fait bel et bien l'entrée des campagnes dans le « monde moderne ».

Le visage encore magique de la science pratique. Charente, 1961.

l'entrée
dans la modernité

fêtes et coutumes en déclin

Les folkloristes du XIXᵉ siècle observent déjà un recul très net des traditions après la guerre de 1870 [40]. Incontestablement, un processus est mis en branle à cette époque. Mais il est loin d'avoir produit tous ses effets en 1914. La guerre de 1914-1918, comme dans les autres domaines, accélère le mouvement et une régression plus brutale encore des coutumes en résulte. Un sursaut semble encore se manifester dans les années 20, une fois surmonté le choc du conflit. Puis à partir de 1925 ou 1926, c'est la régression sans rémission. Et sans doute faut-il voir en réalité dans les « symptômes de résistance, voire de renaissance » eux-mêmes qui « se manifestent dans l'ensemble du pays dans les années 30 », les indices les plus révélateurs de ce déclin [41]. Ce sont en effet « des musées de terroir (qui) se créent de toutes parts; dans les capitales des anciens pays comme dans de modestes villages ». Celui de Romenay, dans la Bresse, est couronné par un grand prix de l'Exposition de 1937. Celui de Barbentane-en-Provence « sera à New York l'ambassadeur du folklore paysan ». Ce mouvement est couronné par la création en 1937 du musée national des Arts et Traditions populaires et en 1938 de la commission nationale du même nom. Signe des temps, désormais, costumes, meubles, outils et ustensiles déchus sont recueillis dans ces musées « où les populations viennent contempler leur histoire ». Du même ordre sont les groupes folkloriques fondés « un peu partout » avec l'appui des syndicats d'initiative, les sociétés hippiques rurales qu'encourage le ministère de l'Agriculture, et enfin les fêtes agraires et artisanales remises en honneur par la Jeunesse agricole catholique, la JAC. Les chambres d'agriculture de leur côté publient chaque mois leur *Folklore paysan*.

Tout ceci ne peut pas faire oublier que les fêtes traditionnelles, quelle que soit leur nature, perdent peu à peu toute vitalité.

La vie religieuse notamment qui tient une place importante dans la vie sociale du village au XIXᵉ siècle est fortement en régression. Tel curé rural, parlant des pays de Caux et de Bray, note en 1949 que « les processions de la Fête-Dieu, après

Un jour de fête à Beaulieu, en Corrèze. Défilé de chars fleuris, au mois de juillet 1914.

avoir connu de véritables apothéoses ont, aujourd'hui, moins d'éclat [42] ». Quant aux Rogations, « elles ne meurent pas encore partout », note-t-il avec beaucoup de modestie.

Le recul de la vie religieuse. Dès avant la Seconde Guerre mondiale, le jugement de la JAC est beaucoup plus — et sans doute trop — catégorique. Les Rogations ? « Les très vieilles personnes vous diront qu'elles les ont connues... Les jeunes ne savent même plus ce que c'est... Trop souvent, trois ou quatre vieilles femmes suivent M. le Curé qui s'essouffle seul aux litanies des saints. A moins que, n'ayant plus personne pour l'accompagner, il ne se trouve réduit à supprimer tout à fait ce pauvre cortège [43]. »

Le calendrier religieux du paysan creusois se réduit à trois fêtes, nous dit un autre observateur [44]. « Ils sont venus aux Rameaux et, à Pâques, après l'alleluia, ils ont parcouru leurs champs de seigle pour y planter le buis protecteur des moissons. » Quant à « la troisième et dernière fête du cycle qui rompt le fil de leur année peineuse », c'est la Toussaint. Et ce jour-là, « personne n'a manqué à l'office qui s'est déroulé dans sa grave splendeur ». Sinon, à Noël, « la messe de minuit devient un souvenir ». La Chandeleur ? « C'est le cierge, talisman des orages, mais surtout, c'est la crêpe rousse, molle et parfumée qui saute joyeusement en prédisant la fortune. » L'Assomption ? « La bonne Dame est encore évoquée par les plus fidèles aux traditions, le matin de la moisson : l'âpre labeur ne permet pas de descendre au bourg, endimanchés pour la grand'messe. »

Et ceci n'est pas propre à la Creuse. Ainsi, à propos de la Chandeleur, voici ce que dit la brochure de la JAC déjà citée : « Manger des crêpes le 2 février, on y pense encore, et même à en faire sauter une sur l'armoire pour être riche... mais comme il est triste de constater qu'en beaucoup de paroisses de campagne, plus rien de religieux ne marque cette journée, une des plus anciennes fêtes liturgiques de la Vierge. » Quant

La procession des pénitents à Alassac, Corrèze, 1920.

Deux aspects
du rassemblement
et de la fête
liés à la religion.

Pardon à Folgoët, Finistère, 1934.

à l'Assomption, sa célébration n'est mentionnée ni dans la Haute-Loire où le calendrier religieux semble aussi squelettique que celui de la Creuse, ni dans les Dombes où il paraît plus fourni [45].

Avec la régression de la vie religieuse, c'est la vie sociale dans son ensemble qui s'étiole. La messe du dimanche, temps par excellence du rassemblement de la communauté, surtout dans les pays d'habitat dispersé, souffre d'une très sensible désaffection. « L'église du village a été un centre de vie », écrit le curé normand; et aujourd'hui le paysan « hésite à venir à l'église le dimanche... Les vêpres obligent les enfants à revenir à l'église, avec quelques bonnes vieilles, mais cette allée et venue des enfants, d'ailleurs si rapide, n'anime guère le village, le dimanche après-midi. On ne voit âme qui vive dans les rues. On peut même se demander où sont les gens. » Comme le note un autre témoin à propos de la région de Villeneuve-sur-Lot en 1936, « les offices religieux qui n'attiraient peut-être pas par eux-mêmes beaucoup de monde, mais qui étaient une occasion de sortir » ayant disparu, « nos hameaux peuplés le dimanche voilà seulement trente ans, sont aujourd'hui mornes et sans vie [46] ».

Cette observation serait valable pour la plupart des régions. « C'en est fini, ou à peu près, écrit É. Guillaumin, de l'animation ancienne des groupes se formant le dimanche, à l'issue de la messe, sous le porche ou sur la place. L'église, d'ailleurs, est beaucoup moins fréquentée, surtout par les hommes. »

Il est donc vrai que, pour reprendre les termes de notre curé normand (et sauf, bien sûr, dans les régions qui demeurent très pratiquantes), l'église du village tend à être de moins en moins le « centre de vie » qu'elle a généralement été, que les chants religieux ont de moins en moins de « succès » et que les villageois vibrent moins au « spectacle » des processions et des fêtes religieuses.

Ceci ne veut pas dire que toute trace de ces fêtes disparaît. Les Rois, c'est le gâteau. La Chandeleur, on l'a vu, ce sont les crêpes. Si l'Assomption, qui « arrive à la fin ou presque des travaux de la moisson », n'est plus célébrée par cette procession « en voiles blancs, toutes bannières au vent, dans cette plaine où elle s'achève », la rentrée de la dernière gerbe s'accompagne généralement d'un grand repas qui réunit les moissonneurs, les familles, les voisins. Noël, « c'est pour les jeunes le bal, mené par un pick-up; où l'esprit de famille survit, c'est la joie de festoyer auprès du feu [47] ». La fête patronale est sans doute de moins en moins la fête du saint patron de la paroisse; elle n'en demeure pas moins, sous la multiplicité des appellations régionales qui en marque bien le particularisme, la fête du village par excellence, celle — et la seule — qui se marque par un jour férié qui lui est propre.

Ainsi, bien des fêtes qui disparaissent sur le plan religieux subsistent comme fêtes profanes. Elles demeurent au moins marquées par un rite alimentaire, voire par un jour férié. La fête patronale exceptée, qui conserve une part au moins de sa dimension communautaire, elles se font aussi plus strictement familiales; et ceci confirme la primauté croissante de la famille sur le village.

Peut-on dès lors en conclure que, en raison de la déchristianisation [48], la vie sociale villageoise a tout simplement pris d'autres formes que celles du rassemblement religieux ?

Il faut bien constater que les rares coutumes qui ont échappé à l'emprise chrétienne, et qui sont demeurées profanes, sont également en voie de disparition. L'exemple du carnaval et des feux traditionnels, qui a été analysé de manière fort approfondie par André Varagnac [49], nous fournit une excellente illustration de ce recul.

La mort du carnaval. Une carte, établie en 1937, fait apparaître que les feux de brandons et les feux de la Saint-Jean ne continuent d'être allumés de façon systématique que dans très peu de régions : les collines de l'Artois, certaines parties du Massif central (le Limousin, le Périgord, et, à l'est, une zone s'étendant des monts de la Madeleine et du Beaujolais à l'Aubrac et à la Margeride, à travers le Forez et le Velay), le Languedoc (du pied des Pyrénées ariégeoises aux Costières du Gard), la Corse et à un moindre titre la Provence. Ailleurs, on ne note au mieux que des localisations très sporadiques. Des zones entières, enfin, telles la Normandie, le Bassin parisien, l'Anjou, le Maine, le Poitou, n'en présentent nulle trace. Cette carte permet également de saisir dans son mouvement la disparition progressive des feux.

Quant au carnaval, que représente-t-il dans les années 30 ? Il consiste généralement en un ensemble de manifestations qui se déroulent pour l'essentiel durant la période dite des jours gras, juste avant le carême, encore que quelques témoins d'une période carnavalesque plus longue puissent très exceptionnellement se rencontrer ici ou là [50].

Réincarnation républicaine du traditionnel groupe des jeunes. Les conscrits, Bretagne, 1920-1925.

Dans les régions où il a conservé le plus de vigueur, des bandes de jeunes gens déguisés et masqués parcourent les villages; ils se rendent en particulier de veillée en veillée lorsque celles-ci existent encore. Et ils se livrent dans leurs déplacements à de multiples facéties, à des farces, voire même à des agaceries qui peuvent frôler la brimade. Ce sont notamment des aspersions et des barbouillages à l'aide de matières plus ou moins agréables, telles que farine ou bouillie, boue ou argile, cendre ou suie et fumée, qu'ils projettent aussi bien sur les gens que sur les maisons, principalement sur les vitres et les portes ou même à l'intérieur des maisons. Dans les veillées, leurs plaisanteries visent surtout les jeunes filles et ils y ajoutent parfois en jouant la pantomime ou en exécutant des saynètes qui évoquent ou ridiculisent des personnages précis.

Les visites plus ou moins facétieuses que les masques rendent à toutes les maisons du village accompagnent en fait une quête ou un chapardage de victuailles que les jeunes gens accumulent pour festoyer ensemble. De fait, il existe un rituel alimentaire du carnaval, lequel correspond, rappelons-le, aux jours gras. Le repas du mardi gras en particulier est fort abondant et notamment riche en aliments carnés. De plus, certaines pâtes et pâtisseries sont caractéristiques du cycle du carnaval; ce sont, selon les régions, les crêpes, les beignets, les gaufres et les pâtes dures. Le carnaval est aussi l'occasion de stigmatiser les ménages qui ne sont pas conformes aux bonnes mœurs; moins par les charivaris * qui ne sont pas propres au carnaval, que par des cérémonies comme l'azoade (ou asouade) consistant

---

* Le charivari est une manifestation bruyante organisée par les jeunes gens pour sanctionner les alliances « scandaleuses » ou le « désordre » dans les ménages. Le charivari a lieu à n'importe quel moment dans l'année, et en principe dans la nuit qui suit le mariage objet du scandale.

à promener le mari battu ou cocu sur un âne. Dans la série des rites matrimoniaux du carnaval, il faut comprendre le dônage, cérémonie au cours de laquelle les jeunes gens et jeunes filles, constitués en deux groupes distincts, se répartissent publiquement en couples.

Enfin, Carnaval peut être personnalisé par un mannequin, promené en cortège éventuellement en compagnie d'autres personnages le jour du mardi gras, puis jugé, évidemment condamné; et détruit, le plus souvent par le feu. Et, le premier dimanche de carême, le cycle du carnaval fait une réapparition sous la forme d'un feu rituel, dit feu des brandons, qui donne lieu lui aussi à des coutumes, comme celle de sauter par couples au-dessus des flammes.

En réalité, les régions où le carnaval est encore l'occasion de l'ensemble de ces manifestations dans les années 30, sont extrêmement rares. La quête avec déguisements et parfois les déguisements sans quête ne se rencontrent plus guère de façon notable que dans les hautes Alpes, le Vivarais, la Provence, le Béarn, et à l'état de traces en diverses régions, comme l'Auvergne, le Velay, la Bourgogne, la Savoie. Si, pour les jeunes gens, « rouler carnaval » c'est aller masqués et déguisés, de veillée en veillée, la disparition de celles-ci restreint considérablement leur champ d'action.

Or, la disparition des veillées est attestée par tous les observateurs au cours de l'entre-deux-guerres. É. Guillaumin parle en 1935 de l'atmosphère spéciale des soirées d'hiver du « temps passé ». « C'en est fini, ou à peu près, ajoute-t-il, des veillées, plusieurs familles réunies dans une atmosphère de joyeux propos et de récits légendaires. » Dans une brochure éditée par la JAC en 1937, la constatation est générale : « Aujourd'hui, ces réunions (les veillées) sont devenues rares, y lit-on; il y a plus d'égoïsme, chaque famille reste chez elle. » A. Varagnac écrit également que « les veillées ont à peu près cessé dans nos campagnes », mais il est vrai que c'est après la guerre de 1939-1945. Parmi les témoignages dont nous disposons, il n'y a guère que dans la Haute-Loire que cette vie de voisinage soit encore vivace : n'y voit-on pas des « veillades » d'hiver succéder aux « corvégis » d'été, assemblées de plein air, réunissant un groupe de voisines « qui ravaudant le linge, qui faisant de la dentelle [51] » ?

C'est le groupe des conscrits aidé des « conscrites » qui est chargé de l'organisation des mascarades. Mais bien souvent, les jeunes gens ont abandonné leurs prérogatives en la matière, et les enfants ont pris la relève. Les aspersions et les barbouillages ont pratiquement disparu. Arnold van Gennep n'en trouve plus guère de survivance qu'en Lorraine, dans l'Hérault et dans les Alpes-Maritimes.

De même pour les « charivaris aux cocus », les « fêtes des cornards » et les « asouades »; l'Hérault, le Puy-de-Dôme, l'Oise fournissent quelques rares exemples très isolés. Le dônage, quand il s'est conservé, a changé de sens; les appariements

Les cultures locales conservent encore certains de leurs secrets. Ceux qui les partagent peuvent ainsi en tirer le principe d'une identité collective qui leur est propre.

La Corrèze Illustrée — BEAULIEU — Le Jour des Corps-Saints

Beaulieu, 1922. Le jour des Corps saints. La cavalcade, un groupe de jeunes filles.

La 30e fête de l'Églantine à Beaulieu, 31 août 1930 : groupe de Bellocoises coiffées du barbichet.

tiennent compte de la volonté des intéressés, et le dônage est en quelque sorte le premier ban de leur mariage, il n'apparaît plus comme s'appliquant obligatoirement à tous les célibataires des deux sexes. Parfois même, il n'en reste trace que sous forme de brimades à l'encontre des célibataires.

Quant au mannequin et à la parodie de jugement qui précède sa destruction, ils semblent plus usuels en ville que dans les campagnes [52], et quand des cortèges sont organisés dans les villages, ils se font à l'imitation de ceux de la ville voisine. Les feux de brandons ne s'observent en forte concentration que dans la partie est du Massif central (monts du Beaujolais, Forez, Bourbonnais, Velay) et à un moindre titre dans le Dauphiné, le Jura, la Bresse, le plateau lorrain, l'Artois, la Côte-d'Or.

Enfin, alors que la fabrication des crêpes et des beignets est encore une obligation rituelle au XIXe siècle et que l'on considère alors que manger des crêpes un jour gras « porte bonheur », « assure la prospérité », « procure de l'argent pendant l'année », désormais, « on les confectionne plutôt en plaisantant et par gourmandise ». « Crêpes et beignets sont tombés dans le domaine commun. Il y a peu de ménagères ou de cuisinières qui éprouveraient des scrupules à en faire n'importe quand. » Et le saut au-dessus du feu des brandons n'est plus pour les jeunes gens et les jeunes filles qu'un jeu; « un sport amusant, rarement dangereux », dit A. Van Gennep.

Tout ceci est fort loin de la reconstruction qu'A. Varagnac nous propose du carnaval original, l'un des principaux rites de « prophylaxie et de fécondité », dont toute la population faisait dépendre le cours des saisons, la fécondité des ménages, la fertilité de la terre, la multiplication du bétail, et jusqu'à la lutte contre les épidémies : le carnaval était alors une obligation collective.

Considéré sous cet angle, le carnaval est bel et bien mort dans les années 30. Et l'on pourrait en dire autant de cet autre grand cycle profane, l'un des plus riches et des plus obscurs selon A. Varagnac, qu'est le cycle de Mai. Quand il reste trace des coutumes de Mai, elles se réduisent à l'habitude qu'ont les jeunes gens d'orner chaque maison où il y a une « fille à marier » d'un « Mai », bouquet de feuillages ou de fleurs accroché à la fenêtre ou à la cheminée ou petit arbre planté devant la porte. Et si l'on peut retrouver la signification profonde de cette tradition et sa fonction magique en la rapportant au cycle du renouveau, pour les jeunes gens des années 30, elle n'est plus guère que l'hommage d'un soupirant à sa belle, quand elle n'est pas plus simplement encore un prétexte à quête et à festin [53].

Les fêtes profanes n'ont donc pas mieux résisté que les fêtes religieuses; et la perte de la foi n'est sans doute pas une explication suffisante de la régression de ces dernières. La cause en est ailleurs et c'est la même pour les fêtes religieuses et profanes.

"la terre désenchantée"

Étant donné l'importance du rôle dévolu aux jeunes gens dans l'organisation du carnaval, il est certain que l'exode rural — qui est un exode de jeunes — et la dénatalité ont contribué à sa décadence. La disparition des veillées résulte sans doute, elle aussi, en partie du dépeuplement; dans certaines régions, on ne se réunit plus entre voisins... faute de voisins. Néanmoins, le dépeuplement et le vieillissement des populations villageoises n'expliquent pas tout. La transformation des conditions de vie contribue également au déclin des fêtes.

C'est ce que note, pour expliquer la disparition des veillées, le rédacteur de la brochure jaciste. « La lutte pour la vie est plus âpre, écrit-il. La nécessité de travailler beaucoup plus qu'autrefois pour éviter les frais de personnel, fait prolonger les journées le plus longtemps possible, ce qu'a permis l'installation dans presque tous les hameaux de la lumière électrique. Et la tâche achevée, bien souvent, on ne songe plus qu'à demander au sommeil la réparation de ses forces physiques. » Ainsi, l'objectif visé par l'électrification a été atteint et les conséquences sont manifestes.

Les masques de carnaval, un jeu d'enfants.

Cette observation a bien évidemment une portée qui dépasse de beaucoup les seules veillées; en fait, c'est toute la vie sociale qui se ressent de l'évolution du travail agricole. Il est bien clair, par exemple, que si l'on n'accepte plus les servitudes du carnaval : prestations obligatoires, dommages matériels, désagréments, vexations, c'est parce qu'on ne croit plus à leurs vertus magiques. Si le jeune marié refuse de fournir la roue, si le propriétaire refuse de voir son champ traversé et sa haie détruite par celle-ci dans sa folle descente, si les chefs de famille de toutes les maisonnées peuvent considérer avec sang-froid le fait de ne plus avoir leur part de paille à fournir pour l'ornementer et la transformer en bûcher mobile, c'est que ni les uns ni les autres ne continuent de croire aux vertus de cette roue enflammée dévalant la colline; ils ne craignent plus de se casser la jambe et de perdre un enfant dans l'année pour prix de leur indifférence fautive, pas plus qu'ils ne continuent de croire que la prospérité de leur récolte dépend de la perfection de la trajectoire de la roue à travers les obstacles dont est parsemée la colline.

Enfin, la transformation des habitudes de consommation elle-même contribue à la décadence du carnaval : on a vu les crêpes et les beignets perdre leur caractère rituel pour entrer dans la consommation courante; mais d'autre part, alors que la « bombance que faisait la jeunesse du village » grâce aux victuailles — de préférence carnées — qu'elle collectait au cours de ses tribulations masquées « était l'une des très rares occasions de l'année où l'on mangeât de la viande... l'introduction du plat de viande fréquent, voire quotidien, dans l'ordinaire de beaucoup de foyers campagnards a enlevé toute raison valable à la quête en nature faite par les masques. De là à la considérer comme un abus, il n'y avait qu'un pas [54] ».

Le charivari, lui, paraît conserver quelque lustre et continue d'être pratiqué avec une certaine constance dans bien des régions en cas de remariage d'un veuf ou d'une veuve. Mais il manifeste désormais moins la réprobation qui entourait traditionnellement la transgression d'un interdit relatif aux catégories d'âge, que les « sentiments d'envie et de rancœur des catégories d'âge lésées [55] », à savoir les jeunes gens, déjà fortement menacés du célibat en raison de l'exode des jeunes filles.

On pourrait en somme dire qu'à l'instar des fêtes religieuses devenues profanes, les fêtes profanes se sont désacralisées ; quand elles ont survécu.

É. Guillaumin souligne bien l'ambiguïté de la culture populaire traditionnelle. « Bien sûr, au temps passé, on s'amusait de peu. Les contes et légendes, les histoires de crimes mystérieux, de maisons hantées, les diableries de toute nature, cela créait une atmosphère spéciale aux soirées d'hiver. Mais combien goûtaient la fleur merveilleuse, la philosophie profonde des vieux récits ? Et telles histoires sinistres versaient souvent dans les âmes puériles la crainte et l'effroi. Comme les enfants, les villageois passaient du rire aux larmes avec facilité. Si le laboureur parfois chantait en poussant son araire quelque mélopée lente et grave, cela ne signifiait pas qu'il eût l'âme tranquille et fût satisfait de son sort. Plutôt régnaient à l'état chronique le souci, la méfiance, l'inquiétude. » A cette inquiétude renvoie le carnaval.

Une transformation profonde des rapports entre l'homme et la nature est en cause et, s'il paraît impossible de parler d'une mentalité archaïque qui se serait conservée telle quelle des temps néolithiques jusqu'au début du XXe siècle, pour s'effondrer soudainement en quelques décennies [56], il n'en demeure pas moins que tout un ensemble de manifestations qui renvoient à de très antiques croyances et qui ont continué d'être pratiquées avec le consentement et l'approbation des populations villageoises jusque-là, connaissent désormais la défaveur des mœurs passées de mode et tombent rapidement en désuétude sous le coup des sarcasmes.

Cette désacralisation des fêtes profanes permet de comprendre la diminution de la ferveur pour les fêtes religieuses, dans la mesure où elles sont associées au rythme de la vie agraire. On a mentionné la décadence des Rogations ; il faudrait considérer dans la même perspective la régression de la coutume consistant à porter dans les terres emblavées du buis bénit aux Rameaux ou de petites croix de bois de coudrier consacrées le jour de l'Invention de la Sainte-Croix, afin de faire fructifier les récoltes et de les protéger contre les intempéries [57]. Si les Rameaux demeurent une des fêtes religieuses les plus vivantes et si la bénédiction du buis reste courante, ce n'est plus que pour un usage domestique ; il s'agit seulement désormais de protéger la maison, et à la rigueur les bâtiments agricoles. Le culte a largement cessé d'être agraire et s'est fait plus strictement familial. Ne faut-il pas voir dans la relative, mais néanmoins exceptionnelle ferveur dont semble bénéficier également la Toussaint, le résultat de cette même évolution ? La Toussaint, en effet, étant l'occasion de réunir les membres épars de la famille autour du culte de ses morts, est la fête familiale par excellence [58]. Et voici que l'on retrouve la prééminence de la famille. Le travail agricole par contre est un cadre de plus en plus limité de vie sociale.

Il n'est pratiquement plus l'occasion d'un culte commun, au sens religieux du terme (c'est pourquoi, comme on le verra plus loin, la JAC s'efforcera de réveiller ce culte) ; il ne fait pas davantage l'objet d'une commémoration ou d'un simple hommage collectifs dans lesquels la population villageoise retrouverait une certaine communion et une certaine solidarité, à travers l'exaltation de son unité de condition ; il ne fournit même plus guère de simples prétextes à réjouissances en commun. On l'a vu à propos des veillées : les conditions techniques et économiques nouvelles du travail agricole réduisent même la vie de voisinage. D'un autre côté, de traditionnelles festivités associées aux récoltes, comme la passée d'août ou les fêtes des vendanges, perdent de leur allant, tout au long de la période.

Le travail et la fête : la batteuse.

Il n'y a guère que le passage de la batteuse pour constituer un temps fort de la vie sociale. « C'est la saison de la batterie, une grande fête pour les mioches du pays », écrit R. Finkelstein en parlant de son enfance rurale. « Chez moi, un pays de petites métairies assez pauvres, personne ne possède une grosse machine en propre, poursuit-il. Aussi vient-elle du chef-lieu de canton. Elle est annoncée quelques jours à l'avance. On sait qu'elle doit commencer par Monsieur le Maire. Le matin, on a envoyé les deux chevaux la chercher, et toute la matinée, on a guetté son arrivée. Enfin, c'est elle... les gars de la batterie, la grande bicyclette à la main, marchant d'un air très important près du moteur [59]. » Dans les cas où la constitution des équipes de battage fait appel aux rapports d'entraide, la batteuse entretient, voire ressuscite une période de festivités et de licence associées à une surconsommation, qui s'inscrit dans la plus pure tradition des anciennes fêtes des jeunes gens. « De longtemps, ce travail fut l'occasion de vastes repas en vue desquels on élève cochons et volailles. Les hommes aujourd'hui suivent la machine de ferme en ferme, et chaque journée ou demi-journée de travail est l'occasion de chansons, de beuveries, de plaisanteries où le bon ton et la dignité ont parfois fort à souffrir », notent les observateurs de la JAC. Il convient toutefois de souligner que ces réjouissances accompagnent un labeur particulièrement intense et éprouvant et en constituent dans une certaine mesure à la fois la contrepartie et la condition : l'effort suscite la fête et la fête permet l'effort.

Ceci n'est d'ailleurs vrai que dans les régions d'agriculture familiale, voire de très petite culture. Dans les régions de grande culture, ce sont les salariés de l'exploitation ou de l'entreprise de battage qui servent la machine; et si le passage de la batteuse est encore un événement par l'agitation qu'il entraîne et la surconsommation qu'il autorise et exige, il n'a rien de cette fête entre voisins qu'il est, là où le battage repose sur l'entraide. Avec la généralisation des moissonneuses-batteuses, cette fête comme les autres ne tardera pas à disparaître.

« Il faut bien le reconnaître, écrit le rédacteur jaciste, on a " désenchanté la terre "... et le rire a disparu de nos métiers. » En réalité, c'est la laïcisation de la vie sociale que la JAC constate (et regrette) et non point la disparition en soi de la fête joyeuse. Et en effet, « s'il arrive qu'on rie à la campagne », c'est bien de ce « rire trouble (que l'on rencontre) dans les fêtes laïques, fêtes immorales, fêtes païennes », rire qui dévaste les forces vives et les âmes au lieu de les refaire, est-il précisé. On continue donc de s'amuser dans les villages, notamment dans les bals, comme on le verra plus loin. Mais il est vrai que, si le travail agricole a jamais été une source et une occasion de festivités et de réjouissances, il a de plus en plus cessé de l'être de 1914 à nos jours, se transformant toujours plus en pur acte de production.

la naissance de l'idéologie technicienne

A la veille de la Seconde Guerre mondiale, la JAC entreprend de « ramener la joie au village [60] ». L'intention est bien sûr d'évangéliser, il s'agit très clairement pour la JAC de donner, ou de redonner, une dimension religieuse aux fêtes et à la vie sociale en général. La volonté affirmée est de faire revivre les traditions, puisque aussi bien celles-ci réalisaient la vie collective à laquelle on aspire. La JAC a sans doute été le plus actif de ces « organismes qui ont voulu replanter les distractions de la jeunesse rurale dans leur milieu en leur rendant toutes leurs richesses originelles et originales », dont parle une brochure gouvernementale de 1957 consacrée à « la vie rurale en France [61] ».

La joie jaciste au village.

Les fêtes du calendrier traditionnel sont évidemment l'occasion par excellence de mettre en œuvre le zèle missionnaire et l'imagination créatrice des jacistes. Mais les veillées ne sont pas l'objet de soins moins attentifs. Toute la vie sociale est donc parcourue par cette volonté de renouveau.

Néanmoins, on ne peut manquer d'être frappé par l'importance accordée aux fêtes concernant directement le travail. Le cycle du blé comporte à lui seul plusieurs cérémonies allant de la bénédiction des semences aux fêtes du blé, en passant

Trois aspects
de l'activité de la JAC.

L'émergence d'une force nouvelle : un grand rassemblement.
Les fêtes : le char « Angélus du
soir », Bas-Rhin. Le bal (à condition que la morale soit sauve).

par la messe des moissons [62]. La fenaison, les vendanges sont
également l'occasion de cérémonies religieuses associées à des
festivités diverses. Les animaux sont honorés pareillement.
Ici, c'est l'agneau qui donne lieu « à une vieille tradition que les
jacistes tiennent à perpétuer dans le même sens et avec le
même respect que cela se faisait jadis ». Là, c'est « le jour du
cochon » qui est utilisé pour faire tomber les barrières si souvent dressées entre voisins à la campagne.

Enfin, le travail est l'objet d'un véritable culte en soi,
au cours des fêtes assorties de messes du travail, qui lui sont
consacrées. Car « cet humble travail paysan, trop souvent
méprisé et lâché pour de plus reluisantes besognes, il est juste
que les jacistes, qui sont fiers de s'y user à la suite du Christ,
le remettent à l'honneur ». La messe a lieu dans une église
ornée de panoplies faites par les agriculteurs et les artisans
ruraux. Ou bien elle s'accompagne d'une offrande des fruits
de la terre. Enfin, des défilés et cortèges de chars et d'instruments de travail décorés amplifient éventuellement la fête en
lui donnant un aspect de kermesse populaire.

C'est dans ces fêtes du travail que du nouveau apparaît.
L'initiative et la créativité des jacistes y font merveille.
Mais la glorification du travail agricole qui est ainsi entreprise est ambiguë. Elle est très traditionaliste puisqu'elle
renoue avec la conception magico-religieuse du travail qui
était impliquée dans les rites agraires religieux ou profanes
dont nous avons vu la décadence. Et, de ce point de vue, le
rapprochement peut être fait entre l'idéologie de la JAC et
celle de la droite agrarienne qui fleurit précisément dans l'entre-
deux-guerres. Mais elle est en même temps très moderniste,
par de multiples aspects.

C'est ainsi que dans les panoplies et dans les défilés, les
instruments de culture les plus modernes sont honorés au
même titre que les plus anciens. Ils y prennent même progressivement une place d'autant plus prépondérante que les
outils traditionnels sont de moins en moins utilisés. Quand
l'outil ancien est présenté, il est présenté comme ancien;
à côté de « la moisson ancienne » des moissonneurs, on montre
« la moisson nouvelle » faite au tracteur et à la moissonneuse-
lieuse. On suggère ainsi la continuité du travail agricole;
la moissonneuse, comme le moissonneur d'antan, moissonne...
et cette projection ou ce transfert du travail humain dont on
a l'expérience sur la machine annule son étrangeté technique,
ce par quoi elle est à la fois étrange et corps étranger.

Mais on fait en même temps saisir et accepter la rupture :
la modernité est là, concrète, palpable, et elle se présente
parée et joyeuse, revêtue des mêmes ornements qui expriment
le plaisir attaché au souvenir des anciens travaux. Toujours
paysan, mais paysan moderne : tel est le message que le cortège d'instruments agraires délivre à celui qui le regarde; et
les guirlandes, les fleurs, les couleurs, la liesse, réduisant
l'inquiétude, en facilitent la transmission. La fête s'appa-

rente en l'occurrence à une démonstration (symbolique et non technique) de matériel.

L'irruption du technique est ici particulièrement nette, puisque le travail agricole est signifié par les instruments et qu'en conséquence, ce sont les instruments qui sont le support et l'objet de l'ornementation symbolique. La glorification du travail devient de ce fait glorification de la machine. Le discours, l'idéologie et les pratiques traditionalistes se nient donc par leur efficacité même. Et ceci correspond bien à la double orientation fondamentale de la JAC. « Concours et comices ne se passeront bientôt plus sans que les jacistes y soient présents, affirmant qu'ils veulent être en tête du progrès technique, comme à l'avant-garde de la restauration morale et chrétienne », écrivait le rédacteur de la brochure jaciste en 1938, sans se rendre compte qu'il énonçait une proposition contradictoire, au moins pour l'époque.

On retrouve ces fêtes du travail florissantes dans l'immédiat après-guerre jusque dans les années 50 et il semble qu'elles aient ensuite à leur tour rapidement disparu. Dans la mesure où elles étaient réactionnaires, au sens politique du terme, où elles comportaient une tentative de restauration du passé, elles ne pouvaient qu'aller à l'échec. Et ce qu'elles impliquaient d'ouverture au « monde moderne » rendait nécessaire une transformation profonde des convictions religieuses qui leur étaient initialement associées voire entraînait, à terme, l'autonomie de l'idéologie technicienne par rapport aux convictions religieuses, autrement dit sa laïcisation pure et simple.

L'activité de la JAC est importante après la Libération. Et elle a précisément des aspects laïques très marqués, tels l'exposition ambulante de la Maison rurale qui circule « dans tout l'Ouest de la France, depuis le Finistère, jusqu'à l'Eure-et-Loir », les sessions d'études ou les stages qui ont lieu un peu partout et où l'on apprend à observer, analyser, critiquer et à s'exprimer ; ce à quoi l'on s'exerce aussi dans ces véritables tournois culturels que sont les « coupes de la joie », en contant, en chantant, ou encore en jouant la comédie. Autant d'occasions qui mobilisent, apprennent à entreprendre et à réaliser, entraînent aux responsabilités, brisent la solitude, provoquent rencontres, visites, discussions entre jeunes du même village et parfois des villages voisins, redonnent confiance en soi, et finissent par donner naissance à une conscience et à un projet collectifs. C'est en effet à travers cette action souterraine d'une incontestable ampleur constituée de « mille faits apparemment sans importance » que débute ce que Michel Debatisse appellera, d'un terme qui suscitera à la fois espoirs et frayeurs inconsidérés, « la révolution silencieuse » des paysans. Consécration et manifestation intentionnelle de prestige, en 1950, 70 000 jeunes paysans investissent Paris à l'appel de la JAC ; pendant trois jours, ils occupent le Parc des Princes, lieu prestigieux des grands rassemblements populaires, notamment sportifs. « Imagine-t-on ces 70 000 garçons et filles venus des

La récolte rentrée, on fête la fin d'une période de travail intense, mais aussi l'abondance retrouvée et l'avenir assuré. La fête de la fin des vendanges, en Bourgogne, 1950.

coins les plus reculés ? Beaucoup, parmi eux, n'ont jamais pris le train. Symboliquement, et pas seulement pour des questions d'organisation matérielle, c'est Paris qui est choisi pour ce déploiement de forces pacifiques. Le cœur de la France, touché, atteint par une énorme vague qu'un horizon paisible ne laisse pas soupçonner. » En 1951, une vingtaine de rassemblements ont encore lieu, qui regroupent en moyenne chacun 10 à 15 000 jeunes dans toutes les grandes villes de province. Il est bien vrai que « la JAC fut la seule organisation capable, après la guerre, de provoquer un rassemblement national aussi imposant [63] » dans le monde agricole.

Le CNJA sera, à partir des années 50, l'héritier direct de ce courant jaciste. Il en développera toutes les conséquences logiques sur le plan économique, technique, social et politique. Il ira jusqu'à prôner un exode rural accéléré, c'est-à-dire une évolution qui est antinomique avec le développement d'une vie sociale villageoise. C'est dire dans quel sens la contradiction évoquée plus haut a été tranchée.

La JAC, nous dit-on, a comme rôle de « former une élite (de jeunes agriculteurs) au courant des multiples questions intéressant leur profession au point de vue tant social qu'économique et technique » et également de « renouveler les fêtes locales... développer la bonne chanson... et jouer la comédie ». Manifestement, les fêtes, la chanson et le théâtre n'ont pas fait le poids.

Ainsi, de ce prodigieux effort métaphysique tenté pour faire naître une vie sociale autour du travail agricole, il ne sort en fin de compte qu'une dignité de travailleur retrouvée — et c'est beaucoup —, mais qui s'identifie à une conception strictement techniciste du travail agricole. Et, pour le coup, c'est très limité; d'une certaine manière, dans le court terme, plus limité que l'apport idéologique des syndicats, qui comporte au moins, lui, une dimension politique.

En effet, le développement des organisations profession- *Technique et*
nelles et en particulier des syndicats de village concourt *solidarité syndicale.*
également, d'une façon différente, à la formation d'une
idéologie professionnelle parmi la paysannerie.

Il faut certes se garder de l'optimisme dont font preuve les
rédacteurs de la brochure consacrée par la Société des Nations
en 1939 à l'organisation des loisirs à la campagne, lorsqu'ils
écrivent que « ces organismes, désignés sous des noms différents et qui se greffent le plus souvent sur d'autres institutions confessionnelles ou politiques préexistantes, s'engagent
dans la voie de l'organisation de la vie culturelle, sportive
et des loisirs en général ». D'où ils concluent que « les facteurs
négatifs qui dérivaient de la structure des entreprises familiales,
se transforment ainsi en facteurs actifs grâce à l'action collective et à l'organisation professionnelle et coopérative des
petits cultivateurs [64] ». É. Guillaumin, orfèvre en la matière,

qui vivait dans une région particulièrement active du point de vue syndical, écrit beaucoup plus modestement que « les adhérents des organismes collectifs prennent contact à certaines heures »...

Si ces réunions rompent incontestablement l'isolement qui tend par ailleurs à s'instaurer entre les agriculteurs du fait de la disparition des occasions et des formes traditionnelles de vie sociale, elles ne sont pas pour le village une source d'animation et encore moins de festivités.

Par contre, le développement des syndicats révèle l'apparition et l'extension rapide d'une dimension nouvelle de la conscience sociale, au moins parmi une minorité active de paysans. Quand bien même il ne s'agit que d'un " syndicat boutique ", c'est une forme nouvelle de solidarité qui est mise en œuvre.

C'est d'abord une solidarité strictement professionnelle; voici que la profession devient une caractéristique isolable de l'individu, une dimension en soi, qui le désigne, le définit, le situe socialement. De plus, par ses objectifs et son action, le syndicat local donne un contenu à cette nouvelle étiquette sociale; il s'agit de faire en commun des opérations précises, nommées, institutionnellement définies, et qui se trouvent ainsi dotées d'une réalité objective propre, autonome : c'est l'irruption du technique spécifié, du technique comme technique, dans le travail agricole, et à partir de là précisément, la constitution simultanée de ce travail en métier, et de celui qui l'exerce en professionnel.

C'est bien à l'émergence de ces nouvelles valeurs sociales que contribuent l'existence même et l'action pratique du syndicat de village. S'il s'agit de syndicats d'achat en commun, ce sont des engrais, des semences sélectionnées, etc. qu'il s'agit d'acheter et le syndicat ne se développe qu'autant que la technicité de ses adhérents le lui permet; inversement, il lui faut développer cette technicité. Ainsi, la solidarité professionnelle qui définit le syndicat local, mais que, par là même, celui-ci constitue et promeut comme dimension de la conscience sociale, a un fondement technique.

L'action syndicale, il est vrai, a une dimension beaucoup plus large que cette simple dimension technique. Elle a même une dimension politique très claire [65]. Il n'en demeure pas moins vrai, que, à l'exception des plus contestataires, tous les syndicats, quelle que soit leur affiliation, ont les mêmes objectifs pratiques et réalisent les mêmes opérations. De gauche ou de droite sur le plan politique, ils sont très progressistes sur le plan technique et leur dualité idéologique même est un facteur favorable à la pénétration de la technicité dans l'activité agricole, dans la mesure où elle permet à celle-ci d'être reçue et promue aussi bien dans les régions paysannes conservatrices que dans les régions républicaines et progressistes. Et cette attitude commune à l'égard de la technicité favorise les rapprochements au fur et à mesure que les oppositions idéologiques perdent de leur vigueur en perdant de leur actualité, alors que les transformations techniques et économiques de l'agriculture imposent au contraire leurs conséquences avec une ampleur et une rigueur croissantes. Même si elle ne doit pleinement faire ressentir ses effets qu'après la Seconde Guerre mondiale, c'est donc bien — et par la force des choses — cette amorce de technicisation du travail agricole que contient et qu'implique l'action des syndicats locaux, qui représente un aspect fondamental de la solidarité professionnelle en voie de formation au cours de cette période. Le syndicat n'a d'ailleurs pas l'apanage de cette action idéologique, l'enseignement professionnel y concourt également; et de même les comices agricoles.

Ainsi, à travers ces transformations de la vie religieuse et culturelle, le village prend une place nouvelle dans l'organisation de la société française.

la fin d'un irrédentisme : l'ère des loisirs

La régression de la vie sociale villageoise et les changements observables dans ce qui en subsiste sont un premier indice de cette évolution. Ils correspondent à l'apparition de nouvelles conditions de travail dans l'agriculture, au dépeuplement des villages, au développement des voies de communication et des moyens d'information, à la scolarisation généralisée, au service militaire obligatoire. Loin de chercher à isoler et à spécifier les causes et les effets, il faut voir à l'œuvre un changement global.

L'affaiblissement des coutumes accompagne et entraîne une transformation des mécanismes de socialisation des jeunes générations.

Le rôle dévolu aux jeunes gens dans des cycles comme celui du carnaval est à double tranchant : dans le même temps, où il leur donne un pouvoir spécial sur leurs concitoyens, il fait en réalité d'eux les exécutants d'un rituel bien défini. Comme le souligne A. Varagnac, « une farce suppose une victime, et les farces publiques ne peuvent être tolérées, voire applaudies, que si elles sont prévues par la collectivité ». En acceptant leur rôle de justiciers, les jeunes gens concourent au maintien de l'ordre social; et ils font, par la même occasion, allégeance aux règles qu'ils font respecter. Par certains de ses aspects, le carnaval est un rite d'initiation et, avec sa disparition, c'est donc un mécanisme très particulier de « passage », au sens ethnologique du terme, qui tombe en désuétude : dorénavant, la socialisation des jeunes gens ne se fait plus à travers leur rôle dans la protection active et dans la reproduction des coutumes locales. Dans le meilleur des cas, il ne subsiste de tout ceci aux alentours de la Seconde Guerre mondiale qu'un rôle d'organisateurs et d'animateurs qui est assez fréquemment confié aux jeunes gens, notamment lors de la fête patronale.

Il est d'ailleurs significatif de constater que le groupe des jeunes gens se définit désormais par un critère tout à fait étranger à la société locale : c'est la « classe », c'est-à-dire la classe d'âge passant au cours d'une même année le conseil de révision. Ainsi, c'est le groupe des conscrits qui, aidé de la « classe » suivante que l'on prépare ainsi à ses futures responsabilités, prend en charge l'organisation des festivités de l'année. Mais la tâche est maintenant d'animer les « jeux, concours, amusements de toutes sortes qui font l'attrait principal de la fête patronale », voire de faire du théâtre ou d'organiser des courses cyclistes : l'on est loin du véritable contrôle social qu'exerçaient, au moins épisodiquement, les jeunes gens sur l'ensemble de leurs concitoyens. La continuité des « bonnes mœurs » s'en trouve sans doute d'autant compromise.

Mais le service militaire, l'école, le développement des moyens de communication et d'information, l'exode rural, ont agi en ce sens bien plus efficacement que la disparition du carnaval qui est aussi en fin de compte une conséquence de leur influence confondue et globale sur la vie villageoise. Et si le village reste un des cadres de la socialisation de l'enfant dans la mesure où il en est le lieu primaire dans le prolongement de la famille, il n'en est plus le cadre exclusif : l'école communale, présente dans chaque village, y impose sa dure loi.

Par ailleurs, l'environnement social villageois est largement pénétré par les images, les modèles, les symboles, les idées diffusées par la presse, la radio, le cinéma, le commerce : et par l'exemple donné par l'émigré. « La route puis la voie ferrée, enfin, l'automobile, la bicyclette, le camion, la motocyclette, et en dernier lieu l'autocar ont accru les facilités de communications à une cadence accélérée jusqu'en 1939. Il est peu de familles paysannes qui ne connaissent Paris. Les gens des hameaux les plus reculés viennent en autocar ou à bicyclette faire leurs ventes et leurs achats au chef-lieu départemental, voire à la capitale régionale. La radio résonne dans la plupart des fermes. Le cinéma s'installe, le samedi ou le dimanche, dans la salle d'auberge. En allant faire paître les vaches, les jeunes garçons sifflent ou chantent un air de tango ou une mélodie de music-hall parisien [66]. »

La pénétration des modes de divertissements urbains à la campagne est patente. Ceci s'observe de façon particulièrement nette à propos de la fête patronale. Fête par excellence du village, celle-ci ne disparaît pas; c'est au contraire à son occasion que les jeunes gens retrouvent, on l'a vu, leur vocation d'amuseurs. Mais elle se transforme considérablement en quelques décennies. Lorsqu'elle conserve au moins certains de ses aspects traditionnels, elle devient hybride.

On y trouve les vestiges plus ou moins transformés d'un cérémonial ancien. La fête religieuse se réduit souvent à une messe, parfois le saint est promené processionnellement à travers le village [67]. Des rites profanes ou des jeux d'origine plus ou moins ancienne, comme l'élection d'un roi, l'arrachage de la tête de l'oie, l'épreuve du mât de cocagne [68], sont encore en usage. Et puis voilà que des attractions et des jeux plus récents inspirés de la kermesse, s'y ajoutent de plus en plus; cependant, ils sont encore organisés par la jeunesse locale. Mais la fête foraine fait également son apparition, avec ses stands attractifs, ses manèges et ses marchands. Ici, par contre, commence le domaine du commerce forain.

On ne vient plus à la fête sans bourse délier, comme cette mère d'un village de Creuse qu'Henri Goudard nous invite à suivre : manège, confiserie, loterie, cela coûte [69]. La fête est commerce, le plaisir se fait objet, s'achète en portions et se consomme individuellement. C'est tout le contraire de la fête coutumière où tout le plaisir est dans le *faire ensemble*. « Les distractions purement spectaculaires remplacent ainsi les anciens divertissements actifs, actifs en ce sens que la foule elle-même, par son exaltation bruyante, son hilarité tumultueuse, intervenait dans la fête autant que les protagonistes. On comprendra cette fonction de gaieté collective si l'on se souvient que le rire était tenu pour le meilleur antidote de l'envoûtement et des influences maléfiques dues aux esprits [70]. »

Inversement, la marchandise est plaisir, l'article de bazar gagné à la loterie est la négation magique de la pauvreté, mais dans le même temps, le passage à l'acte consistant à se dessaisir d'un argent dont on surévalue la valeur, pour acquérir un objet dont l'utilité n'est pas ressentie, est facilité par le caractère magique et déculpabilisant de la chance, l'apprentissage de la consommation symbolique est commencé. L'utilité magique du rire fait place à l'utilité magique de la marchandise.

Mais l'événement central et l'attraction principale de la fête patronale est la plupart du temps le bal. Lorsque la fête patronale est réduite à sa plus simple expression, c'est par le bal qu'elle se manifeste. A vrai dire, à en croire les observateurs, le bal est le divertissement essentiel, pour ne pas dire le seul, de toutes les campagnes de France, tout au long de l'année [71].

Qu'il se généralise sous sa forme moderne, c'est-à-dire en salle et sur parquet par opposition à la danse de plein air traditionnelle, le fait n'est pas douteux. On retrouve là l'évolution constatée pour la fête patronale : la danse n'est plus mêlée à la vie et à l'espace quotidiens, elle s'objective et s'enferme dans un équipement, la salle de bal, fixe ou mobile; il faut payer pour entrer; les musiciens sont des professionnels et non plus des concitoyens qui font don de leur talent pour le plaisir qu'ils en tirent eux aussi; enfin, les danses sont celles que l'on danse dans la ville voisine.

Lendemain de fête. Cocagne est resté inaccessible.

Omniprésence du bal. Comme le bal traditionnel, il peut avoir lieu en plein air, mais les danses, elles, ont bien changé.

Parquet, tente et guirlandes : c'est la guinguette à la campagne. C'est aussi le « grand marché d'amour ».

S'il est vrai que l'on a toujours aimé danser dans les campagnes, comme le donne à penser la richesse du fonds folklorique, le bal prend tout naturellement la suite de cette tradition en l'accommodant aux conditions de l'époque. On peut même dire que le bal concentre sur lui un ensemble de fonctions assurées jusque-là par les coutumes. C'est dans le bal, par exemple, que se réfugie ou que renaît la licence sexuelle ; on peut dire plus simplement d'ailleurs que le bal est le lieu par excellence de l'apprentissage sexuel. Il a corrélativement une fonction matrimoniale évidente. Et l'on peut sans exagération estimer qu'il fait partie des grands rites de passage d'un groupe d'âge à un autre. Le bal, c'est « la possibilité de trouver une danseuse pour ainsi dire assurée », nous disent Lucien Bernot et René Blancart. Dès lors, « le prestige est gagné immédiatement et facilement, poursuivent-ils : on se classe dans la catégorie intermédiaire entre l'école où l'on apprend à lire et le ménage où l'on aura femme et enfants, on accède à cette position de jeune, d'adolescent blasonné qui, déjà, sait choisir les filles dans le bal : le grand marché d'amour ».

La fête patronale, c'est la fête entre villageois. Les conscrits associent la grande patrie à la petite.

En fait, ce sont bien là les raisons pour lesquelles il attire l'attention des observateurs : il scandalise. Le comble du scandale est atteint durant la guerre, dans les régions occupées, où les bals clandestins enferment jeunes gens et jeunes filles dans des maisons discrètes pour une nuit entière à cause du couvre-feu. En 1946 encore, le bon curé normand, dont nous avons vu le goût pour les processions, consacre un chapitre entier à ce « danger moral ». Le bal devient d'ailleurs une pomme de discorde supplémentaire entre le maire et le curé. S'installant sur la place du village qui jouxte en général l'église, il nargue littéralement son adversaire, d'autant plus que, « à moins que le maire et le curé ne soient bien d'accord, on ne s'interrompt pas à l'heure des offices... On imagine alors la cacophonie terrible que font l'orgue et les pick-up [72]. » En fait, le bal est aussi une question politique.

La JAC s'interroge : « Dès la première année de son existence, la JAC abordait la question du bal, lit-on dans sa brochure de 1937, et cette sorte d'enquête souleva les réactions les plus vives, réactions qui font apparaître à la fois l'immense extension que prend dans nos campagnes cette distraction et l'urgente nécessité, suivant les uns, de la supprimer, suivant d'autres, au moins de la réformer, si nous voulons

Ronde autour du feu de la Saint-Jean, Ain, 1966.

sauvegarder la moralité des jeunes ruraux. » C'est bien avant tout l'irruption d'une nouvelle forme de la sexualité, directement copiée sur celle des classes populaires urbaines, qui choque. Mais ceci montre précisément que la vie sociale rurale tend progressivement à n'être plus qu'un reflet de celle du prolétariat urbain, d'ailleurs plus ou moins assimilée [73].

La disparition des coutumes, par ce qu'elle signifie précisément de réduction de la marginalité culturelle des campagnes, a une grande portée politique. D'une certaine manière, c'est la fin d'une forme profonde d'irrédentisme politique.

Si celui-ci s'exprime encore, c'est sous des formes plus larvées. « Instinctivement, nous nous tenons à une distance respectueuse des pouvoirs publics, écrit par exemple A. Salères. La justice est trop coûteuse à fréquenter, il faut la fuir comme la peste, la gendarmerie ne saurait avoir notre sympathie : peu ou prou, nous sommes tous quelque peu braconniers et puis nous sommes toujours en état de contravention, le chien n'a pas de collier, ou s'il a un collier, il n'a pas de plaque, nous voyageons sans lumière, nous déplaçons du vin sans laissez-passer, nous pêchons l'écrevisse la nuit, nous laissons des tas de fagots sur le bord des routes et des herses et des charrues et des échelles, nos véhicules n'ont pas de plaque lisible, etc. Mes concitoyens me permettront de dire ceci puisque je dis : nous, et les gendarmes qui sont tous des fils de paysans continueront à ne rien voir », conclut-il.

De très vieilles coutumes survivent ici ou là, réapparaissent même de façon plus ou moins sporadique.

La machine ne tue pas toujours la tradition, elle peut au contraire se l'approprier. Le tracteur au service de la coutume. Fête de la Saint-Jean à Étrepilly, Seine-et-Marne, 1974.

C'est également le gendarme qui est la cible préférée du paysan creusois selon H. Goudard : « Rien de plus délié que cette finesse native, gouailleuse, sensée. De temps immémorial, c'est-à-dire depuis qu'il existe, le gendarme en est la victime. Passe-t-il ? quelle froideur ! s'arrête-t-il ? quelle défiance ! Il parle ? quelle réserve ! Il interroge ? quel mutisme : hochement de tête, lent soulèvement d'épaules. Il cherche à s'orienter ? ingénument on l'égare. Ici le juge serait moins détesté, ou en tout cas plus ménagé, par le paysan qui chercherait plutôt à cultiver son appui : question de tactique. Par contre, le curé est gentiment moqué et nombre d'histoires piquantes courent sur son compte à travers le village. » C'est en somme la petite guerre menée à l'autorité sous toutes ses formes.

Mais ce n'est plus la révolte. É. Guillaumin en fait la constatation en 1935. « Mais très sensiblement se sont atténués les instincts de violence liés à l'excès de misère matérielle et d'indigence morale », écrit-il en comparant avec la deuxième moitié du XIXe siècle. « Moindre sournoiserie hargneuse : moindre sauvagerie latente. » Tout juste peut-il noter que « malgré les limites élargies d'un plus grand nombre, les familles anciennes de chaque village forment encore une manière de tribu ayant méthodes de travail pareilles, mêmes préoccupations, langage et tournure d'esprit ; avec un sentiment identique de réserve défiante, sinon hostile, à l'égard de l'étranger. »

Les autorités.

Mardi gras. On brûle le mannequin sur la place de la mairie.
Vaucluse, 1976.

*Une politique
des loisirs.*

Toujours selon É. Guillaumin, l'attitude envers l'État pèche même par manque de dignité : « Les allocations, pensions de guerre, et autres avantages de l'État, en principe parfaitement justifiés, ne laissent pas que d'entraîner un fléchissement souvent pénible de la dignité personnelle. Pour bénéficier de l'avantage dont jouit le voisin, tels, dont le droit est contestable, se plieront à tous compromis, à toutes platitudes, roueries et manigances. Et tels autres, bénéficiaires légitimes, agiront de même dans le but d'augmenter leur part. Pour atteindre la manne ou la grossir, la fin justifie les moyens. » Lucien Gachon évoque le même comportement dans l'arrondissement d'Ambert et parle à ce propos de « désagrégation en profondeur du substrat civique [74] ».

Mais il ne faut pas oublier avec quelle intensité la guerre de 1914-1918 a frappé. Le monument aux morts érigé dans toutes les communes est là pour en témoigner. La célébration du 11 novembre s'ajoute désormais au calendrier des cérémonies républicaines, à côté de la fête du 14 juillet, et prend une importance politique particulière, au point que la JAC recommande à ses militants de prendre en charge l'entretien du monument, et donne en exemple les jacistes de Cieux dans la Haute-Vienne.

Ceux-ci, en effet, ont assisté au défilé qui eut lieu de la mairie au monument aux morts, puis au cimetière. « Ils avaient par ailleurs fait une superbe couronne de fleurs barrée d'un ruban tricolore où il y avait écrit simplement : *Groupe JAC*. » Ce geste fit son effet. « Notre gerbe, faite de chrysanthèmes blancs et violets, eut son éloquence à côté d'une gerbe toute rouge offerte par la FOP communiste », concluent-ils [75].

La profondeur de la blessure reçue est sans nul doute à l'origine d'une modification sensible de l'attitude envers l'État, puissance à la fois plus tutélaire que jamais et — fait nouveau celui-ci — débitrice !

L'intervention de l'État commence à se manifester directement et non plus par le seul intermédiaire de l'école dans la vie culturelle des campagnes. Le déracinement de la vie culturelle villageoise est consacré par le fait qu'elle est désormais désignée dans les termes institutionnels de l'État et de la classification sociale de la société globale : elle fait partie des loisirs, et, en tant que loisir, elle devient même l'objet d'une politique après la Seconde Guerre mondiale.

Dans l'entre-deux-guerres, peu de réalisations sont à mentionner en dehors des bibliothèques scolaires ; en 1939, chaque école communale a sa bibliothèque [76]. Mais celle-ci est très liée à l'école et n'est guère autre chose que son prolongement, même si elle touche secondairement un public adulte. Modeste innovation : une première expérience de bibliobus est tentée dans l'Aisne en 1934 et une autre dans la Marne en 1938. Le cinéma est assez répandu : souvent l'instituteur et le curé disposent d'un appareil. La Cinémathèque centrale agricole propose un choix de films éducatifs. Enfin, la radio offre à ses auditeurs deux émissions agricoles quotidiennes. C'est un bilan plus que modeste : inexistant. Instituteurs et curés se disputent un monopole de fait qui participe de leur rôle politique respectif et qui donne à l'action culturelle une dimension politique.

Les réalisations postérieures à la Seconde Guerre mondiale sont plus consistantes. Le Service cinématographique du ministère de l'Agriculture poursuit son action : entre 1945 et 1957, à travers les séances organisées par les directions départementales des services agricoles, les établissements d'enseignement agricole, les services techniques départementaux, les foyers ruraux, les syndicats, les coopératives, les instituteurs, 5 700 000 spectateurs ont assisté à la projection de ses productions. Les équipements sportifs se développent, avec les centres d'initiation sportive (au nombre de 1 882 en 1955) et les 12 000 stades, terrains de sports et baignades construits entre 1945 et 1956. Mais la nouveauté datant de la Libération, c'est le foyer rural : il n'en existe encore qu'un millier en 1957, intéressant 3 000 communes.

Il est frappant que, comme l'action entreprise par la JAC, la politique culturelle de l'État ait avant tout un contenu et une finalité professionnels. Les foyers ruraux ont pour but de favoriser la modernisation de l'agriculture en organisant des activités susceptibles d'améliorer la formation technique des agriculteurs; il est vrai qu'on attend aussi d'eux qu'ils freinent la « désertion anarchique » des campagnes, en proposant des loisirs « intéressants » au village. Les films produits par le Service cinématographique du ministère de l'Agriculture abordent soit des sujets purement techniques, soit des problèmes en rapport avec les transformations des conditions de vie apportées par les nouvelles techniques; il s'agit donc aussi d'une simple vulgarisation technique et de l'action idéologique qui lui est liée. Et telle est bien en effet la nécessité du moment.

La tentative de la JAC, qui débute au milieu de l'entre-deux-guerres et qui atteint son apogée à l'époque de la Libération, est sur ce point exemplaire. Elle est intéressante par sa contradiction interne entre le désir de renouer avec le passé d'un côté, et celui de préparer l'avenir de l'autre. Le passé est encore de référence, il demeure un modèle pour l'action : il s'agit de redonner à la vie sociale l'intensité, la chaleur, la gaieté qu'elle est supposée avoir connues « aux temps anciens ». Mais il ne s'agit pas de faire revivre le folklore. En premier lieu pour la bonne raison que ce sont les traditions religieuses qui sont d'abord visées et que l'on veut réactiver; ensuite parce que c'est un contenu nouveau que l'on veut redonner à ces formes et à ces pratiques anciennes. Un autre intérêt de l'expérience jaciste est de montrer que, si elle contenait une contradiction, le contexte dans lequel elle se déroulait s'est chargé de la résoudre dans le sens que l'on a vu. Le passé est bien révolu. La poussée des années 50 va pouvoir s'appuyer sur cet acquis pour engager les nouvelles transformations nécessaires du village.

le village en question

nouveaux signes, histoire ancienne

Une comparaison entre 1962 et 1968 fait apparaître deux caractéristiques importantes de l'évolution récente de la taille des communes rurales.

Tout d'abord, l'émiettement constaté tout au long de la période précédente se poursuit avec évidence. En dépit d'un nombre important — et jamais atteint jusque-là — de suppressions de petites communes, le nombre de celles-ci augmente encore très fortement et cette augmentation est toujours inversement proportionnelle à la taille des communes. De 200 à 2 000 habitants, le nombre des communes, par contre, diminue. Il n'augmente franchement à nouveau qu'au-delà de 4 000 habitants.

Mais l'analyse des transferts, tout en confirmant la persistance du déclin des petites communes, fait également apparaître que l'augmentation du nombre des communes, qui se constate au-delà des 4 000 habitants, suppose un mouvement ascendant des communes à partir de 500 à 1 000 habitants. Un mouvement particulièrement fort s'observe notamment dans celles de 2 000 à 5 000 habitants (avec un taux de mobilité ascendante de plus de 40 %) ; en outre, même s'il est très amorti, ce mouvement se prolonge jusqu'à la classe de 500 à 1 000 habitants. Le fait n'est pas nouveau en 1962 ; il apparaît, comme on l'a vu, après la Seconde Guerre mondiale. Sa persistance, plus de vingt ans après la fin de la guerre, est ce qui le rend remarquable. On doit noter toutefois que, si le nombre des communes de 2 000 à 5 000 habitants augmente en 1968 par rapport à 1962, c'est de fort peu, et en 1968 il ne représente encore que 90 % de celui de 1911.

Cette opposition entre des communes rurales qui continuent à perdre leur population et d'autres au contraire qui la voient croître annonce-t-elle ou révèle-t-elle une nouvelle tendance dans la vie des campagnes ? La production agricole allant toujours de pair avec le dépeuplement, le développement de la population de certaines communes rurales ne peut que traduire une diversification des activités des habitants.

Et en effet, on observe, entre 1946 et 1954 déjà, une nette augmentation du nombre des communes où la proportion de

Sur un espace vierge, l'image achevée d'un nouveau paysage rural : géométrie, réseaux de communication et univers superposés. La nouvelle Provence après aménagement.

la population vivant de l'agriculture est la plus faible, et une très forte diminution du nombre des communes où elle est la plus forte. La diminution est d'autant plus importante que les communes sont plus exclusivement agricoles.

Corrélativement, durant la même période, la part de la population rurale qui vit dans les communes les moins agricoles ne cesse de croître ; inversement celle qui vit dans les communes les plus agricoles décroît.

C'est un fait qu'un petit nombre de communes rurales se sont industrialisées. Tels, dans la haute Loue franc-comtoise, Vuillafans avec sa tôlerie qui fournit une centaine d'emplois vers 1955 et Montgesoye avec sa fabrique de meubles qui occupe trente-cinq ouvriers en 1957. Ces deux villages sont les seuls dans cette vallée à avoir augmenté ou maintenu leur population. On y observe même une véritable résurrection de la vie sociale sous le coup de fouet de l'industrialisation [77].

On pourrait, sans nul doute, multiplier les exemples d'industries rurales de ce genre, situées relativement loin de tout grand centre industriel ou urbain. Mais elles se localisent en fait généralement dans des régions d'industries rurales anciennes ; elles se regroupent dans un ensemble de communes voisines qui se succèdent le long d'une rivière ou d'un axe de communication, ou encore qui sont disséminées autour d'un gisement de minerai [78]. Et cela ne va pas loin ; une étude de l'industrialisation rurale entre 1962 et 1966 en fait bien apparaître les limites étroites [79].

Selon cette étude en effet, en 1956 le nombre des salariés employés dans les établissements de caractère industriel est, dans les communes de moins de 2 000 habitants, de 894 000, soit 15 % du nombre total des salariés en France. La densité de l'emploi industriel est trois fois moins élevée dans ces communes que dans les villes de moins de 50 000 habitants. De plus, entre 1962 et 1966, celles-ci voient le nombre des salariés croître de 296 000 unités, celles-là de 54 000 seulement. Ce n'est pas que les installations soient rares : 37 % des établissements créés s'installent dans des communes rurales (qui représentent, il est vrai, plus de 90 % du nombre total des communes). Mais leur dimension est faible : 84 % de ces créations concernent des établissements de moins de 50 salariés, 2 % seulement des établissements de plus de 200 salariés. En outre, plus des trois quarts des communes ayant accueilli ces établissements nouveaux n'en ont vu s'implanter qu'un seul en quatre ans : le processus d'industrialisation n'est donc pas généralement cumulatif. Au total, l'emploi industriel en milieu rural se développe relativement peu.

La comparaison du nombre des établissements industriels dans les communes rurales entre 1966 et 1971 confirme cette appréciation et la prolonge dans le temps [80]. Certes la diminution du nombre des communes rurales par le passage des plus importantes d'entre elles dans la catégorie des communes urbaines fausse l'évaluation, car ce sont précisément là les communes rurales les plus industrialisées et où l'industrialisation est en voie de développement. Mais les nombres donnent à penser que, dans les communes restées rurales, l'industrialisation n'a pour le moins pas progressé, voire même a régressé. L'industrialisation du monde rural reste donc un faux-semblant.

Le mouvement d'industrialisation ne se concentre certes plus exclusivement dans les grandes agglomérations urbaines. Entre 1962 et 1966, le nombre des emplois industriels est en croissance plus rapide dans les villes ou agglomérations urbaines de moins de 50 000 habitants que dans celles qui en ont plus. Mais l'espace rural n'est pas encore massivement nécessaire à son extension, sauf pour quelques industries « consommatrices d'espace », exigeant de vastes entrepôts par exemple. Les communes rurales qui connaissent alors la plus importante industrialisation sont les plus grosses. Pour le reste, c'est toujours le même processus, lié à l'industrialisation urbaine faisant tache autour d'elle, qui se poursuit. Les chances d'une commune rurale de voir s'implanter sur son territoire une usine quelconque sont encore d'autant plus grandes qu'elle est plus proche d'un centre urbain.

Par contre, la fonction résidentielle des communes rurales à l'usage des salariés de l'industrie se développe fortement.

Un certain nombre de communes rurales voient leur population ouvrière s'accroître sans pourtant comporter d'industries. Situées près des zones d'emploi, que l'on gagne facilement par cars, voitures, mobylettes, bicyclettes, elles représentent une extension franchement villageoise de la banlieue ouvrière [81]. Ce sont des villages-dortoirs. Parfois, cette fonction résidentielle est devenue tellement importante que, lotissement après lotissement, le territoire bâti s'est considérablement étendu et que la population est en vive croissance : ces communes connaissent alors d'épineux problèmes d'équipements collectifs auxquels leurs modestes budgets ne leur permettent pas de faire face. Ainsi, en 1962, 6 544 communes rurales sont comprises dans les zones de peuplement industriel et urbain (ZPIU). En 1968, elles sont 6 608. Sur 812 ZPIU définies, 479 comportent à la fois des communes rurales et des communes urbaines et 84 sont intégralement rurales.

Le développement de la fonction résidentielle des communes rurales pour les ouvriers des industries urbaines — ainsi que pour les retraités — et, dans une bien moindre mesure, les fusions de communes, expliquent, plus que l'industrialisation, la forte diminution du nombre des communes rurales dans lesquelles la grande majorité, voire la quasi-totalité de la population vivait de l'agriculture. Ce sont là quelques signes avant-coureurs de la réinsertion du monde rural dans

Des banlieues rurales.

Autre visage extrême de la
remise en question du village.
Ruines...

les rapports sociaux concrets et les conflits collectifs de la
société industrielle. Mais il faudrait que le mouvement s'affirme
avec plus de vigueur dans les années à venir pour que le dernier
quart du XXe siècle marque véritablement la fin de la période
historique commencée au milieu du XIXe siècle. Celle-ci
s'est caractérisée, au contraire, par sa mise en marge toujours
plus poussée au fur et à mesure qu'ouvriers et artisans
disparaissaient du village qui se réduisait alors à sa composante agricole.

Et il ne doit pas nous échapper qu'en 1968, sur les
33 656 communes dénombrées comme rurales par l'INSEE,
plus de 27 000, soit plus de 80 %, sont à vocation agricole
dominante, voire exclusive. Plus du tiers d'entre elles n'ont
pas 200 habitants, les trois quarts n'en ont pas 500, celles qui
en ont plus de 1 000 ne font pas le dixième du total. C'est là
que l'on trouve les communes dont la population continue de
décroître. (Si les communes rurales de plus de 1 000 habitants voient dans l'ensemble leur population augmenter,
c'est aux communes comprises dans les ZPIU qu'elles le
doivent.)

Cette diminution de la population s'explique d'autant plus
que, à partir des années 50, les lentes évolutions que les sociétés
villageoises ont connues dans l'entre-deux-guerres s'accélèrent
brutalement sous l'effet des incidences des transformations
globales de l'économie française sur l'agriculture.

Quelque part
en Bretagne.

Les structures sociales fondamentales ne changent pas. Mais *La lutte* la secousse qu'elles subissent fait éclater leurs contradictions. *pour la survie.* La grande propriété conserve ses positions dans les zones où elle est restée importante, voire prépondérante, jusque-là. La propriété paysanne poursuit sa progression tout en se regroupant. L'exploitation familiale reste le pivot de l'organisation de la production et de la vie sociale. Mais en raison de la mécanisation et de la motorisation des travaux agricoles, elle augmente considérablement de taille, et la concurrence pour la terre s'en trouve fortement avivée.

Les luttes foncières locales deviennent monnaie courante, particulièrement dans les régions de petites exploitations où la densité du peuplement est restée la plus forte. La vieille opposition de classe entre le propriétaire foncier et le paysan connaît un regain, et l'antagonisme « gros/petit » s'exprime ouvertement dans la lutte contre les « cumulards ».

L'inégalité des chances dans la compétition liée au développement capitaliste devient évidente avec l'accélération du mouvement de concentration des exploitations et durcit l'opposition des petits et surtout des moyens exploitants à la fois à la « grosse culture » et à la menace de prolétarisation. Des formes de solidarité locale déjà utilisées dans les années de crise de l'avant-guerre réapparaissent lors des mutations foncières : entraves aux ventes aux enchères, oppositions à des évictions de fermiers, par exemple.

L'entraide traditionnelle elle-même est un moment utilisée comme un recours solidaire. Au lieu que chacun acquière tout le matériel nécessaire, on se répartit les achats, on s'échange et on se prête les outils, on se donne le « coup de main » sans calculer, en comptant simplement sur la réciprocité. Comme ces formules sont trop limitées pour répondre à l'ampleur des besoins, on en met d'autres au point, plus institutionnalisées, plus lourdes, mais qui prolongent selon de nouvelles modalités des pratiques anciennes. Ce sont notamment les coopératives d'utilisation de matériel agricole, les chantiers et les banques de travail, qui exigent alors une comptabilité, une répartition des charges, un équilibre des prestations. Les CUMA en particulier s'inscrivent tout à fait dans la tradition des syndicats communaux et ont pour cadre la commune ou la fraction de commune [82].

Mais ces formes de coopération ont tôt fait de se heurter aux limites de la propriété privée et des intérêts individuels. Si le travail que doit effectuer la machine commune est fait en temps voulu pour certains des coopérateurs et trop tard pour d'autres, il n'y a pas de péréquation possible des pertes subies par ces derniers. En fait, l'achat en commun s'avère être dans la plupart des cas une solution d'attente et d'adaptation à la machine, avant l'achat individuel. Et le suréquipement des petites ou des moyennes exploitations va très rapidement marquer l'échec de ces tentatives de coopération et en même temps précipiter la perte de nombreuses exploitations.

De toute façon, ce n'est en fin de compte qu'au détriment des petits que les moyens peuvent se sortir d'affaire : la nécessité que les plus mal lotis libèrent la terre pour que les mieux nantis puissent se maintenir apparaît très vite dans toute sa crudité. Aussi, la solidarité des petits et des moyens exploitants est souvent mise à mal au niveau local. Sous le choc, l'inégalité réelle existant entre ces propriétaires, soi-disant égaux parce que propriétaires, est révélée et, volens nolens, chacun est finalement contraint de tenter individuellement sa chance, fût-ce en profitant des dépouilles de quelque ancien concitoyen. C'est la vieille histoire de l'éviction des brassiers qui se poursuit, à une nouvelle échelle et sous de nouvelles formes ; et la commune est plus que jamais ce champ clos où s'affrontent les paysans dans le combat qui constitue les plus aisés d'entre eux en un « syndicat de nantis » et transforme les plus pauvres en simples salariés [83]. L'exode rural redouble. Fait nouveau, les anciens font désormais aussi partie de la charrette. En effet, les paysans âgés se retirent en grand nombre de toute activité et libèrent des terres en acceptant l'indemnité viagère de départ, qui mesure le prix que l'État met à la cessation de leur vie active.

Sans doute arrive-t-on à un tournant dans l'évolution de la population active agricole. Dans les années 50, il faut rapidement passer d'une population agricole devenue trop nombreuse à une population plus restreinte : ceci ne peut se faire que par le

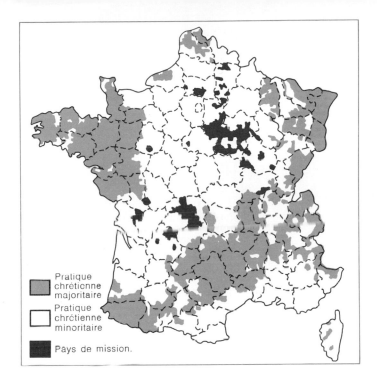

Pratique
chrétienne
majoritaire

Pratique
chrétienne
minoritaire

Pays de mission.

départ des jeunes, et la génération qui s'est installée dans l'entre-deux-guerres pour assurer la relève se voit prorogée dans ses fonctions pour, cette fois, assurer l'intérim pendant que les structures des exploitations agricoles se transforment en profondeur. Seul, un agriculteur âgé, aidé de son tracteur, peut continuer d'exploiter une surface trop exiguë pour nourrir toute une famille; ses enfants partiront; la nécessité de cesser toute activité venant, l'indemnité viagère de départ aidant, l'exploitation sera libre, disponible pour entrer dans le processus de concentration. Le vieillissement est donc la nécessité du moment. Cependant le groupe réduit de jeunes agriculteurs qui est en voie de se constituer depuis plus d'une décennie dans le cœur de cette structure démographique vieillie émerge au fur et à mesure que les personnes âgées disparaissent; une nouvelle répartition des proportions entre personnes âgées, adultes actifs, jeunes gens et enfants, accordée à la dimension beaucoup plus réduite du groupe, est appelée à apparaître. Elle représente l'équilibre des âges du village adapté à sa fonction actualisée d'établissement ou d'écart agricole.

Mais, dans le même mouvement, le village, de plus en plus réduit, continue de perdre toute vie et toute consistance. C'est là aussi une vieille histoire qui se poursuit. La fin des années 50 va pourtant, de ce point de vue, marquer une étape importante de sa mutation. Des mesures d'ordre divers sont en effet prises alors, qui portent atteinte à ses fondements mêmes.

Cette carte est celle de la pratique religieuse d'ensemble, les minorités protestantes les plus importantes se situant dans les zones de forte pratique catholique. Elle nous introduit au cœur des comportements sociaux. Elle éclaire par exemple aussi bien les comportements démographiques que les attitudes politiques.

Travaux
en commun à la « fraîche ».
Cueillette du houblon
en Alsace, 1973.

Le café :
la maison
des hommes.

le reniement des deux puissances tutélaires : l'Église et l'État

C'est de l'Église que vient la première et la plus profonde des remises en question, lorsque, dès 1944, est énoncée la nécessité de regrouper les plus petites paroisses [84].

Le constat est simple : la France rurale est en voie de déchristianisation ; or, l'on manque de prêtres ; cela est si vrai que, dès 1930, 10 000 communes rurales sur 35 000 n'ont plus de prêtre résidant. Dans la plupart des diocèses, chaque curé rural est amené à desservir plusieurs paroisses, ce qui alourdit considérablement sa tâche tout en compromettant son efficacité. « Pour assurer quelques messes hâtives à un nombre infime de fidèles, on aboutit à un abandon pratique de l'évangélisation », déclare sans ambages le chanoine Boulard en 1950. Et pourtant, 21 000 prêtres sont absorbés dans les campagnes pour 18 millions d'habitants, alors qu'en ville, 7 200 ont la charge de 24 millions d'âmes. Pour une Église qui vient de prendre conscience de la profonde déchristianisation du prolétariat [85], la dispersion d'un grand nombre de prêtres dans une « poussière de paroisses » dépeuplées est un gaspillage d'énergie de plus en plus difficile à admettre. L'Église découvre en quelque sorte et s'essaie à penser une « économie » de l'évangélisation, qui en préfigure bien d'autres : économie de l'éducation, économie de la santé, économie des équipements collectifs et plus largement rationalisation des choix budgétaires, qui, dans de multiples domaines, conduiront pour les petites communes à des mesures de regroupement semblables à celles qui sont ici envisagées pour les paroisses.

L'Église innove donc en quelque sorte en la matière. Mais l'apport le plus important de la nouvelle conception pastorale qui commence à se définir dans les années 45-50 n'est sans doute pas là ; il réside plus précisément dans la réflexion entreprise sur la nature même du village et dans le constat de décès de la « communauté villageoise », qui, pour tout dire, en est la conclusion ultime.

Au lieu de s'accrocher aux petites paroisses, « il faut d'abord se demander si les villages qui entourent ces cloches sont restés des unités sociales, déclare F. Boulard. Quand les campagnes descendent au-dessous du minimum vital de densité humaine, elles se vident... On peut se demander si le seul moyen de sauver alors, dans leur existence même, ces villages dépeuplés, ne sera pas de les unir dans des communautés humaines (paroisses, communes) plus vastes ».

Cette remise en question, pour le coup radicale, du petit village, comme unité élémentaire viable de vie sociale, découle d'abord d'une constatation pastorale : le village n'est plus un cadre favorable à l'évangélisation. Mais la réflexion va, à travers le constat religieux, bien au-delà de lui. Cherchant en effet, quel cadre substituer à la petite commune défaillante,

Atmosphères villageoises :
la rue d'un village de la Meuse;
au verso, un café dans le Morvan.

l'analyse se développe au niveau de l'ensemble des transformations qui affectent la société et, situant le village dans le nouveau contexte social en gestation, aboutit à une remise en question encore plus fondamentale. En effet, ne constate-t-on pas que, « quand du moins le village ne meurt pas tout à fait, la vie qui le déserte se rassemble ailleurs, (dans les bourgs-centres) mieux achalandés et facilement accessibles » ? Le prêtre n'a plus de « communauté de vie » autour de lui... Ses paroissiens sont hors de son influence. Or « ce sont justement les relations qu'il importe de christianiser, celles qui créent une atmosphère », qui lui échappent [86].

L'idée des villages-centres et des villages-satellites est lancée [87]. Elle est appelée à faire fortune et en particulier à orienter les réflexions autour de l'aménagement de l'espace rural jusqu'à maintenant.

Allant plus loin encore, l'idée même d'un déplacement de l'axe de solidarité sociale fondamentale est dès lors avancée. Jadis, toutes les influences déterminantes venaient de l'agglomération humaine qu'était un village ou un quartier. Aujourd'hui, s'y sont substituées celles du milieu social, lié ordinairement à la profession. Par ce dernier arrive toute une civilisation nouvelle. Un paysan qui devient ouvrier d'usine peut continuer à habiter le même village : il n'en devient pas moins lentement un autre homme. « Un paysan de la vieille civilisation de polyculture familiale qui se spécialise ou qui motorise son exploitation connaît à peu de chose près les mêmes transformations. Il passe lui aussi d'une civilisation à une autre [88]. »

C'est l'entrée dans la modernité qu'en somme l'on retrouve. A travers tout ce mouvement d'idées et ces réformes envisagées, c'est un des fondements historiques de l'organisation sociale qui est atteint. C'en est fini de la paroisse-commune ou, selon l'expression de F. Boulard, « de la paroisse totalitaire » dans laquelle « le curé, maître à son bord après Dieu, tenait en ses mains puissantes tout le domaine spirituel, et bien un peu le temporel de ses ouailles ». La commune doit être maintenant partout reconnue comme une réalité distincte de la paroisse. « Le domaine de la société civile est une réalité que l'on ne peut plus ignorer et qui a ses exigences légitimes... il ne suffit plus pour gouverner une chrétienté de parler fort du haut de la chaire. »

Est-ce à dire que l'époque où la vie sociale et politique du village était dominée par l'antagonisme du curé et de l'instituteur est révolue ? Il aurait donc fallu attendre le milieu du XXe siècle pour que la communauté rurale se laïcise pleinement. La rupture est en fait moins radicale qu'il n'y paraît, car le rôle du curé de campagne et de la paroisse est toujours considéré comme prépondérant, même si, pour l'Église, il est devenu insuffisant. D'autre part, s'il est vrai que la commune doit avoir ses activités propres, distinctes de celles de la paroisse, il faut que les fidèles y consacrent « une part de leur dévouement comme de leur temps, et soient positivement préparés à leur mission dans la société civile ». Les pratiques d'évangélisation fort militantes prônées pour faire face à la situation dans les zones rurales difficiles montrent également assez que la volonté d'emprise sur la structure sociale du village demeure affirmée : elle est même érigée en principe de bonne méthode. « Il faut faire en sorte que les maisons vivantes où l'opinion du village se fait et se refait continuellement : telles l'école, la mairie, le salon de coiffure, la forge, la fruitière... le bistrot, soient tenues par des hommes à rayonnement chrétien », préconise F. Boulard. Le « curé réaliste » doit donc se mettre en quête des notables pour au moins gagner « leur sympathie active », tout en se souvenant que, « par suite de l'éveil des milieux populaires, les maisons vivantes du village ne sont peut-être plus celles d'autrefois », et que les vrais « notables » de la commune ont pu changer.

Il ne faut pas oublier, enfin, que les paroisses chrétiennes, au sens rigoureux du terme qui en est donné, sont encore nombreuses et que, dans ces paroisses, « le prêtre a autorité de pasteur » sur ses paroissiens et qu'il « peut librement et chaque dimanche enseigner son troupeau presque entier ».

Ainsi, dès 1945, un constat est fait, qui tend à bouleverser de fond en comble la pastorale et qui, en tout cas, pour l'immédiat, propose de la paroisse et par là même du village une image en rupture radicale avec celle qui avait prévalu jusque-là.

En 1958, ces idées sont encore jugées révolutionnaires [89] par les délégations de curés de campagne réunies en une session de l'Action catholique rurale dont le thème est précisément le problème des trop petites paroisses. Mais enfin, « il s'agit bel et bien de choisir l'audace », concluent-ils avec une résignation évidente. Il faut attendre l'année 1959 pour que le mouvement s'amplifie : entre 1959 et 1962 les évêques mettent en branle dans leur diocèse le processus de regroupement [90].

Actualité d'une vieille question : le regroupement des communes. Coïncidence significative, à la même époque, le problème du regroupement des communes redevient d'actualité.

Une loi de 1942 l'a déjà remis à l'honneur, en prévoyant le rattachement des communes qui ont moins de 200 habitants à des centres plus importants au moyen d'associations intercommunales [91].

La question ne va cesser de prendre de l'importance à partir de 1959 jusqu'au vote de la loi du 16 juillet 1971. Cette loi vient elle-même après plusieurs mesures visant à encourager, sans grand succès, les fusions, et à défaut, les associations syndicales de communes. Elle n'en est que plus contraignante et marque le point culminant d'une vigoureuse offensive de l'État contre les petites communes.

Cette politique est d'autant plus remarquable qu'elle renoue avec celle qui a été définie à la fin du XIXe siècle par les lois de 1884 et de 1890; et qui est restée lettre morte pendant soixante-dix ans! Cette intention — le terme convient — marquée par le législateur à la fin du siècle dernier, la pratique contraire qui s'instaure pendant toute la période qui suit [92], la politique relativement autoritaire, enfin, adoptée en 1971 sont significatives d'un véritable renversement du rapport de force entre l'État et les communes.

La loi du 16 juillet 1971 peut bien être « dans le droit fil de la loi de 1884 [93] » sur les fusions de communes, elle n'en a ni le ton, ni la méthode. Jusqu'alors les fusions étaient laissées à l'appréciation des conseils municipaux. A partir de 1971 leur périmètre doit avoir « un contour rationnel » et être « dessiné en fonction du développement du secteur intéressé et des équipements à y construire ». Développement, équipement, les deux maîtres mots de la nouvelle doctrine sont là. Et c'est bien en effet l'équipement qui est la clé de voûte du regroupement, le souci majeur étant d'introduire des principes au nom desquels on puisse sélectionner les projets d'équipement des communes et en faire assurer l'autofinancement maximum par la collectivité locale. Il s'agit, dit-on, d'aboutir « à une gestion plus rationnelle et une meilleure utilisation des équipements collectifs », c'est-à-dire « d'assurer une utilisation plus rationnelle et rigoureuse des crédits publics ». Il s'agit en fait d'étendre les critères économiques de la rentabilité capitaliste à la gestion du budget de l'État et des collectivités locales, et donc de les imposer aux services publics qui se trouvent par là même niés comme tels.

Largement mises en marge du développement économique et social pendant plus d'un siècle, ou plutôt reliées pour l'essentiel à celui-ci de façon à le permettre et à l'alimenter, sous-équipées en raison même de cette position dans le développement capitaliste et de la véritable mise en coupe réglée qui en résulte, les communes rurales se présentent en même temps dépeuplées, sans ressources financières et humaines, incapables, il est vrai, de promouvoir les équipements nécessaires à la vie quotidienne de leurs habitants dans les conditions sociales actuelles. Il est inéluctable que, soumises tout à coup à un véritable examen comptable et économique, elles se révèlent en déconfiture. La loi de 1971 a donc pour but de permettre de dresser ce constat, de rendre les jugements de faillite et de justifier, en les faisant apparaître comme nécessaires, les opérations de concentration de communes.

Le raffinement des procédures envisagées dans ce but et les innovations importantes qu'elles comportent montrent à quel point l'État veut forcer la décision. Enfin, l'État passe « d'une neutralité indifférente à un engagement de plus en plus net, non pas sous forme de décisions impératives mais, plus subtilement, par le biais des aides financières ». Notamment, les subventions auxquelles ont droit les communes sont facilitées et majorées pour les communes qui se regroupent ou fusionnent.

Le seul point sur lequel la loi de 1971 est plus accommodante que celle de 1884 concerne les formules de regroupement des communes. Pour rendre la fusion moins brutale, on l'assouplit. Déjà, en 1959, le maintien en place des conseils municipaux existants avait été admis; en 1970, allant encore plus

Châteaudouble, Var : 70 habitants l'hiver, 200 l'été en 1976.

Une utopie prémonitoire. Projet de maison (dit maison « Maréchal ») pour ouvrier agricole conçu en 1920.

loin, on avait autorisé le maintien d'une annexe de la mairie dans les anciennes communes et la création d'un adjoint spécial les représentant. En 1971, la loi crée les communes associées dans lesquelles chacune conserve son territoire, son nom, une annexe de la mairie, avec un état civil propre, et se voit dotée d'un maire délégué. Pour l'État, en effet, l'important n'est pas là, mais dans la fusion financière, dans l'unicité du centre de décision et dans l'élargissement de l'unité d'équipement.

A la fin de 1972, tous les départements sont dotés des plans de fusions et de regroupements de communes prévus par la loi. Au total, ces plans prévoient que :
- o 9 761 communes doivent être fusionnées ;
- o 3 245 communes doivent s'unir dans les districts ;
- o 354 communes doivent s'intégrer en communautés urbaines ;
- o 12 979 communes enfin, doivent s'associer dans des syndicats à vocation multiple.

A ce moment-là, déjà, le mouvement de fusion s'est considérablement accéléré puisque, depuis le recensement de 1968, c'est-à-dire en moins de cinq ans, il a concerné 1 597 communes et abouti à la disparition de 950 d'entre elles [94], alors qu'entre 1962 et 1968, soit en six années, il n'a porté que sur 476 communes, et n'en a fait disparaître que 256. Entre 1911 et 1962, en un demi-siècle, 259 communes avaient fusionné pour en former 144, soit 115 en moins...!

Par ailleurs, les syndicats à vocation multiple, créés par l'ordonnance de 1959, se sont rapidement multipliés : au 31 décembre 1971, on en compte 1 243, regroupant 12 659 communes [95]. Un an plus tard, ils sont 1 437 et englobent 14 164 communes comptant près de 16 400 000 personnes. Ceci ne veut pas dire que la réforme soit faite. Les plans ne sont que des propositions qui doivent être soumises aux conseils municipaux. « Et là, il n'y a pas de délai », fait-on observer à juste titre.

Déjà, dans plusieurs départements, les commissions d'élus avaient marqué leur hostilité à la loi, allant dans sept départements jusqu'à refuser de faire le moindre rapport. Elles ont dans leur ensemble été réservées ou divisées sur les opérations de fusions et de regroupements à entreprendre. Et, dans la très grande majorité des cas, l'intervention des préfets a consisté à aller plus loin qu'elles.

On comprend dès lors le pronostic du haut fonctionnaire : « Il est vraisemblable que bon nombre de fusions et de regroupements proposés n'aboutiront pas, écrit-il. Il faudra probablement attendre plusieurs années pour que ce mûrissement des esprits permette à la réalité de se rapprocher progressivement des projets figurant dans les plans. »

Dix-huit mois après la promulgation de la loi, une accélération très sensible des fusions pouvait pourtant s'observer,

Solutions
pour un habitat rural
contemporain.

(Vrai) lotissement en (faux) style régional. En Bretagne, 1970 (à gauche).

Une rénovation sans complexe. Région du Puy, 1965 (à droite).

Le F4 « pavillonnaire ».

puisque 1 200 communes avaient fusionné pour en former
500 nouvelles seulement. Les syndicats à vocation multiple,
pourtant longtemps tenus en suspicion, semblent désormais
adoptés.

La formule de la commune associée rencontre un très vif
engouement; elle est adoptée par la très grosse majorité
des communes fusionnées. Les concessions faites par la loi
et le succès incontestable de la formule sont le plus impitoyable révélateur de ce à quoi est réduite la commune réelle,
dans l'esprit même de ses habitants : un territoire, un nom,
une matrice cadastrale, un registre d'état civil. En somme,
un ensemble de symboles : ceux d'une communauté de
familles associée à un territoire et incarnée dans un nom
collectif. Mais la gestion elle-même de cet espace peut bien
passer dans d'autres mains; le pouvoir peut bien échapper,
du moment que l'on conserve les reliques! Et de toute façon,
comment faire autrement ?

L'usine aux champs : les campagnes industrielles redécou-
vrent les luttes ouvrières, souvent dans leurs formes les plus
dures (Orne, 1975).

Les années 60 marquent ainsi une transition fondamentale
dans la vie des communes rurales. Après le pas de clerc des
deux dernières décennies du XIXe siècle, elles sont le moment
où, pour la première fois depuis la Révolution, se met en place
une véritable politique de l'État à leur égard; et une politique
qui, précisément, prend à contrepied et remet en question
l'œuvre de la Constituante!

Cette nouvelle attitude de l'État ne se manifeste pas seulement à propos du problème des fusions et regroupements. La
politique suivie en ce domaine à partir de 1959 ne fait qu'accompagner et prolonger logiquement une politique d'ensemble
en matière de services publics, qui s'est traduite par un déséu-
quipement accéléré des campagnes au cours de cette période.
Si l'on veut qu'un équipement collectif quelconque soit à
l'usage de plusieurs communes, il faut trouver une formule
institutionnelle d'une nature ou d'une autre qui permette

d'en répartir la charge financière entre les communes concernées; surtout si, comme c'est le cas depuis les débuts de la Cinquième République, les communes sont appelées à assumer elles-mêmes une part de plus en plus importante des investissements et des frais de fonctionnement des services publics dont elles jouissent. On a vu qu'en dernier ressort, c'est bien là l'objectif primordial de la loi de 1971. Celle-ci, à ce titre, marque une victoire incontestable, bien qu'encore relative, de l'État dans cette voie.

Un domaine dans lequel les effets de cette politique se sont fait particulièrement sentir est celui des écoles primaires rurales.

Il ressort des données malheureusement incomplètes et hétéroclites que l'on peut obtenir sur cette question que de 2 000 à 4 000 classes sont supprimées chaque année dans les écoles primaires publiques rurales depuis 1962. Avant cette date, les données manquent purement et simplement. Le nombre des classes supprimées semble s'élever progressivement, passant d'environ 2 000 au début de la décennie à plus de 4 000 en 1971 et 1972. Avec près de 6 500 classes supprimées, la rentrée de 1971 marquerait le point culminant du processus. Aux suppressions habituelles pour « faibles effectifs » (4 324 classes), s'ajoutent à cette date les suppressions de classes de fin d'études transférées dans les CEG et les CES en application de la réforme Fontanet (2 151 classes). Ainsi, les dispositions proprement institutionnelles de la réforme du système éducatif viennent ajouter leurs conséquences à celles du dépeuplement pour faire disparaître l'école du village.

Le ralentissement qui s'observe en 1974 (895 classes supprimées) semble préluder à une attitude nouvelle à l'égard des fermetures des classes en milieu rural.

La formule du regroupement scolaire intercommunal par niveau est alors expérimentée pour éviter la suppression totale de l'école des villages. Le nombre des écoles à classe unique

Cathédrale de la société de consommation, la « grande surface » abolit l'opposition villes/campagnes. Elle est pour citadins et ruraux le lieu commun d'un même culte.

Des services publics « non rentables ».

Le ramassage scolaire : un précoce apprentissage d'autres départs.

commence à diminuer en 1967. Il n'en demeure pas moins qu'en 1972 plus de la moitié des communes rurales ont encore une école à classe unique.

Un autre service public fort important pour la vie sociale du village a connu une évolution semblable; il s'agit des Postes. Cela a commencé par la motorisation de la distribution dès 1952. Puis, « à partir de 1959, il est apparu qu'une utilisation rationnelle des véhicules nécessitait le regroupement de circonscriptions trop étroites [96] ». D'autre part, cette centralisation permet, comme il se doit, « un dégagement d'effectifs qui pourront être utilisés dans les villes en croissance, d'augmenter la productivité des agents, d'améliorer la qualité du service ». En 1969, 38 % seulement des communes rurales ont un bureau de poste.

Par contre, grâce à l'automatisation du téléphone, la permanence du service téléphonique est progressivement étendue à toutes les communes rurales. Et une politique d'adduction d'eau plus active est entreprise au cours des années 50.

une politique de l'eau

Certes, dans l'entre-deux-guerres, déjà, une évolution sensible s'observe dans l'alimentation des villages en eau potable. D'après le premier inventaire des distributions rurales d'eau potable (1954), c'est dans les années 30 que les projets d'adduction d'eau qui sont réalisés tendent tous à permettre la distribution de l'eau sous pression et à domicile. Ce critère « du branchement particulier qui conduit une eau abondante au lieu exact de son utilisation : cuisine, toilettes, buanderie, écuries, étables, porcheries, laiteries, etc. [97] », traduit une nouvelle exigence sociale en matière d'alimentation en eau,

Les conscrits. La solidarité d'une même jeunesse.

L'école est aujourd'hui le symbole par excellence de la vitalité et de l'existence collective du village. Sa suppression est ressentie comme un coup mortel par les petites communes.

par opposition au traditionnel point d'eau plus ou moins éloigné, à débit plus ou moins aléatoire et — peut-on ajouter — à l'eau plus ou moins salubre.

Mais au 1er janvier 1954, sur la base de cette nouvelle norme, parmi les 36 989 communes définies comme rurales, 15 252 seulement sont considérées comme desservies dont 11 390 par un réseau de type moderne. Ainsi, jusqu'en 1954, le tiers des communes rurales, mais le tiers seulement, a estimé nécessaire d'assurer à ses habitants la possibilité de s'équiper en eau courante à domicile, soit dans le cadre communal, soit dans le cadre d'un syndicat intercommunal. Et encore s'agit-il là d'une œuvre souvent partielle puisque au total 3 sur 10 des habitants des communes considérées comme desservies demeurent en fait hors du périmètre utile du réseau créé; celui-ci en effet concerne généralement d'abord le bourg et les plus gros villages et n'atteint pas d'emblée tous les écarts. De ce fait, à cette date, 6 habitants des campagnes sur 10 ne sont pas encore desservis en eau potable par un réseau collectif ou par une installation individuelle. En outre, bon nombre de familles « desservies » s'approvisionnent en fait toujours à la fontaine, au puits, voire à la citerne. Dans l'ensemble, on l'a vu, une forte majorité des familles rurales, et en particulier des familles agricoles, continuent à cette époque d'user de l'eau pour leur usage domestique comme pour leur travail de la même manière que leurs ascendants de la fin du XIXe siècle.

A partir de 1954, l'adduction d'eau, fort peu développée jusque-là, s'étend au contraire rapidement. Entre 1954 et 1970, le volume de la population rurale desservie est multiplié par 1,7 et, la diminution de la population rurale aidant, il est vrai, plus des trois quarts des ruraux sont en 1970 susceptibles d'être alimentés en eau courante potable par un raccordement à un réseau collectif; ce qui ne veut pas dire, comme pour l'électricité, que tous mettent à profit la possibilité qui leur est ainsi donnée.

Le développement de l'alimentation en eau potable conduit à se préoccuper des réseaux d'assainissement des communes rurales. « La tâche est urgente, constate-t-on dans le premier inventaire qui en est fait en 1962, parce que l'augmentation du volume des eaux usées, consécutive à l'extension des distributions d'eau, et les modifications apportées à la nature de ces eaux usées par le développement de l'équipement sanitaire des habitations créent une situation qui ne peut se résoudre que par un plan d'assainissement cohérent... L'assainissement des agglomérations rurales et l'épuration des eaux usées constituent donc les phases finales de l'équipement en eau qui doit être considéré comme un circuit continu [98]. »

De ce point de vue, la situation que fait apparaître le premier inventaire de l'assainissement se révèle assez noire aux yeux de l'ingénieur. En 1962, 17 des quelque 22 millions de ruraux, devraient être desservis; or moins du septième l'est

Le « facteur » est devenu le « préposé ». Il doit aller de plus en plus loin et de plus en plus vite. Il s'est motorisé. Mais il passe de moins en moins à domicile.

dans des conditions satisfaisantes. Et, dès cette date, l'on ne dénombre pas moins de 2 315 cas à travers la France rurale où les déversements existants entraînent « une pollution ».

Et là aussi, en moins d'une décennie, les progrès sont importants : au 1ᵉʳ janvier 1971 déjà, le nombre des ruraux desservis a plus que triplé par rapport à 1962. Il ne reste plus alors à desservir que 39 % de la population rurale pour laquelle cet équipement se justifie, au lieu de 86 % en 1962. Le ramassage des ordures ménagères progresse également rapidement puisque, à la même date, 84 % de la population rurale agglomérée en bénéficient, alors qu'il était à peu près inexistant quelque dix ans plus tôt [99].

Ces nombres ont un double visage. D'un côté, ils montrent le retard des campagnes à propos d'équipements qui sont considérés comme élémentaires dans les conditions d'existence contemporaines. En 1971, plus de 4 millions de ruraux sédentaires n'ont pas l'eau courante; dans douze départements, la proportion de la population qui est alimentée en eau potable est encore inférieure à 60 %. L'évacuation des eaux usées par égouts, l'épuration des eaux restent à assurer pour près de 7 500 000 habitants pour lesquels elles sont estimées nécessaires et réalisables. Enfin, plus de 8 millions de ruraux ne bénéficient pas encore d'une simple collecte des ordures ménagères.

Mais d'un autre côté, ils manifestent avec une intensité redoublée la pénétration de l'influence du système économique dominant dans les genres de vie ruraux. Et là, le paradoxe est saisissant, puisque les transformations qui se produisent conduisent à artificialiser le milieu de vie rurale comme il a fallu le faire pour assurer la survie et la préservation des masses humaines qui se concentraient sur les espaces réduits des villes, alors même que la population rurale, elle, ne cesse de se clairsemer. Là où la densité de peuplement est, à son maximum, de l'ordre de 40 habitants au kilomètre carré, le cycle de l'eau doit désormais être maîtrisé et organisé techniquement, comme là où la densité humaine est de 10 à 100 fois plus élevée! De plus en plus, la maison rurale exige la même infrastructure et s'inscrit dans le même contexte de technique urbaine que le pavillon de banlieue; la municipalité en reçoit de nouvelles tâches et de nouvelles charges, même si elle agit, comme c'est très souvent le cas, au sein d'un syndicat intercommunal.

Il est symptomatique qu'il ait fallu attendre le milieu du XXᵉ siècle pour que soit entreprise une politique de l'eau dans les campagnes, alors que, par exemple, l'électrification rurale a été entreprise dès 1920. La rapidité avec laquelle cette politique est ensuite conduite est tout aussi remarquable. Renouant avec le mouvement constaté dans la seconde moitié du XIXᵉ siècle, c'est véritablement dans une autre étape de leur urbanisation qu'entrent les villages vers la fin des années 50. Ils y prennent une physionomie réellement nouvelle, qui est à mettre en relation avec les transformations alors en cours au sein même de la population rurale.

Le bourg s'orne d'un bureau de poste moderne. Mais le correspondant postal de village a disparu. Pyrénées-Orientales, 1972.

Desserte en eau potable entre 1954 et 1970

	% de la population desservie
1954	41,13
1960	50,58
1966	67,66
1970	76,78

SOURCE Ministère de l'Agriculture, Inventaire de l'alimentation en eau potable.

Des jeux traditionnels
se maintiennent,
et même se développent.

La pétanque a conquis
la France entière.
Environs de Nice, 1958.

La pelote basque a ses cham-
pionnats et ses champions.

la "réserve" rurale

Cette physionomie nouvelle du village correspond d'abord à une fonction d'accueil des populations urbaines, qui est en plein développement. Les inventaires successifs de l'alimentation en eau potable des communes rurales prennent en considération de façon de plus en plus précise le problème posé par les populations saisonnières qui viennent séjourner dans les communes rurales [100].

En 1966, une première évaluation grossière de ces populations aboutit au nombre de 4 400 000 personnes. En 1970, la même évaluation donne 7 066 000 personnes [101]. Sans doute une part de cette énorme augmentation qui dépasse 60 % est-elle due à une plus grande précision dans la collecte des données, néanmoins elle traduit aussi la forte progression de la population citadine qui séjourne temporairement pour ses loisirs dans les campagnes. Selon l'enquête communale de 1969-1970, la population saisonnière est encore plus importante, puisqu'elle atteint 7 825 000 personnes.

Toujours selon cette enquête, le tourisme rural s'avère avoir une influence fort diffuse, puisque sur les 35 718 communes considérées comme rurales dans cette étude, 17 200 accueillent des touristes. Intéressant à lui seul environ 40 % de la population saisonnière séjournant en milieu rural, le tourisme balnéaire tient certes une place importante, mais il ne concerne que 940 communes. Ce sont les agréments propres du village ou de la campagne : le repos et la détente (6 340 communes), la pêche et la chasse (2 540 communes), la présence d'une rivière ou d'un lac (1 670 communes), d'une forêt (980 communes), d'une curiosité naturelle (910 communes), l'originalité architecturale ou l'existence de monuments

Les quilles.
Région de Charleville,
Ardennes.

(1 500 communes), etc. qui sont les raisons principales de la fréquentation touristique de la très grande majorité des communes. On peut y ajouter le goût pour la montagne qui est la raison principale de la fréquentation de 710 communes.

Ce tourisme proprement rural concerne au maximum 4 700 000 personnes. Et la population saisonnière accueillie représente en moyenne seulement 10 à 20 % de la population des communes concernées. Néanmoins, quelque 5 000 à 5 500 communes rurales touristiques, tourisme balnéaire exclu, c'est-à-dire 15 % de l'ensemble des communes rurales, reçoivent en moyenne une population saisonnière égale à la moitié ou plus de leur population résidente. Si l'on ajoute le tourisme balnéaire, la proportion s'élève à 18 %. Mais, peu ou prou, 58 % des communes rurales sont concernées par le tourisme.

Les résidences secondaires constituent une des formes les plus importantes de cette fréquentation exceptionnelle des campagnes, puisqu'elles représentent à elles seules près du tiers de la capacité d'accueil en milieu rural[102], et qu'elles sont davantage utilisées pour les vacances que pour les week-ends[103]. Leur nombre s'est très rapidement développé depuis la fin de la Seconde Guerre mondiale; il s'est en effet multiplié par 2,25. Il représente, en 1968, 13 % du nombre total des logements des communes rurales. Dans les très petites communes, cette importance relative est encore beaucoup plus grande. Leur présence ne peut donc manquer de se faire sentir.

Et ceci d'autant plus que leur confort est supérieur à celui de la moyenne des résidences principales rurales, puisque 38 % d'entre elles sont à la fois construites en dur, équipées en eau courante et en W.-C. intérieurs, alors que la propor-

Évolution du nombre des résidences secondaires dans les communes rurales

	en milliers
1954	330
1962	637,6
1968	746

tion correspondante pour les logements de la population
résidente est de 29 % ; 61 % ont douche ou baignoire, alors
que plus de 78 % des logements usuels ruraux n'en ont pas.
Les résidences secondaires entraînent un suréquipement par
rapport aux besoins de la population résidente et un alourdis-
sement de ses charges municipales [104]. Mais les changements
qui se produisent dans la population résidente elle-même ont
une incidence au moins aussi importante sur la transformation
de l'habitat villageois.

Il est difficile d'évaluer le nombre des personnes actives
résidant dans une commune rurale et ayant un emploi dans
la commune urbaine voisine. Il est encore plus difficile d'en
suivre l'évolution réelle en raison de la réduction du nombre
des communes rurales d'un recensement à l'autre par suite
du passage de certaines d'entre elles dans la catégorie des
communes urbaines. Une comparaison fournit une indica-
tion, même si elle est extrêmement sommaire : en 1966, le
recensement des établissements industriels et commerciaux
dénombre 1 427 000 salariés employés dans les établissements situés dans les communes rurales ; or, le recensement de

Le football, sport par excellence
des campagnes. Synthèse de l'esprit de clocher qui s'incarne dans
l'équipe et du culte de la vedette
internationale : chacun se sent
un Pelé en puissance.

la population indique qu'en 1962, 2 338 000 cadres, employés et ouvriers résident dans l'ensemble des communes rurales; en 1968, ils sont 2 340 000. Ceci voudrait donc dire qu'en 1962 comme en 1968, environ 900 000 personnes travaillant en ville habiteraient les communes rurales voisines. Mais comme, entre les deux dates, le nombre des communes rurales s'est réduit en raison de la transformation de 1 526 d'entre elles en communes urbaines et que la population rurale s'est de ce fait trouvée diminuée de près de 2 200 000 personnes, soit de 13 %, le nombre des ouvriers habitant les communes restées rurales en 1968 aurait donc en réalité eu fortement tendance à augmenter entre 1962 et 1968. Ainsi, si l'industrialisation du milieu rural ne progresse guère, la population active non agricole résidant en milieu rural n'en augmente pas moins fortement en raison du développement des migrations quotidiennes entre le lieu de travail et la résidence : en 1962, les cadres, employés et ouvriers représentent 33 % de la population active rurale et 13,7 % de la population rurale totale; en 1968, ils en représentent respectivement 39 % et 15,7 %.

Mais les campagnes sont submergées par les grandes vagues de la « culture de masse ».

Les majorettes, nouveau rôle de la femme spectacle : cette forme particulièrement évoluée de la culture de la « société industrielle » a envahi la France rurale.

Permis de chasse, 1912, délivré
par le ministère de l'Agriculture.

*Un nouveau mythe
du monde rural.*

Une évolution comparable concerne la population rurale
inactive. Entre 1962 et 1968, les personnes âgées de plus de
soixante-quatre ans se font plus nombreuses dans la population rurale en dépit de la diminution d'ensemble du nombre
des communes et de la population au sein desquelles elles
sont décomptées. Les retraités de toutes catégories sont de
plus en plus nombreux à quitter la ville à la fin de leur vie
active et à choisir la campagne. Il est difficile de préciser
combien des 920 000 rentiers et retraités non agricoles qui
résident dans les communes rurales de 1968 sont dans ce cas,
mais compte tenu de la part de la population active non agricole totale qui est urbaine, on peut l'estimer à environ 740 000.
Eux aussi font pression sur les municipalités rurales en
exigeant pour leur nouvel habitat un confort égal, voire
même supérieur, à celui de leur appartement citadin. Enfin
les agriculteurs eux-mêmes modernisent leur habitat, ainsi
qu'on l'a vu.

L'essor récent de la construction dans les communes rurales
ne doit pas cependant faire oublier qu'en 1968, plus de 80 %
des maisons rurales ont cinquante ans passés et que près d'une
sur deux est vieille d'un siècle. Dans son aspect extérieur, le
village actuel n'est pas sensiblement différent de celui du
début du siècle. Faits nouveaux : les rues, la place sont
bitumées, les fils électriques tissent le long des artères principales un réseau plus ou moins gracieux raccordé à chacun des
pignons ou à chacune des façades. Les bornes-fontaines ont
souvent disparu ou sont à sec. Les constructions neuves se
disséminent sur le pourtour du vieux village; groupées parfois
en un véritable lotissement, elles forment un quartier neuf.
Moins de sévérité peut-être : de plus en plus de fleurs et des
plantations égaient les maisons souvent rénovées et les
espaces publics. Mais moins de vie aussi, moins d'animation
dans les rues que dans les villages du début du siècle pourtant
déjà bien mornes par rapport au début du XIXe siècle.

Et cependant, comme le montre le développement de sa
fonction résidentielle, le village se transforme en profondeur,
dans sa nature même. Une évolution globale tend à faire de
l'espace rural, jusque-là complémentaire de l'espace urbain, un
prolongement direct, sinon une partie intégrante de celui-ci.

C'est désormais par rapport à l'urbanisation et non plus
seulement à travers sa fonction agricole que l'espace rural
est perçu. « Il devient un lieu commun d'affirmer que l'espace
rural est appelé à jouer un rôle de plus en plus important dans
notre pays, sur tous les plans, biologique, agricole, industriel,
touristique, contribuant ainsi à un meilleur équilibre, si
souhaitable avec les progrès de l'urbanisation », lit-on dans la
présentation des derniers inventaires des équipements publics
ruraux. Une perspective à moyen terme se dégage alors pour
un espace rural, « qui restera probablement très caractérisé
comme tel », où « l'agriculture et la forêt devront avoir la
charge et l'entretien du sol » et où « les citadins devront pouvoir

trouver les lieux de détente et de loisirs qui leur seront de plus en plus nécessaires, et pourront même conditionner leur équilibre de vie ». Non seulement « cet espace rural reste le lieu privilégié des ressources vitales dont on commence à apprécier le prix et à redouter la rareté et le degré de pollution : l'eau, l'air, la forêt », mais encore « la tradition paysanne y aura également conservé des valeurs culturelles et architecturales dont la sauvegarde est indispensable [105] ».

Une nouvelle fois et sous une nouvelle forme, les campagnes apparaissent comme l'ultime recours contre les « excès de l'urbanisation ». On retrouve le thème, vieux d'au moins un siècle, de la paysannerie gardienne des valeurs traditionnelles. Mais, fait nouveau, cette attention portée au monde rural n'est plus l'apanage des hommes politiques s'adressant à leur clientèle paysanne. Un regain général d'intérêt s'observe pour tout ce qui concerne la vie des campagnes. C'est d'abord un engouement pour le passé, ancien ou récent, qui se traduit par quelques succès de librairie fort significatifs : comme si la rapidité du changement social, en rendant instables tous les cadres de l'existence et en multipliant les incertitudes, provoquait, choc en retour, une quête de certitudes, ou au moins une recherche de points de repère, un retour aux sources. Par ailleurs, et plus profondément, la généralisation de la société de masse dans laquelle la communication sociale se fait de plus en plus à distance entraîne le besoin d'une relation

Un des plus anciens et des derniers droits d'usage collectifs sur le sol, en voie de disparition lui aussi. La chasse est un des loisirs préférés des hommes.

Béton « à la française ».

et d'une communication sociales directes et vécues; les évocations historiques de sociétés traditionnelles en portent des témoignages auxquels il est d'autant plus facile d'adhérer et de participer que ce n'est que par procuration, sans avoir aucunement à assumer concrètement les obligations qu'elles comportaient et qui avaient fini par être ressenties comme d'insupportables contraintes par ceux qui y étaient assujettis.

Dans cette même perspective, le village, avec son air bon enfant, son apparence de gentil archaïsme et son caractère de groupe humain limité, fait figure de témoin, intrigue et séduit. N'est-il pas le cadre par excellence d'une vie sociale où précisément tout le monde se connaît et où les rapports sont par définition interpersonnels ? N'y a-t-on pas vu un des rares endroits où subsiste une « authenticité sociale » dans nos sociétés modernes? Des sociologues ont encore pu souligner la survivance de particularités très fortes dans la vie sociale des collectivités rurales au cours des années 60 et conclure que, sans doute, la diversité sociale serait dans les campagnes au moins aussi grande à l'avenir que par le passé [106]. Cette alliance, cette interpénétration de la tradition et de la « modernité » frappent l'observateur [107]. Elles renvoient au processus par lequel le capitalisme transforme les structures de la production agricole elles-mêmes, leur faisant subir une évolution régressive interne sans les remettre globalement en question : le nouveau se glisse dans l'ancien, qu'il conserve en même temps qu'il le détruit. Toutefois, la persistance des mécanismes traditionnels de la vie locale dans la dernière décennie peut faire question. Les années 60 portent en effet encore la marque de la période qui s'est ouverte vers 1880, dont elles constituent le terme. La nouvelle phase de transformation dans laquelle l'agriculture, le peuplement des campagnes et l'utilisation de l'espace rural sont entrés depuis, ouvre sans nul doute la porte à des changements plus radicaux.

Quoi qu'il en soit, la proximité, l'intimité sociales, la vie entre soi qu'évoque le terme même de village le rendent attractif et lucratif : la publicité immobilière a fort bien compris que l'on vend mieux du village que du lotissement. Les rapports sociaux villageois, ou plus exactement la signification qu'ils ont prise dans la société des mass media, sont donc entrés dans l'univers marchand. Et pourtant, sousproduits de la ville, les « villages » qui se bâtissent de toutes pièces sur le pourtour des grandes agglomérations urbaines n'ont que peu à voir avec l'archétype rural dont ils se réclament.

La recherche d'une insertion dans un cadre villageois peut aussi motiver l'acquisition d'une résidence secondaire. On se mêle ainsi *à* la vie, voire *de* la vie du village, surtout si l'on en est originaire. Parfois même, nouveau notable, le « résident secondaire » poursuit la tradition de la bourgeoisie terrienne; un village d'un peu d'importance peut encore être le tremplin d'une carrière politique. Par ailleurs, toute recherche du pouvoir local mise à part, la résidence secondaire fait partie des éléments du train de vie qui donnent un rang dans la hiérarchie sociale globale et donc dans celle du pouvoir.

Mais la participation à la vie sociale du village est en fait la plupart du temps beaucoup plus indirecte et symbolique que réelle. On se contente de goûter sa tranquillité, on use au maximum de la possibilité de s'isoler qu'il offre. On bénéficie de ses équipements. On jouit de son cadre : on apprécie qu'il soit coquet ; du charme de ses maisons : on les aime typiques, avec du caractère. A la rigueur, on fait la causette avec ses habitants : bonjour, bonsoir. On s'approvisionne à la ferme : c'est plus naturel et moins cher. On revendique à la mairie pour l'adduction de ceci, le branchement de cela, la réfection qui tarde, etc. Enfin, on tire ainsi du terroir de son choix un prestige social et une identité d'emprunt acquise en même temps que la propriété. L'on revient aussi souvent au « pays ». La multiplicité des émigrés récents qui héritent de la maison familiale, l'abondance des maisons rurales inhabitées, leur vétusté, voire leur délabrement, ont même permis un temps à des ménages citadins aux revenus modestes, que par ailleurs les prix élevés de la construction en ville empêchaient d'acquérir leur propre logement, d'accéder à la petite propriété immobilière : le bricolage et le travail noir ont fait le reste. On a la résidence secondaire de sa condition et, dans chaque couche sociale, on se hausse aux premiers rangs parmi ses pairs selon celle que l'on possède. L'émigré fait figure de riche dans son village d'origine.

Le folklore, un spectacle.

A la limite, plus que le village, c'est la « campagne » au contraire, considérée comme « nature », qui est recherchée par les acquéreurs de résidences secondaires. On a en effet assisté dans les dernières décennies à un véritable renversement des valeurs attachées respectivement aux villes et aux campagnes. On crédite désormais celles-ci de tout ce que l'on met au débit des premières. La voiture aidant, et aussi la télévision, le téléphone, l'isolement rural devient quiétude, surtout s'il ne dure que le temps d'un week-end. Le confort de la maison en préservant, les rigueurs des saisons deviennent contact avec la nature, surtout s'il s'agit pour l'essentiel de celles de l'été et d'expériences limitées à la durée d'un séjour. Ainsi l'espace rural prend une nouvelle valeur marchande. Et, par le biais de la résidence secondaire, c'est la possibilité de s'approprier ce nouveau bien déjà rare qu'est l'espace naturel de loisir et d'en jouir privativement qui est visée.

Le retour à la terre.

Le retour à la terre prend une forme plus absolue et une signification très différente dans le cas des communautés agricoles ou des conversions individuelles de jeunes gens et de jeunes filles aux métiers de la terre. Combien sont-ils ? On ne le sait. Ici les comportements accompagnent la plupart du temps une option politique qui prolonge les divers courants contestataires issus des événements de Mai 68. Globalement, ce sont la vie quotidienne de la société capitaliste et les rapports sociaux qu'elle implique qui sont rejetés. Dans le lien communautaire, c'est encore la communication sociale directe qui est recherchée. Le village se retrouve là sous sa forme condensée, au point que les communautés évoquent davantage la famille étendue que le village proprement dit. La pratique de l'agriculture rend la rupture possible dans la mesure où elle permet l'autosubsistance, mais elle est aussi une façon de renouer avec l'identité biologique de l'homme en restaurant ses rapports avec la nature. En effet, l'artificialisation croissante des processus de production et les conséquences qui en découlent dans le domaine de l'hygiène sociale donnent naissance à l'idée d'une transgression par le système capitaliste des règles fondamentales régissant la place de l'homme dans la nature. Telle est la question posée par le courant d'idées dit écologique au mouvement social. L'agriculture biologique mise en pratique par les communautés agricoles — mais pas par elles seules — est une des réponses apportées.

Ainsi prennent forme sur les marges les plus extrêmes du capitalisme, dans les zones qu'il a rejetées, que son processus inégalitaire de développement a conduites, au moins provisoirement, à l'abandon, des expériences qui se veulent en rupture totale avec lui et porteuses d'une critique radicale de la rationalité scientifique, technique et sociale créée par la loi du profit. Mouvement bigarré et ambigu où se mêlent de nouvelles formes de clochardisation, des courants originaux de réflexion idéologique, d'expérimentation sociale et de pratique politique, et des phénomènes d'innovation technique pure et simple dans le domaine de la production agricole de luxe, ces tentatives communautaires et agrobiologiques mal connues restent pour l'instant très minoritaires.

Pourtant l'affaire créée par le projet d'extension du camp militaire du Larzac a été un temps fort de leur histoire, car elle a été l'occasion d'une conjonction privilégiée entre divers courants contestataires et a constitué une puissante caisse de résonance pour leurs luttes et les thèmes de leur combat politique. Posant dans des termes inattendus et de façon spectaculaire le problème foncier, qui est plus que jamais un des problèmes cruciaux des agriculteurs, elle lui a donné une dimension politique plus large et exemplaire, dans la mesure où les agriculteurs y affrontaient directement l'État et où ils opposaient symboliquement un projet de mise en valeur agricole de la terre, de développement régional, de préservation du milieu naturel, de libre accès de tous à ses richesses, au projet de l'Armée, synonyme d'abandon, de destruction, d'interdiction, de fermeture et d'exclusion. L'affaire du Larzac est en fait révélatrice des nouvelles concurrences qui s'exercent sur des espaces que l'évolution économique et sociale avait de plus en plus voués à l'abandon et à l'indifférence depuis plus d'un siècle, et des termes nouveaux dans lesquels ces

concurrences s'expriment. Elle rejoint notamment le refus, croissant dans les régions qui en ont été le plus victimes, du sous-développement. Refus qui ne peut d'ailleurs précisément devenir un mouvement social réel qu'à partir du moment où, des possibilités nouvelles existant, il peut s'appuyer sur elles et se constituer en exigeant leur réalisation. La défense du « pays » s'identifie forcément à celle de la mise en valeur de ces nouvelles ressources ou richesses « naturelles » que sont la végétation, le paysage, l'habitat et l'espace lui-même, dans ces zones dont l'industrialisation est exclue. Et précisément parce qu'il s'agit de la terre (des terroirs), de l'habitat traditionnel, de tout ce qui porte la trace de la civilisation du « pays », la revendication du développement peut prendre un aspect culturel et régionaliste. Lorsque les problèmes agricoles régionaux atteignent un seuil critique, la jonction peut se faire entre la revendication culturelle et la revendication sociale et professionnelle paysanne. Il en a été récemment ainsi en Bretagne, en Corse et dans le Midi viticole, sans oublier le cas du Larzac. Mais fondamentalement le courant régionaliste concerne en réalité fort peu, pour l'instant tout au moins, les agriculteurs. Ceux-ci sont en général, et les jeunes tout particulièrement, trop marqués par les idéologies modernistes et productivistes pour pouvoir comprendre et accepter la critique que les mouvements régionalistes en font. Sous son aspect culturel, le régionalisme est plutôt l'apanage des

Essai de communauté dans une ferme abandonnée, sud du Massif central.

classes moyennes intellectuelles à la recherche de leur identité ; sous son aspect économique, il correspond à des transformations structurelles du capitalisme.

Ainsi, par ce qu'elle conserve de traits précapitalistes, par les liens privilégiés qu'elle entretient avec la nature vivante, l'agriculture est un point d'application de choix des débats actuels autour de la croissance économique et peut servir dans ses aspects les plus marginaux de banc d'essai à une critique radicale du capitalisme. Le paysan y gagne une nouvelle image de marque, d'ailleurs fort mythique, au sein des courants d'extrême gauche. Mais, plus largement, sa place et sa fonction d'ensemble dans le fonctionnement de la société politique française s'en trouvent aussi considérablement changées.

Ce n'est plus seulement le paysan électeur qui est objet de sollicitude ; l'intérêt se porte maintenant sur les campagnes prises globalement, et, en tant que telles, envisagées comme de véritables réserves de civilisation. En outre, dans cette perspective, le monde rural n'est plus, pour le régime politique, le dernier carré de la garde, mais simplement un grand musée vivant exemplaire, lieu de cure reconstituante à l'usage des citadins ; cette finalité s'exprime tout particulièrement dans la création des parcs régionaux et nationaux. Enfin, l'axe principal de la fonction de conservation sociale dévolue aux paysans est déplacé. Ils ne sont plus les gardiens de la foi, les dépositaires des valeurs sacrées attachées à un travail qui accomplit l'œuvre du Créateur, à la famille patriarcale qui est, comme la société villageoise, hiérarchique, le microcosme de l'ordre universel, à la petite propriété enfin, et à la patrie qui la prolonge. Leur poids de plus en plus faible dans la société française ne leur permet plus de suffire à une telle tâche ! Au demeurant, transformés par l'évolution sociale dominante, ils ne partagent aujourd'hui, pas plus que les autres couches sociales de la nation, des valeurs morales qui sont de toute façon largement passées de mode dans l'ordre politique. Par contre, ils occupent, utilisent et pour tout dire gèrent la majeure partie de l'espace rural, ils sont donc encore et en quelque sorte par destination les véritables maîtres d'œuvre de l'entretien et de la mise en valeur des neuf dixièmes de l'espace national et, en particulier, des richesses écologiques qu'il recèle. Et c'est comme réserve : d'espace, de richesses naturelles fondamentales, de structures sociales d'accueil, que l'espace rural est désormais conçu et traité.

Échantillon de nature témoin.
Le parc des Pyrénées.

Une politique de l'espace rural.

Conséquence de la nouvelle conception que l'on s'en fait, il est progressivement érigé en une véritable catégorie de l'action publique, alors qu'il était jusque-là livré à une politique pratiquement absolue de laisser-faire. L'intervention de l'État ne cesse de s'accroître et de se faire plus systématique entre les années 50, époque où sont mises sur pied les grandes sociétés et compagnies d'aménagement régional, et 1970, année où, en application de la loi d'orientation foncière de 1967, sont

conçus et réglementés les plans d'aménagements ruraux. L'ensemble des mesures prises au cours de cette période prépare la loi du 16 juillet 1971; il donne le fondement rationnel souhaité par celle-ci aux fusions et regroupements de communes qu'elle vise à développer.

Il a donc fallu un siècle d'exode rural pour qu'une situation irréversible se crée, sans que rien soit fait pour s'y opposer. Et, dans une évolution socio-économique fondée sur l'urbanisation liée à la concentration industrielle, rien d'autre ne pouvait être fait que ce qui l'a été, à savoir laisser le village se défaire et n'y introduire d'équipements que ceux strictement indispensables à la bonne exécution du travail et de la production agricoles, à l'insertion de l'agriculture dans l'économie marchande, à la mobilité des marchandises et des gens, source même de la décomposition des sociétés villageoises. Bien heureux quand, du fait du caractère familial de l'exploitation agricole ,l'amélioration introduite dans la vie de l'exploitation donne aussi plus de confort dans la vie domestique; l'eau, l'électricité apportées à la ferme le sont aussi à la maison, même si c'est parfois avec un certain délai.

La non-application des lois de 1884 et 1890 montre bien que le regroupement des communes rurales, pourtant fort mises à mal par la guerre de 1914-1918, n'était pas une nécessité impérieuse jusqu'à une époque récente. Au contraire, la place importante tenue par ces quelque 35 000 communes dans les institutions politiques, le rôle joué par les 35 000 notables qui les représentaient aux élections sénatoriales, mais aussi, quoique plus indirectement, législatives, rendaient fort dangereuse toute action contre les communes, au demeurant symboles consacrés par la Révolution de la démocratie politique et garants des libertés locales. Il a fallu que d'autres nécessités se fassent jour et qu'un autre équilibre politique se réalise pour que l'État décide d'intervenir en profondeur.

Après une période au cours de laquelle l'espace rural et le village se sont réduits à leur dimension agricole, une plus grande diversité réapparaît dans la population rurale. En 1962, la population active agricole ne représente que 49,5 % de la population active rurale totale et 43,3 % en 1968. Cette évolution, on l'a vu, n'est pas pourtant un retour au XIXe siècle. L'espace rural n'est donc pas massivement et directement réinséré dans le champ des luttes ouvrières, au moins dans leurs formes traditionnelles. Au contraire, la dispersion de l'habitat ouvrier dans les villages n'est pas sans avantages à court terme pour l'ordre social établi. Elle peut empêcher la formation autour des villes moyennes de ces « banlieues rouges » que les grandes villes ont fâcheusement héritées du XIXe siècle, encore que l'évolution actuelle constatée autour des villes moyennes s'apparente souvent, toutes proportions gardées, au processus d'urbanisation qui a abouti à la constitution de celles-ci. Généralisant l'habitat pavillonnaire, elle fait de chaque ouvrier un petit propriétaire :

Rentabilisation et désert rural : une des nombreuses gares de campagne aujourd'hui désertes, entre Clermont-Ferrand et le Puy-en-Velay.

voici que se réalise l'idéal de la cité-jardin telle qu'on la conce-
vait au XIXe siècle pour freiner le développement de la lutte
des classes. Elle dissémine heureusement l'électorat ouvrier
au sein d'une population de paysans et de retraités, auxquels
s'ajoutent dans certains cas commerçants et professions
libérales. Et toutes ces catégories sociales en place forment le
noyau organisé d'une société locale dans laquelle, numériquement majoritaire ou minoritaire, la population ouvrière se
trouve, au moins dans un premier temps, subtilement écartée
du pouvoir [108]. C'est sans doute là que les « traditions paysannes » peuvent encore être d'une utilité politique qui justifie
de les entretenir. Le tout est de savoir pour combien de temps,
car déjà les transformations propres de l'agriculture font
émerger des formes de luttes de classes au sein même de la
population paysanne, tandis que les ouvriers ruraux adoptent
facilement dans les conflits qu'ils déclenchent les moyens
de lutte les plus nouveaux, qui sont aussi souvent les plus
durs [109].

D'autre part, dans les régions où les nouveaux enjeux sur
l'espace rural se font d'ores et déjà sentir avec acuité, les
agriculteurs sont peu à peu écartés du pouvoir municipal.
Soucieux de faire prévaloir une nouvelle politique d'équipement et d'utilisation de l'espace plus conforme à leurs
intérêts, les commerçants, les artisans et les petits entrepreneurs locaux ou bien les nouvelles catégories de résidents,
qu'elles soient là à titre secondaire ou principal, leur contestent
la mairie. Plus compétents, ou à tout le moins plus aptes à
discuter avec les administrations techniques, et notamment
avec la Direction départementale de l'Équipement qui
supplante toujours plus le Génie rural dans son fief autrefois
incontesté, ils finissent par s'imposer dans un débat qui occupe
désormais toute la vie publique communale. Ils sont au village
les catégories sociales qui incarnent les nouvelles exigences
du système économique et social global à l'égard des campagnes
et de leurs populations. Ces exigences sont le fondement de
leur constitution en nouvelle couche sociale dominante.

Aujourd'hui, comme tout au long de notre période, le village
est donc bien lui aussi le lieu des enjeux et des conflits dominants qui traversent la société française, et ceux-ci doivent
être réintroduits derrière les apparences d'un monde clos
voué à des querelles de clocher si l'on veut saisir les ressorts
réels de la vie villageoise. De ce point de vue, entre 1914 et
1960, c'est la place de l'agriculture dans l'économie nationale
et de la paysannerie dans les rapports de classes qui sont déterminants. Ceci explique la position privilégiée qu'occupent alors
au village les différentes couches ou classes sociales qui,
selon les régions et les époques, sont en mesure de jouer le
rôle de notables agricoles. La vie du village est donc durant
toute cette période inséparable de celle des organisations
professionnelles qui sont les instruments du pouvoir de ceux-
ci. C'est ce qu'il convient de voir maintenant.

4

syndicalisme et politique

En 1914, les paysans ne sont pas au pouvoir dans les campagnes. L'aristocratie et la bourgeoisie rurales veillent sur eux et utilisent les associations professionnelles qu'elles ont créées pour organiser les rapports entre la société globale et la paysannerie. Il faudra que s'écoule un demi-siècle pour que les agriculteurs appartenant à la catégorie des producteurs de taille moyenne prennent leur place. L'histoire des organisations pro-

Patron et ouvrier :
communauté de travail
ou lutte des classes ?

fessionnelles paysannes apparaît ainsi comme l'histoire de la
relève des notables. Les forces politiques interviennent constamment tout au long de cette histoire. En fonction de leurs
analyses globales, la droite agrarienne, les socialistes, les indépendants-paysans ou les gaullistes favoriseront le développement de certaines organisations et entraveront les possibilités
d'expression et d'action de celles qui ne partagent pas leurs

conceptions. Mais tous les paysans n'ont pas toujours admis et appliqué la règle du jeu. L'histoire du mouvement professionnel est aussi celle d'un mouvement social marqué par des révoltes et par des tentatives pour créer une autre société.

le mouvement professionnel en 1914

Marquis, bourgeois et paysans.

Le mouvement professionnel paysan, en France, est né avec la Troisième République et la loi du 21 mars 1884 lui a donné une impulsion déterminante [1]. Le premier mouvement syndical organisé, structuré, a été l'œuvre de l'aristocratie terrienne et de la droite monarchiste. La Société des agriculteurs de France, présidée successivement par un ancien ministre des Affaires étrangères, Drouin de Lhuys, et par les marquis de Dampierre et de Vogüé, a créé, en 1886, l'Union centrale des syndicats agricoles pour coordonner l'action des syndicats dont elle avait encouragé le développement [2]. Pour ces membres du Jockey-Club, dévoués à la cause paysanne, la boutique aux engrais où l'on paie un droit d'entrée modique pour pouvoir acheter moins cher que chez le marchand était le meilleur moyen pour attirer le paysan à la salle de conférences où les bonnes doctrines lui étaient enseignées. Les vaincus du suffrage universel de 1876 et de 1877 entendaient utiliser les syndicats pour encadrer politiquement et socialement la paysannerie. Le marquis René de La Tour du Pin, l'un des principaux théoriciens du catholicisme social et du corporatisme, expliquait fort bien que les syndicats agricoles devaient être « une contre-organisation à opposer à celle des influences sociales ». Il ne fallait pas que la paysannerie succombe aux charmes de l'idéologie républicaine et qu'elle lui apporte ses voix [3].

Les républicains comprirent très vite la nature de cette entreprise et affirmèrent avec Gambetta leur volonté de ne pas sacrifier plus longtemps « les intérêts de la démocratie rurale à une coterie de hobereaux et de grands seigneurs ».

Contre la Société des agriculteurs de France ils fondèrent, en 1880, la Société nationale d'encouragement à l'agriculture et l'année suivante ils créèrent le ministère de l'Agriculture : il s'agissait d'encadrer les paysans pour tous les actes de leur vie, par une administration unique et par un corps de fonctionnaires spécifiques. Conçu selon les mêmes principes que le ministère des Colonies, il devait assurer la fidélité des campagnes à la république. Les fonctionnaires et les subventions ont été les instruments de cette politique de clientèle.

A la différence de la droite, les républicains insistaient moins sur l'aspect moral de leur action et davantage sur son aspect économique. C'est pour cette raison, et surtout parce que la place était prise sur le terrain syndical, qu'ils ont créé essentiellement des coopératives, des mutuelles et des caisses de crédit. En réalité, les deux types d'organisations remplissaient les mêmes fonctions. Le syndicat vendait des engrais et des polices d'assurance parce qu'il fallait « faire des affaires » pour être prospère et rendre service aux agriculteurs, condition de leur adhésion. La coopérative utilisait ses bénéfices pour fonder des œuvres de solidarité et diffuser la bonne propagande. Les dirigeants n'étaient pas les paysans. Ils appartenaient aux classes moyennes des bourgs et des petites villes. Ils possédaient des propriétés rurales mais, à la différence des chefs de l'organisation rivale, ils étaient des roturiers. C'étaient des avocats, des médecins, des vétérinaires [4]...

Le tableau du mouvement professionnel, à la veille de la guerre de 1914, ne semble pas avoir fondamentalement évolué. La plupart des observateurs le caractérisent essentiellement par l'opposition entre le syndicalisme des marquis et les organisations républicaines qui se sont peu à peu teintées de radicalisme. Pour eux, la forteresse de la rue d'Athènes s'oppose à Paris à celle du boulevard Saint-Germain comme s'opposent au village les « blancs » du château et de la sacristie aux « bleus » de l'école et de l'administration.

La guerre ne modifie pas la nature des forces en présence. La mobilisation des paysans limite fortement leurs possibilités d'intervention sur le terrain politique et social, et la situation économique les conduit à s'intégrer dans l'organisation du ravitaillement. En 1919, les effectifs sont comparables à ceux de 1914, les nouveaux adhérents compensant le grand nombre de disparus sur les champs de bataille. Nous retrouvons alors, apparemment inchangés, les deux grands courants qui se disputent la clientèle paysanne. L'Union centrale des syndicats agricoles rassemble 28 unions régionales, 4 000 syndicats et revendique 1 million d'adhérents, soit un agriculteur sur quatre. Le Crédit agricole réunit 300 000 sociétaires environ et la coopération 500 000 membres répartis en 2 500 coopératives. Les caisses locales d'assurances mutuelles au nombre de 10 647 en 1910 se développent rapidement et atteignent le chiffre de 16 419 en 1925. Au lendemain de la Première Guerre mondiale, près d'un agriculteur sur deux est touché par au moins une activité de l'une des organisations du mouvement professionnel paysan [5].

L'opposition apparente entre un mouvement professionnel de « droite » contrôlé par les grands propriétaires fonciers, appartenant pour une part non négligeable à la noblesse, et un mouvement professionnel de « gauche » encadré par la bourgeoisie rurale, peut-elle avoir en 1918 la même signification qu'en 1880 ? Depuis la fin du XIXe siècle, la république n'est plus l'enjeu du combat politique et les nostalgiques de la restauration monarchique ne font plus que de la figuration dans les batailles électorales. Certes, les nobles président dans de nombreuses régions aux destinées du syndicat, mais ils ne peuvent pas espérer influencer les paysans en faveur d'un projet qui ne s'inscrit plus dans la réalité politique et sociale. Beaucoup s'accommodent d'une république modérée, capable

L'unité conflictuelle des notables.

de défendre l'ordre établi et respectueuse des hiérarchies traditionnelles.

Devons-nous alors considérer que l'existence de deux grandes organisations agricoles est le produit d'une histoire achevée et que leur rivalité a perdu tout fondement ? S'agit-il d'une simple survivance anachronique qui ne repose plus que sur des conflits d'états-majors ?

La dénonciation du « danger marxiste » semble suffisante, au lendemain de la Première Guerre mondiale, pour rassembler les adversaires d'hier et pour institutionnaliser l'union sacrée. Les dirigeants professionnels des deux camps affirment la nécessité d'un rassemblement de toutes les énergies au service d'une agriculture momentanément affaiblie, mais qui doit retrouver la première place dans la nation. Pour atteindre cet objectif ils décident de taire leurs querelles et s'engagent à trouver un langage commun. C'est ainsi que, sous la présidence d'Émile Loubet, s'ouvre à Paris le 30 juin 1919 le congrès de l'agriculture française qui propose la création de la Confédération nationale des associations agricoles (CNAA).

La division originelle du mouvement professionnel paysan est interprétée comme un accident de l'histoire. Pour l'avenir, l'unité de la paysannerie, credo des deux grands courants syndicaux, doit se traduire par une unité de représentation auprès du pouvoir d'État et des forces politiques et sociales. En réalité, les discours très unitaires masquent des ambitions opposées. Le boulevard Saint-Germain entend utiliser la nouvelle organisation pour affaiblir la Société des agriculteurs de France et celle-ci affirme ne pas vouloir passer sous l'obédience de la Société d'encouragement à l'agriculture. Chacun souhaitant conserver son indépendance, c'est-à-dire son appareil, sa hiérarchie et sa clientèle, refuse de déléguer à la Confédération les pouvoirs qui lui permettraient de remplir sa mission.

Les grandes déclarations des défenseurs officiels de la paysannerie n'ont abouti qu'à la constitution d'un bureau d'études économiques, de renseignements et de documentation. Simple conférence périodique des délégués des organisations constitutives, la CNAA ne peut prendre aucune décision qui engage l'ensemble du mouvement professionnel paysan. Elle prépare des dossiers et présente des rapports intéressants aux congrès de l'agriculture. Mais elle ne dispose d'aucun moyen d'intervention et ne peut donc agir et négocier. Cette « union libre », sans contrainte, qui ne repose que sur une communauté du discours idéologique s'avère fragile. Dès 1925, les organisations du boulevard Saint-Germain se retirent de la Confédération qui survit sans éclat jusqu'en 1936 sous la présidence d'un membre du Conseil d'État assisté d'un sénateur président des chambres d'agriculture et du marquis de Vogüé, administrateur de nombreuses sociétés : Agriculteurs de France, canal de Suez, Banque de France...

Comment expliquer un tel décalage entre l'affirmation de l'unité fondamentale de la paysannerie et l'incapacité à surmonter les divisions entre groupements qui prétendent tous défendre le peuple des campagnes face aux « prétentions des citadins » et aux « erreurs de l'administration » [6] ?

M. Augé-Laribé, qui a été secrétaire général de la Confédération, explique cet échec par la médiocrité des moyens et la complexité de la structure [7]. En réalité, si la division du mouvement professionnel paysan persiste dans l'entre-deux-guerres, c'est parce que les forces qui le contrôlent et l'animent n'ont pas une vision identique de l'organisation sociale à la campagne et dans la société globale. La similitude des langages masque l'existence de plusieurs idéologies agrariennes qui se concurrencent et qui ne sont pas réductibles l'une à l'autre.

Ainsi, lorsque l'aristocratie foncière défend la propriété de la terre, elle affirme d'abord son propre droit à la possession et elle s'abrite derrière le propriétaire parcellaire pour qu'il garantisse la conservation des structures agraires existantes. Par contre, pour le courant radical, la propriété de la terre doit libérer le paysan de la tutelle de l'aristocratie. Mais, en dehors de cette hostilité au grand propriétaire, le radicalisme politique et syndical considère que l'égalité sociale règne au sein de la paysannerie. Cette conception reflète sa vision de l'égalité : puisque tous les hommes sont des citoyens égaux en valeur et en droit, pourquoi les séparer par des frontières entre statuts économiques et sociaux ?

Cette attitude correspond à une réelle montée de la petite paysannerie propriétaire au lendemain de la Première Guerre mondiale et à une diminution du nombre des grands propriétaires. Pour les radicaux, la défense du « petit », de l'artisan, de « l'indépendant » correspond à la volonté de maintenir une classe de petits propriétaires représentant une source presque intarissable de suffrages [8]. Ils cherchent à établir une correspondance entre la lutte de la paysannerie pour la terre et la lutte de la bourgeoisie pour liquider les séquelles de l'Ancien Régime.

Les dirigeants des organisations de la rue d'Athènes n'ont pas la même vision d'un monde paysan juridiquement et politiquement égalitaire. Il constitue, pour eux, la base d'une communauté hiérarchisée, reposant sur l'héritage des biens, de la culture et du pouvoir.

Ainsi, la défense du paysan soldat, du petit propriétaire familial, du travailleur infatigable, de l'épargnant modèle, du citoyen conservateur... ne suffit pas à constituer une idéologie unique permettant l'élaboration d'une stratégie et la mise en œuvre d'une politique. Les conflits fondamentaux qui divisent la société globale traversent toujours le mouvement professionnel paysan et déterminent ses structures. Les idées égalitaires des uns s'opposent chez les autres au patronage des humbles. Les uns puisent leur inspiration dans l'*Encyclopédie* et dans la Révolution française, les autres se réfèrent à la *Somme* de saint Thomas [9]. Tous s'opposent à ceux qui veulent bouleverser le monde au nom de l'idéal socialiste.

ALMANACH

du

Syndicat des Agriculteurs

de

LOIR-&-CHER

1914

Prix : 0 fr. 25   Franco : 0 fr. 30

les paysans contre les agrariens

Le lecteur de l'ouvrage de M. Augé-Laribé, *la Politique agricole de la France de 1880 à 1940*, a le sentiment que le paysan représente, sous la Troisième République, la force conservatrice par excellence. Routinier, ennemi de toute nouveauté, encadré par ses maîtres : hobereau, médecin ou gros fermier, il constitue toujours l'armée des Versaillais que la bourgeoisie peut, à chaque instant, mobiliser. L'auteur donne de la paysannerie une image profondément ancrée dans l'opinion commune, celle d'un monde homogène, incapable de se définir collectivement dans la société et qui attend son salut d'une autorité qui le domine : le notable en temps de paix, le militaire en période troublée.

Deux ouvrages récents de Philippe Gratton contestent une telle présentation et une telle interprétation de l'histoire du mouvement social paysan [10]. Ils montrent que loin d'être homogène la paysannerie est traversée de contradictions internes et que la lutte des classes se manifeste à la campagne comme à l'usine, même si elle y prend des formes différentes.

Ainsi, au cours des premières années du XXe siècle se créent des syndicats agricoles de petits exploitants en rupture avec la bourgeoisie rurale : en Bourgogne, dans le Morbihan, la Corrèze, le Midi de la France et le Bourbonnais [11].

La réaction des possédants montre les limites de cette stratégie. Elle favorise, par contrecoup, l'émergence d'une conscience de classe parmi les petits paysans dont un certain nombre se reconnaît dans le combat des socialistes [12].

L'un des premiers « syndicats boutiques » : le commerce des engrais au service des idéologies conservatrices ou radicales.

Quelques images des paysans du Gers dans les années 1920-1930, agriculteurs et vignerons.

le socialisme et les paysans

La terre
aux paysans.

Si, à l'origine, les guesdistes du parti ouvrier français sont favorables à l'appropriation collective du sol, ils changent d'orientation dès 1882 au congrès de Roanne. Dans une petite brochure, Adéodat Compère-Morel, le leader agricole de la SFIO, montre, textes à l'appui, que tous les congrès socialistes, depuis cette date, ont formulé les même analyses et présenté les mêmes propositions [13]. Elles ont été synthétisées dans un ensemble de considérants rédigés par Jean Jaurès et adoptés par le congrès de Nantes en septembre 1894.

Loin de vouloir chasser le paysan de son lopin de terre, les socialistes affirment être les seuls défenseurs de la petite propriété paysanne. Dans un discours prononcé le 3 juillet 1897, devant la Chambre des députés, Jaurès prononce une phrase qui éclaire l'attitude des socialistes français jusqu'à nos jours : « Entre la grande propriété et la petite propriété paysanne, il n'y a pas seulement une différence de degré mais en quelque sorte une différence de nature, l'une étant une forme de capital, l'autre une forme de travail [14]. » Les socialistes distinguent les grands domaines qui doivent être expropriés et dont la gestion sera confiée à des sections du syndicat des travailleurs ruraux de la commune et l'exploitation familiale parcellaire dont la possession sera garantie au paysan et protégée contre l'action des vrais spoliateurs : créanciers hypothécaires, spéculateurs, industrie capitaliste... L'héritage de la terre est admis dans la mesure où le père transmet au fils « le moyen de vivre en travaillant sans exploiter les autres et sans être exploité par eux ». Le programme présenté par Compère-Morel au printemps 1919 n'apporte aucune modification notable. Il approfondit et actualise les thèses de 1892 et de 1894.

Au congrès de Tours, en décembre 1920, la très grande majorité des paysans membres de la SFIO se prononcent pour l'adhésion à la Troisième Internationale. Il peut paraître surprenant qu'ils se reconnaissent dans le courant le plus « révolutionnaire ». En réalité, dans la mesure où le choix fait alors par la majorité des socialistes français traduit d'abord le refus de la guerre et une condamnation de la participation de leurs dirigeants à l'Union sacrée, il est compréhensible qu'une catégorie sociale qui a laissé tant de morts dans les tranchées opte pour le nouveau parti [15].

Les thèses sur la question agraire adoptées par le parti communiste, en 1921, à Marseille, ne marquent pas un revirement doctrinal bien qu'elles aient été approuvées par Lénine [16]. Seule la propriété capitaliste sera socialisée. Le salariat, le métayage et le fermage devront être supprimés. Le droit des paysans parcellaires à « la jouissance absolue et perpétuelle de leur domaine » est confirmé. Un article de Renaud Jean, le principal porte-parole des paysans communistes dans l'entre-deux-guerres, résume ce que sera la position de son parti jusqu'aux années 60. « La petite propriété est sacrée, nous voulons te la conserver... Mais le socialisme ne partagera pas la terre entre les paysans. Être maître absolu de son champ, pouvoir le vendre ou l'accroître, cela peut séduire un instant ; mais pour les uns, c'est le chemin de la ruine, pour les autres, celui de l'accaparement. Cette terre qu'il te donnera, le socialisme veut que tu la gardes malgré tes défauts possibles. La terre appartiendra en commun aux membres de la commune comme l'usine aux ouvriers [17]... »

La démarche des communistes est ambiguë : la petite propriété sera à la fois conservée et absorbée par la collectivité communale ; la jouissance en restera individuelle. Un mot d'ordre constitue la toile de fond de tous les programmes ultérieurs, sans que ses modalités soient toujours à nouveau précisées : « La terre à ceux qui la travaillent. »

L'attitude du mouvement socialiste sur la question agraire apparaît souvent contradictoire dans la mesure où, d'une part, il légitime la petite propriété paysanne et où, d'autre part, il annonce sa disparition inéluctable sous l'effet du progrès technique. Dans le livre III du *Capital*, Karl Marx déclare que l'agriculture parcellaire est « incapable d'affronter la concurrence de la grande agriculture capitaliste, car elle exclut par sa nature même le développement des forces productives sociales du travail, l'établissement de formes sociales du travail, la concentration sociale des capitaux, l'élevage à grande échelle, l'application progressive de la science à la culture [18] ». Et, dans sa lettre sur la question agraire adressée au parti ouvrier français, Engels annonce que l'agriculture capitaliste de l'avenir est déjà constituée sous la forme des grands domaines prussiens qui sont à l'agriculture ce que M. Krupp est à l'industrie [19].

Au début du siècle les socialistes guesdistes considèrent encore que l'industrie est la loi du progrès humain et que l'accession au socialisme suppose le développement généralisé des forces productives. L'industrialisation de l'agriculture leur paraît donc inévitable... et souhaitable. Mais ils ne peuvent pas formuler une telle proposition qui risquerait d'être mal comprise par l'électorat des campagnes. Ils limitent donc leur analyses aux effets du capitalisme sur la petite exploitation.

Ils constatent, après la guerre, que la concentration inéluctable des terres ne s'est pas produite, du moins sous la forme annoncée. Le congrès de Marseille du PCF admet que « la petite propriété terrienne supporte fort bien la concurrence de la grande. Rien ne permet d'affirmer qu'elle sera absorbée, à une date même très lointaine. Et, à l'encontre des travailleurs de l'industrie, les paysans peuvent conserver l'espoir — bien faible, il est vrai — de se libérer du *maître* en régime capitaliste, par la propriété individuelle ». Le Parti reconnaît que le caractère du paysan français est un obstacle à la progression de ses thèses et il attend du développement de

La C.G.T.U. et les Paysans

LES PAYSANS TRAVAILLEURS

par M. VAZEILLES

Secrétaire de la Fédération des Paysans Travailleurs
de la Corrèze

La question paysanne est une question importante, parce que les paysans sont nombreux dans tous les pays et, en particulier dans le nôtre, et parce que leur situation est complexe.

Il y a *ceux qui possèdent la terre* et la travaillent avec l'aide de leur famille et, occasionnellement, d'un domestique ou journalier. Ce sont les petits propriétaires. C'est le cas général dans les pays où la terre est pauvre.

Il y a *ceux qui ne possèdent pas la terre*, mais qui la travaillent avec leur famille. Ce sont les *fermiers exploitants* qui moyennant un prix de fermage annuel versé au propriétaire foncier jouissent du domaine et du cheptel qui s'y trouve (cheptel vif: bétail; cheptel mort : chars, tombereaux, etc.). Nous rangeons ces fermiers parmi les paysans travailleurs. Il y en a un peu partout, mais surtout dans certaines régions (Bretagne, par exemple) et, en par-

Marius Vazeilles, le fondateur du syndicalisme paysan de tendance communiste dans les années 20.

ÉDITION DU PARTI SOCIALISTE (S. F. I. O.)

COMPÈRE-MOREL
••••••••••••••••

LA
PETITE PROPRIÉTÉ PAYSANNE
ET LE
SOCIALISME

2ᵉ Édition

PARIS
LIBRAIRIE POPULAIRE
du Parti Socialiste
12, Rue Feydeau, (2ᵉ)
1931

Prix : 1 fr. 50

Du guesdisme au néosocialisme, Adéodat Compère-Morel fut l'animateur et le théoricien de la question paysanne, au sein de la SFIO, jusqu'au début des années 30.

la production une prise de conscience qui l'amène à se grouper en associations volontaires de producteurs.

La SFIO, dont l'effort de réflexion théorique s'interrompt jusqu'en 1936, se montre de plus en plus attachée à une vision traditionnelle de l'agriculture. Ses responsables abandonnent, dans les faits, l'analyse marxiste de la concentration et proclament l'efficacité économique de l'agriculture parcellaire. La coopération, le crédit mutuel, le développement de l'instruction doivent permettre au paysan de se libérer de ses oppresseurs capitalistes. Accédant au pouvoir, en 1936, les socialistes élaborent la première politique agricole d'ensemble qui tente de consolider l'exploitation familiale et d'organiser ses rapports avec le système économique global.

Dans l'analyse du mode de production capitaliste et de ses lois de développement, les forces socialistes ont toujours eu, depuis un siècle, de grandes difficultés à situer la paysannerie parcellaire. Certains courants ont été tentés de l'appréhender comme une survivance archaïque d'un mode de production ancien et de la mettre hors de l'histoire, simple témoin fossilisé en voie de disparition. Pour la très grande majorité des socialistes, seule la classe ouvrière est porteuse d'une transformation révolutionnaire de la société et beaucoup considèrent que le paysan est un petit-bourgeois sur lequel il ne faut pas compter.

Les réticences idéologiques sont d'autant plus vives dans une partie de la classe ouvrière que celle-ci consacre l'essentiel de son revenu à l'achat de biens alimentaires. Le thème du paysan affameur sert habilement à toutes les politiques fondées sur l'opposition entre la ville et la campagne. Il n'est pas aisé d'aller à contre-courant et d'affirmer que le paysan est l'allié naturel de l'ouvrier parce qu'ils sont tous deux également exploités par le système capitaliste, mais sous des formes différentes qui masquent la réalité des rapports économiques et sociaux.

L'Union
des paysans
de France

La Confédération Générale des Paysans Travailleurs

Il y a, en effet, en France, deux sortes d'organisations agricoles qui s'opposent nettement :

a) La C.G.P.T., dont nous venons de parler et qui a pour mot d'ordre : « *Groupons-nous entre paysans travailleurs et rien qu'entre nous, sans distinction d'opinion, pour la lutte à côté de la classe ouvrière, contre le capitalisme* » ;

b) Les *organisations officielles* ou semi-officielles, syndicats agricoles ordinaires, mutuelles, caisses de crédit agricole. Les unes et les autres peuvent parfois à la base d'être composées de paysans travailleurs, en particulier les syndicats; mais les unions fédératives, départementales ou régionales et le regroupement national sont toujours administrés, dirigés par les hobereaux, les grands agriculteurs, la plupart du temps fascistes ou destinés à le devenir.

C'est en face de telles organisations qui ne peuvent servir les paysans que sont nés, dès l'après-guerre, en Corrèze, le premier syndicat et la première fédération entre paysans et que, pour indiquer la portion à amener à la lutte, à côté des travailleurs de l'industrie a été adoptée la dénomination, admise maintenant partout, de « Paysans Travailleurs. »

Depuis, une confédération paysanne, la C.G.P.T., armée d'une doctrine précise, dotée d'un journal intéressant : *La Voix Paysanne*, 80, rue de Richelieu, Paris, commence à servir de pôle d'attraction pour toutes les forces paysannes qui cherchent un guide, un appui efficace.

A l'aide donc pour une C.G.P.T. influente, seule capable d'aider à la liaison ouvrière-paysanne.

A l'aide pour la diffusion de la littérature syndicale paysanne!

A l'aide, à l'aide, pour le *Bloc ouvrier paysan*, contre le *Bloc rural*.

Renaud Jean, paysan, syndicaliste et théoricien du communisme agraire dans l'entre-deux-guerres.

Petits paysans de France, tous unis aux côtés de la classe ouvrière, texte de la CGTU, mars 1934.

C'est dans cette voie que se sont engagées les deux principales forces socialistes. A la différence des penseurs de la bourgeoisie rurale, elles affirment que le monde agraire n'est pas homogène et que sa pénétration par le mode de production capitaliste, prélude à son absorption, provoque son éclatement en couches sociales dont les intérêts sont antagonistes. Mais les références au long terme, à l'organisation de la production agricole dans la phase de transition au socialisme et au-delà, sont généralement fort vagues et d'une extrême brièveté. A l'affirmation de la spécificité absolue de la campagne face à la ville, credo des hommes de droite, les socialistes opposent une analyse économique globale qui nie cette spécificité. Si leur analyse permet de rendre compte de l'évolution du mouvement social dans son ensemble, ils éprouvent souvent des difficultés à définir la place de la paysannerie dans cette évolution et la théorie débouche quelquefois dans un empirisme guidé par des préoccupations électorales.

Des électeurs, des militants.   Il est difficile de connaître l'influence de la SFIO et du PCF dans les campagnes avant 1940. Les données sont très partielles. Gilbert Ziebura [20] indique que le parti socialiste est principalement implanté, vers 1930, dans les départements « où la structure sociale se caractérisait par un mélange d'agriculture et de petite ou moyenne industrie disséminée avec prédominance toutefois de l'élément paysan ». Le parti communiste a une influence beaucoup plus réduite, limitée à quelques départements du centre et du sud-ouest du Massif central : Allier, Corrèze, Lot-et-Garonne.

Entre les deux guerres, l'influence électorale des deux partis ne cesse de se développer. Analysant les élections législatives de 1936, Georges Dupeux montre qu'il n'y a pas une concordance rigoureuse entre la carte de la population agricole et celle de l'opinion publique [21]. L'Ouest breton et normand, les Pyrénées occidentales et la partie méridionale du Massif central votent à droite ; les Landes, les Charentes, la bordure occidentale du Massif central, la Beauce, le Berry et une partie des Alpes votent radical ; l'intérieur du Bassin aquitain et le versant septentrional du Massif central se prononcent pour l'extrême gauche. Le régime de propriété ne détermine pas le vote. Parmi les pays de « propriété capitaliste » [22], le Maine, l'Anjou, la Bretagne centrale, la Brie, le pays de Caux et la Flandre votent à droite, mais le Bordelais et le Languedoc sont orientés à gauche. De même, dans les pays où prédomine la « propriété paysanne », les orientations politiques sont contradictoires : l'Est est conservateur, le Sud-Ouest radical et la Provence d'extrême gauche. L'analyse des modes de faire-valoir aboutit aux mêmes conclusions : l'exploitant-propriétaire du Gard et le métayer du Lot-et-Garonne votent à gauche alors que leurs homologues de Haute-Loire et de Vendée se prononcent pour les partis de l'ordre.

L'élection de 1936 ne marque pas une évolution du rapport de force entre la droite et la gauche, mais une mutation au sein de la coalition du Front populaire. « Une partie de la clientèle radicale s'est tournée vers le socialisme particulièrement dans les régions d'agriculture pauvre comme le Sud-Ouest durement atteintes par la crise économique. Les gains socialistes en milieu rural ont été compensés par les pertes en milieu ouvrier [23]. » L'influence du parti socialiste dans la paysannerie est alors très importante. Le parti communiste ne dispose pas d'une audience comparable. Quatre départements ruraux seulement lui sont favorables : Haute-Vienne, Dordogne et surtout Corrèze et Lot-et-Garonne.

L'élection législative de 1936 illustre la dualité des comportements politiques et syndicaux au sein de la paysannerie. Dans les années qui précédèrent la Seconde Guerre mondiale, un pourcentage de plus en plus grand de paysans apportent leurs suffrages à des partis « marxistes » et de « luttes de classes » et continuent à adhérer aux organisations syndicales de droite. En effet, la tentative des socialistes et des communistes pour pénétrer le mouvement professionnel paysan, en créant leurs propres syndicats, connaît un succès très limité.

Ce sont les communistes qui prennent l'initiative. Marius Vazeilles, paysan populaire et dynamique, constitue en Corrèze, au cours des années 1920-1921, des syndicats de « travailleurs de la terre » qui se regroupent en une fédération en mars 1922 et étendent leur action aux départements limitrophes. Seuls, les propriétaires fonciers non exploitants sont exclus de l'organisation qui se propose de rassembler tous ceux qui travaillent la terre de leurs propres mains, qu'ils soient ouvriers, fermiers, métayers ou propriétaires. Son programme est, à quelques formules près, celui du parti communiste. La Fédération des travailleurs de la terre de Corrèze, devenue en octobre 1924 la Fédération des paysans travailleurs, et la Fédération de défense paysanne du Lot-et-Garonne animée par Renaud Jean, forment le noyau essentiel du Conseil paysan français, créé par le Parti le 18 janvier 1925 pour développer son influence dans les campagnes.

Les résultats sont modestes. Ph. Gratton note qu'au premier congrès du PCF consacré aux problèmes agraires, qui se tient à Paris en janvier 1926, participent 200 délégués paysans, représentant 13 000 adhérents répartis en 110 syndicats dont quatre-vingts seulement sont membres du PCF [24]. La stratégie du Parti, à laquelle il demeure fidèle aujourd'hui, consiste à développer ses propres syndicats dans les localités où il juge impossible, pour ses militants, d'influencer de l'intérieur les « organisations bourgeoises ». Partout où il estime cette action possible, il leur conseille de travailler dans les syndicats « officiels ».

L'implantation du Conseil paysan français ne dépasse guère les zones d'influence du PCF qui lui fournit l'essentiel de ses adhérents. La transformation, le 3 mars 1929, du Conseil en Confédération générale des paysans travailleurs ne modifie guère la situation. En mai 1937, le nouvel hebdomadaire

communiste *la Terre* déclare un tirage de 35 000 exemplaires.

Avant la grande crise économique, les socialistes avaient créé quelques syndicats de caractère local. Ce n'est que le 12 février 1933 qu'ils fondent, à Limoges, la Confédération nationale paysanne qui rassemble la Fédération des syndicats agricoles de la région garonnaise et des associations paysannes des départements du Centre (Allier, Creuse, Indre, Haute-Vienne). Au congrès de Moulins, les 7 et 8 décembre 1935, Henri Pitaud, jeune paysan catholique vendéen, d'orientation socialisante, dénombre une centaine de délégués seulement, représentant une quarantaine de départements [25]. Animée par Henri Calvayrac, un jeune employé de bureau revenu à la terre par idéalisme, soutenue par Émile Guillaumin, disposant d'un journal, *la Volonté paysanne*, la Confédération ne parvient pas à se développer au-delà des zones traditionnelles d'influence socialiste. Certains groupes départementaux ou locaux sont cependant fort actifs, telles la Fédération paysanne du Finistère et la coopérative de Saint-Jean-du-Doigt, créées en opposition à l'office central de Landerneau, par Pierre Tanguy-Prigent, un petit fermier qui devient, en 1936, à l'âge de vingt-six ans, le plus jeune député de France.

En 1935, H. Calvayrac publie un manifeste qui précise les objectifs de la Confédération : « Au même titre que les autres travailleurs, qu'ils soient manuels ou intellectuels, les paysans doivent être assurés à leur tour du droit à la vie, du droit au repos, d'une juste rémunération de leur dur labeur [26]. » Le programme est fort proche de celui de la SFIO : moratoire des dettes agricoles, revalorisation des prix à la production, office du blé, assurances sociales obligatoires pour les ouvriers agricoles, fermiers, métayers et petits propriétaires exploitants, assurances contre les calamités, expropriations des terres incultes, statut du fermage et du métayage, indemnité de plus-value au fermier sortant et reconnaissance de la pro-

priété culturale : « On me dira : mais c'est la copropriété que
vous demandez ? Et pourquoi pas [27]. » Ces propositions de
caractère réformiste sonnent comme une provocation révolutionnaire aux oreilles de la bourgeoisie rurale de l'entre-
deux-guerres. Elles constituent la plate-forme d'action des
socialistes au pouvoir, au temps du Front populaire et de la
Libération et elles seront redécouvertes par les jeunes agriculteurs, trente ans plus tard, après avoir été assimilées par
les mouvements d'action catholique. « La révolution silencieuse » qu'ils croiront avoir inventée ne sera qu'une résur-
gence.

Entre 1934 et 1939, les communistes proposent la fusion des
deux organisations syndicales. Les socialistes refusent, accu-
sant la CGPT d'être une simple succursale du PCF et criti-
quant le cumul des mandats syndicaux et parlementaires (les
trois principaux dirigeants de la CGPT, Renaud Jean, Marius
Vazeilles et Waldeck Rochet sont élus députés communistes
en 1936). Par ailleurs, la CNP dénonce l'opportunisme de la
Confédération générale qui, en 1935, tente d'organiser des
actions communes avec le parti agraire et propose son adhésion
au Front paysan qui vient d'être créé sous l'impulsion de
Henri Dorgères [28]. Ces tentatives d'unité d'action avec la droite
« pour arracher les petits paysans à l'action des réactionnaires »
fournissent aux dirigeants de la CNP l'occasion de refuser
une fusion qui les ferait passer sous la direction de leurs partenaires et néanmoins concurrents.

L'échec des socialistes et des communistes dans le mouvement professionnel paysan a trois causes principales :

o Les agriculteurs, quelles que soient leurs attitudes politiques, admettent mal la liaison, trop apparente, entre le syndicat et le parti.

o Ils attendent essentiellement des organisations professionnelles qu'elles leur rendent des services. Celles-ci doivent

En quarante ans *la Terre* est
devenu le journal agricole le plus
lu de France.

être économiquement et financièrement puissantes. La CGPT et la CNP ne peuvent pas rivaliser, en ce domaine, avec leurs adversaires.

o Le mouvement socialiste n'a jamais accordé une importance prioritaire à la question paysanne et il a été incapable de recruter des cadres en nombre suffisant parmi les agriculteurs.

un sous-prolétariat ignoré

Lutter pour survivre. Les propagandistes révolutionnaires n'ont pas su parler, sauf exceptions rares, à l'ouvrier agricole. Il est curieusement absent de leur vision du champ social et ils ne pensent pas qu'il puisse jouer un rôle actif dans le conflit entre les classes sociales. Il est également significatif que les principaux historiens du mouvement ouvrier ne s'intéressent qu'au travailleur de l'industrie et qu'ils n'accordent aucune attention au prolétaire des champs.

L'ouvrier agricole perturbe également les analyses des théoriciens de l'unité du monde paysan. Ce travailleur de la terre qui ferait quasiment partie de la famille du chef d'exploitation, partageant avec lui le même pain et les mêmes peines, s'obstine à ne pas se comporter comme il le devrait. Il manifeste une parfaite indifférence à l'égard des syndicats mixtes, qui, sans lui, représentent une unité organique tronquée. La collaboration harmonieuse des classes dans le mouvement professionnel ne se réalise que lorsque l'employeur inscrit d'office son ouvrier et paie sa cotisation. L'absence d'adhésion spontanée est expliquée par un manque de maturité sociale et il est naturel que le chef qui a conscience des intérêts de son collaborateur assure sa protection et sa défense.

L'argument invoqué par les organisations syndicales a le mérite de la simplicité. Mais, le plus souvent, les idéologues de l'agrarisme ignorent l'existence de l'ouvrier. Ils l'assimilent au petit paysan, parce qu'il a toujours, selon eux, la possibilité d'accéder au statut social de fermier ou de métayer ; il est donc un paysan virtuel. Ou alors il est considéré comme ne faisant pas partie de la paysannerie. Il travaille, il rend des services, comme le cheptel ou le tracteur. Mais il ne lui est pas reconnu le droit à une existence sociale collective. Telle est l'attitude des pouvoirs publics qui, de nos jours comme il y a un siècle, refusent de reconnaître les syndicats d'ouvriers agricoles comme les porte-parole d'une fraction du monde paysan. Il n'est pas concevable qu'ils puissent être associés à l'élaboration de la politique agricole et à sa mise en œuvre. A la veille de la guerre de 1914, leur condition de vie était extrêmement misérable. Compère-Morel en dresse un tableau réaliste et précis : salaires nettement inférieurs à ceux de l'industrie, chômage variant selon les départements autour

Le gîte et le couvert pour une journée d'un dur labeur. Ouvriers agricoles à la moisson, 1925.

d'une moyenne de trois mois par an, aucune protection sociale, aucune garantie d'emploi [29].

Dans la majorité des cas les ouvriers sont logés dans l'écurie et dorment sur des paillasses. Une telle situation provoque des sentiments indignés chez la plupart des observateurs. Seul, Jules Méline ne craint pas d'affirmer, en 1919 : « Les ouvriers agricoles ne seront pas attirés par l'industrie, même si on leur offre un pont d'or », car les héros des tranchées préféreront le « repos des champs et la vie au grand air » au bruit infernal des machines dans les usines [30]. Il est vrai que la raréfaction de la main-d'œuvre a provoqué une hausse importante des salaires entre 1914 et 1921, mais elle ne suffit pas à fixer le sous-prolétariat à la terre. De plus en plus, entre les deux guerres, les « bons Français » sont remplacés par des « mercenaires » étrangers, ce qui inquiète Pierre Caziot, le futur ministre de l'Agriculture du maréchal Pétain : « Suppléer à cette admirable population d'ouvriers ruraux français, qui fit la fortune et la solidité de la nation, par des centaines de mille de salariés étrangers (car de pareilles masses sont devenues nécessaires), c'est remplacer les fondations de la maison française par des étais de fortune d'une bien grande fragilité à tous égards... Est-il possible d'admettre une situation aussi menaçante pour la vie de la nation ? je dis sans hésiter : Non [31]. »

Attelé à la tâche quatorze à seize heures par jour au moment des grands travaux, huit heures par jour, le reste de l'année, pour un salaire qui lui permet d'entretenir tout juste sa force de travail, n'ayant guère que l'alcool pour meubler ses loisirs, « l'admirable » ouvrier agricole exprime le refus de sa condition par la « désertion ». L'exode vers la ville, dont se plaint amèrement la bourgeoisie, résout en partie la question sociale sans que le patronat ait à subir de conflits. Il arrive que le pauvre homme pèche contre la vertu de résignation et se révolte. La grève illustre alors la réalité de la lutte des classes et provoque quelques embarras aux théoriciens de l'unité paysanne, sans pour autant entamer leurs certitudes. Ils trouvent l'explication du phénomène dans « la main de l'étranger » qui manipule des êtres naïfs et sans défense.

C'est dans les années 1890 que se sont déclenchés les premiers grands mouvements de grèves dans les secteurs qui connaissent le mode de travail le plus collectif, tel celui des bûcherons du Cher et de la Nièvre. Les départements les plus touchés, jusqu'à la Seconde Guerre mondiale, sont ceux où la grande propriété s'est développée : Bassin parisien, Midi viticole, Centre forestier, Landes résinières, auxquels il faut ajouter le Nord et le Pas-de-Calais. A l'inverse, les régions où dominent la petite propriété en faire-valoir direct et le fermage ne connaissent pas ce type de conflits [32]. Seuls, les journaliers ont une conscience suffisante de leurs intérêts et jouissent d'une relative indépendance pour pouvoir faire la grève. Les domestiques et servantes de fermes, moralement et économiquement assujettis à leurs employeurs, se trouvent dans une situation qui leur interdit d'engager une telle épreuve de force.

La diversité des catégories de salariés et des types d'agriculture empêche de donner une image globale du déroulement des grèves. Ph. Gratton analyse la fréquence et l'ampleur des conflits agricoles : il dénombre 1 112 grèves entre 1890 et 1935 avec une moyenne annuelle de 6 000 grévistes et de 55 000 journées de travail perdu. Chaque grève a mobilisé, en moyenne, 220 grévistes pour une durée de dix jours. Les périodes les plus agitées, entre les deux guerres, se situent entre 1919 et 1921, 1926 et 1928 [33].

Les années 1919 et 1920 sont marquées par des luttes sociales très vives, dans le Bassin parisien notamment. Le prolétariat agricole, influencé par la poussée révolutionnaire du mouvement ouvrier français, engage l'épreuve de force, dans le canton de Gonesse, en Seine-et-Oise, en juillet 1919, à la veille des moissons. Il revendique une augmentation des salaires. La liberté du travail et le ramassage de la production sont alors assurés par la troupe, ce qui provoque l'échec du mouvement. Le gouvernement est intervenu en faveur des propriétaires, estimant qu'il était de son devoir de garantir au pays le pain et la liberté. L'action revendicatrice connaît, un an plus tard, un certain succès en Seine-et-Marne : la journée de travail n'est plus que de neuf à douze heures selon les époques, les fermes occupant plus de six salariés doivent avoir un délégué d'entreprise, les salaires sont sensiblement augmentés, le

principe du repos hebdomadaire est retenu. Les ouvriers
demandaient que le salaire des femmes soit le même que celui
des hommes pour tout travail similaire. Le patronat accepte
qu'il atteigne les deux tiers [34].

Dans le Midi viticole, 14 grèves sont déclenchées en 1919
et 17 en 1920 pour obtenir une augmentation des salaires.
En 1921, la grève est utilisée pour empêcher les patrons de
baisser les salaires à la suite de l'effondrement des cours du
vin. Le faible niveau des rémunérations provoque tous les
conflits qui interviennent à cette époque : les jardiniers de
Paris en 1919 et en 1930 ; les bûcherons du Cher, les scieurs de
long des Landes, les ouvriers de l'horticulture parisienne,
les lads d'écurie, les ouvriers de la viticulture dans le
Médoc...

Bien qu'elle ne soit pas l'œuvre de salariés agricoles, la
grève des métayers du bas Adour et de la Chalosse, dans les
Landes, en 1920, mérite d'être signalée car ces paysans misérables sont, en fait, totalement dépendants de leurs propriétaires. Leur lutte pour obtenir un meilleur partage de la récolte
(un tiers pour le propriétaire au lieu de la moitié) et pour la
suppression des redevances en nature et des corvées aboutit
à une victoire juridique au terme d'une lutte longue et violente. Le 11 mars 1920, un accord leur donnant partiellement
satisfaction est signé à Dax. L'analyse de ce conflit présente
un double intérêt. C'est d'abord la première fois que des
exploitants qui n'ont pas le statut de salariés font effectivement la grève contre leurs propriétaires, risquant ainsi la
ruine et le renvoi. Mais ensuite, une fois le conflit passé et la
masse des paysans démobilisée, le patronat refuse d'appliquer
l'accord et 200 métayers sont mis à la porte. La police et
l'armée viennent sur place mater les mécontents que la justice
condamne. L'agriculture, « compte tenu de sa spécificité »,
n'étant pas assujettie au régime de l'inspection du travail, les
travailleurs ne sont jamais assurés de pouvoir bénéficier des
avantages qu'ils ont obtenus par la lutte.

Au cours des années 1931-1935, la récession économique
provoque un fort développement du chômage. Elle conduit les
ouvriers agricoles qui veulent conserver leur emploi à faire
preuve de prudence. C'est pourquoi le nombre de conflits est
faible ; il varie de 5 en 1932 à 15 en 1933. La victoire du Front
populaire, en 1936, n'est pas sans influence sur l'expression
des rapports de force à la campagne. Pour la première fois,
depuis 1920, des conflits de grande envergure se développent
dans les régions de grande culture du Bassin parisien et aboutissent à la signature d'une convention collective régionale
qui sert de modèle à plus de 300 conventions régionales ou
locales. « Quel spectacle que toutes ces fermes des régions de
grande culture, Bassin parisien et Nord, où les gros patrons se
considéraient comme des seigneurs, avec un piquet de grève
sous le grand portail sur lequel flottait un drapeau rouge [35]. »
Dorgères tente de lancer ses troupes à l'assaut des grévistes,

Tous paysans, mais chacun à sa place, autour du maître.

S'organiser pour être reconnus.

mais le ministre de l'Agriculture, Georges Monnet, envoie les gardes mobiles qui, pour une fois dans l'histoire, ne sont pas utilisés contre les travailleurs.

Dressant le bilan de l'ensemble des mouvements revendicatifs des salariés agricoles, Ph. Gratton constate que l'agriculture est une branche de l'économie dans laquelle la capacité de mobilisation sociale est médiocre. La faible concentration des ouvriers, leurs conditions de vie, la sélection qui voit partir les plus doués, la situation de dépendance personnelle à l'égard de l'employeur expliquent les limites du pouvoir de grève dans ce secteur, « toujours inférieur à ce qu'il est en moyenne dans les autres secteurs, mais beaucoup moins faible cependant qu'on ne pourrait l'imaginer suivant les idées communément admises à ce sujet [36] ».

A partir de 1920, le syndicalisme agraire suit la même évolution idéologique que celui de l'industrie. Les 4, 5 et 6 avril, à Limoges, l'unité de tous les syndicats agricoles est réalisée. La Fédération nationale des travailleurs de l'agriculture affirme réunir, au mois de septembre, 30 000 syndiqués appartenant à 328 syndicats, situés essentiellement dans le Midi viticole, le Sud-Ouest, la région parisienne et le Centre-Ouest. Le congrès établit une liste de revendications dont la plupart seront encore d'actualité seize ans plus tard : équivalence entre les salaires de l'agriculture et ceux de l'industrie, journée de travail de huit heures, application de la législation sociale générale, interdiction du couchage sur la paille, limitation de la main-d'œuvre étrangère, création d'un service d'inspection du travail [37].

La résolution finale reprend les premières analyses du mouvement socialiste sur l'industrialisation à court terme de l'agriculture : « Le Congrès a considéré que l'agriculture n'échappe pas plus que l'industrie à l'évolution technique et sociale; que la production ne doit pas être individuelle mais entièrement sociale. Il résulte que l'affranchissement du travail découle de la mise en exploitation par la communauté de toutes les ressources de la production. » De cette affirmation, le congrès tire une conséquence essentielle : « Pour ces raisons, l'artisanat qui s'est développé dans l'agriculture est un des plus grands obstacles au développement de la production et à l'amélioration même des conditions sociales du petit exploitant », et il propose comme première action susceptible de provoquer une amélioration immédiate : « Opposition à toute mesure sociale et économique qui tendrait à conserver artificiellement l'artisanat agricole [38]. »

Les syndicalistes dénoncent ce qu'ils appellent « la définition bourgeoise du travail agricole » qui est conçue comme un élément de division de la solidarité du prolétariat, et ils considèrent que la disparition du paysan parcellaire est nécessaire au développement des forces révolutionnaires. Ils s'interdisent ainsi toute stratégie reposant sur l'alliance entre la classe ouvrière et la petite paysannerie. Le volontarisme et l'économisme les conduisent à ignorer les réalités objectives de la lutte sociale et politique.

La scission qui intervient au sein de la CGT, en 1921, voit la Fédération des travailleurs de l'agriculture demeurer fidèle à la vieille maison syndicale dans la proportion des

Au cantonnement des volontaires agricoles dans la distillerie de Vaulx-Vraucourt, un autocar assure le transport jusqu'aux champs pour ceux qui remplacent les grévistes lors des moissons (*l'Illustration*, août 1936).

Aux champs comme à l'usine, le patronat organise sa liberté du travail (août 1936).

AU VOLEUR!

On Vous Vole, chers électeurs, de tous côtés

On Vous Vole, quand vous payez l'électricité à raison de 1 franc 50 le kilowatt.

On Vous Vole, quand vous payez les engrais 30 francs le quintal.

On vous vole, quand vous payez l'essence 2 francs 40 le litre.

On vous vole, quand vous vendez votre blé à 60 francs les 100 kilogs.

On vous vole, quand vous vendez votre bétail à raison de 3 francs le kilog.

On vous vole, Anciens Combattants, quand on opère une retenue de 13 pour cent sur votre maigre retraite.

Vous êtes tous volés, ouvriers, commerçants et employés, par les décrets-lois, les impôts et les taxes injustifiées.

Défendez-vous contre les voleurs, les financiers, les trusts, les spéculateurs.

VOTEZ POUR LOUIS GIL

CANDIDAT AGRAIRE

Défenseur de l'Ouvrier et du Paysan.

VU LE CANDIDAT, GIL.

Imprimerie Spéciale du Fédéride.

quatre cinquièmes. Un petit nombre d'ouvriers agricoles, 1 500 à 2 000 environ, adhère à la CGTU. Quinze ans plus tard, les rapports de force entre les deux organisations ont changé. Au congrès de réunification qui se tient à Narbonne les 29 février et 1er mars 1936, 72 syndicats sur 98 proviennent de la centrale unitaire. Les occupations de fermes de l'été 1936 entraînent un flot massif de syndicalisation dans le Bassin parisien. La nouvelle Fédération de l'agriculture qui ne représente que 7 à 8 000 adhérents lors du congrès de fusion déclare en janvier 1937, à son premier congrès, 2 000 syndicats et 180 000 adhérents. Elle encadre alors 7 à 8 % des ouvriers agricoles.

La résolution du congrès de Narbonne est d'une tonalité différente de celle adoptée à Limoges, en 1920. Elle rejoint les analyses et les propositions des partis de gauche. Les salariés agricoles ne souhaitent plus la disparition des petits et moyens cultivateurs mais recherchent leur collaboration pour mettre en œuvre la politique du Front populaire et, au-delà, pour transformer les structures de la société.

Souvent conditionné par le syndicalisme ouvrier, mais peu influencé par les partis socialistes, le syndicalisme des ouvriers agricoles connaît des difficultés d'implantation et de développement. Représentant une catégorie sociale dont les effectifs diminuent rapidement et qui change souvent d'employeur, du moins dans les grandes exploitations, il est conduit à privilégier les actions ponctuelles au détriment de l'organisation. En effet, que peut signifier le long terme pour un prolétaire qui ignore dans quelle ferme il travaillera demain ?

Non négligeable sur le plan économique, l'influence indirecte du syndicalisme des ouvriers agricoles a été importante dans l'évolution des comportements politiques. Au terme d'une analyse approfondie, Ph. Gratton conclut : « Il n'est guère contestable que leur action au sein du monde rural a fortement contribué à faire basculer une partie du prolétariat rural vers le socialisme [39]. »

Étudiant l'évolution électorale dans le département de Seine-et-Marne, entre 1850 et 1950, Philippe Bernard aboutit aux mêmes conclusions [40].

un courant non orthodoxe parmi les bien pensants

Révélateurs des antagonismes sociaux, souvent efficaces localement, les courants socialistes et le syndicalisme des ouvriers agricoles n'ont jamais réussi à créer un mouvement de masse qui mobilise, en même temps, des travailleurs dans des secteurs de production différents et dont l'influence

Les cultivateurs-cultivants.

FÉLIX MOUSTIER

———

QUESTIONS RURALES

MANUEL

A L'USAGE DES

CERCLES CHRÉTIENS D'ÉTUDES

PRÉFACE

de M. l'abbé NAUDET

————

PARIS

A⁰ᵉ Mᵒⁿ GAUME ET Cⁱᵉ

X. RONDELET ET Cⁱᵉ, ÉDITEURS

3, RUE DE L'ABBAYE, 3

1898

Droits de traduction et de reproduction réservés

Républicain et démocrate, un curé breton peu orthodoxe : Félix Moustier, pseudonyme de l'abbé Trochu.

s'exerce sur une grande région. Paradoxalement, cette force se crée et se développe dans la campagne bretonne, encore dominée par des structures sociales de caractère féodal, encadrée politiquement par le noble et le prêtre, organisée professionnellement par l'aristocratie foncière. C'est dans ce cadre qu'au lendemain de la Première Guerre mondiale, naît un mouvement syndical qui rejette l'idée de l'unité organique du monde agricole, refuse d'admettre la tutelle des autorités sociales et se donne pour objectif l'émancipation des paysans. Loin d'être confidentiel et marginal, le syndicalisme des « cultivateurs-cultivants » influence une partie non négligeable des paysans de l'Ouest et révèle les conflits latents dans une société fermée que ses « élites » affirment être idéologiquement homogène.

Le phénomène est d'autant plus étrange que l'entreprise est animée par des abbés bretons, républicains et anticléricaux. La juxtaposition de tels qualificatifs peut surprendre, surtout à cette époque. A l'origine du mouvement se trouve un personnage peu ordinaire, l'abbé Félix Trochu, que son évêque avait envoyé en disgrâce de Rennes à Tinténiac, petite bourgade de l'arrondissement de Saint-Malo, pour le punir d'avoir crié « Vive la République » dans une réunion publique. Pour meubler ses loisirs, il aide ses nouveaux paroissiens à créer, eux-mêmes, des organisations d'entraide et de défense. Au cours des années qui suivent, il fonde plusieurs journaux, dont *Ouest-Éclair* [41] dont l'audience et l'influence seront considérables. L'abbé Trochu, opposé à un régime économique et social qui réduit les producteurs à la misère et dont « les propriétaires, généralement des châtelains, les uns fort riches, étaient les seuls bénéficiaires », réussit à entraîner dans son action un certain nombre de ses collègues qui partagent, comme lui, l'esprit du Sillon. Il décrit l'un d'eux, l'abbé Crublet, en ces termes : « La disgrâce, en le suivant partout, avait cela de bon que, dans chaque poste nouveau où il était envoyé par ses chefs hiérarchiques, pour avoir péché contre l'ordre sacro-saint du conservatisme et manifesté des sentiments démocratiques, ce prêtre à l'abord froid, mais dont l'âme vibrait de toutes les souffrances, créait un foyer de propagande rurale et des œuvres d'entraide paysanne [42]. »

Parmi les ecclésiastiques qu'il qualifie de « mal pensants » et de « dangereux », F. Trochu cite l'abbé Geffriaud qui tient la tribune agricole d'*Ouest-Éclair* sous le pseudonyme de Grindorge et l'abbé Mancel qui, jeune vicaire, s'était signalé à l'attention de ses supérieurs en faisant jouer la Marseillaise pendant la messe. C'est ce dernier, « petit de corps, mais puissant de volonté », qui, à partir de 1920, incite les agriculteurs à créer leur propre organisation professionnelle. Partie de Bain-de-Bretagne, en Ille-et-Vilaine, celle-ci se développe très rapidement. Sous l'appellation de Fédération des syndicats paysans de l'Ouest, elle compte, en 1928, 200 syndicats et rassemble 15 000 adhérents.

Pour aider économiquement les agriculteurs et pour leur apprendre à gérer, eux-mêmes, leurs propres affaires, un office fédéral pour la fourniture des engrais est créé en 1923. L'année suivante est fondée l'Entraide paysanne dans le but d'assurer mutuellement les agriculteurs contre les accidents du travail pouvant survenir à leurs salariés. De même, la Prudence paysanne regroupe les mutuelles incendie et le Crédit paysan mutuel voit le jour, le 1er janvier 1926. En six ans, sans aucune aide, et dans un climat marqué par l'hostilité des cadres sociaux traditionnels, les paysans disciples de Mancel réussissent à se doter de tous les organismes qui ont fait la puissance et le rayonnement de la rue d'Athènes et du boulevard Saint-Germain.

En 1927, la Fédération d'Ille-et-Vilaine et des syndicats similaires des Côtes-du-Nord et du Finistère, créent la Ligue des paysans de l'Ouest qui recrute des adhérents dans la Sarthe, la Mayenne, le Maine-et-Loire, la Loire-Inférieure, la Vendée et la Manche. La même année, elle bat les listes de la droite aux élections des chambres d'agriculture dans l'arrondissement de Rennes. Elle récidive, en 1930, dans celui de Morlaix.

P. Barral estime que ce syndicalisme d'exploitants, émancipé de la tutelle des propriétaires fonciers, n'est « nullement révolutionnaire [43] ». Certes, les fondateurs sont des prêtres, les adhérents vont à la messe et les statuts précisent que « l'association réprouve tout procédé révolutionnaire dans la poursuite de son but et se propose de l'atteindre uniquement par les voies légales et par les moyens conformes aux enseignements traditionnels de la morale évangélique ». Cependant, ces syndicats s'opposent sur deux points fondamentaux aux forces qui contrôlent et animent l'Union centrale des syndicats agricoles. Ils se proclament républicains, ce qui est une preuve de non-conformisme dans la Bretagne rurale de 1930. Ils sont composés « de personnes exerçant réellement, à titre exclusif ou au moins principal, la profession agricole, vivant et faisant vivre leur famille du travail de la terre ou de l'élevage [44] ». Aussi, sont-ils effectivement dirigés par des paysans.

Rejetant la conception du syndicat mixte, ils réunissent uniquement les « paysans-cultivants » eux-mêmes et qui sont chefs d'exploitation. Ils excluent de leurs rangs les « propriétaires aux mains blanches » et les salariés. Ainsi, de façon non explicite, ils considèrent que la rente foncière, d'une part, et le salariat, d'autre part, déterminent des groupes sociaux dont les intérêts sont différents de ceux des paysans. Chacune des trois catégories doit, en conséquence, être représentée par des organisations distinctes.

Dans la mesure où « les syndicats Mancel » nient l'unité du monde agricole et appellent les paysans à se libérer de la tutelle de leurs maîtres, ils contribuent à l'éclatement de la société bretonne et ils favorisent une évolution des mentalités

Le château et l'évêché.

parmi la masse des ruraux. Leurs adversaires ne s'y trompent pas et ils utilisent tous les moyens pour briser un concurrent qui menace la paix sociale. Dans tous les départements de l'Ouest se noue une alliance entre le château et l'évêché pour ramener le troupeau dans le droit chemin et pour neutraliser les pasteurs qui l'ont égaré.

« Les syndicats agricoles conservateurs, écrit l'abbé Trochu, conformément à leurs habitudes d'utiliser au profit des classes possédantes l'autorité de l'Église, avaient porté leurs griefs devant les évêques [45]. » Ils ont été entendus. Le président de l'Union centrale des syndicats agricoles, le marquis de Vogüé, intervient dès le mois de février 1927, directement auprès du pape, pour exposer l'infidélité des cultivateurs-cultivants à la doctrine sociale de l'Église. Le résultat de cette mission ne semble pas avoir été très positif. Mais si les propriétaires fonciers perdent leur procès à Rome, ils le gagnent auprès des évêques de l'Ouest. Le cardinal Charost, archevêque de Rennes, prélat proche de l'Action française, déclare le 25 septembre 1927 devant le congrès de l'Union régionale agricole rattachée à la rue d'Athènes et que préside le comte de La Bourdonnaye, également président du Comité royaliste : « Méfiez-vous de ces ligues paysannes qui, ne pouvant mordre sur vos syndicats, cherchent à les enlacer dans des replis qui ressemblent à ceux du serpent. Ce que veut l'Église, c'est la doctrine de Jésus-Christ qui recommande l'union des classes [46]. »

Jusqu'en 1930, les abbés maintiennent leur position, puis ils doivent s'effacer sous la pression des autorités ecclésiastiques. L'hostilité du haut clergé ne suffit pas à expliquer la disparition de la Ligue cette même année et celle de la Fédération des syndicats paysans de l'Ouest en 1934. Deux autres éléments interviennent. La loi sur les assurances sociales obligatoires et leur extension aux salariés agricoles divise le mouvement. Les abbés lui sont favorables, mais beaucoup de paysans se montrent hostiles et abandonnent le syndicat pour suivre Dorgères qui mène campagne contre la loi. Mais surtout, les divers services économiques de la ligue connaissent de graves difficultés financières, sous les effets conjoints de la crise et de la guerre commerciale que leur livre l'Office central de Landerneau. Ils ne peuvent résister et sont absorbés en 1932 par leurs adversaires de l'Union régionale du comte de La Bourdonnaye.

Apparemment, c'est l'échec. Cependant, le mouvement des cultivateurs-cultivants est la première tentative syndicale, d'ampleur régionale, qui ait fait prendre conscience aux paysans de leur dignité, qui les ait engagés à assumer des responsabilités et qui ait formé des cadres issus de leurs rangs. Le cheminement des paysans bretons pour affirmer leur propre identité sera long. Sous le régime de Vichy, l'élection du syndic régional en Ille-et-Vilaine voit le paysan Jean Bohuon, ancien disciple de l'abbé Mancel et de Dorgères, battre La

Bourdonnaye. C'est une première étape qui marque le déclin du pouvoir des propriétaires fonciers. Et si, à partir des années 60, la Bretagne apparaît souvent à l'avant-garde du combat syndical et engendre les courants les plus contestataires, c'est peut-être parce que, trente ans plus tôt, la génération précédente a tenté de s'éveiller à elle-même.

Les abbés démocrates apparaissent comme des précurseurs qui annoncent l'action que mèneront plus tard les militants de la Jeunesse agricole catholique. Celle-ci est créée en 1929, mais jusqu'en 1940, elle demeure un mouvement de caractère missionnaire qui prétend sauver les « valeurs chrétiennes et terriennes » et qui part en croisade contre la « désertion des campagnes et contre la démoralisation du paysan ». Les jacistes chantent alors : « Nous referons chrétiens nos frères, par Jésus-Christ nous le jurons. » Mouvement d'une Église liée aux puissances terriennes, étroitement soumise à la hiérarchie ecclésiastique, la JAC véhicule l'idéologie de la droite agrarienne. Mais sa nature est contradictoire et elle porte en elle les éléments d'évolution qui en feront l'un des principaux moteurs de l'évolution sociale dans les campagnes, après la Seconde Guerre mondiale.

Son premier objectif est de « rendre aux jeunes l'estime et la fierté de leur métier, le plus noble et le plus libre qui soit [47] ». La glorification du travail agricole dans les kermesses populaires met l'accent sur son aspect technique et moderne [48]. Enfermée, avant 1940, dans une vision étroitement religieuse du monde, la réflexion sur le métier et sur la technique débouchera après 1945 sur une approche économique, puis politique. La volonté d'épouser son temps conduira le jeune jaciste à développer une idéologie moderniste et productiviste, qu'il transmettra ensuite au Centre national des jeunes agriculteurs, l'une des forces d'opposition à la droite syndicale jusqu'aux années 1962-1965.

La pédagogie du mouvement « voir, juger, agir », empruntée à la jeunesse ouvrière catholique, conduit le jeune paysan à découvrir son environnement, ses contraintes et ses possibilités. Elle lui fait prendre conscience qu'il peut agir sur son milieu pour le transformer [49]. Jusqu'en 1940, cette pédagogie d'avant-garde ne débouche pas sur une remise en cause des structures économiques et sociales à la campagne. Mais elle permet la formation d'un nombre important de jeunes agriculteurs qui, le moment venu, seront prêts à assumer des responsabilités dans le mouvement professionnel paysan. En 1935, lors de son premier congrès, la JAC déclare 11 860 cotisants répartis en 878 sections et 67 fédérations. Elle vend 63 000 exemplaires de son journal *la Jeunesse agricole* en 1939. En 1933 est créée la Jeunesse agricole catholique féminine qui réunit 12 000 jeunes filles à Lourdes, en mai 1938. C'est parmi ces jeunes que la corporation paysanne va trouver l'essentiel de ses cadres moyens.

de Méline à Pétain : l'itinéraire des droites

Les socialistes, les ouvriers agricoles et les abbés démocrates populaires ne représentent pas la force principale dans le mouvement professionnel paysan de l'entre-deux-guerres. Celui-ci est dominé par la tradition du syndicalisme social qui renouvelle sa doctrine et ses cadres à partir de la crise économique des années 30. Il s'affirme comme l'un des principaux foyers de diffusion de l'idéologie corporative, idéologie dont les fondements et la fonction débordent très largement l'univers agricole.

En effet, l'évolution des forces sociales, la transformation des mentalités, le développement des organisations ouvrières syndicales et politiques inquiètent la bourgeoisie industrielle qui craint que le système politique établi sur le suffrage universel ne se retourne un jour contre elle et que l'État ne soit plus au service de ses intérêts. La victoire du Front populaire, les grandes grèves de 1936 lui apparaissent comme les premières manifestations des bouleversements qui se préparent. C'est pour cette raison qu'un grand nombre d'hommes d'affaires vont trouver dans le corporatisme l'idéologie à opposer au socialisme et une organisation de l'État capable de relayer un système parlementaire jugé inefficace : « Ils s'enthousiasmèrent pour le corporatisme parce qu'il permettait de faire d'une pierre deux coups : retranchés derrière ce parapet, les industriels pourraient échapper à la fois à la lutte des classes et à la concurrence impitoyable [50]. »

Mais les milieux industriels et financiers, et les intellectuels qui synthétisent et diffusent leur idéologie sous la forme de l'essai économique ou juridique ou sous la forme du roman, ne constituent pas, à eux seuls, une force sociale suffisante pour que leur projet devienne un élément essentiel du combat politique. Cette force sociale, la bourgeoisie la trouve alors dans la paysannerie [51]. Pendant toute cette période, les grandes organisations professionnelles agricoles font du thème corporatiste l'essentiel de leur réflexion théorique et de leur programme d'action. Il serait cependant erroné de réduire le syndicalisme agricole au rôle de simple « courroie de transmission » du patronat industriel, bien que l'on relève une interpénétration certaine des intérêts entre les forces sociales dominantes à l'usine et aux champs.

Jean Yole, médecin et sénateur vendéen, chantre de l'éternel paysan. Le rêve d'une France figée dans son passé.

Contrairement à une idée souvent reçue, l'idéologie corporatiste n'est pas un sous-produit de l'agrarisme. Elle imprègne cependant profondément le mouvement professionnel paysan et elle répond aux intérêts économiques et sociaux de différentes couches qui composent alors le monde de l'agriculture. C'est pourquoi elle n'a pas le même contenu pour le hobereau du Finistère, pour le gros agriculteur de la Beauce et pour le paysan moyen du Centre ou du Sud-Ouest.

fondements d'une doctrine : le corporatisme

Pendant toute la période de l'entre-deux-guerres, une même analyse pessimiste et amère domine les congrès des organisations agricoles et les prises de position de ses porte-parole officiels : « la France trahit ses paysans. » La politique agricole est présentée comme un complot permanent fomenté par les industriels et par les ouvriers. Les ministres chargés de son élaboration et de sa mise en œuvre sont pour la plupart des « incapables » ou les « représentants d'intérêts qui lui sont hostiles ». M. Augé-Laribé, le plus modéré dans la forme, dresse un bilan particulièrement critique : « La politique de la France, surtout pendant les dix premières années après la guerre, a été, sinon une politique délibérément anti-agricole, car personne, sans doute, n'a souhaité mal de mort aux agriculteurs, au moins une politique qui n'a pas compris leur rôle, leur importance économique et les conditions de leur travail. » Selon lui la responsabilité en incombe aux capitalistes dont il dénonce l'égoïsme, mais également aux journaux qui expriment les tendances de la CGT [52].

Le discours des dirigeants professionnels les plus lucides ne se borne pas à la mise en accusation des « ils » de la ville, il repose sur une analyse économique. Selon eux, le libéralisme produit des effets désastreux sur l'agriculture. En effet, dans ce secteur, la loi de l'offre et de la demande ignore la notion de prix de revient, de telle sorte que les prix des produits du sol sont fixés par l'acheteur à un niveau qui permet uniquement au producteur de vivre et donc de continuer à produire. Louis Salleron écrit fort justement : « Dans la mesure où il exige la suppression des barrières douanières, le libéralisme tue l'agriculture nationale au profit de l'agriculture des pays neufs. Dans la mesure où, à l'abri de la protection douanière, il tend à la libre fixation des prix entre petits exploitants individuels et sociétés commerciales ou industrielles concentrées, le libéralisme aboutit à un prix agricole minimum permanent qui met le producteur en servage ou le condamne à disparaître [53]. »

Les dirigeants agricoles ne mettent pas en cause la nature et la finalité du système capitaliste, ils dénoncent simplement les effets du libéralisme qui aboutit à la domination de l'agriculture par l'industrie et à l'exploitation du travail du paysan au profit du citadin. Refusant de rechercher dans la structure même du système économique les causes d'une situation qu'ils condamnent, ils sont conduits, le plus souvent, à tenir un discours purement idéologique et à porter des jugements d'ordre moral.

De plus, ils accusent le libéralisme industriel d'avoir provoqué l'éclatement de la société en classes antagonistes et d'avoir permis ainsi le développement du marxisme que Jacques Le Roy Ladurie, l'un des principaux responsables syndicaux, qualifie curieusement de « nomadisme des temps modernes », ajoutant : « pour le nomade et l'homme de la charrue, il n'y a pas de place sur une même terre, pas de vraie liberté sous un même ciel [54]. » Car l'ennemi, fruit du « libéralisme sauvage », c'est bien le marxisme dénoncé avec une extrême violence par tous les cadres du mouvement professionnel paysan. Citons encore J. Le Roy Ladurie : « Le marxisme est pour la paysannerie et pour toutes ses normes civilisatrices le péril mortel par définition. »

Refusant le socialisme, les porte-parole du monde agricole ont pour objectif de conserver un système économique qui repose sur l'appropriation privée des moyens de production, fondement des hiérarchies sociales et l'une des sources du pouvoir. Mais ce système doit assurer à l'agriculture une place éminente dans l'organisation de l'État, donner aux paysans leur juste part dans la répartition des richesses produites par la collectivité nationale et permettre la fraternisation des classes en créant des structures nouvelles qui modifieront les rapports sociaux. Ils trouvent les fondements de leur doctrine dans le catholicisme social influencé par les encycliques papales de Léon XIII et de Pie XI et par les transformations économiques et sociales nées de la guerre.

Cette doctrine, c'est le corporatisme, que les Semaines sociales de France situent au centre de leur réflexion. Leurs travaux sur « le rôle économique de l'État » (Strasbourg, 1922), sur le « problème de la terre dans l'économie nationale » (Rennes, 1924) et sur « l'organisation corporative » (Angers, 1935) fournissent les éléments de l'analyse et les propositions dont s'inspirent les cadres des organisations professionnelles agricoles. Ces derniers se donnent pour objectif de « susciter les organes spécifiques de relation entre le fait paysan et le fait industriel, entre le fait individuel et le fait social [55] ». Ils préconisent une organisation de la collectivité nationale qui sauvegarde l'originalité de l'agriculture et du monde paysan, facteurs d'équilibre et de paix sociale. Pendant longtemps ils ont cru que les parlementaires étaient les véritables protecteurs des paysans. Le scrutin d'arrondissement pour la Chambre des députés, le suffrage indirect pour le Sénat devaient garantir la prédominance des intérêts agricoles. Or, selon eux, le Parlement ne remplit pas son rôle parce que les interventions législatives sont trop générales et mal adaptées à la nature des problèmes ruraux : « Sa lenteur et son incompétence lui font céder le pas constamment à l'exécutif. Son autorité diminue chaque jour devant cette sorte de pouvoir conventionnel qu'est le syndicalisme ouvrier. L'agriculture est donc mal défendue par un organe dont le prestige et la puissance faiblissent [56]. »

L'État étant incapable de diriger conformément à l'intérêt national, il faut le réformer. L'Union nationale des syndicats agricoles et les associations spécialisées de producteurs [57] créent en 1935 un Comité d'action paysanne dont le programme développe cette thèse : « Nous demandons l'instauration d'un régime corporatif dans lequel les organismes professionnels, les corporations, recevront des pouvoirs tels qu'ils puissent appliquer ou faire appliquer les mesures de leur compétence qu'elles auront jugées nécessaires pour la sauvegarde des intérêts dont elles ont la charge. Il faut une discipline, il faut pouvoir faire respecter cette discipline, l'imposer s'il est nécessaire [58]. »

Pour le mouvement professionnel qui se rattache à la tradition de la rue d'Athènes, les syndicats doivent constituer la base et l'armature de la future corporation. Sous leur direction, les mutuelles, les coopératives et les caisses de crédit seront unifiées. Il ne s'agit pas de transformer la nature des syndicats dans la mesure où, nous l'avons vu, ils sont censés représenter tous ceux dont les intérêts sont liés à l'activité agricole. Face à l'industriel, au consommateur et aux intermédiaires, les divisions internes de l'agriculture s'estompent. Le postulat de l'unité des campagnes est réaffirmé avec force. Il l'est, par exemple, par les administrateurs du syndicat agricole vauclusien qui publient, le 1er août 1936, à l'occasion des « conflits regrettables » qui ont éclaté entre patrons et ouvriers agricoles, la déclaration suivante : « Opposer les uns aux autres, alors qu'ils effectuent ensemble le même travail, est une incontestable hérésie sociale... Dire que les propriétaires qui ne font pas leurs affaires sont des « exploiteurs » est une monstruosité... Il faut observer la grande leçon de la terre qui unit, tous les jours, possédants et salariés pour un même labeur [59]. »

La participation du boulevard Saint-Germain est relativement faible au début. Dans la mesure où ses dirigeants font partie du personnel politique qui se succède au pouvoir, ils manifestent une méfiance certaine à l'égard de solutions qui mettent en cause les institutions républicaines et la prééminence du Parlement. Ils comptent essentiellement sur leurs relations au sein du gouvernement et de l'administration pour renforcer leurs organisations économiques qui, pour eux, constituent toujours le moyen le plus efficace d'améliorer le pouvoir d'achat et les conditions de vie des paysans.

Les héritiers du courant républicain et jacobin peuvent difficilement se reconnaître dans le corporatisme français même

Le principal animateur de l'agrarisme de droite, dans l'entre deux-guerres, Jacques Le Roy Ladurie, syndicaliste, ministre de Vichy, résistant.

s'ils représentent de plus en plus les forces modérées du parti du mouvement. Cependant, la crise économique des années 1933-1936 donne au corporatisme une base populaire qui oblige la Confédération nationale des associations agricoles à approuver, le 22 juin 1935, un rapport sur le « régime corporatif » préparé par une commission d'études qui rassemble des représentants des deux grands courants professionnels, dont M. Augé-Laribé. Les conclusions sont certes nuancées, mais il est cependant admis « que la profession agricole était une et que, en conséquence, il ne devait y avoir qu'une Corporation unique [60] ».

Le rapport prévoit la conservation des groupements professionnels existants, la création d'une chambre corporative nationale et l'attribution de pouvoirs corporatifs aux chambres départementales d'agriculture. Établissements publics, celles-ci

La Corporation paysanne du régime de Vichy plongera ses racines dans les congrès du syndicalisme agricole de l'entre-deux-guerres.

UNION NATIONALE DES SYNDICATS AGRICOLES
Congrès de Caen — 5-6 mai 1937.

Situation de la paysannerie

PAR

PIERRE HALLÉ

Secrétaire général de l'Association générale des Producteurs de blé

Ce Congrès syndical paysan est né d'une double inspiration.
D'abord la conscience que nous avons du mal profond, douloureux, du mal complexe, à la fois matériel et moral dont souffre la paysannerie.
Ce mal, nous en avons la conviction, atteint le pays dans ses forces vives.
Il menace — à défaut de remèdes énergiques et immédiats — l'existence même de la France.
Nous croyons, c'est en nous comme une foi inébranlable — que le redressement, le sauvetage de notre pays, exige

UNION NATIONALE DES SYNDICATS AGRICOLES
Congrès de Caen — 5-6 mai 1937.

Les Syndicats paysans dans la Nation

PAR

J. LE ROY LADURIE

Secrétaire Général de l'Union nationale de Syndicats Agricoles

Partis, ligues, rassemblements électoraux, groupements d'anciens combattants, après avoir si longtemps ignoré la paysannerie, lui avoir contesté tout potentiel politique, se jettent à présent sur elle. C'est à qui l'annexera ! La raison en est simple. La paysannerie est aujourd'hui le dernier bastion contre le marxisme.
Jamais cependant nos Syndicats n'ont fait de politique. Doivent-ils, contrairement à la plupart des autres, persister dans cette abstention ?
Nous pourrions à droite ou à gauche rechercher des alliés ;

datent de la loi du 3 janvier 1924 et une loi de finances du 27 décembre 1927 les a autorisées à percevoir des centimes additionnels prélevés sur les impôts fonciers. Un décret-loi du 30 octobre 1935 reconnaît officiellement l'Assemblée permanente des présidents, organisme national qui s'efforce, mais en vain, d'être admis comme le représentant officiel de l'agriculture [61].

Il est significatif que la manifestation la plus puissante et la plus éclatante en faveur de la Corporation paysanne se déroule les 5 et 6 mai 1937, au congrès de Caen des organisations syndicales héritières de la rue d'Athènes. Les rapports, en particulier celui de J. Le Roy Ladurie, sont une réponse au Front populaire et à sa politique agricole que les forces agraires de droite n'ont cessé de dénoncer et de combattre. La doctrine se traduit en trois revendications fondamentales :

– Représentation de nos syndicats paysans dès maintenant auprès de l'État.
– Dans la hiérarchie corporative, première place à la paysannerie parce qu'elle représente le premier ordre dans la nation, celui dont est issue la nation, et celui sans lequel il n'y aurait plus de nation.
– Autonomie de la Corporation, reflet du fait paysan. Compétence et responsabilité dans les limites de sa spécialité, avec arbitrages de l'État, avec si l'on veut son contrôle et non point sa tutelle [62].

Ce rejet de l'individualisme libéral et de l'État centralisé se rattache à la tradition contre-révolutionnaire. L'observateur note, cependant, des tonalités différentes dans le discours corporatiste du mouvement professionnel paysan de droite. La relève de l'aristocratie foncière par une nouvelle bourgeoisie paysanne, au cours de l'entre-deux-guerres, explique cette évolution.

tendances et organisations

La relève des grands propriétaires. Au cours des années qui suivent la guerre, le syndicalisme agricole continue à être dirigé, encadré, par le même milieu social qui préside à ses destinées depuis un demi-siècle. Les grands propriétaires fonciers, aristocrates ou roturiers, veillent toujours sur « leurs paysans » et se sentent comptables de leur travail et de leur bonheur. Apparemment, la hiérarchie syndicale ne varie pas alors que la structure sociale dans les villages s'est profondément modifiée [63]. Parallèlement, nous avons montré qu'au cours de cette période s'achève l'évolution amorcée dans la deuxième moitié du XIXe siècle qui voit le village vidé de l'essentiel de ses travailleurs non agricoles et la constitution d'une couche sociale numériquement dominante, de paysans moyens qui ont pu se libérer des hypothèques grevant leurs terres et qui ont acquis ou agrandi leur domaine.

Les chefs de famille paysans, chefs d'exploitation, survivants des tranchées, n'acceptent plus d'être traités en hommes inférieurs et dépendants [64]. Après 1918, la soumission et la résignation cessent d'être considérées comme des vertus dans la plupart des campagnes. Il est, certes, des plus riches et des plus pauvres, mais le plus grand nombre se considère dorénavant comme libre et comme l'égal des « messieurs ».

A côté de l'aristocratie foncière dont le pouvoir décline et de la paysannerie moyenne qui n'accède pas encore aux responsabilités professionnelles, se développe une couche sociale d'agriculteurs, dirigeant de grandes exploitations mécanisées, travaillant eux-mêmes directement la terre, employant une main-d'œuvre souvent abondante. Éphraïm Grenadou, jeune et pauvre gardien d'oies dans un village de la Beauce au début du siècle, illustre remarquablement la promotion d'une paysannerie qui, profitant des terres rendues disponibles par les conséquences humaines et économiques de la guerre et au prix d'un travail acharné, a réussi à constituer des entreprises importantes [65]. Dans le Bassin parisien, notamment, les fermiers remplacent alors les propriétaires à la tête de la hiérarchie sociale et ils constituent un groupe social vigoureux et cohérent. Ces trois catégories dont les situations et les intérêts diffèrent profondément militent apparemment pour un même idéal corporatif auquel ils ne donnent cependant pas le même contenu.

Issus d'une couche sociale en voie de disparition et représentant des troupes moins dociles, pour lesquelles les rapports économiques et monétaires effacent le prestige des vieilles familles, les dirigeants de l'Union nationale des syndicats agricoles trouvent dans le corporatisme le moyen de maintenir les structures hiérarchiques traditionnelles, de conserver leur pouvoir social et de conquérir le pouvoir politique qui leur échappe depuis la première décennie de la Troisième République.

Dans son livre, *les Paysans contre la politique*, Suzanne Berger montre fort bien que telle est la volonté des « élites rurales » du Finistère lorsqu'elles créent, au début du XXe siècle, une organisation syndicale de type corporatiste : l'office central de Landerneau. Analysant la situation des campagnes, elle note : « Les élites conservatrices voyaient que la paix sociale et la profession agricole y étaient toutes deux en danger. Les transformations de la production, de la propriété et de la population menaçaient les relations d'harmonie qui avaient alors existé entre les différents groupes qui vivaient de la terre [66]. »

En isolant la paysannerie de la société globale, le comte Hervé Budes de Guébriant, président de l'office, et ses pairs entendaient avant tout se maintenir au sommet de la hiérarchie sociale. Une organisation professionnelle unique, obliga

toire, possédant l'essentiel des pouvoirs économiques et réglementaires était, pour eux, le moyen le plus sûr d'être reconnus comme les « autorités naturelles », destinées à consacrer
leur vie au service de tous. Elle permettait d'annihiler toutes
les velléités d'indépendance de paysans à l'esprit trop individualiste ou aux idées « trop avancées » : « Le recours au corporatisme est justifié par la nécessité de discipliner les masses
paysannes [67] » sous la direction des élites.

C'est ainsi que l'office central de Landerneau s'attache à
fournir aux agriculteurs tous les services qui leur sont nécessaires afin qu'ils ne s'adressent pas à l'État ou à ses représentants pour les obtenir. Dans le domaine de la coopération,
de la mutualité, du crédit, des œuvres sociales, de l'enseignement... il s'efforce de répondre à tous leurs besoins. Il cherche
même à régler les conflits entre propriétaires et fermiers en
élaborant un bail type d'une durée minimale de neuf ans,
fixant le loyer en termes de produits, prévoyant l'indemnisation du fermier sortant pour les améliorations apportées au
fonds, et en constituant des commissions mixtes, dans chaque
arrondissement, pour régler les différends [68].

Cette démarche paternaliste, mais socialement très avancée
pour l'époque, aboutit à faire des grands propriétaires fonciers
les médiateurs obligés dans tous les conflits intérieurs des
campagnes et dans les relations entre la paysannerie et
l'État. L'Ouest de la France est cependant la seule grande
région où la propriété foncière conserve la maîtrise de la représentation professionnelle paysanne jusqu'à la Seconde Guerre
mondiale. Sur le plan national la relève s'opère dans les
années 30.

Le refus de toute intervention de l'État dans le domaine
économique, en particulier dans l'agriculture, et la lutte pour
que soit octroyé aux seules organisations professionnelles le
droit de « gouverner la profession », ne correspond plus à la
situation de la France après la Grande Guerre. Les cadres
traditionalistes de la rue d'Athènes mènent un combat anachronique en tentant de replier totalement les campagnes sur
elles-mêmes pour empêcher la pénétration du capitalisme et
l'action de l'État.

Le développement du capitalisme, en amont et en aval de
la production agricole (engrais, machines, concentration dans
les industries de l'alimentation), oblige l'agriculture à redéfinir sa place dans le mode de production dominant. Elle ne
peut se contenter de dénoncer, avec Ramuz, « la science et
l'industrie (qui) travaillent universellement contre le paysan »
et de proclamer que le paysan « représente un état, l'état premier », qu'il est « éminemment l'homme des pouvoirs premiers [69] ».

Les discours enflammés de comices agricoles sur « la terre
restauratrice » ou les harangues de président du Conseil aux
champs n'apportent pas la réponse que les agriculteurs
attendent aux fluctuations des prix qui leur sont dans l'en-

La moisson,
par André Lhote
1935.

Le braconnier, par Gromaire, 1933.

semble défavorables, et surtout aux effets de la grande crise qui se traduit par une baisse moyenne de revenu de 50 % entre 1929 et 1935. Ce n'est donc pas un effet du hasard si, dans les années 30, l'analyse économique succède au discours idéologique et aux justifications sociales. Cette nouvelle approche de l'agriculture est celle des agriculteurs dirigeant les grandes exploitations mécanisées.

Ceux-ci ne sont pas fondamentalement hostiles au capitalisme dans la mesure où leur ambition est de devenir des capitalistes agraires. Disposant des exploitations les plus importantes, les mieux équipées, ils ne peuvent qu'être favorables à un système qui leur accorde une rente de situation par les mécanismes de fixation des prix et assure ainsi leur développement au détriment de leurs voisins les moins favorisés. Ils sont donc conduits à rechercher une collaboration des forces socioprofessionnelles avec l'État dont le rôle est de garantir un certain équilibre entre l'industrie et l'agriculture.

Cette nouvelle bourgeoisie paysanne crée, dans un premier temps, ses propres instruments de représentation et de défense de ses intérêts. Ce sont les associations spécialisées. La crise viticole de 1907 avait donné naissance à la première organisation de défense d'une production particulière : la Confédération générale des vignerons [70]. Ce syndicat n'a pas pour seul but d'obtenir un prix élevé pour le vin, il entend contribuer à l'organisation de la production, notamment en luttant contre la fraude. En 1935, il compte 100 000 adhérents, représentant environ les deux tiers de la production. Entre les deux guerres, des syndicats de même nature se créent dans les différents vignobles, notamment la Confédération des viticulteurs algériens. Tous ces groupements sont réunis dans la Fédération des associations viticoles de France et d'Algérie qui doit concilier les intérêts divergents des gros et petits producteurs, de ceux de métropole et de ceux d'Afrique du Nord. Elle y parvient difficilement. Ces organisations patronales, auxquelles les ouvriers n'adhèrent pas, bien que la possibilité leur en soit offerte, supplantent tous les autres groupements professionnels dans les régions viticoles et elles jouent un rôle important dans l'élaboration et le vote du statut du vin en 1931 et des différentes lois qui suivent.

Mais les principales associations spécialisées sont fondées après la guerre : Confédération générale des planteurs de betteraves en juin 1921, Association générale des producteurs de blé et Confédération générale du lait en 1924, Confédération générale des producteurs de fruits et légumes en 1932, etc. Elles ont toutes les mêmes caractères fondamentaux : créées par les gros producteurs, elles interviennent pour organiser les marchés au mieux de leurs intérêts, c'est-à-dire dans le cadre d'un système interprofessionnel garanti par l'État. Ainsi l'AGPB cherche au cours des années 1930-1936 un accord avec la meunerie pour stabiliser les cours et assurer l'écoulement de la production et elle s'oppose violemment à tous les projets du Front populaire, en particulier à la création de l'Office interprofessionnel des céréales. De même, la CGB obtient, en mars 1931, un partage amiable du marché entre planteurs et industriels, l'accord est reconnu officiellement par un décret-loi d'octobre 1935.

Ces deux associations, bien organisées, riches, animées par des cadres administratifs compétents issus des grandes écoles d'agriculture, répondent beaucoup mieux que le syndicalisme à vocation générale aux besoins de la grande agriculture qui s'engage dans la voie d'un développement de type capitaliste. Il est donc logique qu'elles jouent un rôle prépondérant dans le mouvement professionnel. Il n'est pas étonnant que leurs dirigeants soient les représentants les plus influents de l'agriculture française, à partir des années 30 et que leurs conceptions corporatistes aient des fondements beaucoup plus économiques que moraux.

Parallèlement, la « vieille maison » de la rue d'Athènes connaît à cette époque un certain manque de dynamisme. Elle s'est « assoupie [71] » sous la houlette des vieilles familles et ses organismes de crédit, qui refusent toujours de se compromettre avec l'État, connaissent de très graves difficultés qui mettent en cause tout le système de services sur lequel repose l'organisation.

Il est donc naturel que s'opèrent alors des changements à la direction de l'Union centrale. Sa transformation en Union nationale des syndicats agricoles en 1934 et surtout le transfert de son siège social, de l'immeuble de la Société des agriculteurs de France à celui de l'Association générale des producteurs de blé, rue des Pyramides à Paris, symbolisent cette évolution. La domination de la propriété foncière sur le mouvement professionnel paysan s'achève. Elle est remplacée par une nouvelle classe dirigeante, celle des gros exploitants capitalistes qui ont généralement fait des études supérieures, soit à l'Institut agronomique soit dans les écoles d'agriculture d'Angers, de Beauvais ou de Purpan tenues par les jésuites. Ils s'appuient sur la nouvelle bourgeoisie paysanne qui a fréquenté les écoles et qui a acquis son indépendance sociale.

Il ne s'agit pas là d'une simple relève d'hommes et de générations, mais de la traduction sur le plan institutionnel d'une mutation du mouvement social paysan. Désormais, la rente foncière ne fonde plus les hiérarchies sociales dans les campagnes et dans les organisations professionnelles. L'Union nationale connaît alors un regain de dynamisme et au congrès de Caen, en 1937, elle rassemble 47 unions régionales, 9 392 syndicats et 1 200 000 familles. A la même époque la Fédération du boulevard Saint-Germain regroupe 500 organisations départementales, 1 800 organisations locales et 1 000 000 de membres.

L'infanterie paysanne. S'il s'émancipe économiquement et socialement de la grande propriété foncière, le paysan parcellaire n'a pas encore atteint un niveau de conscience collective qui lui permette d'avoir une expression syndicale autonome. Il n'est pas encore

Haut les fourches,
par Dorgères, 1934.

CHAPITRE III

LES REMÈDES A LA MISÈRE PAYSANNE
DES REMÈDES PEU AGRÉABLES, MAIS INDISPEN-
SABLES : LA RÉVISION DES CONTRATS ET LES
MORATOIRES
DES REMÈDES PLUS SÉRIEUX : LE PROTEC-
TIONNISME ; L'ORGANISATION RATIONNELLE
DE LA PRODUCTION PAR LA CORPORATION :
L'ALLÉGEMENT FISCAL ; LA LUTTE CONTRE LA
SPÉCULATION

Une telle situation nécessite des mesures
d'extrême urgence que seul l'Etat peut prendre. Certes, nous détestons l'intervention de
l'Etat dans nos affaires, mais nos institutions
sont faites ainsi que seul l'Etat peut agir efficacement.

en mesure de produire ses propres cadres. Il lui faudra pour y parvenir l'expérience d'une ou deux générations. Dans les années 1920-1930, il fait encore confiance aux autorités sociales traditionnelles qu'il juge efficaces et compétentes pour défendre ses intérêts, mais dont il suit l'action et les interventions d'un œil désormais plus critique. La grande masse change alors de « chefs », mais elle continue à confier à une « élite » le soin de déterminer son intérêt et de guider son destin. Ce qui ne veut pas dire qu'elle demeure passive et qu'elle n'intervienne pas dans les luttes sociales.

Nous avons exposé les conséquences de la crise économique sur le revenu des agriculteurs. Rappelons qu'entre 1929 et 1934 la valeur de la production agricole française est tombée de 60 à 30 milliards de francs : « Plus d'argent ! je faisais plus d'argent à peine pour vivre, explique Éphraïm Grenadou, pendant quatre ou cinq ans j'ai économisé sur toutes les matières sans mettre un sou de côté et en travaillant tant que ça pouvait. Fallait quand même payer la location des terres, le percepteur, le matériel, quatre mille francs par an au bourrelier et bien autant au maréchal-ferrant [72]. »

Les paysans, qui mettent sur le marché une partie de plus en plus importante de ce qu'ils produisent pour pouvoir agrandir leurs exploitations et s'équiper, acceptent de moins en moins de jouer le rôle de « matelas des crises » qui leur est dévolu par le capitalisme. Mais ils ne disposent pas d'une formation idéologique et politique suffisante pour analyser les causes structurelles de la situation économique. Ils se révoltent contre ses effets. Il est alors facile aux notables d'expliquer que la responsabilité de la crise incombe aux pouvoirs publics dominés par la puissance des consommateurs urbains qui méprisent le travailleur de la terre. Ce dernier croit que le péril est d'autant plus grand qu'il n'est plus la majorité dans la nation.

Contrairement à la thèse défendue par S. Berger [73], le paysan n'intègre pas les thèmes de l'idéologie agrarienne parce qu'ils forment la première idéologie qui lui soit proposée par des autorités sociales, œuvrant en « zone vierge ». Cette explication du comportement des masses rurales par les cadres sociaux, seuls détenteurs d'une doctrine, qui a été mise en avant par André Siegfried dans son *Tableau politique de la France de l'Ouest*, a été très justement contestée par Paul Bois [74]. Les thèmes agrariens correspondent également à la situation spécifique du paysan dans le système social. Il n'est ni un salarié ni un capitaliste, mais un fournisseur de marchandises qui accepte de continuer de travailler tant que le prix qu'il retire de la vente de ses produits lui permet de reproduire sa force de travail. Tous les paysans étant vendeurs de marchandises peuvent avoir le sentiment d'une communauté d'intérêts face à la ville qui achète leurs produits et à l'État dont la politique en détermine le prix. Cette solidarité est d'autant plus facile à établir que la très grande majorité des paysans parcellaires est propriétaire, en tout ou partie de la terre.

Dans une situation de dépression économique, les réactions des sociétés paysannes diffèrent selon leur structure sociale, leur homogénéité, leur degré d'interpénétration avec la ville, le poids de l'Église, leur histoire. Les unes continuent à attendre de leurs élus qu'ils agissent sur l'État providence pour calmer leurs souffrances et résoudre la crise. Les autres réagissent, au contraire, par une attitude d'hostilité à l'État et à la civilisation urbaine. P. Bois montre que ces deux attitudes sociales et politiques, qu'il relève et analyse dans le département de la Sarthe, ont leur origine dans les structures sociales et les structures agraires qui existaient avant la Révolution française.

Ainsi l'adhésion d'une grande partie des paysans de l'Ouest aux thèses corporatistes s'explique à la fois par l'histoire de sociétés relativement homogènes, vivant repliées sur elles-mêmes et par la situation objective de la paysannerie dans le système économique entre les deux guerres.

De même, le contenu populaire du dorgérisme ne trouve pas sa principale explication dans les qualités de tribun d'Henri d'Halluin, dit Dorgères, journaliste et habile démagogue [75]. Si les comités de défense paysanne rassemblent 400 000 adhérents, en 1939 et sont implantés en Bretagne, en Normandie, dans le Nord, le Bassin parisien, en Lorraine et dans le Vaucluse, c'est parce que les méthodes d'action directe qu'ils utilisent permettent à une partie de la paysannerie de ces régions d'exprimer elle-même, pour la première fois, ses sentiments et ses revendications. Les cadres des comités sont d'authentiques paysans.

Le tribun des « chemises vertes »,
Henri d'Halluin dit Dorgères.
Entre la réaction et le fascisme.

Tous ne partagent pas l'idéologie réactionnaire de leur chef mais ils constatent que son action pour empêcher la saisie des biens d'un paysan qui ne peut plus payer ses impôts est plus efficace que celle des autorités traditionnelles. Il leur donne l'impression de pouvoir peser sur leur destin. Les meetings, les manifestations, les opérations de commandos servent de révélateurs à beaucoup de paysans qui prennent alors conscience qu'ils constituent une force sociale. P. Barral qualifie le dorgérisme « d'anarcho-syndicalisme de chefs d'entreprise [76] ». Il traduit certainement, pour une partie de ses troupes, le refus d'un système économique et social qui les prolétarise. Premier grand mouvement populaire paysan contre les effets du capitalisme, il est cependant manipulé par ceux qu'il prétend combattre. Henri Pitaud en donne de nombreux exemples et il conclut : « En définitive, Dorgères n'aurait pas été grand-chose s'il n'avait été l'homme de paille de la chouannerie bretonne et l'homme à tout faire de Le Roy Ladurie [77]. »

Le comte Hervé Budes de Guébriant confirme ce jugement lorsqu'il déclare : « Dorgères est mon ministre de la guerre [78]. » En effet, en 1936, les troupes dorgéristes appuient les patrons agricoles contre leurs ouvriers en grève et elles interviennent avec énergie contre les piquets de grève dans les fermes du

Bassin parisien. Pascal Ory s'interroge sur la nature du dorgérisme : « Légitimisme exacerbé plus que fascisme ? » et il conclut à une démarche irrésistible qui a conduit le mouvement du premier terme vers le second. Il en souligne les deux aspects qu'il juge essentiels : un racisme paysan et l'exaltation de l'action directe et de la virilité. Pour d'autres auteurs, tels Pierre Barral et Jean-Michel Royer, le dorgérisme, produit de la crise agricole et du climat politique créé par les ligues, n'est pas réellement un mouvement fasciste, bien que son service d'ordre soit revêtu de chemises vertes et qu'il ait pour devise : *croire, obéir, servir*. Il est l'expression bruyante et activiste du traditionalisme conservateur, dont le parti agraire s'efforce d'être l'instrument parlementaire.

Créé à Aurillac, en 1927, par un ancien professeur de collège devenu président de l'Union des paysans de l'Oise, Gabriel Fleurant dit « Fleurant Agricola », le parti agraire entend rassembler sous une même bannière tous ceux qui cultivent la terre, étant entendu que « le blé, le lait, le vin, le bétail, la charrue n'ont pas d'opinion politique, il n'y a pas une façon radicale, socialiste, cléricale ou monarchiste de cultiver la

terre [79] ». L'unité du monde rural doit se traduire par une unité de représentation politique. C'est un échec : un élu aux élections législatives de 1932, une dizaine en 1936.

Le parti agraire n'est pas idéologiquement homogène. Certains de ses chefs, autour de Fleurant Agricola que Gordon Wright qualifie joliment de « croisé excentrique [80] », séduits par les partis agraires d'Europe centrale, très liés aux grands groupes financiers de l'alimentation (le secrétaire général Jacques Casanova est le fondé de pouvoir d'une grande entreprise de produits laitiers), entendent essentiellement faire des affaires et, si possible, obtenir un siège au Parlement en utilisant le mécontentement des agriculteurs.

Un autre courant, profondément agrarien mais de tendance plus démocratique, défend une ligne politique réellement anticapitaliste et hostile à la grande propriété foncière : « La terre, écrit Henri Noilhan, autre secrétaire général du parti, est la seule branche de l'activité humaine qui échappe à la loi de fer du salariat généralisé... Elle s'affirme comme le grand refuge de la vie libre et indépendante. Elle peut être le centre de résistance de tous ceux que cette oppression manufacturière à la mode américaine menace dans leur conscience et dans leur dignité [81]. » De même, H. Noilhan dénonce violemment le propriétaire non exploitant et demande que la terre appartienne à celui qui la travaille. C'est un thème que tous les autres courants agrariens se gardent bien d'aborder, vraisemblablement dans un souci d'unité ! La lutte pour une république égalitaire, à l'image d'une paysannerie libre, s'avère incompatible avec le combat de la droite agrarienne aidée de ses hommes de main. C'est la raison pour laquelle, en 1936, H. Noilhan fonde le parti social agraire dont l'influence se révèle insignifiante.

Ainsi l'analyse des organisations « agrariennes » : union nationale des syndicats agricoles, associations spécialisées de producteurs, comités de défense paysanne, parti agraire, montre qu'elles sont contrôlées par les mêmes forces, repré-

Un des chefs-d'œuvre du roman régionaliste, *Gaspard des montagnes* d'Henri Pourrat, illustré de bois de François Angeli, chez Albin Michel.

sentent les mêmes intérêts et diffusent la même idéologie. Il n'est donc pas étonnant qu'elles se retrouvent, une première fois en avril 1934 pour créer ensemble le Front paysan. Une affiche placardée en septembre 1936 caractérise la nature de ce front et le sens de son combat. Elle s'intitule : « Au Front populaire, les premiers et derniers avertissements aux voyous. » Elle proclame : « Eh bien, camarades du Front populaire, écoutez bien ce que les paysans vous disent : vous êtes fonctionnaires, vous êtes ouvriers, vous avez le droit de penser ce qui vous plaît et de défendre vos idées comme vous l'entendez, organisez les fêtes champêtres, saoulez-vous la gueule, courez les filles, si les gendarmes vous laissent faire, hurlez l'Internationale, la Jeune Garde, la Carmagnole si cela ne vous dégoûte pas, mais ne touchez pas aux paysans. Nous, cela nous plaît d'aimer notre métier. Nous, cela nous plaît de vivre en famille. Nous, cela nous plaît de rester libres. Notre Front paysan, nos syndicats agricoles, nos comités de défense ne s'occupent pas de lutte des classes, de guerre civile. Ils protègent seulement notre gagne-pain. Mais demain ils se transformeront, s'il le faut, en troupes solides, pour vous donner une juste correction [82]. »

Et tout naturellement, les dirigeants du Front paysan se retrouveront une seconde fois, à Vichy. En juin 1941, Hervé Budes de Guébriant pourra laisser éclater sa joie : « Vichy donne enfin l'occasion à notre parti de triompher. Ce que le régime parlementaire n'a pu réaliser, la Corporation nationale paysanne l'a obtenu en quelques mois grâce à un gouvernement nouveau et à l'autorité personnelle du maréchal Pétain [83]. »

L'idéologie agrarienne et corporatiste n'est pas seulement l'un des reflets des luttes économiques et sociales de l'entre-deux-guerres, limité aux milieux politiques et syndicaux. Elle imprègne un courant littéraire dont la production est particulièrement abondante et dont l'influence sur le mouvement des idées n'est certainement pas négligeable.

Ces écrivains qui veulent montrer les beautés de la vie paysanne, dernier bastion d'un humanisme champêtre · et naturel, appartiennent pour la plupart à la bourgeoisie rurale et ils situent leur œuvre dans un cadre régional précis. Ainsi, Henri Pourrat, l'auteur de *Gaspard des montagnes* et de *Vent de mars* (prix Goncourt 1941), décrit la société paysanne de l'Auvergne. Jean Yole, médecin et sénateur, Ernest Pérochon (prix Goncourt 1920 avec *Nène*) sont les chantres de l'Ouest vendéen. Citons deux académiciens français, Joseph de Pesquidoux, écrivain de l'Armagnac, et Henri Bordeaux, propriétaire foncier qui situe la plupart de ses romans en Savoie. Mentionnons encore René Bazin (le Nivernais), Jean de La Varende (la Normandie), Maurice Genevoix (la Sologne), le docteur Emmanuel Labat (la Gascogne)...

Ces écrivains s'adressent à un public beaucoup plus large que celui de leurs devanciers du xixe siècle. Alors que les romans de Balzac ne pouvaient être lus que par les classes

Gaspard des
montagnes,
d'Henri Pourrat
éd. Albin
Michel.

privilégiées, les auteurs agrariens touchent l'ensemble de la bourgeoisie rurale et « l'élite » paysanne. Il s'agit d'une littérature relativement populaire, diffusée largement dans les campagnes par une multitude de canaux : romans à bon marché, prêts de bibliothèques laïques ou paroissiales, revues d'action catholique, presse, almanachs... Le cadre rural dans lequel se situe le roman, les descriptions concrètes de la vie paysanne, l'histoire généralement simple et édifiante, la valorisation de tout ce qui est lié à la campagne, touchent la sensibilité des lecteurs et consolident les mythes du retour à la terre et de « la terre qui ne meurt pas ».

Une citation de *Sur la Glèbe*, de J. de Pesquidoux, illustre le contenu idéologique de cette littérature : « Tout le monde ne sait pas posséder, n'est pas digne de posséder. Sinon il n'y aurait point de ruines. Une fortune territoriale est aussi difficile à conserver qu'à édifier. Le travail, l'épargne, la tempérance, la prévoyance, la privation souvent, et des vertus plus intimes : la chasteté, la décence en tous les sens du mot sont à la base de chaque progrès ou de chaque élévation. A ce sujet, le sens du peuple, le sens qu'il a de l'existence ne saurait se trouver en défaut. Le respect affectueux qu'il voue aux vieilles familles terriennes, survivant aux siècles, s'adresse beaucoup plus aux qualités morales dont elles font preuve en durant qu'à la richesse conservée ou accrue [84]. »

Parmi tous ces « écrivains-paysans », il en est un qui occupe une place particulière : Émile Guillaumin, petit paysan du Bourbonnais, « travailleur manuel sans culture première » ainsi qu'il se présente lui-même. Ses vingt romans, nouvelles, contes et recueils de poésie témoignent de la misère des métayers au début du XXe siècle et décrivent l'exploitation dont ils sont les victimes. Dans son œuvre la description, simple, directe, vigoureuse du travail de la terre et de la vie à la campagne, remplace le lyrisme édifiant et moralisateur des agrariens « aux mains blanches ». Paysan et écrivain, l'auteur de *la Vie d'un simple* [85] fut aussi un syndicaliste qui pendant de nombreuses années, avant et après la guerre de 1914, tenta d'aider les paysans à prendre conscience de leurs intérêts, de leur dignité et œuvra pour qu'ils s'organisent eux-mêmes.

le régime de Vichy ou le triomphe de l'idéologie agrarienne

« *La terre ne ment pas.* »

L'organisation corporative et la politique agricole de l'État français, c'est le triomphe de la droite agrarienne sur les forces de la gauche, c'est l'Union nationale des syndicats directement associée au pouvoir et à l'encadrement sans partage de la paysannerie, ce sont les résolutions du congrès de Caen prenant force de loi. Si le régime de Vichy marque l'apogée de l'idéologie corporative, il n'en est pas le chant du cygne. Elle s'exprimera en termes renouvelés et s'incarnera dans les institutions qui renaîtront quelques années après la Libération, les chambres d'agriculture principalement. La Corporation, c'est également l'avènement d'une nouvelle génération de cadres paysans qui dirigeront le mouvement professionnel jusqu'à une période récente.

Dans la geste de la révolution nationale, le thème agrarien occupe la place d'honneur. L'imagerie du « maréchal paysan » est centrée sur l'idée du retour à la terre : « La terre, elle, ne ment pas. Elle demeure votre recours. Elle est la patrie elle-même. Un champ qui tombe en friche, c'est une portion de la France qui meurt. Une jachère de nouveau emblavée, c'est une portion de France qui renaît [86]. » Peu d'idées originales dans les discours de Pétain. Il reprend et amplifie cinquante années de litanies champêtres et il propose à la population la restauration de la France saine et vertueuse des temps préindustriels. Les thèmes traditionalistes forment le credo officiel et H. Pourrat est reconnu comme l'écrivain quasi officiel de la nouvelle société. Pour le maréchal, le paysan, c'est d'abord le fantassin de Verdun. Marc Bloch estime que l'entourage du chef de l'État regrette « l'antique docilité qu'il suppose innée aux peuples modestement paysans » et qu'il est tenté de transformer la France en un « musée d'antiquailles [87] ».

En réalité, les dirigeants agricoles du Front paysan, qui ont salué avec joie l'avènement du nouveau régime, ne souhaitent pas faire tourner la roue de l'histoire à l'envers et rétablir la civilisation du bœuf et du fléau. Pour eux, la transformation des structures de l'État doit permettre d'équilibrer les rapports entre la grande agriculture et l'industrie, dans une économie qui demeure capitaliste, et assurer le maintien à la terre de l'infanterie paysanne dont le poids social et éventuellement électoral est essentiel. Dès le mois de septembre 1940, les dirigeants de l'Union nationale des syndicats agricoles présentent leur projet de Corporation paysanne.

L'influence du nazisme ou du fascisme sur le corporatisme français est faible. L. Salleron, par exemple, dénonce l'emprise totalitaire de l'État sur les organisations professionnelles en Allemagne et en Italie. Il critique l'organisation verticale, par produits, qui a été adoptée dans ces deux pays. Seul le Portugal de Salazar est favorablement apprécié. Les dirigeants agricoles français veulent une Corporation qui dispose de pouvoirs étendus, autonome par rapport à l'État, structurée sur une base territoriale, englobant l'ensemble des activités agricoles.

Fruit de dix années d'efforts doctrinaux et de campagnes d'agitation et de quatre mois de négociations entre le ministère de l'Agriculture et les dirigeants syndicaux, la loi « relative à l'organisation corporative de l'agriculture » est promulguée

Le Maréchal et le paysan : l'image du père bienveillant et protecteur (extrait d'une brochure de propagande destinée « aux enfants de France »).

le 2 décembre 1940. Ce texte n'est pas définitif. Il est complété par la loi du 16 décembre 1942 et ce n'est que le 31 mars 1943 que la Corporation paysanne est définitivement instaurée.

L'organisation corporative, prévue par la loi du 2 décembre 1940, repose sur trois principes fondamentaux : unité, autorité, obligation [88].

o Il existe un seul syndicat corporatif par circonscription (généralement, la commune) qui groupe toutes les catégories sociales de la profession : propriétaires exploitants, fermiers, métayers, salariés. L'adhésion du chef de famille entraîne la participation à la vie syndicale de tous les membres de la famille qui travaillent avec lui sur la même exploitation. Il est créé une seule organisation corporative par région (généralement le département) ; et au niveau national une Commission nationale d'organisation corporative doit assurer la transition entre l'ancien et le nouveau système [89]. La loi prévoit l'unicité des organismes de mutualité, de crédit et de coopération. Les deux cinquièmes des membres de leurs conseils d'administration sont nommés par les syndicats corporatifs. Les associations spécialisées deviennent les groupes spécialisés du syndicat et les chambres départementales d'agriculture sont supprimées et transformées en chambres régionales à compétence technique.

o L'organisation repose sur une conception hiérarchique très autoritaire. Le principe du libre choix des dirigeants est remplacé par la nomination effectuée par l'échelon supérieur. Un syndic dirige l'échelon local sous l'autorité du syndic régional. (En fait, la Corporation réussit à faire admettre la pratique des élections et les résultats des urnes furent rarement contestés.) Le syndicat communal dispose de pouvoirs étendus. Il constitue des commissions paritaires qui fixent par des règlements « le régime du travail, les conditions juridiques d'exploitation du sol et, généralement, tous les rapports professionnels des membres de la profession entre eux, adhérents ou non au syndicat » (article 5). Ces règlements sont soumis à l'organisation régionale. Celle-ci a capacité pour régler, dans le cadre de la législation, « les questions relatives au travail, à l'organisation de la prévoyance, de l'assurance et de l'assistance, aux conditions d'habitat et d'hygiène, à l'allégement du travail des femmes et, d'une manière générale, à toutes les conditions de la vie paysanne; les questions relatives à l'apprentissage et à la formation des jeunes ruraux; les questions relatives à la discipline générale et à l'honneur de la profession, et... les questions relatives à la production, à la vente, aux débouchés, aux prix et, d'une manière générale, à l'ensemble de l'économie agricole » (article 7).

★

Le paysan de France a été assez longtemps à la peine, qu'il soit aujourd'hui à l'honneur.

La France redeviendra ce qu'elle n'aurait jamais dû cesser d'être, une nation essentiellement agricole... Elle retrouvera toutes ses forces en reprenant contact avec la terre.

Il arrive qu'un paysan de chez nous voit son champ dévasté par la grêle. Il ne désespère pas de la moisson prochaine. Il creuse, avec la même foi, le même sillon pour le grain futur.

Un champ qui tombe en friche, c'est une portion de France qui meurt. Une jachère de nouveau emblavée, c'est une portion de France qui renaît.

Le cultivateur doit prévoir, calculer, lutter. Les déceptions n'ont aucune prise sur cet homme que dominent l'instinct du travail nécessaire et la passion du sol. De ce miracle chaque jour renouvelé est sortie la France, nation laborieuse, économe, attachée à la liberté.

Le cultivateur sème, mais il ne fait pousser ni mûrir le grain sans l'aide de Dieu.

★

Ainsi, la loi répond, pour l'essentiel, à l'attente des dirigeants agricoles dans la mesure où elle transfère, aux organisations corporatives, un véritable pouvoir réglementaire.

o L'organisation corporative repose sur la primauté du syndicat qui coordonne sous son autorité toutes les institutions professionnelles bien que l'adhésion y soit théoriquement facultative. Mais cette liberté est très relative dans la mesure où les exploitants et les ouvriers agricoles sont tenus d'adhérer à une caisse d'allocations familiales ou à une caisse d'assurances sociales et qu'ils ne peuvent le faire que s'ils sont syndiqués. Il en va de même pour bénéficier des avantages de la coopération et du crédit.

La mise en place des nouvelles institutions est confiée à une Commission nationale d'organisation corporative de trente membres nommés par le ministre de l'Agriculture. P. Barral affirme que « les dirigeants vinrent des différents horizons politiques et, sauf pour les socialistes et les communistes, on fit sa part à chaque tendance, selon les prépondérances de fait [90] ». Si nous ajoutons l'élimination des parlementaires radicaux, il est évident que l'horizon politique de la corporation est réduit à la seule ligne de droite. Les leaders du Front paysan occupent naturellement tous les postes de direction. Le comte H. Budes de Guébriant préside la Commission nationale dont les deux principaux rapporteurs du congrès de Caen, L. Salleron et R. Goussault, sont les délégués généraux. Dorgères, pour qui « le miracle Pétain est à cinq siècles de distance l'équivalent du miracle Jeanne d'Arc [91] », se voit confier la propagande. Le ministère de l'Agriculture échoit à P. Caziot, le théoricien de la petite exploitation familiale, qui choisit le délégué de l'association générale des producteurs de blé, Pierre Hallé, comme directeur de cabinet. Le principal dirigeant de la Confédération générale des planteurs de betteraves, Jean Achard, est promu ministre du Ravitaillement.

A l'occasion de l'élection des syndics régionaux, en 1941 et en 1942, « le monde rural retrouve ses anciens leaders syndicaux [92] », c'est-à-dire ceux de l'Union nationale. Il convient cependant de souligner que les collèges électoraux sont amputés de 1 million de paysans retenus prisonniers et de beaucoup de jeunes soumis, à partir de 1942, au service obligatoire ou qui se trouvent dans les maquis.

Chargé de tirer les conclusions du congrès de Caen de l'UNSA, sous la forme d'un « serment du syndicalisme agricole », H. de Guébriant demandait que soit confié à chaque corporation « le droit d'ordonner et de réglementer ». Il reconnaissait à l'État un simple rôle de contrôle et d'arbitrage. Cette conception paraît sous-tendre la loi du 2 décembre 1940. Or, au terme de la première année de fonctionnement, les apôtres du corporatisme dressent un bilan fort critique et désabusé : « La vérité nous oblige à dire que la première année d'expérience de la Corporation paysanne marque un succès net pour l'étatisme. La Corporation est pratiquement sans ressources financières, et elle est, dans ses moindres gestes, mise en tutelle par l'administration. C'est un fait grave sur lequel nous avons le devoir d'attirer l'attention du monde paysan. Si, en effet, la Corporation n'est pas pour lui un instrument de libération, elle sera le plus parfait instrument d'oppression qu'on puisse rêver [93]. » L. Salleron ne se trompe pas; à la fin de 1941 il est démis de ses fonctions.

L'absence d'autonomie financière explique la dépendance administrative de la Corporation à l'égard de l'État. Elle ne peut assurer elle-même son financement et vit de subventions. De plus, les commissaires du gouvernement placés auprès des unions régionales jouent un rôle déterminant et disposent d'un véritable pouvoir de veto. La subordination de la Corporation paysanne au ministère de l'Agriculture s'accroît en 1942. En mars, le ministre devient le président de la Commission nationale, c'est-à-dire, en fait, le chef du mouvement professionnel paysan! Curieuse évolution qui fait des doctrinaires de l'agrarisme les gestionnaires d'une organisation qui représente ce qu'ils ont le plus violemment condamné. Situation encore plus paradoxale, lorsqu'un mois plus tard, en avril, J. Le Roy Ladurie, le pourfendeur de l'étatisme, est nommé, à son tour, ministre de l'Agriculture *.

L'État autoritaire.

La loi du 16 décembre 1942 réduit encore l'autonomie de la Corporation. Un Conseil national corporatif de 150 membres remplace la Commission nationale. Il est présidé par le ministre qui reçoit pouvoir de nommer et de démettre de leurs fonctions la plupart des dirigeants professionnels. Désormais, la Corporation est administrée par un syndic national choisi par le chef de l'État. Le maréchal Pétain nomme à ce poste l'ancien président de l'association des producteurs de blé, Adolphe Pointier, gros exploitant de la Somme, qui fut l'un des principaux adversaires de l'Office du blé [94].

Avec Max Bonnafous, le successeur de J. Le Roy Ladurie au ministère, les thèmes virgiliens disparaissent des discours et la fonction de la Corporation apparaît en pleine clarté : « Jusqu'ici la Corporation paysanne n'était qu'un organisme de démagogie paysanne qui gênait le gouvernement. Il fallait en faire une organisation qui aidât le gouvernement [95]. » Le 1er février 1943, il précise : « Il faut qu'elle nous aide à assurer le ravitaillement du pays, il faut qu'à tous les échelons les syndicats comprennent l'importance sacrée de leur rôle de ravitailleurs... La Corporation doit être l'auxiliaire de l'administration qu'elle éclaire de ses conseils, qu'elle soutient de son influence. »

La plupart des observateurs expliquent la déviation de l'idéal corporatiste par les conditions particulières de la guerre et de l'occupation allemande. Certes le poids des circonstances

---

* Il quittera son poste six mois plus tard, en septembre, notamment pour manifester son hostilité à la loi sur le travail obligatoire en Allemagne. Il participera ensuite à la Résistance en combattant dans un maquis du Loiret puis sur le front des Alpes.

fut très important. Mais la fonction de l'agriculture dans le système économique n'imposait-elle pas une telle évolution ? Le régime de Vichy sut utiliser l'adhésion idéologique des dirigeants syndicaux pour en faire les instruments de sa politique auprès des paysans. L'analyse de la politique agricole peut expliquer l'ampleur de leur collaboration, bien que leur rôle dans l'élaboration de la législation soit très secondaire.

Eugène Forget, un paysan très représentatif de l'agriculture moyenne, formé par l'action catholique, ancien syndic régional adjoint du Maine-et-Loire et qui sera le premier président de la Fédération nationale des syndicats d'exploitants agricoles, FNSEA, porte un jugement très positif sur la Corporation. Elle fut selon lui « la première manifestation d'une véritable démocratie professionnelle, ce qui explique son succès [96] ». Cette « démocratie » apparaît très relative dans son fonctionnement et elle ne peut pas être jugée indépendamment des institutions de l'État français. Cependant, l'élection de 30 000 syndics locaux permet, pour la première fois, l'émergence de la paysannerie moyenne dans la hiérarchie syndicale. Elle ne remplit pas encore les premiers rôles. Elle constitue dans le langage des agrariens, qui empruntent souvent aux militaires, le cadre des sous-officiers. Quelques-uns, sortis du rang, sont admis au rang d'officier subalterne. Ils reprendront du service dans les organisations professionnelles sous la Quatrième République. Gordon Wright note après un pointage sommaire « que sur environ cent cinquante syndics régionaux et syndics régionaux adjoints, un tiers retrouvèrent après la guerre des positions de premier plan dans le mouvement syndical ou des fonctions politiques [97] ».

Selon E. Forget, une seconde raison explique le succès de la Corporation : elle réalise l'unité paysanne qui répond aux vœux profonds des masses. Ce jugement doit être nuancé. Dans la mesure où l'organisation corporative est perçue par les agriculteurs comme l'instrument de la collecte du ravitaillement pour les Allemands, l'enthousiasme « des masses » se manifeste avec une extrême tiédeur. En 1944, beaucoup de syndics locaux sont « les hommes les plus honnis des campagnes [98] ». En Bretagne même, dans le berceau du corporatisme, l'office de Landerneau, devenu « l'office des réquisitions », connaît la désaffection de ses troupes et un grand nombre de syndics préfèrent démissionner plutôt que de remplir les fonctions qui leur sont confiées [99].

En réalité la Corporation n'atteint qu'en partie son objectif et ne se développe que dans les régions où existaient avant guerre de grandes organisations professionnelles de type corporatif : la Bretagne et le Lyonnais notamment. « L'unité » a alors consisté à interdire toute possibilité d'expression aux éléments contestataires. Parmi ceux-ci, un nombre non négligeable prend part à la lutte contre le régime et prépare la Libération.

S'il y a peu de paysans parmi les dirigeants de la Résistance et si les forces agricoles n'ont pas de représentant au sein des conseils de la Résistance (CNR et CDL [100]), le monde rural n'est pas absent du combat : aides de toute nature aux réfugiés, aux évadés, aux parachutistes et aux maquis. Le Comité d'histoire de la Seconde Guerre mondiale a établi que, dans certains départements, les paysans constituent la profession la plus représentée parmi les déportés : ainsi dans la Creuse (47 paysans sur 158 déportés) ou dans l'Yonne (187 paysans sur 1 219 personnes arrêtées pour des motifs politiques [101]). L'image d'une France rurale pétainiste, essentiellement préoccupée de marché noir et remplissant d'or ses lessiveuses, relève du mythe. Pas plus au temps de la guerre qu'au temps de la paix, les divisions dans les comportements politiques ne recouvrent la dualité ville-campagne.

Dès 1941, des militants d'organisations agricoles dissoutes ou mises en sommeil, ceux de la Confédération nationale paysanne et des éléments de la Fédération du boulevard Saint-Germain tentent de regrouper les forces démocratiques en milieu rural [102]. Ils organisent, en 1942 et en 1943, des réunions clandestines qui se tiennent en zone sud (Guéret, Limoges, les Quatre-Routes dans le Lot) et en zone nord (Brienne-le-Château, Morlaix, Quimper, Vannes, Bourges et Paris). C'est au cours de ces réunions que prend naissance l'idée d'une Confédération générale de l'agriculture, organisation démocratique devant réaliser l'unité de tous les travailleurs de la terre « à l'exclusion des hobereaux, des propriétaires non exploitants, des affameurs et des traîtres ». En janvier 1944, les militants de la CGA clandestine publient le premier numéro de leur journal, la Résistance paysanne. Ils s'efforcent de rassembler tous les agriculteurs dans la lutte contre les Allemands et ils jettent les bases de l'organisation professionnelle qui sera créée après la victoire. Le principal responsable du mouvement est P. Tanguy-Prigent, le jeune animateur de la lutte des paysans de gauche contre l'office de Landerneau, avant 1940.

De leur côté, les communistes créent, en 1943, les comités de défense et d'action paysanne (CDAP), à partir des cadres et des réseaux d'influence de l'ancienne CGPT. Le journal la Terre paraît clandestinement et diffuse les mots d'ordre du Parti. Ainsi, par exemple, dans le numéro du 1er septembre 1943 : « Paysans de France, vous avez des devoirs sacrés à remplir à l'égard de la patrie... Retardez les battages, cachez les récoltes pour les Français. Ne livrez rien aux boches, chassez les contrôleurs... Cachez, aidez, armez les jeunes réfractaires qui fuient la déportation... Avec la classe ouvrière, participez à la lutte armée pour chasser l'envahisseur [103]. » En 1945, les CDAP affirment être au nombre de 4 000, présents dans 40 départements, essentiellement dans le Massif central et le sud de la France.

Le 4 septembre 1944, le général de Gaulle nomme P. Tanguy-Prigent ministre de l'Agriculture et une ordonnance du 12 octobre dissout la Corporation paysanne.

de la révolution nationale
à la révolution
silencieuse *

Si l'État français établi à Vichy, en juillet 1940, marque une rupture dans l'histoire du régime politique de la France et de ses institutions administratives et sociales, il peut être considéré dans l'histoire du mouvement social paysan comme une période de transition. En effet, jusque dans les années 60, ce sont les forces qui ont pris le contrôle du mouvement professionnel aux environs de 1930, qui continuent de présider à ses destinées. Pendant trente ans, à l'exclusion des premières années qui suivent la Libération, les représentants de la grande agriculture de type capitaliste et de la paysannerie aisée dominent les principales organisations qui s'expriment au nom de l'agriculture. Elles défendent la même politique agricole qui correspond à ses intérêts : prix élevés et indifférenciés pour tous les producteurs, non-ingérence de la collectivité dans l'évolution des structures foncières, refus de toute politique qui ne respecte pas la spécificité du monde rural et qui implique l'intervention de l'État, notamment en matière sociale... Elles s'allient aux mêmes forces politiques, seules les méthodes changent. Mais, du Front paysan de 1934 à l'Action civique de 1951, il y a continuité dans la volonté d'utiliser les organisations professionnelles au service de la stratégie politique de la droite. Enfin, les références idéologiques ne varient pas. Le 8e congrès de la Fédération nationale des syndicats d'exploitants agricoles consacré, en 1954, à « la sauvegarde de l'exploitation familiale » s'appuie sur la pensée de Lucien Romier et des théoriciens agrariens de l'entre-deux-guerres. Ses conclusions reprennent celles des congrès de l'Union nationale des syndicats agricoles.

Les divergences entre les idéologies conservatrices et jacobines qui subsistaient au lendemain de la Première Guerre mondiale s'estompent et, après 1945, seules des nuances séparent un président de syndicat « indépendant » d'un président de coopérative radicalisant. Ils défendent le même programme agricole et leur pratique sociale ne diffère guère. Simplement, le premier va à la messe et le second défend l'école laïque.

* *La Révolution silencieuse, le Combat des paysans*, Calmann-Lévy, 1963, est un livre témoignage sur le mouvement des jeunes agriculteurs écrit par son principal responsable et porte-parole Michel Debatisse.

Congrès national du CNJA à Paris en octobre 1966.

Un numéro de *Jeunes Agriculteurs*, la revue du CNJA.

Les bouleversements de l'appareil de production n'affectent pas immédiatement les rapports de forces au sein du mouvement professionnel. Sous la Quatrième République, l'idéologie que sécrètent les nouveaux rapports de production s'élabore et s'exprime en dehors de lui. Les mouvements d'action catholique sont alors le creuset dans lequel germent les idées nouvelles et se forment les cadres qui seront capables d'organiser et de structurer en force syndicale la nouvelle couche sociale montante dans l'agriculture. Le changement des structures politiques sous la Cinquième République, correspondant à une nouvelle étape dans le développement des forces productives, permettra leur émergence dans les organisations syndicales, l'avènement d'un langage nouveau dans lequel le mythe de l'unité des chefs d'entreprise remplacera celui de l'unité du monde paysan et l'élaboration d'une politique agricole rendant mieux compte des nouveaux rapports entre le système économique, l'agriculture et l'État.

Mais jusqu'en 1958-1960, les organisations agricoles continuent de diffuser une idéologie de défense globale du monde paysan qui repose théoriquement sur la petite exploitation familiale comme organisation dominante de la production et qui correspond à un système politique dans lequel les notables ruraux jouent un rôle prépondérant.

l'unité professionnelle

La gauche au pouvoir. Les 16, 17 et 18 mars 1945 se tient, à l'Hôtel de Ville de Paris, le congrès de l'unité paysanne de la CGA. Cette unité est animée et contrôlée par des socialistes, par des radicaux et par des communistes qui ont décidé de participer au grand rassemblement. Elle sera de courte durée.

Ce premier congrès de la paysannerie marque un renversement complet des rapports de forces à la direction nationale du mouvement professionnel. Les « marginaux » de l'entre-deux-guerres, les proscrits du régime de Vichy, tiennent les premiers rôles tandis que les anciens chefs, puissants et dominateurs, connaissent la prison ou font preuve d'une extrême discrétion. Et cependant, les « rouges » au pouvoir n'entendent pas faire la révolution, mais simplement favoriser l'organisation d'une plus grande démocratie économique et sociale à la campagne, reposant sur l'élection et sur la pluralité des tendances.

Apparemment d'ailleurs tous leurs discours paraissent inspirés par les idéologues agrariens! Dans l'euphorie de la Libération, les retrouvailles syndicales vibrent au chant de l'unité enfin réalisée, parce que, pour la première fois, librement acceptée. Le communiste Waldeck Rochet conclut son rapport sur « les perspectives économiques de l'agriculture » par

un vibrant appel à l'union de la grande famille paysanne :
« Nous devons faire table rase de nos anciennes divisions et
rejeter toutes les querelles mesquines susceptibles de nous
diviser. » Le ministre socialiste P. Tanguy-Prigent fait de ce
thème la clef de son discours et il exhorte son auditoire à
constituer le ciment de l'union : « C'est pour votre salut sur
le plan matériel, sur le plan social et aussi sur le plan moral
et intellectuel, que vous devez former cette grande unité
paysanne [104]. » Curieusement la seule note discordante provient d'un délégué de la Gironde, M. Pouillaud, présenté
comme un membre des syndicats chrétiens, qui se fait le
défenseur du pluralisme syndical, ce qui provoque les protestations de l'assemblée.

Mais cette unité n'est pas celle du monde rural célébrée
par les agrariens; elle rassemble les seuls travailleurs de la
terre. Les propriétaires non exploitants, qui avaient perdu le
contrôle du syndicalisme paysan au cours des années qui ont
suivi la Première Guerre mondiale, en sont exclus au lendemain de la Seconde. Ainsi disparaît au niveau institutionnel
une couche sociale qui ne représentait plus une force économique depuis de nombreuses années. Le mythe de l'unité
n'est plus fondé sur l'opposition ville-campagne, sur les valeurs
morales attachées à la terre et sur la propriété. Il repose sur
l'appartenance à une même communauté de travail qui crée
des intérêts convergents. La conception du paysan-artisan,
qui vit de la vente des produits qu'il fabrique, conduit les
fondateurs de la CGA à accorder une importance privilégiée
aux « organisations économiques » qui permettent à l'agriculture de valoriser ses marchandises et qui sont le trait d'union
entre le producteur et le système économique. C'est pourquoi la conception du « syndicat boutique » est condamnée.
Une ordonnance du 8 octobre 1945 interdit aux syndicats
professionnels agricoles d'effectuer des opérations économiques. Il leur est reconnu pour seule fonction la défense des
intérêts généraux de la paysannerie. En retrouvant leur indépendance, la coopération, la mutualité et le crédit acquièrent
une représentativité comparable à celle du syndicalisme.

La démarche des dirigeants socialistes est également guidée par des préoccupations politiques. Ils savent ne pas disposer d'une base sociale suffisante au sein de la paysannerie
pour pouvoir s'appuyer durablement sur sa représentation
syndicale. Par contre, ils jouissent d'une influence beaucoup
plus grande dans le milieu des cadres techniques qui animent,
et le plus souvent dirigent, les organisations de services. Ils
espèrent pouvoir les utiliser comme relais entre le pouvoir
gouvernemental et la masse des paysans.

Tels sont les deux principes sur lesquels est fondée la CGA :
unité excluant les non-productifs, séparation du « syndical »
et de « l'économique ». La Confédération est composée de
sept branches. Le syndicat des chefs d'exploitation, dénommé
Fédération nationale des syndicats d'exploitants agricoles

(FNSEA), ne représente que l'une de ces branches. S'y ajoutent les trois fédérations autrefois rattachées au boulevard Saint-Germain, qui reprennent leurs activités, et les trois fédérations de salariés : techniciens, ouvriers affiliés à la CGT, et ouvriers affiliés à la CFTC. Certes, la FNSEA obtient la représentation la plus importante dans les organes dirigeants de la CGA, mais elle ne peut pas contrôler la Confédération qui est reconnue par les pouvoirs publics comme le seul interlocuteur représentatif du monde paysan.

Il semble donc que la gauche qui avait violemment dénoncé la Corporation paysanne impose, de manière tout aussi autoritaire, une organisation professionnelle de nature comparable. Seuls les rentiers du sol sont éliminés de l'union qui rassemble tous les travailleurs de la terre quels que soient leur statut social, leur mode de faire-valoir, l'importance et la nature de l'exploitation. Les agriculteurs et les ouvriers disposent chacun de leur propre organisation. Mais la fédération des exploitants qui réunit le gros céréalier de la Beauce et le métayer des Landes reprend à son compte la vision d'une paysannerie homogène.

Les socialistes comptent sur leur présence au ministère, sur leur influence dans l'administration de l'agriculture et sur les effets d'une politique de formation technique des agriculteurs pour dégager dans la petite et moyenne paysannerie des cadres suffisamment nombreux et capables de s'opposer à la mainmise des gros exploitants et de la droite sur le syndicalisme. En coiffant l'ensemble des organisations par une confédération dans laquelle l'équilibre des forces donne le pouvoir à la gauche ou au moins au centre gauche, ils espèrent contrôler le mouvement social paysan. La démarche des partis socialiste et communiste à l'égard de la paysannerie n'a pas varié. Elle est un allié nécessaire de la classe ouvrière, mais elle ne peut pas être le moteur de la transformation sociale. Il faut proclamer son droit à l'existence et l'aider à résister aux efforts du capitalisme pour l'absorber. Pour atteindre cet objectif, P. Tanguy-Prigent et ses collaborateurs élaborent une politique cohérente et ambitieuse : équipement des exploitations, développement de la coopération sous toutes ses formes, statut du fermage et du métayage, organisation du marché foncier...

Afin de réaliser ces réformes, le gouvernement doit pouvoir s'appuyer sur une organisation professionnelle qui joue le jeu de la collaboration et qui encadre suffisamment les paysans pour qu'ils acceptent de s'engager dans la voie qui a été tracée à leur intention. Les résultats électoraux qu'ils obtiennent dans les campagnes en 1945 encouragent les partis de gauche à développer cette stratégie. Alors que la SFIO retrouve son influence d'avant la guerre, le parti communiste, bénéficiant de son action dans la Résistance, connaît une progression remarquable.

Une telle démarche n'est pas sans ambiguïté. Alors que ses fondateurs voient dans la CGA l'unique représentant du monde agricole, le délégué des ouvriers agricoles affiliés à la CGT affirme au congrès de l'unité syndicale que seule la centrale ouvrière a compétence pour défendre les intérêts des salariés et il ne reconnaît à la CGA qu'une fonction économique pour la transformation de l'agriculture.

Les critiques les plus virulentes contre l'unité ainsi réalisée sont naturellement formulées par les anciens zélateurs de l'Union nationale des syndicats et de la Corporation paysanne. Ils découvrent brusquement des vertus incomparables à un pluralisme syndical qu'ils avaient jusqu'alors dénoncé comme le pire des fléaux. Le monopole de la représentativité reconnu à la CGA scandalise les anciens syndics qui n'avaient guère montré, sous le régime de Vichy, leur volonté d'indépendance totale à l'égard de l'État. Il est vrai que la « menace marxiste » ne pesait pas alors sur la république et sur l'agriculture.

L'épreuve de vérité pour la CGA a lieu au cours des deux premiers mois de 1946, lorsque les paysans sont appelés à élire, librement, les dirigeants locaux et départementaux de la FNSEA. Dans la plupart des régions, le choix des responsables est interprété comme un référendum sur les nouvelles institutions agricoles soutenues par la gauche et critiquées par la droite qui prend souvent le visage de la démocratie chrétienne. Les résultats marquent la nette victoire des vaincus de 1944. Le premier congrès constitutif de la Fédération, en mars 1947, élit à la présidence E. Forget et au secrétariat général René Blondelle, ancien syndic régional de l'Aisne et ancien membre du Conseil corporatif national.

Ainsi, dès 1946, le mouvement professionnel paysan éclate en deux grands courants. Mais si la FNSEA, à travers ses hommes et leur idéologie, apparaît comme l'héritière directe du syndicalisme d'inspiration corporatiste de l'entre-deux-guerres, la CGA ne se situe pas dans la seule tradition du boulevard Saint-Germain. Ses fondateurs se réclament expressément de la Confédération nationale paysanne et de la Confédération générale des paysans travailleurs. L'inspiration doctrinale, les références, les cadres sont socialistes et le parti communiste apporte son appui. Au sein de la gauche le poids du radicalisme n'est plus déterminant. Il n'a guère renouvelé ses cadres qui ont blanchi dans leurs fauteuils de présidents et qui, pour beaucoup, manifestent leurs convictions avec une extrême prudence.

L'affrontement entre la CGA et la FNSEA oppose deux visions du monde paysan, deux politiques agricoles qui s'inscrivent dans la lutte politique au niveau de la société globale. Il ne s'agit pas d'une querelle entre « rivaux-complices » qui se connaissent « comme deux vieux amants » pour reprendre les expressions qu'utilise Henri Mendras. L'enjeu du combat est l'encadrement de la paysannerie dans des perspectives politiques et au service d'intérêts contradictoires. Il ne peut

René Blondelle, syndicaliste et sénateur. La personnalité la plus marquante de la droite paysanne depuis la Libération.

pas y avoir de coexistence pacifique entre les deux forces et la seule issue ne peut être trouvée que dans l'effacement de l'un des protagonistes.

Dès le deuxième congrès de la FNSEA, en 1947, R. Blondelle réclame l'indépendance pour son organisation et propose de réduire la CGA à un simple rôle de coordination. Il affirme œuvrer dans l'intérêt suprême de la profession en extirpant la politique du syndicalisme agricole. Le thème de « l'apolitisme » va être l'arme efficace de la droite pour éliminer ses adversaires. Dans cet esprit, le secrétaire général de la FNSEA impose l'interdiction des cumuls entre mandats parlementaire et syndical afin d'évincer les députés socialistes et communistes [105].

La guerre d'usure se poursuit pendant huit ans. Mais, dès 1950, la victoire de la FNSEA et des notables conservateurs est assurée. R. Blondelle et ses amis chassent tous les hommes de gauche de la direction nationale et le président E. Forget, qui ne conçoit l'unité paysanne que dans le respect de toutes les familles politiques, donne sa démission. Disposant de tous les leviers de commande, la droite décide d'exclure les fédérations départementales qui ne lui sont pas favorables. Ainsi, sous les prétextes les plus divers, entre 1950 et 1952, la sanc-

Les dirigeants d'une caisse départementale du Crédit agricole : des hommes pondérés qui ont du bien et une longue expérience.

Une assemblée générale ne saurait s'achever sans banquet et sans discours (Crédit agricole, Loiret, avril 1954).

tion suprême s'abat sur les syndicalistes de Haute-Garonne, de l'Ariège, de la Dordogne, de la Charente, du Tarn-et-Garonne, des Landes. Dans ce dernier département, le motif invoqué ne manque pas de saveur : il est reproché à la FDSEA d'avoir organisé une expédition punitive sur les terres d'un propriétaire en conflit avec son métayer!

Élu président de la FNSEA, R. Blondelle, assisté d'un secrétaire général, également ancien syndic de la corporation, Jean Laborde, poursuit son offensive contre la CGA. Il triomphe définitivement, le 19 janvier 1954, lorsque la modification de ses statuts enlève à la Confédération tout rôle représentatif et limite ses fonctions à un simple cadre de rencontre sans pouvoir de décision. Moins de dix ans après le congrès de l'unité paysanne, l'œuvre de P. Tanguy-Prigent et de ses camarades issus de la Résistance s'écroule. C'est la revanche des héritiers de la corporation paysanne et de Vichy sur les forces de la gauche.

La plupart des observateurs expliquent l'échec par « l'orientation politique jugée trop partisane » des dirigeants de la CGA [106]. Certes, l'idéologie qui domine la vie politique française s'efforce d'accréditer l'idée que seule la gauche fait de la politique, facteur de désunion, alors que les autorités sociales modérées gèrent la société dans un esprit de concorde et dans l'intérêt général. Il ne semble pas que la population des campagnes soit plus sensible à un tel argument que les autres catégories sociales. Elle n'est pas d'une naïveté telle que toute comparaison avec la pratique de la droite syndicale lui soit impossible.

Une manifestation d'éleveurs, contre l'État, mais aussi contre leurs propres dirigeants professionnels.

Les raisons d'un échec.

En fait, l'échec des socialistes tient à leur incapacité de dégager des cadres issus de la paysannerie. Dans la mesure où le paysan attend de l'organisation professionnelle qu'elle lui rende des services, il accorde son soutien à celui qui, tout en appartenant au monde rural, dispose de relations sociales suffisantes pour défendre ses intérêts. La force du courant conservateur est de disposer d'une réserve naturelle de dirigeants professionnels dans la grande agriculture et parmi les paysans aisés. De plus, l'action catholique lui fournit, à cette époque, le complément de cadres moyens dont la sensibilité agrarienne et le dévouement compensent l'absence de formation et de réflexion économiques. La gauche qui s'appuie sur la petite paysannerie individualiste tend à avoir à son égard « l'attitude de l'instituteur ». Elle lui apporte les solutions, de l'extérieur, et s'appuie sur ses élites techniques. Mais le directeur de la coopérative n'est pas perçu par l'agriculteur comme étant l'un des siens [107].

Pendant toute la période où son fondateur est ministre de l'Agriculture, la CGA bénéficie de son appui politique et de la collaboration active de l'administration. Elle peut jouer son rôle d'unique représentant du monde paysan et ainsi faire la preuve de son efficacité. Le remplacement de P. Tanguy-Prigent, le 22 octobre 1947, par un modéré, le docteur Marcel Roclore, et surtout, un mois plus tard, par l'un des leaders du Mouvement républicain populaire, Pierre Pflimlin, modifie profondément la situation. Ce dernier, qui détient le portefeuille de l'Agriculture pendant plus de trois ans, manifeste une sympathie active aux dirigeants de la FNSEA, parmi lesquels il compte des amis politiques, et il retire, de fait, à la CGA son monopole représentatif. L'histoire du mouvement professionnel paysan montre l'influence de l'action gouvernementale sur ses rapports de force interne, c'est pourquoi il est essentiel de souligner que, depuis 1947 jusqu'à nos jours, aucun socialiste n'a dirigé l'administration de l'agriculture [108].

Un dernier facteur explique l'échec de la CGA : l'opposition entre les socialistes et les communistes, conséquence de la guerre froide et de la rupture du tripartisme. Mais il n'est pas déterminant. Par ailleurs, profitant du rétablissement de la liberté d'organisation, la droite crée la Confédération générale des coopératives agricoles qui s'oppose à l'Union centrale des coopératives agricoles affiliée à la CGA. En divisant le mouvement coopératif, elle affaiblit ses adversaires et elle révèle les limites de ses convictions unitaires.

Ainsi, tandis que la gauche perd son ministre et se divise, la droite, beaucoup mieux implantée, reconstitue, dès 1947, son empire d'avant la guerre. A partir de 1946, les associations spécialisées se recréent et elles s'intègrent, l'année suivante, à la FNSEA sous la forme de groupements semi-autonomes. L'article 9 des statuts de la Fédération précise qu'elles « agissent dans le cadre des directives de la politique générale agricole arrêtée par la FNSEA et (qu'elles) lui en réfèrent pour toutes les questions mettant en cause l'intérêt général agricole ». En réalité, organisations riches et puissantes, animées par les gros producteurs du Bassin parisien et du Nord, elles investissent les postes stratégiques du syndicat et l'utilisent en fonction de leurs intérêts.

Après le premier congrès de la FNSEA, les communistes tentent d'organiser les fermiers et métayers en une association autonome, mais l'entreprise échoue. La majorité décide de constituer une simple section de la Fédération et en confie la présidence à un démocrate-chrétien. Peu après, une section des propriétaires non exploitants complète l'organisation.

Ayant ainsi réussi, grâce à une structure relativement souple, à intégrer toutes les catégories d'exploitants agricoles, la Fédération nationale revendique le monopole de représentation de la paysannerie. Certes, à la différence du syndicalisme d'avant la guerre, elle ne peut plus prétendre parler au nom des ouvriers, mais aucun groupement de producteurs à caractère syndical n'existe, juridiquement, en dehors d'elle. Ce « colosse » a cependant des pieds d'argile. La séparation entre le syndical et l'économique le prive des moyens financiers qui déterminent les possibilités d'action. Or, la plupart des dirigeants, fidèles à l'idéal corporatiste, ne conçoivent pas un syndicalisme de nature purement revendicatif. Ils aspirent à gérer eux-mêmes, directement, les institutions rurales et entendent avoir la responsabilité de la mise en œuvre de la politique agricole. Ne pouvant atteindre cet objectif par le syndicat, certains d'entre eux militent activement pour la renaissance des chambres d'agriculture. Leur projet aboutit et, à partir de 1949, la paysannerie dispose à nouveau d'un établissement public, élu au suffrage universel par tous les « intérêts » agricoles.

Organismes consultatifs, les chambres d'agriculture, parce qu'elles disposent de moyens financiers très importants [109] qui leur permettent de créer des services multiples, parce que le législateur leur reconnaît une compétence étendue et parce qu'elles représentent tous les agriculteurs, refusent d'être l'auxiliaire technique et l'intendance du syndicalisme. Ainsi, au moment où la FNSEA se libère de la tutelle de la CGA et affirme incarner l'unité du monde paysan, cette prétention lui est contestée par une organisation contrôlée par la même famille politique et qui dispose de moyens plus importants pour assurer la défense globale de l'ensemble des agriculteurs. Entre les deux organisations il n'apparaît pas de conflits de doctrine, mais une rivalité dans la répartition des tâches et dans l'ordre de préséance.

Un accord, du 8 février 1951, conclu entre les deux partenaires, subordonne les chambres au syndicat. Elles s'engagent à ne donner d'avis aux pouvoirs publics qu'après consultation des fédérations d'exploitants. La coordination au niveau national est consolidée l'année suivante lorsque R. Blondelle est élu président de l'Assemblée permanente des présidents de chambres d'agriculture par 47 voix contre 37 au président de la CGA, Pierre Martin. Ce vote reflète le rapport de forces entre les courants de droite et de gauche. Sous l'impulsion de leur président, les chambres d'agriculture s'efforcent « de renouer et sans rien renier de ce qui a été fait depuis 1940 sur le plan de la corporation et sur le plan de la CGA, avec l'organisation professionnelle qui était non seulement l'aspiration mais la réalité de nos mouvements d'avant guerre [110] ».

Très rapidement, elles jouent un rôle moteur dans le mouvement professionnel paysan et elles s'expriment indépendamment des options formulées par la FNSEA. Dans les départements, elles servent de bailleurs de fonds aux fédérations dont elles abritent les services. Il en résulte une situation souvent conflictuelle, atténuée par la présence des mêmes forces et des mêmes hommes à la tête des deux organisations.

l'apolitisme syndical

L'action civique. Le rôle prépondérant des chambres d'agriculture dans les années 1950-1960 s'explique par le fait qu'elles perpétuent mieux que la FNSEA l'ancien équilibre économique, politique et idéologique dans les campagnes. Elles peuvent, à la fois, défendre les conceptions doctrinales les plus traditionalistes, s'opposer à toutes les réformes qui mettent en cause, selon leurs dirigeants, la spécificité et l'homogénéité de la paysannerie et ne pas être directement affectées par les mutations socio-économiques qui se produisent dans certaines couches de la production. Le mode d'élection des administrateurs permet à tous les courants de présenter des candidats et garantit, démocratiquement, l'hégémonie des conservateurs. L'importance et la qualité des services gérés satisfont la masse des usagers. L'interpénétration du milieu dirigeant avec les forces politiques du centre et de la droite est admise par la majorité des paysans qui acceptent cette action sur les parlementaires comme un moyen pour donner à l'agriculture « la place à laquelle elle a droit dans la nation ».

Pour R. Blondelle et pour les forces sociales qu'il représente, la mainmise sur le mouvement professionnel paysan est une condition nécessaire mais non suffisante pour atteindre leurs objectifs. Les moyens de pression traditionnels leur paraissant peu efficaces, ils doivent imaginer une opération qui, d'une part, ne les intègre pas dans les institutions de l'État mais qui, d'autre part, leur permette de participer activement aux décisions politiques concernant l'agriculture.

Comment agir sur le terrain politique au nom d'une action strictement professionnelle dont la vertu première est d'être apolitique ? Les dirigeants n'entendent pas renouveler l'expérience du Front paysan en compagnie du nouveau parti paysan constitué à la Libération par Paul Antier, un greffier de la Haute-Loire, ancien disciple de Fleurant Agricola. La faiblesse numérique du parti (8 députés en octobre 1946) et la légèreté doctrinale de son chef suffiraient à justifier leur réserve. Mais surtout, la nature et la structure de l'État ne sont plus officiellement remises en cause. Il s'agit pour eux de trouver une formule qui rende le Parlement sensible à leurs désirs, qui oblige le gouvernement à prendre en charge leurs revendications et qui ne les compromette pas directement avec les partis.

Lors d'une déclaration faite à la presse, le 25 janvier 1951, le président R. Blondelle présente la formule mise au point par l'état-major syndical : l'action de la FNSEA ne sera pas « politique » mais « civique ». Le choix du qualificatif est essentiel. Alors que le premier aurait été rejeté par la grande majorité des cadres paysans au nom de la pureté doctrinale, le second est admis parce qu'il est neutre et parce qu'il fait sérieux. De quoi s'agit-il ?

Au cours de la période qui précède une élection législative, les fédérations départementales de la FNSEA encouragent le plus grand nombre possible de syndicalistes à présenter leur candidature, peu importe théoriquement l'affiliation politique choisie. A défaut de paysans, la Fédération nationale suggère qu'il soit fait appel à des défenseurs de l'agriculture, qualifiés par leurs titres professionnels ou par leur expérience : journalistes agricoles, vétérinaires, ingénieurs agronomes... Pour être soutenu par l'organisation syndicale, le candidat doit accepter par écrit le programme de la FNSEA et signer un engagement en quatorze points qui est une approbation de ses thèses : « Seule une réponse affirmative aux quatorze questions, précise la circulaire nationale, sans *commentaires, additions ou réserves*, pourra être considérée comme un engagement valable. »

Dans un document préparatoire aux élections législatives de 1958, le président de la FNSEA, Joseph Courau, exposant aux dirigeants départementaux les raisons de poursuivre l'expérience de l'action civique, affirme que depuis sept ans elle a suivi « une ligne strictement apolitique » et que ses promoteurs ne se sont « à aucun moment mêlés, et sous quelque forme que ce soit, à des luttes purement politiques [111] ». En réalité, les dirigeants de la FNSEA tentent, en 1951, de réaliser une alliance avec les partis de droite. Pendant la campagne électorale, ils soutiennent les candidats républicains indépendants, ceux du parti paysan et un grand nombre de cadres syndicaux, d'importance variable, qui tentent l'aventure sous des étiquettes diverses mais dont l'inspiration est toujours conservatrice. Et cependant, formellement, leurs adversaires peuvent difficilement les accuser de partialité et dénoncer l'hypocrisie d'une entreprise qui s'adresse théoriquement à toutes les familles politiques, sans exclusive. Il doit être évident que si la gauche est absente au rendez-vous de la FNSEA, c'est parce qu'elle est hostile à l'exploitation familiale ou parce qu'elle se désintéresse du sort du paysan.

Habilement conduit, le plan du président R. Blondelle provoque une inflation de candidatures paysannes lors des élections législatives de juin 1951. Le journal *le Monde* en compte 650, soit une sur six [112]. Il est significatif que tous les partis dans les départements ruraux aient senti la nécessité d'inclure au moins un agriculteur dans leur liste. Si les résultats ne sont pas à la hauteur des ambitions déclarées, ils constituent néanmoins un bilan encourageant pour la FNSEA dont 27 dirigeants sont élus [113]. L'Assemblée nationale n'a jamais compté autant d'agriculteurs : 88 dont les deux tiers ont bénéficié de l'appui de l'action civique.

Contrôlant sans partage les organisations syndicales, disposant avec les chambres d'agriculture de la représentation officielle et de la puissance financière, lié étroitement aux groupes parlementaires de la droite, le courant néo-corporatiste de l'agriculture française possède, à partir de 1951, une capacité d'intervention particulièrement puissante. Il l'exerce principalement dans le cadre d'un intergroupe, l'Amicale parlementaire agricole, créée au lendemain des élections de 1951 et qui rassemble les députés et les sénateurs favorables à ses thèses. Aucun communiste, aucun socialiste n'en fait partie, mais elle comprendra sous la Quatrième République des hommes politiques éminents : Valéry Giscard d'Estaing, Edgar Faure, Paul Reynaud, Marcel Dassault, notamment.

L'unité contestée. Par l'Amicale, les dirigeants de la FNSEA interviennent directement dans la vie et l'action parlementaires. Participant aux réunions, ils transmettent aux députés et aux sénateurs leurs analyses et leurs propositions. Écoutés des ministres de l'Agriculture qui sont « indépendants-paysans » ou « paysans », ils ont la possibilité de faire aboutir l'essentiel de leurs revendications au cours de la deuxième législature de la Quatrième République [114].

Ayant consacré toute son énergie à la lutte pour le soutien des prix, la FNSEA doit constater, en 1955, à la fin de la législature, que son action n'a guère été couronnée de succès : le rapport entre les prix agricoles et les prix industriels ne s'est pas amélioré, l'agriculture est toujours défavorisée. Toutefois ce sombre bilan contient un élément positif : les grosses exploitations modernisées et bien équipées voient leur productivité augmenter régulièrement et connaissent la prospérité. Mais tous les agriculteurs ne sont pas également sensibles aux résultats de l'action gouvernementale. Beaucoup constatent avec inquiétude la baisse de leur pouvoir d'achat et réclament une autre politique. Ils prennent alors conscience des liens étroits qui unissent les dirigeants nationaux des organisations professionnelles et les forces au pouvoir. Lorsque le président du Conseil, le ministre des Finances et celui de l'Agriculture sont membres de l'Amicale parlementaire agricole, élus avec le label de l'action civique, il est bien difficile à la FNSEA de les dénoncer comme des adversaires de la cause paysanne [115]. Le mécontentement des agriculteurs ne pouvant plus s'exprimer par la voie syndicale et institutionnelle débouche alors sur une forme violente de contestation. Ce sont les viticulteurs du Midi qui en juillet-août 1953 donnent le signal de la révolte et de l'action. L'effondrement des cours du vin et la surproduction provoquent des barrages de routes et la démission des maires ruraux. Mais c'est surtout dans les régions d'élevage et de petites exploitations pauvres du Massif central, du Poitou et des Charentes que les manifestations connaissent la plus grande ampleur et la plus grande intensité : du 12 octobre au 22 décembre 1953, en utilisant des méthodes d'action directe, les paysans s'opposent autant à la direction de la FNSEA qu'aux pouvoirs publics. Dès le 22 septembre, les délégués de 18 fédérations départementales, appartenant formellement à la Fédération nationale, créent un comité de défense, dit Comité de Guéret, qui élabore un programme revendicatif et décide de la conduite des opérations, en opposition avec les directives nationales [116].

La réaction brutale des « laissés pour compte de l'expansion » a deux conséquences importantes. D'une part, le gouvernement est contraint de jeter les premières bases d'une organisation des marchés agricoles. Il crée le 15 décembre 1953 la Société interprofessionnelle du bétail et des viandes et quelques mois plus tard une autre société d'intervention voit le jour : Interlait. Certes cette organisation favorise essentiellement les intermédiaires, maquignons, chevillards et industriels, mais elle évite aux agriculteurs une fluctuation catastrophique des prix à la production. D'autre part, si la droite contrôle les instances nationales du mouvement professionnel, sa politique et ses hommes sont contestés dans un grand nombre de régions. Le comité de Guéret marque l'entrée en « dissidence passive » d'un certain nombre de fédérations départementales, qui, tout en demeurant rattachées à la FNSEA, manifestent désormais à son égard une indépendance absolue.

Le mécontentement paysan s'exprime également sur le terrain politique lors des élections législatives du 2 janvier 1956. Les dirigeants de la FNSEA, mettant en valeur les succès obtenus depuis 1951, renouvellent leur stratégie de l'Action civique. Ils connaissent une cruelle déception. Les indépendants-paysans perdent le quart de leurs sièges et se trouvent exclus de la majorité gouvernementale. Par contre, les communistes et un nouveau venu sur le terrain de la démagogie agraire, Pierre Poujade, obtiennent des résultats flatteurs dans les campagnes. Selon François Goguel, les bons résultats obtenus par l'UDCA s'expliquent par les conséquences sociales de la modernisation de l'agriculture : « Dans la mesure où le mécontentement systématique et la tendance à la révolte de type réactionnaire contre l'État actuel ont une base économique et sociale, c'est la survivance d'une agriculture mal équipée et mal adaptée qui en constitue la cause essentielle [117]. » La répartition des votes paysans, d'après les travaux de Joseph Klatzmann, s'établit ainsi : communistes : 17,5 % ; socialistes : 14 % ; gauches indépendants : 2,5 % ; radicaux-socialistes : 9 % (dont centre droit : 1 %) ; RGR : 2,5 % ; MRP : 12,5 % ; modérés : 20,5 % ; républicains sociaux : 3,5 % ; poujadistes : 14,5 % ; extrême droite : 2 % ; divers : 1,5 %.

A partir de 1956, les dirigeants professionnels, n'étant plus directement associés au pouvoir, retrouvent un dynamisme revendicatif particulièrement agressif. La présence d'un socialiste à la tête du gouvernement les conduit à déclencher la grève des producteurs de lait et à organiser des manifestations sur la voie publique. Les projets, fort modérés, du sous-secrétaire d'État à l'Agriculture, Kléber Loustau, provoquent une levée de boucliers. La pression du Rassemblement paysan animé par P. Antier, H. Dorgères et P. Poujade accentue la violence des attaques contre le « collectivisme ». Le gouvernement Bourgès-Maunoury connaît les mêmes difficultés au cours de sa brève existence pendant l'été 1957. Et ce sont pourtant ces deux gouvernements qui donnent aux organisations professionnelles leur plus grand motif de satisfaction : l'indexation des prix des principaux produits agricoles.

L'histoire du mouvement professionnel paysan sous la Quatrième République illustre l'importance et la signification des thèmes de l'apolitisme et de l'unité. Le courant néo-corporatiste a su les utiliser pour éliminer ses adversaires et pour faire triompher son intérêt. Mais l'homogénéité syndicale et politique des directions parisiennes n'a été obtenue que par un appauvrissement militant des organisations. Alors que la FNSEA comptait 1 183 856 adhérents en 1946, elle n'en regroupe plus que 742 201 en 1950. A cette date 22 fédérations, situées pour la plupart au sud de la Loire, refusent d'acquitter leurs cotisations à l'instance nationale. La grosse agriculture, bien organisée au sein de la Fédération du Nord et du Bassin parisien, seule organisation régionale d'exploitants, et s'appuyant sur les riches associations spécialisées du blé et de la betterave, domine l'appareil syndical. Elle ne dispose pas de la majorité des sièges au conseil d'administration de la FNSEA, mais les délégués des régions conservatrices de l'Ouest, de la région Rhône-Alpes et du sud du Massif central, lui apportent un appui fidèle.

Et, ironie du sort, c'est dans ces mêmes sociétés catholiques, gardiennes de la foi et de l'ordre social, que naît et se développe, au cours de cette période, la contestation la plus efficace de la politique agricole et des dirigeants professionnels. Les jeunes agriculteurs formés par la Jeunesse agricole catholique affirment alors la nécessité de faire la révolution dans l'agriculture, dans les institutions agricoles et dans la tête des paysans.

René Colson. Une pensée profonde, un dévouement sans limite. Il a fait de la JAC l'un des moyens d'expression et d'action essentiels de la moyenne paysannerie dans les années 1945-1960.

La JAC au temps de la reconquête des âmes : messe des moissons, août 1937.

Congrès de la JAC en 1950 à Paris : 70 000 jeunes paysans au Parc des princes. Une force sociale prend conscience d'elle-même.

Entre la kermesse et la manifestation sociale, une fête de la JAC, en 1962, dans l'Ain.

les jeunes agriculteurs

Action catholique et révolution paysanne.

A partir des années qui suivent la Libération, un certain nombre de jeunes, issus de l'agriculture artisanale, prennent conscience, grâce aux méthodes de la JAC, que l'homme à la bêche est un pauvre homme et que l'exploitation familiale, loin d'être une valeur intangible et sacrée, est un extraordinaire moyen d'oppression grâce auquel, « dans 50 % des cas, des enfants n'accèdent même pas au certificat d'études, où des femmes et des gosses servent de main-d'œuvre à tout faire, où des couples écrasés de fatigue ne s'adressent plus la parole [118] ». Une telle analyse n'est pas nouvelle, elle reprend, un demi-siècle plus tard, celle de Jaurès et des socialistes. Mais pour la première fois dans l'histoire, elle est formulée par des éléments issus de la « piétaille » conservatrice des campagnes. Que des fils et des filles issus de familles paysannes bien pensantes s'interrogent sur l'utilité et même sur la légitimité de la propriété, étonne ; que leur réflexion mûrisse au cours de stages organisés par un mouvement d'Église sous la houlette de dominicains et d'aumôniers jésuites surprend. Il est donc logique que les notables et la hiérarchie catholiques s'inquiètent. Mais il faudra aux évêques une dizaine d'années pour comprendre que leurs ouailles échappent à leur autorité et qu'elles diffusent des idées politiques susceptibles de troubler l'esprit du peuple chrétien, parce que différentes des leurs. André Vial, président de l'Association catholique de la jeunesse française à cette époque, écrit de façon pertinente « nous étions surtout critiqués lorsque nous ne faisions plus la *bonne* politique [119] ». Mais lorsque l'Église catholique reprend en main les mouvements et leur fixe un objectif essentiellement apostolique, une génération de jeunes agriculteurs a été formée et cherche à s'engager sur le terrain professionnel et politique.

M. Debatisse affirme que lui-même et ses camarades n'ont pas de maîtres à penser et qu'ils ne se réfèrent à aucune théorie [120]. En réalité, ces catholiques pratiquants ont été fortement influencés par la théologie de leurs aumôniers jésuites et par la démarche philosophique de Jacques Maritain et d'Emmanuel Mounier. Les thèmes du personnalisme chrétien imprègnent tous leurs écrits et guident leur action, qu'il s'agisse de la volonté de changer les structures économiques et sociales pour restaurer l'homme dans toute sa dignité ou de la mystique de la transformation par l'intérieur d'un milieu donné. De même, ils sont influencés par l'anticapitalisme de la revue *Esprit* et refusent la lutte des classes comme moteur de l'histoire [121].

Comme son aîné d'avant la guerre, le militant jaciste est fier de son métier et il a conscience du rôle irremplaçable que remplit le paysan dans la société. Mais cette profession doit être exercée de la meilleure façon possible afin de mieux produire pour les autres et de mieux vivre pour soi. Le mouvement lui apprend à découvrir ses besoins personnels :

affectifs, culturels, professionnels, sociaux, et à s'ouvrir sur l'ensemble du monde agricole. Le jeune paysan est ainsi conduit à découvrir la pauvreté matérielle, la misère intellectuelle et parfois morale de son milieu. Refusant d'analyser la réalité à la lumière de la pensée marxiste, il mise sur le progrès technique et sur une organisation des producteurs pour assurer la promotion sociale et humaine de la masse des petits paysans. Une formule symbolise leur vision de la révolution à accomplir : « La charité doit se faire technicienne [122]. »

Refusant l'idéologie de l'ordre éternel des champs, le jeune militant de la JAC apparaît comme un déviant dans sa famille et dans son village. L'opposition entre les jeunes et les anciens ne se traduit pas seulement par la façon d'envisager l'existence et par une hiérarchie différente des valeurs, elle se manifeste d'abord au niveau de l'exploitation agricole [123].

C'est donc concrètement, dans le cadre de la vie quotidienne, que le jeune prend conscience de la nécessité de transformer profondément ses méthodes de travail afin de pouvoir améliorer ses conditions d'existence. Il se rend compte qu'il ne peut pas atteindre ces objectifs par sa seule volonté individuelle. Pour que lui et la majorité de ses camarades puissent disposer d'une exploitation rentable, il faut que le législateur et l'État interviennent dans l'organisation du marché foncier qui est dominé par la loi de l'argent.

Mais pour faire pression sur les pouvoirs publics, il faut disposer d'une organisation syndicale puissante. Or, le programme et les méthodes d'action de la FNSEA ne satisfont pas les jeunes agriculteurs de la JAC. Ils distinguent deux agricultures, l'une de type industriel, l'autre de polyculture, et sous-développée. Alors qu'il faut donner selon eux à la seconde les moyens financiers et techniques pour augmenter sa production et améliorer le niveau de vie des producteurs, ils accusent les dirigeants professionnels de soutenir une politique qui ne convient qu'aux plus favorisés. Doivent-ils constituer une deuxième organisation syndicale pour défendre les intérêts des véritables exploitants familiaux ? Ils s'y refusent dans la mesure où, selon eux, les disparités actuelles peuvent être corrigées. Ils estiment possible de transformer le plus grand nombre des exploitations agricoles en entreprises modernes, efficaces, viables : « Certaines auront un caractère familial de par les conditions de vie qui seront faites à leurs membres. D'autres auront un caractère industriel plus marqué [124]. »

Ces jeunes agriculteurs croient que leur réussite économique dépend très largement de leurs qualités personnelles à condition que l'État élabore un cadre législatif leur permettant de les mettre en valeur. Ils appellent de leurs vœux une politique foncière et une aide financière sélectives favorisant la promotion d'une nouvelle élite agricole qui souhaite s'intégrer dans le système capitaliste tout en sauvegardant son indépendance économique et sociale. Imprégnés d'idéologie moderniste et

productiviste, ils préconisent une législation qui leur permette de s'établir efficacement grâce aux dépouilles des plus petits dont la disparition est naturellement commandée par l'intérêt général. Enthousiastes et sincères, ils vivent la loi de la jungle, ainsi organisée, comme une grande œuvre sociale. La JAC les a préparés à admettre que la restructuration agraire, à leur profit, a pour objectif essentiel un meilleur épanouissement des hommes.

Dans les années qui viennent, selon eux, l'agriculture ne sera plus fondée sur l'exploitation familiale, mais sur l'entreprise agricole. Ils dénoncent l'unité factice d'un monde paysan composé de producteurs dont les situations économiques et sociales sont extrêmement hétérogènes. Mais ils sont porteurs d'une autre unité, celle des chefs d'entreprise de demain. Ils apparaissent révolutionnaires dans la mesure où ils dénoncent l'unité organique du monde rural qui pour eux n'est pas un monde à part ayant ses propres lois d'organisation et de développement. Ils sont donc conduits à s'opposer au discours idéologique des dirigeants professionnels et à contester leur politique pour pouvoir obtenir, pour eux-mêmes, une meilleure place dans la répartition des richesses. Ils apparaissent, aux observateurs, comme la grande force de rupture de l'unité paysanne, alors qu'en fait, l'histoire le montrera, leur action contribuera à régénérer le mythe de l'unité en l'adaptant aux mutations économiques de la production agricole.

Il est donc logique qu'ils cherchent à s'intégrer dans l'organisation syndicale existante, mais à condition de disposer d'une large autonomie d'expression et de moyens pour y conquérir le pouvoir. Ainsi est né le Cercle national des jeunes agriculteurs [125]. A vrai dire, l'organisation existait déjà, depuis 1947, sous la tutelle de la CGA, mais son audience était très faible. La disparition de la Confédération laisse ses animateurs désemparés. Elle est alors investie par les troupes issues de la JAC qui la convertissent en groupement syndical avec l'accord des dirigeants de la FNSEA qui cherchaient alors, désespérément, à attirer les jeunes à eux. L'entreprise est originale.

Lors de son congrès de 1956, la Fédération nationale modifie profondément ses règles de recrutement. Désormais elle accueille, à côté des chefs d'exploitation, les membres de leur famille, femme et enfants travaillant à la ferme. Tous les jeunes exploitants, les fils et filles d'agriculteurs âgés de moins de trente-cinq ans disposent d'une organisation syndicale particulière. Le CNJA ne forme pas, cependant, un second syndicat puisqu'il est l'une des parties constitutives de la FNSEA. C'est pourquoi celle-ci délègue deux de ses membres au conseil d'administration du Centre et quatre jeunes agriculteurs siègent de droit au conseil de la Fédération.

Un syndicalisme de chefs d'entreprise.

Michel Debatisse, symbole et leader de la moyenne paysannerie, interlocuteur privilégié du pouvoir sous la Ve République.

Des paysans, élus par des paysans, élaborent leur projet politique (congrès du CNJA, 1964, travail de commission).

Une priorité : se former et se connaître. Rallye des jeunes agriculteurs dans le Nord, visite d'une ferme (1964).

Bernard Lambert, un paysan catholique de l'Ouest, explique aux paysans la lutte des classes dans les campagnes.

Le CNJA se voit reconnaître une compétence limitée aux activités de formation et, pour toutes les questions mettant en cause l'intérêt général agricole, il doit en référer à l'organisation aînée qui peut lui demander de modifier ses conclusions. L'unité juridique de la représentation syndicale du monde paysan est, de cette manière, sauvegardée.

Mais il s'agit d'une apparence. Dès l'origine, le CNJA développe son propre programme et il met en œuvre sa propre stratégie sans demander l'avis de l'autorité de tutelle. Son objectif est de permettre aux agriculteurs de mieux vivre en produisant de plus grandes quantités de marchandises. Pour y parvenir il leur faut davantage de terres, de capitaux et une meilleure formation professionnelle. A la politique des prix élevés dans le cadre des exploitations existantes, il oppose le préalable d'une *réforme des structures*. Ses animateurs l'affirment en mars 1959 devant les délégués du 13e congrès de la FNSEA : « La question des prix agricoles ne doit plus constituer le seul pivot de l'action syndicale [126]. » En effet, pour que les jeunes agriculteurs puissent agrandir leurs exploitations, il faut inciter les plus âgés à se retirer, en leur attribuant un complément de retraite, et encourager les petits à se reconvertir dans d'autres professions. Les terres rendues ainsi disponibles seront attribuées à des agriculteurs qui en ont besoin pour constituer des entreprises moyennes, jugées rentables. Les qualités personnelles, le dynamisme, la formation technique, l'esprit d'entreprise seront les critères déterminants pour l'attribution des terres. Enfin une politique sélective du crédit facilitera l'acquisition du foncier et le développement du capital d'exploitation.

De telles propositions irritent la majorité des dirigeants traditionnels. Les gros exploitants considèrent que toute réglementation du marché foncier est une atteinte à la liberté et il leur est facile de mobiliser les petits paysans conservateurs contre tout projet exigeant l'intervention de l'État. Dans un premier temps, ils expriment une hostilité sans nuance. Les premiers succès du CNJA auprès du gouvernement, la pénétration de ses idées dans de larges couches de la paysannerie amènent les responsables professionnels les plus habiles et les plus intelligents à composer avec les « jeunes-turcs ». A partir de 1962, ils admettent l'analyse du Centre national sur l'existence de deux agricultures. Mais ils considèrent que la politique dite des structures ne concerne que les petites et moyennes exploitations dans les régions où la polyculture domine. Par contre la politique des prix est essentielle pour tous les secteurs de production et pour tous les types d'entreprises. Elle doit donc être considérée comme prioritaire.

Conscients de la nécessité d'une concentration des exploitations, mais refusant qu'elle s'effectue selon un processus capitaliste, les jeunes agriculteurs proposent que soit facilité le regroupement de plusieurs entreprises en une unité de production plus vaste. Celle-ci, gérée collectivement, doit permettre d'appliquer à l'agriculture les principes industriels de séparation des tâches et de spécialisation des hommes. Elle dissocie la famille de l'exploitation et l'entreprise du capital. « L'agriculture de groupe » n'est pas limitée au stade de la production, mais s'étend à ceux de la transformation et de la commercialisation des produits.

Toutes les résolutions des congrès du CNJA insistent sur la nécessité de généraliser le fermage qui présente l'avantage essentiel de dissocier le capital d'exploitation du capital foncier. Elles demandent une modification de son statut qu'elles trouvent trop favorable aux propriétaires. Par la reconnaissance de la propriété culturale, le fermier disposerait d'un droit réel sur l'exploitation. Il deviendrait propriétaire des améliorations foncières apportées au domaine et il percevrait en fin de bail une indemnisation de son successeur. La distinction propriété/pouvoir traduit pour les jeunes agriculteurs la volonté de transférer la direction effective de l'entreprise du propriétaire foncier au propriétaire du capital d'exploitation. Le conflit n'est pas entre le possesseur de la terre et celui qui l'exploite, mais entre deux propriétaires dont les capitaux sont sensiblement d'égale valeur. Un tel projet se heurte à l'opposition farouche des défenseurs de la propriété foncière : « Le jour où sera sapé et progressivement aboli l'exercice du droit de propriété sur les biens d'exploitation, alors serait aboli la libre entreprise agricole... alors serait instituée l'exploitation collective des terres, des cheptels vifs et morts, par des brigades de prolétaires salariés astreints au travail agricole obligatoire [127]. »

En réalité, loin de vouloir couvrir la France de kolkhozes, les jeunes agriculteurs aspirent à devenir les locataires de sociétés anonymes dont le capital serait fourni par des personnes extérieures à l'agriculture. Lors de leur 9e congrès, en 1964, ils présentent un projet de Société agricole d'investissement foncier (SAIF) susceptible d'attirer des investisseurs parce que la terre est une excellente « valeur refuge » et parce que l'État devra leur accorder d'importantes exemptions fiscales pour compenser le faible taux des intérêts.

Il peut paraître surprenant que les dirigeants de la nouvelle génération paysanne, qui affirment volontiers des sentiments « socialistes », offrent aux sociétés industrielles et bancaires la possibilité de posséder la terre, support indispensable à l'essentiel des activités agricoles. Dans un premier temps, ils ont souhaité que ce rôle fût joué par l'État. Le projet ayant échoué, ils n'imaginent pas d'autre formule que celle consistant à faire appel au capital privé, dans le cadre d'une réglementation leur assurant la direction effective des exploitations. Ils comptent sur le dynamisme des mouvements paysans et la résolution de leurs militants pour faire aboutir leur projet. « Plus qu'un rêve proudhonien un tel projet d'organisation de la production agricole apparaît être la prophétie d'une agriculture réellement capitaliste [128]. » En effet, Pierre Coulomb

et Henri Nallet observent que, pour lutter contre l'absorption de l'agriculture par le capitalisme, les animateurs du CNJA entrent curieusement dans la logique de développement de celui-ci. Ils tentent d'opposer une organisation coopérative intégrée, de la production à la commercialisation, à un système d'intégration verticale des producteurs qui leur paraît devoir être la stratégie des firmes agro-alimentaires.

Les projets du CNJA, réponse cohérente des entrepreneurs artisanaux à la transformation des conditions de la production et à l'évolution des rapports entre l'agriculture et le système économique, rejoignent les préoccupations des nouvelles forces politiques qui contrôlent l'État à partir de 1958. La volonté de faire disparaître « les obstacles à l'expansion de l'économie » conduit ces dernières à supprimer l'indexation des prix des produits agricoles par les ordonnances du 28 décembre 1958 et à préconiser une politique de modernisation de l'appareil de production. La convergence objective entre le gouvernement et le courant des jeunes agriculteurs amène Michel Debré, alors premier ministre, à reconnaître au CNJA, dès 1959, une représentativité égale à celle de la FNSEA. En valorisant ainsi un mouvement dont l'importance numérique est très faible, les pouvoirs publics espèrent disposer d'une antenne professionnelle dans les campagnes pour contrebalancer l'influence des dirigeants des grandes organisations qui leur sont politiquement hostiles. Efficace, le CNJA répond aux aspirations de la moyenne paysannerie qui prend alors conscience d'elle-même, de sa force, de ses intérêts, et qui oblige peu à peu les gros agriculteurs et les caciques de l'idéologie agrarienne à partager le pouvoir avec elle. L'accession de M. Debatisse au poste de secrétaire général adjoint de la FNSEA, en 1964, illustre le nouvel équilibre des

Se grouper pour survivre. Deux frères pour une ferme, à la Roncière, Loire-Atlantique.

forces. Ce n'est qu'une étape : en 1968 il accède au secrétariat général et en 1972 à la présidence d'une organisation dans laquelle il faisait figure de révolutionnaire dangereux quelques années plus tôt.

Dans les années 1960-1964, nombreux sont les hommes politiques et les intellectuels de la gauche nouvelle qui estiment, avec François Bloch-Lainé, « que les jeunes agriculteurs sont une des principales forces de novation dans notre pays, qu'ils annoncent et qu'ils préparent une révolution authentique... (qu'ils) sont parmi ceux dont on peut le plus sûrement attendre le renouveau de la vie civique en France [129] ». Le jugement est sans nuance et ne laisse aucune place au doute. Dans quelle mesure est-il justifié ?

Les fondateurs et animateurs du courant des jeunes agriculteurs manifestent, à l'origine, un refus du conservatisme

L'avenir de leurs exploitations : l'affaire des hommes *et* des femmes.

Débat pour une association entre voisins, dans le Tarn.

politique et social, une volonté d'engagement politique à
gauche et une réticence à l'égard des partis traditionnels de
la gauche. Ces militants catholiques ignorent l'histoire du
mouvement ouvrier et ne comprennent pas son langage qu'ils
jugent trop abstrait et trop théorique. Ils se sentent étrangers
aux courants et aux combats qui ont fait la tradition socialiste.
Pour la plupart, la croyance religieuse commande l'engagement social et explique une hostilité profonde à l'univers
communiste. A partir des années 1956-1958, ils déclarent
vouloir s'insérer dans le courant socialiste. Mais la SFIO ne
les attire pas. Ils lui reprochent de défendre un programme
agricole conservateur dont ils ignorent le plus souvent la
nature exacte. En réalité la structure du parti socialiste à
cette époque, l'âge avancé de ses adhérents, le laïcisme de ses
instituteurs, le langage et la pratique politiques de ses dirigeants, les rebutent. Les militants socialistes de leur côté se
méfient de ces nouveaux « convertis » dont les familles appartiennent de générations en générations au clan conservateur
du village. Difficiles au niveau national, les contacts sont
souvent impossibles au niveau local.

Les rapports avec le MRP sont, au contraire, beaucoup plus
faciles. Une communauté de formation dans les mouvements
d'action catholique a donné aux militants des équipes rurales
du parti et aux jeunes syndicalistes paysans un même langage
et un système de référence identique. C'est pourquoi, en
petit nombre, d'anciens militants de la JAC, membres du
CNJA, adhèrent au MRP à cette époque. Marcel Faure
explique les raisons de cet engagement : « Ils espèrent détacher
progressivement une bonne partie de la paysannerie de la
trop longue influence des partis de droite et de tout un conservatisme politique qui gêne l'évolution du milieu [130]. » Le plus
grand nombre demeure réservé, ou même hostile, à l'égard
d'un parti qu'il juge conservateur et de caractère confessionnel.

La formation élitiste donnée par la JAC et le sentiment
d'être les seuls à avoir réussi dans une entreprise de rénovation
d'un mouvement syndical conduisent ces jeunes agriculteurs
à refuser de s'engager comme simples militants dans les partis.
Ils n'entendent pas quémander la confiance des adhérents et
gravir un à un les échelons hiérarchiques. Ils veulent participer au pouvoir, tout de suite. Ils estiment que les partis
politiques doivent comprendre un double recrutement : d'une
part des citoyens qui adhèrent sur une base idéologique et
d'autre part des producteurs qui s'engagent en fonction de
leur place et de leur rôle dans l'appareil de production. Les
partis politiques et les syndicats ouvriers rejettent ces propositions. Les jeunes agriculteurs, sous l'impulsion de M. Debatisse et d'un jeune député MRP, Bernard Lambert, créent,
le 13 janvier 1959, leur propre organisation politique, le
Rassemblement des forces démocratiques dont le succès sera
très faible et la vie d'une extrême brièveté. Il s'agit d'un phénomène exceptionnel dans l'histoire politique et sociale de la

France. Pour la première fois des paysans sont à l'origine d'un mouvement de réflexion et d'action politiques.

L'échec accentue la méfiance des animateurs du CNJA à l'égard des partis et le plus grand nombre se réfugie dans l'action syndicale. Quelques-uns apportent une collaboration, plus ou moins discrète, selon la conjoncture politique, à plusieurs partis à la fois. Prudents et prévoyants, ils prennent des garanties pour un avenir qui leur paraît alors incertain. La volonté de se situer à gauche, mais dans le cadre d'une organisation dont le style et le langage seraient ceux du MRP, explique l'accueil favorable qu'un certain nombre réserve à la tentative de Gaston Defferre pour créer une « grande fédération ». Le rassemblement des courants démocrate-chrétien et socialiste leur permettait enfin de résoudre leurs propres contradictions et de trouver un débouché politique.

Au cours des années qui suivent, la plupart demeurent dans l'expectative. Le Centre démocrate, dont les leaders paysans viennent du Centre national des indépendants, ne les attire pas. Si certains votent pour la FGDS, bien peu adhèrent à l'un des trois partis qui la composent. Les événements de mai et juin 1968 révèlent, dans la paysannerie comme dans tous les milieux, les attitudes politiques profondes et brisent l'apparente homogénéité des « anciens » de la JAC. Parmi eux, il en est qui, liés très étroitement au pouvoir, affirment la nécessité de maintenir l'ordre républicain. Il n'est pas indifférent de noter que le seul responsable syndical reçu par le général de Gaulle, au cours de cette période, a été M. Debatisse. La majorité des dirigeants fait preuve d'opportunisme. Sentant tourner « le vent de l'histoire », ils s'orientent, dans un premier temps, du côté « de la rue » : les leaders des syndicats paysans de l'Ouest engagent le dialogue avec le PSU à Paris, et le secrétaire général du CNJA, Raoul Serieys, joint sa voix à celle d'Eugène Descamps pour appeler Pierre Mendès France au pouvoir. La suite des événements les contraint à un changement rapide de tactique et d'alliance, et le même secrétaire général du CNJA dénonce avec une égale vigueur, dans son rapport moral à l'automne 1968, « les fauteurs de troubles » qu'il avait imprudemment soutenus quelques mois plus tôt. Une minorité tire de cette expérience des conclusions opposées et cherche alors une voie politique à gauche et même à l'extrême gauche.

L'opposition des comportements politiques n'est pas seulement le reflet de divergences idéologiques. Elle révèle des conflits beaucoup plus fondamentaux qui sont liés à la place des différentes couches sociales de la paysannerie dans l'organisation de la production. La « révolution » technique et économique dans l'agriculture depuis la Libération produit des effets qui éclairent d'une manière nouvelle l'éclatement du monde paysan et qui ébranlent sérieusement le mythe de son unité.

l'unité paysanne :
du mythe à la réalité

En un siècle, des premières années de la Troisième République à l'époque contemporaine, le mouvement professionnel paysan s'est profondément modifié. Les successeurs des marquis à la tête du syndicalisme agricole n'ont pas fréquenté l'École libre des sciences politiques et les gens de la ferme ont remplacé ceux du château dans les conseils d'administration. Le médecin ou l'avocat ne président plus aux destinées de la coopérative, sauf dans quelques lieux où la reconnaissance des services rendus les a maintenus en fonction. La plupart des dirigeants nationaux des différentes organisations cultivent leurs champs ou, du moins, ont travaillé la terre de leurs mains avant que le cumul des responsabilités ne les éloigne de leur exploitation où ils ne passent, le plus souvent, que deux ou trois jours par semaine. C'est à partir des années 60 que les représentants de la moyenne paysannerie prennent la direction du mouvement professionnel dans la très grande majorité des départements, y compris dans l'Ouest breton où la relève des hobereaux et de leurs alliés s'opère parfois sans ménagement. Les titres de propriété, les diplômes universitaires et, dans une certaine mesure, l'importance de l'exploitation, ne sont plus déterminants dans le choix des représentants.

La paysannerie est toujours le terrain d'affrontements entre les idéologies qui s'opposent dans la société globale. Seuls ont changé les notables qui les expriment au sein du monde rural. Pendant un siècle, les penseurs et les spécialistes de la question paysanne et des rapports entre l'agriculture et la société globale n'ont pas été des travailleurs de la terre. Parmi leurs successeurs, on compte désormais des paysans. Ainsi l'ouvrage de M. Debatisse, *la Révolution silencieuse*, qui défend la thèse de l'unité de la paysannerie et de l'intégration des chefs d'entreprises dans une économie capitaliste, s'oppose à celui de B. Lambert, un autre paysan formé par la JAC et par le CNJA, qui analyse les conflits de la France rurale en termes de lutte des classes et qui combat pour la révolution socialiste [131].

La représentation d'un monde agricole divisé artificiellement par des conflits politiques qui pour l'essentiel lui sont étrangers, mais qui offrent l'avantage de le « sauver de l'ennui », relève d'un genre littéraire qui accorde beaucoup à l'imagi-

Les rapports entre l'État et la paysannerie peuvent prendre des formes bien différentes : un dialogue avec le ministre de l'Agriculture, Edgar Pisani, un « sitting urbain », un barrage de routes.

nation [132]. Les rapports de congrès des différentes organisations montrent clairement que tous les courants de pensée traversent le mouvement professionnel et qu'ils sont dorénavant pris en charge par les paysans en fonction de leur propre expérience sociale et de besoins qui varient selon la place qu'ils occupent dans l'appareil de production.

Le contenu des écrits syndicaux a suivi cette évolution. Le lecteur ne retrouve plus dans les textes de la FNSEA ou dans les délibérations des chambres d'agriculture les envolées lyriques sur les vertus paysannes et les descriptions émouvantes d'une campagne paisible face aux cités instables. La technique remplace la morale et l'économique enrobe le politique. Le style des documents professionnels n'emprunte plus à R. Bazin ou à E. Pérochon, mais s'apparente à celui des anciens élèves de l'École nationale d'administration.

Seul, curieusement, le cinéma éprouve encore une certaine incapacité à saisir le paysan sous d'autres traits que ceux qui ont fait la gloire d'acteurs tels Bourvil et Jean Richard.

Et cependant, en dépit des mutations intervenues dans le langage, dans le style et dans l'attribution des premiers rôles, le mouvement professionnel connaît aujourd'hui le même débat fondamental qu'au début de la Troisième République : celui de son unité et de ses alliances avec les autres forces politiques et sociales.

Comme à la fin du XIXe siècle, un courant affirme que ce qui unit la paysannerie est plus fondamental que ce qui la divise. Il contrôle les directions nationales des seules organisations reconnues et fortement soutenues par les partis qui sont au pouvoir depuis 1958 : FNSEA, CNJA, Assemblée des présidents de chambres d'agriculture (APCA), principales associations spécialisées et, dans une certaine mesure, Confédération nationale de la mutualité, du crédit et de la coopération agricoles (CNMCCA). Il s'oppose à un autre courant qui affirme que les conflits de la société globale traversent la paysannerie et que le thème de l'unité paysanne n'est qu'un instrument idéologique au profit des agriculteurs capitalistes, ou de ceux qui aspirent à le devenir. Il s'incarne principalement dans deux organisations syndicales de dimension nationale : la Confédération nationale des syndicats d'exploitants familiaux (MODEF *) et le mouvement des paysans travailleurs se situent dans la mouvance de la gauche politique et syndicale.

Quant aux salariés de l'agriculture, aucun courant ne sollicite leur adhésion. Ils défendent leurs intérêts dans le cadre des trois grandes centrales ouvrières. Celles-ci recrutent leurs troupes essentiellement parmi les employés des services et fort peu parmi les travailleurs à la production. La Fédération générale de l'agriculture CFDT est l'organisation la plus

---

* Ce sigle renvoie à l'appellation originelle de la confédération : Mouvement de coordination et de défense des exploitations familiales.

représentative puisqu'elle obtient en moyenne 40 % des voix lors des élections à la mutualité sociale agricole ou aux chambres d'agriculture. Considérés par les pouvoirs publics comme des étrangers à la paysannerie, les salariés de l'agriculture se rapprochent de plus en plus des salariés des autres secteurs de l'activité économique auxquels ils souhaitent être assimilés. Pour eux les paysans sont des employeurs comme les autres et la FGA considère même que « les chambres d'agriculture aujourd'hui restent le plus réactionnaire des organismes patronaux [133] ».

unité professionnelle et collaboration politique

Lorsque le chef de l'État ou le premier ministre décident de s'entretenir avec les représentants de l'agriculture française, seuls les dirigeants de quatre organisations participent à la rencontre : FNSEA, CNJA, APCA et CNMCCA. Peu satisfaits de l'ostracisme dont ils estiment être les victimes, les autres groupements syndicaux manifestent leur volonté d'être reconnus comme des interlocuteurs valables dont la représentativité professionnelle ne saurait être mise en doute. Le MODEF, avec une remarquable constance, insiste pour être admis aux tables de négociation, mais en vain. Dans une lettre adressée à son secrétaire général, le 29 juillet 1969, le ministre de l'Agriculture, Jacques Duhamel, précise les raisons d'un tel refus : « Je ne puis aujourd'hui étendre mes consultations à d'autres organisations (c'est-à-dire au MODEF) dont le caractère représentatif au plan national et strictement professionnel n'est pas démontré. » Afin de justifier les contacts réguliers qu'il entretient avec les autres organisations, il définit les critères de la représentativité en ces termes : « Il s'agit là d'organisations professionnelles, responsables à l'échelon national, qui sont toujours reconnues comme telles et qui, elles-mêmes, se reconnaissent comme telles [134]. »

Officiellement, seules sont reçues par les pouvoirs publics les organisations qui limitent leurs ambitions à la défense des intérêts professionnels, qui ont la confiance d'un grand nombre d'agriculteurs et qui « ne font pas de politique ». Par ailleurs, le postulat de l'unité du monde agricole, accepté comme vérité par le gouvernement, impose, selon lui, l'unité de sa représentation sous les trois aspects : syndical, économique et mutualiste, consulaire (chambres d'agriculture).

Cependant, malgré l'appui de l'appareil de l'État, le syndicalisme unitaire connaît des difficultés dont le secrétaire général de la FNSEA se fait régulièrement l'écho dans le rapport moral qu'il présente lors des congrès nationaux. Ainsi, en 1970, M. Debatisse reconnaît qu'une fraction de ses

Dans l'attente du ministre. Le congrès de la FNSEA est chaque année l'occasion d'un dialogue public fait d'un mélange de courtoisie, de fermeté et de compréhension.

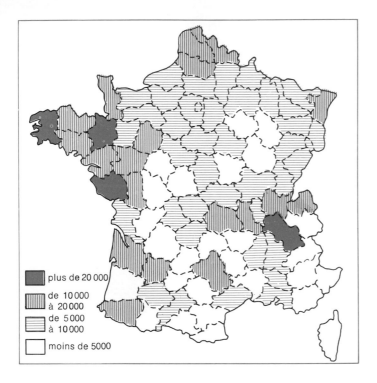

■	plus de 20 000
▥	de 10 000 à 20 000
▤	de 5 000 à 10 000
□	moins de 5000

Nombre de syndiqués à la FNSEA en 1963. En 1963, la FNSEA indiquait 570 adhérents, soit 47,6 % des chefs d'exploitation. En 1976, elle déclare représenter 700 000 familles paysannes.

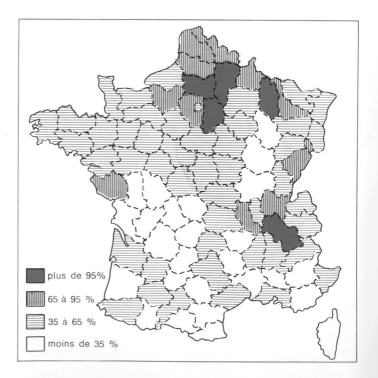

Pourcentage du nombre de syndiqués à la FNSEA en 1963 par rapport au nombre d'agriculteurs chefs d'exploitation recensés en 1962.

■	plus de 95%
▥	65 à 95 %
▤	35 à 65 %
□	moins de 35 %

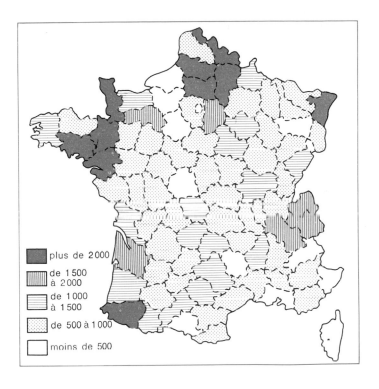

Légende :
- plus de 2 000
- de 1 500 à 2 000
- de 1 000 à 1 500
- de 500 à 1 000
- moins de 500

Nombre de syndiqués au CNJA en 1965. Ces données proviennent du CNJA. Elles correspondent à sa période de plus grand développement.
(d'après Yves Tavernier, *le Syndicalisme paysan*, 1969).

troupes doute « sinon du syndicalisme, du moins de son unité » et, l'année suivante, il insiste longuement sur « les conséquences désastreuses » du pluralisme syndical préconisé par ceux qu'il présente comme des attardés du passé ou comme des utopistes qui veulent « changer le système ». Le triomphalisme de son successeur, Pierre Cormoréche, qui affirme dans le rapport de 1974 que, « par la volonté clairement exprimée des agriculteurs, il y a dans ce pays une organisation syndicale et une seule », relève davantage de la méthode Coué que d'une analyse de la réalité professionnelle et sociale dans les campagnes.

En effet, non seulement d'autres organisations syndicales existent en dehors de la FNSEA, mais elle-même est traversée par des tendances centrifuges et elle ne doit qu'à la souplesse de sa structure de pouvoir donner l'illusion d'une certaine homogénéité. En son sein cohabitent plusieurs courants dont les intérêts, l'idéologie, les méthodes d'action sont rarement complémentaires.

A partir de 1964, les représentants de la grande agriculture de type capitaliste font la part du feu et acceptent de partager le pouvoir avec les jeunes « contestataires » du CNJA qui les avaient violemment mis en cause jusque-là. Il leur suffit de disposer de certains postes clés au sein de la Fédération, notamment la présidence de la Commission de coordination

Survivance de l'agrarisme et néocapitalisme.

des associations spécialisées, pour que le nouvel équilibre des forces ne soit pas préjudiciable à leurs intérêts. Mais surtout, le contrôle des deux grandes associations des producteurs de blé et de betteraves leur permet d'intervenir directement pour promouvoir une politique de défense et d'organisation des marchés de leurs produits. Fort habilement déjà, à partir de 1962, avec l'entrée en vigueur du marché commun agricole, ils avaient obtenu de représenter le mouvement professionnel paysan à Bruxelles où se déterminent, dorénavant, les prix à la production et où se mettent en œuvre les mécanismes de prise en charge des excédents. Alors, peu importe que le secrétaire général de la FNSEA affirme, à Paris, la nécessité d'accorder la priorité à la réforme des structures. L'important est d'être l'interlocuteur des gouvernements européens et des organisations professionnelles des pays de la Communauté. L'accord du 15 décembre 1964, qui transfère au niveau européen les grandes décisions concernant l'agriculture et qui fixe un prix commun pour les céréales à partir du 1er juillet 1967, illustre la stratégie des gros agriculteurs et les ambiguïtés du syndicalisme unitaire. Alors que le président de l'AGPB, Jean Deleau, déclare que ces accords sont bénéfiques et qu'ils lèvent « un préalable qui empêchait depuis dix-huit mois l'avancement de la politique agricole commune [135] », les dirigeants du CNJA estiment qu'ils « présentent des conséquences économiquement dangereuses et socialement injustes [136] ».

Les représentants de la grande agriculture peuvent accepter sans dommage le discours des défenseurs de l'agriculture de groupe, dans la mesure où ils restent maîtres du jeu européen et tant que leurs partenaires syndicaux ne mettent pas en cause leurs privilèges. La crise du Marché commun de juin 1965, dont ils attribuent la responsabilité au général de Gaulle, les conduit à faire prévaloir, au sein du conseil national de la FNSEA, une attitude hostile au chef de l'État lors de l'élection présidentielle du mois de décembre. De même, ils obtiennent le retrait, en 1970, d'un projet du service économique de la Fédération tendant à réformer le mécanisme de soutien des marchés, dont ils sont les bénéficiaires essentiels. Disposant avec les grandes associations spécialisées d'un moyen de pression efficace, pouvant compter sur les chambres d'agriculture, bastion le plus puissant du conservatisme social, pour s'opposer à toute politique mettant en cause les fondements des structures agraires et de l'ordre social, neutralisant les tendances trop réformatrices qui pourraient se manifester au sein de la FNSEA au nom d'un équilibre garant de l'unité, les représentants des grandes entreprises agricoles contrôlent, en fait, le mouvement professionnel paysan sans paraître le diriger. Unis dans la défense de leurs intérêts, ils ne forment cependant pas un milieu idéologiquement homogène.

Certains dirigeants, notamment dans les chambres d'agriculture, continuent d'affirmer la spécificité de l'activité agricole et la solidarité de tous les paysans, dont les intérêts sont jugés identiques. Il n'existe pas, selon eux, d'exploitations marginales et l'exode rural demeure un fléau. Leurs motivations d'ordre moral, nous l'avons souligné, rejoignent la défense d'intérêts matériels bien définis. Le maintien d'un grand nombre de petites entreprises leur assure le bénéfice d'une rente différentielle particulièrement importante. De plus, leur influence sociale et politique dépend du maintien, à la campagne, d'un grand nombre de petits paysans formant une main-d'œuvre occasionnelle et une clientèle électorale.

Moins conservateurs, ou plus réalistes, d'autres responsables, notamment syndicaux, admettent la nécessité d'une diminution de la population agricole et reprennent à leur compte la thèse des deux agricultures. Appartenant à celle qui est jugée « compétitive », ils demandent à l'État des prix rémunérateurs et une organisation efficace des marchés, car c'est de leur capacité à exporter que dépend l'équilibre de la balance commerciale du pays. Pour la « seconde » agriculture de caractère artisanal, ils admettent des aides spécifiques qui permettent d'améliorer les conditions de la production. La coexistence des deux types de production fonde l'unité de la paysannerie. Ils allient un langage volontiers technocratique à une stratégie politique qui repose encore largement sur l'alliance avec les notables provinciaux.

Enfin, une minorité estime inévitable et bénéfique la généralisation, dans l'agriculture, des modalités d'organisation du mode de production capitaliste. Cette tendance s'exprime dans le Centre national de l'agriculture d'entreprise (CENAG) dont les animateurs adhèrent également à la FNSEA. Ils dénoncent « toutes les conceptions qui bloquent les unités de production à des seuils arbitraires, selon des normes pseudo-scientifiques » et ils demandent à l'agriculteur « de promouvoir des structures d'entreprise qui correspondent aux impératifs techniques, économiques et humains de sa mission [137] ». Ils préconisent la création et le développement de grandes entreprises pouvant atteindre un niveau technique élevé et abaisser considérablement les coûts de production des denrées agricoles. Ces entreprises modernes capables de s'adapter à toutes les évolutions doivent être dirigées par un chef qui assume toutes les responsabilités, assisté de salariés, ouvriers et cadres, associés à la gestion. Ces jeunes patrons estiment que le salariat ne conduit pas obligatoirement au prolétariat et à la lutte des classes. Ils pensent, au contraire, qu'une participation de tous les travailleurs à la gestion de l'entreprise et même aux résultats est possible, et qu'elle permet de créer un climat de compréhension et de collaboration : « De bon gestionnaire isolé et solitaire du patrimoine familial qu'il était, le chef d'entreprise doit devenir maître d'œuvre, auquel les cadres et les salariés puissent apporter leur part de création et de responsabilité (même si ce besoin de participation n'est pas encore explicite). L'industrie n'a pas eu cette chance dans le passé, mais cette chance existe encore dans l'agriculture comme dans l'artisanat [138]. » Ainsi le CENAG déclare que l'évolution des structures d'exploitation ne doit pas être freinée par « l'épouvantail de la prolétarisation » que brandissent les défenseurs de la petite exploitation familiale. Ils veulent arracher les ouvriers agricoles à l'isolement social dans lequel la société les relègue et prouver que le paysan ne déchoit pas en devenant un salarié, associé à la gestion d'une grande entreprise. Une telle prise de position en faveur de rapports de production fondés sur le salariat et une telle conception très hiérarchisée des rapports sociaux dans l'exploitation comme dans la vie sociale sont le fait d'un courant, certes très minoritaire, mais dont l'idéologie rejoint celle des milieux du patronat industriel qualifiés de modernistes et de sociaux. Leur stratégie repose sur une alliance implicite avec le Conseil national du patronat français dont ils pourraient constituer la branche agricole si l'évolution économique justifie la valeur de leur thèse.

Un syndicalisme sélectif. Également imprégnés d'humanisme technicien, les anciens de la JAC et du CNJA, qui dirigent aujourd'hui la FNSEA, ne défendent pas les mêmes conceptions et n'aboutissent pas aux mêmes conclusions. A l'origine, leur projet est de permettre à l'ensemble des exploitations artisanales, modernisées et dirigées par des agriculteurs dynamiques et compétents, de devenir des entreprises concurrentielles adaptées au système capitaliste. Ils voient dans les lois d'orientation agricole de 1960 et de 1962 la politique correspondant à leurs objectifs. Ils acquièrent la certitude que le gouvernement est leur meilleur allié et qu'un changement de majorité parlementaire entraînerait l'abandon des aspects les plus novateurs de la politique agricole. Ils croient alors en la nécessité d'un pouvoir fort seul capable, selon eux, de briser les résistances, d'annihiler les réactions des « féodalités économiques » et de promouvoir une organisation rationnelle du monde agricole, tout en sauvegardant les valeurs essentielles de liberté et de responsabilité du producteur. Ils s'affirment partisans d'un régime dans lequel il est plus utile de connaître un inspecteur des finances que dix députés.

Mais, parallèlement, ils se présentent comme des travailleurs « auxquels la possession des moyens de production n'accorde pas une sécurité supérieure à celle du salarié moyen [139] ». Découvrant leur situation de dépendance à l'égard des firmes agro-alimentaires, qui tendent à les réduire au rôle de façonniers à domicile, ils sentent alors la nécessité d'une convergence avec le monde ouvrier. Seule, la CFDT, parce qu'une commune formation donnée par les mouvements d'action catholique facilite les contacts entre les dirigeants, répond à l'ouverture du CNJA. Les deux organisations créent ensemble un Comité ouvriers-paysans de liaison et d'information chargé de suivre l'actualité et un Groupe de recherches ouvriers-paysans auquel sont confiées les études de caractère politique. Cette recherche d'alliances, tous azimuts, avec le gaullisme et avec le mouvement ouvrier, reflète l'ambiguïté du statut économique et social de la moyenne paysannerie qui lutte à la fois pour accéder à la direction de véritables entreprises et pour échapper à la prolétarisation dont elle se sent menacée.

Apparemment, l'alliance avec le gouvernement ne produit pas les fruits espérés. Dans son rapport moral, présenté aux journées d'études du CNJA, en octobre 1965, le secrétaire général déclare : « Il est exact que la politique des structures n'a pas connu l'ampleur que nous avions souhaitée... Entre le texte initial [des lois d'orientation] et l'application qui en est faite, les limitations, les réserves, les conditions à remplir se multiplient, à tel point que l'on se demande parfois ce qui reste [140]. »

De ce bilan pessimiste tous les jeunes agriculteurs ne tirent pas les mêmes analyses et ne formulent pas les mêmes conclusions. Les uns s'engagent dans la voie de l'opposition syndicale et politique et constituent, quelques années plus tard, le mouvement des paysans-travailleurs. La majorité croit toujours en la possibilité de transformer les petites et moyennes exploitations de polyculture-élevage en entreprises capitalistes. Leur croissance économique dépend, selon eux, de la politique du gouvernement. Si les agriculteurs les plus aisés s'enrichissent et si les plus « faibles » s'appauvrissent, c'est uniquement parce que le gouvernement refuse d'appliquer une politique, bonne dans son essence. L'incapacité (ou le refus) d'analyser la logique d'organisation et de développement du système économique les conduit à juger la politique en termes de « bonne » ou de « mauvaise » volonté. Ainsi paradoxalement, ils tirent, des résultats de l'action gouvernementale qu'ils jugent peu satisfaisants, une stratégie fondée sur une collaboration politique, encore plus étroite, avec les forces au pouvoir.

Le « réalisme » les conduit à proposer une nouvelle politique agricole fondée sur la distinction de trois agricultures. Ils différencient celle qui n'a pas besoin d'une aide particulière de l'État parce qu'elle dispose de surfaces importantes, assure le plein emploi de la main-d'œuvre et du matériel et fait des bénéfices, de celle « qui n'est pas encore compétitive, mais qui a déjà largement amorcé son évolution et qui peut gagner ou perdre la partie selon la politique agricole suivie [141] ». C'est cette dernière qui a besoin de toute la sollicitude de l'État. Quant aux paysans qui appartiennent à la troisième agriculture, ils ne doivent plus se faire aucune illusion, leurs dirigeants professionnels, eux-mêmes, les condamnent à disparaître au nom du progrès et des mutations économiques. Les vieux vivant sur de petites exploitations et les jeunes en surnombre, qui représentent entre le tiers et la moitié de la population agricole, relèvent du *cas social*. Jamais les jeunes agriculteurs n'avaient poussé la logique de leurs conceptions jusqu'à ses

Manifestation de paysannes à Saint-Lô en 1969 : crise sociale et prémisses d'une évolution culturelle.

La paysannerie connaît le prix du sang. Paysans bretons face aux CRS : 1 mort, 30 blessés, à Pontivy, juin 1961.

Quand le vin se vend mal, le Midi se révolte contre l'État et contre le négoce (Carcassonne, mars 1967).

ultimes conséquences avec autant de clarté et de franchise. Avec peut-être, un certain cynisme aussi, car ils admettent volontiers que ces départs permettront « à ceux qui restent d'améliorer leurs structures et d'accroître leur revenu ».

Cette politique fondée sur l'existence de trois agricultures, qui implique des actions différenciées selon le type d'exploitation et selon les régions, est, aujourd'hui, celle de la FNSEA.

En moins d'une génération, le syndicalisme agricole a connu une remarquable évolution doctrinale. Après avoir déclaré, avec force, que tous les paysans doivent rester à la terre parce que toutes les exploitations familiales sont par nature utiles, il a affirmé ensuite, avec non moins de conviction, que toutes les exploitations artisanales pouvaient devenir viables à condition que les agriculteurs le veuillent et que le législateur les encourage. Aujourd'hui, il reconnaît, de façon implicite, qu'un nombre restreint de paysans pourra accéder au rang de chef d'une entreprise compétitive. Mais, quels peuvent donc être les fondements de l'unité d'un monde agricole composé d'une petite minorité de nantis, d'une fraction qui aspire à les rejoindre et qui pour y parvenir propose qu'un producteur sur deux soit sacrifié sur l'autel de l'intérêt général, lequel se trouve correspondre à son propre intérêt ?

Les dirigeants syndicaux insistent essentiellement, depuis les années 1968-1970, sur l'utilité pratique de l'unité : « Quant à certains agriculteurs, relativement jeunes, souvent compétents et dynamiques, mais écrasés par les charges, endettés et pourvus de moyennes et petites surfaces, s'ils se trouvaient séparés du mouvement d'ensemble de la profession et, de ce fait, mal défendus, abandonnés de tous, nous craignons pour eux la tentation d'un nihilisme débouchant sur un extrémisme agricole, mal compris, non seulement par le milieu, mais par les autres secteurs de la société et qui ne serait que le signe, à travers l'ivresse idéologique, de leur impuissance et de leur désespoir [142]. » Ce texte de M. Debatisse aurait pu être écrit par F. de Vogüé, par M. Augé-Laribé ou par R. Blondelle. L'argumentation est identique : toute division est source de faiblesse et ne peut s'expliquer que par des motifs politiques. Il est extrêmement dangereux de mélanger la défense des intérêts professionnels et les luttes partisanes. L'apolitisme, fondement de l'organisation corporative, est l'arme ultime utilisée depuis un siècle contre tous les courants qui dénoncent les ambiguïtés, et pour certains l'hypocrisie, du discours sur l'unité du monde agricole.

Dressant le bilan de vingt années d'action syndicale, les animateurs du courant jeunes agriculteurs s'estiment pleinement satisfaits. Hubert Buchou, président du CNJA de 1954 à 1960, actuel vice-président de la FNSEA chargé des problèmes fonciers, explique combien ils ont servi l'intérêt général en faisant « passer dans la vie une conception humaniste du travail [143] ». Il regrette simplement que les autres milieux sociaux ne se soient pas engagés dans la voie révolutionnaire qu'eux-mêmes ont suivie. Certes, ils espéraient pouvoir aller plus loin, mais le monde paysan n'était pas prêt et surtout la « sclérose » des forces politiques a bloqué leur élan. Seul, « dans sa volonté de favoriser le mouvement et les transformations dans notre pays, le fondateur de la Cinquième République a facilité [leur] insertion dans le monde économique et politique de l'époque ». L'alliance entre le courant syndical et le gaullisme s'est intensifiée au fil des années au nom d'une même vision moderniste de la France et de son économie. Elle se traduit aussi bien par l'appel de M. Debatisse en faveur du vote oui lors du référendum sur la régionalisation du 27 avril 1969 que par sa prise de position hostile au programme commun des partis politiques de la gauche [144].

Les choix politiques du président de la FNSEA et de ses amis ont entraîné une rupture avec les forces politiques et syndicales de gauche. Le parti socialiste considère M. Debatisse comme un adversaire politique déclaré et la CFDT a rompu tout lien organique avec une organisation patronale qu'elle juge particulièrement rétrograde dans ses rapports avec les salariés de l'agriculture. Il est vrai que les syndicats d'ouvriers agricoles, la Fédération générale de l'agriculture de la CFDT en particulier, ont fortement contribué à éclairer les directions confédérales sur la nature des rapports sociaux dans la production agricole. En mai 1968, « les exploitants âgés des régions de grande culture ont connu la même peur qu'en 1936 et en 1947. Les plus jeunes ont parfois eu l'impression d'être trahis car ce sont les ouvriers bénéficiant de la meilleure situation personnelle qui étaient à la pointe de la lutte [145] ». Face à ces exploitants issus de la JAC qui refusent systématiquement la notion de lutte de classes, les salariés fondent, au contraire, leurs analyses et leur stratégie sur l'opposition irréductible entre vendeurs et acheteurs de force de travail.

Le courant des jeunes agriculteurs attribue ces oppositions à la survivance d'idéologies archaïques, inadaptées aux exigences du monde moderne. H. Buchou expose, très exactement, la finalité de leur entreprise. « Il fallait que la France devienne, en plus d'un grand pays agricole, un grand pays industriel, et cette transformation n'aurait pas été possible si le monde paysan se mettait en travers, se réfugiant dans une sorte de poujadisme rural. Il fallait au contraire qu'il accepte l'évolution, qu'il apporte sa contribution à l'évolution générale mais qu'en retour il y trouve prospérité et dynamisme [146]. » C'est parce que tous les paysans n'interprètent pas de la même façon la notion d'évolution, c'est parce que certains s'interrogent sur le *comment* et le *pour qui* des mutations qu'ils subissent, que le mouvement professionnel connaît des tensions qui aboutissent parfois à des scissions.

Ainsi, en 1969, refusant l'intégration du monde rural dans la société industrielle, des dirigeants professionnels de trois départements : Indre-et-Loire, Morbihan et Puy-de-Dôme, créent la Fédération française de l'agriculture. De caractère très conservateur, cette organisation rivale de la FNSEA diffuse l'idéologie des agrariens de l'entre-deux-guerres. En luttant pour sauver toutes les exploitations familiales, elle déclare œuvrer pour la survie de la civilisation occidentale. Son audience est relativement faible puisqu'en 1974, lors des élections aux chambres d'agriculture, elle n'a pu présenter de candidats que dans quatorze départements et elle a obtenu moins de 5 % des suffrages.

Plus importante et plus significative est l'opposition interne à la FNSEA qui ne se traduit pas par un affrontement au niveau des instances nationales, mais qui se manifeste par une totale autonomie de comportement d'un certain nombre d'organisations qui en font juridiquement partie.

C'est surtout au niveau régional et départemental que se manifeste le désir d'indépendance. A la volonté d'être « maître chez soi » et de ne pas s'en laisser conter par des chefs issus d'autres départements, qui ne connaissent pas les problèmes du lieu et qui raisonnent « en Parisiens », s'ajoute souvent une ferme opposition de caractère syndical et politique. Les fédérations du Finistère et de la Loire-Atlantique, par exemple, sont fréquemment en état de dissidence, mais elles continuent d'adhérer formellement à la FNSEA afin de bénéficier des avantages que procure le fait d'être reconnu par les pouvoirs publics. Il en va de même pour la plupart des dix-huit fédérations membres du comité de Guéret que préside l'ancien secrétaire général adjoint de la CGA, Roland Viel, et dont l'un des vice-présidents est le secrétaire général du MODEF.

Chef d'entreprise, métayer, ouvrier agricole : trois types d'hommes, trois univers sociaux.

Un syndicalisme progressiste et dynamique en Bretagne conservatrice : la FDSEA du Finistère.

Le président de la République, Georges Pompidou, participe à la célébration du cinquantenaire de la création des chambres d'agriculture, le 10 janvier 1974.

Dans de nombreux départements du Sud-Ouest et de la bordure occidentale du Massif central, l'unité est ainsi sauvegardée [147]. La crainte de voir se constituer une organisation concurrente qui bénéficierait seule des subventions publiques, qui serait seule admise dans les organismes de consultation et de gestion et qui, pour ces raisons, pourrait attirer une nombreuse clientèle paysanne, explique la prudence des dirigeants tentés par la dissidence. Ils admettent le syndicalisme unitaire dans la mesure où ils peuvent défendre leurs propres conceptions selon les modalités qu'ils déterminent.

Il en est de même dans le mouvement coopératif. En effet, la création, le 3 février 1965, de la Confédération française de la coopération agricole consacre la réunification des deux tendances. Les deux présidents d'honneur sont alors Pierre Martin et Robert Mangeart qui ont dirigé, l'un la CGA et l'autre l'organisation coopérative dissidente créée en 1950. Le président, Jean Raffarin, est un ancien député paysan

de la Vienne, secrétaire d'État à l'Agriculture dans le gouvernement présidé par P. Mendès France. Apparemment toutes les familles politiques sont rassemblées, mais, en fait, les préoccupations, les orientations économiques, les conceptions en matière de politique agricole d'un président de cave vinicole du Languedoc-Roussillon sont souvent fort éloignées de celles d'un président de coopérative céréalière du Bassin parisien.

Le mouvement professionnel n'est pas formé du seul milieu des dirigeants. De plus en plus, les paysans expriment euxmêmes, spontanément, leurs besoins et déterminent leurs méthodes d'action. Les grands mouvements revendicatifs des dernières années ont été déclenchés sans consultation préalable de la FNSEA et conduits indépendamment d'elle : luttes relatives aux problèmes fonciers, grèves des livraisons de lait au printemps 1972 ou manifestations des viticulteurs en 1974 et en 1975. Au terme d'une enquête approfondie sur le syndicalisme agricole dans les départements du Lot et du

Tarn, Robert Bages montre que « tout se passe comme si le syndicat sélectionnait ses membres en fonction d'une certaine réussite, fût-elle précaire ou même seulement de l'ordre de l'aspiration. Tout se passe comme si l'élimination s'opérait déjà dans le syndicat, sans pitié pour ceux qui n'ont pas les moyens économiques ou la réserve d'énergie pour lutter encore. Pour l'essentiel ceux qui restent hors du syndicat appartiennent aux couches les plus pauvres et les plus menacées [148] ». Parmi eux, un grand nombre, « qui ne croit plus au syndicat » et qui a cependant la volonté d'agir, exprime son sentiment en participant aux manifestations.

Dans de nombreux départements, la FNSEA tend à devenir un « syndicat de classe » dans lequel se reconnaissent les paysans aisés et ceux qui conservent l'espoir, plus ou moins justifié, de le devenir. Ainsi se constituent, par une exclusion de fait, les bases objectives d'une nouvelle unité syndicale. Celle-ci dépend de la conscience que chaque catégorie d'agriculteurs a de sa situation en tant que producteur dans la société et de la façon dont il perçoit les intérêts des autres couches sociales par rapport au sien.

Les paysans pauvres, dont R. Bages a analysé les comportements, apprécient leur situation économique avec une certaine résignation et une très grande amertume : « En l'absence d'une organisation susceptible de prendre en charge leurs aspirations et leurs besoins, certains n'ont plus pour ambition que d'atteindre « le bout de son âge » avec le moins d'à-coups possibles. Bien des syndiqués partagent ce sentiment d'abandon. Dans leur désespoir même, on devine un potentiel de lutte enfermé dans une impasse, une attente diffuse qui reste une attente déçue. » C'est ce potentiel de lutte que le mouvement de défense des exploitants familiaux et le mouvement des paysans-travailleurs s'efforcent de mobiliser pour un autre combat.

la défense de la petite paysannerie

Les porte-parole du gouvernement et les organisations professionnelles agricoles reconnues par les pouvoirs publics donnent de la Confédération nationale des syndicats d'exploitants familiaux (MODEF) une vision identique et peu nuancée : « C'est un petit groupement de caractère poujadiste qui défend une politique essentiellement démagogique. Il est surtout un appendice électoral du parti communiste dans les campagnes. » L'observateur constate que ce mouvement, presque inconnu en 1965, bénéficie, dix ans plus tard, d'une notoriété certaine que traduisent ses résultats lors des élections au suffrage universel pour la désignation des membres des chambres d'agriculture. Il obtient en 1970 une moyenne de

32,80 % des voix des exploitants dans les soixante-quatre départements où il présente des candidats et, dans neuf autres, il soutient des listes qui sont élues dès le premier tour [149]. Le collège des anciens exploitants lui donne 41,69 % des voix dans quarante départements. Il confirme sa représentativité en 1974 où il totalise 30,07 % des suffrages dans les soixante-neuf départements où il est présent, en plus des neuf où il appuie la liste unique.

Il est la seule organisation professionnelle à laquelle se réfère de façon explicite le rapport sur les « perspectives à long terme de l'agriculture française : 1968-1985 » rédigé par une commission d'experts présidée par le doyen Georges Vedel. Analysant les différents « modèles » concevables pour résoudre le problème agricole français, la commission retient celui du MODEF « qui est entièrement conçu en fonction des intérêts de la grande majorité des agriculteurs de la génération présente ». Certes, la commission estime difficile de suivre une voie qu'elle qualifie de fondamentalement conservatrice, mais elle juge la doctrine « comme un ensemble cohérent et argumenté... dont il ne faudrait minimiser ni la cohérence interne ni la force de persuasion ». Elle reconnaît au projet des éléments positifs et souligne, en particulier, qu'il correspond « au vieux rêve égalitaire trop fortement ancré dans notre histoire pour être délibérément ignoré ».

Les conditions dans lesquelles le MODEF a été créé et s'est développé, la « souplesse » de ses structures et l'extrême faiblesse de ses moyens matériels, l'ambiguïté de ses rapports avec les organisations syndicales « unitaires », l'originalité de sa démarche et de sa stratégie expliquent la perplexité des observateurs à son égard et les réactions très divergentes qu'il suscite. Il apparaît, aujourd'hui, comme une force syndicale représentative d'une fraction non négligeable du monde paysan. *Une organisation originale.*

La disparition de la Confédération générale de l'agriculture en tant qu'organisation syndicale représentative, en janvier 1954, conduit ses principaux animateurs, Philippe Lamour et Roland Viel, à créer un Comité général d'action paysanne qui se présente comme l'ébauche d'un syndicat national de petits et moyens exploitants. Cette entreprise échoue, notamment parce qu'elle se heurte à l'hostilité des dirigeants communistes qui déclarent alors que toute activité oppositionnelle doit être menée à l'intérieur de la FNSEA. Ils refusent de participer à un mouvement de division de la paysannerie qui affaiblira selon eux l'action dans les campagnes. Ils n'entendent pas prendre la responsabilité d'une scission qu'un grand nombre de leurs électeurs ruraux ne comprendraient pas et ils limitent leurs ambitions au maintien de leurs positions dans le syndicalisme traditionnel.

La création, le 7 avril 1959 à Toulouse, du Mouvement de coordination et de défense des exploitations agricoles familiales [150] semble mettre en question cette politique de noyau-

Raymond Mineau et René Gondrau, deux des principaux animateurs du MODEF. Au service de la petite paysannerie et pour la victoire de l'union de la gauche.

tage des organisations professionnelles. Certes, le parti communiste affirme n'avoir pris aucune part à l'entreprise, mais il compte un grand nombre d'adhérents parmi les fondateurs du mouvement. Il reprend, pour lui-même, la tentative des anciens dirigeants de la CGA qu'il avait contribué à faire échouer cinq ans plus tôt. L'avènement de la Cinquième République explique la volonté des communistes de disposer d'un relais politique parfaitement contrôlé dans le syndicalisme paysan. La contestation, dans un cadre professionnel, de la politique agricole du nouveau régime constitue un moyen privilégié de mise en cause du régime lui-même, à un moment où le progrès technique et l'évolution économique bouleversent les structures agraires et provoquent un mécontentement général, violent et permanent dans les campagnes. Or les militants du parti sont dispersés dans des organismes divers, situés dans une zone géographique très limitée et n'ont aucune influence dans la plupart des régions, notamment au nord de la Loire. Il convient donc de coordonner l'action des fédérations exclues de la FNSEA dans les années 1950-1952, avec celles qui demeurent dans l'orthodoxie et dans lesquelles le poste de président ou de secrétaire général a été confié à un communiste [151]. Il faut réunir les efforts de tous les groupes de petits producteurs et surtout disposer d'une organisation capable de rassembler les paysans hostiles au gouvernement et aux directives du syndicalisme agricole. Le nouveau mouvement doit permettre au parti communiste de maintenir et de développer son influence électorale dans les campagnes, après le recul sensible qu'il a subi lors des consultations de 1958.

Voilà pourquoi des paysans venus de 23 départements du sud de la Loire créent le MODEF en 1959. Les adhérents des fédérations exclues, et en particulier leurs sections de fermiers et de métayers, constituent alors l'essentiel des troupes du mouvement. Le développement de l'organisation est très lent. Au cours des premières années, elle tient des assemblées générales de dimensions modestes. En 1962, 74 délégués seulement représentant 31 départements participent à la deuxième assemblée générale. Treize ans plus tard, les 1er et 2 mars 1975, 480 délégués venus de 75 départements assistent aux travaux du quatrième congrès.

Le MODEF rassemble des adhérents de la FNSEA, des adhérents d'organisations exclues de la Fédération et des personnes qui n'adhèrent à aucun syndicat. A l'origine ses dirigeants ne souhaitaient pas constituer une deuxième organisation syndicale. Ils voulaient se situer à côté de la Fédération des exploitants et du Centre des jeunes agriculteurs. Ils entendaient former une sorte de « franc-maçonnerie » dans le mouvement professionnel paysan. En 1959, comme en 1954, le parti communiste ne veut pas prendre la responsabilité d'une scission. Certes il dénonce le « mythe de l'unité paysanne » et l'utilisation des « petits » par les « gros », mais il juge la lutte dans le cadre d'organisations unitaires plus efficace.

Aussi demande-t-il à tous ses militants de poursuivre leur action dans le syndicalisme traditionnel et d'y assumer des responsabilités partout où cela est possible. C'est pourquoi il ne crée pas de groupes du MODEF dans les départements où il participe à la direction de la FDSEA. Naturellement les trois fédérations exclues de la FNSEA adhèrent au MODEF. Il est ainsi nettement majoritaire dans les Landes et sa force est sensiblement égale à celle de ses adversaires en Charente et en Corrèze. Dans tous les autres départements le mouvement considère que la politique défendue par les syndicats « officiels » est préjudiciable aux petites et moyennes exploitations et qu'il doit s'organiser pour assurer leur défense. C'est pourquoi il est juridiquement structuré en confédération syndicale depuis le 4 septembre 1975.

Ses efforts rencontrent un accueil plus ou moins favorable selon les régions, mais il est très difficile d'en établir le bilan. Dans les départements de bonne implantation il dispose d'une organisation départementale et de comités locaux : régions du Sud-Ouest, du Poitou, des Charentes, du Centre, de Provence, de la vallée du Rhône, des Alpes et quelques départements isolés : Yonne, Côtes-du-Nord, Ille-et-Vilaine. Son influence est forte dans les régions de gauche et d'extrême gauche. Il a réussi à s'implanter dans certains départements de l'Ouest qui lui sont politiquement hostiles. Son audience est très limitée dans l'Est, dans le Nord et dans le Bassin parisien.

Au cours des premières années, le MODEF recrutait des adhérents parmi les électeurs ou sympathisants communistes. Dans certains départements, des socialistes ont rejoint ses rangs, mais le phénomène est limité. Aujourd'hui son audience tend à s'élargir et il pénètre dans des milieux qui lui étaient étrangers. En Bretagne sa clientèle est essentiellement catholique et comprend souvent d'anciens responsables de mouvements de jeunesse. Ce nouveau recrutement demeure encore très faible, mais il peut se développer dans la mesure où pour un nombre croissant de paysans la lutte pour la survie économique paraît plus puissante que les obstacles idéologiques.

De même, si la plupart des adhérents du MODEF appartiennent à la catégorie des petits exploitants qui se sentent directement menacés par l'évolution économique et qui se battent pour conserver leur rôle de producteur, il en est qui peuvent être considérés comme des agriculteurs dynamiques et ouverts au progrès. Certes la majorité a rejoint cette organisation parce qu'elle défend une politique de conservation des structures agraires existantes. Mais un grand nombre d'agriculteurs du Vaucluse et des Bouches-du-Rhône, par exemple, peuvent être considérés comme des travailleurs techniquement évolués, connaissant bien leur métier, très réceptifs aux novations. Leur adhésion au MODEF s'explique par leur hostilité au Marché commun qui livre leur production à la concurrence italienne sans qu'aucune mesure d'ensemble ait été prise pour organiser le marché et leur permettre d'être

Du paysan producteur à l'ouvrier consommateur : braderie de viande devant les usines Renault à Boulogne-Billancourt en 1974.

compétitifs. Par ailleurs, l'arrivée de capitaux très importants rapatriés d'outre-mer ou d'origine bancaire a modifié la nature du marché foncier et déséquilibré la structure d'ensemble des exploitations, interdisant aux paysans toute possibilité d'agrandissement.

L'influence électorale du MODEF, lors des élections aux chambres d'agriculture, correspond sensiblement à son implantation militante. Elle montre que les bases sociales du mouvement sont plus complexes qu'on ne le dit généralement. Ainsi, il obtient de très bons scores dans certaines régions de grandes cultures (Champagne berrichonne, Beauce) et dans des départements de petites exploitations familiales. Inversement son audience est faible au nord et à l'est du Bassin parisien et dans des zones de paysanneries traditionnelles (Morbihan, Haute-Loire). Il se développe de façon remarquable dans les sociétés paysannes les plus conservatrices (Vendée, Maine-et-Loire) et il recule dans celles que les sociologues qualifient de démocratiques (Gers, Périgord). « Les fruits et les légumes » lui semblent plus favorables que la viticulture. Les traditions politiques et religieuses, la puissance plus ou moins grande des autres organisations, les luttes syndicales récentes ne permettent pas davantage de donner une explication générale des résultats.

Cependant, quelle que soit la diversité des situations au niveau local, l'observateur constate un développement global du MODEF sur le plan national. Dans la mesure où il recueille la voix d'un agriculteur sur trois dans les trois quarts des départements, il correspond à la sensibilité d'une partie

importante de la paysannerie qui ne se reconnaît pas dans les organisations « officielles ». Ces petits paysans refusent de disparaître en tant que producteurs et sont peu sensibles à l'argument selon lequel « leur mort est facteur de progrès ». D'autres admettent la nécessité du développement d'une agriculture moderne mais refusent que la nation et les petits agriculteurs financent la constitution d'un patronat à effectifs réduits, contrôlant l'ensemble d'une activité qui prendra de plus en plus un caractère industriel. D'autres modèles demeurent possibles, selon eux. Le vote en faveur du MODEF traduit le refus de la politique agricole mise en œuvre depuis 1958 avec la participation active des autres organisations professionnelles. L'étroite collaboration de la FNSEA et du CNJA avec les ministres de l'Agriculture ou l'appui qu'ils ont apporté au plan Mansholt ne leur permettent pas d'apparaître aux yeux de tous comme une force de contestation. Le MODEF est alors perçu par beaucoup d'agriculteurs comme le seul contrepoids à une politique qu'ils désapprouvent. Peu leur importe que la moitié des membres du bureau et tous les permanents soient des adhérents du parti communiste.

La raison d'être du MODEF est la défense des exploitants familiaux. La Cinquième République a choisi dès l'origine, selon lui, leur disparition pour « donner satisfaction aux grandes puissances bancaires et industrielles [152] ». Cette politique a été mise en œuvre dès le 28 décembre 1958 lorsqu'il a été décidé de supprimer, par ordonnance, l'indexation automatique des prix agricoles sur ceux de l'industrie. Son réta-

Les tracteurs à l'usine : meeting ouvrier-paysan à Saint-Nazaire en juin 1961.

blissement et son extension à tous les produits de l'agriculture forment la revendication essentielle du mouvement lors de sa réunion constitutive en 1959 et demeurent l'un des points importants de son programme.

Un programme en évolution. Les lois d'orientation agricole de 1960 et de 1962 sont dénoncées par le MODEF comme « l'arme redoutable et décisive » dont dispose le gouvernement pour éliminer les petits et moyens cultivateurs. La définition d'une exploitation dite « viable » dont la superficie est largement supérieure à la plupart de celles qui existent aujourd'hui, et à laquelle les aides publiques seront exclusivement réservées, n'a d'autre objectif, à ses yeux, que de contraindre au départ tous ceux qui n'atteignent pas et ne peuvent pas atteindre ce niveau. Il critique en particulier les conditions d'attribution des prêts du Crédit agricole très défavorables aux petits exploitants et la politique de réforme des structures telle qu'elle est mise en œuvre par les sociétés d'aménagement foncier et d'établissement rural. Ces sociétés ont pour but d'empêcher tout agrandissement des petites exploitations et de favoriser au contraire leur disparition au profit des plus importantes, car les limites à l'extension des entreprises ne sont jamais respectées. Or le MODEF croit en « la sagesse populaire qui dit qu'il vaut mieux deux blessés qu'un mort [153] ».

Il fait la même analyse de tous les chapitres de la politique agricole à laquelle il oppose son programme de défense et de promotion de toutes les entreprises familiales. C'est la raison pour laquelle ses adversaires lui reprochent d'aller à l'encontre de l'évolution économique et le qualifient de « poujadiste ». Il rejette ces accusations et affirme volontiers qu'il est « pleinement conscient des exigences résultant du progrès technique... (qu'il) ne cherche nullement une solution dans la perpétuation d'un passé révolu, mais qu'il conçoit la marche du progrès autrement que par la destruction inhumaine de centaines de milliers d'exploitations [154] ». Dans un éditorial du journal mensuel du Mouvement, son président Alfred Nègre va plus loin encore lorsqu'il affirme : « La concentration se fera en France dans l'agriculture comme elle se fait dans les autres secteurs de l'économie. Le MODEF ne conteste pas cette évolution des structures, il la constate. Mais la seule question qui se pose à lui est de savoir à qui elle profitera [155]. »

Pour sauver les petites et moyennes exploitations familiales et leur permettre de se moderniser, de se développer, l'État doit leur accorder par priorité des prêts et des subventions à faible intérêt (1 %) et à long terme. Le MODEF demande la réforme de la législation des cumuls par abaissement de la superficie et il exige le respect du statut du fermage et du métayage. Son objectif est limité à l'amélioration du sort des plus pauvres. Il ne préjuge pas ce que pourrait être la politique d'un régime, dans un premier temps de démocratie avancée, puis socialiste. Il fait preuve sur ce point d'une discrétion absolue. Ses dirigeants ne croient pas qu'il leur soit possible d'être entendus et compris par un régime qui poursuit des objectifs opposés aux siens. Aussi suggèrent-ils aux agriculteurs de donner à leur combat syndical un prolongement politique.

Jusqu'à son deuxième congrès, en mars 1968, l'attitude du MODEF paraît essentiellement négative. Depuis cette date une évolution semble se dessiner, parallèle à celle engagée par le parti communiste lors des journées d'études qu'il a consacrées à Aubervilliers du 13 au 15 novembre 1964 au « travail du Parti à la campagne ». Il ne rejette plus systématiquement tous les aspects de la politique agricole. Il reconnaît à l'indemnité viagère de départ des avantages, il accepte d'utiliser les sociétés d'aménagement foncier et, s'il dénonce les groupements de producteurs, il recommande à ses adhérents d'y entrer lorsque cela est nécessaire. Il se fait également l'ardent propagandiste de l'agriculture de groupe et soutient fermement la constitution de groupements agricoles d'exploitation en commun (GAEC).

En fait, cette évolution est due à la prise de conscience par le parti communiste d'abord, puis par le MODEF, qu'une démarche essentiellement négative apparaît liée, pour les jeunes, à la volonté de maintenir la société paysanne traditionnelle. Or, les jeunes agriculteurs suivent le CNJA et la FNSEA parce qu'ils leur offrent des perspectives plus dynamiques, une vision du monde qui correspond mieux à leur mentalité. Un mouvement ne peut pas bâtir un avenir avec des gens condamnés au départ et avec des vieux. Il doit engager le dialogue avec ceux qui resteront et qui ne sont pas des « paysans capitalistes ». Pour cela, il faut qu'il emploie leur langage et comprenne leur état d'esprit.

Par contre, l'attitude du MODEF résolument hostile à la Communauté économique européenne n'a pas varié. Il approuve les critiques que formule l'extrême gauche à l'égard de cette institution pour des raisons de politique générale et de politique agricole.

Ainsi, dans l'action syndicale, le MODEF met en avant le mot d'ordre : « Petits paysans de France et d'Europe, tous unis pour assurer la sauvegarde de vos exploitations familiales. » Cette option, apparemment conservatrice, masque des objectifs politiques cohérents, clairement présentés depuis 1964 dans les analyses du parti communiste. Dans le rapport qu'il a rédigé pour les journées d'études sur le travail du Parti à la campagne, Fernand Clavaud reconnaît que « l'exploitation individuelle, surtout si elle est trop petite, ne permet pas d'utiliser rationnellement les machines modernes au même titre que la grande entreprise ». Il admet donc implicitement que la concentration est nécessaire, mais il ajoute : « Notre rôle, à nous communistes, n'est pas d'aider le capitalisme dans son entreprise d'expropriation, c'est au contraire de dénoncer ses méfaits et de prendre la défense de ses victimes[156]. » Il n'est pas possible de comprendre le programme agricole du parti communiste si l'analyse est limitée à la situation de l'agriculture. Une formation, dont les objectifs demeurent en principe révolutionnaires, se préoccupe peu de la notion de rentabilité économique. Elle se propose essentiellement de faire des petits paysans qu'elle défend « les alliés de la classe ouvrière dans la lutte pour la paix, pour la démocratie et pour le socialisme ». Dans son rapport, F. Clavaud donne la clé de la stratégie du parti communiste : « Le paysan va vers celui qui lui parle du socialisme et de l'avenir mais à condition que dans l'immédiat il l'aide à améliorer ses conditions d'existence... le paysan devenu ouvrier ne nous fait pas automatiquement confiance surtout si nous ne l'avons pas défendu pendant qu'il exerçait la profession agricole et qu'il était aux prises avec les difficultés. »

Le MODEF joue un rôle important dans cette stratégie du parti communiste à l'égard des paysans qu'il sait condamnés par l'évolution économique. Agissant sur le terrain syndical et se déclarant apolitique il peut développer plus facilement les thèses du Parti, notamment dans des régions où l'influence de celui-ci est faible. Son efficacité est d'autant plus grande que ses militants ne sont pas tous communistes et que tous appartiennent à la grande masse des petits et moyens exploitants. Cependant le parti communiste s'est peu à peu rendu compte que, si cette politique était efficace à l'égard des plus âgés et des plus pauvres, elle ne rencontrait pas l'écho souhaité auprès des jeunes et d'un grand nombre d'exploitants modestes ou moyens. Dans son discours de clôture aux journées d'Aubervilliers, Waldeck Rochet amorce une nette évolution : « Dans le cadre du régime de démocratie véritable que nous voulons établir, non seulement les coopératives de production peuvent renforcer l'efficacité de l'exploitation familiale, mais en même temps elles peuvent constituer le point de départ d'une agriculture moderne sous la forme non capitaliste et, par là même, favoriser ultérieurement le passage du capitalisme au socialisme grâce à l'alliance étroite entre la classe ouvrière et la paysannerie laborieuse. »

Il apporte un appui total à la coopération sous toutes ses formes et le Parti admet que les SAFER, à condition d'être aménagées, constituent un instrument valable pour mettre en œuvre une politique de réforme des structures. Cette évolution est poursuivie lors de journées nationales d'études qui se déroulent à Montreuil les 9 et 10 novembre 1968 et lors d'une réunion du comité central entièrement consacrée au problème paysan le 30 novembre et le 1er décembre 1971 [157].

Les dirigeants communistes du MODEF tentent d'infléchir la ligne du mouvement selon les nouvelles orientations de leur parti. Mais ils sont contraints à une extrême prudence car la majorité de leurs adhérents ne font pas les mêmes analyses, demeurent attachés à un programme essentiellement revendicatif et sont hostiles à toute forme d'organisation trop contraignante.

Ces contradictions ne présentaient pas d'inconvénient majeur tant que le MODEF limitait ses ambitions au rôle d'un simple mouvement de coordination, cherchant à attirer tous les mécontents quelles que soient leurs situations et leurs orientations. Aujourd'hui, il se présente comme une organisation nationale représentative et il se propose d'élargir et de diversifier la base géographique, politique et sociologique de ses adhérents et de constituer des organisations structurées dans le plus grand nombre possible de départements [158]. Une telle transformation peut être périlleuse car il ne pourra plus se contenter de juxtaposer les revendications de toutes les catégories qu'il représente. Or, il est dans une certaine mesure prisonnier de son recrutement et il peut difficilement modifier son programme sans se condamner lui-même.

Quelles que soient ses difficultés et ses ambiguïtés, le MODEF connaît un développement non contestable, révélateur de la crise qui traverse le monde agricole. Il exprime le rejet global de la logique du mode de production capitaliste par la petite paysannerie qui attend du pouvoir politique la sauvegarde d'une organisation économique et sociale de la production « fruit du travail et de l'épargne ». En adhérant au mouvement ou en votant pour ses candidats, ces agriculteurs ne succombent pas à la tentation du « nihilisme » et de « l'ivresse idéologique », selon les expressions de M. Debatisse. Leur comportement découle de leur situation objective dans la production et leur opposition à la FNSEA s'explique par leur refus de la logique des « trois agricultures ». Ils ne se sentent pas unis à ceux qui militent pour leur disparition.

la lutte des classes dans les campagnes

L'analyse des conflits sociaux qui se déroulent en France depuis 1970 révèle l'apparition d'une nouvelle force sociale et syndicale au sein de la paysannerie. Cette force a montré, notamment au cours de la grève des livraisons de lait, au printemps 1972, sa capacité à traduire le mécontentement latent de la majorité des agriculteurs en un projet revendicatif cohérent. Très minoritaire, elle a été cependant le catalyseur d'actions de masse qui ont mis en cause les institutions économiques de caractère mutualiste qui prétendent, depuis un siècle, garantir au paysan sa survie, et même son épanouissement, en tant que petit producteur marchand. Au conflit traditionnel sur le niveau des prix agricoles et sur les réformes de structures, se substitue peu à peu un antagonisme irréductible au sein même de la paysannerie entre ceux qui profitent de l'organisation capitaliste de l'économie et ceux qui en sont les victimes.

Paysan mais exploité.

De façon empirique, à travers des expériences souvent
individuelles, un certain nombre de paysans mettent en cause
non seulement la politique de l'État à leur égard, mais, au-
delà, les fondements du système capitaliste et du régime
politique. Ils appréhendent alors les organismes agricoles,
tels que les coopératives ou les sociétés d'aménagement
foncier, comme de simples instruments de sélection et d'élimination des producteurs jugés « non rentables ». Cette attitude
au sein du mouvement social paysan se concrétise, notamment,
dans un courant syndical qui exprime les critiques les plus
radicales et qui préconise une stratégie de « caractère révolutionnaire ». Il rassemble tous ceux qui s'affirment comme
des paysans-travailleurs.

Comme le MODEF, ce courant se caractérise par une opposition absolue aux thèses développées par la FNSEA et par le CNJA. Il dénonce le mythe de l'homogénéité sociale de la paysannerie, affirme que la politique de collaboration avec les pouvoirs publics conduit à un simple aménagement des conditions dans lesquelles le plus grand nombre est exploité, et refuse toute solidarité avec les petits patrons du commerce et de l'industrie. A la politique des organisations reconnues par les pouvoirs publics, il cherche à opposer une pratique syndicale de rupture avec les forces qui incarnent ou soutiennent le capitalisme agraire et il préconise une alliance de classes entre le paysan-prolétaire et l'ouvrier. C'est pourquoi, non seulement il joue un rôle important dans certaines luttes paysannes (des problèmes fonciers à la « défense du Larzac »), mais il s'efforce d'assurer une présence paysanne dans les conflits du monde industriel, comme ce fut le cas pour le Joint français ou pour Lip. Il n'est donc pas étonnant qu'une telle démarche heurte la sensibilité des dirigeants des organisations agricoles traditionnelles qui voient dans ce mouvement un petit groupe d'agriculteurs irresponsables et sectaires manipulés par les groupes gauchistes.

Qui sont ces « révolutionnaires » qui perturbent les campagnes ? Ils appartiennent à l'agriculture intermédiaire, celle des agriculteurs qui ont tenté la modernisation de leur exploitation pour devenir des « chefs d'entreprises viables ». Militants des mouvements d'action catholique dans leur jeunesse, ils ont partagé pleinement l'idéologie du CNJA et ont été les plus fermes soutiens des lois d'orientation agricole jusque dans les années 1965-1967. Depuis, l'inquiétude et le doute ont envahi les esprits. Si un certain nombre espère toujours atteindre définitivement la réussite économique et se veut « chef d'entreprise », la majorité paraît résignée et attend des pouvoirs publics une aide pour passer les caps difficiles. Une minorité s'est, au contraire, engagée dans la voie de la contestation syndicale et politique. Elle dénonce les valeurs aux-

Grève des producteurs de lait en Bretagne en 1972. Les paysans bloquent les camions de leurs propres coopératives et s'interrogent sur leur statut économique.

quelles elle a cru et les institutions qu'elle a aidé à mettre en place. Les paysans plus jeunes, analysant l'expérience de leurs aînés et constatant que la législation actuelle rend de plus en plus difficile et aléatoire leur installation, n'acceptent pas de s'engager dans la même voie. Les attitudes qualifiées de « gauchisantes » du mouvement rural de la jeunesse catholique illustrent ce refus.

Le courant des paysans-travailleurs n'est pas le produit d'une analyse théorique extérieure au mouvement social paysan. Il est né d'une lente prise de conscience de la nature de la politique agricole par ceux qui, après l'avoir défendue, estiment en subir les effets néfastes.

Il a été expliqué aux agriculteurs que ceux d'entre eux qui accepteraient d'agrandir leur exploitation et de moderniser leur appareil productif, connaîtraient une amélioration substantielle de leur sort et qu'ils deviendraient, sur le plan économique, la base la plus solide de l'agriculture de demain. Le résultat a été remarquable puisque le taux moyen de croissance a fortement augmenté, le volume de la production doublant en quinze ans pour un certain nombre de productions. Or les petits et moyens paysans qui ont réalisé cette transformation rapide, profonde, de l'agriculture constatent aujourd'hui que la majorité d'entre eux se trouvent dans une situation très précaire. Ils doivent assurer un surcroît de travail sans percevoir une amélioration de leur revenu, ni espérer des lendemains meilleurs. Les impératifs de la rentabilité et de la compétitivité les ont contraints à mettre en œuvre un capital financier de plus en plus important qu'ils ont dû emprunter. Ce qui les conduit à s'interroger sur la signification de cet endettement : « Qui est propriétaire ? l'organisme prêteur (souvent le Crédit agricole) ou l'agriculteur ? En d'autres termes, l'agriculteur qui s'est modernisé n'est propriétaire que de ses dettes [159]. » Ils remarquent par ailleurs que le risque de l'investissement est inversement proportionnel à la structure de production : le petit paysan est contraint de produire intensément et sans garantie, ni sur les prix, ni sur les débouchés, ni sur la possibilité de produire pendant le temps de l'amortissement. On leur avait fait croire que plus ils investiraient, plus leurs conditions de travail s'amélioreraient. Ils constatent que la réalité est contraire. La nécessité de produire plus, pour espérer disposer d'un revenu comparable, annule les effets de la mécanisation.

Ils se sentent dominés par les industries qui leur fournissent les moyens de production dont ils ont besoin et ils s'aperçoivent qu'ils sont tenus à l'écart de la valorisation de leurs produits par les organismes de transformation et de commercialisation. Contrairement aux dirigeants des principales organisations professionnelles, ils ne croient pas que les coopératives puissent leur donner une certaine maîtrise sur leurs produits et sur le marché. Elles ne font selon eux que répercuter les aléas du marché sur les producteurs et sont contraintes d'opérer une sélection de plus en plus sévère entre les paysans pour assumer la concurrence avec les groupes privés qui se réservent les produits finis les plus rentables.

Analysant leur situation personnelle et la comparant à celle de leurs voisins, des agriculteurs de plus en plus nombreux s'aperçoivent que « l'évolution et le progrès » aboutissent à dépouiller le producteur individuel de la propriété réelle de ses moyens de production et l'obligent constamment à accroître sa productivité et à intensifier son travail s'il veut maintenir son revenu et assurer sa survie. Ils prennent conscience que la décision de produire est prise de plus en plus par les industries agricoles et alimentaires en fonction de leur taux de profit.

Une telle prise de conscience de la réalité conduit ces agriculteurs à s'interroger sur eux-mêmes et sur le fonctionnement de la société. Ils remarquent que certaines catégories bénéficient largement de cette situation. Ce sont « les exploitants capitalistes » et surtout les industries qui obtiennent, sans risque et au moindre coût, une production abondante, continue et de qualité égale. Par contre, les petits et moyens agriculteurs, qu'ils soient « traditionalistes » ou « modernistes », sont les victimes du système. Le jeune agriculteur, qui a cru que l'utilisation intensive de la technique assurerait sa réussite économique et sociale, s'aperçoit, lorsqu'il fait le point dix ou quinze ans plus tard, qu'il a perdu l'essentiel des pouvoirs de décision que possédait encore son père et que son revenu ne dépasse pas celui de l'ouvrier spécialisé. Il prend alors conscience qu'une grande partie de la valeur de son travail lui a été confisquée. La société d'aménagement foncier a fait de lui le propriétaire nominal d'une exploitation de 30 à 50 hectares, son bétail est sélectionné, la stabulation libre a été installée et il dispose de tracteurs puissants. Comme il est un exploitant « moderne », il tient des comptes. C'est alors qu'il s'aperçoit, lui qui croyait être un chef d'entreprise, qu'après toutes ces années d'efforts et de sacrifices, son niveau de revenu et de consommation est toujours comparable à celui de l'ouvrier.

Une telle découverte provoque des réactions opposées. *Des travailleurs* L'agriculteur peut continuer à croire qu'en améliorant ses *sans notables.* techniques et en s'endettant davantage, il finira par atteindre son objectif. Il peut, au contraire, estimer qu'il est un exploité, comme le petit paysan dont il convoitait jusque-là les dépouilles, et qu'il doit, pour assurer sa défense, s'organiser dans un syndicalisme « de classe »[160]. C'est alors qu'il est conduit à dénoncer les organisations professionnelles dont le programme et la stratégie reposent sur l'affirmation de l'unité de la paysannerie et de la collaboration active avec les pouvoirs publics. Il perçoit de plus en plus mal la communauté d'intérêt entre celui dont le système capitaliste assure le développement et celui qui, pour cette raison, est condamné à disparaître.

Dans quelle mesure cette prise de conscience modifie-t-elle son comportement syndical? L'habitude, la résignation, la

Des paysans qui s'estiment exploités à l'égal des ouvriers...

Un jeune paysan-travailleur analyse avec son père les comptes de l'exploitation. Les faits nourrissent les choix politiques.

pression sociale le conduisent dans la majorité des cas à ne pas changer d'organisation. Pour des raisons tactiques, pour ne pas se couper de la masse des agriculteurs, il demeure dans les syndicats traditionnels. Mais sa pratique tend à se modifier : il croit de plus en plus à l'action directe pour renverser le rapport de forces en sa faveur et de moins en moins aux commissions, tables rondes et actions en justice. Si enfin il estime que la solution ne peut-être que politique et s'inscrit dans une transformation socialiste de l'État et de la société, il sera tenté de rejoindre le combat des paysans-travailleurs qui se définissent comme étant ceux qui vivent de leur seul travail, qui ne font pas de profit et qui ne s'agrandissent pas au détriment des plus petits. Le regroupement de ces agriculteurs dans un mouvement syndical indépendant est un phénomène récent qui s'est réalisé au terme d'une évolution rapide. Les premiers affrontements publics entre les tendances ont lieu à l'automne 1968, au congrès du CNJA. Pour la première fois, les militants ont à choisir entre deux politiques et entre deux équipes. L'appareil syndical sortant, soutenu par la FNSEA et s'appuyant sur les centres départementaux riches en cotisations, l'emporte d'une courte tête. Il réussit à rassembler tous ceux qui, par conviction ou par calcul, entendent rester du côté « du manche ». La gauche socialisante est essentiellement soutenue par les régions militantes : Ouest, Rhône-Alpes, Aquitaine et Poitou-Charentes. Le même phénomène se produit au sein de la Fédération régionale des syndicats d'exploitants agricoles de l'Ouest (FRSEAO) où les rapports de forces sont comparables.

Au cours de la période 1967-1970, toute la stratégie du courant oppositionnel est de conquérir démocratiquement la majorité au CNJA et dans le syndicalisme des départements de l'Ouest où se trouvent les gros bataillons de la FNSEA. Ils estiment que la maîtrise de ces structures syndicales leur donnerait les moyens de sensibiliser la masse des paysans à leurs idées et de la mobiliser sur leur programme. Ils pourraient être compris du plus grand nombre car ils n'apparaîtraient pas comme des diviseurs de la paysannerie. De plus, le contrôle de ces organisations leur permettrait de bénéficier des moyens financiers que les pouvoirs publics octroient à leurs adversaires. L'année 1970 marque l'échec de cette stratégie : le courant de gauche perd du terrain au congrès du CNJA et B. Lambert est éliminé du secrétariat général de la fédération régionale de l'Ouest.

Face à cette nouvelle gauche syndicale, les forces au pouvoir, toutes traditions et tendances confondues, réalisent l'union sacrée. Les responsables de la FNSEA reprennent, la forme seule variant, les arguments utilisés par R. Blondelle vingt ans plus tôt : ceux qui veulent changer les orientations syndicales et qui mettent en cause les dirigeants en place sont mus essentiellement par des objectifs politiques et ils sont, de ce fait, les briseurs de l'unité professionnelle, les diviseurs de l'agriculture. Ils sont présentés comme étant liés « au PSU, aux groupes gauchistes, maoïstes, trotskistes, marxistes, léninistes, etc. [161] ». De plus, contrôlant les organisations professionnelles économiques et de crédit, disposant par l'intermédiaire des chambres d'agriculture des moyens indirects du financement du syndicalisme, les forces conservatrices peuvent facilement exercer une pression plus ou moins discrète sur un certain nombre d'hommes dont elles sont en mesure de récompenser la fidélité. Le danger d'être mis au ban de la représentation professionnelle agricole, avec les risques d'étouffement par manque de moyens financiers que cela comporte, a vraisemblablement contribué à maintenir certains CDJA dans la voie de la sagesse.

...et qui rêvent d'une alliance avec le prolétariat industriel.

Cependant, l'échec du « courant contestataire » ne peut pas être expliqué par la seule action de ses adversaires. Il ne pouvait pas réussir dans la mesure où, peu à peu, une partie de ses troupes ou de ses cadres lui ont fait défaut. Un certain nombre d'agriculteurs estiment, dès cette époque, que la conquête des appareils syndicaux ne permettrait pas de résoudre les problèmes. Selon eux, remplacer des hommes de droite par des hommes de gauche à la tête des mêmes structures professionnelles ne se traduirait en fait que par un changement de notables qui, pris ensuite dans les mêmes cadres de négociation avec les pouvoirs publics, seraient, soit récupérés, soit impuissants. De telles prises de position ont eu, incontestablement, un effet démobilisateur.

C'est dans ce contexte qu'une partie des opposants internes au CNJA et à la FNSEA décident de ne pas poursuivre une lutte qu'ils jugent sans issue et constituent des groupes de paysans-travailleurs. Une autre partie poursuit le combat sans changer d'affiliation syndicale. Une telle situation aboutit à la quasi-disparition de toute opposition réelle à la direction de la Fédération nationale et du Centre des jeunes agriculteurs, où les débats essentiels sont désormais limités à des arbitrages conjoncturels entre les intérêts des différentes catégories de producteurs dans le respect du mode actuel d'organisation et de fonctionnement de l'agriculture.

De cette expérience syndicale, les paysans-travailleurs tirent la conclusion que toute organisation structurée sur le plan national est vouée à une rapide déviation bureaucratique et aboutit à l'étouffement de la démocratie. Ils estiment que les dirigeants absorbés par leurs fonctions représentatives se coupent socialement de la paysannerie et qu'ils se mettent très rapidement à penser et à parler comme leurs interlocuteurs administratifs et politiques. Séduits par la qualité de ces derniers, l'attention dont ils sont l'objet et la solennité des lieux où se déroulent les concertations, ils en arrivent parfois à renverser leur rôle et à être les porte-parole des pouvoirs publics auprès des paysans. Ils oublient très vite que la négociation doit se situer dans le cadre d'un rapport de forces, ce qui les conduit à fonder leur stratégie uniquement sur le dialogue et à se méfier de toute action conflictuelle mobilisant « la base ». Or, prenant l'exemple des problèmes fonciers, les paysans-travailleurs constatent que les méthodes d'action directe sont souvent plus efficaces que les commissions départementales des cumuls pour faire respecter la législation.

C'est en s'appuyant sur ces considérations concrètes, liées à la pratique sociale des syndicats, que les paysans-travailleurs abordent le problème de la structuration de leur courant. La volonté d'empêcher les dirigeants de se transformer en notables et de permettre aux agriculteurs de décider à tout moment de l'action à entreprendre les conduit à rejeter les formes de démocratie représentative. Les seuls véritables centres de décision sont les « groupes de base » constitués par les paysans dans l'action. C'est seulement dans l'action directe qu'ils reconnaissent les vrais révolutionnaires. Ainsi dans la paysannerie s'expriment des aspirations et s'élabore une pratique sociale qui se sont manifestées dans la société française au mois de mai 1968. A partir d'expériences profondément différentes, des paysans retrouvent une démarche qualifiée de « spontanéiste » ou de « populiste » qui rejoint l'une des traditions du mouvement ouvrier. Partout où ils sont implantés (Ouest, Rhône-Alpes, Poitou-Charentes notamment), ils jouent un rôle moteur dans le déclenchement des conflits sociaux. Ils servent ainsi de révélateurs du malaise ressenti par une partie de la paysannerie qui, sans eux, ne s'engagerait pas, le plus souvent, dans une action collective.

La souveraineté des groupes de base aboutit, en fait, à une grande hétérogénéité idéologique au sein du courant.

L'hostilité au gouvernement et à la FNSEA peut rassembler l'agriculteur aisé et conservateur qui trouve le prix de la viande à la production « scandaleusement faible », l'individualiste anarchisant ou le militant qui, au-delà de son expérience personnelle, a atteint un certain niveau de conscience politique. La critique de l'organisation sociale ne suffit pas à créer une force cohérente capable de faire évoluer la conscience politique de la masse. Les paysans-travailleurs sont donc contraints d'élaborer une stratégie syndicale s'intégrant dans un projet politique global. Peuvent-ils atteindre cet objectif sans s'organiser en syndicat structuré sur le plan national, capable de donner une unité et un prolongement à l'ensemble des initiatives locales ?

Les principaux animateurs du mouvement ont, à l'égard du MODEF et des partis signataires du programme commun de la gauche, une réaction absolument négative. L'axe essentiel de leur stratégie est l'alliance des « paysans prolétarisés » par le capitalisme privé ou par les coopératives, avec les ouvriers, indépendamment de leurs organisations syndicales, notamment la CGT. Ils s'efforcent d'expliquer aux ouvriers qu'ils se trouvent dans une situation comparable par rapport au capitalisme, dans la mesure où ils sont dépouillés en fait de la propriété réelle de leurs moyens de production et condamnés à vendre leur force de travail. Le dialogue n'est pas aisé dans la mesure où leurs partenaires continuent à voir en eux des patrons qui luttent pour conserver leur statut de chef d'entreprise. Les ouvriers reconnaissent que leur revenu est parfois faible, mais ils soulignent qu'il n'est pas de même nature que celui du salarié. Ils insistent sur le fait que les agriculteurs possèdent un capital important alors que le niveau de rémunération de la force de travail de l'ouvrier ne lui permet pas de capitaliser. La difficulté d'établir une alliance de classe basée sur l'identité des situations dans le mode de production capitaliste peut être illustrée par le fait que, si les paysans-travailleurs ont soutenu les ouvriers grévistes au Joint français ou à Lip, la réciproque n'a pas été vraie lorsque les paysans ont déclenché la grève du lait. Les syndicalistes ouvriers demeurent prudents à l'égard d'une couche sociale dont ils apprécient l'évolution idéologique, mais dont ils soulignent l'ambiguïté du statut économique et social. Cependant, malgré ces réticences et ces interrogations, les paysans-travailleurs ont contribué avec la CFDT à un rapprochement entre ouvriers et paysans dans un certain nombre d'actions concrètes.

L'existence d'un tel courant, même s'il est très minoritaire, de paysans qui refusent de se considérer économiquement et socialement comme des chefs d'entreprise et qui affirment, au contraire, qu'ils sont des travailleurs solidaires de tous les travailleurs, illustre l'hétérogénéité des couches sociales dans l'agriculture. Qu'une fraction non négligeable de la moyenne paysannerie, sur laquelle repose principalement la stratégie du capitalisme, n'accepte pas la logique de l'organisation économique qui conditionne son existence, en rejette la justification idéologique et soit à la recherche de nouveaux rapports politiques, montre à l'évidence que les divisions syndicales ne s'expliquent pas par des conflits de personnes, de clans et de traditions ou par des manipulations extérieures, mais par l'existence d'intérêts vitaux contradictoires.

L'histoire du mouvement social dans l'agriculture se caractérise par la lutte incessante d'une multitude de petits paysans parcellaires pour assurer la survie de leur famille et pour conserver leur statut économique et social de producteurs indépendants. Dans cette lutte, ils se heurtent aux rentiers du sol auxquels ils louent leur outil de travail, aux bourgeois qui accaparent des terres pour disposer de propriétés à la campagne, aux plus gros agriculteurs qui imposent la loi de leur pouvoir financier, aux commerçants et aux industriels qui contrôlent le marché et récupèrent une partie de la plus-value produite par leur travail. Ils se concurrencent même entre eux, dès qu'un lopin de terre est disponible, emportés par la course infernale à l'agrandissement nécessaire pour « tenir le coup ». Le système économique les considère comme de simples instruments de production et opère parmi eux une sélection constante, ne conservant que le nombre qui lui est utile pour fournir le volume de marchandises nécessaire à l'alimentation du pays, et cela aux prix les plus bas qu'il puisse tolérer.

Mais il est indispensable que la majorité n'ait pas conscience de son rôle dans l'appareil de production et de sa fonction dans le système social. Pour le grand propriétaire foncier au début du XXe siècle, pour le gros exploitant à partir de l'entre-deux-guerres, pour le paysan moyen qui tente d'accéder au rang de chef d'entreprise aujourd'hui, le thème de l'unité paysanne est l'instrument idéologique essentiel au triomphe de leurs intérêts. Tant que les agriculteurs croient en une unité organique du peuple des campagnes, considèrent comme naturelle l'extrême hétérogénéité des niveaux de revenus et des conditions de vie et font de la résignation une vertu, la paix sociale et la pérennité du système politique sont assurées. Le contenu du thème unitaire a évolué depuis un siècle, en fonction de la nature des forces dominantes dans la paysannerie et de la place de l'agriculture dans le développement du capitalisme, mais sa fonction conservatrice n'a pas changé. Il est donc logique que les organisations professionnelles, depuis leur origine, en aient fait leur credo, qu'il commande leurs structures et qu'il sous-tende leur stratégie.

Et cependant, en dépit de cet intense effort d'encadrement, une partie de la paysannerie continue à ne pas partager cette vision de la société. Elle perçoit les rapports sociaux dans le monde agricole en termes conflictuels. Le pourcentage relativement élevé des suffrages obtenus par les partis de gauche, en particulier celui du parti communiste dans certaines régions, est l'une des manifestations de cette opposition. Certes, les luttes sociales à la campagne n'ont pas la même ampleur que dans le monde industriel et atteignent rarement une dimension nationale. Le combat des feuillardiers du Limousin au début du siècle, la grève des ouvriers agricoles du Bassin parisien en 1968, les actions « de commandos » pour empêcher des cumuls d'exploitation, ou la grève des producteurs de lait en 1972 ont souvent un caractère catégoriel et mobilisent une fraction limitée des travailleurs. Ils n'en sont pas moins révélateurs de l'hétérogénéité des couches sociales dans l'agriculture et de l'acuité des conflits d'intérêts.

Isolé, découragé, le petit paysan refuse, le plus souvent, de s'engager dans des organisations professionnelles qui défendent une politique qu'il désapprouve. Il se réfugie alors dans une sorte de passivité et se replie sur lui-même. L'adhésion à un syndicat qui conteste l'ensemble du système économique et qui, de ce fait, ne peut avoir qu'un caractère renvendicatif, demande un niveau de conscience politique beaucoup plus élevé que l'adhésion à un syndicat gestionnaire, appuyé par les pouvoirs publics, et dont les dirigeants sont souvent les relais obligés pour l'obtention des aides et subventions. C'est pourquoi la suprématie numérique du second ne signifie pas qu'il exprime les aspirations de la grande majorité des paysans. Le nombre plus réduit des adhérents du premier ne permet pas de conclure à son caractère marginal.

En réalité, si le mythe de l'unité peut survivre dans le monde paysan, c'est parce que l'exode permet d'éviter les conflits sociaux majeurs. Le système économique dans l'agriculture évite les tensions extrêmes en rejetant de la production tous ceux qui ne lui sont plus utiles et dont la disparition consolide momentanément la situation de ceux qui restent. L'exode est à la paysannerie ce que le chômage est au monde ouvrier, mais il n'entraîne pas les mêmes effets sociaux.

Au-delà des luttes d'influence entre notables, il y a au village la lutte quotidienne des descendants de Jacquou le Croquant pour assurer leur survie. Ce combat est le soubassement et l'enjeu principal du mouvement social. Pourtant il apparaît faiblement dans l'histoire parisienne des organisations professionnelles, au point que Henri Mendras a pu écrire que l'histoire des organisations agricoles se résume « en une longue rivalité entre le châtelain et le député radical-socialiste [162] ». Mais cette réduction de la lutte sociale à un jeu politique institutionnalisé entre notables n'est possible que parce qu'elle en est la seule forme d'expression acceptable par l'appareil de l'État. Celui-ci tend à restituer du mouvement social une image normalisée qui fonde et justifie la démocratie libérale. C'est pourquoi la compréhension du mouvement professionnel paysan suppose la prise en compte du cadre politique dans lequel se règlent les rapports entre la paysannerie et l'État.

5
l'État et les paysans

Les plus hauts dignitaires de la République ont le souci de maintenir le dialogue avec les dirigeants professionnels nationaux, 1966.

Dans l'histoire politique de la France, seuls les chefs des gouvernements et leurs ministres de l'agriculture affirment l'existence d'une politique agricole volontaire et cohérente. Peu nombreux sont les dirigeants professionnels, les parlementaires ou les observateurs qui partagent ce point de vue. Sous la Troisième République comme de nos jours, il est communément admis qu'aucune perspective à long terme ne guide l'action des pouvoirs publics en matière agricole. L'agriculture est l'objet de mesures ponctuelles et conjoncturelles, prises en fonction de considérations qui lui sont étrangères. Les qualificatifs utilisés pour caractériser sa situation dans l'organisation économique et dans l'État révèlent une situation de dépendance et d'abandon. Elle serait dominée, ignorée, méprisée, exploitée, trahie...

L'exode rural, le niveau des prix agricoles à la production, le sous-équipement des campagnes sont expliqués par une sorte de complot permanent dont la nature varie selon l'idéologie des auteurs. Pour les uns, la grande responsable des malheurs paysans est l'opinion publique qui impose sa volonté à des gouvernants soucieux de plaire au plus grand nombre et à ceux qui ont les moyens de parler « haut et fort ». Ainsi, tour à tour, sont dénoncés les capitalistes industriels, la CGT et les ouvriers, les consommateurs et la presse, qui par égoïsme et incompréhension obligent les pouvoirs publics à

maintenir l'agriculture en état de stagnation. Pour d'autres, la médiocrité des hommes explique la faiblesse des réalisations et l'absence de perspectives [1].

M. Augé-Laribé affirme avec justesse qu' « une politique, c'est une volonté ». Mais les fondements et la finalité de cette volonté ne résident pas obligatoirement dans le secteur économique et social considéré. La cohérence de mesures apparemment sans relation peut être trouvée au niveau des mécanismes d'organisation et de développement de la société globale. Quelle est la fonction de l'agriculture dans le système économique ? Quelle est l'image de la paysannerie dans la représentation idéologique du corps social français ? Quel est son rôle dans l'affrontement entre les forces sociales et politiques ?...

Les objectifs poursuivis tout au long du XXᵉ siècle ont évolué avec la transformation du rôle de l'État et en fonction de la nature des forces politiques au pouvoir. Pour les hommes de droite, la conservation des structures agraires garantit la pérennité de l'ordre social; pour les hommes de gauche, la défense du petit paysan s'intègre dans la lutte des travailleurs menacés par le capitalisme. C'est pourquoi, au-delà de l'apparente convergence des discours, les libéraux et les socialistes ont produit des politiques agricoles de contenu et de signification très différents.

Les édiles locaux se retrouvent aux côtés du peuple pour manifester dans la rue. Les maires sont au premier rang à Perpignan, 1976.

les objectifs
de la politique agricole

le travail, l'épargne, l'exode

L. Salleron est l'un des rares théoriciens non socialistes qui ait, entre les deux guerres, exposé avec lucidité et courage les raisons fondamentales de l'utilité, pour le système capitaliste, d'une petite paysannerie nombreuse et il a défini les objectifs inavoués poursuivis par la très grande majorité des gouvernements : « La vérité, c'est qu'une population de petits exploitants ne coûte, pour autant dire, rien à la société qui n'a jamais à la nourrir ni à la payer; cette population, au contraire, rapporte énormément à la société : 1. en la nourrissant aussi bien que n'importe quel mode de culture ultra-moderne et suréquipée; 2. en épargnant pour son compte; 3. en résorbant au maximum toutes les inflations industrielles et monétaires; 4. en disposant d'un pouvoir d'achat considérable pour les besoins du commerce et de l'industrie [2]. »

En effet, l'analyse économique l'a montré, pour que le paysan parcellaire accepte de produire des marchandises, il n'est pas nécessaire, comme c'est le cas dans les conditions normales de la production capitaliste, que le prix de marché monte suffisamment pour lui rapporter un profit moyen. Le seule limite qu'il se fixe est constituée par le revenu qu'il s'attribue à lui-même. Aussi longtemps que le prix du produit lui rapporte ce revenu, il cultive sa terre. Dès lors, les pouvoirs publics fixent les prix des produits agricoles de telle sorte que la famille paysanne puisse se nourrir et continuer à produire. C'est donc l'État qui détermine en grande partie la valeur de la force de travail des paysans. Étant donné l'importance des dépenses alimentaires dans la consommation des ménages, en particulier des salariés situés au bas de la hiérarchie sociale, le système capitaliste a eu besoin, pendant longtemps, que ces dépenses soient les moins élevées possible afin de réduire la pression sur les salaires et donc sur le taux de profit. Le développement d'un capitalisme agro-alimentaire ouvrant un nouveau champ de réalisation du profit, surtout depuis les années 50, rend moins impératif le blocage des prix à la consommation mais il exige tout autant une politique de bas prix à la production afin d'assurer, en ce domaine également, un niveau d'accumulation satisfaisant.

Le conseil municipal d'une commune rurale, reflet de la structure sociale villageoise : Cheylade dans le Cantal.

Le paysan s'adresse à l'État qui, en fixant le prix de son produit, décide de la valeur de son travail.

Voilà pourquoi la fixation, le soutien et la régulation des prix des produits agricoles constituent l'essentiel de la politique agricole pour la plupart des forces politiques et des organisations professionnelles. Défendre les structures de production caractérisées par l'exploitation familiale, c'est en réalité maintenir un système économique et social qui fournit le volume de nourriture nécessaire au pays au prix le plus bas possible et qui s'auto-organise constamment en éliminant les producteurs en surnombre par rapport aux besoins de la société. L'objectif de l'État est de donner simplement aux producteurs « le minimum vital » afin de ne pas décourager la production. Le rôle des organisations paysannes est de repousser la barre au-dessus de ce seuil. Tel est l'enjeu principal des négociations entre les partenaires sociaux et tel est le fondement de la plupart des luttes sociales. Ainsi la fluctuation des prix est très largement fonction du rapport de forces qui s'établit entre les exigences du capitalisme industriel et la capacité d'organisation et d'action des paysans.

De même, le paysan symbolise les vertus de prudence et d'épargne. Cette représentation est le plus souvent mythique et de nature ambivalente. Certes, dans les périodes de pénurie alimentaire, lorsque le producteur peut vendre à un prix élevé des denrées essentielles et rares, apparaissent les images de la lessiveuse et du bas de laine, fruits de la cupidité et du vol. Le paysan « affameur » est livré à la vindicte publique et son esprit « archaïque », qui lui fait thésauriser des richesses nécessaires au développement du pays, est dénoncé avec vigueur et mépris.

Une telle attitude est limitée dans le temps et elle a perdu, de nos jours, une grande partie de son intensité. La littérature, les discours des hommes politiques et les morceaux choisis des livres d'école ont véhiculé, au contraire, une image éminemment morale et positive du paysan. Contrairement à l'ouvrier qui dépense au jour le jour l'argent qu'il a gagné, l'agriculteur, par nature prévoyant, met « de côté » ce qui est nécessaire à son avenir. Les idéologues agrariens ont célébré avec éclat ces « vertus de salut » qu'exalte Gaston Roupnel : « Vertus vieillottes, vertus de pauvres gens, vertus qui sentez le pain noir et la fumée des âtres, vous êtes les deux vigilantes et infatigables protectrices de nos foyers paysans et de nos campagnes, dont vous avez déjà tant de fois prévenu les crises, soulagé les détresses, réparé les désastres. » Mais cette force d'âme masque une réalité sociale et humaine beaucoup moins sublime, puisque l'auteur reconnaît lui-même qu'elle repose sur « une accumulation de misère (et sur) l'infinie résignation de nos campagnes millénaires [3] ».

En réalité si « l'épargne frugalité » a été érigée en dogme de conduite économique ce n'est pas dans le seul but de fortifier la richesse spirituelle de la paysannerie. M. Augé-Laribé exprime fort bien cette idée quand il écrit : « Dans la société française, le paysan ne compte pas seulement comme producteur. Une autre fonction sociale lui est dévolue par d'anciennes traditions, celle d'épargner [4]. » En effet, jusqu'à la Seconde Guerre mondiale, 70 à 80 % de l'épargne est d'origine individuelle. Il est donc essentiel que le plus grand nombre possible de travailleurs réduisent au minimum leurs achats de biens de consommation, se privent dans la vie de tous les jours, pour pouvoir dégager un surplus monétaire qui sera ensuite, par le canal d'organismes bancaires appropriés, investi dans le secteur de la production industrielle ou placé à l'étranger.

C'est pourquoi une politique doit être jugée sur sa plus ou moins grande capacité à faire produire à l'agriculture une partie des surplus nécessaires au financement du capitalisme. Deux institutions jouent, en ce domaine, un rôle essentiel : le Crédit agricole mutuel et la Caisse d'épargne postale. Certes, le paysan qui dépose de l'argent au Crédit agricole peut emprunter pour satisfaire ses besoins personnels. En fait, sa démarche est bien différente. C'est ainsi qu'avant 1939, il ne dispose pas, sauf exceptions rares, d'un compte courant. Il emprunte essentiellement à court terme, pour assurer la jointure entre deux récoltes, et surtout à long terme pour agrandir son patrimoine foncier et consolider ainsi son exploitation. Les sommes considérables qui sont dépensées pour l'achat de terres sont très rarement réinvesties dans le secteur de la production agricole.

Ainsi, pendant la première moitié du XXe siècle, l'agriculture a été l'un des secteurs dans lesquels le taux d'épargne a été particulièrement élevé. Ses dépôts, mis dans le circuit financier, ont joué un rôle essentiel dans le fonctionnement du système économique. Le livret de Caisse d'épargne, remis avec solennité au lauréat du certificat d'études primaires dans chaque canton, symbolisait une politique qui incitait chaque chaumière à réaliser des économies et à les placer tout en acceptant des conditions de vie souvent misérables.

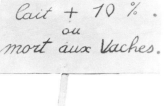

Certains auteurs voient également l'agriculture comme un « réservoir de main-d'œuvre » qui nourrit et qui forme des travailleurs que l'industrie utilise en fonction de ses besoins. En effet, depuis le XIXe siècle, l'exode paysan se développe au rythme de la croissance industrielle, c'est-à-dire en fonction du type d'accumulation choisi par le capitalisme.

Le secteur agricole a toujours été capable de fournir aux autres secteurs économiques la force de travail supplémentaire qui leur est nécessaire. C'est pourquoi il est absurde d'affirmer que le sous-emploi dans l'agriculture est l'un des freins à la croissance industrielle. La proposition contraire paraît, dans une certaine mesure, plus conforme à la réalité. En fait, la réponse à cette question ne peut être donnée qu'au niveau du système économique global. Nous pouvons nous interroger, par exemple, sur les conséquences économiques, mais aussi sociales et politiques, qu'aurait eues la crise des années 30 si la population paysanne avait été deux ou trois fois moins nombreuse. Le fait que le paysan ne fournissait aux échanges qu'une partie de ce qu'il produisait, consommant le reste, a atténué considérablement les effets de la récession. Alors qu'entre 1929 et 1934, la valeur de la production agricole a diminué de moitié, il n'en est pas résulté un problème alimentaire aussi grave que dans les pays où l'agriculture était plus « modernisée ».

Le rôle dévolu à la paysannerie dans l'équilibre du marché de l'emploi, en fonction des exigences du capitalisme, est rarement pris en compte par les analystes de la politique agricole. Il est vrai qu'une partie des forces politiques et la majorité des dirigeants professionnels ne jugent pas opportun d'expliquer au paysan son utilité comme matelas des crises. Les jeunes agriculteurs ont cependant, dans les années 60, engagé cette réflexion avec un certain réalisme. Ils en ont tiré la conclusion que la société devait payer à l'agriculture, sous forme d'aides et de subventions, la contrepartie de l'effort que celle-ci assume pour garder en son sein un fort pourcentage de « chômeurs déguisés ». Ils ont ainsi admis l'existence d'un sous-emploi agricole et en ont reconnu l'utilité pour le capitalisme.

Jamais autant qu'en ce domaine la contradiction apparente entre le discours idéologique et la réalité n'a été aussi flagrante. L'exigence économique, morale, humaine, du maintien à la terre d'une population nombreuse a été proclamée avec d'autant plus de force que la fonction de soupape de sécurité du marché de l'emploi dévolue à la paysannerie devenait plus nécessaire.

Il est bien évident que l'idéal pour le capitalisme serait que l'agriculture soit à la fois port d'embarquement et terre d'accueil. Mais le retour aux champs, tant prôné par les idéologues agrariens, n'a jamais rencontré d'écho dans le prolétariat urbain. C'est à J. Méline que nous devons la seule « réussite » en ce domaine : le placement de milliers d'enfants abandonnés

Le symbole de la république au village : la mairie de Chateaudouble, dans le Var.

ou orphelins auxquels on a imposé la carrière d'ouvriers agricoles, certainement « pour réparer l'injustice du sort [5] ».

La fonction économique de l'agriculture dans le système capitaliste est ainsi clairement définie : fournir les produits agricoles au prix le plus bas possible, épargner pour la banque et l'industrie, servir de matelas en période de récession, devenir un débouché de plus en plus important pour les industries et le commerce agro-alimentaires et constituer un réservoir de main-d'œuvre à la disposition des autres secteurs. Il convient de préciser que cette dernière fonction n'est pas dévolue à la seule paysannerie nationale. D'autres pays, du bassin méditerranéen notamment, exportent, au rythme de nos besoins, une partie de leur trop-plein qui est pour l'essentiel d'origine rurale.

La valeur de la politique agricole doit être appréciée par rapport à ces objectifs. Il est incohérent de défendre la nature et les finalités d'une économie capitaliste et de dénoncer la faiblesse du niveau de vie des paysans parcellaires, la permanence de la hiérarchie des revenus ou la poursuite de l'exode. Il est logique dans une telle organisation de la production que la très grande majorité des agriculteurs n'obtienne de parité qu'avec les ouvriers, mais il serait dangereux qu'elle en prenne conscience. Une politique agricole efficace doit contribuer, parallèlement, à faire de la paysannerie un facteur de paix sociale.

la stabilité politique et sociale

L'histoire du mouvement professionnel et des forces politiques a montré comment les partis de l'ordre établi et leurs alliés syndicalistes ont utilisé la paysannerie pour « faire contrepoids aux forces dissolvantes, aux éléments révolutionnaires qui tendent à tout désorganiser [6] ».

Le châtelain vendéen et le médecin anticlérical du Limousin redoutent également que se crée un climat de compréhension mutuelle entre le travailleur de l'usine et celui des champs. Ils utilisent les organisations professionnelles agricoles qu'ils contrôlent pour expliquer à l'agriculteur que ses malheurs, que la misère et l'oppression qu'il subit, sont le fait des « ils » de la ville et en particulier de l'ouvrier insatiable et toujours mécontent. Le résultat a été remarquable. Lors de sa visite aux paysans du Bourbonnais en 1920, D. Halévy note : « sur une question que j'ai posée, ces hommes d'un seul mouvement, d'une voix, se sont tournés vers moi et m'ont fait entendre un long et violent discours : c'est à l'ouvrier qu'ils en veulent, à ses gains, à ses grèves, au scandale de ses

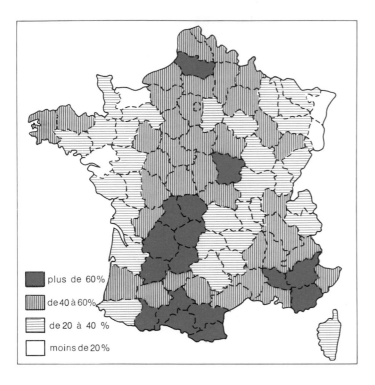

Le vote paysan en France : élections législatives du 2 janvier 1956.

Proportion d'agriculteurs votant à gauche.

plus de 60%

de 40 à 60%

de 20 à 40 %

moins de 20%

huit heures [7] ». De même, pour Simone Weil, les paysans ont « l'impression que les ouvriers seuls sont chez eux » dans cette société, et les intellectuels défenseurs des ouvriers ne leur apparaissent pas « comme des défenseurs d'opprimés, mais comme des défenseurs de privilégiés ».

L'idéalisation du paysan parcellaire apparaît bien comme l'une des pièces maîtresses de la stratégie sociale des forces qui contrôlent les campagnes. C'est pourquoi l'analyse de la politique foncière par exemple ne peut être conduite à partir des seuls critères de la rentabilité et de l'efficacité technique. Certes, de nombreux auteurs dénoncent une législation constante qui incite les agriculteurs à acquérir la propriété de leurs instruments de production au détriment d'investissements plus productifs. À ces arguments d'autres auteurs répondent que le critère économique n'est pas déterminant. Ils attribuent à la propriété une fonction essentiellement politique et sociale.

Lorsque Maurice Duverger s'interroge sur le rôle de la paysannerie, et se demande si elle ne sert pas de « classe de soutien » à la bourgeoisie, il pense trouver un élément de la réponse dans l'organisation du système électoral : « Les inégalités de représentation en faveur des ruraux n'ont-elles pas pour but de fortifier cette alliance : moins destinée à favoriser les agriculteurs qu'à maintenir la prépondérance globale de la société capitaliste [8] ? »

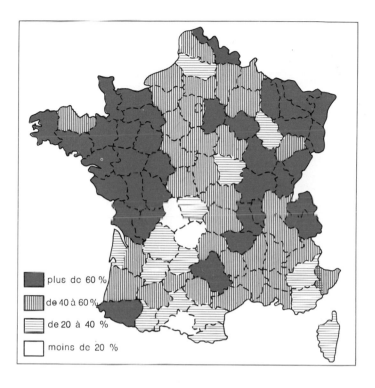

2 janvier 1956 : proportion d'agriculteurs votant à droite.

En effet, les travaux de J.-M. Cotteret, C. Émeri et
P. Lalumière portant sur la période 1936-1960 mettent en
évidence la sur-représentation agricole à l'Assemblée parlementaire élue au suffrage universel, quel que soit le système
électoral. Ils montrent qu'il existe une corrélation certaine
entre l'augmentation du pourcentage de population agricole
par département et la sur-représentation de ces départements.
Les calculs effectués sur les élections en 1945 et en 1956
font apparaître une distorsion entre population électrice et
nombre d'élus de l'ordre de 13 % en faveur des départements
qualifiés de « très ruraux ». Le rétablissement, en 1958,
du système majoritaire uninominal à deux tours utilisé
sous la Troisième République a aggravé encore ce déséquilibre.

L'inégalité de représentation est encore plus évidente pour
les élections au Sénat. Les auteurs des lois constitutionnelles
de 1875 ont voulu faire de la deuxième Chambre une forteresse conservatrice qui soit un contrepoids à la première. Le
collège départemental qui élit les sénateurs a été constitué de
façon inégalitaire, dès l'origine, afin d'assurer une prépondérance écrasante aux habitants des régions rurales. L'objectif
clairement avoué était d'empêcher que la majorité urbaine et
des grands centres industriels ne fasse triompher, par le jeu
du suffrage universel, des idées jugées trop avancées et donc
dangereuses. M. Duverger constatant, sous la Quatrième

La paysannerie demeure une clientèle électorale de première importance pour tous les candidats aux élections présidentielles :
Pompidou, 1969; de Gaulle, 1969; Duclos, 1969...

République, que 33,5 % de la population vivant dans des communes de moins de 1 500 habitants sont représentés par 56 % des délégués sénatoriaux qualifie la haute Assemblée de « Chambre d'agriculture [9] ». Le mode de scrutin indirect qui donne le pouvoir de décision aux notables des petites communes s'est perpétué jusqu'à nos jours. Seules les inégalités trop criantes ont été légèrement atténuées au fil du temps. Sous la Cinquième République, comme à la fin du XIXe siècle, l'objectif poursuivi est d'éliminer les partis jugés « extrémistes ». Marie-Hélène Marchand constate un déséquilibre de même nature lors de l'élection des membres des conseils généraux. En 1962, l'électeur de Senez dans les Basses-Alpes avait 710 fois plus de « poids » que celui de Longjumeau en Seine-et-Oise. En 1964, la population des villes de plus de 30 000 habitants qui représentait 28,5 % de la population totale n'élisait que 9,9 % des conseillers [10].

Selon les défenseurs de l'ordre politique, le citoyen n'est pas une simple individualité, il est un élément constitutif d'une collectivité située dans l'espace. La représentation politique doit rendre compte de cette double réalité qui justifierait l'inégalité devant les urnes. Certes, toutes les théories trouvent une justification à prétention « scientifique ». L'observateur constate que la sur-représentation de la cam-

Le vote paysan traduit la diversité des opinions politiques dans les campagnes.

PAYSANS !
HABITANTS DES CAMPAGNES !

VOUS NE VOULEZ PLUS :

- l'appauvrissement des petits et moyens paysans, des artisans et salariés ruraux.
- le sous-équipement et le dépeuplement de certaines régions.
- les plans BOULIN - MANSHOLT d'élimination de la paysannerie travailleuse au profit de l'agriculture capitaliste.

VOUS VOULEZ :

- des prix agricoles rémunérateurs, le soutien des exploitants familiaux leur permettant de produire et de coopérer dans de meilleures conditions.
- des crédits pour la création d'emplois, les équipements ruraux, l'enseignement, des retraites convenables.

CONTRE LES PROFITEURS au SERVICE des BANQUES et des GROS INDUSTRIELS

VOTEZ et FAITES VOTER pour l'union des forces démocratiques

JACQUES **DUCLOS**

SÉNATEUR
CANDIDAT du PARTI COMMUNISTE FRANÇAIS à la PRÉSIDENCE de la RÉPUBLIQUE

Le Parti communiste français

44, rue La Fayette - PARIS (IX°)

DE GAULLE DÉFEND L'AGRICULTURE

L'AIDE DE L'ÉTAT A L'AGRICULTURE
A TRIPLÉ DEPUIS 7 ANS

- 1958 : 367 milliards.
- 1965 : 936 milliards.

DE GAULLE A DONNÉ

l'assurance maladie à **5 MILLIONS** d'agriculteurs,

des retraites et allocations triplées aux vieux,

la loi sur les calamités agricoles,

des allocations familiales triplées,

un enseignement agricole décuplé pour les jeunes.

GRACE A DE GAULLE

Vous avez
- la paix, pour la première fois depuis 25 ans,
- la Sécurité,
- une Monnaie solide,
- un État stable,
- la Liberté de vos entreprises.

...Mitterand, 1974...

...Barrachin présentant la candidature de Jean Lecanuet, 1965.

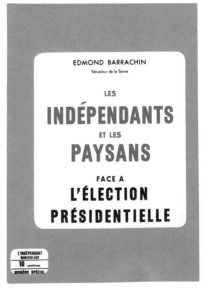

pagne par rapport à la ville répond à un objectif de conservation de l'ordre social. La défense de la démocratie libérale
exige l'aménagement des principes démocratiques.

Si les découpages électoraux et les modes de scrutin avan-
tagent « les ruraux » en tant qu'électeurs, ils ne semblent pas
favoriser l'accès des paysans aux responsabilités électives.
En effet, Mattei Dogan a calculé qu'en 1889 ils représentaient
30 % de l'effectif de la Chambre des députés [11]. Mais ce pourcentage ne doit pas faire illusion. La plupart de ces « agriculteurs » ne connaît du travail de la terre que la perception de
la rente foncière et le discours au comice agricole. Ce sont de
grands propriétaires, des hommes d'affaires, des avocats, des
vétérinaires. En réalité, moins de 2 % des députés appartiennent à la moyenne paysannerie. De la fin du XIXe siècle
à 1940 la représentation parlementaire « du monde rural »
ne cesse de décroître parallèlement à l'affaiblissement du pouvoir économique et social de la grande propriété foncière. Elle
oscille entre 11 et 13 %, selon les législatures, entre les deux
guerres mondiales.

M. Dogan remarque une capacité de résistance beaucoup
plus grande au sein de la deuxième Assemblée : le Sénat compte

La politique au village, mai 1974.

24 % d'agriculteurs en 1936; ils atteignent 25 % des effectifs du Conseil de la République en 1956. Mais s'agit-il réellement d'agriculteurs ? Analysant les candidatures lors des élections législatives de 1956, l'auteur constate que beaucoup « sont officiers de réserve, dirigent des organisations agricoles départementales, régionales ou nationales, disposent de journaux locaux, sont en mesure d'entreprendre une campagne électorale coûteuse sans être soutenus financièrement par des partis politiques ou par des organisations parapolitiques [12] ». Enfin, la très grande majorité des paysans parcellaires, qui constituent l'essentiel de la paysannerie, voient son rôle politique limité à la fonction d'électorat.

Les familles politiques de la droite disposent de beaucoup plus de cadres sociaux dans le monde rural que les partis socialiste et communiste. Ces derniers s'appuient sur les fonctionnaires, pour le premier, sur les ouvriers et les employés, pour le second. Ils éprouvent de grandes difficultés à faire émerger de la petite paysannerie des candidats capables d'être des porte-parole politiquement et électoralement efficaces. Cette insuffisance est d'autant plus surprenante que « le suffrage universel des campagnes », tout au long du XXe siècle, n'a pas répondu pleinement à l'attente des forces conservatrices.

Analysant les résultats des élections législatives de 1956, J. Klatzmann constate la division des agriculteurs qui apportent leurs voix aux différentes familles politiques : un cinquième aux modérés, un sixième aux communistes, à peu près autant aux poujadistes, un septième aux socialistes, un huitième au MRP, un dixième aux radicaux-socialistes. Certes, la droite l'emporte avec près de 60 % des suffrages, ce qui correspond au comportement des autres catégories sociales, ouvriers exceptés : « Les agriculteurs ne diffèrent pas profondément du reste du pays par leur comportement électoral. Celui-ci présente beaucoup moins de particularités que le comportement des ouvriers par exemple [13]. »

Le comportement politique des paysans sous la Cinquième République présente les mêmes caractéristiques. Cependant, le vote en faveur des forces conservatrices s'est accentué au détriment du parti communiste notamment. Ainsi, ils ont été la seule catégorie sociale active à avoir voté, en majorité, en faveur du OUI lors du référendum du 27 avril 1969 et 69 % d'entre eux ont apporté leurs voix à Valéry Giscard d'Estaing le 19 mai 1974 [14]. Il serait intéressant de comprendre la nature du soutien apporté aux candidats qui se réclament du général de Gaulle dans certaines régions traditionnellement classées à gauche. Dans de nombreux départements du Sud-Ouest, par exemple, l'Union pour la défense de la République a conquis une grande partie de l'électorat radical et une frange de l'électorat socialiste. Certes, le phénomène doit être interprété dans un cadre général, car il n'est pas spécifique du monde paysan, ni même du milieu rural. Cependant, l'observateur note une tendance de la paysannerie, en particulier dans les régions situées au sud de la Loire, à voter en faveur des forces politiques qui détiennent le pouvoir. Un tel comportement qui a fait la fortune politique du parti radical sous la Troisième République semble avoir joué depuis 1958 en faveur du gaullisme.

Pour des raisons historiques, la petite et moyenne paysannerie, politiquement et économiquement dominée, a acquis une mentalité « d'assistée » par rapport à l'État. Celui-ci apparaît au plus grand nombre comme une puissance relativement neutre à laquelle il suffit de faire appel pour « réduire les abus » et assurer la justice sociale. L'expérience a appris au paysan que la bienveillance du pouvoir était liée à l'efficacité du député, du sénateur ou du conseiller général de sa circonscription. Or, ceux-ci obtiendront beaucoup plus facilement des crédits pour l'adduction d'eau ou des subventions pour les bâtiments d'élevage s'ils appartiennent aux partis qui forment le gouvernement. Les forces politiques qui détiennent le pouvoir depuis une période assez longue et qui paraissent assurées de le conserver pendant de nombreuses années semblent ainsi bénéficier d'un transfert de clientèle paysanne assez important. Par ailleurs, il n'est pas surprenant que le pourcentage de paysans dans l'électorat communiste ait légèrement diminué au cours des dernières années. En effet, l'exode a surtout atteint les petits paysans et les ouvriers agricoles des régions pauvres et c'est parmi ces catégories que son influence électorale était la plus forte.

Amorcée à la veille de la Seconde Guerre mondiale, la relève des notables ruraux par les représentants de la moyenne paysannerie s'est accélérée et achevée, dans les organisations syndicales, au cours des années 1960-1970. Mais la représentation politique des paysans par des paysans ne s'est pas réalisée. Une partie des dirigeants professionnels continue cependant à caresser le vieux rêve corporatiste et envisage toujours de prolonger son action syndicale par l'action parlementaire directe afin de donner une plus grande efficacité à son combat.

L'intégration de l'agriculteur dans le système économique qui tend à faire de lui un travailleur parmi d'autres travailleurs ne rend-elle pas anachronique et vaine la volonté de représenter et de défendre de façon spécifique une catégorie sociale qui l'est de moins en moins ? L'objectif d'une politique agricole peut être de masquer l'hétérogénéité des comportements électoraux attribués à des survivances idéologiques dépassées et à diffuser une représentation des conflits en termes d'affrontement entre « novateurs » et « rétrogrades ». Il semble cependant que la division du monde paysan entre la droite et la gauche soit toujours une réalité et que cette bipolarisation s'accentue et s'affine au fur et à mesure que se développe la prise de conscience, au sein de la paysannerie, de la nature des enjeux dont elle est l'objet.

LUBERSAC. — La grande Place

avantages et limites du libéralisme

bilan de la politique agricole en 1918

Lorsque la guerre éclate, le 1er août 1914, les états-majors en ont depuis longtemps préparé le déroulement. Mais il ne semble pas qu'ils aient, du moins du côté français, accordé une grande attention aux problèmes de l'intendance. Elle doit suivre, le temps d'un affrontement que tous les stratèges annoncent comme devant être de courte durée. La France ne dispose alors d'aucun plan de mobilisation agricole. Depuis plus d'un quart de siècle, il est communément admis que la politique agricole suivie doit permettre au pays de faire face à une telle situation.

Cette politique repose, en 1914 comme de nos jours, sur une conception parfaitement élaborée des rapports entre l'État et la paysannerie. Celle-ci attend de la République qu'elle satisfasse ses deux aspirations fondamentales qui viennent du fond des âges : qu'elle l'aide à s'émanciper pleinement des tutelles qui pèsent sur elle et qu'elle lui garantisse la propriété effective de la terre qu'elle cultive. Dès son accession au pouvoir, la bourgeoisie républicaine a compris la nécessité de répondre à ces exigences pour sceller une alliance nécessaire avec une catégorie sociale qui formait la majorité du corps électoral.

Un libéralisme modéré.

Pour arracher le paysan aux forces réactionnaires qui le dominaient encore dans certaines régions, pour lui permettre d'échapper à la subordination dans laquelle la noblesse et le clergé cherchaient à le maintenir, l'État républicain a rendu l'enseignement primaire obligatoire, laïc et gratuit. De même la loi municipale de 1884 devait permettre le développement de la démocratie rurale et favoriser l'éviction des autorités sociales traditionnelles. La création à la même époque du ministère de l'Agriculture et de la Société nationale d'encouragement à l'agriculture qui lui sert de relais professionnel répondait aux mêmes objectifs. L'instituteur, le maire, le directeur des services agricoles et le président de la coopérative devaient être, et ont été le plus souvent, les instruments d'une politique qui a fait du paysan un défenseur de l'ordre républicain et un client des forces au pouvoir.

Sur la place de toutes les communes de France, le monument aux morts rappelle ce que fut le prix de la victoire.

Mais si le paysan attend de l'État qu'il lui garantisse la possession ou la jouissance de sa parcelle, qu'il le protège contre le retour de ses anciens maîtres et qu'il lui assure un niveau de revenu satisfaisant, il ne lui reconnaît pas le droit d'intervenir directement dans ses affaires. S'il voit nécessairement dans le pouvoir politique l'intermédiaire obligé entre lui et le reste de la société parce que c'est le gouvernement qui décide du prix de ses produits et qui fixe ainsi la valeur de sa force de travail, il entend rester maître chez lui, dans sa ferme et dans son village.

L'État apparaît au paysan comme un Janus à deux faces. Protecteur d'un côté, il veille à la répartition équitable des richesses entre les différents groupes sociaux. Il est le rempart qui assure la défense de l'agriculture contre la tentation impérialiste des forces industrielles. Parce qu'il est un petit producteur marchand, l'agriculteur n'a pas le sentiment d'être exploité par le système économique. Parce qu'il se croit libre et indépendant, il explique sa situation défavorable par un mauvais fonctionnement de l'État. Si son revenu baisse, c'est qu'il est mal défendu par ses représentants politiques et syndicaux et parce que les patrons ou les ouvriers de l'industrie, mieux organisés, tirent davantage de marrons du feu. Cette vision d'un État neutre et arbitre, qui correspond à la situation objective du paysan dans le système économique et social, le rend naturellement réceptif au discours idéologique des forces conservatrices. Car, d'un autre côté, l'État est dangereux. Pendant des siècles, il est apparu au paysan sous la seule forme du percepteur et du gendarme. Il est dirigé par des gens qui appartiennent aux classes sociales privilégiées et qui lui sont donc étrangers. Il ne doit pas venir troubler les règles qui régissent les rapports sociaux et qui fondent l'organisation de la vie collective au village. La neutralisation de l'État est l'une des conditions nécessaires à la sauvegarde de la liberté.

Cette double vision explique le choix des notables politiques et professionnels et la nature de leur fonction. Ils doivent parler le langage de la paysannerie, proclamer sa spécificité, garantir son autonomie et, en même temps, être suffisamment introduits dans les allées du pouvoir, au chef-lieu du département et à Paris, pour répondre aux besoins quotidiens, individuels et collectifs, de chacune des communautés locales. C'est pour cette raison que les forces radicales et conservatrices ont beaucoup mieux réussi à pénétrer les campagnes que les partis socialistes. Avant la guerre de 1914, le libéralisme demeure théoriquement leur credo en matière de politique économique : l'État protège le libre jeu des intérêts particuliers et la concurrence aboutit nécessairement à une situation d'équilibre correspondant exactement aux besoins collectifs et aux exigences du marché.

En réalité, les principes hautement proclamés ne sont plus rigoureusement respectés depuis de nombreuses années. Pour protéger l'agriculture nationale devant la concurrence des pays neufs, les gouvernements avaient mis au point une politique protectionniste à partir de 1885. « Le tarif Méline » de 1892, consolidé en 1910, devait donner aux paysans un traitement comparable à celui dont bénéficiaient les industriels et leur assurer la prospérité. Cette politique, qui restait libérale à l'intérieur des frontières, a-t-elle marqué la victoire de la puissance agrarienne contre le capitalisme industriel et financier d'une part, et contre le prolétariat urbain et rural d'autre part ? Les droits de douane ayant pour objectif d'assurer aux producteurs des prix rémunérateurs ont-ils provoqué une hausse du prix de revient des produits industriels ? En effet, comme le disait Jean Jaurès, « le blé à bon marché permet d'avoir à bon marché les ouvriers des manufactures [15] ».

Cette explication fournie par le leader socialiste a évidemment été assez peu développée par les défenseurs du libre-échange. Ils ont essentiellement insisté sur le fait que la politique suivie entraînait une hausse générale du prix de tous les produits, faisant perdre à la France toute compétitivité sur le marché international. Ils ont surtout expliqué que cette solution, onéreuse, permettait le maintien en vie d'exploitations incapables de s'adapter aux exigences de la culture et cela aux dépens de l'économie nationale et des paysans eux-mêmes. M. Augé-Laribé a été l'un des procureurs les plus incisifs contre ceux qu'il qualifie « d'empiriques et de charlatans du protectionnisme ». Leur victoire marque, selon lui, un moment essentiel de notre histoire agricole, « celui où elle quitte la route qui monte pour prendre celle qui descend ».

Son jugement rejoint celui formulé au lendemain de la Seconde Guerre mondiale par de nombreux économistes qui attribueront à l'agriculture la responsabilité du retard économique du pays et celui des historiens qui feront du paysan l'archétype de l'homme rétrograde et routinier [16]. En réalité, ces analyses ne permettent pas de comprendre et d'éclairer le bilan de la politique agricole en 1914 parce qu'elles ne définissent pas préalablement la fonction de l'agriculture dans le développement du système économique et la place de la paysannerie dans la formation sociale française à cette époque. La thèse du complot agrarien contre le développement industriel ne résiste guère à l'analyse. L'agriculture n'est pas un secteur moteur, elle progresse en fonction des impulsions qu'elle reçoit des autres activités nationales. Nous savons qu'au début du XXe siècle le rayonnement international du capitalisme français est largement dépendant de son rôle de banquier du monde et que parallèlement il aborde avec prudence l'industrialisation du pays. Deux grandes insurrections ouvrières, celle de juin 1848 et surtout la Commune, ont convaincu la bourgeoisie qu'une révolution dans les conditions de la production, par l'expansion industrielle et l'accroissement massif des salariés concentrés dans des zones

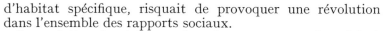

d'habitat spécifique, risquait de provoquer une révolution dans l'ensemble des rapports sociaux.

Le maintien du *statu quo* dans les campagnes répondait à la fois aux exigences du système économique et au maintien de la paix sociale. Il est significatif que la campagne protectionniste ait été menée par Auguste Pouyer-Quertier, un industriel du tissage de la région rouennaise, et par J. Méline, représentant des filateurs des Vosges à la Chambre des députés. L'appui des grands propriétaires, qui contrôlaient le syndicalisme paysan, à la stratégie du patronat industriel s'explique aisément par le fait que la plupart d'entre eux ne tiraient pas leur principale source de revenu de l'agriculture. Ils étaient, selon la formule de J. Jaurès, « une monnaie à double effigie : Cybèle d'un côté, Mercure de l'autre, mais Mercure a plus de relief [17] ». C'était l'époque où les filles de l'aristocratie épousaient les maîtres de l'industrie.

Le débat entre partisans et adversaires des barrières douanières, auquel on a trop souvent réduit l'analyse de la politique agricole, doit être ramené à une plus juste dimension et J. Méline ne mérite pas l'excès d'honneur ou d'indignité que continuent à lui vouer ses admirateurs et ses détracteurs. M. Augé-Laribé reconnaît lui-même que « le tarif » de 1892 a de multiples justifications : il convenait de protéger l'agriculture à l'égal de l'industrie, nos partenaires commerciaux s'étaient engagés dans cette voie bien avant nous, la concurrence des pays neufs exigeait une action législative pour le soutien des prix agricoles. Il ne conteste en définitive que l'utilisation massive de la dose et la durée inconsidérée du traitement.

Or, nous avons montré qu'en réalité ces barrières n'étaient guère élevées et surtout qu'elles n'étaient pas infranchissables. Un interventionnisme modéré aux frontières qui permet de tenir les prix sans décourager la production et qui favorise la consolidation du système économique, le maintien d'un

Le paysan soldat ou le thème éternel de la vie et de la mort.

appareil productif à base de travail familial ont été les éléments essentiels d'une politique qui a permis à l'agriculture de répondre aux exigences du système économique d'ensemble.

En 1914, l'agriculture est sur le point d'atteindre le but qu'on lui avait assigné : répondre aux besoins de la consommation nationale, produire assez pour nourrir le pays à des prix moyens, comparables à ceux pratiqués dans les autres pays industrialisés. Compte tenu du modèle de croissance du capitalisme français, le bilan peut être jugé positif. Mais une telle politique répond-elle aux exigences du temps de guerre ?

Le paysan, symbole d'épargne, source de richesses (affiche de l'emprunt de 1917).

Un interventionnisme souple.

La philosophie libérale qui cantonnait l'État dans un rôle de gardien de l'ordre, de défenseur du territoire et d'ambassadeur des intérêts français sur la scène internationale ne permet pas de répondre à la situation. Très rapidement la puissance publique est contrainte de s'immiscer dans les domaines qui relevaient jusque-là de l'initiative privée. Elle doit mobiliser non seulement les hommes, mais aussi les ressources matérielles et veiller à la cohésion morale de la nation, dans les tranchées, dans les usines et dans les champs. Son intervention ne se limite pas à des actes de réglementation, à la détermination des priorités et à la commande de marchandises aux entreprises.

Dans le secteur industriel, l'État non seulement prend en main la direction de l'économie, mais il construit des usines, il oriente la recherche ; il se fait producteur. Il intervient directement dans les relations entre les groupes sociaux, abandonnant le principe jusque-là essentiel de la liberté contractuelle entre patrons et ouvriers. Il réglemente ainsi le niveau des salaires et la durée du travail.

Dans le secteur agricole, les gouvernements qui se succèdent pendant la période des hostilités se trouvent confrontés à des impératifs contradictoires. Leur objectif prioritaire est de fournir à la population les denrées alimentaires dont elle a besoin à un prix supportable par toutes les couches sociales et cela avec un appareil productif qui a été sérieusement per-

Le monument aux morts, l'un des lieux de la vie collective au village, reçoit la visite du maire et de la rosière, 1965.

Un souvenir vivace et soigneusement entretenu : le drapeau des anciens combattants escorté par les enfants de l'école, 11 novembre 1973.

turbé dès le début de la guerre. Or, la pérennité de l'ordre social exige l'approvisionnement régulier des villes. Comment atteindre cet objectif sans agir sur les structures agraires afin de mieux utiliser la terre, les hommes et les instruments de culture ? La non-intervention de l'État en ce domaine est, pour la majorité des forces politiques, de la droite aux radicaux, l'un des principes absolus, qui fondent la démocratie et garantissent la liberté. De plus, ces forces estiment qu'il est impossible de planifier la production d'une multitude de petits producteurs indépendants, isolés, dispersés sur toute l'étendue du territoire et de contrôler la vente de leurs marchandises.

L'intervention de l'État, dangereuse parce qu'elle contient en elle les germes du socialisme et parce qu'elle heurte la sensibilité du paysan, n'en est pas moins jugée nécessaire parce que, sous un régime de liberté commerciale, la pénurie aurait provoqué une hausse considérable des prix et de fortes inégalités dans la répartition. Voilà pour quelles raisons les partis libéraux, qui selon des combinaisons diverses se succèdent au pouvoir jusqu'à l'armistice de 1918, improvisent constamment, en fonction de la conjoncture.

La volonté d'approvisionner le pays en fonction de ses besoins s'est traduite, dès le début des hostilités, par la suppression des droits de douane à l'importation et la prohibition à l'exportation des principales productions. Ces mesures ont été complétées, à partir de 1915, par la mise en place d'une

organisation chargée de réquisitionner pour les besoins de la population civile (loi du 16 octobre). Ainsi, pour les céréales, on ne laisse aux cultivateurs que les quantités nécessaires à leur alimentation. Pour lutter contre la montée des prix, la même loi décide la taxation des produits réquisitionnés. Deux lois des 20 avril et 30 octobre 1916 étendent ces mesures à la plupart des productions agricoles.

La législation évolue au fil du temps, selon les réactions des paysans qui sont tentés d'agir en fonction de leur intérêt individuel. Une taxation trop rigide à un niveau de prix peu élevé décourage la production et provoque une nouvelle taxation plus souple et plus avantageuse pour l'agriculteur qui a alors tendance à augmenter les surfaces emblavées pour la saison prochaine. Ainsi, tout au long des années, les pouvoirs publics, dont l'action est guidée par un opportunisme à court terme, sont toujours en retard d'un texte pour contrôler l'évolution. Dans les choix qu'ils doivent faire, l'intérêt des agriculteurs est subordonné à celui des consommateurs urbains qui, en cas de famine, pourraient se laisser séduire par les harangues des agitateurs. La stabilité du prix du pain rigoureusement maintenue pendant quatre ans a symbolisé la force de l'État, la capacité du gouvernement, le calme et la discipline de la population. Il faut attendre le mois de février 1917 pour que les pâtisseries parisiennes soient contraintes de fermer leurs portes deux jours par semaine, le mardi et le mercredi; la carte de pain n'apparaît que le 27 juin 1918.

Cette action d'encadrement des marchés est cependant insuffisante pour stimuler la production. Parmi la multitude des textes législatifs ou réglementaires parus entre la déclaration de la guerre et l'armistice, un seul a la prétention d'être « un programme de politique agricole » et aborde le problème de l'utilisation des structures foncières. Il est de J. Méline. La loi du 20 février 1916 prévoit la réquisition, jusqu'à la fin des hostilités, des terres des propriétaires ou des exploitants qui, insouciants de leur devoir patriotique, les laissent en friche. Le maire a le pouvoir d'en confier la direction à un Comité communal d'action agricole, sorte d'assemblée des anciens du village, dont l'âge garantit la compétence, le patriotisme et le désintéressement absolu. Le ministre ayant omis de préciser comment le comité de sages peut se procurer les ouvriers, les engrais, les machines pour mettre en valeur des terres de qualité généralement médiocre, il n'est pas étonnant que le bilan de cette politique soit nul.

L'objectif essentiel poursuivi par les gouvernements pendant toute la durée de la guerre a été atteint : l'armée et la population civile ont été régulièrement approvisionnées, les denrées essentielles n'ont jamais manqué, sauf le sucre dont la consommation a dû être rigoureusement rationné. S'il y a eu des privations, le spectre de la famine a su être écarté. Il est vrai que ce résultat a été obtenu grâce aux importations et qu'il en est résulté un déficit considérable de notre balance commerciale agricole. Cet effort gigantesque a contribué à ruiner la France, mais il a aussi permis de gagner la guerre, de faciliter le bon fonctionnement des institutions et d'assurer la conservation du système économique et social.

Il est également remarquable que dans un tel contexte économique les prix des produits agricoles à la production n'aient connu aucun emballement. Ils ont suivi simplement l'évolution générale des prix et des salaires. Rappelons qu'entre 1914 et 1920 le prix du blé et celui du vin ont été multipliés par trois alors que ceux des aliments du bétail et des engrais ont respectivement quadruplé et quintuplé. Ainsi, les importations, mais aussi le maintien d'une économie de marché pour l'essentiel des biens consommés, ont permis de répondre à la demande en tenant les prix. Une réglementation au coup par coup, à la fois contraignante et souple, a réussi à encadrer la production. Les agriculteurs maintenus dans leurs structures traditionnelles de production ont répondu à l'attente des pouvoirs publics parce qu'ils ont eu le sentiment de conserver le maximum de liberté que permettaient les événements. Il est significatif que les réquisitions et les taxations aient provoqué un nombre infime de conflits. Il est remarquable qu'il n'y ait pas eu de marché noir.

Une partie de la droite dénonce l'étatisme qui se serait abattu sur les campagnes françaises à la faveur de la guerre. Le diagnostic est faux. Certes les principes libéraux classiques ont été définitivement abandonnés, mais l'État n'a pas pris en charge lui-même, directement, l'appareil de production. Les structures foncières établies sur la propriété privée ont été respectées, la loi de l'offre et de la demande a continué à jouer dans une large mesure. L'État est intervenu essentiellement en tant que puissance politique et administrative. Il a été contraint de faire du dirigisme conjoncturel qui ne saurait être interprété comme l'antichambre du socialisme.

Les partis libéraux se sont engagés dans cette voie d'autant plus aisément que les chefs politiques et syndicaux du mouvement socialiste avaient adhéré sans réserve, dès août 1914, à l'Union sacrée. Leur évolution vers le réformisme et le nationalisme est l'une des manifestations apparentes de l'intégration de la classe ouvrière à la communauté nationale. La bourgeoisie qui avait violemment réprimé les insurrections ouvrières et rejeté le monde du travail hors de la nation voit celui-ci accepter l'effort de guerre, du moins pendant les premières années. Cela ne signifie pas l'adhésion de la CGT et de la SFIO à l'idéologie et au programme de ses adversaires. Mais lorsque ceux-ci reconnaissent l'inadaptation des principes libéraux pour affronter la situation économique et décident l'intervention de l'État dans l'organisation de la production, les dirigeants socialistes croient possible d'utiliser la conjoncture pour défendre dans l'immédiat les intérêts des travailleurs et pour qu'à l'heure de la victoire, leur

exemple et leur combat permettent à la démocratie française de s'épanouir en des institutions nouvelles et plus justes. Albert Thomas, disciple de Jaurès, illustre cette démarche lorsqu'il devient, au printemps 1915, secrétaire d'État aux fabrications de guerre.

Dans le domaine agricole, le rapprochement s'est opéré encore plus aisément, dans la mesure où les socialistes ne proposent pas la collectivisation des terres et la direction du marché par la puissance publique. Ils luttent pour la consolidation de la petite et de la moyenne propriété paysanne, pour que soient protégés les droits du fermier et pour que le petit producteur puisse vivre des fruits de son travail. Si la politique suivie n'a pas correspondu à leur projet, elle ne s'est pas orientée dans une voie opposée. Elle constitue, pour eux, une première étape qui doit faciliter leur propagande et leur action au lendemain du conflit.

Alors que la plupart des économistes voient dans « l'archaïsme » des structures de production et dans le trop grand nombre de travailleurs restés à la terre, l'une des principales causes du retard économique de la France, il est possible de soutenir que ces deux facteurs lui ont, au contraire, permis d'atteindre ses objectifs pendant la Première Guerre mondiale. Du moins en partie, car l'utilisation de méthodes plus intensives et un meilleur regroupement des terres de chaque exploitation auraient peut-être permis d'augmenter les quantités produites et de diminuer le volume des importations. C'est pourquoi, au lendemain de la guerre, la petite et la moyenne exploitation, en faire-valoir direct, apparaissent comme les structures de production les plus sûres et les plus efficaces. Le seul débat important est alors centré sur la nécessité d'intensifier les méthodes culturales. Le discours idéologique trouve ainsi un fondement objectif.

La guerre a consolidé l'exploitation qui repose sur le travail de la famille et qui utilise peu de machines. Elle a permis à un grand nombre de paysans de se libérer de la tutelle du propriétaire et d'acquérir tout ou partie de leur ferme. Ils achètent parce qu'ils disposent de moyens financiers. Se sont-ils enrichis ainsi que le croient volontiers les citadins qui imaginent des trésors cachés dans chaque chaumière ? En réalité l'épargne s'est accrue parce que, pendant quatre ans, les investissements nécessaires n'ont pas été réalisés. Au cours de cette période, les recettes monétaires des agriculteurs ont augmenté au même rythme que le niveau général des prix. Ils utilisent l'argent disponible pour acquérir ou agrandir leur domaine. La loi de l'offre et de la demande leur est exceptionnellement favorable.

Au début des années 20, la situation de la petite et de la moyenne paysannerie s'est améliorée. Elle s'est libérée de ses dettes anciennes et elle a agrandi fortement son patrimoine foncier. Paysan est enfin maître chez lui. Il a côtoyé les citadins au front et il en est revenu avec la volonté de

Distiller sans contrainte, c'est affirmer sa liberté. On trinque autour d'un alambic dans le Berri, en 1935.

Une production qui garantit la survie économique de cinquante mille petits paysans environ; un monopole d'État sans kolkhoze.

disposer des mêmes conditions de vie. Il sera de plus en plus difficile de lui enseigner la vertu de résignation et de lui présenter la révolte comme un péché. Il a le sentiment d'avoir sauvé la France dans les tranchées et dans les champs.

Certes, la victoire lui coûte cher en vies humaines et en mutilés et il retire de cette expérience une profonde horreur de la guerre. Pour lui, comme pour l'ensemble de la société, deux des principaux facteurs des clivages politiques d'avant 1914 disparaissent : l'anticléricalisme militant et le patriotisme cocardier. La fraternisation des tranchées a rendu anachronique la mentalité combiste. Les anciens combattants ne se situent pas dans le prolongement de la lutte des dreyfusards et de la Ligue des patriotes. Ils militent alors pour la réhabilitation des fusillés et pour la réforme du Code de justice militaire. Cependant le pacifisme du paysan ne le conduit pas à mettre en cause les forces politiques qui ont conduit le pays dans cette aventure. Au contraire, il entend lutter pour conserver le statut social auquel il croit être parvenu. Son comportement diffère de celui de l'ouvrier des grandes entreprises qui s'engage en 1919 et en 1920 dans une épreuve de force avec le patronat. L'échec des grandes grèves renforce la domination de la bourgeoisie et pour la première fois depuis le 5 mars 1876, la droite devient majoritaire au Palais-Bourbon.

En réalité, la modification du système électoral et la division des gauches expliquent la victoire du bloc national lors des élections du 16 novembre 1919. La composition de la Chambre bleu horizon n'est pas le résultat d'une mutation significative du comportement électoral des paysans. Il est remarquable que les bouleversements démographiques, économiques et sociaux n'aient pas sensiblement modifié la répartition des voix entre les principales forces qui se disputent le pouvoir. Les effets de la politique agricole sur la masse des paysans ont incontestablement contribué à assurer la continuité et la stabilité du régime politique. La guerre leur a fait découvrir les arguments qui justifient leur place dans le système économique et social. La droite saura comprendre cette évolution des mentalités et l'utiliser à son profit. Lorsque les crises économiques, dans l'entre-deux-guerres, provoqueront un effondrement du revenu agricole, l'idéologie corporatiste qui prétend donner à l'agriculture la première place dans la nation et qui met en exergue les valeurs paysannes rencontrera un écho favorable dans les campagnes.

Le paysan de 1920, rentré dans son village fier du devoir accompli et qui a momentanément beaucoup plus de moyens monétaires qu'autrefois, croit avoir assuré son indépendance. Il ne perçoit pas encore les conséquences des transformations sociales nées de la guerre. Au terme de la décennie dans laquelle il s'engage, s'ouvrira pour lui l'ère des désillusions et des révisions déchirantes.

l'efficacité de l'exploitation familiale

Comme on l'a vu, la guerre de 1914-1918 a précipité une évolution de la paysannerie provoquée par les mutations socio-économiques de la fin du XIXe siècle. L'accélération de l'exode rural, qui a éliminé tous ceux qui subsistaient en marge de l'ordre économique pour ne conserver que les éléments utiles à une production répondant aux exigences de la société, a vu ses effets prolongés et multipliés par les conséquences de la guerre. Les débuts des années 20 apparaissent comme l'aboutissement d'une très longue histoire qui voit le plus grand nombre des paysans se débarrasser de ses dernières chaînes, se libérer de ses derniers maîtres pour affirmer sa place dans une République qu'ils veulent désormais égalitaire. Certes, dans certaines régions, subsistent encore des résidus d'ordre social féodal, tandis qu'apparaissent ailleurs de nouvelles formes de domination de nature capitaliste. Mais d'une façon générale, le trait marquant de cette époque est l'émergence d'une paysannerie de petite et moyenne dimension dont la place dans la société repose d'abord sur sa fonction économique de producteur et de vendeur de marchandises.

La préoccupation majeure des gouvernements est de préserver l'exploitation familiale dont l'efficacité est alors quasi unanimement reconnue. Les doctrines libérales toujours dominantes au sein des classes dirigeantes et la relative détente observée sur la plupart des marchés fonciers conduisent à affirmer la valeur intangible de l'appareil productif. L'objectif de la politique agricole va alors consister à veiller au bon fonctionnement des structures existantes et à s'opposer à tout ce qui pourrait les perturber. L'intervention de l'État s'arrête au seuil de la ferme et elle favorise la consolidation des éléments qui la composent. Toute ingérence de sa part à l'intérieur de l'exploitation entraînerait, selon la majorité des forces politiques et syndicales, la désagrégation de l'agriculture et, inévitablement, une collectivisation vouée à l'échec.

*Consolider
les structures agraires.*

Mais comment concilier un tel impératif avec la volonté d'accroître rapidement le volume de la production ? Comment, tout en conservant les mêmes structures, fournir au pays les produits alimentaires dont il a besoin alors que le nombre de travailleurs de la terre a fortement diminué et que la demande des consommateurs s'est développée et diversifiée ? Les forces conservatrices, politiques et syndicales, pensent trouver la réponse dans l'intensification de la production à condition qu'elle soit laissée à la seule initiative privée.

Le morcellement excessif des exploitations, résultat d'un système successoral qui prescrit le partage égal entre les héritiers, apparaît aux yeux de tous comme une absurdité économique. Dans l'esprit du législateur, non seulement il entraîne des gaspillages de temps et de travail, mais il freine l'introduction du progrès technique. Le respect des principes sacrés de propriété et de liberté interdit la mise en œuvre de mesures contraignantes et en particulier l'échange forcé que préconisait déjà au XVIIIe siècle Mathieu de Dombasle. La loi du 27 novembre 1918 se contente de fournir aux propriétaires ruraux toutes les facilités légales nécessaires pour procéder aux opérations de remembrement, mais elle ne comporte aucune obligation et elle ne confie à aucun organe spécial la direction des opérations une fois qu'elles ont été décidées. La nécessité d'obtenir le consentement de la majorité des propriétaires possédant la majorité des terres et la non-participation financière de l'État explique qu'en 1935 on dénombre 35 000 hectares remembrés, soit un bilan insignifiant. La même politique appliquée aux régions dévastées par la loi du 4 mars 1919 connaît un plus grand succès, mais il est vrai qu'en ce domaine l'aide financière et l'intervention administrative de l'État, imposées par les circonstances, donnent à l'initiative privée un élan et une efficacité qu'elle ne semble pas avoir spontanément.

Plus efficiente est la loi du 6 janvier 1919 sur les offices agricoles départementaux et régionaux créés pour intensifier la production et assurer son développement. Ils sont chargés d'organiser des centres d'expérimentation et de vulgarisation, des concours et des expositions. Dirigé par un conseil de cinq membres désignés par le conseil général, l'office est placé sous la tutelle de l'administration. Le directeur des services agricoles dispose non seulement d'une voix délibérative au sein du conseil de direction, mais il veille à l'exécution des décisions. De même, les pouvoirs publics statuent sur les programmes d'action en fonction desquels ils attribuent les subventions prévues par la loi. Instruments de l'expansion de la production agricole, les offices reposent sur la collaboration entre les services départementaux du ministère de l'Agriculture et les représentants syndicaux de la paysannerie choisis par le conseil général, c'est-à-dire par les forces politiques dominantes dans chaque département. En principe, le rôle de l'État se borne à conseiller, orienter, favoriser des actions dont la mise en œuvre est confiée aux groupements professionnels. En fait, en incitant les agriculteurs à améliorer leurs techniques de production par la généralisation des engrais et par l'acquisition de machines et d'outils nouveaux, il les engage à produire de plus en plus pour le marché. Sous les apparences d'une simple politique d'aide à la production, il contribue à les faire s'intégrer davantage dans le système économique.

Par ailleurs, les subventions, d'un montant non négligeable puisqu'il est de l'ordre de 20 millions de francs par an au cours des premières années, peuvent avoir des effets secondaires d'ordre électoral qui échappent rarement à la sagacité des partis au pouvoir. Il est difficile de mesurer avec précision et rigueur l'influence des offices, mais il est possible d'affirmer qu'ils ont certainement contribué, pour une grande part, à la progression de la production agricole qui rattrape, en 1925, son niveau d'avant guerre et qui connaît jusqu'à la crise des années 1930 un taux de croissance annuel jamais atteint dans le passé. Soulignons que l'effort de l'État ne se limite pas à une entreprise de vulgarisation, mais qu'il s'inscrit dans une perspective à plus long terme avec la création en 1921 de l'Institut de la recherche agronomique chargé d'études scientifiques et de recherche fondamentale.

La promulgation en 1918 de la loi Plissonnier, votée par la Chambre des députés en 1914, sur l'enseignement post-scolaire agricole répond au même objectif : donner aux paysans un complément de culture générale et des éléments théoriques et pratiques de formation professionnelle pour accroître leur efficacité économique. L'inadaptation à un public d'adultes de la pédagogie utilisée par un grand nombre d'instituteurs et la répugnance des jeunes paysans à retourner sur les bancs d'une école perçue comme étant toujours celle de leur enfance expliquent, dans une certaine mesure, la relative médiocrité des résultats. Plus efficaces sont les cours par correspondance donnés par les différentes forces sociales qui s'adressent chacune à sa clientèle et lui parlent dans son code idéologique. Ainsi, à l'Union du Sud-Est, qui distribue des manuels, corrige des devoirs et enseigne les valeurs chrétiennes, s'opposent les associations « réellement neutres », c'est-à-dire le plus souvent favorables au gouvernement, qui glissent derrière la coupe d'une machine ou au terme d'une équation chimique les principes de l'ordre républicain et la morale de la bourgeoisie radicale.

La décision la plus importante et la plus significative prise dans le cadre de la politique de consolidation de l'exploitation familiale est la création en 1920 de l'Office national autonome du crédit agricole qui devient la Caisse nationale en 1926. L'aide de l'État est essentielle pour affermir un système mutualiste de prêts dont une part importante permet à un grand nombre d'agriculteurs d'acquérir ou de conserver la propriété de leur exploitation. Elle s'avérera décisive lorsque la crise économique ébranlera les caisses de crédit dites « libres », c'est-à-dire rattachées pour la plupart au réseau syndical de la rue d'Athènes. La progression remarquable des prêts individuels à long terme qui en douze années, de 1922 à 1934, passent de 103 millions de francs à 1 067 millions, illustre l'efficacité d'une politique qui incite les paysans à acquérir tout ou partie de leur capital foncier.

L'électrification des campagnes qui connaît une extension considérable dans les années d'après guerre ne répond qu'accessoirement à un souci de justice sociale. La volonté de faire disparaître le contraste entre la ville inondée de lumière et le monde rural enfermé dans la nuit a pour objectif de consolider les structures de la production agricole. Nous avons montré que le décret du 25 mars 1922, qui met en place les organismes interministériels pour établir le programme de distribution de l'énergie électrique, entend résoudre un problème de main-d'œuvre. Le moteur électrique est d'abord conçu comme un instrument de travail capable de suppléer à la diminution du nombre des producteurs. En permettant une augmentation de la productivité du travail humain, il joue un rôle essentiel dans l'accroissement de la production. Certes l'électricité apporte aux paysans un confort réservé jusque-là aux citadins, mais elle rend possible l'utilisation de certaines périodes de loisirs pour des activités plus rentables. Les pouvoirs publics la considèrent comme un facteur favorable au maintien des enfants à la terre. Dans la mesure où le progrès pénètre la ferme, pourquoi aller le quérir en d'autres lieux ?

Telles sont les composantes d'une politique qui se propose de consolider les éléments constitutifs de l'exploitation familiale agricole. Elles sont à la disposition du paysan, mais elles ne s'imposent pas à lui. Elles l'aident à conserver ou à renforcer ce qui existe et elles ne lui donnent aucun moyen pour modifier les règles du jeu. L'exploitation repose toujours sur le travail du groupe familial, la terre est toujours consi-

La liberté et l'égalité par l'école, pour faire du paysan un défenseur de la République : une classe du village de Saint-Paul-la-Roche en Dordogne, 1912.

dérée comme un patrimoine et la rente foncière déguisée en fermage comme le produit d'un contrat appuyé sur l'autonomie des libertés individuelles. L'État continue, théoriquement, à veiller à ce qu'aucun phénomène n'empêche la réalisation des équilibres naturels dans le cadre d'un système de production jugé pleinement satisfaisant. Certes, le fait que seules les institutions qui bénéficient de son intervention administrative et de son appui financier soient en mesure de remplir leur mission pourrait inquiéter un libéral un peu trop orthodoxe, mais elles ne touchent pas à l'essentiel que continuent de régir les principes de politique économique hérités du XIXe siècle. Et l'essentiel, dans le secteur de la production, c'est le maintien de la force de travail au niveau global de l'agriculture et dans le cadre de chaque exploitation.

La volonté de conserver l'intégralité de la population paysanne et la dénonciation de l'exode comme le pire des fléaux ne correspondent pas à une vision abstraite de la société et n'a pas un fondement exclusivement idéologique et politique. La famille paysanne ne peut remplir sa fonction économique que si les membres qui la composent continuent à accepter de tenir le rôle qui leur est assigné. Si les enfants s'en vont, la cellule productive s'écroule parce qu'elle ne dispose plus d'une main-d'œuvre gratuite et parce qu'elle ne peut plus fonctionner comme une institution de prévoyance et de protection sociale. La femme, dont le travail est vital pour la survie de l'exploitation, est l'objet d'une attention toute particulière. Les écrivains agrariens, en particulier, la soupçonnent de rêver pour ses enfants d'une autre vie que celle qu'elle a connue. « Partout où la femme est fidèle à la terre, écrit J. de Pesquidoux, l'homme s'enracine; partout où elle abandonne le fonds, l'homme déserte à son tour. Dans l'exode rural vers la ville, la femme a quitté la première, usant de

ses charmes pour entraîner son compagnon : éternelle tentatrice qui lui tend le fruit défendu qu'il dévore pour peu
qu'elle y ait mordu [18]. »

Mais le roman, le prêche du dimanche, ou l'envolée lyrique
du comice agricole ne suffisent pas toujours à maintenir le
paysan à la glèbe lorsqu'il peut légitimement espérer un avenir meilleur dans une autre activité. L'objectif est alors
d'éviter que les autres secteurs économiques ne lui apparaissent trop attractifs et que la législation sociale, résultant
des rapports de forces dans l'industrie, ne vienne perturber
la structure du groupe familial. M. Augé-Laribé accuse avec
vigueur « les classes agricoles » de vouloir maintenir le plus
longtemps possible la structure traditionnelle et de résister
par des combats d'arrière-garde à l'avance du progrès. « Elles
ont, écrit-il, sur le terrain fiscal comme en matière de lois
sociales bien rempli leur mission [19]. » Les forces conservatrices
affirment cependant œuvrer pour la justice qui ne peut s'épanouir, selon elles, que dans le respect de la spécificité du fait
paysan. La législation sociale, conçue pour l'ouvrier, ne saurait convenir au travailleur des champs, quel que soit son
statut social. Elles peuvent se flatter d'un bilan remarquable
en ce domaine. Ainsi leur action a permis de reporter au
15 décembre 1922 l'application à l'agriculture de la loi du
9 avril 1898 sur les accidents du travail. Un combat d'arrière-
garde, mené avec ténacité pendant des décennies, repousse
au 31 juillet 1929 l'adoption d'une loi interdisant le couchage
des salariés à l'écurie, texte qui ne sera d'ailleurs pratiquement pas appliqué. De même, il faudra attendre l'arrivée au
pouvoir du Front populaire pour que les salariés bénéficient
de la loi du 11 mars 1932 sur les allocations familiales. Ils
n'obtiennent les assurances sociales qu'en 1930, soit deux ans
après leurs homologues de l'industrie. Ajoutons que la plupart des droits reconnus à ces derniers leur seront refusés
jusqu'à la Seconde Guerre mondiale : contrôleurs des lois
sociales, retraites aux vieux, conventions collectives...

La loi du 23 avril 1919 limitant la durée du travail à
huit heures par jour provoque une vague d'indignation dans
les états-majors du syndicalisme paysan, qui s'opposent, avec
succès, à son application dans l'agriculture. L'année suivante,
ils crient au scandale lorsque le Bureau international du travail (BIT) s'avise d'organiser une conférence sur les conditions d'emploi des salariés agricoles. Ils craignent que l'organisme international ne suggère une durée du travail identique
pour tous les salariés. La puissance des forces agrariennes sur
le Parlement et sur le gouvernement est telle que celui-ci
soulève l'incompétence du BIT, interprétation jugée erronée
par la Cour permanente de justice internationale dont il avait
sollicité l'avis.

La stratégie des forces agrariennes peut paraître incohé-
rente dans la mesure où ce n'est pas en refusant aux ouvriers
des champs les avantages qui ont été accordés à ceux de la

ville qu'on les incitera à rester dans les fermes. Le fait que la bataille contre l'action du BIT ait été conduite par le secrétaire général du Comité des forges, délégué patronal à l'organisme international, permet de penser que l'infanterie paysanne a été utilisée au service d'intérêts qui ne sont pas les siens, mais qui ne sont pas étrangers à certains dirigeants professionnels agricoles. La loi sur les quarante heures déclenchera en 1936 une même levée de boucliers et provoquera des réactions que le lecteur d'aujourd'hui peut juger excessives. J. Le Roy Ladurie n'hésitera pas à affirmer devant le congrès des syndicats agricoles : « Quand nous voyons les radicaux — ce grand parti rural — voter en masse les quarante heures, nous pouvons dire : ils font du marxisme, et plus encore, ils font des électeurs marxistes [20]. »

Le refus d'appliquer aux salariés de l'agriculture une législation qui illustre la différenciation des classes sociales dans l'industrie s'explique en réalité par la volonté de conserver l'unité du groupe domestique sur lequel repose l'exploitation familiale. Admettre qu'ils soient des vendeurs de force de travail comme les autres, n'est-ce pas prendre le risque de contribuer à une évolution des mentalités qui les conduise à remettre en cause leur statut social ? Enfin aggraver les charges qui pèsent sur les agriculteurs entraînerait une hausse du prix des produits alimentaires, une accélération de l'élimination des plus faibles et une réduction de la rente de situation des plus gros qui se trouvent être les principaux employeurs de main-d'œuvre.

L'attitude à l'égard de l'école répond aux mêmes impératifs. Dans la mesure où elle affirme la supériorité du système de valeurs de la société urbaine, et où elle est un instrument de promotion sociale pour l'enfant qui assimile et accepte la culture dominante, elle contribue à détacher le fils du paysan de la terre. C'est pourquoi l'un des hommes les plus représentatifs de la droite agrarienne à la Chambre des députés, de Monicault, dépose, le 30 juin 1921, une proposition de loi qui a pour but de scinder l'enseignement primaire en deux institutions distinctes par leur programme et le recrutement de leurs maîtres. L'une prendra en charge la formation des jeunes citadins, l'autre celle des jeunes ruraux. Pour séduire les parlementaires, le projet prévoit même que l'instituteur rural « pourrait se contenter d'un traitement réduit, ce qui permettrait une économie pour nos finances ». Il est vrai qu'il ne lui est pas demandé de former des savants, mais des hommes décidés à creuser le même sillon que leurs pères. Dans un rapport présenté aux semaines sociales de Nantes en 1924, Philippe de Las Cases, vice-président de l'Union des syndicats agricoles du Plateau central, indique clairement ce que la droite attend de l'école au village : « Qu'il sache lire couramment, écrire sans trop tirer la langue, compter un peu, qu'il possède une vue forcément sommaire du monde, de son propre pays et des hommes qui l'y ont

précédé. C'est tout ce qu'on peut raisonnablement exiger de
l'écolier et de l'école [21]. »

Le projet n'aboutit pas, parce qu'il met en cause l'une des
fonctions essentielles de l'école, qui est de transmettre un
même code de valeurs et d'assurer une certaine mobilité
sociale qui justifie l'organisation de la société.

Une politique de stricte conservation des structures agraires
reposant essentiellement sur l'initiative privée suscite cependant des inquiétudes parmi les théoriciens de l'exploitation
familiale. L'un d'eux, P. Caziot, futur ministre de l'Agriculture du maréchal Pétain, craint que le libre jeu des lois économiques n'entraîne une accélération de l'exode des petits
paysans et ne renforce la grande exploitation, qui, ne trouvant
pas de travailleurs français à embaucher, devra s'adresser à
des « mercenaires » étrangers. Une telle situation lui paraissant menaçante pour la vie de la nation, il propose de transformer les ouvriers agricoles en petits exploitants, et il suggère le démantèlement des grands domaines qui, divisés en
modestes propriétés familiales, offriraient le double avantage
de maintenir une population nombreuse à la terre et d'accroître le volume de la production.

Velléités
réformatrices.

L'objectif de P. Caziot est de nature essentiellement politique. L'ordre social est menacé par l'exode qui entasse dans
les villes une population composée pour une grande partie
d'oisifs, de chômeurs et de parasites [22]. Pour restaurer l'ancien équilibre entre la ville et la campagne, il faut « que la
terre devienne progressivement, par une évolution naturelle,
la propriété de ceux qui la cultivent ». Il peut paraître surprenant que l'un des principaux théoriciens de la droite agrarienne reprenne à son compte le mot d'ordre des socialistes.
Mais, alors que ces derniers voient uniquement dans la propriété l'outil de travail du producteur, elle est pour les premiers le garant d'un ordre social qui ne serait pas perturbé
par les conflits de classes qui minent la société capitaliste. Dans
la mesure où celle-ci se développe par concentration du capital et prolétarisation des travailleurs indépendants, il faut lui
opposer un autre modèle de société dont la mise en œuvre
repose sur l'intervention de l'État.

Ainsi, dès le lendemain de la Première Guerre mondiale,
P. Caziot engage le grand débat sur les limites du libéralisme
dans l'agriculture, et sur la nécessité de créer une organisation économique et sociale qui repose sur des règles collectives
fixées par la puissance publique. A l'État socialiste, il oppose
un État corporatiste qui fait paraître bien timides les options
collectivistes dont sont accusées les forces de gauche. Son
projet prévoit la création de sociétés foncières régionales, dont
le tiers du capital est fourni par l'État, et qui disposent d'un
droit de préemption « pour effectuer toutes les opérations
d'achat, de location, de vente, d'échange, de remembrement,
d'aménagement foncier et de construction pour créer, reconstituer ou aménager des exploitations agricoles familiales et

Les inaugurations occupent une grande place dans l'emploi du temps d'un ministre de l'Agriculture : Fernand David au salon de l'horticulture en 1930.

faciliter l'accession des travailleurs agricoles à la propriété ». Il est pour le moins inattendu que l'un des porte-parole les plus influents des forces conservatrices dans les campagnes propose que soit mis fin au caractère libéral du marché foncier, et que l'État acquière le tiers de la valeur des terres dont une partie sera louée aux paysans !

Une telle évolution des mentalités traduit l'inquiétude ressentie par une fraction des milieux conservateurs devant l'évolution des rapports de force au sein de la société globale. Dans une économie de marché dont ils ne contestent pas la nature et la finalité, seul l'État peut garantir la pérennité des structures de production, dont l'utilité est d'ordre éminemment politique.

Le 4 mars 1920, reprenant les thèses de P. Caziot, Victor Boret dépose sur le bureau de la Chambre des députés quatre propositions de loi. Leur ambiguïté explique l'accueil favorable qu'elles reçoivent de deux cents parlementaires, de Léon Daudet à Compère-Morel, mais elle explique également que l'approbation n'aille pas au-delà du discours. Car si tous les partis déclarent leur attachement à l'exploitation familiale, ils lui donnent un contenu et une signification différents.

En fait, les préoccupations politiques de P. Caziot l'ont conduit à une erreur de diagnostic. Certes, l'agriculture française demeure, au lendemain de l'armistice, une activité à base de travail humain, mais elle ne manque pas de bras. Le développement de la mécanisation compense les départs, et l'élimination des plus petits consolide pour un temps ceux qui le sont un peu moins. La grande exploitation ne trouve pas les conditions qui permettraient son extension et elle a tendance, au contraire, à régresser. Ce n'est que quarante ans plus tard que seront réunies les conditions économiques et sociales qui rendront nécessaire une telle politique. La Cinquième République ressuscitera le projet en atténuant considérablement sa portée.

P. Caziot a cependant perçu la nature du mal qui ronge l'exploitation agricole. Il se situe, selon lui, au niveau de la structure familiale qui se lézarde et dont les liens de solidarité se distendent. C'est pourquoi il propose une modification du régime des successions qui garantisse le maintien de l'unité de l'entreprise et la reconnaissance du droit à un salaire différé pour celui qui travaille à la ferme avant d'en devenir le chef. Il faudra la grande dépression des années 30 pour qu'apparaisse nettement la crise qui met en péril la famille patriarcale et pour qu'un décret-loi en 1938 et le Code de la famille en 1939 tentent une ultime consolidation.

Pour l'heure, l'exploitation agricole continue à répondre de manière satisfaisante aux exigences du système économique. Nous avons indiqué la rapidité avec laquelle l'appareil productif avait été restauré et nous avons précisé que dès 1925 le volume de la production égalait celui de l'avant-guerre. Certes l'analyse économique a montré que la forte croissance des besoins n'a pas permis de parvenir à l'auto-suffisance entre les deux guerres. Mais la France réussit à maintenir sensiblement le rapport production-consommation qu'elle avait atteint dans les années 10 et que les observateurs jugent acceptable. Comme avant la guerre, l'impératif majeur est de « tenir les prix », c'est-à-dire de les bloquer au niveau le plus bas possible sans décourager la production. La volonté de ne pas toucher aux mécanismes du marché conduit le gouvernement à fonder sa politique sur le flux des échanges internationaux. La vigueur du mythe du paysan enrichi par la guerre et fauteur de vie chère favorise ses desseins.

Le protectionnisme modéré, abandonné pour le temps du conflit, renaît de ses cendres, mais l'évolution des prix en a considérablement réduit l'efficacité. Les droits du tarif sont alors affectés de coefficients qui évoluent selon la conjoncture. Entre 1919 et 1922, 65 décrets ont ainsi modifié 3 294 positions douanières. En mars et avril 1928, une série de textes réalise, sans refonte générale, une révision presque complète du régime de protection. Globalement, jusqu'en 1930, l'agriculture bénéficie d'une situation assez favorable qui résulte de l'état des marchés internationaux. Dans la mesure où les exportations industrielles se réalisent dans de bonnes conditions, la France peut supporter aisément le déficit de sa balance alimentaire. Dans la mesure où les prix mondiaux sont relativement élevés, les importations ne permettent pas de peser trop lourdement sur les prix intérieurs. La conjoncture paraît alors favorable au retour triomphal du libéralisme qui est censé assurer le mariage harmonieux du progrès et de la liberté. C'est pourquoi disparaît assez rapidement l'arsenal des mesures interventionnistes qui permettaient à l'État de contrôler le fonctionnement du marché. Dès 1919 paraissent les premiers décrets qui assurent la liberté d'importation. En revanche, les prohibitions à l'exportation sont supprimées avec beaucoup plus de lenteur puisqu'il faut attendre 1927 pour que les agriculteurs retrouvent la pleine liberté d'exporter.

Les « défenseurs » des agriculteurs accusent les dirigeants de l'économie d'avoir œuvré en faveur de l'expansion industrielle et d'avoir sacrifié délibérément l'agriculture. L. Prault souligne qu'entre 1921 et 1930 la protection douanière est deux fois plus favorable aux objets manufacturés qu'aux produits alimentaires et M. Augé-Laribé dénonce avec vigueur un complot permanent contre la paysannerie et contre la nation fomenté par l'industrie et le commerce, soutenu activement « par les socialistes du Parlement et par la CGT » et qui bénéficie de l'incapacité satisfaite des ministres de l'Agriculture [23]. L'amélioration de l'économie agricole devrait être trouvée, selon lui, dans le libre-échange, dans le maintien d'un juste équilibre entre l'agriculture et l'industrie et dans la suppression de toutes les entraves à la loi de l'offre et de la demande.

Les socialistes dénoncent une attitude qui consiste à critiquer les effets d'une politique dont on accepte les fondements. L'économie de marché est par nature défavorable au producteur puisqu'elle est conçue, selon eux, dans le seul intérêt des détenteurs du capital. Ils demandent, en conséquence, sa disparition, du moins pour certains produits qui présentent un intérêt économique et stratégique prioritaire. C'est dans cet esprit que Compère-Morel expose, le 26 novembre 1925, à la tribune de la Chambre des députés un projet de création d'un Office du blé. La proposition de loi socialiste, appuyée par les communistes, est repoussée par 322 voix contre 179 lors de la séance du 4 août 1926. La suppression des privilèges dont bénéficient le commerce et l'industrie du blé ne sera obtenue que dix ans plus tard.

Jusqu'au début des années 30, une politique au coup par coup permet les ajustements nécessaires pour que l'approvisionnement soit assuré, pour que les prix évoluent avec modération et pour que le calme règne dans les campagnes. Ainsi de 1918 à 1926, mise à part l'année 1921, le prix du blé à la production et celui du vin connaissent une hausse régulière et le pouvoir d'achat des agriculteurs atteint, puis dépasse sensiblement, celui de 1913.

La seule tentative pour aller au-delà de l'horizon immédiat et pour imaginer l'avenir est l'œuvre d'Henri Queuille. Recordman du temps de présence au ministère de l'Agriculture, il élabore en 1927 un projet qui doit favoriser sur plusieurs années la croissance de la production et de la productivité.

L'État consacrera un milliard de francs à la recherche agronomique et à la modernisation des exploitations. Approuvé officiellement par toutes les forces politiques, le plan est enterré l'année suivante parce qu'il n'apparaît pas nécessaire de subventionner le secteur agricole pour qu'il remplisse son rôle dans le système économique.

Cependant, à partir de 1928, le bel équilibre apparent de l'agriculture française se fissure. L'excédent de l'offre par rapport à la demande qui provoque un effondrement des cours a, dans un premier temps, pour origine la production coloniale. Celle-ci constitue, en effet, pour la plus grande partie de ses productions excédentaires un concurrent direct des agriculteurs métropolitains qui ne peuvent pas lui opposer tous les obstacles de la protection douanière. La première crise est provoquée par le vin algérien dont la production est passée de 7 millions d'hectolitres avant 1914 à une moyenne de 11 millions pour la période 1925-1929. Les débouchés étant essentiellement français, le trop-plein nord-africain bloque les possibilités de vente des producteurs méridionaux. Ces derniers réclament des mesures de contingentement qu'ils justifient par l'ampleur de leurs charges, n'ayant pas de main-d'œuvre indigène à leur disposition. Les pouvoirs publics leur opposent le principe de l'unité de la mère patrie qui exclut toute discrimination.

Dans l'immédiat le gouvernement agit de façon indirecte pour tenter de stabiliser le marché. Mais la répression des fraudes, l'interdiction du sucrage et la campagne de propagande en faveur de « la boisson nationale » ne résolvent aucun des problèmes posés par une telle situation de concur-

Henri Queuille, médaille d'or de la longévité au ministère de l'Agriculture entre 1920-1940. Une carrière politique enracinée dans les comices agricoles.

Crises
sur les marchés.

rence au sein de la sphère d'influence française. Les mécanismes du libéralisme économique s'avérant incapables de
résoudre la crise, l'État est contraint d'intervenir de manière
autoritaire pour limiter la production. Adopté le 4 juillet 1931, le statut du vin, souvent présenté comme la première
mesure interventionniste prise à l'aube de la grande dépression, est l'œuvre d'André Tardieu. Certains contemporains
semblent avoir été séduits par le contraste entre l'univers
social de ce représentant de la haute bourgeoisie parisienne
et sa volonté de prendre en charge le domaine agricole. Ce
choix illustre simplement l'importance politique d'un secteur qui concentre encore le plus gros de l'infanterie électorale.

Pour lutter contre la surproduction, le seul remède proposé
est de réduire la production par une série de mesures : limitation des plantations, taxe progressive sur les gros producteurs et sur les forts rendements, interdiction de l'irrigation
des plants après le 15 juillet, blocage de la récolte, échelonnement des ventes. L'efficacité de cette politique sur la stabilisation des quantités produites n'est pas contestable. Mais
dans la mesure où elle respecte les règles du marché toujours
dominées par le négoce et organisées à son profit, elle n'apporte
aucune amélioration au niveau de revenu du producteur et
elle ne répond guère à l'intérêt du consommateur. Les colons
algériens sont peu touchés par ces dispositions et ils peuvent,
en toute tranquillité, augmenter leur récolte qui par le jeu des
coupages est essentielle à la bonne marche du commerce.

Lorsque la crise mondiale atteint la France à partir de 1931,
les forces de la droite qui sont alors au pouvoir tentent de
trouver un compromis entre les principes libéraux qui continuent de guider leur action et l'intervention nécessaire de
l'État pour corriger certains déséquilibres conjoncturels. En
matière agricole le problème majeur est celui du blé, dont l'importance économique et la valeur symbolique expliquent
l'intérêt stratégique.

La période est caractérisée par un effondrement des cours
dû à la surproduction. Tandis qu'entre 1928 et 1932 la récolte
nationale augmente de 13 %, le volume des importations ne
diminue pas dans la mesure où les prix de dumping pratiqués
sur le marché international offrent au commerce des bénéfices
considérables. L'absence de toute organisation des marchés
laisse le champ libre à la spéculation et provoque la colère des
paysans. La multiplication des manifestations violentes, le
rassemblement de 10 000 représentants des producteurs salle
Wagram à Paris au cours de l'été 1932, incitent le gouvernement à passer à l'action. Après avoir pris différentes mesures
partielles et sans effet, il tente, par la loi du 10 juillet 1933,
de résoudre globalement le problème. La clef de voûte de la
législation est la fixation d'un prix minimum à 115 francs
l'hectolitre garanti pour une période d'un an. Le maintien de
la liberté du commerce enlève toute efficacité à cette décision
et les cours réels ne dépassent pas 100 francs. « Le prix mini-

mum, écrit François Goguel, ne profita pas aux producteurs au bénéfice desquels on l'avait établi, mais aux intermédiaires et aux minotiers [24]. » Notons que parallèlement le prix du pain et celui des produits alimentaires à base de céréales se maintiennent au même niveau.

L'échec de cette politique conduit le gouvernement présidé par Pierre-Étienne Flandin à revenir aux principes de l'orthodoxie libérale. La loi du 24 décembre 1934 rétablit la liberté complète du marché. Elle doit, selon le président du Conseil, permettre au paysan de vendre son blé et faire baisser le prix du pain de 4 ou 5 sous le kilo [25]. « Ce sera notre cadeau de Noël aux enfants pauvres », déclare-t-il au banquet des groupements commerciaux et industriels [26]. Une nouvelle fois le résultat contredit les espoirs et la chute des cours s'accélère. En valeur or, les denrées alimentaires ont baissé de 60 % en trois ans, le blé connaît en 1935 son niveau le plus bas depuis plus de cent ans! Alors que le prix moyen du quintal de blé atteignait 156 francs en 1927, il descend au-dessous de 60 francs en juillet 1935. L. Romier explique l'effondrement des prix par la sensibilité du marché « aux courants psychologiques [27] » qui auraient été provoqués par la politique de déflation du gouvernement Laval. En réalité, la liberté de la jungle explique « les cours gangsters » et l'expérience montre que les intérêts des Grands Moulins ne sont pas naturellement complémentaires de ceux des paysans.

La crise sociale oblige les forces conservatrices à reconnaître les limites de la pharmacopée libérale. Certes, leur analyse des fondements de la crise ne les conduit pas à une remise en cause des structures économiques. Seule la surproduction expliquerait les difficultés du marché. C'est pourquoi le président du Conseil, Pierre Laval, demande au président de la République, par une lettre du 30 octobre 1935, de promulguer un décret supprimant les offices agricoles départementaux et régionaux. Ils auraient, selon lui, atteint leur objectif : l'intensification réussie de la production expliquant la surabondance des biens.

Cependant, dès 1932, une fraction de la droite admet la nécessité d'une organisation du marché des céréales. Elle imagine un système d'interprofession contrôlé par les organisations professionnelles agricoles qu'elle oppose au projet « étatique » et « collectiviste » des socialistes. Mais les conditions politiques ne sont pas encore réunies pour que la transformation de l'appareil de l'État permette la mise en œuvre du projet de ces derniers. Dans l'immédiat, le mécontentement des paysans se traduit par leur vote lors des élections législatives du printemps 1936 [28]. Un grand nombre a conscience d'avoir été une nouvelle fois utilisé comme « matelas de la crise » et d'en avoir subi les effets plus que toutes les autres catégories sociales. Une minorité suffisante d'entre eux en tire les conséquences politiques et contribue à l'avènement du Front populaire.

l'appel à l'État

le Front populaire et la question paysanne

Lorsque, pour la première fois dans l'histoire de la France, les socialistes accèdent à la tête du gouvernement, la situation économique et le contexte politique international ne sont guère favorables [29]. Alors que nos concurrents européens et nord-américains sortent de la crise en 1934-1935, en France les gouvernements conservateurs soucieux de maintenir l'ordre social se sont montrés incapables de relancer l'économie. Dans la mesure où ils analysaient la situation en termes purement conjoncturels, ils comptaient sur les remèdes classiques de caractère budgétaire et monétaire pour rétablir les équilibres. En vain. Ils n'ont pas perçu la dimension historique des phénomènes qui marquent la fin du capitalisme du XIXᵉ siècle et l'avènement du capitalisme moderne qui sera dominé par les grands trusts américains. Les forces politiques croient encore que l'Europe est le centre de la planète et que les empires coloniaux délimitent les zones d'influence. La Seconde Guerre mondiale confirmera clairement que la vie du monde occidental se joue, pour une grande part, à Washington et à la Bourse de New York.

Au cours de cette période qui va de la grande dépression à la fin des années 50, la France perd définitivement son rôle de grande puissance économique. Mais elle continue à affirmer sa prétention à tenir le devant de la scène dans la politique internationale. Sur le plan intérieur, la droite et le centre, qu'il soit radical ou d'inspiration démocrate-chrétienne après 1945, s'efforcent de conserver le *statu quo* social qui repose sur l'existence d'une forte population paysanne. Or, la nouvelle division internationale du travail et l'évolution de notre place dans le système économique mondial imposent une plus grande intégration de notre appareil productif dans un ensemble dont le centre de décision se situe outre-atlantique. L'intervention de l'État apparaît alors essentielle pour résoudre les contradictions entre les nécessaires mutations du système économique et la volonté de maintenir dans son intégralité l'ordonnancement de la société.

Les paysans rassemblés pour le Front populaire dans le Lot, 1936 (*Front populaire*, numéro spécial).

L'Office du blé.

Georges Monnet, premier ministre socialiste de l'Agriculture. Un réformisme cohérent et réaliste au service des paysans.

Le résultat des élections législatives de 1936 ne provoque pas un climat de panique dans les campagnes françaises. En dépit des efforts déployés par les dirigeants de l'Union nationale des syndicats agricoles pour dénoncer le péril mortel qui vient de s'abattre sur le pays, le gouvernement Léon Blum est rarement perçu comme l'avènement de l'Antéchrist sur la terre [30]. Il est vrai que le programme du rassemblement populaire ne propose pas la collectivisation de l'agriculture. Il limite ses objectifs à un certain nombre de mesures de défense immédiate : « Revalorisation des produits de la terre combinée avec une lutte contre la spéculation et la vie chère de manière à réduire l'écart entre les prix de gros et les prix de détail. Pour supprimer la dîme prélevée par la spéculation sur les producteurs et les consommateurs : création d'un Office interprofessionnel des céréales. Soutien aux coopératives agricoles, livraison des engrais au prix de revient par les offices nationaux de l'azote et des potasses, contrôle de la tarification et de la vente des superphosphates et autres engrais, développement du Crédit agricole, réduction des baux à ferme, suspension des saisies et aménagement des dettes. » La politique agricole s'inscrit dans un plan global de relance de l'activité économique par le développement de la consommation. L'augmentation des salaires et la revalorisation du revenu paysan ne répondent pas au seul impératif de la justice sociale, elles font partie des moyens utilisés pour sortir de la crise.

L'histoire retient du Front populaire essentiellement son œuvre sociale et mentionne accessoirement quelques mesures destinées aux agriculteurs et qui se limitent le plus souvent à l'Office du blé. Or, si le bilan législatif est faible, l'action entreprise est infiniment plus riche. Pour la première fois, un gouvernement propose un plan d'ensemble qui organise les rapports entre la production agricole et le système économique, et qui définit la place du paysan dans le monde du travail. Cette politique repose sur l'intervention de l'État parce qu'il peut seul « permettre aux petites exploitations agricoles de s'adapter aux nouvelles techniques, s'outiller à l'image des grandes, survivre et prospérer [31] ».

Le 15 août 1936, au terme de débats difficiles, est promulguée la loi instituant l'Office national interprofessionnel du blé (ONIB). Placé sous le contrôle des ministères des Finances et de l'Agriculture, il reçoit la mission de déterminer les prix ainsi que les conditions d'échelonnement dans le temps des achats aux producteurs. Il dispose du monopole de l'importation et de l'exportation des blés, farines et céréales panifiables, des semoules et des sous-produits de trituration. Ainsi se trouve réalisé un projet que J. Jaurès présentait pour la première fois en 1894. Le commerce est confié aux coopératives qui assurent le stockage sous le contrôle de la puissance publique. La loi attribue au Crédit agricole le rôle d'intermédiaire obligé pour tous les paiements résultant d'achats de blé, dont le prix est fixé par référence aux années qui ont précédé la Première Guerre mondiale. La décision est prise, en ce domaine, par un Comité central de 52 membres dont 30 représentent les producteurs, 9 les consommateurs, 9 l'industrie et le commerce et 4 l'administration. Les agriculteurs disposent ainsi de la majorité des sièges, mais ils ne peuvent pas imposer leur point de vue dans la mesure où les décisions exigent une majorité des trois quarts, les quatre cinquièmes des membres étant présents. La création de cet Office, étroitement contrôlé par l'État, aboutit à la socialisation d'un secteur du commerce dont l'importance n'est pas négligeable. Devons-nous conclure, avec la droite, à la collectivisation de l'agriculture ? Nous ne le pensons pas parce que la propriété privée des moyens de production n'est pas mise en cause par le législateur et surtout parce que l'Office agit dans le cadre d'une économie non planifiée qui ne dispose d'aucun moyen de contrôle sur les facteurs de la production.

Cependant, quelles que soient ses limites, l'Office, qui témoigne de la volonté d'organiser et de contrôler le marché capitaliste, se heurte à l'hostilité des organisations professionnelles agricoles et à celle des parlementaires conservateurs. Le grand publiciste Joseph Barthélemy résume assez bien, dans le fond et dans la forme, l'argumentation des opposants, lorsqu'il écrit dans un article publié par le journal le Temps : « Ce bloc enfariné de l'Office du blé ne nous dit rien qui vaille... Le plan est de caporaliser l'agriculture en laissant à chacun sa niche et sa pâtée. C'est bon pour les chiens [32]. »

En réalité, la droite peut difficilement contester le désir d'assurer au producteur une rémunération plus juste et plus stable en supprimant la liberté de spéculer. Elle s'oppose essentiellement au mode de fixation retenu pour le prix du blé qui associe les producteurs, les consommateurs et l'État. Dans la mesure où son explication de la société repose sur l'antagonisme entre la ville et la campagne, elle ne peut pas admettre que la loi en fasse des partenaires capables de concilier leurs intérêts dans le cadre d'un marché qui n'est plus capitaliste. C'est pourquoi elle se bat pour que l'Office soit transformé en organisme purement corporatif ou pour qu'au sein du Comité central les représentants des producteurs aient à eux seuls le pouvoir de décision. Ainsi, le débat soulevé par le projet socialiste va au-delà de l'intérêt immédiat des paysans. Il révèle, à travers une opposition sur les principes, deux explications antagonistes de l'organisation sociale et des solidarités entre les différents groupes sociaux.

Lionel Latty et Jean-Michel Royer affirment que « l'Office national des céréales provoque dans la paysannerie un tollé quasi général [33] ». Il est difficile d'apprécier le bien-fondé d'une telle affirmation dans la mesure où les auteurs n'en fournissent aucune justification. Notons cependant que si le ministre de l'Agriculture, Georges Monnet, réussit à vaincre l'opposition du Sénat, au terme d'une septième navette, en le menaçant de retirer le projet, c'est vraisemblablement parce que celui-ci n'est pas trop impopulaire dans les campagnes. L'observateur ne relève pas de mouvements sociaux qui auraient été déclenchés pour lutter contre une telle organisation et pour obtenir le retour au marché non réglementé. Enfin le premier effet de la législation est de provoquer une hausse remarquable du prix à la production qui passe d'une moyenne souvent inférieure à 80 francs en 1935, à 140 francs en 1936 et à 180 francs l'année suivante. Il est bien difficile aux agrariens d'expliquer que la gauche au pouvoir, « c'est la terre sacrifiée à l'usine [34] ». Éphraïm Grenadou, gros producteur de blé en pays beauceron, témoin de la misère des paysans avant 1936, ne partage pas l'avis des défenseurs habituels de la paysannerie. Il exprime vraisemblablement le sentiment de beaucoup d'agriculteurs lorsqu'il déclare : « L'Office du blé nous a sauvés... Ça voulait dire que le gouvernement fixait le prix et c'est de là qu'on est reparti [35]. »

Les querelles idéologiques vont d'ailleurs s'estomper assez rapidement. Lorsque les plus farouches adversaires du Front populaire arriveront au pouvoir avec le régime de Vichy, ils ne supprimeront pas l'ONIB, ils étendront sa compétence à l'ensemble des céréales. Après avoir violemment dénoncé l'étatisme, ils se contenteront de remplacer le Conseil central par un président nommé par le gouvernement ! Pierre Hallé, l'ancien animateur de l'Association générale des producteurs de blé, acceptera cette fonction et mettra en œuvre des mécanismes dont il avait vivement contesté la création. Les agrariens et leurs amis politiques découvriront alors que l'intervention de l'État n'est pas nécessairement opposée à leurs intérêts, mais qu'elle peut au contraire les consolider. Le seul problème est de savoir qui contrôle l'État !

Un plan d'ensemble. La loi sur l'Office du blé ne représente, pour G. Monnet, qu'une première étape dans la voie d'une moralisation du marché qui garantisse au producteur un prix correspondant à la valeur du travail fourni. C'est pourquoi il dépose, le 26 novembre 1936, sur le bureau de la Chambre des députés un projet de loi prévoyant la conclusion de conventions collectives par branches de production entre les représentants de la coopération et ceux de l'industrie et du commerce. Ces contrats, librement conclus, peuvent à la demande des intéressés être rendus obligatoires par arrêté du ministre de l'Agriculture. En cas de conflit, le différend est soumis à une commission composée de représentants des deux parties, des consommateurs et des pouvoirs publics. L'ambition du ministre n'est pas de « soviétiser » l'agriculture française, ainsi que le proclament ses adversaires, mais simplement d'organiser les rapports entre partenaires économiques, afin que chacun et l'intérêt général y trouvent leur compte. Il s'inspire, somme toute, de la finalité morale des principes libéraux. Adopté en première lecture par les députés, le projet est enterré par les sénateurs.

Les congés payés. L'ouvrier retrouve la campagne et se heurte à l'incompréhension du paysan. Le droit aux vacances n'est pas encore pour tous. 1936.

OFFICE NATIONAL DU BLÉ

Art. 1er. — Il est créé un Office national inter-professionnel du blé.

Cet office constitue un établissement public, jouissant de la personnalité civile et de l'autonomie financière. Il est placé, pour ses opérations financières, sous le contrôle du Ministère des Finances et, pour sa gestion technique, sous le contrôle du Ministère de l'Agriculture.

Le directeur de l'office est nommé et révoqué par décret pris sur la proposition du ministre de l'agriculture.

Art. 2. — Le budget de l'office est soumis à l'approbation du ministre de l'agriculture et du ministre des finances.

L'agent comptable de l'office est nommé par décret pris sur la proposition du ministre de l'agriculture et du ministre des finances.

Il est justiciable de la cour des comptes et soumis aux vérifications de l'inspection générale des finances.

Un contrôleur financier, placé sous l'autorité du ministre des finances, exercera le contrôle du fonctionnement financier de l'office. Sa compétence s'étendra à toutes les opérations susceptibles d'avoir une répercussion financière directe et indirecte.

Art. 3. — L'office national du blé est administré par un conseil central de cinquante et un membres composé comme suit :

29 représentants des producteurs de blé dont la profession de cultivateur est l'occupation principale et habituelle ; 11 désignés par l'assemblée permanente des présidents des chambres d'agriculture et 18 par les coopératives de blé dont les statuts ont été approuvés dans les conditions fixées par l'article 2 du décret-loi du 8 août 1935, 6 d'entre ces derniers devront être pris dans les départements de petite production.

9 représentants des consommateurs : dont 3 seront désignés par la fédération nationale des coopératives de consommation, 1 par la fédération nationale des associations de familles nombreuses, 3 par la confédération générale du travail, 1 par la confédération française des travailleurs chrétiens, 1 par la confédération nationale de l'artisanat français.

9 représentants de la meunerie, des industries mettant en œuvre les blés durs, de la boulangerie et du commerce, dont 3 pour la meunerie petite, moyenne et grande, 2 pour la boulangerie rurale et urbaine, 1 pour les pâtes alimentaires, 1 pour la semoulerie, 2 pour les négociants en grains, tous désignés par leurs organisations professionnelles respectives.

Il renaîtra en 1964 sous la forme d'une loi portant sur l'économie contractuelle mais dont la mise en œuvre apportera de médiocres résultats. L'expérience montre que la domination de l'agriculture par le système capitaliste ne permet pas de construire un système qui postule l'égalité des forces sociales en présence.

Le rôle du Sénat, composé de notables provinciaux, soucieux de maintenir intacte la France de l'épargne et de l'effort, est déterminant dans la chute parlementaire du gouvernement Blum. Son action pour faire obstacle à toutes les réformes du Front populaire est remarquable de persévérance et d'efficacité. En matière agricole, il veille jalousement au maintien de la paix dans les campagnes et il s'oppose à tout ce qui lui paraît de nature à troubler la propriété et le respect dû aux hiérarchies sociales. Il lui suffit pour cela de renvoyer chaque projet en commission pour une étude complémentaire dont la qualité exige un temps indéterminé.

Il procède ainsi à l'égard de deux autres projets de lois, votés en première lecture par la Chambre des députés, en mars et en juillet 1937. Le premier étend aux métayers la législation sur les allocations familiales et en fait supporter la charge aux propriétaires. Le second accorde aux fermiers un certain nombre de droits : indemnités en cas d'éviction, indemnité de plus-value en cas de départ, droit de préemption lors de la vente du fonds loué, bail fixé pour une période de neuf ans et droit au renouvellement. Le discours des agrariens sur la défense du paysan menacé par « l'ouvrier insatiable » et par la « démagogie socialiste » trouve ici sa pleine signification!

Un autre projet de loi, voté par les députés le 26 février 1937, connaît le même sort. Il étend aux ouvriers de l'agriculture le bénéfice de la loi du 24 juin 1936 sur les conventions collectives de salaires. Prudent, G. Monnet tient compte de la spécificité du travail en agriculture et il demande l'avis obligatoire des chambres d'agriculture. En vain. Il n'obtient pas davantage de succès lorsque, redevenu simple parlementaire, il propose la création d'une caisse nationale des calamités agricoles, obligatoire pour tous les paysans et financée par des cotisations et par des taxes.

Le bilan paraît bien modeste comparé à l'ampleur des propositions. En dehors de l'Office du blé, seules quelques mesures conjoncturelles, d'intérêt non négligeable, ont abouti : aménagement des dettes agricoles qui met fin aux ventes-saisies, octroi de prêts supplémentaires à faible intérêt et à moyen terme, augmentation des crédits en faveur de l'enseignement agricole et de l'administration départementale, congés payés et allocations familiales pour les ouvriers agricoles...

En 1936, les socialistes ne disposent pas des moyens de leur politique. Dans cette période de mutations économiques, le monde patronal et la droite politique s'accrochent à l'ordre ancien, n'ayant pas la capacité d'inventer l'avenir pour s'y adapter. La peur du changement qu'ils n'imaginent que sous la forme de la révolution bolchevique les amène à refuser toute expérience réformiste avant de conduire une grande partie d'entre eux à se reconnaître pleinement dans le régime de Vichy. La gauche, prisonnière de son image citadine et ouvrière, ne réussit pas à convaincre les classes moyennes des dangers que représente pour elles le développement du capitalisme. Le poids de l'idéologie étouffe encore le raisonnement économique. Les congés payés, qui voient les exclus de la terre, partis gagner leur vie ailleurs, revenir triomphants au village pour se reposer à l'image des bourgeois, avivent les jalousies au lieu de rapprocher le travailleur de l'usine et le producteur des champs. Le paysan qui continue à trimer en ces périodes de grands travaux a le sentiment que la société est faite pour ceux de la ville et qu'il demeure l'éternel paria. Les autorités sociales qui l'encadrent lui donnent rarement une autre explication.

Avec la défaite, la France se met officiellement à l'heure de l'ordre éternel des champs. Le paysan occupe la place d'honneur dans la geste du nouveau régime et ses représentants sont au pouvoir. P. Caziot, puis J. Le Roy Ladurie, deviennent ministres de l'Agriculture et tous les grands noms du mouvement professionnel président aux destinées du monde paysan. Les conditions semblent remplies pour que se réalise une grande œuvre économique et morale.

les agrariens au pouvoir

En 1940 les nouveaux maîtres du pays expliquent que, si la France a perdu la guerre, c'est parce qu'elle a perdu son âme. Ses élites et ses cadres sociaux, attirés par les deux monstres froids du capitalisme industriel et du bolchevisme totalitaire, n'auraient pas su s'attacher à la défense des vraies valeurs. Pour arrêter la décadence et entrer dans la voie de la régénérescence, ils proposent à l'enthousiasme de la jeunesse et à la réflexion des adultes une nouvelle société fondée sur la devise : *Travail-Famille-Patrie*. Le paysan qui dans l'idéologie traditionaliste symbolise les vertus de persévérance et d'abnégation, dont l'activité professionnelle se confond avec la vie du groupe familial et qui est par nature le gardien du terroir, devient l'homme modèle des temps nouveaux. Le maréchal Pétain donne à l'État la mission suprême de « ré-enraciner l'homme français dans la terre de France où il puisa toujours, en même temps que sa subsistance et celle de ses concitoyens des villes, les solides vertus qui ont fait la force et la durée de la patrie [36] ».

Le retour à la terre.

L'analyse des discours du chef de l'État et de ceux du ministre de l'Agriculture donne le sentiment qu'avec l'État français triomphent non seulement « la contre-révolution, sa pensée, ses pompes et ses œuvres [37] » selon la formule de René Rémond, mais plus profondément encore le refus de la société moderne et de l'industrie. Dorénavant, si l'on en croit les dirigeants, l'agriculture familiale doit constituer la principale base économique et sociale de la France. Tel est le thème développé par P. Caziot, lors d'une conférence franco-allemande qui se tient le 9 juillet 1941 à la Maison de la Chimie à Paris. Il approuve le secrétaire d'État allemand Backe lorsque celui-ci expose la nécessité pour l'Europe d'atteindre à l'autosuffisance pour les produits alimentaires et lorsqu'il indique clairement le rôle déterminant de la France en ce domaine. Le ministre entre pleinement dans la stratégie du vainqueur lorsqu'il déclare : « Si nous avions pu alors refaire une France pourvue d'une paysannerie forte et prospère, une France pacifique parce que paysanne, il est bien certain

que l'entente aurait été aisée avec l'Allemagne parce que les productions des deux pays auraient été complémentaires. Avec vingt années de retard et dans des conditions singulièrement plus malaisées, nous nous attelons à la même tâche [38]. »

La complémentarité souhaitée par P. Caziot fait de la France le grenier à blé de l'Europe et, de notre adversaire devenu partenaire, le fournisseur des produits manufacturés. Afin de retrouver le prétendu équilibre des anciennes sociétés agraires, les autorités de Vichy n'hésitent pas à proposer la restauration des temps pré-industriels. Le délire idéologique qui inspire leur action les conduit à privilégier le seul objectif de la paix sociale fondée sur une paysannerie porteuse de toutes les vertus. En fait, l'ordre nouveau est un ordre moral pour lequel une partie des hommes au pouvoir sont prêts à sacrifier l'indépendance économique et donc politique du pays. Inféoder une France agricole au grand Reich industriel, c'est préconiser une division internationale du travail de même nature que celle que les pays développés imposent à ceux qui ne le sont pas [39].

Ces rêveries réactionnaires et champêtres s'avèrent naturellement incompatibles avec le niveau de développement du capitalisme français et avec l'évolution des rapports sociaux de production. Bien que cette conception s'inscrive dans la vision européenne de l'Allemagne nazie, celle-ci doit tenir compte de l'existence d'autres forces dans les milieux de la collaboration. Ces forces se rattachent soit à la tradition libérale sur le plan économique, conservatrice et antidémocrate sur le plan politique, soit à la technocratie moderniste éprise d'expansion et de planification. C'est pourquoi, en définitive, les traditionalistes agrariens n'apportent au régime qu'une rhétorique surannée qui ne donne son style à l'État français que parce qu'elle imprègne les discours du maréchal.

En effet, deux ou trois décisions seulement répondent à la volonté de faire tourner la roue de l'histoire dans le sens du

passé. Les lois des 20 et 27 août 1940 créent une Mission de restauration paysanne qui se propose notamment de placer à la campagne des citadins jeunes et adultes attirés par le travail des champs. La loi du 10 mars 1941 institue un service civique rural auquel sont astreints les jeunes gens âgés de dix-sept à vingt et un ans, et surtout, la loi du 30 mai 1941 institue le « pécule de retour à la terre ». Toute personne mariée, s'engageant à exploiter une ferme pendant une durée de dix ans au moins, reçoit des Caisses d'allocations familiales du commerce et de l'industrie un pécule « égal à la moitié du montant total des allocations familiales, et s'il y a lieu de l'allocation de salaire unique, qui serait versé à l'intéressé entre le jour où la demande a été présentée et celui où ses enfants atteindraient l'âge de quinze ans ». Est-ce la modicité

Paysans et citadins jetés pêle-mêle sur la route de l'exode.

Les mythes ruraux du vichysme.
Mais la roue de l'histoire ne remonte jamais le temps.

de la somme ou la faiblesse de l'attrait pour les travaux agricoles qui explique le nombre réduit des candidats au retour à la terre ? Le bilan n'est pas à la hauteur des ambitions car 1 561 prétendants seulement répondent à l'appel : parmi eux 591 seront considérés comme des paysans ayant réussi. Le nombre infime des élus révèle l'anachronisme du message. Les seules migrations vers les campagnes sont celles des femmes et des enfants venus chercher refuge et nourriture chez le grand-père ou chez l'oncle restés au village.

Étranger au rêve agraire, le personnel politique de Vichy, dans sa grande majorité, ressent la nécessité de redéfinir l'organisation de la production et cherche à créer une nouvelle harmonie dans les rapports sociaux. L'instabilité économique de l'entre-deux-guerres et la grande crise sont certes imputées à la médiocrité du système parlementaire et à la perversité du gouvernement à l'époque du Front populaire. Mais le changement des institutions ne suffit pas pour atteindre un nouvel équilibre. Les ministres du maréchal Pétain, qui, pour le plus grand nombre, sont des techniciens de haut rang, ne comptent pas prioritairement sur le renforcement de la petite exploitation de polyculture-élevage pour reconstruire l'économie nationale et pour fonder ses rapports avec le monde extérieur. Dans le domaine industriel, Robert O. Paxton montre que Vichy a encouragé la concentration et qu'il a permis aux hommes d'affaires et aux fonctionnaires de s'initier à la gestion étatique de l'économie : « Croissance planifiée et productivité, voilà donc le refrain du jour [40] », affirme-t-il.

L'agriculture est naturellement entraînée par le mouvement général. Si le discours continue à privilégier les seules finalités humaines et morales, surtout pendant la période où P. Caziot est ministre [41], les objectifs nationaux et les nécessités de l'heure conduisent l'État à accorder la priorité aux finalités économiques. Il est significatif que les dirigeants des associations de producteurs de blé et de planteurs de betteraves occupent les postes clés au ministère du Ravitaillement et à la corporation paysanne. Le corporatisme, c'est entre autres la tentative des gros producteurs pour assurer leur mainmise sur les mécanismes de réglementation du marché. Or, les préoccupations majeures de cette couche sociale s'expriment en termes de productivité, de vente et de prix. Les contraintes nées de la guerre et les exigences de l'occupant renforcent cette tendance au productivisme et celui-ci devient très rapidement l'objectif de la politique agricole. Mais les conditions qui sont alors faites à l'appareil de production et à son environnement en compromettent la réalisation immédiate.

Réquisitions et marché noir. En effet, nous avons montré que, si jusqu'à l'offensive ennemie du 10 mai 1940, l'approvisionnement du pays pose peu de problèmes grâce aux fortes récoltes des années précédentes, il n'en va pas de même à partir du moment où la botte allemande commande la vie de la nation. L'isolement du pays de ses zones d'échanges internationaux, la réduction du territoire métropolitain amputé des trois départements d'Alsace-Lorraine et coupé d'une vaste région interdite, la diminution de 13 % de la population agricole dans les exploitations et la pénurie des moyens de production et de transports expliquent la baisse considérable de la production. Il en résulte très rapidement une situation de pénurie aggravée par les prélèvements imposés par l'occupant pour nourrir ses troupes et améliorer les menus de ses propres nationaux. Les autorités de Vichy s'efforcent de réduire les demandes du vainqueur et négocient jusqu'aux limites que leur impose leur conception de la politique de collaboration. Certains historiens voient dans ces discussions tendues la preuve de leur patriotisme et affirment qu'en ce domaine, comme en beaucoup d'autres, ils ont évité le pire. L'argument ne convainc pas ceux qui estiment que la complicité avec le nazisme, et le patriotisme, sont deux comportements antinomiques et qui accusent les dirigeants français d'avoir toujours cédé. R. O. Paxton, par ailleurs, affirme que rien n'indique « que Vichy ait obtenu des concessions significatives du Reich qui, par sa politique, contribuait à affamer le pays [42] » et il pense que si la France avait été dirigée par un gauleiter au lieu de l'être par Pétain, sa situation économique n'en aurait pas été aggravée. Elle aurait alors sauvé son honneur et préservé son rayonnement.

A partir de 1941, quand le rationnement devient la réalité obsédante de la vie quotidienne des Français, les litanies champêtres et les appels aux vertus civiques des paysans ne peuvent suffire. Pressés par les Allemands qui dénoncent la mauvaise utilisation des terres et la faible productivité des agriculteurs, les ministres de l'Agriculture limitent leurs ambitions à l'accroissement des quantités produites. Dans le premier grand discours qu'il prononce après son entrée au gouvernement, J. Le Roy Ladurie résume son programme en ces termes : « Produire, produire encore, produire toujours, voilà le mot d'ordre [43]. » Pour atteindre cet objectif et nourrir la population, l'État ne peut pas compter sur le jeu normal du marché ainsi qu'il avait pu le faire au cours de la Première Guerre mondiale. Il s'engage alors dans une politique de contrôle total des transactions et il détermine de manière autoritaire le niveau des prix. Pour leur première expérience du pouvoir, les agrariens imposent à l'agriculture un système étatique qu'elle n'avait jamais connu et dont nous savons avec quelle vigueur ils avaient dénoncé les dangers. Certes, les circonstances expliquent la trahison des principes, mais de toute façon l'intervention de l'État pour aider à la restructuration du système économique était inscrite dans l'histoire. La guerre lui a simplement donné une tonalité particulière. L'œuvre qui sera réalisée à la Libération s'inscrira dans ce mouvement et le prolongera.

L'organisation du ravitaillement, créée au gré des circonstances et sans plan d'ensemble, se présente comme un fouillis

AU SERVICE DE LA TERRE

A L'USAGE DES VOLONTAIRES ET REQUIS DU SERVICE CIVIQUE RURAL

Plus de requis que de volontaires.

Une agriculture d'opérette (photographie de propagande destinée à illustrer le retour à la terre, juin 1941).

Rêveries réactionnaires et champêtres : chef de centre des jeunes volontaires de la moisson en Beauce, août 1941.

Air pur et idées simples. Camp de jeunesse de Gironville, équipe partant au binage, 19 juillet 1941.

Emploi tranquille mais sans avenir : agent du bureau d'inscription pour le retour à la terre.

inextricable d'institutions et de règlements. Retenons pour l'essentiel que chaque agriculteur est contraint de se soumettre à des plans d'ensemencement qui peuvent l'obliger à pratiquer certaines cultures en voie de disparition, tels les oléagineux métropolitains, et qu'il doit livrer des quantités déterminées de ses diverses productions à des organismes d'État. Le gouvernement, ne pouvant compter sur le seul dévouement des paysans, utilise l'arsenal du contrôle, de la contrainte et de la répression. La loi du 20 février 1942 charge les syndics locaux de la corporation de fixer et de notifier les impositions individuelles. L'organisation professionnelle, symbole et instrument de l'émancipation des paysans selon la théorie agrarienne, devient essentiellement un organisme d'oppression commandé par l'État et œuvrant selon les injonctions de l'occupant allemand. La méthode utilisée, la nature du but poursuivi et l'extrême faiblesse des prix imposés aux producteurs expliquent les difficultés rencontrées pour atteindre l'objectif. Les récits fourmillent d'exemples des mille et une façons inventées par les paysans pour berner les contrôleurs, quel que soit leur uniforme. C'est ainsi qu'à côté du marché officiel dont le respect aurait découragé la production, se développent le circuit des colis familiaux et celui moins honorable du marché noir. Il est vrai que la classe dirigeante française et les occupants n'hésitent pas à l'emprunter pour assouvir leurs besoins individuels.

Les agrariens affirmaient leur volonté de voir le paysan occuper la première place dans la hiérarchie des valeurs sociales. En ce domaine, la France de Vichy ne va guère au-delà des bonnes paroles. Par contre, la pénurie alimentaire fait de l'homme de la terre un interlocuteur dont la compagnie est recherchée. Sous cet angle, l'État français peut lui apparaître comme la revanche du Front populaire. L'ouvrier des congés payés ne vient plus le « narguer » en jouant le « monsieur » en vacances, il attend de lui le complément indispensable pour nourrir décemment sa famille. Et, tout naturellement, à la Libération, comme ce fut le cas un quart de siècle plus tôt, le mythe de la lessiveuse emplie de billets de banque et cachée dans chaque fenil, renaîtra de ses cendres. Nous avons souligné la nécessité d'interpréter ces données avec une grande prudence tout en constatant qu'elles serviront une fois de plus à opposer la ville à la campagne, la tourmente étant passée.

La politique agricole ne se réduit pas aux taxations et aux réquisitions, même si, à partir de 1942, les problèmes d'approvisionnement se posent au jour le jour et dominent toutes les autres préoccupations. P. Caziot, dont le plan de réforme agraire n'avait pu aboutir par suite de l'indifférence du parlement vingt ans plus tôt, n'a plus à surmonter en 1940 l'obstacle d'une quelconque assemblée délibérante. On lui doit un certain nombre de lois conçues pour favoriser le maintien des paysans à la terre, pour consolider le mode

La résistance fut aussi paysanne. Septembre 1944, affiche du MLN.

M.L.N
MOUVEMENT DE LIBÉRATION NATIONALE

Paysan donnant des renseignements à un groupe des forces
françaises de l'intérieur, 1944.

Miliciens contrôlant les papiers
d'identité d'un paysan en Savoie, 1944.

Maquisards au ravitaillement
dans une ferme, 1944.

d'exploitation familial et pour accroître la productivité du
travail. Indépendantes de l'idéologie agrarienne, ces mesures
correspondent aux nécessités de la production.

La politique de Vichy prolonge pour l'essentiel une législation élaborée et le plus souvent mise en œuvre par la Troisième République. Ainsi les lois du 20 juillet 1940 et du 15 janvier 1943 précisent et complètent les modifications apportées
au système successoral depuis 1938. L'exploitation agricole
n'est plus considérée comme un simple patrimoine dont la
transmission relève du droit commun, mais comme une unité
économique qui doit être maintenue dans l'indivision pour
faire vivre une famille paysanne. En matière de politique

Un groupe de résistants, Châteaulin, 1945, et ci-dessous, groupe des forces françaises de l'intérieur, 1944.

sociale, le nouveau régime n'apporte aucune innovation par rapport au Code de la famille du 29 juillet 1939. Ces questions sont simplement transférées du ministère du Travail à celui de l'Agriculture. La législation sur le remembrement élaborée au lendemain de la Première Guerre mondiale est renforcée par un texte du 9 mars 1941 qui donne aux autorités publiques le pouvoir d'initiative au cas où les propriétaires manqueraient d'esprit d'entreprise. L'affirmation du rôle prééminent de l'État se manifeste également par la loi du 20 novembre 1940 qui dissout le conseil d'administration de la caisse centrale du Crédit agricole et le remplace par un président nommé par le ministre, assisté d'un conseil de gestion dont les onze membres tirent leur légitimité de la même origine. Par contre, la fonction de l'institution ne connaît aucune modification. Elle est autorisée, en 1942, à lancer un emprunt à cinq pour cent pour recueillir l'épargne paysanne afin d'alimenter le Trésor. Il est convenu que les agriculteurs pourront en bénéficier sous forme de prêts à moyen terme... mais une fois le territoire libéré. Cet exemple montre que l'évolution des thèmes idéologiques ne modifie pas le sens du flux monétaire.

En matière d'enseignement, une loi du 5 juillet 1941 confirme l'obligation, instituée par un décret de 1938, de suivre des cours postscolaires agricoles pour les jeunes de quatorze à dix-sept ans. Seules nouveautés : les écoles pratiques deviennent des écoles régionales et les écoles supérieures sont invitées à fusionner. L'absence de moyens financiers pour les premières et la résistance des anciens élèves pour les secondes expliquent l'échec des deux réformes. En fait, la politique agricole de l'État français se réduit à deux lois importantes. La première, du 21 novembre 1940, octroie des subventions pour l'amélioration de l'habitat rural. La seconde du 15 juillet 1942, complétée le 4 septembre 1943, porte statut des baux ruraux. Ce texte reconnaît au fermier le droit d'obtenir, sous conditions, une indemnité pour les améliorations apportées au fonds. La durée du bail ne peut être inférieure à neuf ans et les litiges sont soumis à des commissions paritaires. En contrepartie de ces avantages, les preneurs subissent une hausse générale des loyers. Ce statut reprend le projet de G. Monnet, mais en atténue sensiblement les effets favorables aux fermiers.

Le bilan de l'action législative montre que la révolution nationale n'a guère été révolutionnaire en matière agraire. Elle révèle, une fois encore, que la préoccupation majeure des forces conservatrices est de maintenir la paysannerie dans son rôle de pivot de l'ordre social. Quant à ses conditions de vie et de travail, elles sont nécessairement déterminées par les seules exigences du système économique. Que les milieux agrariens aient pu faire croire, longtemps encore après la fin de la guerre, que Vichy avait été l'âge d'or des paysans, illustre l'efficacité de leur idéologie si l'on considère l'extrême modestie de leurs réalisations.

la quatrième république : de la pénurie à l'abondance

Au milieu de ses ruines, la France de la Libération doit rebâtir un État, redéfinir des institutions politiques, reconstruire une économie et donner à la société un nouvel idéal.

La victoire est proche, 1944.

L'objectif officiellement proclamé n'est plus de restaurer l'antique civilisation de la faucille et du fléau, mais de hâter l'avènement d'une nation industrielle capable d'affronter la concurrence sur les marchés extérieurs. Dans ce cadre, l'agriculture ne saurait demeurer la vestale immobile qui veille jalousement sur les valeurs du monde occidental. Son rôle est alors défini en termes strictement économiques. Elle reçoit la mission de produire les plus grandes quantités possibles pour satisfaire une demande intérieure stimulée par la forte augmentation de la natalité.

Après avoir satisfait, à court terme, les besoins nationaux et permis de limiter au maximum les importations de produits alimentaires, elle doit, dans les délais les plus brefs, devenir exportatrice pour contribuer à l'équilibre de la balance commerciale.

Le climat de l'époque marque une rupture dans l'histoire du discours idéologique sur la paysannerie. Seuls, quelques nostalgiques de «l'ordre éternel des champs [44]» exaltent encore les vieux mythes agrariens. Mais leurs voix paraissent anachroniques à côté de l'immense clameur productiviste qui

Tous propriétaires, tous producteurs.

s'élève de l'ensemble des forces politiques et sociales. Il est également significatif que la politique agricole ne soit plus considérée comme un univers clos répondant à des exigences spécifiques. Elle est dorénavant inscrite dans un projet économique global qui prend, en janvier 1947, la forme du premier plan de modernisation et d'équipement dit plan Monnet [45].

Le plan Monnet. Ce plan énumère les améliorations à promouvoir. Un grand nombre de mesures tendent, par le développement de l'enseignement et surtout par la vulgarisation [46], à modifier l'attitude des paysans à l'égard de leur activité professionnelle qui leur est présentée comme un métier. Or, ce métier exige un apprentissage comme tous les autres métiers, et pour le bien pratiquer, il faut connaître et utiliser les derniers progrès de la technique. Parmi eux, celui qui apparaît le plus efficace, et qui symbolise la révolution des techniques en agriculture, est l'adaptation du moteur à explosion à chaque exploitation. « C'est l'ensemble de notre civilisation rurale et même le type de paysans qui va être bouleversé par le tracteur [47] », prophétise R. Dumont. Il voit dans sa généralisation le moyen essentiel pour que la France ne soit pas surclassée par ses concurrents étrangers. Sous son impulsion, le machinisme agricole est reconnu comme un investissement de base auquel est consacrée plus de la moitié des dépenses d'équipement affectées à l'agriculture. Le plan prévoit une rapide augmentation du parc de tracteurs qui de 30 000 en 1946 doit passer à 200 000 en 1950. En fait, la faiblesse de l'industrie en ce domaine ne permet pas d'atteindre cet objectif puisque, à la date prévue, 137 000 unités seulement seront mises sur le marché.

Le financement de cet immense effort de modernisation dont le coût est évalué à 352 milliards de francs en 1947 incombe pour l'essentiel aux agriculteurs eux-mêmes. Ils doivent investir la somme de 240 milliards alors que le concours de l'État et celui des collectivités publiques est limité à 77 milliards. La fonction épargnante des paysans s'en trouve profondément modifiée. Il ne leur est plus demandé de « mettre de l'argent de côté » pour aider prioritairement le Trésor public ou pour financer le développement des autres secteurs économiques. Il leur est expliqué que l'achat de machines permet, selon les experts, d'abaisser les prix de revient par un accroissement généralisé des rendements. Naturellement, les gouvernements leur affirment qu'ils seront les premiers bénéficiaires des gains de productivité ainsi réalisés. Nous savons que les résultats n'ont guère répondu à leur attente puisque le rapport entre les prix industriels et les prix agricoles qui est de 71 sur 100 en 1947 atteint 158 sur 100 en décembre 1950. Le renversement de la tendance favorable aux agriculteurs s'opère en 1948, c'est-à-dire à partir du moment où leur effort de production permet au pays de disposer du volume de denrées agricoles qui lui est nécessaire pour satisfaire l'essentiel des besoins nationaux.

Le plan Marshall renforce, à partir de 1948, les orientations productivistes du plan Monnet, dans la mesure où il prévoit qu'en 1952 le pays devra être en état d'exporter un pourcentage élevé de sa production. La nécessité d'être concurrentiel sur le marché international sert à justifier une pression constante sur les prix qui ne permet guère d'élever le niveau de vie des agriculteurs. L'ouverture plus ou moins grande des frontières, selon la conjoncture, pour « tenir les prix » ne peut plus être l'arme privilégiée du pouvoir. L'ère du protectionnisme tempéré est révolue, la France se prépare à tenir une place nouvelle dans le jeu du capitalisme mondial. Le rôle déterminant de l'État se manifeste non seulement au niveau des grandes orientations de l'économie, mais également dans l'encadrement de la production. Ces principes s'appliquent à l'agriculture, du moins pendant la période de pénurie alimentaire et aussi longtemps qu'un socialiste représente ce secteur au sein du gouvernement.

P. Tanguy-Prigent, ministre du 4 septembre 1944 au 22 octobre 1947, entend construire une agriculture moderne, efficace, en mesure de s'intégrer dans une économie planifiée et d'en favoriser l'expansion. Mais il veut parallèlement qu'elle « soit capable d'assurer à tous les paysans et à toutes les paysannes de France une vie décente, une rémunération normale de leur travail et aussi la place morale à laquelle ils ont droit dans une société bien faite [48] ». Pour les socialistes, le libéralisme ne permet pas d'atteindre ce double objectif dans la mesure où il organise la production agricole dans le seul intérêt du capitalisme, qu'il soit industriel ou agraire, et parce qu'il aboutit toujours à l'écrasement de la masse des petits producteurs. Ils rejettent également l'étatisation qui étouffe, selon eux, l'esprit d'initiative et entraîne la sclérose. Pour éviter ces deux dangers, ils défendent une formule de consolidation de l'exploitation familiale par la reconnaissance de la terre comme outil de travail et par le développement systématique de la coopération.

Dans le domaine de l'agriculture, ni le Conseil national de la Résistance ni ensuite les gouvernements de la Libération ne proposent de nationalisation ou de bouleversement profond des structures de production. Fidèle à la tradition socialiste française et à la pensée de J. Jaurès, P. Tanguy-Prigent veut donner à chaque travailleur la propriété de ses moyens de production et en priorité celle de la terre. Il est hostile à toute forme de concentration des exploitations pour des raisons politiques mais aussi économiques parce qu'il estime, comme ses prédécesseurs, qu'il n'est pas d'organisation de la production plus efficace. Productivité et justice sociale sont les deux principes qui guident son action et fondent ses projets.

Bouquet de moisson en forme de croix de Lorraine, sur une grange en Eure-et-Loire, août 1945.

Pierre Tanguy-Prigent, le seul ministre de l'Agriculture issu de la petite paysannerie. Socialiste, syndicaliste, résistant, parlementaire, il a été toute sa vie le défenseur du travailleur des champs.

Le plus important et le plus connu prend forme de loi, le 17 octobre 1945 et le 13 avril 1946, sous l'appellation de statut du fermage et du métayage. Il prolonge et complète, dans un sens favorable au fermier, le texte promulgué en 1942 par le régime de Vichy. Le nouveau statut protège, dans une certaine mesure, l'unité de l'entreprise et limite le pouvoir du propriétaire au bénéfice de l'exploitant. Celui-ci obtient un meilleur système d'indemnisation en cas d'éviction et il se voit reconnaître le droit à la prorogation illimitée du bail pour lui-même et ses successeurs directs. Le métayer peut prendre seul la décision de se convertir en fermier. Certes, ces dispositions limitent les droits de la propriété foncière, mais il est excessif d'affirmer avec Pierre Viau que « le statut consacre le primat du travail sur la propriété [49] ». Il consacre en fait un partage des pouvoirs. Désormais, l'exploitation est dirigée par le fermier, mais le propriétaire conserve des droits importants. L'exposé des motifs de la loi précise très clairement les buts de la réforme. Il s'agit « de réunir entre les mêmes mains travail et propriété, ce qui est évidemment le meilleur mode d'exploitation ». Le bailleur non agriculteur apparaît comme une anomalie.

Il faut donc aider le fermier à acquérir le fonds et permettre au propriétaire d'exploiter lui-même directement son domaine. Droit de préemption pour le premier et droit de reprise pour le second répondent au même objectif.

La tonalité sociale de la législation masque souvent son but éminemment économique. En garantissant au fermier la sécurité de ses investissements, le législateur entend favoriser la production. Le grand juriste René Savatier voit dans ce texte la griffe du parti communiste qui aurait voulu, selon lui, « saisir l'occasion de faire du bail rural une occasion de discorde sociale » et qui n'aurait accepté les tribunaux paritaires « que pour y opposer aussi durement que possible l'une à l'autre, la classe des bailleurs et la classe des preneurs dans une lutte dont il escomptait des effets révolutionnaires [50] ». Une telle analyse en termes de guerre des classes montre à l'évidence que toute mesure qui touche au droit de propriété perturbe le jugement de ses défenseurs les plus rigoureux. L'interprétation extrêmement libérale des cas de reprise donnée par la Cour de cassation peut cependant calmer leurs inquiétudes dans la mesure où elle met en échec la volonté du législateur.

En effet, la cour suprême a décidé que le droit de reprendre son bien ne peut être refusé au bailleur que si le preneur réussit à démontrer que celui-ci n'a pas la volonté de devenir un exploitant agricole et de le demeurer. Il est évidemment bien difficile d'apporter une telle preuve surtout lorsque le grand âge du propriétaire, le fait qu'il exerce une autre profession ou qu'il n'ait aucune connaissance en matière agricole ne constitue pas pour les tribunaux des éléments suffisants [51].

La volonté de concilier l'organisation artisanale de la production avec la nécessité d'appliquer les découvertes de la science à la culture conduit P. Tanguy-Prigent à encourager l'achat et l'usage collectifs des machines. Les coopératives d'utilisation du matériel agricole (CUMA) disposent d'un droit de priorité pour l'acquisition de biens d'équipement qui sont alors coûteux et rares. Ainsi s'explique l'attrait de cette formule tant que dure la pénurie, et la disparition du plus grand nombre lorsque les mesures de contingentement sont supprimées. De même, les socialistes favorisent le développement de la coopération sous toutes ses formes pour tenter d'équilibrer les rapports entre la paysannerie et son environnement industriel [52]. C'est ainsi qu'en Bretagne 47 % des coopératives existant en 1964 datent des années qui ont suivi la Libération, mais 61 % de celles qui avaient été créées à cette époque ont disparu lorsqu'elles n'ont plus été soutenues par une volonté politique au niveau de l'appareil de l'État [53].

Désireux de renforcer l'exploitation paysanne en tant qu'outil de travail efficace pour la collectivité et garant de la liberté pour le producteur, P. Tanguy-Prigent et les socialistes élaborent en 1946 une proposition de loi tendant à la création d'un Office de la propriété immobilière dont le rôle devait être « de déterminer, selon les régions, les surfaces optima de l'exploitation familiale ou coopérative, de procéder au remembrement des parcelles dispersées pour constituer des exploitations cohérentes et équilibrées ». Ils proposent que l'Office confisque les entreprises des dirigeants de la corporation et des fauteurs de marché noir et qu'il achète les terres librement mises en vente pour les remettre en exploitations coopératives aux petits paysans ou pour les louer comme fermes familiales. Un autre projet, issu des mêmes forces politiques, propose d'encourager la fusion des petites exploitations en « coopératives de culture ».

Bien que P. Tanguy-Prigent se réclame de l'exemple des agricultures hollandaise et danoise, ses deux initiatives portent en elles les germes d'une organisation collective de la production mise en œuvre par un organisme de caractère public contrôlé par l'État. Il n'en faut pas davantage pour qu'elles se heurtent tout naturellement à l'opposition des forces politiques et sociales qui, depuis près d'un siècle, montent la garde pour que les campagnes ne soient pas atteintes par « la vague marxiste » et pour qu'elles ne se réveillent pas un beau matin « couvertes de kolkhozes [54] ». Ces forces triomphent, une nouvelle fois, de projets dont le caractère révolutionnaire n'est pas évident et qui s'apparentent davantage aux recherches sur l'agriculture de groupe que les jeunes agriculteurs catholiques mettront en avant quelques années plus tard, qu'au modèle étatique de l'agriculture soviétique. Elles s'opposent avec un égal succès et pour les mêmes raisons à l'application aux agriculteurs de la loi du 21 mai 1946

Le foyer rural : centre de jeunesse et de loisir d'inspiration laïque. Cette expérience de Tanguy-Prigent a connu un succès limité.

prévoyant la généralisation de la Sécurité sociale à l'ensemble de la population.

En définitive, la Libération n'a pas apporté de modification dans les structures de la production agricole. Certes, différentes mesures de caractère social ont contribué à améliorer les conditions de vie des travailleurs de la terre : les foyers ruraux pour les jeunes ou la limitation du temps de travail pour les salariés. La caractéristique essentielle de cette période est d'avoir engagé l'agriculture dans la recherche de la productivité maximale et dans la voie de la production pour le marché international. Dans l'immédiat, les agriculteurs ne perçoivent pas les conséquences d'un tel choix pour leur avenir. A dire vrai, la politique suivie jusqu'en 1952 ne marque pas, pour la majorité d'entre eux, une évolution sensible de leurs conditions de vie par rapport à l'avant-guerre. Les rédacteurs du deuxième plan reconnaissent que « ce sont les régions riches et les exploitations déjà avancées qui ont marqué le plus d'initiative et qui du fait de leurs ressources propres ont pu bénéficier plus largement de l'aide financière de l'État. Le retard des régions et des exploitations arriérées n'a fait que s'aggraver. »

Prix élevés, marchés garantis.

Or, dès 1947 et plus nettement encore à partir des années 50, les représentants de la grande agriculture contrôlent la représentation professionnelle du monde paysan. Une politique expansionniste satisfait leurs intérêts puisqu'ils produisent l'essentiel des marchandises destinées aux marchés extérieurs. Ils acceptent l'intervention de l'État dans la mesure où elle leur paraît nécessaire pour négocier et garantir les accords commerciaux sur la scène internationale et pour obtenir un niveau de prix jugé rémunérateur. L'expérience de l'État français ayant affaibli la puissance attractive de l'idéologie corporative, ils cherchent à atteindre le même objectif par une autre voie. Grâce à leur action, la droite l'emporte aux élections législatives de 1951 et le président du parti paysan, Paul Antier, devient ministre de l'Agriculture. Alors la politique agricole se réduit à une incessante négociation dont les prix à la production sont l'enjeu essentiel. La volonté réformatrice cède le pas à la gestion des intérêts acquis [55].

En s'engageant dans la course à la production, l'agriculture française met à nu ses contradictions. Cherchant à conquérir une place importante sur le marché mondial, elle est contrainte de moderniser sans cesse ses moyens de production et de s'intégrer pleinement dans le système économique global. Il lui faut être concurrentielle avec des agricultures à prix de revient moins élevés et s'adapter à la politique de certains États qui pratiquent le dumping sur la vente des biens alimentaires. Comment atteindre cet objectif en assurant aux agriculteurs un niveau de rémunération suffisant pour les maintenir tous à la production ? Les économistes et quelques paysans isolés comme Artaud [56] affirment que la solution réside dans la diminution du nombre des producteurs et dans l'agrandissement des exploitations afin d'utiliser plus rationnellement le matériel agricole. Leur discours suscite la réaction indignée et violente de tous ceux qui s'abritent derrière l'infanterie des petits pour maintenir leurs privilèges. Les dirigeants de la FNSEA et ceux des chambres d'agriculture, notamment, ne pouvant pas développer une argumentation en termes de comptabilité économique, reprennent les thèmes sentimentaux et moraux de l'avant-guerre pour assurer la défense de la paysannerie ainsi menacée.

L'entrée de l'agriculture dans l'ère de l'abondance, à partir de 1949, pose à l'État le grave problème de l'écoulement des surplus. C'est pourquoi le gouvernement français, sur rapport du ministre de l'Agriculture Pierre Pflimlin, publie le 4 septembre 1950 une note sur l'organisation européenne des marchés agricoles. Il voit dans la constitution d'un marché commun entre les pays de l'Europe occidentale, dont les principaux sont importateurs d'une partie très importante des produits nécessaires à leur alimentation, le moyen de trouver des débouchés assurés à un prix acceptable pour nos producteurs nationaux. Au terme de plusieurs années de négociations, le projet aboutira à la signature du traité de Rome le 25 mars 1957.

Dans l'immédiat, les producteurs de blé et de betteraves, parce qu'ils disposent d'une organisation rigoureuse du marché et de prix largement garantis et parce qu'ils appartiennent, pour l'essentiel du volume commercialisé, à la grande agriculture, peuvent trouver dans la politique agricole des motifs de satisfaction. Les réductions sur les prix d'achat des machines

L'arrivée de Pierre Pflimlin au ministère de l'Agriculture en novembre 1947 marque la fin de la politique réformiste de la Libération.

et sur le carburant leur procurent plus d'avantages qu'aux petits paysans qui amorcent une entrée prudente dans la voie du progrès technique. Le revenu de ces derniers repose pour l'essentiel sur les productions animales dont le marché est abandonné aux spéculations des seuls maquignons, courtiers ou chevillards.

Toutes les tentatives pour doter ces productions d'une institution comparable à l'ONIC se heurtent à l'hostilité des dirigeants des forces professionnelles et à celle des partis conservateurs qui entendent protéger la liberté du commerce. Une nouvelle proposition de loi déposée le 2 mars 1950 par la SFIO ne connaît pas davantage de succès.

L'excès relatif de l'offre sur le marché entraîne un effondrement des cours en juillet 1953. La crise touche dans un premier temps la viticulture et s'étend très rapidement aux régions d'élevage du Massif central. La révolte des producteurs se manifeste à la fois contre l'État et contre les dirigeants des organisations professionnelles nationales. L'ampleur et la violence des manifestations obligent le gouvernement présidé alors par Joseph Laniel à créer des organismes d'intervention chargés de régulariser les marchés par une politique d'achats conjoncturels et de stockage. Ainsi sont créées le 15 décembre 1953 la Société interprofessionnelle du bétail et des viandes (SIBEV) et la Société Interlait.

Financées en partie par l'État, mais contrôlées par les producteurs et les intermédiaires, elles réussissent à rétablir momentanément la situation et elles évitent que de nouvelles fluctuations trop catastrophiques ne provoquent une nouvelle flambée sociale. Jacques Morille, dans une étude que M. Debatisse reprendra à son compte quelques années plus tard, porte sur ces institutions un jugement fort critique. « Par tout un processus très bien étudié et qui ne peut manquer de faire illusion de prime abord, écrit-il, on obtient des pouvoirs publics des mesures dont le résultat essentiel a été de confier un certain nombre de leviers de commande aux représentants du commerce de gros de la viande et aux emboucheurs. » Quant à l'agriculteur qui avait barré les routes, il « est resté gros-jean comme devant [57] ». Pour le vin il n'est pas créé de société d'intervention, mais un Institut des vins de consommation courante qui a notamment pour mission de veiller à l'amélioration de la qualité.

Si, tout au long de la seconde législature de la Quatrième République, le syndicalisme agricole manifeste une évidente volonté de collaboration avec des gouvernements dont les orientations lui conviennent, il redécouvre les vertus de l'opposition et de l'action directe en 1956 lorsque les socialistes reviennent au pouvoir. L'objet de leurs inquiétudes, qui mobilise leurs énergies, est un projet de loi-cadre élaboré par le sous-secrétaire d'État à l'agriculture Kléber Loustau. La charte paysanne du gouvernement Guy Mollet n'est pourtant qu'une copie affadie des politiques préconisées à l'époque du Front populaire et à la Libération. Aucune réforme de structure n'est proposée, aucun encouragement au développement des coopératives de production n'est suggéré. Simplement le texte aborde, en termes mesurés et généraux, la planification de la production, l'organisation du marché, la fixation des prix, la vulgarisation, l'équipement rural et l'habitat.

Il est vrai qu'il propose d'équilibrer les productions par l'encouragement des cultures déficitaires et d'organiser les marchés des secteurs non organisés, notamment celui des fruits et légumes. De telles propositions heurtent naturellement les intérêts de la grande agriculture céréalière qui brandit le spectre de l'étatisme pour mobiliser ses troupes et reprendre en main les parlementaires « indépendants paysans » que les élections législatives du 2 janvier ont rejetés dans l'opposition.

Dans une situation économique marquée par une forte inflation due à la guerre d'Algérie, les petits paysans subissent une diminution de revenu. La conjoncture est donc favorable au développement d'une campagne antigouvernementale et antisocialiste dans laquelle les dirigeants professionnels traditionnels éprouvent parfois quelques difficultés à situer le débat au niveau où le placent les nouveaux tribuns de la cause paysanne : Pierre Poujade, Paul Antier et le revenant Henri Dorgères. Manifestations de masse, grèves de livraisons de lait, dépôt de motions de censure par des députés amis, contribuent à affaiblir le gouvernement Guy Mollet et à enterrer le projet de loi-cadre.

Ce gouvernement et les deux qui lui succèdent jusqu'en mai 1958 [58] accordent aux dirigeants du mouvement professionnel agricole l'une des plus belles victoires qu'ils aient jamais obtenues. En effet, le vote le 18 mai 1957 de la loi Laborde sur les produits laitiers suivi de la promulgation des décrets du 18 septembre et du 10 octobre de la même année consacrent le principe de l'indexation des prix agricoles sur ceux des produits nécessaires à l'activité des exploitations. Ces mécanismes qui n'intéressent que le volume des marchandises commercialisées ne prennent pas en compte le revenu individuel de chaque paysan. Ils tendent à garantir la « parité » entre l'agriculture marchande et la moyenne bourgeoisie urbaine et à figer les hiérarchies économiques et sociales dans les campagnes.

Ainsi, curieusement, au moment où s'achève la Quatrième République, le secteur capitaliste de la production agricole que nous pouvons caractériser par le grand fermier du Bassin parisien, producteur de céréales et adepte de la coopération, bénéficie d'une rente de situation garantie et protégée par l'État. Il la doit, paradoxalement, aux socialistes qui, grâce à l'ONIC, au statut du fermage, à l'indexation des prix et au Marché commun, ont donné malgré eux le maximum aux plus forts pour tenter d'assurer le minimum aux plus faibles.

la politique agricole
à l'heure
du capitalisme mondial

genèse d'une politique

Lorsque le général de Gaulle prend le pouvoir, à la suite de la rébellion militaire du mois de mai 1958, le calme règne dans les campagnes. L'organisation interprofessionnelle des marchés, mise en place en 1953, et l'indexation des prix des produits agricoles obtenue neuf mois plus tôt forment pour les organisations paysannes le cadre nécessaire et suffisant d'une bonne politique agricole. Leur objectif prioritaire est de veiller à la stricte application de cette législation et de bloquer tous les projets qui tenteraient de modifier le régime juridique des structures agraires.

Les dirigeants de la Fédération nationale des syndicats d'exploitants agricoles et ceux des chambres d'agriculture poursuivent le rêve corporatiste de leurs pères et demeurent fidèles à une idéologie qui puise toujours ses racines dans le catholicisme social. Ils ne semblent pas avoir tiré un enseignement de l'expérience du gouvernement de Vichy qui a réduit les organisations professionnelles à une fonction d'exécutant de la volonté de l'État. Ils continuent à proclamer que l'agriculture est la première richesse de la France et qu'elle doit obtenir sa place légitime dans la nation. Les plus lucides comprennent que les projets de réforme de l'État élaborés par leurs prédécesseurs dans les années 30 ne correspondent plus aux réalités actuelles. Mais ils espèrent toujours faire prévaloir leurs conceptions par l'intervention électorale et la pression parlementaire.

La volonté de défendre globalement le système de production agricole et de sauvegarder l'ancienne civilisation rurale continue à produire, en 1958, des déclarations à contenu essentiellement moral. Comme au début du siècle, l'exploitation familiale demeure « le maillon initial où se forme le génie de la race » et elle assure toujours « la conservation des traditions, la pérennité des qualités ancestrales de la nation [59] ». Jamais le décalage entre le discours idéologique et les exigences du système économique n'apparaît aussi nettement qu'à cette époque. Alors que le pays est engagé depuis la Libération dans une politique d'intensification de la production pour satisfaire aux nécessités de l'exportation, que la machine

Les derniers soubresauts de l'agrarisme.

La revendication paysanne s'intègre au combat de toute une région pour sa survie. Perpignan, février 1976.

remplace de plus en plus le travail, que la paysannerie s'ouvre au marché des biens de consommation et que l'évolution de la structure familiale s'achève au prix de graves tensions, les représentants professionnels continuent à s'accrocher à l'ordre éternel des champs, présentent l'exode comme attentatoire à la dignité humaine et font toujours de la ville un lieu de perdition pour la santé du corps et l'équilibre de l'esprit.

Les motivations d'ordre moral et politique masquent en réalité la défense d'intérêts bien définis. Les représentants de la grande agriculture, qui contrôlent depuis une trentaine d'années le mouvement professionnel paysan, bénéficient d'une place relativement privilégiée dans l'organisation et le développement du capitalisme. Ils entendent la conserver en luttant pour le *statu quo* dans le rapport agriculture/industrie et pour le maintien de la hiérarchie économique et sociale au sein de la paysannerie. Voilà pour quelles raisons ils peuvent dresser un bilan satisfaisant de leur action au début de l'année 1958 : l'essentiel de leur programme a pris force de loi et leur stratégie politique fait preuve d'efficacité.

C'est ainsi qu'ils réussissent, le 20 février 1958, à faire repousser par le Conseil de la République une proposition de loi, pourtant fort modérée, visant à réglementer le cumul des exploitations agricoles.

Le général de Gaulle, qui ne semble pas avoir de projet très précis pour l'agriculture, tient sur la paysannerie des propos nostalgiques et champêtres. Le militaire voit dans la campagne française « la source de la vie, la mère de la population et le recours de la patrie », et l'homme politique conservateur en fait « la base des institutions [60] ». En réalité, la bourgeoisie d'affaires et l'aristocratie des grands corps de l'État, qui vont rapidement dominer les centres de décision politiques, n'accordent pas à l'agriculture une importance essentielle. Ils sont moins sensibles aux thèmes agrariens que les anciennes couches dirigeantes composées d'avocats, de notaires ou de médecins provinciaux, et surtout ils sont moins accessibles aux pressions des organisations professionnelles. Pour eux, la politique agricole n'est qu'un chapitre de la politique économique et ses objectifs s'analysent en termes monétaires. Ils estiment que la clientèle paysanne est électoralement acquise au général de Gaulle parce qu'il incarne l'ordre, protège l'école libre, garantit le respect de la propriété et des hiérarchies. Ils sont persuadés que les aléas de la conjoncture économique ont peu d'influence sur la fidélité du peuple des campagnes au moment du vote. Ainsi s'explique que la seule décision importante concernant l'agriculture, prise au cours des deux premières années du nouveau régime, résulte des ordonnances du 28 décembre 1958 qui définissent les objectifs de la politique économique et financière de la Cinquième République.

Une pancarte au milieu de 30 000 manifestants, Chartres, 1960.

Deux rapports, rédigés par les commissions nommées par le gouvernement et animées par Jacques Rueff, l'un des rares économistes dont la foi en l'orthodoxie libérale n'ait pas été ébranlée par les vicissitudes qu'ont connues les économies occidentales après la Première Guerre mondiale, inspirent les choix du général de Gaulle [61]. Le diagnostic est sévère pour l'agriculture dont les structures parcellaires sont jugées archaïques et les coûts de revient des produits beaucoup trop élevés. Elle est reconnue comme l'un des obstacles à l'expansion économique dans la mesure où elle accuse un retard de développement qui « freine indirectement l'expansion de l'industrie et du commerce ».

La volonté de rendre le secteur agricole efficace et concurrentiel se traduit par l'abandon de toutes les mesures que la gauche avait prises pour donner aux paysans une relative garantie de revenu : disparition de la moitié des subventions et surtout suppression des mécanismes de l'indexation. La politique du laisser-faire, tempérée par des ajustements conjoncturels et sectoriels en fonction de la pression sociale et des impératifs électoraux, demeure celle de la droite traditionnelle en 1958. Et apparemment, cette politique qui a fait ses preuves sous deux républiques semble réussir. Certes les dirigeants professionnels manifestent verbalement leur opposition aux ordonnances, mais ils maintiennent le calme dans les campagnes jusqu'à l'automne 1959.

C'est alors que s'ouvre une longue période d'opposition, parfois violente, entre le chef de l'État et les grandes organisations professionnelles paysannes. Pendant plus de six années, jusqu'au printemps 1966, elles vont être à la pointe du combat contre les dirigeants de la Cinquième République. La FNSEA, appuyée et souvent guidée dans son action par les grandes associations spécialisées de producteurs et par les chambres d'agriculture, utilise la panoplie complète de ses armes tactiques pour dénoncer un pouvoir qu'elle qualifie volontiers « d'anti-paysan ». La nature de ses interventions illustre la profondeur de son opposition : demandes de sessions extraordinaires du Parlement, manifestes dénonçant la politique agricole, grèves des livraisons de produits de première nécessité (viande et lait), propositions de motion de censure déposées par les partis de l'opposition. Cette succession de conflits, entrecoupés de brèves périodes d'accalmie, connaît son point culminant le 21 octobre 1965 lorsque le conseil national de la FNSEA décide d'informer les paysans du bilan néfaste de l'action gouvernementale et leur demande de ne pas voter pour le président sortant lors de l'élection du chef de l'État au suffrage universel qui doit avoir lieu en décembre 1965. Certes, un tel engagement a, selon la Fédération, un caractère strictement syndical et ce n'est pas intervenir dans le domaine politique que de demander aux agriculteurs de « prendre leurs responsabilités en ayant pleinement conscience du fait qu'il serait de leur part parfaitement incohérent de demander à leurs

Le général de Gaulle et Edgar Faure, alors ministre de l'Agriculture, au salon de mars 1968.

Edgar Pisani : intelligence et méthode au service d'une politique sélective pour adapter l'agriculture au développement économique.

responsables syndicaux de combattre une politique qu'ils auraient paru approuver par leurs votes ».

La notion de cohérence a un caractère éminemment subjectif, ce qui rend difficile l'appréciation des critères qui fondent le jugement de l'organisation professionnelle. Cependant, l'observateur est surpris d'un tel antagonisme militant entre des forces qui semblent appartenir au même ensemble sur l'échiquier politique.

En réalité, si les dirigeants du syndicalisme paysan sont favorables à un ordre politique et économique conservateur, ils ne sont pas gaullistes. Ces notables qui se qualifient « d'indépendants » ont accédé aux responsabilités sous le régime du maréchal Pétain et ont été les cadres actifs et convaincus de la Corporation paysanne. Bien peu ont rencontré le gaullisme à l'époque de la Résistance, beaucoup ont condamné la législation agricole élaborée à la Libération et dénoncé dans la CGA la création d'une organisation professionnelle conçue pour combattre leur influence.

Il est significatif que l'ouverture des hostilités, à l'automne 1959, coïncide avec l'annonce du départ d'A. Pinay du ministère des Finances et des Affaires économiques et avec le discours prononcé le 17 septembre par le chef de l'État sur l'autodétermination en Algérie. Les hommes les plus influents de la FNSEA partagent sur ce problème les conceptions des milieux dits « ultras ». C'est ainsi que l'un des vice-présidents, M. van Graefschepe sera l'un des animateurs du comité de Vincennes qui milite en faveur du maintien de l'Algérie dans l'unité française.

Le changement de régime, qui se traduit par la concentration des pouvoirs au profit du président de la République et par l'effacement du Parlement, perturbe la stratégie de la droite agraire. Elle ne peut plus utiliser son système de relations sociales pour faire pression sur la classe politique et obtenir le maintien des anciens équilibres. Elle craint que la

consolidation des rapports entre l'État et le capitalisme français, nécessaire pour que celui-ci s'intègre dans le développement économique du monde occidental, ne se fasse au détriment des secteurs dans lesquels le capital conserve un caractère personnel ou qui demeurent de nature artisanale. Elle voit dans cette évolution un péril mortel pour la civilisation chrétienne parce que les milieux qui semblent ainsi condamnés sont générateurs des vraies richesses et des vraies valeurs. L'appel constant à la représentation nationale pour faire échec aux décisions présidentielles et gouvernementales n'a pas seulement un intérêt tactique. Il exprime la volonté des couches supérieures de la paysannerie de conserver une organisation du pouvoir qui garantit leur place dans la société.

Voilà pourquoi la suppression de l'indexation des prix agricoles et le refus de convoquer le Parlement pour en débattre heurtent de front les intérêts des gros agriculteurs et de leurs alliés. L'échec de leurs tentatives pour faire céder le gouvernement dans le cadre national les conduit à reporter tous leurs espoirs sur la mise en œuvre du traité de Rome et l'élaboration d'une législation agricole communautaire. Ils espèrent obtenir à Bruxelles ce qui leur est refusé à Paris, mais ne comptent guère sur le général de Gaulle pour promouvoir une unité de l'Europe des Six qu'il a toujours combattue.

Certes, le gouvernement et les dirigeants professionnels s'accordent sur les principes généraux du Marché commun. Ils approuvent la philosophie libérale du traité de Rome, qui limite l'intervention des pouvoirs communautaires à la fixation des prix et à l'organisation des marchés. De même, ils soutiennent une politique qui repose sur une conception unitaire de la paysannerie dans chacun des six pays. Cet accord masque en fait une divergence fondamentale sur la finalité politique.

En effet, l'Europe, pour le chef de l'État, doit être « européenne », c'est-à-dire indépendante des États-Unis et de

Jacques Chirac sur les traces d'Henri Queuille en terre corrézienne. Héritier habile de la vieille tradition du radicalisme rural.

l'alliance atlantique. Elle est composée d'États autonomes qui ne sauraient abandonner une quelconque parcelle de leur souveraineté à un organisme supranational. Si la Cinquième République accepte très vite de jouer la carte européenne, et exige à partir de 1960 la mise en application du Marché commun agricole, c'est parce que celui-ci s'intègre pleinement dans la stratégie internationale du gaullisme. Hélène Delorme écrit fort justement : « De même que l'agriculture est perçue comme la partie la plus charnellement nationale qui fonde la spécificité des nations, de même elle est vue comme le noyau d'où peut émerger une construction proprement européenne distincte d'une communauté atlantique colossale sous la dépendance et la direction américaines [62]. » Pour les gaullistes, le Marché commun agricole a une double fonction. Il s'insère d'une part dans une stratégie diplomatique qui a pour finalité l'indépendance nationale et le rayonnement de la France. Il doit, d'autre part, faciliter l'essor industriel en imposant aux paysans les conséquences d'un libre-échange organisé et modéré.

Au contraire, l'Europe des grandes associations spécialisées, celle des céréaliers et des betteraviers, est profondément atlantique et pro-américaine. Son objectif ultime est de défendre la civilisation et le monde libre menacés par les doctrines marxistes et par l'armée rouge. C'est l'Europe du plan Marshall, qui garantit la prospérité et la paix. Cette vision est partagée par la plupart des autres gouvernements européens et par la commission chargée de proposer et d'administrer la politique commune. Ceux-ci auront naturellement tendance à considérer les organisations paysannes françaises comme un cheval de Troie, susceptible de favoriser indirectement leurs desseins.

Ce jeu complexe et subtil, dont l'enjeu dépasse le problème agricole, permet au général de Gaulle et au président de l'Association générale des producteurs de blé de s'affirmer comme les défenseurs de leurs agriculteurs nationaux : le premier face aux autres gouvernements et face aux technocrates internationaux, le second en œuvrant pour que soient appliquées les clauses supranationales du traité et pour que soient mis en échec les gouvernements indociles.

Un secteur économique parmi d'autres. Le général de Gaulle se trouve, au début des années 60, dans une situation délicate. Alors que la paysannerie est, dans sa grande majorité, acquise au nouveau régime et à son chef, celui-ci ne dispose pas du relais qui lui est nécessaire pour mettre en œuvre une politique qui consolide son influence. Le lien par lequel passent les rapports entre l'État et l'agriculture lui fait momentanément défaut. L'une des premières préoccupations de son gouvernement est d'aider à l'émergence d'une force nouvelle, susceptible de répondre à son attente.

Or cette force existe potentiellement. Elle développe des analyses et formule des propositions qui s'opposent à celle de la FNSEA, et elle s'exprime dans le cadre d'une structure syndicale d'origine récente : le Centre national des jeunes agriculteurs (CNJA).

Le gouvernement trouve dans le groupe encore restreint des anciens animateurs de la Jeunesse agricole catholique la réceptivité qu'il recherche. Il retient de leur programme trois éléments essentiels : une politique de prix élevés à la production n'est pas automatiquement bénéfique à l'ensemble des agriculteurs; une intervention sélective de l'État permettrait l'avènement d'une nouvelle élite agricole soucieuse de s'intégrer dans le système économique; une collaboration étroite avec le pouvoir exécutif et avec l'administration est nécessaire pour briser le conservatisme du Parlement. Le CNJA s'intègre ainsi pleinement dans la stratégie politique du général de Gaulle, qui lui reconnaît aussitôt une représentativité nationale égale à celle de la Fédération des exploitants, alors que son audience et sa capacité d'intervention sont encore très limitées. Dès 1959, les jeunes agriculteurs sont admis aux tables de négociation, se voient attribuer des sièges au Conseil économique et social et obtiennent les crédits nécessaires à leur organisation et à leur implantation.

Il serait faux, cependant, de voir dans le CNJA une simple création artificielle du pouvoir politique. Certes, celui-ci a favorisé son développement et a contribué à assurer l'audience de ses cadres dans les campagnes. Mais, ainsi que nous l'avons montré, le CNJA se serait de toute façon affirmé, parce qu'il est l'expression des exigences économiques et sociales de la paysannerie moyenne, qui s'est engagée dans la course à la modernisation des exploitations. La rencontre entre le gaullisme et le courant syndical des jeunes agriculteurs va au-delà des simples exigences tactiques. Ils partagent une même conception de l'État et de ses rapports avec les différents secteurs socio-économiques; ils affirment la nécessité de transformer l'agriculture pour qu'elle contribue à faire de la France un grand pays industriel, condition de son indépendance. Ils considèrent que la relève des anciens notables par des nouveaux répond aux exigences de l'intérêt national.

Refusant de revenir aux « errements de l'indexation », devant faire face à l'opposition des grandes organisations agricoles, soumis à la pression des parlementaires, le gouvernement ne peut circonscrire son action au seul niveau de la politique économique globale et attendre que les équilibres sectoriels se réalisent spontanément. Il est contraint de définir une politique agricole dont il emprunte les principaux éléments au courant des jeunes agriculteurs. Tel est le contexte politique dans lequel sont élaborés cinq projets de lois, déposés sur le bureau du Parlement le 6 avril 1960 : loi d'orientation, loi-programme d'équipement, loi foncière, loi sur l'enseignement agricole et loi créant une assurance maladie-chirurgie des exploitants. Ainsi est né un ensemble législatif, considéré depuis comme la Charte agricole de la Cinquième République

Géomètre préparant le remembrement dans une commune de la Manche, juin 1965.

Le conseil municipal de Foussignac, en Charente, étudie le dossier du remembrement de la commune.

et qui doit, selon le premier ministre Michel Debré, « orienter l'agriculture pour une génération et même davantage ».

Cette tentative pour appréhender le problème agricole dans son entier, et pour organiser une évolution souhaitée de la paysannerie, se heurte aux mêmes forces qui, en 1936, dénonçaient le Front populaire parce qu'il s'engageait dans cette voie. Il est significatif que, vingt-quatre ans après, le Sénat et les organisations agricoles, CNJA excepté, manifestent une égale opposition à toute intervention de l'État susceptible de perturber le *statu quo* social dans les campagnes. Il est vrai que, au-delà du relais des jeunes agriculteurs, M. Debré reprend l'essentiel des projets de G. Monnet et de P. Tanguy-Prigent.

La transformation du système politique n'est qu'un élément explicatif d'une réussite qui s'était avérée jusque-là impossible. Lorsque les ministres socialistes créaient l'Office du blé, définissaient une politique foncière, concevaient un projet d'économie contractuelle entre l'agriculture et l'industrie, ils anticipaient sur une évolution qui n'avait pas pleinement produit ses effets. En 1960, au contraire, il existe dans la paysannerie une base sociale suffisamment importante et dynamique pour prendre en charge une telle politique.

Près d'un an après la promulgation de la loi d'orientation, deux décrets d'application seulement sont publiés. Un mois de manifestations violentes, notamment en Bretagne, et le changement du ministre de l'Agriculture aboutissent au vote d'une deuxième loi d'orientation, complémentaire de la première, promulguée le 8 août 1962. Alors que le premier texte définissait les intentions générales, le second est plus opérationnel, notamment en matière de structures de production. Curieusement, la droite politique et professionnelle admet en 1962 ce qu'elle avait combattu violemment deux ans auparavant, alors que la nouvelle législation aggrave

les contraintes qui pèsent sur les individus et sur la propriété. Son ralliement est de nature tactique : elle ne peut ignorer les organismes créés par l'État, et laisser à d'autres le soin de les mettre en place et de les contrôler. Ce soudain revirement ne signifie pas évolution de la pensée et acceptation des fondements de la politique agricole.

Les orientations du premier plan de développement demeurent d'actualité quinze ans après la Libération. La France, qui ne peut plus placer de capitaux à l'extérieur de ses frontières, doit vendre des produits alimentaires pour pouvoir acheter les matières premières qui lui font défaut. Pour atteindre ce but, il faut intensifier la production agricole et devenir exportateur. Le développement industriel exige également que la machine remplace l'homme dans l'agriculture. La campagne doit devenir l'un des débouchés importants de l'usine.

A partir de 1960, le gouvernement s'engage dans une politique qui accélère l'intégration de l'agriculture dans le

Le rendement au détriment des équilibres écologiques : l'arrachage des haies en Ille-et-Vilaine, 1962.

système capitaliste français, au moment où celui-ci s'ouvre pleinement sur le monde extérieur. Il lui est nécessaire d'obtenir l'appui de la masse paysanne pour éliminer les moins compétitifs et pour limiter les risques de conflits sociaux. La mise en œuvre de ces projets exige la collaboration des organisations professionnelles qui, pour la plupart, lui sont hostiles. Il doit composer avec une majorité parlementaire de coalition entre l'UNR dont la fidélité lui est acquise, et les « modérés » qui peuvent bloquer tout projet jugé trop audacieux, et qui considèrent sans enthousiasme l'évolution de sa politique algérienne. Les lois d'orientation constituent l'un des dispositifs essentiels de la politique économique de la Cinquième République. Elles tentent de concilier des objectifs apparemment contradictoires.

les anciens et les modernes

Il en est de la lecture des lois d'orientation comme des auberges espagnoles : on n'y trouve que ce qu'on y apporte. Les forces traditionnelles retiennent essentiellement les deux premiers articles de la loi du 5 août 1960 qui a pour objectif « d'établir la parité entre l'agriculture et les autres activités économiques », notamment « en mettant l'agriculture et plus spécialement l'exploitation familiale en mesure de compenser les désavantages naturels et économiques auxquels elle reste soumise comparativement aux autres secteurs de l'économie ». Il est précisé que doivent être rémunérés normalement, non seulement le travail de l'exploitant, mais aussi sa fonction de direction, la valeur du capital d'exploitation et celle du capital foncier. De tels principes, formulés en termes aussi généraux, ne peuvent, en effet, que soulever une approbation unanime. Les jeunes agriculteurs, pour leur part, sont surtout sensibles au fait que, pour la première fois, le législateur considère qu'il convient d'appliquer une politique spécifique à chaque secteur de la production. Ainsi, pour les petites exploitations de polyculture, il est admis que le problème essentiel est celui de leur modernisation et de la réforme de leurs structures.

Le contexte politique explique l'imprécision du projet et l'ambiguïté des formules. Pour imposer ses choix aux organisations professionnelles et les faire approuver par le Parlement, le gouvernement doit les situer obligatoirement dans le cadre de la défense de l'exploitation familiale. Mais, pour n'être pas prisonnier de la loi, il lui suffit que la lettre en soit peu contraignante et qu'il soit seul habilité à en définir l'esprit.

En fait, le but de la législation élaborée en 1960-1962 est d'obtenir pour l'agriculture « le plein emploi du travail et du

Un village abandonné
dans les Cévennes.

L'usine au village peut être
tout à la fois source de main-
d'œuvre et de pollution.

capital ». Les experts gouvernementaux considèrent que la population paysanne est deux fois trop nombreuse et que la majorité des producteurs travaillent de façon archaïque, sur des superficies insuffisantes. Ils estiment qu'en l'état actuel des techniques de production le nombre d'exploitations qui est de 2 267 704 en 1955 devrait être ramené à 1 million environ dans un délai rapide. Or, les études effectuées dans le cadre de la préparation du cinquième plan permettent de prévoir une diminution annuelle moyenne de 94 000 hommes actifs pour la période 1962-1970. Ce rythme étant jugé insuffisant, la politique inaugurée en 1960 tend à accélérer et à organiser l'exode en fonction de la situation économique globale. Dans la mesure où il n'est pas possible, pour des raisons politiques, de fixer un optimum de population paysanne, le gouvernement s'attache à définir un type d'exploitation à responsabilité personnelle qui corresponde au modèle traditionnel et garantisse au producteur un niveau de revenu satisfaisant, tout en répondant aux exigences de l'ensemble du système économique.

Le projet est ambitieux. Il se propose d'accélérer l'adaptation de l'agriculture à une nouvelle phase du développement du capitalisme national, il prétend « rationaliser » l'appareil productif tout en conservant ses caractères spécifiques, il s'engage à obtenir la parité des revenus pour ceux qui resteront agriculteurs, il promet un sort satisfaisant à ceux qui quitteront la terre et il entend protéger les intérêts des consommateurs. Il doit, parallèlement, garantir le maintien de la paix sociale dans les campagnes et, si possible, renforcer l'audience électorale des forces au pouvoir.

La Charte agricole de la Cinquième République prétend ainsi embrasser le problème paysan dans sa globalité, agir sur ses composantes internes et mettre en place de nouvelles formes de relations avec son environnement socio-économique. Elle donne, pour la première fois, une définition économique de l'exploitation agricole « modèle » que les pouvoirs publics ont la charge de favoriser. Il s'agit d'une exploitation « mise en valeur directement par deux unités de main-d'œuvre, ou plus en cas de sociétés de culture ou de groupements d'exploitants, dans des conditions permettant une utilisation rationnelle des capitaux et des techniques, une rémunération du travail d'exécution, de direction et des capitaux fonciers et d'exploitation [63] ». Cette unité de production, de taille moyenne, de type familial, considérée comme « viable » présente trois caractéristiques essentielles.

Elle repose sur la concentration, entre les mêmes mains, de tous les moyens de production. La législation engage l'exploitant à acquérir la propriété du sol qu'il cultive. Lors du débat sur la loi complémentaire, le ministre de l'Agriculture, Edgard Pisani, le déclare nettement au Sénat : « Notre tâche est en effet d'aider par tous les moyens à l'accession à la propriété de ces hommes qui travaillent la terre et qui au prix d'un labeur souvent mal rémunéré parviennent cepen-

dant à économiser pour s'élever à ce qu'ils considèrent légitimement comme une dignité : l'accession à la propriété du sol. » Le thème de la fonction sociale de la propriété conserve la même vigueur au fil des temps. Les jeunes agriculteurs, qui souhaitent trouver une formule qui les libère de la charge foncière en opérant une séparation entre la terre que pourrait posséder n'importe quel épargnant et le droit d'exploiter reconnu au seul paysan, ne sont pas entendus. Il est vrai que le paiement, à chaque génération, des soultes dues aux cohéritiers permet de transférer régulièrement aux autres secteurs une part considérable de la valeur du travail agricole. Le rêve de voir un jour le courant monétaire suivre le chemin inverse hante toujours l'esprit des dirigeants professionnels et suscite un grand nombre de projets. Il se heurte aux dures réalités d'un système dont la loi de développement ignore les sentiments.

L'exploitation « moyenne » est également celle qui utilise dans les meilleures conditions le maximum de produits industriels. Un nombre restreint de grandes entreprises ou une multitude de petites fermes de subsistance n'offriraient pas à l'industrie un marché aussi considérable. L'agriculteur moderne engagé dans la course au progrès technique supporte la charge d'une obsolescence accélérée des moyens de production et favorise ainsi une évolution rapide de la technologie, facteur de profits pour les fabricants de matériel agricole.

La notion de deux unités de main-d'œuvre appelées « unités de travailleurs-hommes » (UTH) répond enfin à la réalité dominante des campagnes à partir des années 60. Nous avons vu que cette période marque la dernière phase de la décomposition de la famille patriarcale et consacre l'émergence du couple. L'entreprise de taille moyenne, entièrement mécanisée correspond à la capacité de travail du mari et de la femme, éventuellement assistés de l'un des enfants qui prendra la succession ou d'un salarié, devenu un technicien qualifié totalement indépendant du groupe domestique. L'exploitation dite à deux UTH apparaît ainsi comme la réalisation et la justification sur les plans économique et politique de la nouvelle famille paysanne réduite à un couple autonome.

Mais comment atteindre l'objectif d'une agriculture à base d'exploitations moyennes sans opérer une concentration agraire qui élimine la majorité des petits producteurs ? Une telle politique ne risque-t-elle pas de se heurter à l'incompréhension des éléments jugés non rentables qui fournissent souvent l'appoint nécessaire à l'élection des députés qui appartiennent à la majorité parlementaire ? Dans un tel contexte, le gouvernement agit avec intelligence et finesse. Il affirme la nécessité d'une sélection, mais il réussit à persuader une partie des dirigeants professionnels que tous les agriculteurs qui le voudront pourront être sélectionnés. Il explique que la collectivité aidera tous ceux qui s'engageront dans la voie de la modernisation, de la mécanisation et qui accepteront les disciplines économiques qu'imposent les temps nouveaux. L'article 7 de la loi d'orientation accorde un délai de deux ans au ministre de l'Agriculture pour faire évaluer par région naturelle et par type de culture et d'exploitation la superficie de l'exploitation à deux UTH : aucun chiffre ne sera jamais publié.

Le discours des pouvoirs publics sur la rationalité s'intègre parfaitement à l'idéologie des jeunes agriculteurs qui croient que la réussite professionnelle et sociale dépend, en dernière analyse, des qualités de l'individu. En quelque sorte, l'État donne à chacun la chance de participer à une œuvre d'intérêt général. Ceux qui ne voudront pas la saisir ou qui ne réussiront pas, ne pourront s'en prendre qu'à eux-mêmes ou à des impondérables malheureux que la providence n'a pas su écarter. La sélection prend le caractère de la réussite scolaire. Elle se réalise dans un certain nombre d'organismes créés à cet effet [61].

o Dans chaque département, une Commission dite « des cumuls et réunions d'exploitations agricoles » détermine par régions naturelles, suivant les catégories de terres et la nature des cultures, des surfaces maxima et minima. Les exploitations comprises entre ces deux chiffres sont considérées comme viables. Aucune exploitation ne peut dépasser le chiffre maximum sans l'autorisation du préfet, après avis consultatif donné par la Commission. De même, une entreprise ne peut être amputée d'une partie de ses terres et descendre au-dessous du seuil minimum sans autorisation préalable selon la même procédure. Enfin, la superficie d'une exploitation jugée non viable ne peut être réduite sans l'accord du paysan lorsqu'elle constitue une « unité économique », sauf en cas de disparition totale. Cette réglementation est assortie de graves sanctions pénales et administratives. Le contrôle s'exerce sur les opérations de cumuls et réunions d'exploitations lorsqu'elles sont effectuées en vue d'une mise en rapport par un même exploitant, personne physique ou morale. Les achats de propriétés, louées ensuite à des agriculteurs, demeurent entièrement libres. Ces dispositions ont pour but d'entraver le libre jeu de l'offre et de la demande qui favorise une concentration des terres au profit des plus riches et au détriment de tous ceux qui ont besoin d'accroître leurs surfaces pour conserver leur fonction de producteurs.

o L'instrument essentiel de cette politique est constitué par les Sociétés d'aménagement foncier et d'établissement rural (SAFER) dont l'objet est « d'améliorer les structures agraires, d'accroître la superficie de certaines exploitations et de faciliter la mise en culture du sol et l'installation d'agriculteurs à la terre ». Elles doivent être un instrument de maîtrise du marché foncier en vue de favoriser une répartition plus judicieuse des terres librement mises en vente sur le marché et de limiter la charge d'acquisition par les agriculteurs. Sociétés anonymes à caractère semi-public, devant être agréées par

Des exploitations viables.

les pouvoirs publics, elles disposent d'un droit de préemption pour procéder aux acquisitions et elles fonctionnent sans but lucratif. L'initiative de constitution des SAFER n'appartient pas à l'État, ni aux collectivités publiques, mais aux organisations professionnelles jugées représentatives.

Leurs zones d'action sont d'ampleur variable, elles englobent généralement plusieurs départements. Elles doivent revendre les biens achetés dans un délai de cinq ans « aux candidats dont l'installation présente les plus grandes chances de succès, du fait, en particulier, de leur situation familiale, de leur expérience professionnelle et de leurs qualités personnelles et offre le plus d'intérêt au point de vue social ». Ainsi, les SAFER reçoivent mission d'acheter des terres et des exploitations, de les aménager de façon à créer des unités de production viables (au sens de l'article 7) et de les attribuer en fonction de critères différents de ceux de l'offre et de la demande.

o Les pouvoirs publics entendent également favoriser l'exploitation moyenne par une politique sélective des prêts du Crédit agricole. L'article 8 de la loi du 5 août 1960 en définit les principes : désormais, l'aide financière de l'État n'est plus à la disposition de tous les agriculteurs, mais elle est réservée à ceux qui sont en mesure d'atteindre les objectifs structurels retenus par le législateur. Le décret du 22 mai 1963 prévoit que seuls pourront bénéficier de prêts à long terme et à faible intérêt les agriculteurs qui achètent des biens fonciers leur permettant de disposer d'une exploitation de dimension suffisante [65]. Un décret du 15 juillet 1965 précise qu'en cas d'installation ou de réinstallation, les prêts ne sont accordés que lorsque l'exploitation acquise présente une surface au moins égale au double d'une surface dite de « référence ». Ces mesures interdisent l'agrandissement par étapes des petites exploitations et les condamnent à disparaître à plus ou moins long terme au profit de l'entreprise de moyenne importance.

o L'accroissement de la superficie des exploitations, nécessaire pour atteindre l'objectif souhaité ne peut être réalisé que si un nombre important de terres devient disponible. Trois dispositions ont été prévues à cette fin :

– Le Fonds d'action sociale pour l'aménagement des structures agricoles (FASASA) favorise le départ de la vie active des agriculteurs âgés de soixante-cinq ans par le paiement d'une indemnité viagère de départ (IVD). Tous ceux qui, disposant de plus de 3 hectares, acceptent de s'en dessaisir, reçoivent une somme de 1 500 F par an pour le reste de leur vie [66]. En 1967, la possibilité d'obtenir cette indemnité est offerte aux agriculteurs à partir de soixante ans. Entre soixante et soixante-cinq ans, l'État leur verse une somme correspondant à la retraite qu'ils toucheront à l'âge légal (8 340 F par an, pour un ménage, en 1976). Réservées aux régions défavorisées dans un premier temps, ces dispositions sont rapidement étendues à tous les départements. L'ensemble de la

réglementation conforte les exploitations moyennes et contribue à éliminer les petites qui ne peuvent pas espérer s'agrandir progressivement puisqu'il n'est pas financièrement intéressant de leur transmettre des terres. Le FASASA a également pour mission d'orienter vers d'autres professions des paysans et des fils de paysans en surnombre et des salariés au chômage. Il favorise également l'installation des migrants et des mutants professionnels.

— Le droit d'user et d'abuser de son bien se heurte aux impératifs de l'agrandissement des exploitations. Les exigences du système économique s'avèrent plus fortes que les principes juridiques qui le fondent et le justifient, du moins en théorie. Ainsi le propriétaire ne peut plus laisser ses terres incultes. Toute parcelle qui n'a pas été cultivée depuis cinq ans peut être louée par le tribunal d'instance à un agriculteur, à une société de culture ou à un groupement d'exploitants qui en a fait la demande. A défaut d'accord amiable, le tribunal fixe les conditions de jouissance et le montant du fermage.

— Afin de permettre aux seuls agriculteurs de s'agrandir, le législateur a admis, sous la pression des organisations paysannes, que, «pendant la période transitoire de la politique agricole commune de la Communauté économique européenne, est soumise à déclaration préalable au préfet toute création ou extension d'exploitation agricole par un industriel en vue d'utiliser les produits de son industrie ou par un commerçant, chaque fois que cette réalisation se rattache ou peut se rattacher à sa principale activité ». Le préfet, sur avis de la Commission, peut interdire cette création ou extension. Ces

Une politique foncière, au bénéfice de qui ?

mesures tendent à empêcher l'achat de terres par les principaux concurrents des paysans que sont les bouchers, les maquignons et les fabricants d'aliments pour le bétail. Cette législation, jugée « foncièrement malthusienne » par Alfred Sauvy, ne vise pas toutes les professions [67]. Lors des débats à l'Assemblée nationale, les parlementaires, à la suite de MM. Boscary-Monsservin et Claudius-Petit, ont défendu les droits « des médecins de campagne, des ouvriers mineurs, des pêcheurs, des marins et des modestes forgerons » à exploiter un lopin de terre reçu des parents. C'est pourquoi des superficies importantes échappent à cette réglementation et représentent souvent un obstacle à des actions de restructuration foncière.

o La volonté de concilier la sauvegarde de la propriété paysanne familiale et la nécessité de disposer d'unités de production de dimensions importantes conduit le gouvernement à préconiser une forme de concentration agraire d'essence coopérative. La loi complémentaire du 8 août 1962 crée les Groupements agricoles d'exploitation en commun (GAEC), habit juridique du projet que les jeunes agriculteurs mettent en avant depuis de nombreuses années sous l'appellation d'agriculture de groupe. L'objectif a un fondement économique : plusieurs paysans réunissent leurs exploitations pour qu'elles forment une seule entreprise permettant d'appliquer à l'agriculture les principes industriels de la séparation des tâches et de la spécialisation des hommes. Pour être agréé, le GAEC doit être constitué de paysans exploitant eux-mêmes, directement, assistés d'un salarié au maximum par associé, et il ne doit pas excéder dix fois la superficie des exploitations individuelles de deux UTH. Ces exploitations familiales à caractère sociétaire qui bénéficient d'avantages fiscaux et juridiques répondent également à des exigences sociologiques. Sur les 5 000 GAEC existant en 1976, la majorité réunit « le père et le fils ». Une telle formule permet de régler la succession de l'exploitation et fournit à l'aide familial un statut de co-exploitant. Elle concilie les exigences de l'autonomie du couple revendiquée par les jeunes agriculteurs et la préservation de l'exploitation. Elle est, dans un certain nombre de cas, le seul moyen pour retenir à la terre un enfant qui refuse la condition de travailleur sans pouvoir et sans ressource.

o C'est pour répondre à cette même exigence que le législateur de 1960 a élargi le champ d'application de la législation de 1939 sur le salaire différé. Il permet, en particulier, à l'exploitant de satisfaire, de son vivant, le bénéficiaire de sa créance, notamment lors d'une donation-partage. De même la loi du 13 juillet 1973, reconnaissant aux descendants du chef de famille, âgés de dix-huit à trente-cinq ans, la qualité d'associés d'exploitation, illustre la profonde transformation de la structure familiale. Le fils héritier se voit reconnaître le droit à une rémunération régulière et à des congés de formation. Entre 1954 et 1968, le nombre des aides familiaux passe de 2 052 000 à 1 061 000. Une telle hémorragie explique que ceux qui restent à la terre, et qui ont le plus souvent une compétence technique, exigent d'être reconnus comme des travailleurs. Ce sont ceux qui ont la conviction qu'ils pourront succéder à leur père parce que la structure de l'exploitation le permet. Du moins en ont-ils l'espoir! Ces dispositions qui répondent apparemment à un désir de justice sociale s'inscrivent pleinement dans une politique de consolidation de l'exploitation artisanale de taille moyenne intégrée au système économique. Car pour que cette structure de production se perpétue tout en se développant, il est nécessaire qu'elle conserve un successeur « moderne et dynamique ». Or, c'est parmi cette catégorie des « jeunes évolués » que se manifeste de manière impérative la volonté d'être associés à la direction de l'exploitation.

o La modernisation de l'appareil productif exige une adaptation constante des paysans aux découvertes de la science. Tout au long de la Quatrième République, les conceptions dégagées par les pouvoirs publics à la Libération ont continué de prévaloir. La vulgarisation des techniques est restée inscrite dans les objectifs de la politique agricole qui se propose de consolider l'ensemble des exploitations agricoles. L'État s'arrogeait le droit d'encadrer et de contrôler une action de masse dont les effets électoraux pouvaient n'être pas négligeables. Parallèlement, la profession agricole défendait une conception plus corporatiste et élitiste. Les dirigeants syndicaux estimaient qu'il leur appartenait de conseiller les agriculteurs et de leur dispenser les deniers publics. Le décret du 11 avril 1959, présenté comme la charte de la vulgarisation agricole, est, comme les lois d'orientation, un compromis qui sanctionne un rapport de forces provisoire. L'administration concède à la profession la responsabilité directe de la vulgarisation, mais elle conserve le pouvoir d'orienter les actions et de contrôler les fonds alloués. Théoriquement, la vulgarisation est l'un des moyens de la politique agricole. Dans la mesure où la doctrine officielle repose sur l'affirmation que tous les agriculteurs qui le veulent pourront atteindre le statut économique et social de chef d'une entreprise « viable », il dépend de chacun de se former en s'initiant aux méthodes les plus modernes et les plus judicieuses. Une telle politique fondée sur la performance individuelle offre l'avantage d'engager tous les paysans dans la course aux équipements de toute nature et fait ainsi de l'agriculteur le client dont l'industrie a besoin. Les nouveaux notables professionnels, imbus de techniques, qui ont remplacé les hobereaux scientistes qui présidaient aux destinées de la Société des agriculteurs de France au XIXe siècle, croient que leur exemple suffira pour entraîner les troupes dans « l'aventure du progrès ». Ils n'en mesurent pas les effets par rapport aux exigences du système économique global. Ils se flattent de suppléer à un enseignement professionnel défaillant qu'ils expliquent par l'incapacité et la mauvaise volonté des gouvernants. Leurs analyses ignorent que la fonction essentielle de l'école, en France, n'est

Aller à l'école pour ne plus rester au village. Dordogne, 1955.

*L'école
et la protection sociale.*

pas de former des travailleurs mais d'assurer l'intégration sociale de toutes les couches, chacune à son niveau.

L'ensemble des textes consacrés aux structures de production parus dans les années 1959-1962 n'ont pas pour seul effet d'accélérer la concentration des exploitations. Ils sont à la fois le résultat et l'agent d'une évolution de la population agricole et d'une mutation de la famille paysanne. Ils doivent, en conséquence, être complétés par une législation qui réponde aux besoins des catégories sociales qui ne sont plus prises en charge par l'exploitation moderne à deux UTH.

C'est pourquoi l'école cesse d'être considérée comme le lieu où « se mine chaque jour la jeune vocation paysanne [68] ». Elle devient, au contraire, un auxiliaire essentiel de la politique agricole. Dans la mesure où l'objectif est de réduire la population active dans l'agriculture, il faut donner aux enfants des paysans la possibilité de s'orienter dans une autre voie qui doit leur apparaître comme étant celle de la promotion sociale. L'implantation dans les campagnes d'établissements d'enseignement général du niveau du premier cycle de l'enseignement secondaire s'explique par la nécessité de donner à l'exode un caractère humainement favorable. Le fils du paysan comme le fils de l'ouvrier peut espérer obtenir un diplôme qui lui permette de devenir fonctionnaire, petit employé ou cadre subalterne. Le départ pour la ville n'offre plus pour seule perspective un emploi de manœuvre à l'usine. Ces tâches sont aujourd'hui dévolues aux paysans immigrés du Portugal ou d'Algérie.

Mais, l'école n'a pas pour seul but de fournir les cadres moyens dont l'économie a besoin. Elle doit former également les techniciens nécessaires au plein épanouissement de la révolution agricole. Tels sont les fondements de la loi du 2 août 1960 qui prévoit, dans un délai de dix ans, la création dans chaque département « d'un nombre de lycées ou de collèges agricoles publics et d'établissements d'enseignement ou de formation professionnelle privés reconnus, nécessaires à la satisfaction des besoins de l'agriculture ». Cet enseignement comprend trois niveaux correspondant aux besoins de la sélection socio-économique. Un premier cycle de trois ans permettant l'obtention d'un brevet d'apprentissage s'adresse aux futurs chefs d'exploitation et aux salariés agricoles qualifiés. Un enseignement plus long donne une formation de cadre moyen pour les secteurs d'encadrement de la production. Le lycée agricole fournit en cinq ans des techniciens de niveau de formation générale comparable au baccalauréat. Théoriquement cet enseignement est conçu pour permettre aux élèves de passer dans l'enseignement général à tout moment de leur scolarité. L'expérience montre les limites de cette éventualité. Le législateur est resté fidèle à l'idéologie de la spécificité du « fait paysan » en confiant la tutelle de ces établissements au ministère de l'Agriculture, mais, en même temps, il en fait des instruments de formation des relais nécessaires pour que l'agriculture s'adapte aux modalités du développement économique.

L'exploitation moyenne reposant sur la famille-couple impose également une transformation radicale du système de protection sociale. Au moment où le groupe familial ne peut plus jouer le rôle d'institution de prévoyance, il est difficile aux théoriciens agrariens de justifier le refus de tout système d'assurances sociales au nom de la spécificité de la paysannerie. Ils mènent alors un combat pour limiter toute réforme au minimum inévitable. Ainsi, lors du congrès de la FNSEA en février 1958, ils admettent à une faible majorité (188 voix pour, 153 contre et 29 abstentions) la nécessité d'une assurance pour tous les paysans, mais ils refusent qu'elle ait un caractère social. Ils demandent que la cotisation soit la même pour tous, quel que soit le montant des revenus. Le bulletin intérieur de la Fédération expose les raisons d'un tel choix en ces termes : « La compensation en matière de risques personnels paraît comme immorale... il est bon que la solidarité joue au sein des membres d'une profession, mais il semble extrêmement dangereux d'élargir toujours ce principe de solidarité qui comme d'autres principes doit avoir des limites. » Les dirigeants des fédérations du Bassin parisien et du Nord qui ont imposé cette décision estiment que la solidarité ne doit se manifester que dans le domaine strictement professionnel, lors de la fixation du prix du blé par exemple. De même, ils s'opposent, au nom de la liberté, à l'octroi à la mutualité sociale agricole du monopole de l'assurance. L'unité de gestion ouvrirait, selon eux, la porte à l'étatisation. La loi du 25 janvier 1961 qui crée l'assurance maladie, invalidité et maternité des exploitants agricoles et des membres non salariés de leur famille suit dans une très large mesure leurs propositions. Certes, les paysans obtiennent enfin un système de sécurité sociale obligatoire, mais il ne couvre pas les petits risques et les assujettis paient la même cotisation, du moins dans un premier temps, car la législation évoluera et il sera tenu compte du revenu cadastral. Le droit social, contraint d'enregistrer la réalité des rapports économiques, ne considère pas l'aide familial comme un héritier, mais il l'assimile au salarié pour lequel le chef d'exploitation doit cotiser en sa qualité d'employeur.

La modernisation accélérée et sélective de l'appareil de production présente un double danger. En effet, si les agriculteurs continuent de produire sans plan d'ensemble, sans étude préalable de la situation réelle du marché, ils courent le risque de ne pas pouvoir écouler des marchandises excédentaires ou qui ne correspondent pas aux besoins des consommateurs. Par ailleurs, la réforme des structures foncières et le développement du capital d'exploitation leur font supporter un endettement considérable. Pour faire face à leurs échéances, ils doivent être assurés de disposer d'un niveau de revenu régulier, c'est-à-dire d'une sécurité des débouchés et des prix.

Un secteur économiquement intégré.

L'école de campagne : classe unique, mais effectifs réduits et contacts humains.

Le village s'est ouvert sur le monde, mais l'école communale demeure encore le temple du savoir. Saint-Marc le Désert, Loire-Atlantique, 1968.

La formation sur le terrain des techniciens agricoles.

Les lois d'orientation et la loi du 6 juillet 1964, « tendant à définir les principes et les modalités du régime contractuel en agriculture », proposent une organisation des rapports entre l'industrie, le commerce et l'agriculture qui permettent à chacun des trois partenaires de remplir au mieux sa mission tout en satisfaisant ses intérêts. Le gouvernement compte sur un système d'interprofession pour adapter l'offre à la demande et pour donner aux agriculteurs un pouvoir économique qui les mette sur un pied d'égalité avec leurs interlocuteurs.

A la base se trouve le groupement de producteurs qui rassemble les agriculteurs d'une région ayant décidé librement d'édicter certaines règles pour la mise en vente de leurs produits. Ils s'imposent une discipline de production, en quantité et en qualité, en fonction de l'état du marché. En contrepartie, une fois reconnus, ils reçoivent de l'État une aide préférentielle et sélective, notamment en matière de stockage, de transformation et de commercialisation. Ces règles qui ne s'appliquent qu'à des volontaires peuvent être étendues à l'ensemble d'un secteur de production, dans une région donnée. Elles s'imposent alors à tous les producteurs quels que soient leurs sentiments [69].

Le Comité économique agricole ainsi constitué peut mettre au pas les « individualistes » dont le comportement « anarchique » risque de conduire à l'échec tout effort d'organisation. Une fois agréé, il fait bénéficier ses membres du prix de retrait [70]. Enfin, les acheteurs qui contrôlent le circuit commercial et les groupements de producteurs peuvent signer un accord interprofessionnel à long terme. Dans le cadre du contrat, les firmes agro-alimentaires s'engagent à acheter tout ou partie du volume produit à un prix fixé en début de campagne. Une fois homologué par les pouvoirs publics, cet accord s'impose à toutes les parties concernées, selon la même procédure d'extension que pour les comités économiques.

Cette législation prétend apporter une réponse aux dangers que font peser sur l'agriculteur les contrats dits d'intégration [71]. Le but de la loi est de rétablir l'équilibre dans les rapports entre dominants et dominés. Les défenseurs de cette politique soulignent qu'elle assure au paysan des prix garantis et qu'elle le protège des fluctuations du marché. Certes, il s'oblige à des changements, mais il obtient des possibilités financières nouvelles. Il bénéficie ainsi d'avantages qui lui sont nécessaires pour poursuivre l'effort de modernisation dans lequel il s'est engagé : diminution des pertes et amélioration des rendements grâce à une assistance technique judicieuse, réduction de l'incertitude sur les ventes par la fixation de clauses commerciales de garantie. L'exploitant peut théoriquement multiplier les contrats avec des partenaires différents qu'il met en concurrence et se trouve de cette manière en pouvoir de décision et de marchandage.

Cette analyse optimiste n'est pas partagée par toutes les forces politiques et sociales. Au sein des forces de gauche, notamment, il est des observateurs pour analyser le contrat comme le moyen par lequel l'industrie pénètre l'agriculture, la soumettant aux lois du capitalisme. Ils voient dans l'économie contractuelle une atteinte radicale aux prérogatives et au statut social du chef d'exploitation. Celui-ci ravalé au rang de sous-traitant perd la liberté et tout pouvoir d'initiative. Ils soulignent que le contrat crée dans les exploitations un déséquilibre décisif dans la mesure où il ne concerne généralement que l'une des productions qui se voit attribuer tous les moyens au détriment des autres. Il en résulte une aggravation de l'assujettissement à la firme intégrante. Le paysan sous contrat apparaît sous les traits du travailleur à domicile qui, tel le tisserand des campagnes au XIXe siècle, conserve la charge d'un capital mal rémunéré, subit l'ensemble des risques sociaux et commerciaux et n'a aucun contrôle sur les produits industriels qui lui sont nécessaires.

Dès l'origine, le débat sur la nature et sur la finalité de l'économie contractuelle est engagé. Pour le gouvernement elle est un moyen de planification de la production qui assure aux paysans des prix garantis et aux industriels des approvisionnements réguliers à un coût connu à l'avance. Elle peut favoriser l'adaptation à une économie agricole moderne des exploitations qui sont au-dessous du seuil de rentabilité. Elle prolonge la politique sélective engagée en matière de structure foncière en permettant aux agriculteurs dynamiques, qui acceptent de faire les efforts demandés, de bénéficier d'une sécurité de revenu, condition de leur survie. Elle ne met pas en cause le rôle et le développement du capitalisme en amont ou en aval de la production, elle prétend simplement fixer des limites à sa puissance. Pour une partie de l'opposition, la loi favorise, au contraire, « le mouvement d'intégration qui s'accélérera et qui transformera peu à peu le producteur agricole en un simple façonnier aux ordres des utilisateurs [72] ». Elle accentuera la disparition des petites exploitations et favorisera l'avènement d'une couche d'agriculteurs néo-capitalistes correspondant à la pénétration dans l'agriculture d'un capitalisme industriel développé. Elle fait du petit paysan un prolétaire surexploité.

Depuis le début des années 50, au moment où les premiers symptômes de la surproduction se manifestent, la Communauté économique européenne est présentée comme « la chance de l'agriculture française ». La politique intérieure définie à partir de 1960 accentue cette perspective dans la mesure où elle tend à favoriser l'accroissement d'excédents structurels à des fins d'exportation. Les dirigeants des organisations professionnelles, qui sont alors les plus ardents propagandistes du Marché commun, estiment que celui-ci leur permettra d'obtenir ce que le gouvernement leur refuse depuis les ordonnances du 28 décembre 1958. Les prix accordés aux producteurs dans les cinq autres pays de la Communauté étant pour chaque produit plus élevés, la fixation d'un prix unique nécessairement supérieur au prix intérieur français leur assurera une augmentation sensible du revenu. De plus, le maintien de prix élevés est lié à l'existence d'un marché solvable, permettant d'écouler l'ensemble de la production, et protégé de la concurrence extérieure. Le marché français ne peut plus satisfaire à ces exigences et la nécessité d'exporter une part importante de notre production à des prix largement inférieurs aux prix intérieurs favorise la compression de ces derniers et entraîne pour l'État des dépenses de soutien de plus en plus importantes. La création du Fonds d'orientation et de régularisation des marchés agricoles (FORMA) en 1960 permet la mise en œuvre d'une politique d'intervention, mais son coût risque d'être beaucoup trop élevé pour les finances publiques. C'est pourquoi la Communauté européenne, déficitaire pour de nombreux produits, offre aux paysans français l'espoir de débouchés plus stables. Elle leur est présentée comme un espace organisé et protégé « afin que les produits agricoles français y trouvent preneurs à des prix rentabilisant leur activité [73] ». En effet, le traité de Rome prévoit la mise en œuvre d'une politique agricole commune protectionniste à l'égard des concurrents extérieurs et qui garantit aux producteurs européens des prix rémunérateurs.

Voilà pour quelles raisons le mot Europe aura pendant de longues années une résonance magique dans les campagnes. Il est la promesse de lendemains meilleurs et il sert donc à justifier tous les efforts demandés aux paysans. Le Marché commun agricole présenté dans tous les discours gouvernementaux comme la seule voie de l'avenir explique la nécessité des sacrifices imposés aujourd'hui. Or, lorsque les dirigeants français défendent l'Europe verte, ils ne se préoccupent pas des seuls intérêts des paysans. En réalité, les

L'Europe verte.

objectifs majeurs du gaullisme portent sur la place de l'industrie nationale dans la compétition internationale. Georges Pompidou l'indique clairement : « Le traité de Rome tel qu'il avait été conçu ne créait en fait que le Marché commun industriel. Or, le Marché commun ainsi conçu mettait l'industrie française en concurrence directe avec l'extérieur, et notamment avec la puissante industrie allemande. Il n'était supportable que s'il était compensé par un Marché commun agricole fournissant à notre agriculture des débouchés importants à des prix rémunérateurs et permettant ainsi à l'État, déchargé pour une bonne part de la nécessité du soutien à notre agriculture, d'alléger les charges pesant sur l'industrie [74].»

Apparemment interventionniste, le Marché commun est en réalité d'essence néo-libérale, conformément à la philosophie politique des forces au pouvoir dans les différents États, fussent-elles d'appellation socialiste. Les principes commandent d'user au minimum des moyens de la puissance publique, de laisser les prix se former spontanément et de « n'intervenir sur les marchés que de façon curative après que les agriculteurs et les commerçants auront fait ce qui leur paraissait le plus avantageux [75] ». Une telle politique défend le revenu agricole essentiellement par l'intermédiaire du soutien des prix et par l'organisation des marchés. Elle applique les mêmes règles et les mêmes contraintes à toutes les exploitations quel que soit leur niveau de développement. La protection du marché européen est assurée par un système de prélèvements aux frontières. Les pays qui s'approvisionnent à bas prix à l'extérieur de la Communauté doivent verser à celle-ci une somme correspondant à la différence entre les cours européens et les cours mondiaux. Inversement, les exportateurs sont aidés sous forme de restitution pour compenser la perte qu'ils subissent lorsqu'ils vendent hors des frontières de l'Europe des Six. Le Fonds européen d'orientation et de garantie agricole (FEOGA), alimenté par les contributions des États, est chargé de financer ces interventions. Il doit également consacrer le tiers de ses ressources à favoriser la restructuration des exploitations. En réalité, les crédits consacrés à la modernisation de l'appareil productif sont extrêmement modestes.

Le Marché commun agricole prétend atteindre les mêmes objectifs généraux que la politique française des lois d'orientation, mais selon des chemins différents, voire opposés. Tout ce qui fausse les mécanismes de la libre concurrence entre les producteurs et entre les États est banni. La sélection naturelle des plus rentables doit pouvoir s'exercer sans contrainte, étant entendu que le maintien du plus grand nombre possible de paysans à la terre est affirmé comme un impératif absolu!

Les premières années de la mise en œuvre de la politique agricole commune n'apportent pas aux forces traditionnelles de la paysannerie les avantages qu'elles en escomptaient. En effet, le gouvernement français prétend vouloir obtenir de la

CEE une politique de prix modérés, car les situer à un niveau trop élevé conduirait à « servir par priorité ceux qui n'en ont pas besoin, c'est-à-dire les détenteurs des terres les plus fertiles, ceux qui les premiers ont eu le mérite mais aussi la possibilité de moderniser leurs exploitations et ont obtenu des rendements considérables [76] ». De plus, il déclare que la hiérarchie des prix doit favoriser l'élevage, secteur déficitaire, au détriment des produits excédentaires au premier rang desquels viennent les céréales.

La position européenne du général de Gaulle rejoint ses objectifs nationaux : permettre à la moyenne paysannerie qui accepte de développer sa capacité de travail en s'intégrant davantage dans les circuits marchands de s'affirmer comme force économique et sociale, supprimer ou du moins réduire la rente de situation des gros agriculteurs qui ont la capacité de produire au cours mondial. Le capitalisme industriel et bancaire n'entend pas subventionner le capitalisme agraire. C'est ainsi qu'entre 1961 et 1965 l'indice du prix du blé à la production décroît pour les gros producteurs alors qu'il augmente pour les petits et moyens livreurs. D'une façon générale et contrairement à une opinion fréquemment admise, le Marché commun n'entraîne pas une hausse générale des prix agricoles français. H. Delorme montre que, par le jeu de mécanismes stabilisateurs, la Cinquième République réussit constamment à freiner leur progression : « Dans leur ensemble ils augmentent moins vite que les prix de gros et les prix à la consommation [77]. »

Jusqu'à la fin de l'année 1964, la politique européenne du général de Gaulle ne varie pas. Elle prolonge l'action législative conduite dans le cadre national. Au cours des années qui suivent, la nécessité d'apaiser l'opposition des organisations paysannes conduit le régime à changer son fusil d'épaule au détriment de la cohérence apparente de son projet global pour l'agriculure. Il admet la fixation d'un prix communautaire pour le blé à partir du 1er juillet 1967 parce que la France a, en ce domaine, une vocation exportatrice et il renonce à faire jouer ce rôle à l'élevage, ce qui exigerait un effort considérable pour un résultat problématique.

L'analyse montre que, si les prix progressent modestement dans le cadre communautaire, ils s'avèrent cependant très favorables aux productions céréalières et betteravières si on les apprécie en fonction des gains de productivité obtenus dans ces secteurs qui bénéficient d'une organisation des marchés très efficace. Par contre, les productions animales et surtout les fruits et légumes et la viticulture disposent d'une protection infiniment plus faible. Pour les grandes exploitations du Bassin parisien la suppression du *quantum*, qui leur permet de bénéficier d'une garantie de prix pour toute leur production, se traduit en 1967 par une hausse de revenu de l'ordre de 40 à 50 %. Ainsi sont « servis par priorité » ceux qui ont déjà le superflu.

Au terme de la présentation de la politique agricole définie entre 1960 et 1964, le bilan paraît considérable. Le premier ministre G. Pompidou peut déclarer au mois de novembre 1965 à l'Assemblée nationale : « Jamais aucun régime n'a fait pour l'agriculture française autant que la Cinquième République. » En effet, au cours des deux premières législatures, le Parlement lui a consacré deux fois plus de temps qu'à l'enseignement, trois fois plus qu'à la défense nationale. Elle arrive avec le ministère de l'Intérieur en tête de l'action législative. Présentée comme un tout cohérent qui traduit la volonté du gouvernement d'intégrer économiquement et socialement la paysannerie dans le monde moderne, la politique agricole est soutenue par toutes les forces professionnelles, MODEF excepté, qui demandent simplement que la mise en œuvre n'en trahisse pas l'esprit.

Or, curieusement, il ne semble pas que cet effort de prévision ait apporté les résultats escomptés puisque, au cours des années 1966-1970, tous les nouveaux ministres de l'Agriculture présentent une critique, parfois fort vive, de l'action menée par leurs prédécesseurs et affirment la nécessité d'élaborer une nouvelle politique agricole. En 1969, dans un rapport qui connaît un grand retentissement, une commission d'experts gouvernementaux animée par le doyen G. Vedel juge sans complaisance les orientations qui ont été suivies et qui sont qualifiées de « fausses panacées ». Tous les courants du monde paysan font écho aux propos ministériels et à ceux des experts et déclarent avec René Blondelle : « Nous sommes arrivés au point où il faut repenser la politique agricole et prendre le problème à bras-le-corps [78]. » Dans le rapport moral qu'il présente les 25 et 26 octobre 1967 aux journées d'études du CNJA, le secrétaire général Raoul Serièys est encore plus catégorique : « La politique agricole menée depuis trois ans conduit à une impasse... sous couvert du progrès, de libéralisme et d'efficacité économique... (elle) consiste en réalité à donner de l'argent aux riches et à dispenser des discours aux pauvres pour essayer de les calmer, sans succès d'ailleurs [79]. » Il apparaît que l'intensité de la contestation varie selon l'évolution conjoncturelle du revenu des agriculteurs. C'est au cours de cette période que ceux-ci commencent à apprécier dans quelle mesure la qualité des fruits répond à la promesse des fleurs.

la loi d'airain du capitalisme

L'analyse du mouvement professionnel paysan dans la France d'aujourd'hui a montré l'effondrement du mythe unitaire au cours des dix dernières années. La théorie des trois, puis des deux agricultures, la création ou le développement de trois courants syndicaux d'orientation contestataire, l'apparition de nouvelles formes d'action directe opposées à une intégration plus évidente des organisations officielles dans le système politico-administratif, illustrent les effets apparents de la politique agricole sur le mouvement social paysan. A partir des années 1965-1966, le débat n'est plus entre les nostalgiques de l'ordre éternel des champs poursuivant le rêve pétainiste d'une société bucolique et patriarcale et les jeunes catéchumènes de la société technicienne. Il se transforme en un affrontement entre ceux qui trouvent ou espèrent trouver leur place dans une organisation économique de la production agricole pleinement intégrée dans le système capitaliste, et ceux qui refusent leur élimination ou qui n'acceptent pas le coût individuel et social des mutations qui leur sont imposées. Une telle évolution est-elle la conséquence d'une mise en œuvre rigoureuse des lois d'orientation et de la politique contractuelle ? La réponse n'est pas unanime : si les uns estiment que le cadre qui a été fixé explique la course infernale à la sélection dans laquelle se sont engagés les agriculteurs, d'autres considèrent, au contraire, que la non-application de la législation a laissé le champ libre à la loi de la jungle.

Il n'est pas aisé d'établir un bilan de la politique foncière *La lutte* dans la mesure où elle est appliquée de manière décentralisée. *pour la terre.* Cependant, il s'en dégage des caractéristiques générales qui justifient le pessimisme ou l'amertume de ceux qui avaient mis en elle tous leurs espoirs.

Ainsi, en matière de cumul d'exploitations, il s'avère que les représentants professionnels dans les commissions départementales appartiennent souvent à la paysannerie moyenne ou favorisée. Il est compréhensible qu'ils aient quelques scrupules à interdire à d'autres agriculteurs la possibilité de se hisser au niveau qu'ils ont eux-mêmes atteint. De plus, l'expérience montre que l'autorité préfectorale a tendance à notifier une décision de refus de cumul hors des délais légaux, de telle sorte qu'elle ne soit plus opposable au demandeur. Enfin, il existe une multitude de moyens légaux qui permettent de tourner la réglementation et que connaissent bien les hommes de loi dans les campagnes. A titre d'exemple, citons : les terres cumulées mises au nom du conjoint, au nom d'une société factice ou pour installer un descendant dans un délai de cinq ans, ce qui, compte tenu de l'abaissement de l'âge de la majorité, laisse le champ libre à toutes sortes d'opérations. Les agriculteurs se sont très vite aperçus que l'application stricte des textes résulte du seul rapport de forces qu'ils sont capables de créer eux-mêmes, directement sur le terrain. Il leur apparaît que l'organisation de la pression sociale est seule susceptible de faire comprendre à un agriculteur qui souhaite cumuler qu'il est de son intérêt de laisser des terres à ceux qui en ont un besoin plus urgent. Dans les régions où l'affrontement pour le contrôle de la terre est particulièrement aigu, les paysans ont trouvé ainsi des méthodes de dissuasion plus efficaces que le recours à l'autorité administrative et à la sanction judiciaire.

L'analyse de l'intervention des SAFER aboutit aux mêmes conclusions. La commission Vedel souligne que leur action est marginale et le rapport de fédération nationale des SAFER, soumis à l'Assemblée générale le 14 octobre 1975, indique que leur seuil minima d'efficacité est l'achat de 100 000 hectares par an, soit un cinquième environ du marché foncier. Or en 1974, elles n'ont pas atteint les trois quarts de leur objectif. Les raisons de cette insuffisance sont en premier lieu d'ordre légal. Lors des débats parlementaires, les forces conservatrices ont réussi à imposer un grand nombre de limitations à l'exercice du droit de préemption. Il ne peut jouer lorsque l'acheteur est un salarié d'exploitation, un aide familial ou un voisin, sauf si ceux-ci opèrent à cette occasion un cumul abusif. Ainsi la loi assimile le fils, aide familial, d'un grand agriculteur du Bassin parisien, à un salarié et l'autorise à acheter sans contrainte une propriété dans n'importe quelle région. De même, le droit de préemption de la SAFER ne peut pas être opposé au preneur en place. Il suffit au propriétaire, pour éviter son intervention, de louer l'exploitation à l'acquéreur choisi et de réaliser la vente dans un deuxième temps. Au-dessus d'une certaine surface, cette opération peut être réalisée librement. Il est bien d'autres moyens pour tourner la législation, et les campagnes ne manquent pas d'experts pour donner les conseils utiles. Il suffit, par exemple, pour écarter la SAFER, de vendre selon la formule du viager en nature.

A la volonté politique de la majorité parlementaire de conserver au marché foncier son caractère libéral s'ajoute l'interprétation des tribunaux qui, comme pour le statut du fermage, tranchent en faveur de la conception la plus traditionnelle et la plus étroite du droit de propriété. Deux arrêts de la Cour de cassation, en date du 25 novembre 1975, vident pratiquement de tout contenu l'exercice du droit de préemption. En effet celui-ci ne peut plus s'exercer chaque fois que la transaction porte sur « une exploitation équilibrée » ou sur « une exploitation judicieusement composée [80] ». Outre que la définition de ces deux critères par les tribunaux permet toutes les interprétations, la Cour trahit la volonté du législateur qui a fait de ces sociétés les instruments d'une politique d'aménagement foncier. Elles doivent pouvoir, en conséquence, intervenir, quelle que soit la surface mise en vente, afin de contribuer à l'équilibre du plus grand nombre possible d'exploitations dans une zone donnée. C'est pourquoi les exceptions à l'exercice du droit de préemption ne concernent que certaines catégories dont les intérêts sont protégés. De plus, les SAFER ne peuvent pas intervenir sur le marché de location et leur action pour « moraliser » le prix des terres est sans grande influence dans la mesure où le marché foncier

Les grands aménagements régionaux : les installations d'irrigations du Bas-Rhône-Languedoc et le canal de Cadenet de la Durance.

répond à la seule loi de l'offre et de la demande. Enfin, la modicité des fonds de roulement et des crédits pour les travaux accordés par l'État les oblige à rétrocéder les terres dans un délai inférieur à dix-huit mois, ce qui leur interdit toute politique de restructuration.

Le bilan de l'activité des différentes sociétés fait apparaître des distorsions considérables selon les régions. Leur statut juridique explique qu'elles soient le plus souvent contrôlées par des responsables professionnels, présidents de chambres d'agriculture notamment, qui étaient à l'origine leurs adversaires les plus déterminés. En fait, leur dynamisme et leur efficacité dépendent essentiellement de la capacité du syndicalisme à mobiliser ses troupes en leur faveur. Si dans un village les paysans estiment qu'une terre mise en vente doit être acquise par la SAFER pour être ensuite rétrocédée à l'un des leurs et s'ils se mobilisent pour qu'il en soit ainsi, l'expérience montre qu'ils disposent de moyens multiples et redoutables pour décourager tout acquéreur éventuel.

L'analyse des différents chapitres de la politique foncière aboutit aux mêmes conclusions. Les lois d'orientation n'ont pas modifié l'évolution des structures de production, elles ont accompagné un mouvement commandé et guidé par les exigences du système capitaliste. Elles ont simplement infléchi la ligne de pente en accentuant le processus d'élimination des plus petits producteurs. Il est significatif que la seule disposition qui ait pleinement fonctionné et dont toutes les forces en présence reconnaissent l'efficacité soit l'indemnité viagère de départ. Elle a permis, en quelques années, de libérer 8 500 000 hectares, soit le quart de la surface agricole utile. Attribuée à plus de 500 000 agriculteurs et considérée comme une conquête du syndicalisme, elle a contribué à renforcer l'autorité de la FNSEA. Certes, elle apporte aux familles de vieux exploitants un complément de revenus apparemment dérisoire, mais dans un milieu où les liquidités monétaires sont faibles, elle assure la survie des plus démunis. Son coût pour la collectivité peut paraître élevé : 1 100 000 000 F en 1975. En réalité, la somme est modique, car elle représente pour le gouvernement un placement politique aux effets non négligeables. En contribuant à l'entretien des anciens et en libérant, au moins partiellement, les plus jeunes de cette charge, l'État favorise le maintien de la paix sociale dans les campagnes.

Les dispositions législatives n'ont pas transformé les caractères de la concentration foncière. Comme auparavant la moyenne paysannerie bénéficie directement de la disparition des plus faibles, simplement les effets naturels du marché foncier libéral sont présentés comme le résultat d'une volonté politique commandée par l'intérêt général et dominée par des préoccupations d'ordre social. La puissance publique a simplement favorisé l'accélération du processus en rendant les départs moins douloureux, en organisant la course à la rentabilité pour tous ceux qui croient avoir les moyens d'y bien figurer et en réussissant à faire admettre par la majorité des forces politiques et professionnelles une idéologie du progrès qui en masque la finalité. D'une façon générale les grandes exploitations ont peu souffert des barrières théoriquement dressées pour bloquer leur extension. De même les maquignons ou les fabricants d'aliments pour le bétail se sont assez bien accommodés d'une législation que la politique communautaire a rendue caduque en 1970. Les dirigeants professionnels aiment raconter qu'en ce domaine également la pression exercée par les paysans a été plus efficace que toutes les procédures légales et que la visite des agents du fisc à un boucher à la suite d'une plainte « anonyme » pouvait avoir un effet dissuasif sur ses activités de producteur agricole.

La législation sur la vulgarisation agricole connaît les mêmes limites que la politique foncière. Paul Houée estime, en 1970, qu'elle a touché 10 à 15 % de la population active. « Il existe, écrit-il, une disproportion entre les espoirs, les efforts déployés, la minorité qui en a bénéficié et la masse agricole faiblement atteinte [81]. » L'objectif déclaré de sensibiliser aux techniques nouvelles de production tous les agriculteurs susceptibles d'atteindre le seuil de rentabilité est loin d'être réalisé si l'on prend en considération la volonté politique affirmée en 1959 et en 1960 de sauvegarder la grande majorité des exploitations. Beaucoup d'observateurs sont tentés d'expliquer cet échec par le caractère routinier et méfiant du paysan français. Les procureurs qui jugent au nom du progrès s'interrogent rarement sur les effets de l'introduction des techniques modernes sur l'équilibre économique de l'entreprise et sur ses conséquences sociales pour la famille et pour le système de relations au village. La prudence est souvent de la clairvoyance et la routine une exacte compréhension des conséquences d'un certain type d'innovation. Car, ce qui est bon pour un producteur aisé ne l'est pas nécessairement pour celui qui parvient difficilement à reproduire sa force de travail. Or, la vulgarisation, instrument de la politique agricole, est conçue en fonction de la rationalité économique du premier et s'oppose le plus souvent à la rationalité du second. Loin d'être un facteur d'homogénéisation de l'agriculture, elle contribue au contraire à son éclatement.

Le décret du 4 octobre 1966 qui marque le passage de la vulgarisation au « développement » ne se réduit pas à un changement de sigle et à un aménagement administratif et financier. Le transfert de la responsabilité des actions à des structures départementales aboutit à mieux intégrer les programmes aux besoins des forces qui contrôlent le mouvement professionnel et qui sont reconnues par les pouvoirs publics. Le rôle prépondérant confié en ce domaine au Service d'utilité agricole de développement (SUAD) des chambres d'agriculture donne à leurs dirigeants le pouvoir de distribuer des crédits importants et celui d'alimenter le budget des organisations

Résistance à l'industrie.

agricoles reconnues par les pouvoirs publics. Elles veillent ainsi à leur maintien dans une certaine orthodoxie et s'assurent que les fonds publics ne servent pas à des entreprises irresponsables.

La théorie des deux agricultures qui s'élabore au terme des années 60 trouve également un fondement dans les résultats de la politique contractuelle. Loin d'attirer tous les agriculteurs qui n'ont pas encore atteint le seuil de rentabilité, elle opère une sélection d'où émerge une faible minorité de moyens et de gros exploitants. Si à l'origine, en Bretagne notamment, les petits producteurs furent nombreux à tenter l'expérience, bien peu ont résisté aux premières crises de surproduction et à l'effondrement des cours. En matière avicole le rôle des groupements de producteurs a essentiellement consisté à perfectionner les techniques de production et à améliorer les structures d'exploitation. Il en est résulté une rapide élimination des petits paysans lorsque la surexploitation de leur travail n'a plus réussi à compenser la faiblesse de leurs capitaux. Parallèlement, les firmes transformatrices se sont concentrées en quelques groupes puissants et, pour certaines productions, elles ont quitté la région afin d'opérer dans des zones à structures agraires plus « modernes », tel le Bassin parisien, laissant aux agriculteurs « leurs dettes à rembourser et leurs yeux pour pleurer la production disparue [82] ».

Par contre, l'agriculture capitaliste s'est bien adaptée à l'économie contractuelle dans laquelle elle voit un moyen de participer à la transformation industrielle de ses productions. Il s'agit pour elle de ne pas se laisser dominer par l'aval et de créer des structures qui lui permettent de faire contrepoids à la puissance des industries agro-alimentaires. C'est ce que les betteraviers ont fort bien réussi dans leur rapport avec les sucriers. La moyenne agriculture en voie de modernisation a réagi de façon contradictoire. En effet, un certain nombre de jeunes paysans ont cru trouver par cette voie le moyen de demeurer des petits producteurs indépendants et d'échapper à la division en classes sociales qui caractérise la société industrielle. Or, elle a au contraire révélé à une partie d'entre eux la nature des rapports de production sur lesquels elle se fonde. Son rôle a été déterminant pour une fraction des jeunes agriculteurs dans la transformation radicale de leur perception des rapports sociaux de production. Elle a ainsi fortement contribué à l'émergence du courant des « paysans-travailleurs » dans la mesure où le débat sur la capacité de la coopération à intégrer la paysannerie pour éviter la mainmise du capitalisme industriel sur l'agriculture a montré les limites de l'idéologie du producteur indépendant [83].

Les dirigeants des organisations professionnelles officielles reconnaissent l'échec de l'économie contractuelle mais ils en attribuent la responsabilité aux agriculteurs eux-mêmes qui, dans leur très grande majorité, ont refusé de s'engager dans cette voie. Ils estiment que, pour équilibrer la puissance de

Le ministre français de l'Agriculture Roger Houdet et le commissaire européen Sicco Mansholt à la veille du démarrage du Marché commun agricole, 1959.

l'industrie, il est nécessaire de mobiliser la masse paysanne et de l'encadrer dans des structures de négociation. Dans un rapport présenté devant le vingt-quatrième congrès de la FNSEA, en 1970, M. Debatisse défend cette idée et préconise la généralisation d'une organisation interprofessionnelle de caractère corporatiste, dans la tradition des agrariens de l'entre-deux-guerres : « Il faut que ce dernier (l'État) renonce au rôle de tuteur qui lui est cher et qu'il permette à chacun des partenaires de devenir adulte et responsable grâce à l'auto-organisation et l'autodiscipline. Cela suppose en particulier que l'organisme interprofessionnel soit doté par délégation d'un pouvoir réglementaire. » La loi du 10 juillet 1975 [84] répond partiellement à cette invitation. Son succès dépendra de sa capacité à prouver aux agriculteurs qu'elle ne les enferme pas dans leurs fonctions de producteurs et qu'elle n'institutionnalise pas un rapport de domination de nature comparable à celui qui existe entre pays industrialisés et pays en voie de développement. Il ne sera pas aisé de faire admettre à tous les paysans qu'ils doivent se plier aux impératifs de production utiles à quelques-uns et qu'il est possible de débattre sur un pied d'égalité avec les firmes agro-alimentaires. Le débat sur la viticulture a montré en 1976 les limites de la solidarité entre le capitalisme commercial et les producteurs artisanaux [85].

Le bilan de la politique agricole européenne jusqu'en 1970-1972 confirme l'analyse faite sur le plan intérieur. Le Marché commun ne modifie pas sensiblement la hiérarchie des prix et des revenus. Il conserve, en l'accentuant, la politique de la Quatrième République, essentiellement bénéfique aux gros producteurs céréaliers et qui fait prendre en charge, par le budget français, une part importante du soutien des marchés. A partir de 1966, l'Europe n'est plus une source de conflits entre les dirigeants de la Cinquième République et les représentants de la grande agriculture. Elle devient, au contraire, un puissant facteur de convergence dans la mesure où, cette année-là, la France accepte définitivement les mécanismes du traité de Rome et adopte le plan financier proposé pour une période de cinq ans. Les résultats du premier tour de l'élection présidentielle ont vraisemblablement favorisé une évolution que dénoncent les jeunes agriculteurs et les fédérations de l'Ouest, estimant que cette politique est contraire aux objectifs des lois d'orientation et qu'elle bénéficie au seul secteur capitaliste, qu'il soit industriel ou agraire.

Ils reçoivent, en décembre 1968, le renfort inattendu du responsable du secteur agricole au sein de la Commission de Bruxelles, Sicco Mansholt. Celui-ci, dans un mémorandum soumis au Conseil des ministres, présente une autocritique provocatrice de l'œuvre accomplie jusqu'ici sous sa responsabilité. Deux idées fondamentales sous-tendent le document : la politique de prix élevés n'a pas permis aux agriculteurs d'atteindre la parité avec les autres catégories socio-professionnelles, elle a simplement donné aux « plus compétitifs une

L'Europe et les États-Unis.

Quand les vaches entrent dans la contestation au siège du Marché commun à Bruxelles.

véritable rente de situation »; la diminution de la population active agricole est nécessaire et doit aller de pair avec une réforme des structures caractérisée par la création d'unités de dimensions plus importantes. Sicco Mansholt aborde le dossier agricole dans les mêmes termes que M. Debré et les jeunes agriculteurs français huit ans plus tôt, et il formule sensiblement les mêmes propositions. Il commet simplement l'erreur politique de préciser les dimensions dont devrait disposer l'entreprise agricole moderne : 80 à 120 hectares pour les céréales, 40 à 60 vaches pour la production laitière, 150 à 200 bovins pour la viande, et il propose une réduction de 7 % de la surface agricole utile de la communauté. Il suggère, par ailleurs, un blocage des prix des productions excédentaires et une baisse du prix du blé. De telles propositions suscitent naturellement de multiples protestations dans les campagnes et font de leur auteur le bouc émissaire responsable de tous les malheurs de l'agriculture nationale.

Ce document de nature technocratique, qui ne s'embarrasse d'aucune précaution idéologique et qui ignore la réalité des rapports sociaux dans la paysannerie, joue le rôle de révélateur. Il expose brutalement la vision qu'ont les forces au pouvoir de la place de l'agriculture dans le développement du capitalisme européen. Ses propositions de réforme ne sont pas retenues dans leur formulation originelle mais elles inspirent l'évolution de la politique communautaire à partir des années 70.

En effet, la directive européenne du 17 avril 1972 relative à la modernisation des exploitations agricoles repose sur les mêmes principes : concentration des unités de production et sélectivité des aides. En matière de prix et de marché, l'évolution de la division internationale du travail avec les États-Unis aboutit au résultat recherché, mais par une autre voie. Depuis l'origine ceux-ci concédaient aux Européens une certaine protection pour leur production de blé, mais ils leur imposaient une limitation de leur production de maïs et d'orge et ils exigeaient l'entrée libre pour leur propre soja. Le rôle politique des céréaliers français dans la défense de l'unité du monde atlantique, face aux conceptions du général de Gaulle, explique la compréhension que leur manifestaient alors les dirigeants américains. Depuis 1969, et surtout depuis 1974, l'évolution de la politique internationale de la France, plus favorable à une étroite collaboration du monde occidental, leur donne une plus grande liberté de manœuvre. De plus, ils estiment aujourd'hui que les exportations de céréales, y compris le blé, ont pour eux une importance stratégique vitale pour l'équilibre de leur balance commerciale et pour le soutien de leur monnaie, parce qu'elles sont plus aisément contrôlables en volume, valeur et destination que les exportations industrielles [86]. C'est pourquoi les États-Unis font pression sur la Communauté pour qu'elle se spécialise principalement dans les productions animales et pour qu'elle limite ses exportations de céréales. Celle-ci obtempère et accepte, depuis 1972, d'augmenter ses stocks de blé et de mener une politique commerciale extrêmement prudente. Parallèlement elle ne prend pas de mesures lorsque la baisse du dollar permet aux céréales nord-américaines d'entrer à bas prix dans la Communauté.

Cette évolution récente tend à faire du Marché commun un simple élément du dispositif américain et répond aux intérêts politiques et économiques des pays importateurs. L'Allemagne fédérale dénonce en particulier le coût trop élevé du soutien des marchés, 28 milliards de francs en 1976, pour assurer la survie d'une agriculture française qu'elle juge anachronique. L'hégémonie de la puissance américaine sur l'Europe risque de nuire principalement aux intérêts des forces agraires qui lui sont le plus dévouées. Elle montre les limites de la spécificité européenne et la fragilité d'un Marché commun dont la finalité n'est pas agricole, mais conforme aux exigences du capitalisme mondial. Elle relativise la puissance de la grande agriculture, dominée à son tour et qui subit une division du travail qu'elle avait jusque-là réussi à organiser à son seul profit.

Le bilan des dix premières années de la politique agricole de la Cinquième République peut conduire l'observateur à formuler un jugement de nature comparable à celui que portait M. Augé-Laribé sur l'œuvre accomplie par la Troisième République. Il est vrai qu'en apparence un travail législatif considérable a produit des effets très limités qui n'ont pas modifié le sens d'une évolution dont certains observateurs pensent qu'elle aurait pu se produire sans l'intervention de l'État. Au-delà des discours et des débats, les réalisations ne semblent pas révéler la volonté de maîtriser l'avenir d'un secteur éco-

La sélection des meilleurs.

nomique et d'un groupe social dont le gouvernement se plaît, cependant, à reconnaître les vertus conservatrices.

En réalité, une telle analyse ne prend en compte que l'aspect superficiel des phénomènes. Il est plus juste de soutenir qu'au contraire la Cinquième République a su remarquablement adapter l'agriculture aux exigences d'un capitalisme en mutation. Loin d'être l'obstacle à l'expansion que redoutaient Jacques Rueff et Louis Armand, elle a contribué à l'essor des autres secteurs économiques en leur fournissant des marchandises à bas prix, de la main-d'œuvre à bon marché, en devenant un client important de l'industrie et de la banque, et en jouant un rôle essentiel dans l'équilibre de la balance commerciale. L'accélération de l'exode, la concentration des exploitations, l'assujettissement grandissant du travail agricole aux impératifs du commerce et de l'industrie n'ont pas provoqué une crise sociale générale. En treize ans, entre 1960 et 1973, l'endettement des paysans est passé de 9,8 milliards à 60,5 milliards de F, soit de 30 % à 85 % de la valeur ajoutée agricole et il n'en est pas résulté une radicalisation des comportements politiques. Au contraire, la réduction considérable du nombre des salariés d'exploitation [87], des aides familiaux et des petits exploitants a renforcé, parmi les paysans, la conscience d'une plus grande homogénéité. Les transformations des structures de production ne remettant pas en cause la forme de l'exploitation familiale, ils conservent le sentiment, très profondément intégré et valorisé, d'appartenir à une catégorie d'hommes libres et indépendants, celle des chefs d'entreprise à responsabilité personnelle; en même temps le constat de la médiocrité de leur revenu et de la précarité de leur situation, consolide parmi eux les attitudes conservatrices. La protection de l'État, donc des forces au pouvoir, est vécue comme une nécessité encore plus impérative qu'au temps où l'agriculture ne travaillait qu'avec ses bras. Seule une minorité a tiré de ce bilan une analyse critique du système économique qui se traduit par une contestation de l'organisation sociale et par une opposition irréductible au chef de l'État et à son gouvernement.

La logique des mécanismes de développement de leurs exploitations conduit, au contraire, les agriculteurs qui dominent les organisations professionnelles officielles à demander une accentuation des choix retenus par les lois d'orientation. Ils critiquent, non les fondements de la politique agricole, mais la timidité de sa mise en œuvre. Le succès de l'indemnité viagère de départ et la réduction du nombre des jeunes qui cherchent aujourd'hui à devenir agriculteurs diminuent le poids des contraintes sociales et rendent possible l'aggravation de la sélection économique des « meilleurs » producteurs. Telle est la voie dans laquelle est aujourd'hui engagée la politique agricole, activement soutenue par la majorité des forces professionnelles.

Le relatif échec de la politique foncière, par rapport à ses objectifs déclarés, conduit les jeunes agriculteurs à rechercher une solution dans la formule des sociétés anonymes qu'ils baptisent Sociétés agricoles d'investissement foncier (SAIF). L'épargnant ou le capitaliste assimilé à un actionnaire ne devrait disposer, selon eux, d'aucun droit de regard sur la gestion de l'exploitation. Il libérerait le producteur de la charge que représente l'achat des terres, il recevrait en contre-partie un fermage et il bénéficierait de substantiels avantages fiscaux pour cet acte d'intérêt public. Deux projets de lois élaborés en 1964 et en 1970 ont paru répondre à ces exigences mais ils se sont heurtés, avant tout débat, à l'opposition de la majorité parlementaire qui craint que toute formule socié-taire ne conduise, à plus ou moins long terme, à une étatisation de l'activité agricole. Cependant, la loi du 31 décembre 1970 qui crée les Groupements fonciers agricoles (GFA) s'engage prudemment dans cette voie. Pour attirer l'épargne vers un placement foncier agricole, elle lui accorde une exonération des droits, à concurrence des trois quarts de leur valeur, lors d'une première mutation à titre gratuit. En contrepartie, elle prévoit que les actionnaires ne peuvent pas gérer eux-mêmes leur propriété lorsque les apports en numéraires des non-exploitants sont supérieurs à 30 % de la valeur du capital.

En l'état actuel de la législation, le paysan conserve la maî-trise de son activité économique, mais pourra-t-il rester long-temps maître chez lui si, comme le demande la FNSEA, les GFA sont autorisés à faire appel à l'épargne publique et s'il se crée un marché de parts négociables en Bourse ? Il est signi-ficatif que le Crédit agricole et le Crédit lyonnais s'engagent dans la constitution de semblables groupements. Si de tels placements devenaient intéressants pour le secteur capitaliste et, en particulier, pour l'environnement économique de la pro-duction, quelle serait la capacité du mouvement professionnel de garantir au paysan le contrôle de son outil de travail ?

Il est vrai, cependant, que le faible taux d'intérêt que procure nécessairement la location de la terre limitera le développement des formules sociétaires. Elles peuvent attirer marginalement des capitaux soucieux d'échapper aux rigueurs du fisc ou qui veulent atténuer les contraintes des droits de succession.

La recherche de la sécurité de ses investissements conduit l'agriculteur à accepter que soient remises en cause les princi-pales dispositions du statut du fermage et du métayage et en particulier celles qui assurent la continuité familiale de l'ex-ploitation. En effet, la législation sur les baux à long terme ne garantit plus à l'enfant majeur ou à la veuve de l'exploitant le droit à la transmission automatique du bail [88]. De même disparaît la référence à 1939 pour la fixation des taux du fer-mage, ce qui doit entraîner leur augmentation. La législation sur la location de la terre se rapproche ainsi de plus en plus du droit commun. L'impératif n'est plus d'assurer la pérennité d'un système social, de génération en génération, mais, en accordant au propriétaire une rente plus élevée et des avan-

Les mouvements régionalistes révèlent la diversité du patrimoine culturel français et les inégalités du développement économique.

tages fiscaux substantiels, de permettre au producteur de remplir pleinement sa fonction économique, du moins tant qu'il peut répondre aux normes de la rentabilité. Celle-ci est définie, aujourd'hui, de façon plus rigoureuse et plus contraignante. Le poids des petits paysans sans avenir et la puissance politique de la bourgeoisie rurale qui expliquent l'imprécision des textes de 1960 se sont considérablement atténués au cours des années qui ont suivi. Dès 1968, le gouvernement peut donner un contenu précis à la notion d'exploitation moyenne et modeler tout le système des aides sur une référence unique[89]. Il décide alors que l'exploitation viable pour la France entière doit avoir 22 hectares et que toutes celles qui n'ont pas 15,40 hectares sont condamnées à disparaître, notamment par impossibilité d'accès aux prêts bonifiés du Crédit agricole. Ce nouveau critère appelé « surface minimum d'installation », voulu et approuvé par le syndicalisme agricole, est l'instrument essentiel de la seconde phase de la politique agricole de la Cinquième République. Il atteint, en 1976, une moyenne de 23 hectares et il maintient ainsi plus de la moitié des paysans dans des exploitations où leur survie ne peut être assurée que par un surcroît de travail. S'ils ne sont pas dignes d'intérêt pour participer à la distribution des aides de l'État parce qu'un tel investissement n'est pas suffisamment productif pour la collectivité, ils continuent à jouer un rôle essentiel en apportant leur production sur le marché et en contribuant ainsi à maintenir les prix à un niveau raisonnable.

Une génération de paysans a été nécessaire pour passer de l'univers du comice agricole à celui des courbes de rentabilité. Aujourd'hui le langage des dirigeants du syndicalisme agricole

diffère très peu de celui du patronat industriel et il s'apparente souvent à celui des grands commis de l'État. Les références morales qui imprégnaient autrefois tous les discours se sont effacées devant la montée irrésistible des objectifs économiques. Ceux-ci conduisent la FNSEA à approuver pleinement l'orientation et la philosophie générales de la politique européenne qui, depuis 1972, impose aux États membres un renforcement des critères de sélectivité [90]. En abandonnant la référence à la surface exploitée au profit de la notion de rémunération du travail, les autorités communautaires et le gouvernement français montrent clairement leur volonté de traiter désormais l'agriculture comme les autres secteurs de l'activité économique. Dans les années qui viennent, les aides publiques seront réservées aux agriculteurs qui souscriront « un plan de développement ». Il est mis fin aux aides au coup par coup attribuées pour chaque opération d'investissement. Désormais, elles seront octroyées en une seule fois à ceux qui peuvent atteindre d'un seul bond l'objectif fixé. Une telle politique enlève au petit producteur tout espoir d'adaptation par étapes. Ainsi se dissipe, définitivement et brutalement, l'illusion dans laquelle était plongée la paysannerie française depuis 1960. Pendant un peu plus d'une dizaine d'années, il a été expliqué à tous les agriculteurs que les seuls critères de sélectivité étaient la volonté, le courage, la compétence et que tous pouvaient saisir leur chance s'ils le voulaient. Beaucoup ont cru à la vérité des promesses et à la protection de la loi.

Cette première étape d'épuration en douceur a ainsi permis d'éliminer tous ceux qui se situaient aux limites de la subsistance et en particulier les vieux agriculteurs. Il fallait enga-

Vente directe, vente té-
moin, qui pose le pro-
blème du revenu paysan
mais ne le résoud pas.

Colère paysanne en Avi-
gnon. Le consommateur
paie cher les fruits que le
producteur n'arrive pas
à vendre à un prix décent,
1974.

ger les forces vives du monde paysan à faire de l'agriculture une activité économique comme les autres, sans remettre en cause la forme spécifique du système de production. Cet objectif étant aujourd'hui atteint, il est possible d'accélérer le processus et de choisir ceux qu'il faut épauler parce qu'ils ont la possibilité de mieux répondre aux exigences de l'environnement industriel de la production et à celles du marché, et ceux qui doivent continuer à produire avec les moyens dont ils disposent jusqu'à l'âge de la retraite. Ils seront alors remplacés dans leur fonction de « producteurs en surnombre » par ceux qui n'auront pas réussi à s'adapter au niveau supérieur. Et ainsi, la loi d'airain du capitalisme, en éliminant de façon accélérée les « laissés-pour-compte de l'expansion » et en les remplaçant au fur et à mesure par ceux qui ont tenté le « bond en avant » mais ne l'ont pas réussi, assure l'émergence d'une agriculture capable de répondre, à tout instant, aux besoins du système économique.

Or, les chefs d'entreprise qui, pour bénéficier d'un plan de développement, s'engagent à suivre des stages de formation, à tenir une comptabilité, à s'insérer dans l'organisation économique qui va de la production à la commercialisation [91], ont pour ambition, selon la politique communautaire, d'obtenir un revenu équivalent « au salaire brut moyen des salariés non agricoles », tel qu'il est fixé par l'autorité préfectorale dans chaque département! Pour la première fois la contradiction entre le statut social dont se réclame le paysan et la situation économique que lui reconnaît la société est contenue dans la loi. Elle est située, de façon explicite, au cœur de la politique agricole. Le paysan se veut un entrepreneur, un chef qui décide et qui détient la responsabilité, alors que son niveau de vie l'apparente à l'ouvrier moyen qu'il considère pourtant comme « un simple exécutant [92] », comme un homme aliéné.

La puissance idéologique de la notion de « chef » est telle qu'elle permet d'obtenir du producteur un surtravail non rémunéré sans qu'il en résulte de conflit social puisque le paysan-patron commande directement au paysan-travailleur, c'est-à-dire à lui-même. Une telle situation semble d'autant plus paradoxale que l'évolution de la condition de l'ouvrier agricole aboutit à lui reconnaître un niveau de vie au moins égal à celui d'un grand nombre de petits dirigeants d'exploitation. De plus en plus, le salarié est un technicien qui obtient progressivement un statut comparable à celui de l'ouvrier de l'industrie. Certes, il n'a pas encore gagné son combat pour la parité et sa condition demeure inférieure à celle du travailleur des villes, mais depuis 1968 il bénéficie du même salaire minimum et la loi du 27 décembre 1974 lui accorde le bénéfice de la législation sur les quarante heures de travail par semaine et le paiement des heures supplémentaires dans les mêmes conditions que pour les autres catégories de travailleurs. Depuis les années 1968-1970, il bénéficie théoriquement de la plupart des moyens de représentation et de défense collectives :

Néocorporatisme.

exercice du droit syndical et comités d'entreprises dans les
exploitations de plus de 50 salariés, délégués du personnel dans
celles qui en emploient plus de 10. Le changement d'attitude
du pouvoir politique à l'égard des salariés agricoles, du moins
au niveau des intentions et des textes, illustre sa perception
de la place de l'agriculture dans le système capitaliste. C'est
parce qu'il était utile de la considérer comme formant un
monde à part que le gouvernement s'était opposé, en 1919,
aux propositions formulées par le Bureau international du
travail concernant les conditions d'emploi des ouvriers agricoles. C'est parce qu'il est nécessaire d'achever son intégration
dans le système économique qu'il peut adopter aujourd'hui
une position contraire et qu'il déclare vouloir les assimiler,
sous certaines conditions, à ceux de l'industrie [93]. Il n'est pas
étonnant que la paysannerie apparaisse à une opinion publique,
souvent mal informée, comme un ensemble social de nature
contradictoire. Quel monde étrange que celui dans lequel une
grande partie de la masse des propriétaires des moyens de
production lutte pour obtenir le niveau de revenu que la loi
reconnaît à ceux qui leur vendent leur force de travail! Et l'on
comprend l'étonnement du citadin, arrêté sur la route des
vacances par un barrage de tracteurs dont chaque unité représente la valeur de nombreux mois de travail et dont le propriétaire revendique un revenu équivalent à celui de l'ouvrier
spécialisé. Sa surprise est d'autant plus grande que les pouvoirs
publics lui apprennent que les dépenses de l'État en faveur
de l'agriculture sont passées de 5,4 % de l'ensemble des
dépenses publiques en 1960 à 13,5 % quinze ans plus tard.
Il est vrai que plus de la moitié de cette somme est de caractère
social. Pour permettre à l'exploitation agricole de remplir sa
fonction économique, la collectivité prend à sa charge la plus
grande partie du système de protection sociale qui était assu-
mée autrefois par la famille.

Cet effort budgétaire masque le prélèvement plus important
que le système économique opère sur l'agriculture. L'analyse
montre, en effet, que la place des agriculteurs dans la hiérarchie
des niveaux de vie et dans celle de la consommation a peu
évolué au cours des trente dernières années. La modernisation
de l'appareil productif et la diminution du nombre des producteurs n'ont pas bénéficié à ceux qui ont réussi à franchir les
étapes successives de la sélection. La paysannerie, dans son
ensemble, ne tire pas de ce bilan la conclusion que la nature
du capitalisme explique sa condition. Elle attribue la sous-
rémunération de son travail à un mauvais fonctionnement de
l'État, c'est-à-dire à une utilisation tronquée de la règle du
jeu qui devrait accorder à chaque catégorie sa juste part dans
la répartition des richesses nationales.

La contradiction apparente relevée dans le comportement
du paysan tient à la spécificité de sa place dans le système
économique. Dans la mesure où le rapport qu'il établit avec
la société passe par les marchandises qu'il produit et qu'il

Le pot de terre contre le pot de fer. La résistance des paysans du Larzac à l'expropriation a eu un écho national.

porte sur le marché, il estime que la société doit lui donner les moyens de vivre et de continuer à produire. C'est le gouvernement qui, en fixant les prix des produits agricoles, détermine à ses yeux en grande partie la valeur de son travail. Sa perception de l'État est donc nécessairement ambiguë. Elle correspond à l'image du père qui protège, mais aussi qui décide et qui maintient sous tutelle en fonction d'une conception de l'intérêt général dont il est le seul juge. Ainsi s'explique la constante et impérieuse tentation corporatiste. Mais l'expérience montre que, loin d'assurer l'émancipation de la pay-

Tandis que les tensions sociales s'exaspèrent, la vie quotidienne se poursuit.

sannerie, elle transforme ses organisations professionnelles en simples courroies de transmission des décisions du pouvoir central. Celui-ci sait utiliser avec habileté la volonté de participation des dirigeants syndicaux qui espèrent se libérer de la tutelle de l'État en s'engageant dans cette voie et qui sont conduits à s'intégrer dans le système politique. La mise en œuvre de la législation agricole de la Cinquième République illustre cette évolution. En effet, comment les paysans pourraient-ils protester contre la politique foncière définie dans les lois d'orientation quand son application est confiée directement ou de façon paritaire aux dirigeants syndicaux qu'ils ont élus ? Il en est ainsi des SAFER, de la vulgarisation, de la reconnaissance des GAEC ou des commissions départementales des cumuls. Lorsqu'un prêt est refusé à un agriculteur par sa caisse locale du Crédit agricole, la décision a été prise au nom du conseil d'administration qui tient son autorité du suffrage des agriculteurs. De même le groupement de producteurs remplace avantageusement les fonctionnaires de l'agriculture et des finances pour discipliner la production et contraindre les récalcitrants à rentrer dans le rang.

La force des partis conservateurs lorsqu'ils sont au pouvoir tient à leur capacité de s'assurer de tels relais dans les campagnes. Ils peuvent se contenter d'élaborer le cadre réglementaire de la sélection des paysans dans la mesure où ils trouvent spontanément des organisations professionnelles qui revendiquent le droit et considèrent comme un devoir de la mettre en œuvre. Ils bénéficient ainsi d'un écran protecteur entre eux-mêmes et les couches sociales que menace leur politique. Il est donc logique qu'ils n'accordent leur reconnaissance qu'aux organisations dont les dirigeants partagent leur propre vision de l'ordre social. Il ne faut pas que des opposants viennent gripper la machine en refusant les règles du jeu.

conclusion

1914-1974, ces soixante années s'inscrivent dans la longue phase de déclin des campagnes amorcée au XIXᵉ siècle. Mais dans cette tendance générale la période qui va jusqu'aux années 50 peut être inscrite parmi les heures claires de l'histoire de la paysannerie française.

C'est l'époque où le modèle du paysan indépendant, travaillant son propre bien avec les membres de sa famille, se généralise : la propriété paysanne et le faire-valoir direct se répandent et le bien familial constitue une véritable unité de production en même temps qu'une source directe de subsistance. Le village, délaissé par toute activité non agricole, devient véritablement une société paysanne dans laquelle tous les rapports sociaux et les rapports de pouvoir en par-

ticulier sont la transcription des rapports que chaque famille a avec la terre. C'est l'ère par excellence de la revanche sur le grand propriétaire foncier. Même si ceux qui y parviennent sont rares, les plus modestes des travailleurs de la terre peuvent encore caresser l'espoir d'une ascension sociale qui leur permettra d'être leur propre maître. La paysannerie accède dans son ensemble à une condition comparable à celle de la petite bourgeoisie, aussi bien pour le genre de vie et le système de valeurs que pour les comportements politiques.

Mais ce triomphe apparent porte en lui-même les germes du déclin. L'exploitation familiale ne tarde pas à être remise en question par le mouvement même qui a consacré son ascension. La crise des années 30 est la première alerte. Si la guerre qui succède à cette crise, puis la période de reconstruction, constituent un répit, la rupture n'en est que plus brutale dans les années 1950-1960.

C'est qu'entre-temps la bourgeoisie française a dû changer de méthode pour s'assurer sa part dans l'accumulation internationale du capital. Les capitalistes français ne peuvent plus être au milieu du xxe siècle les banquiers du monde qu'ils ont été au milieu du xixe, il leur faut d'abord accroître leur participation à la circulation mondiale des marchandises. Les paysans, de pourvoyeurs de fonds, dont il faut encourager et flatter les vertus d'épargnants, sont contraints de devenir des producteurs travaillant pour l'exportation. Ils doivent sans cesse investir pour améliorer leur productivité ; loin d'épargner, il leur faut désormais s'endetter. Ce qu'ils font d'ailleurs avec autant d'énergie que leurs pères en mettaient à amasser sou par sou leurs économies sur leur livret de caisse d'épargne ou dans leurs armoires. Et pour un résultat toujours aussi modeste.

Mais ce renversement de perspectives change tout. La population rurale diminue considérablement et la façon de vivre et de travailler des paysans évolue radicalement. À la veille de la Première Guerre mondiale, sur cent Français au travail, quarante étaient dans les champs. Parmi ceux-ci, vingt-cinq vivaient et travaillaient en famille. Des quinze autres, une bonne moitié pouvait espérer accéder, à force de privations, à la frugale autonomie des premiers. Ainsi, pour un tiers de la population au travail, l'horizon quotidien, c'était le champ, puis la famille, puis le village et fort accessoirement la ville et le reste du monde. Cette réalité économique quotidienne constituait l'armature de la France paysanne et en garantissait la solidité, dans la mesure même où elle était utile au fonctionnement du système économique national et à son équilibre international.

Aujourd'hui sur cent Français au travail, il n'y en a guère plus de dix qui cultivent la terre ou élèvent des animaux. Sur ces dix, deux sont des ouvriers qui n'ont pratiquement aucune chance de progresser dans la hiérarchie économique et sociale des campagnes. Parmi les huit autres, trois au moins, souvent vieux, savent que leur exploitation s'arrêtera avec eux-mêmes. Restent cinq héritiers du monde paysan parmi cent actifs, tous soigneusement hiérarchisés au sein de la société capitaliste industrielle. Et ces cinq-là doivent surveiller leur compte en banque et traiter avec le marchand d'aliments du bétail ou avec les cadres d'une coopérative soucieuse de rentabilité. Ils sont contraints de se préoccuper de l'issue des négociations communautaires et de craindre le relèvement des cours mondiaux du soja ou la chute de la lire.

Sans recours devant les exigences du système économique, ils s'appliquent avec une remarquable constance à mettre en pratique les préceptes productivistes de l'idéologie qui assure son développement ; et ce, quoi qu'il leur en coûte. Le travail agricole est devenu un pur acte de production de marchandises, comme toute autre activité productive ; la relation vécue avec la nature à travers le travail est désormais médiatisée et mise en forme par le moteur, la machine et le produit de laboratoire : la culture professionnelle a donc perdu son vieux fond naturaliste pour se faire technicienne. L'agriculture est un métier qui s'apprend comme les autres. La vie familiale et personnelle des agriculteurs est régie par les mêmes normes sociales que celle des ouvriers, des employés, des cadres ; ce sont celles que véhiculent les mass media. Il en va de même pour leurs chansons, leurs jeux et leurs danses. Travaillant la terre et vivant à la campagne, leur mode de vie peut bien comporter ses particularités, elles ne suffisent pas à les constituer en un groupe social en soi ; il y a même au contraire, sur ce plan, une grande diversité entre les différentes catégories d'agriculteurs.

A travers trente années d'hésitations, d'une après-guerre à l'autre, puis vingt-cinq ans d'efforts continus, la France paysanne a ainsi perdu la base économique qui faisait son originalité. Cette transformation essentielle de la structure sociale bouleverse les données de la vie politique. Considérée comme le pilier majeur sur lequel reposait l'ordre social, la paysannerie, dans sa majorité, a manifesté tout au long de l'histoire de la république un comportement conservateur.

Certes, une fraction non négligeable des petits paysans a apporté ses voix aux forces de gauche, mais parmi eux bien peu ont eu le sentiment qu'ils pouvaient jouer un rôle actif dans l'avènement d'une société nouvelle. Il est vrai que les partis progressistes qui se qualifient d'ouvriers les ont souvent considérés comme une clientèle et comme une simple force d'appoint.

Enjeu majeur du combat politique à la fin du XIXe siècle, la paysannerie n'est plus aujourd'hui l'objet des mêmes sollicitations. Cependant son poids est loin d'être négligeable et sa réticence à l'égard de toute « aventure » qui mettrait en péril le droit de propriété est toujours exploitée avec efficacité par les forces conservatrices. Celles-ci se trouvent confrontées à des objectifs contradictoires. La logique du système économique dont elles approuvent la nature et la finalité exige l'élimination accélérée d'une grande partie des paysans. Mais la pérennité du système politique et social dépend dans une certaine mesure de la sauvegarde de cette couche de petits producteurs indépendants.

A court terme, le jeu institutionnel qui permet de privilégier les notables favorables au gouvernement, l'utilisation ponctuelle et sélective des subventions et la force du discours idéologique suffiront sans doute à conserver la fidélité d'un électorat dont le comportement est essentiel au maintien de l'actuel rapport de force dans la société française.

Mais, à plus longue échéance, le nombre des paysans s'effritant encore, leur poids dans la vie politique tendra à devenir marginal. Ainsi, c'est au moment où, au terme d'une longue histoire, ils réussissent enfin à dégager leurs propres élites capables de défendre leurs intérêts propres, qu'ils se trouvent de plus en plus réduits au rang de force additionnelle.

Les paysans qui se reconnaissent socialement dans la nébuleuse des classes moyennes aspirent de nos jours à bénéficier du niveau de revenu et du mode de vie de celles-ci. Mais seule une minorité réalisera ce rêve dans la mesure où l'utilisation de son travail productif par le système social conduira inévitablement à l'exploitation du plus grand nombre et au rejet continu des producteurs déclarés inefficaces.

Ces contradictions expliquent la nature des conflits sociaux dans les campagnes depuis le début des années 60. Elles éclairent les antagonismes au sein du mouvement professionnel et elles justifient l'émergence de nouveaux courants syndicaux. Toutefois, elles n'ont pas encore provoqué une évolution sensible dans les attitudes politiques et dans les comportements électoraux des paysans. Il est vrai que le système de sélection des producteurs renforce naturellement les tendances conservatrices au sein du groupe toujours plus réduit des chefs d'exploitation. Mais surtout les courants contestataires de la paysannerie n'ont pas encore trouvé une ou plusieurs organisations politiques capables de traduire leurs aspirations en un projet cohérent et unificateur. Il existe aujourd'hui dans les campagnes une force potentielle dont la mobilisation peut être décisive pour le parti qui saura offrir une même perspective au viticulteur individualiste et libertaire du Midi, à l'éleveur breton traditionaliste et catholique ou au fermier du Bourbonnais façonné par une longue histoire de luttes de classes.

Le discours sur l'unité et sur la spécificité du fait paysan a permis à la droite d'apporter une réponse intelligente et facilement compréhensible aux interrogations de la paysannerie. L'absorption accélérée de l'agriculture par le capitalisme rend de nos jours ce discours de plus en plus mythique. L'avenir des forces progressistes dans les campagnes dépend, en dernière analyse, de leur capacité à dénoncer ce mythe et à permettre aux agriculteurs de trouver enfin leur place dans un combat dont la société globale est l'enjeu.

La solitude
du laboureur de fond.

Pour les ouvrages cités plusieurs fois au cours des notes, la mention complète comportant : auteur, titre, éditeur et date d'édition, n'est portée que la première fois. Dans les références suivantes, seul est indiqué le nom de l'auteur suivi de la date d'édition, décisive comme point de repère. Il faut alors se reporter, soit plus haut dans les notes, soit à la bibliographie qui vient plus loin.

NOTES DU VOLUME

L'AGRICULTURE DANS L'ÉCONOMIE NATIONALE

1. D. Zolla, *l'Agriculture moderne*, Flammarion, 1913, p. 193. D. Zolla est un des plus brillants représentants de l'économie rurale au tournant du siècle. Professeur à l'École nationale supérieure de Grignon depuis 1891, il est libre-échangiste et coopérativiste.

2. Joseph Ruau, sénateur, ministre de l'Agriculture du 24 janvier 1905 au 3 novembre 1910.

3. Pour apprécier l'importance de l'orateur et la puissance de l'organisme qu'il dirige, voir la quatrième partie : Syndicalisme et politique.

4. M. Augé-Laribé, secrétaire général de la Confédération nationale des associations agricoles, puis haut-fonctionnaire du ministère de l'Agriculture, et qui a fondé en 1948 l'actuelle Société française d'économie rurale, domine de sa puissante personnalité l'économie rurale française jusqu'à sa mort, en 1954. A l'époque qui nous intéresse ici, il prône la modernisation de l'agriculture par l'application systématique de- la science et des techniques les plus productives, et il lutte avec acharnement contre le protectionnisme.

5. M. Augé-Laribé, *l'Évolution de la France agricole*, Armand Colin, 1912, p. 56.

6. Voir C.J.A. Mathieu de Dombasle, *Annales agricoles de Roville*, Huzard, 1824, p. 32.

7. A. de Fontgalland, *le Développement économique de la France*, Bibliothèque du Musée social, 1913, p. 21 et 22 ; et, ci-dessous, p. 22 également.

8. M. Augé-Laribé, 1912, p. 57.

9. E. Payen, « L'agriculture et l'emploi des machines », *l'Économiste français*, 1er août 1914. *L'Économiste français* est le journal de Paul Leroy-Beaulieu qui, de sa chaire d'économie politique au Collège de France, exerce sa magistrature sur la pensée économique.

10. M. Augé-Laribé, 1912, p. 41.

11. A. de Fontgalland, 1913, p. 29.

12. A. de Fontgalland, 1913, p. 32.

13. J. Weiller, *Échanges extérieurs et Politique commerciale de la France depuis 1870*, cahiers de l'ISEA, t. III, n° 10, octobre 1969, p. 1771.

14. H. de Peyerimhoff et coll., *Intérêts économiques et rapports internationaux à la veille de la guerre*, Alcan, 1915, p. 75.

15. Voir à ce sujet H.D. White, *The French International Account 1880-1913*, Cambridge (Mass.), *Harvard University Press*, 1933.

16. H. de Peyerimhoff, 1915, p. 32.

17. M. Augé-Laribé, *le Paysan français après la guerre*, Armand Colin, 1923, p. 39.

18. M. Augé-Laribé, *l'Agriculture française pendant la guerre*, PUF, 1925, p. 95.

19. P. Barral, *les Agrariens français de Méline à Pisani*, Armand Colin, 1968, p. 185.

20. M. Augé-Laribé, 1925, p. 106.

21. Ce chiffre est tiré de M. Augé-Laribé, 1925, p. 123.

22. *Le Temps*, 12 février 1919.

23. A. Masse, *le Troupeau français et la guerre*, 1915, lettre-préface.p. XIX.

24. M. Augé-Laribé, 1925, p. 126.

25. M. Augé-Laribé, 1925, p. 127.

26. M. Augé-Laribé, 1923, p. 135.

27. M. Augé-Laribé, *Politique agricole de la France de 1880 à 1940*, PUF, 1950, p. 440.

28. E. Pérochon, *la Parcelle 32*, Nelson, 1935, p. 54-55.

29. M. Augé-Laribé, 1923, p. 31.

30. Périssé, *Compte rendu des séances de l'Académie d'agriculture de France*, t. III, année 1917, p. 612.

31. Périssé, t. III, 1917, p. 613.

32. Périssé, t. III, 1917, p. 620.

33. Périssé, t. III, 1917, p. 621. E. Tisserand, économiste et agronome, a joué depuis le milieu du XIXe siècle un rôle de premier plan dans le développement de l'enseignement agronomique.

34. Hauser, *Rapport général de l'enquête sur la production française et la concurrence étrangère*, éditée en 1917 par l'Association nationale d'expansion économique, p. 10 et p. 57.

35. Les chiffres exacts de ces différentes catégories sont mal connus. Voir la deuxième partie : Familles et exploitations.

36. J. H. Sourisseau *le Développement du machinisme en agriculture*, Toulouse, Imprimerie régionale, 1926, p. 1.

37. J. H. Sourisseau, 1926, p. 2.

38. R. Dumont, *Misère ou prospérité paysanne*, Fustier, 1936, p. 144, et p. 133.

39. H. et J. Hitier, *les Problèmes actuels de l'agriculture*, Payot, 1923, p. 89-90.

40. R. Dumont, 1936, p. 148.

41. *Annuaire des engrais*, 1932-1933, Paris, Lang, Blanchon et Cie, 1933, p. 11 B.

42. Rives, *Pour une politique socialiste des engrais en France*, Paris, Imp. Tancrède, 1932, p. 10.

43. Rapport Leboucq, *Journal officiel*, éd. des « Documents de l'Assemblée nationale », session extraordinaire, 1922, annexe 5203, p. 92.

44. *Ibid.*

45. *Journal officiel*, éd. des « Débats parlementaires », Sénat, séance du 5 mars 1924, p. 208.

46. *Ibid.*, p. 218.

47. Les 6 000 caisses locales et les 97 caisses régionales du système d'État ont en 1936 sept fois plus de prêts en cours que les caisses libres. La crise a d'ailleurs fortement ébranlé les organisations indépendantes. A la fin de 1931, la Caisse centrale libre s'est même trouvée dans une position difficile.

48. M. Degon, *le Crédit agricole*, Sirey, 1939, p. 231.

49. M. Degon, 1939, p. 245.

50. M. Degon, 1939, p. 236.

51. L'observation de la période 1921-1939 est compliquée par l'incertitude des statistiques. La statistique annuelle est établie par un réseau de secrétaires de mairies et autres personnalités locales dont les connaissances empiriques ou l'intuition devaient en principe suppléer au manque de moyens de l'appareil statistique. La seule enquête agricole entreprise avec un peu de sérieux n'est pas non plus exempte de faiblesses. Nous avons choisi de retenir les évaluations de J.-C. Toutain qui nous paraissent offrir les meilleures garanties de sérieux et de cohérence.

52. L.-G. Michael, « Agricultural Survey of Europe : France » *Technical Bulletin*, n° 37, USDA, 1928, p. 38.

53. A. de Cambiaire, *l'Autoconsommation agricole en France*, Armand Colin, 1952.

54. P. Barral, 1968, p. 231.

55. *La viande : production, prix, consommation*, Paris, CNAA, 1929, p. 11.

56. *Ibid.*, p. 18.

57. Voir Rouy et Marchand, *Contribution à l'étude du problème de la viande*, Paris, INA, 1934, p. 35.

58. M. Augé-Laribé, *Syndicats et Coopératives agricoles*, Armand Colin, 1926, p. 137.

59. A. Stirn, *l'Organisation du marché du lait*, Sirey, 1941, p. 51.

60. Pour l'aspect politique de cette création, voir la cinquième partie : l'État et les paysans.

61. L.-A. Vincent, « Évolution de la production intérieure brute en France de 1896 à 1938 », *Études et Conjoncture*, novembre 1962.

62. L.-A. Vincent, 1962, p. 923 et 931.

63. P. de Monicault, *Congrès de l'agriculture française*, Paris, CNAA, 1930, p. 43.

64. S. de Lestapis, *Congrès de l'industrie et de l'agriculture française*, Pontoise, 1933, p. 9.

65. S. de Lestapis, 1933, p. 10 à 23.

66. J. Dessirier, *la Conjoncture économique et financière*, janvier 1939, p. XII.

67. A. Sauvy, *Histoire économique de la France entre les deux guerres*, Fayard, 1965-1975, t. II, p. 130.

68. A. Sauvy, 1965-1975, t. I, p. 258.

69. Pour ces deux citations, voir J. Weiller, *Échanges extérieurs et Politique commerciale de la France depuis 1870*, cahiers de l'ISEA, t. III, n° 10, octobre 1969, p. 1809.

70. A. Sauvy, 1965-1975, t. II, p. 463.

71. Voir J. Weiller, 1969, p. 1872.

72. A. Sauvy, 1965-1975, t. II, p. 444.

73. A. Sauvy, 1965-1975, t. II, p. 431.

74. G. H. Rivière et coll., *la France en guerre*, Plon, avril 1940, p. 50.

75. M. Cépède, *Agriculture et Alimentation pendant la Seconde Guerre mondiale*, Génin, 1961, p. 60.

76. B. Gavoty, in G.-H. Rivière, avril 1940, p. 55.

77. M. Cépède, 1961, p. 355.

78. *Mouvement économique en France de 1938 à 1948*, Paris, INSEE, 1950, p. 69. Voir aussi « Aspects économiques de l'occupation allemande en France », *Histoire de la Seconde Guerre mondiale*, p. 54.

79. Cité par M. Cépède, 1961, p. 161.

80. Cité par M. Cépède, 1961, p. 184.

81. M. Cépède, 1961, p. 59.

82. M. Cépède, 1961, p. 333.

83. « L'agriculture et le ravitaillement depuis la Libération », *Études et Conjoncture*, Paris, INSEE, n° 5-6, décembre 1946-janvier 1947, p. 71 et 59.

84. H. Amouroux, *la Vie des Français sous l'occupation*, Fayard, 1961, p. 154.

85. *Mouvement économique en France 1938-1948*, Paris, INSEE, 1950, p. 69.

86. Cité par M. Cépède, 1961, p. 392.

87. A. Vial, *la Foi d'un paysan*, L'Épi, 1967, p. 60-61; et ci-dessous, p. 62.

88. Ces deux déclarations sont citées par M. Braibant, « L'Europe espace vital de l'agriculture française », *Conférences du groupe Collaboration*, Paris, septembre 1941, p. 5.

89. M. Braibant, *la France paysanne et l'Europe*, Sorlot, 1941, p. 61; et ci-dessous, p. 111.

90. R. Dumont, *le Problème agricole français*, les Éditions nouvelles, 1946, p. 32.

91. M. Braibant, 1941, p. 54.

92. R. Dumont, 1946, p. 16.

93. M. Braibant, *la France nation agricole*, les Documents contemporains, Paris, 1943, p. 67.

94. *Mouvement économique en France de 1944 à 1957*, Paris, INSEE, 1958, p. 65.

95. *Ibid.*, p. 106.

96. *Rapport général sur le premier plan de modernisation et d'équipement*, Présidence du gouvernement, novembre 1946, p. 9.

97. *Ibid.*, p. 169.

98. M. Cépède, 1961, p. 479.

99. M. Cépède, 1961, p. 481.

100. M. Cépède, 1961, p. 483.

101. M. Cépède, 1961, p. 483.

102. *Mouvement économique en France de 1944 à 1957*, Paris, INSEE, 1950, p. 146.

103. On trouvera plus loin une étude de la spécialisation des exploitations, dans la deuxième partie : Familles et exploitations.

104. On lira avec intérêt H. Delorme, *les Composantes et l'Évolution du prix du blé tendre en France*, 1945-1974, Paris, INRA, septembre 1975.

105. En 1972, quelque 500 coopératives de stockage et de commercialisation ont fait plus de 13 milliards de F de chiffre d'affaires.

106. J.-P. Berlan, J.-P. Bertrand, J.-P. Chabert, M. Marloie et P. Spitz, « Blé et Soja : pénuries sur commande ? » *La Recherche*, n° 56, mai 1975, p. 409 s.

107. Voir *Moniteur du commerce international*, n° 155, 15 septembre 1975, p. 72.

108. « Commerce extérieur des produits agricoles et alimentaires français en 1974 », Paris, CFCE, 1975, p. 164.

109. *Ibid.*, p. 166.

110. « The Flanigan Report on agriculture trade policy », *Congressional Record Senate*, 12 avril 1973, p. 7205 s.

111. Il s'agit de l'évaluation de la consommation moyenne par tête, telle qu'elle ressort des bilans alimentaires publiés par le ministère de l'Agriculture, et non des chiffres provenant des enquêtes annuelles sur la consommation des ménages publiés par l'INSEE. Voir, par exemple, *Bilans alimentaires et autres bilans rétrospectifs*, 1959-1974, SCEES, n° 139, décembre 1975.

112. Voir à ce sujet la revue *Paysans*, octobre 1961 : « L'intégration de l'agriculture ».

113. F. Nicolas in *l'INRA au service des industries agricoles et alimentaires*, Paris, INRA, 1974, p. 155.

114. S'y ajoute depuis 1970 un courant d'exportation en expansion, mais qui n'absorbe, en 1974, que 10 % de la production totale.

115. En 1974, 210 groupements rassemblent 30 000 éleveurs et réalisent 42 % de la production intérieure contrôlée, tandis que le reste est fourni par plusieurs centaines de milliers d'exploitants.

116. J. Cranney et P. Rio, *le Dossier de l'industrie de la viande*, Paris, INRA, 1974, p. 3.

117. J. Cranney et P. Rio, 1974, p. 8.

118. La statistique laitière est peu fiable, au moins jusqu'en 1969; l'ordre de grandeur des phénomènes observés est cependant tel que les incertitudes des statistiques ne mettent pas en cause les grandes tendances que nous évoquons ici.

119. Voir à ce sujet Hairy, Perraud, Saunier et Schaller, *Perspectives d'évolution du secteur agro-industriel laitier*, Paris, INRA, 1974.

120. Voir à ce sujet J.-B. Henry, « L'industrie laitière en Bretagne de 1960 à 1970 », *Bulletin d'information du département d'économie et de sociologie rurales*, Paris, INRA, 1974, p. 25 s.

121. Voir P. M. Doutrelant, *les Bons Vins et les autres*, le Seuil, 1976.

122. M. Gervais, Cl. Servolin, J. Weil, *Une France sans paysans*, le Seuil, 1965, p. 49.

123. L. Malassis, « La structure et l'évolution du complexe agro industriel dans la comptabilité nationale française », *Économie et Société*, septembre 1969, p. 1167.

124. Voir à ce sujet J.-P. Bertrand et A. Poliquon, « La grande coopérative, l'agriculture familiale et le développement global », *Économie et Société*, n° 11-12, 1973, série AG, p. 2333 s.

125. Les séries démographiques relatives à la population agricole proviennent, soit des recensements de la population, soit des enquêtes des services du ministère de l'Agriculture. Ayant des objectifs distincts, ces deux sources ne correspondent pas. Pour une étude de cette discordance, on se reportera à P. Greiner, « Dualité des sources statistiques sur la population agricole », *Cahiers de statistique agricole*, n° 159, novembre-décembre 1970.

126. Voir à ce sujet C. Reboul, J. Argyriadis, B. Desbrosses, *Technique de calcul des besoins en travail et en machines sur une exploitation agricole*, INRA, 1970.

127. L. A. Vincent, « Population active, production et productivité dans vingt-et-une branches de l'économie française, 1896-1962 », *Études et Conjoncture*, février 1965, p. 94.

128. Dans *le Monde* du 24 mars 1976, A. Dessot signale que le groupe privé Gardinier est en pourparlers avec l'Entreprise minière et chimique (chacun représente 15 % du marché) et plusieurs coopératives agricoles pour abaisser les coûts de production et de distribution des engrais : « Cette entente risque de ne pas être tout à fait du goût des autres producteurs français : CDF-Chimie (leader incontesté de la profession), Cofaz (filiale à 65 % de Pierrefitte-Auby et à 35 % de Total) et la Générale des engrais (50 % Puk, 50 % Rhône-Poulenc). »

129. *Les Comptes de l'agriculture française en 1974*, in Collections de l'INSEE, série C, n° 39, p. 13.

130. M. Woimant, « L'endettement d'une industrie lourde : l'agriculture », *Union Agriculture*, n° 360, octobre 1974, p. 31.

131. Des lendemains de la guerre au milieu des années 60, l'aide financière aux investissements agricoles est passée par le Fonds de développement économique et social. En 1967, la pratique des taux d'intérêts bonifiés entraînait pour l'État une dépense de 860 millions de F. En 1975 cette dépense atteint plus de 3 milliards.

132. *Les Gains de productivité de l'agriculture française de 1970 à 1974*, SCEES, ministère de l'Agriculture, série Études n° 138, décembre 1975, p. 3 et 20.

133. C. Wagner « Vingt ans de comptes de l'agriculture », *Économie et Statistique*, novembre 1973.

134. Les statisticiens répugnent à présenter cette série car le nombre d'actifs agricoles est mal connu. Nous la préférons parce qu'elle est plus parlante et que sa comparaison avec le salaire moyen est économiquement plus justifiable.

FAMILLES ET EXPLOITATIONS

1. P. J. Hélias, *le Cheval d'orgueil*, Plon, 1975.

2. Tous ces nombres sont des estimations faites à partir du recensement de la population de 1911.

3. E. Labat, *l'Âme paysanne : la terre, la race, l'école*, Delagrave, 1919.

4. R. Lavollée, « La récente enquête de la Société des agriculteurs de France sur les causes de l'abandon des campagnes », *Réforme sociale*, 1-16 septembre 1909.

5. E. Pérochon, *les Gardiennes*, Plon, 1924.

6. H. Huber, *la Population de la France pendant la guerre*, PUF, 1931. Les estimations du rapport Marin se trouvent dans M. Augé-Laribé, 1923. Voir la critique de ces données dans A. Prost, *les Anciens Combattants et la Société française*, thèse de lettres (histoire contemporaine), 1975.

7. Villeneuve-sur-Lot.

8. A. Salères, *Mon pays, ma maison, deux monographies*, Paris, Occitania, 1936.

9. E. Labat, 1919.

10. Il faut noter l'influence de la méthode de recensement qui est différente selon que l'on considère la profession individuelle ou la branche d'activité à laquelle l'individu se rattache (profession collective).

11. Elles sont 44 744 en 1906 et 77 449 en 1921.

12. P. Doin, « La vie chère et ses répercussions dans l'ordre agraire », *Réforme sociale*, 1er juin 1920, t. X.

13. E. Cheysson, *l'Action de la femme dans les syndicats agricoles*, conférence faite le 16 mai 1905 au congrès des syndicats agricoles de Périgueux, Paris, Guillaumin, 1905.

14. Comtesse de Kéranflech-Kernezne, *la Femme de la campagne, ses épreuves et ses responsabilités*, Spes, 1933.

15. Mme Borel de la Prévostière, *la Femme à la ferme et aux champs*, in *l'Agriculture au XXe siècle*, Paris, L. Laveur, 1907.

16. M. Maugeret, « L'Institut agronomique Jeanne d'Arc », *Réforme sociale*, 1er décembre 1909.

17. Comtesse de Kéranflech-Kernezne, 1933.

18. Les plus connus sont ceux de P. de Monicault, qui datent d'avant la guerre et d'Y. Trouard-

Riolle, 1935, pour la fin de la période. Mais il en existe un grand nombre et il faut y ajouter ceux de l'enseignement public.

19. R. Darpoux, *Mémoire sur l'évolution économique d'une commune rurale : Saint-Laurent-Chabreuges (Haute-Loire)*, Paris, ministère de l'Agriculture, 1946.

20. G. Risler, *le Travailleur agricole français*, Payot, 1923.

21. F. Langlois, *les Salariés agricoles en France*, Armand Colin, 1962.

22. M. Augé-Laribé, 1923.

23. Voir E. Guillaumin, *Panorama de l'évolution paysanne, 1875-1935*, Paris, l'Émancipation paysanne, 1936.

24. J.-M. Delord, *la Famille rurale dans l'économie du Limousin, 1769-1939*, Limoges, Imp. Pauhac, 1940.

25. U. Rouchon, *la Vie paysanne dans la Haute-Loire*, le Puy-en-Velay, Imp. de la Haute-Loire, 1933-1938.

26. *Le rôle de la femme dans la vie rurale*, Paris, JACF, 1946.

27. S. Sailly-Laisné, *Orages sur la moisson; le drame vécu par les jeunes ruraux, enquête 1939-1941*, Spes, 1941.

28. Résultats statistiques du recensement général de la population, 1946, vol. IV.

29. 2,23 enfants par famille en 1946 contre 2,29 en 1911. L'écart, faible, ne peut pas être simplement considéré comme dû à des variations de la natalité. La pyramide des âges des familles intervient également.

30. P. J. Hélias, 1975.

31. J.-M. Delord, 1940.

32. U. Rouchon, 1933-1938.

33. A la même époque, un valet de ferme nourri et logé gagne 4 500 à 4 800 francs et une servante de ferme nourrie et logée, 2 800 francs.

34. Almanach de la famille rurale, Éditions rurales, 1947.

35. La quotité disponible est la fraction de la succession dont le testateur peut librement disposer pour avantager l'un de ses héritiers.

36. Les termes de petite, moyenne et grande exploitation, ou de petite, moyenne et grande culture, sont évidemment ambigus. Pour faciliter les comparaisons des trois recensements agricoles dont nous disposons, nous avons retenu des bornes aussi voisines que possible de celles proposées dans l'enquête de 1892. La seule correction que nous effectuerons porte sur les exploitations de 40 à 50 hectares qui, au nombre de 53 000, étaient incluses en 1892 dans la grande culture. Nous les ajouterons à la moyenne culture puisque c'est cette limite de 50 hectares qui apparaît en 1929 et dans les enquêtes suivantes.

37. P. Caziot, *la Valeur d'après-guerre de la terre*, Imp. Nouvelle, F. Pech, Bordeaux, 1923, p. 8.

38. Y. Léon, *l'Évolution des structures agricoles en Bretagne dans la première moitié du XXᵉ siècle*, mémoire de DES, université de Rennes, février 1974, p. 35.

39. E. Drouyn de l'Huys, 1860.

40. P. Caziot, préface à P. Rouveroux. *le Métayage, ce qu'il faut en savoir*, la Maison rustique, 1935, p. 9.

41. M. Lévy-Leboyer, *le Revenu agricole et la Rente foncière en basse Normandie*, Klincksieck, 1972, p. 168.

42. Voir plus loin, p. 576.

43. Voir plus haut, p. 54.

44. Voir plus haut, p. 72.

45. P. Coulomb, « Propriété foncière et mode de production capitaliste », *Études rurales*, n° 51, p. 57.

46. Voir plus haut, p. 37.

47. Voir plus haut, p. 87.

48. Voir plus haut, p. 34.

49. R. Dumont, *Voyages en France d'un agronome*, M. Th. Génin, 1951, p. 25. Cet ouvrage présente, à la veille d'une période de transformations accélérées des exploitations, un bilan très large des formes d'exploitations existantes et de leur histoire récente. Il reste un des modèles les plus achevés de l'enquête agronomique.

50. J. Ferte, *Rapport moral de l'office de comptabilité agricole de Soissons*, la Maison rustique, 1937, p. 4.

51. L. Malassis, *Économie des exploitations agricoles*, Armand Colin, 1958, p. 247.

52. J. Klatzmann, « La distribution des revenus agricoles; les revenus bruts par exploitation », *Études et Conjoncture*, n° 5, 1949. Du même auteur, « Classification des exploitations suivant leur importance économique », Bulletin de la Société française d'économie rurale, avril 1952.

53. M. Latil, *l'Évolution du revenu agricole*, Armand Colin, 1956, p. 262.

54. M. Latil, 1956, p. 262. En 1955, comme aujourd'hui, les revenus monétaires de bon nombre de familles paysannes ne se limitent pas aux ressources qu'elles tirent de la vente de produits agricoles. Aussi, ne prétendons-nous pas, pour l'instant, étudier les variations des niveaux de vie des agriculteurs. Nous nous bornerons ici à apprécier les gains que les paysans tirent de leur travail sur l'exploitation.

55. Voir Centre d'étude des revenus et des coûts, Paris, avril 1976.

56. P. J. Hélias, 1975.

57. R. Bonnain-Moerdijk, « l'Alimentation paysanne en France entre 1850 et 1936 », *Études rurales*, n° 58, avril-juin 1975.

58. M. Le Lannou, *Géographie de la Bretagne*, Rennes, Plihon, 1950-1952 : ici, t. II, 1952.

59. A. Salères, 1936. La présentation que J.-M. Delord, 1940, nous fait de l'alimentation

d'une famille de la région de Cognac-le-Froid (Haute-Vienne) en 1939, corrobore tout à fait le témoignage d'A. Salères.

60. Salé de vache.

61. A. Salères, 1936. Voir aussi J.-M. Delord, 1940.

62. É. Guillaumin, 1936.

63. La dernière gerbe. Fête qui marque la fin de la moisson (terme du Limousin).

64. J.-M. Delord, 1940. U. Rouchon, 1933-1938. A. Salères, 1936.

65. A. Salères, 1936.

66. Recensement de 1946, VI-1.

67. Enquête sur l'habitation rurale en France, H. Dannaud, 1939.

68. Selon le recensement de 1962, le nombre de fermes et bâtiments agricoles ayant au moins un logement d'habitation construit est de 164 588 entre 1915 et 1948 et de 453 292 entre 1871 et 1914.

69. Statistique des familles, 1936.

70. M. Le Lannou, t. I, 1950.

71. Résultats statistiques du recensement général de la population, 1946, VI-2.

72. W. Egloff, le Paysan dombiste, E. Droz, 1937.

73. U. Rouchon, 1933-1938.

74. R. Darpoux, 1946.

75. M. Le Lannou, 1950.

76. R. Hoggart, la Culture du pauvre, étude sur le style de vie des classes populaires en Angleterre, Ed. de Minuit, 1970.

77. M. Le Lannou, 1950. R. Darpoux, 1946. U. Rouchon, 1933-1938.

78. M. Le Lannou, 1950.

79. L. Gachon, les Limagnes du sud et leurs bordures montagneuses, étude de géographie physique et humaine, Tours, Arrault, 1939.

80. R. Bonnain-Moerdijk, 1975.

81. M. Le Lannou, t. I, 1950.

82. É. Guillaumin, 1936.

83. S. Sailly-Laisné, 1941.

84. P. J. Hélias, 1975.

85. J.-M. Delord, 1940.

86. Ph. Ariès, Histoire des populations françaises et de leurs attitudes devant la vie depuis le XVIIIᵉ siècle, Éd. Self, 1948.

87. G. Chastel, Paysannes de France, Éd. Alsatia, 1940.

88. 80 000 selon H. Amouroux, la Vie des Français sous l'occupation, Fayard, 1961.

89. Les statistiques du ministère des Anciens Combattants donnent 1 850 000 capturés au total et 1 490 000 prisonniers au 31 décembre 1940, 1 216 000 au 31 décembre 1941, 1 109 000 au 31 décembre 1942, 980 000 au 31 décembre 1943, et 940 000 au 31 décembre 1944. On peut procéder à une estimation très grossière du nombre des prisonniers agricoles en partant de la proportion de la population active agricole dans la population active totale en 1936 (35,2 %). On obtient ainsi 651 000 capturés, 524 000 prisonniers à la fin de 1940 et 331 000 à la fin de 1944, dont un peu plus de la moitié de chefs d'exploitation.

90. J. Vidalenc, l'Exode de mai-juin 1940, PUF, 1957.

91. Aspects du monde paysan, études et chroniques, J. Dumoulin, 1944.

92. M. Cépède, 1961.

93. M. Le Lannou, t. II, 1952.

94. Aspects du monde paysan, 1944.

95. M. Cépède, 1961.

96. R. Maspetiol, l'Ordre éternel des champs, essai sur l'histoire, l'économie et les valeurs de la paysannerie, Librairie de Médicis, 1946.

97. Voir P. Brunet, Structures agraires et Économie rurale des plateaux tertiaires entre la Seine et l'Oise, Caen, Caron et Cie, 1960.

98. Perspectives à long terme de l'agriculture française 1968-1985, Documentation française, 1969, p. 16.

99. Cette régression a été facilitée par le statut du fermage établi en 1946.

100. D. Blatin, A. Brun et coll., « Les agriculteurs et la propriété foncière », Statistique agricole, supplément série Études nº 93, décembre 1971, p. 2.

101. L. Prault, Paysans, votre combat! S. L. Paysans de la Loire, 1963, p. 32.

102. Tous les renseignements statistiques concernant le fonctionnement du marché foncier sont tirés des publications annuelles de la Société centrale d'aménagement foncier rural (SCAFR, service d'étude des SAFER). Ces publications ont commencé en 1965; voir par exemple le Marché foncier des terres agricoles en France (1965-1972).

103. Voir D. Barthélemy, et J. Cavaillès, les Soultes en France entre 1963 et 1967, Dijon, INRA, 1972.

104. On retrouve les phénomènes de dégénérescence de la rente analysés par P. Coulomb, Propriété foncière et mode de production capitaliste, Études rurales, nº 51, p. 57.

105. Voir les Salaires et la Main-d'œuvre en 1973, SCEES, Étude nº 141, février 1976, Paris, ministère de l'Agriculture.

106. F. Bourquelot, les Salariés agricoles en France, thèse de doctorat de 3ᵉ cycle, École pratique des hautes études, mars 1973, p. 73.

107. Les Salaires et la Main-d'œuvre en 1973, SCEES, étude nº 141, février 1976. p. 11.

108. Pour une analyse rigoureuse il conviendrait de distinguer les ouvriers logés et nourris des autres. Ce problème du rôle des avantages en nature dans la rémunération des ouvriers agricoles est étudié plus loin.

109. M. Gervais, Cl. Servolin, J. Weil, *Une France sans paysans*, le Seuil, 1965, p. 123.

110. Voir Cl. Servolin, *l'Absorption de l'agriculture dans le mode de production capitaliste*, in *l'Univers politique des paysans*, Armand Colin, 1972, p. 41 s.

111. *Ibid.*, p. 73.

112. Voir C. Altmann et coll., *Perspectives d'évolution des productions bovines*, Paris, INRA, 1971.

113. Voir à ce sujet J. Pautard, *les Disparités régionales dans la croissance de l'agriculture française*, Gauthier-Villars, 1965, ainsi que C. Lacour, *Revenus agricoles et croissance régionale en France*, Bordeaux, Éd. Bière, 1966.

114. Voir M. Lenco, *Établissement d'une typologie objective des exploitations agricoles*, SCEES, supplément série Études, nº 116, Paris, ministère de l'Agriculture, juillet 1973. On peut regretter que ce travail n'ait pas été renouvelé sur le recensement de 1970.

115. M. Lenco, *Établissement d'une typologie...*, 1973, p. 115, et plus loin, p. 127.

116. Voir à ce sujet J.-P. Chabert, *Polarisation et Fragmentation du marché du blé*, Paris, INRA, 1976.

117. Pour une étude plus complète de la structure de la production céréalière, voir C. Altmann, *Structure de la production céréalière en France*, Paris, INRA, 1970.

118. On trouvera un étude plus approfondie de l'évolution de la viticulture méridionale dans R. Lifran, *Grandes Exploitations et Viticulture*, Montpellier, INRA, 1975.

119. R. Lifran, 1975, p. 14.

120. *Perspectives à long terme de l'agriculture française 1968-1985*, Paris, Documentation française, 1969, p. 16.

121. Ces chiffres s'appuient sur les résultats de quelques milliers de comptabilités tenues par l'IGER. Ils sont nettement plus favorables que ceux de la grande masse des exploitations françaises, surtout dans les classes de petites exploitations.

122. Voir à ce sujet C. Roger, *les Variations du revenu agricole*, Paris, INRA, 1976.

123. J.-L. Brangeon et G. Jegouzo, *Études de la situation sociale des paysans*, Rennes, INRA, février 1976, p. 12. Les auteurs appellent *bas salaires*, les salaires compris entre 110 % du SMIC et le salaire moyen du manœuvre. Ils appellent *très bas salaires*, ceux qui sont inférieurs à 110 % du SMIC.

124. G. L. Johnson, *l'Exploitation familiale et ses problèmes*, Conference on economic problems of agriculture in industrial societies and repercussions in developing countries, Rome, 1-8 septembre 1965, International Economic Association.

125. F. Langlois, *les Salariés agricoles en France*, Armand Colin, 1962.

126. *Données sociales*, Paris, INSEE, 1973.

127. *Aspects du monde paysan, études et chroniques*, J. Dumoulin, 1944.

128. M. Debatisse, *la Révolution silencieuse; le combat des paysans*, Calmann-Lévy, 1963.

129. Revue *Paysans*, nº 32.

130. Ce droit à intéressement peut être étendu aux aides familiaux de moins de vingt-cinq ans par une convention départementale.

131. Article 4 du décret du 4 septembre 1974.

132. P. Rambaud, *la Politique à l'égard des agriculteurs âgés; un aspect, l'indemnité viagère de départ*, École pratique des hautes études, 1974, multigr.

133. *Les Jeunes Agriculteurs en 1972*, CNJA, janvier-mai 1972, 2 tomes (enquête faite par la SOFRES).

134. *Le rôle de la femme dans la vie rurale*, Paris, JACF, 1946.

135. *Paysans*, nº 70.

136. *Les Jeunes Agriculteurs en 1972*, janvier-mai 1972, CNJA.

137. M. Debatisse, 1963.

138. Ensemble qui comprend, il convient de le rappeler, la totalité des enfants.

139. *La Vie rurale en France* (conférence européenne sur la vie rurale, Bad Godesberg, 1957), Comité interministériel de l'alimentation et de l'agriculture, Paris, CIB, 1957.

140. Enquête de l'Office statistique des communautés européennes, citée par J.-C. Brangeon et G. Jegouzo, *la Pauvreté en agriculture*, Rennes, INRA, 1972.

141. En 1971, 21 % des ménages d'agriculteurs et 6 % des ménages de salariés agricoles en ont un, alors qu'à peine 4 % de l'ensemble des ménages, toutes catégories sociales réunies, en ont fait l'acquisition.

142. *Données sociales*, Paris, INSEE, 1973.

143. L'autoconsommation est en effet beaucoup plus faible chez les salariés agricoles. En 1967, par exemple, elle est de 17,3 % chez les salariés et de 36,7 % chez les exploitants.

144. L'unité de consommation est une convention statistique correspondant à une personne adulte.

145. *La consommation alimentaire des Français*, Paris, INSEE, 1972.

146. J.-C. Brangeon et G. Jegouzo, 1972. Voir en particulier la faiblesse des dépenses en transports et des dépenses culturelles des catégories d'agriculteurs les plus défavorisées.

147. Notamment le loyer fictif, qui compte beaucoup, puisque la grande majorité des agriculteurs est propriétaire de son logement.

148. M. Salitot-Dion, *Stratégies patrimoniales et accumulation des patrimoines fonciers*, communication aux Journées des ruralistes français, 23-26 octobre 1975.

149. Les études de budgets familiaux faites à la veille de la guerre de 1914 conduisent en effet aux mêmes conclusions que les enquêtes les plus récentes sur la consommation des ménages.

LE PAYSAN
DANS SES VILLAGES

1. H. Goudard, *Près d'eux*, Delamain et Boutelleau, 1938.

2. P. Clément, *le Salavès, étude monographique du canton de Sauve (Gard)*, Anduze, Languedoc Éditions, 1953. P. Bozon, *la Vie rurale en Vivarais*, Valence, Imp. réunies, 1961. M. Derruau, *la Grande Limagne auvergnate et bourbonnaise, étude géographique*, Clermont-Ferrand, Delaunay, 1949. J. Casebonne, *Cinquante Ans de vie paysanne*, d'Halluin, 1969.

3. R. Brunet, *les Campagnes toulousaines, étude géographique*, Toulon, faculté des lettres et sciences humaines, 1965.

4. J. Casebonne, 1969.

5. É. Guillaumin, 1936.

6. M. Jollivet et H. Mendras (sous la direction de), *les Collectivités rurales françaises, étude comparative de changement social*, Armand Colin, 1971. Sur le bas Maine, voir R. Musset, *le Bas Maine, étude géographique*, Armand Colin, 1917.

7. J.-P. Moreau, *la Vie rurale dans le sud-est du Bassin parisien entre les vallées de l'Armençon et de la Loire, étude de géographie humaine*, les Belles Lettres, 1958.

8. Comte de Neufbourg, *Paysans, chronique d'un village du Xe au XXe siècle*, Bloud et Gay, 1945.

9. Ph. Bernard, *Économie et sociologie de la Seine-et-Marne*, A. Colin, 1953.

10. J.-L. Courchet et P.-H. Maucorps, *le Vide social, ses conséquences et leur traitement par la revendication, recherches biologiques et sociologiques*, Paris-La Haye, Mouton, 1966.

11. Ph. Bernard, 1953.

12. M. Jollivet et H. Mendras, 1971.

13. M. Jollivet, *le Canton d'Orgères-en-Beauce*, in J. Fauvet et H. Mendras (sous la direction de), *les Paysans et la Politique dans la France contemporaine*, A. Colin, 1958.

14. R. Brunet, 1965.

15. M. Derruau, 1949.

16. É. Juillard, *la Vie rurale dans la plaine de basse Alsace, étude de géographie sociale*, les Belles Lettres, 1953.

17. J. Cuisenier, *Accumulation du capital et Défense du patrimoine* in Darras, *le Partage des bénéfices*, Éd. de Minuit, 1966. M. Salitot-Dion, « Rôle du mariage dans l'accumulation des patrimoines chez les agriculteurs », *Revue française de sociologie*, XVI, 1975. Voir aussi : « Enquête à Chardonneret », *Ethnologie française*, t. 4, n° 1-2, 1974 et M. C. Pingaud, « Terres et Familles dans un village du Châtillonnais », *Études rurales*, n° 42, 1971.

18. M. Cristin et M. Jollivet, Orgères-en-Beauce, DGRST, CNRS, 1966, ronéo (monographie réalisée par le groupe de sociologie rurale du CNRS dans le cadre d'une étude comparative des sociétés rurales françaises).

19. M. Jollivet et H. Mendras, 1971.

20. Cl. Karnoouh, « la Démocratie impossible », *Études rurales*, 1973, n° 52. « Parenté et pouvoir dans un village lorrain », *Études rurales*, 1973, n° 52.

21. M. Halbwachs, *Esquisse d'une psychologie des classes sociales*, M. Rivière, 1955.

22. R. Brunet, 1965.

23. En 1921, la population rurale représente 21 millions de personnes, soit 53,6 % de la population française. C'est à 1 % près le nombre et la proportion de la population totale qui habite dans les communes de moins de 3 500 habitants. On peut donc considérer que la population rurale est celle qui habite ces dernières.

24. J.-C. Toutain, *la Population de la France de 1700 à 1959*, Cahiers de l'ISEA, suppl. n° 133, janv. 1963.

25. F.-P. Gay, *la Champagne du Berry, essai sur la formation d'un paysage agraire et l'évolution d'une société rurale*, Tardy, 1967. G. Garrier, *Paysans du Beaujolais et du Lyonnais, 1800-1970*, Grenoble, Presses universitaires, 1973, 2 tomes. P. Bozon, *la Vie rurale en Vivarais*, Valence, Imp. réunies, 1961. R. Brunet, 1965. P. Bourdieu, « Célibat et condition paysanne », *Études rurales*, août-septembre 1962.

26. P. Barral, *le Département de l'Isère sous la Troisième République, 1870-1940, histoire sociale et politique*, A. Colin, 1962. M. Derruau, 1949.

27. R. Chapuis, *Une vallée franc-comtoise, la haute Loue ; étude de géographie humaine*, les Belles Lettres, 1958.

28. Ph. Pinchemel, *Structures sociales et Dépopulation rurale dans les campagnes picardes de 1836 à 1936*, A. Colin, 1957.

29. A. Thibault, *Villes et Campagnes de l'Oise et de la Somme*, Beauvais, Centre départemental de documentation pédagogique de l'Oise, 1967, 2 tomes.

30. E. Vandervelde, *l'Exode rural et le Retour aux champs*, Alcan, 1903.

31. M. Derruau, 1949.

32. F. Gravier, *Paris et le Désert français ; décentralisation, équipement, population*, le Portulan, 1947.

33. M. Augé-Laribé, *Situation de l'agriculture française, 1930-1939*, Berger-Levrault, 1941.

34. Ph. Pinchemel, 1957.

35. M. Augé-Laribé, 1941.

36. *Notes et Documents statistiques sur l'électrification rurale*, ministère de l'Agriculture, direction du génie rural, 1932 (extraits des Annales, fasc. 62).

37. Exposé des motifs du décret du 25 mars 1922 instituant une commission interministérielle chargée d'établir un programme de distribution de l'énergie électrique dans les campagnes.

38. *Notes et Documents statistiques sur l'électrification rurale*, 1932.

39. Précisons bien, en effet, qu'il s'agit ici, non pas d'une statistique sur le nombre des ménages dotés de l'électricité, mais d'une simple évaluation du nombre des foyers qui ont la possibilité de se raccorder à un réseau parce qu'il en passe un à une distance rapprochée de leur maison.

40. A. Varagnac, *Civilisation traditionnelle et Genres de vie*, Albin Michel, 1942. A. van Gennep, *Manuel du folklore français contemporain*, tome I-III, 1948.

41. Société des nations, 1939.

42. Abbé Maurice, *Autour de mon village*, Yvetot, 1942.

43. *La Joie au village*, II, *Fêtes à la campagne*, JACF, Corbeil, Imp. Crété, 1938.

44. H. Goudard, 1938.

45. U. Rouchon, 1933-1938. W. Egloff, 1937.

46. A. Salères, 1936.

47. JACF, 1938.

48. G. Le Bras, *Étude de sociologie religieuse*, PUF, t. I, 1955, t. II, 1956. F. Boulard, *Problèmes missionnaires de la France rurale*, Éd. du Cerf, 1945, 2 vol.; *Essor ou déclin du clergé français?* Éd. du Cerf, 1950.

49. A. Varagnac, 1942. A. van Gennep, 1948.

50. A. Varagnac, 1942. A. van Gennep, 1948.

51. U. Rouchon, 1933-1938.

52. Les indications fournies par A. van Gennep manquent de précision sur ce point quant aux dates; l'existence du mannequin pourrait être plus répandue qu'il n'est avancé ici.

53. É. Guillaumin, 1936. W. Egloff, 1937.

54. A. Varagnac, 1942.

55. A. Varagnac, 1942. F. Yard, *Mon village*, Rouen, H. Defontaine, 1944.

56. L'interprétation de l'évolution du folklore donna lieu à l'époque à une controverse entre A. Varagnac qui soutenait la thèse de la disparition totale du folklore et A. van Gennep pour qui le folklore est un « être vivant » dont l'étude fait partie des « sciences biologiques » (voir A. van Gennep, *le Folklore*, Paris, 1924).

57. F. Yard, 1944.

58. A. Salères, 1936.

59. R. Finkelstein, *Monde rural*, les Éditions ouvrières, 1943.

60. *La Joie au village*, I, *Noces, danses, veillées*, JACF, Issoudun, Imp. Laboureur, 1937.

61. *La Vie rurale en France* (conférence européenne sur la vie rurale, Bad Godesberg, 1975), Comité interministériel de l'alimentation et de l'agriculture, Paris, CIB, 1957.

62. *La Joie au village*, t. II, *Fêtes à la campagne*, Corbeil, Imp. Crété, 1938.

63. M. Debatisse, 1963.

64. *Problèmes intellectuels de la vie rurale*, SDN, Genève, 1939 (conférence européenne de la vie rurale, 16); *l'Organisation des loisirs à la campagne*, Genève, SDN, 1939 (conférence européenne de la vie rurale, 17).

65. Voir la quatrième partie : Syndicalisme et politique.

66. A. Varagnac, 1942.

67. H. Goudard, 1938.

68. U. Rouchon, 1933-1938. W. Egloff, 1937.

69. H. Goudard, 1938.

70. A. Varagnac, 1942.

71. L. Bernot et R. Blancard, *Nouville, un village français*, Paris, Institut d'ethnologie, 1953.

72. H. Goudard, 1938.

73. P. Bourdieu. « Célibat et condition paysanne », *Études rurales*, août-septembre 1962.

74. L. Gachon, *l'Arrondissement d'Ambert*, in J. Fauvet et H. Mendras, 1958.

75. *La Joie au village*, t. II, *Fêtes à la campagne*, JACF, Corbeil, Imp. Crété, 1938. On trouvera une analyse approfondie du rôle local des associations d'anciens combattants dans A. Prost, *les Anciens Combattants et la Société française (1914-1939)*, thèse de doctorat ès lettres (histoire contemporaine), 1974.

76. SDN, 1939.

77. R. Chapuis, 1958.

78. *Les Zones de peuplement industriel et urbain*, Paris, INSEE, 1968.

79. *L'industrialisation en milieu rural*, Atelier central des études d'aménagement rural, École nationale du génie rural et des eaux et forêts, 1971.

80. *Les établissements industriels et commerciaux* en 1966; et en 1971, INSEE.

81. M. Jollivet, « Typologie des évolutions démographiques cantonales depuis le début du XIXe siècle », *Études rurales* n° 22, juillet-septembre 1967.

82. P. Rambaud, *les Coopératives de travail agraire en France*, Centre de sociologie rurale, CORDES, 1973.

83. M. Jollivet (sous la direction de), 1974.

84. F. Boulard, 1945 et 1950.

85. Abbé H. Godin et abbé Y. Daniel, *la France, pays de mission*, Éd. du Cerf, 1943.

86. F. Boulard, *Cahiers du clergé rural*, avril 1949.

87. F. Boulard, 1945, appendice VI.

88. F. Boulard, 1950.

89. *Cahiers du clergé rural*, n° 208.

90. P. Coutin, *Équipements et services en milieu rural*, Paris, CRESA, 1966, 2 vol.

91. Loi du 28 février 1942 portant simplification et coordination de l'administration départementale.

92. Entre 1911 et 1968, 605 communes de moins de 3 000 habitants seulement ont été l'objet d'une décision de fusion. Encore convient-il de préciser que les quatre cinquièmes de ces fusions ont eu lieu entre 1962 et 1968. Avant 1962, le nombre des fusions est donc extrêmement faible. Le nombre des communes fusionnées est même inférieur à celui des communes divisées entre 1911 et 1936. Une politique de regroupement s'esquisse entre 1936 et 1946. Elle devient très nette après 1954 et s'accentue depuis.

93. J. de Savigny, « Un bilan de la politique des fusions et groupements de communes », le Moniteur des travaux publics et du bâtiment, nº 15, 14 avril 1973.

94. Chambres d'agriculture, nº 26, 15 février 1974.

95. Bulletin d'information du CONATEF, supplément nº 1 au nº 93, nov. 72.

96. P. Coutin, 1966.

97. Premier inventaire des distributions rurales d'eau potable, ministère de l'Agriculture, direction générale du génie rural et de l'hydraulique agricole, 1954.

98. Inventaire de l'assainissement des communes rurales, 1962.

99. Enquête communale de 1969-1970, Statistique agricole, suppl. série Études, nᵒˢ 115 et 115 bis, avril 1974 (ministère de l'Agriculture).

100. Troisième inventaire de l'alimentation en eau potable des populations rurales, 1966.

101. Inventaire des équipements publics ruraux, 1974.

102. Enquête communale de 1969-1970.

103. Les résidences secondaires en France dans le cadre de l'habitat de loisir, la Documentation française, « Notes et Études documentaires », nᵒˢ 3939-3940, 9 nov. 1972.

104. Ibid.

105. L. Torrion, « l'Aménagement rural en France », le Moniteur des travaux publics et du bâtiment, nº 6, 8 février 1975.

106. M. Jollivet et H. Mendras, 1971.

107. E. Morin, Commune en France, la métamorphose de Plodémet, Fayard, 1967.

108. Ceci est fort bien montré à propos des ouvriers paysans lorrains, in M. Jollivet et H. Mendras, 1971.

109. N. Eizner, « Nouveaux ouvriers, nouvelles formes de lutte », Raison présente, nº 32. B. Hervieu, Ouvriers ruraux du Perche, industrialisation et conflits sociaux en milieu rural, thèse de doctorat de 3ᵉ cycle de sociologie, université de Paris-X, 1976.

SYNDICALISME ET POLITIQUE

1. M. Augé-Laribé, Syndicats et Coopératives agricoles, Armand Colin, 1926, p. 38.

2. A. Toussaint, l'Union centrale des syndicats agricoles, ses idées directrices, 1920.

3. Comte R. de Rocquigny, les Syndicats agricoles et leur œuvre, Armand Colin, 1900.

4. R. Thabault, Mon village, ses hommes, ses routes, son école, 1848-1914, Delagrave, 1945.

5. H. de Gailhard-Bancel, les Syndicats aux champs et au Parlement, 1884-1924, Valence-sur-Rhône, Imp. valentinoise, 1930.

6. V. Boret, Pour et par la terre, Payot, 1921, p. 142.

7. M. Augé-Laribé, la Politique agricole de la France de 1880 à 1940, PUF, 1950, p. 442.

8. G. Wright, la Révolution rurale en France, l'Épi, 1967, p. 43.

9. M. Augé-Laribé, 1926, p. 38; mais, pour l'auteur, ces divergences doctrinales sont insignifiantes dans les diverses associations agricoles.

10. Ph. Gratton, les Luttes de classes dans les campagnes, 1870-1921, Anthropos, 1971; les Paysans français contre l'agrarisme, Maspero, 1972.

11. D. Halévy, Visites aux paysans du Centre : 1907-1934, Grasset, 1935 et M. Bernard, le Syndicalisme paysan dans l'Allier, Montluçon, Imp. A. Denuvy, 1910.

12. Pour une analyse plus approfondie, voir : Ph. Gratton, 1971 et 1972; A. Compère-Morel, la Question agraire et le socialisme en France, M. Rivière, 1912, et le Socialisme et la Terre, Librairie populaire, 1928; H. Pitaud, la Terre au paysan, Éd. P. Bossuet, 1936; « La politique agraire du parti communiste français du congrès de Marseille (1921) à nos jours », Cahiers de l'Institut Maurice Thorez, nº 24, 4ᵉ trimestre 1971.

13. A. Compère-Morel, 1928.

14. Journal officiel, éd. des « Débats parlementaires », Chambre des députés, séance du 3 juillet 1897, p. 1809.

15. Sur le pacifisme des paysans dans l'entre-deux guerres, voir I. Boussard, « Le pacifisme paysan », colloque de la Fondation nationale des sciences politiques : la France sous le gouvernement Daladier d'avril 1938 à septembre 1939, 4-6 décembre 1975 (ronéo).

16. Article du 11 décembre 1921, in Œuvres complètes, Éd. sociales et éd. en langues étrangères, Moscou, t. 33, p. 128-136.

17. Le Travailleur du Lot-et-Garonne, 8 novembre 1919, cité par Ph. Gratton, 1971, p. 358.

18. Karl Marx, le Capital, livre III, t. III, Éditions sociales, 1955, p. 186.

19. F. Engels, *la Question agraire en France et en Allemagne*, Éditions sociales, 1956, p. 29.

20. G. Ziebura, *Léon Blum et le parti socialiste*, Cahiers de la Fondation nationale des sciences politiques, nº 154, Armand Colin, 1967, p. 190-191.

21. G. Dupeux, *le Front populaire et les élections législatives de 1936*, Armand Colin, 1959.

22. Classification empruntée à Albert Demangeon, « La France économique et humaine », in P. Vidal de la Blache, *Géographie universelle*, tome VI, 2ᵉ partie, Armand Colin, 1946 : « la propriété capitaliste » est la propriété des familles aristocratiques et bourgeoises.

23. G. Dupeux, 1959, p. 175.

24. Ph. Gratton, « Le mouvement ouvrier et la question agraire de 1870 à 1940 », in J. Fauvet et H. Mendras, *l'Univers politique des paysans*, Armand Colin, 1972, p. 111.

25. S. Berger, *les Paysans contre la politique*, le Seuil, 1975, p. 147-150.

26. Voir H. Pitaud, 1936, p. 184-185.

27. H. Pitaud, 1936, p. 413.

28. Ph. Gratton, 1972, p. 151-152. Le lecteur trouvera dans cet ouvrage un dossier complet des rapports entre les deux organisations.

29. A. Compère-Morel, 1912, p. 95 s.

30. J. Méline, 1919, p. 80.

31. P. Caziot, « La crise agraire et le problème de la colonisation intérieure en France », Semaines sociales de France, Rennes, 1924, p. 251.

32. Cette brève analyse des grèves reprend les travaux de Ph. Gratton, « Mouvement et physionomie des grèves agricoles en France » dans son livre, *les Paysans français contre l'agrarisme*, Maspero, 1972, p. 43-85.

33. Ph. Gratton, 1972, p. 77-78.

34. M. Augé-Laribé, *le Paysan français après la guerre*, 1923, p. 210-218.

35. Fédération des travailleurs de l'agriculture, des forêts et similaires de France et des territoires d'outre-mer de la CGT, « Histoire du mouvement syndical des ouvriers agricoles, forestiers et similaires », novembre 1952.

36. Ph. Gratton, 1972, p. 63.

37. Fédération des travailleurs de l'agriculture, des forêts..., « Histoire du mouvement syndical des ouvriers agricoles, forestiers et similaires », novembre 1952.

38. Cité par M. Augé-Laribé, 1923, p. 201.

39. Ph. Gratton, 1971, p. 482.

40. Ph. Bernard, *Économie et Sociologie de la Seine-et-Marne, 1850-1950*, Armand Colin, 1953, p. 251.

41. Aujourd'hui *Ouest-France*.

42. P. Delourme (pseudonyme de l'abbé Trochu), *Trente-cinq années de politique religieuse ou l'histoire de l'Ouest-Éclair*, Fustier, 1936, p. 295; et plus loin, p. 298.

43. P. Barral, « Les syndicats bretons de cultivateurs-cultivants », *le Mouvement social*, avril-juin 1969, p. 147.

44. Tract rédigé par l'abbé Mancel, cité par H. Pitaud, 1936, p. 104-106.

45. P. Delourme, 1936, p. 301.

46. P. Delourme, 1936, p. 308.

47. M. d'Haene, *la Jeunesse agricole catholique a vingt-cinq ans*, Paris, coll. Semailles, 1954, p. 10.

48. Voir la troisième partie : *le Paysan dans ses villages*, p. 344.

49. Voir M. Faure, « Pourquoi la JAC ? », un article de la revue *Paysans*, nº 66, p. 45.

50. R. O. Paxton, *la France de Vichy, 1940-1944*, le Seuil, 1973, p. 204-205.

51. A. Thibaudet, *les Idées politiques de la France*, Stock, 1932, p. 246.

52. M. Augé-Laribé, 1950, p. 384.

53. L. Salleron, *Un régime corporatif pour l'agriculture*, Dunod, 1937, p. 48.

54. J. Le Roy Ladurie, *Vers une politique paysanne*, Union nationale des syndicats agricoles, congrès syndical de Caen, 5-6 mai 1937, Flammarion, p. 45 ; et, plus loin, p. 20.

55. L. Salleron, 1937, p. 34.

56. L. Salleron, 1937, p. 108.

57. Voir plus loin, p. 432.

58. Cité par L. Salleron, 1937, p. 253-255.

59. Cité par C. Mesliand, « Le syndicat agricole vauclusien, 1887-1939 », in *le Mouvement social*, Éditions ouvrières, avril-juin 1969, nº 67, p. 58.

60. Cité par L. Salleron, 1937, p. 241.

61. C. Mora, *les Chambres d'agriculture : représentation et défense des intérêts agricoles : 1924-1940*, Bordeaux, thèse de lettres, 1967.

62. J. Le Roy Ladurie, « Les syndicats paysans dans la nation », Union nationale des syndicats agricoles, 5-6 mai 1937, p. 43.

63. Voir Ph. Bernard, Armand Colin, 1953.

64. P. Delourme (pseudonyme de l'abbé Trochu), 1936, p. 299-300.

65. É. Grenadou et A. Prévost, *Grenadou, paysan français*, le Seuil, 1966.

66. S. Berger, 1975, p. 96 et 185.

67. S. Berger, p. 169.

68. Expérience longuement développée in L. Salleron, 1937, p. 136-164.

69. C. F. Ramuz, *Questions*, Grasset, 1935, p. 87-119.

70. Voir A. Gouze, Semaines sociales de France, Angers, 1935, p. 538.

71. P. Barral, *les Agrariens français de Méline à Pisani*, Cahiers de la Fondation nationale des sciences politiques, nº 164, Armand Colin, 1968, p. 233.

72. É. Grenadou et A. Prévost, 1966, p. 142.

73. S. Berger, 1975.

74. P. Bois, *Paysans de l'Ouest*, Flammarion, 1971 (voir notamment p. 28-29).

75. Voir J.-M. Royer, « De Dorgères à Poujade », *in* J. Fauvet et H. Mendras, *les Paysans et la Politique*, Armand Colin, 1958, p. 149-206 et P. Ory, « Le Dorgérisme, institution et discours d'une colère paysanne », *Revue d'histoire moderne et contemporaine*, t. XXII, avril-juin 1975, p. 168-190.

76. P. Barral, 1968, p. 240.

77. H. Pitaud, 1936, p. 167-169.

78. Cité par S. Berger, 1975, p. 146.

79. *La voix de la terre* (journal du parti agraire), 1er mars 1929. Cité par P. Barral, 1968, p. 237.

80. G. Wright, 1967, p. 80.

81. H. Noilhan, *la République des paysans*, Imp. du Cantal républicain, 1932, p. 199.

82. H. Dorgères, *Au XXe siècle, dix ans de jacquerie*, 1959.

83. Cité par S. Berger, 1975, p. 172.

84. J. Pesquidoux, *Sur la glèbe*, Plon, 1922, p. 210.

85. É. Guillaumin, *la Vie d'un simple*, 1904; voir l'édition de 1943, Stock, reprise dans Le livre de poche, 1972.

86. Appel du 25 juin 1940.

87. M. Bloch, *l'Étrange Défaite*, Armand Colin, 1957, p. 190-192.

88. M. Cépède, *Agriculture et Alimentation en France durant la Seconde Guerre mondiale*, M.-Th. Génin, 1961.

89. P. Barral et I. Boussard, « La politique agrarienne », *in le Gouvernement de Vichy, 1940-1942*, Cahiers de la Fondation nationale des sciences politiques, Armand Colin, 1972, p. 211-244.

90. P. Barral, 1968, p. 278.

91. H. Dorgères, *Le Cri du sol*, no 49, 7 décembre 1940.

92. P. Barral et I. Boussard, « La politique agrarienne » in *le Gouvernement de Vichy, 1940-1942*, Armand Colin, 1972, p. 230.

93. L. Salleron, *Naissance de l'État corporatif*, Grasset, 1942, p. 14.

94. Sur l'histoire de la Corporation paysanne, voir l'excellente thèse de I. Boussard, *la Corporation paysanne, une étape dans l'histoire du syndicalisme agricole français*, Paris, 1971, publiée aux Micro-éditions universitaires, 1973.

95. Déclaration à une personnalité allemande, décembre 1942, cité par M. Cépède, 1961, p. 92.

96. E. Forget, « Vingt ans de vie syndicale », *Revue de l'action populaire*, no 152, novembre 1961, p. 1087-1099.

97. G. Wright, 1967, p. 137.

98. L. Chevalier, 1947, p. 82.

99. S. Berger, 1975, p. 175.

100. Confédération générale agricole, congrès d'unité paysanne, Paris, 16-18 mars 1945, rapport de M. Lyonnet, p. 12.

101. Cité par G. Wright, 1967, p. 143.

102. Voir M. Cépède, 1961, p. 95.

103. H. Pitaud, « La politique agraire du parti communiste français du congrès de Marseille (1921) à nos jours », Cahiers de l'Institut Maurice Thorez, no 24, 4e trimestre, 1971, p. 49.

104. Confédération générale agricole, congrès d'unité paysanne, Paris, 16-18 mars 1945, p. 48; et, plus loin, p. 58.

105. En 1955, René Blondelle, président de l'assemblée permanente des chambres d'agriculture, est élu sénateur indépendant-paysan de l'Aisne. Il conserve son mandat professionnel tout en siégeant au Parlement.

106. P. Barral, 1968, p. 288.

107. Voir G. Wright, 1967.

108. Sous le gouvernement Guy Mollet, 1er février 1956-17 juin 1957, un socialiste, Kléber Loustau, est sous-secrétaire d'État à l'Agriculture, mais il dépend d'un ministre radical, André Dulin.

109. Le budget global de toutes les chambres départementales d'agriculture atteint 720 millions d'anciens francs en 1954 et 156 millions de nouveaux francs en 1969.

110. Profession de foi de René Blondelle présentant sa candidature à la présidence de l'APPCA; voir C. Mora, « Les Chambres d'agriculture et l'unité paysanne », *in l'Univers politique des paysans français*, 1972, p. 514.

111. Lettre circulaire du 16 octobre 1958, 1339 J.C./L.D.

112. G. Wright, 1967, p. 177.

113. Dont le secrétaire général de la FNSEA, Jean Laborde, élu député du Rhône.

114. Voir G. Wright, 1967, p. 198.

115. Respectivement : Joseph Laniel, Edgar Faure et Roger Houdet, du 27 juin 1953 et 12 juin 1954.

116. Les dix-huit fédérations sont celles de : l'Allier, la Creuse, la Haute-Vienne, la Corrèze, la Charente, la Charente-Maritime, la Dordogne, le Cantal, le Puy-de-Dôme, la Haute-Loire, la Loire, la Nièvre, le Cher, l'Indre, les Deux-Sèvres, la Vendée, la Saône-et-Loire.

117. *Revue française de science politique*, janvier-mars 1956.

118. M. Debatisse, *la Révolution silencieuse, le combat des paysans*, Calmann-Lévy, 1963.

119. A. Vial, *la Foi d'un paysan, l'impasse de l'ACJF*, l'Épi, 1967, p. 123.

120. M. Debatisse, 1963, p. 264.

121. B. Hervieu et A. Vial, « L'Église catholique et les paysans », *in l'Univers politique des paysans français*, 1972, p. 299-300.

122. Voir les *Cahiers de formation*, décembre 1954, cités par B. Hervieu et A. Vial, « L'Église catholique et les paysans », in *l'Univers politique des paysans français*, 1972, p. 56-98.

123. Voir « Les conflits de générations dans le monde rural français », in *les Conflits de générations*, PUF, 1963, p. 56-98.

124. Revue *Paysans*, n° 6, juin-juillet 1957.

125. Le cercle devient en 1961 le Centre national des jeunes agriculteurs.

126. M. Debatisse, 1963, p. 171.

127. *Revue des agriculteurs de France*, avril-mai 1962.

128. P. Coulomb et H. Nallet, « Les organisations syndicales agricoles à l'épreuve de l'unité », in *l'Univers politique des paysans français*, 1972, p. 396.

129. Préface au livre de M. Debatisse, 1963, p. 9 et 14.

130. M. Faure, *les Paysans dans la société française*, Armand Colin, 1966, p. 120.

131. B. Lambert, *les Paysans dans la lutte des classes*, le Seuil, 1970.

132. Voir l'analyse que Maurice Bedel présentait, en 1937, de son village limousin ; « Il y a le maréchal de droite et le maréchal de gauche. L'un ferre les chevaux bien pensants, l'autre les chevaux mécréants. Il est bon que les charrues de droite ne pensent pas comme les charrues de gauche. C'est ce qui sauve le village de l'ennui, c'est ce qui lui conserve ce minimum d'activité » (M. Bedel, *Géographie de mille hectares*, Grasset, 1937, p. 114).

133. Rapport présenté au 5e congrès national, 1971.

134. Citons également le Mouvement national des travailleurs agricoles et ruraux, MONATAR, créé le 1er février 1975 par des éleveurs du Centre, du Sud-Ouest et du Midi, qui se déclarent « dans la mouvance de la gauche » et opposés à la FNSEA. Sa date de création est trop récente pour qu'il soit possible de porter un jugement sur lui.

135. Rapport présenté par Jean Deleau, 19e congrès de la FNSEA, 3-4 mars 1965.

136. J. Yverneau, « Le train est sur les rails », *Jeunes Agriculteurs*, n° 161, janvier 1965, p. 9.

137. *Une voie d'évolution, l'agriculture d'entreprise*, Paris, Centre des chefs d'entreprises agricoles, 1964.

138. *Ibid.*, p. 26.

139. M. Faure, 1966, p. 244.

140. R. Serieys, Rapport moral présenté aux journées d'études du CNJA des 13-14 octobre 1965.

141. R. Serieys, Rapport moral présenté aux journées d'études des 25-26 octobre 1967, p. 72.

142. M. Debatisse, Rapport moral, 24e congrès de la FNSEA, Lyon, 1970, p. 37.

143. H. Buchou, « Les jeunes agriculteurs des années 60 et les lois d'orientation et complémentaires », *Économie rurale*, n° 108, juillet-août 1975, p. 31-37.

144. Interview publiée dans *l'Expansion*, mars 1974, p. 10.

145. F. Bourquelot, « Les salariés agricoles et leurs organisations », in *l'Univers politique des paysans français*, 1972, p. 549.

146. H. Buchou, « Les jeunes agriculteurs des années 60 et les lois d'orientation et complémentaires », *Économie rurale*, n° 108, juillet-août 1975, p. 37.

147. Les FDSEA des Alpes-Maritimes et de la Haute-Garonne versent une cotisation de soutien au MODEF.

148. R. Bages, « Le syndicalisme agricole et les paysans du Sud-Ouest », in *l'Univers politique des paysans français*, 1972, p. 464. Précisons que la FNSEA rassemble 47 % environ des chefs d'exploitation.

149. Départements de l'Allier, des Alpes-Maritimes, de l'Ariège, de la Creuse, de la Dordogne, de la Haute-Garonne, du Lot-et-Garonne, du Puy-de-Dôme et de la Haute-Vienne.

150. En 1968, le MODEF devient le Mouvement de défense des exploitants familiaux ; et le 4 septembre 1975, la Confédération nationale des syndicats d'exploitants familiaux-MODEF (nouveaux statuts adoptés par l'assemblée générale réunie à Nevers).

151. Ces fédérations sont les huit dans lesquelles le MODEF ne présente pas de listes lors des élections aux chambres d'agriculture. Il n'est pas associé à la direction de la neuvième, celle du Puy-de-Dôme.

152. Exposé de R. Mineau, colloque juridique de Bordeaux, septembre 1962.

153. « Où en sont les SAFER ? » *l'Exploitant familial*, décembre 1965, p. 4.

154. Mémoire remis au ministre de l'Agriculture le 23 juin 1965 : voir *l'Exploitant familial*, juillet 1965, p. 1 et 4.

155. *L'Exploitant familial*, juillet 1969, p. 1.

156. « Les communistes et les paysans », rapport de F. Clavaud, discours de Waldeck Rochet, aux journées d'études sur le travail du Parti à la campagne, Aubervilliers, 13-15 novembre 1964.

157. Les travaux du Comité central ont été publiés par les Éditions sociales en 1972 : F. Clavaud, G. Marchais, *les Communistes et les Paysans*.

158. Une Fédération nationale des jeunes du MODEF a été constituée le 9 mars 1972, et elle a tenu son premier congrès à Pantin. Son audience est très limitée.

159. Voir notamment les documents publiés à l'occasion des journées nationales des 19-20 octobre 1974.

160. La meilleure présentation de la démarche de ce courant syndical se trouve dans le livre témoignage de B. Lambert, 1970.

161. Voir le texte intitulé « Éléments de réflexion sur les divergences fondamentales qui opposent le syndicalisme agricole (FDSEA, FNSEA) à la tendance paysans-travailleurs », signé par les présidents des FDSEA de l'Ouest favorables à la direction nationale de la FNSEA, en septembre 1972.

162. Voir H. Mendras, *la Fin des paysans; innovations et changement dans l'agriculture française*, Paris, SEDEIS, 1967.

L'ÉTAT
ET LES PAYSANS

1. M. Augé-Laribé, 1950, p. 6.

2. L. Salleron, 1937, p. 83.

3. G. Roupnel, *Histoire de la campagne française*, Grasset, 1932, p. 428 (rééd. Plon, 1974).

4. M. Augé-Laribé, *le Paysan français après la guerre*, Garnier, 1923, p. 73.

5. Voir M. Gervais, C. Servolin, et J. Weil, *Une France sans paysans*, Le Seuil, 1965.

6. J. Méline, 1919, p. 272.

7. D. Halévy, 1935, p. 152.

8. J.-M. Cotteret, C. Émeri et P. Lalumière, *Lois électorales et Inégalités de représentation en France, 1936-1960*, Cahiers de la Fondation nationale des sciences politiques, n° 107, Armand Colin, 1960 : introduction de Maurice Duverger, p. XXII.

9. M. Duverger, *Droit constitutionnel et Institutions politiques*, PUF, 1955, p. 477-478.

10. M.-H. Marchand, *les Conseillers généraux en France depuis 1945*, Armand Colin, 1970.

11. M. Dogan, « La représentation parlementaire du monde rural », in J. Fauvet et H. Mendras, 1958, p. 207-227.

12. *Ibid.*, p. 212.

13. J. Klatzmann, « Géographie électorale de l'agriculture française », in J. Fauvet et H. Mendras, 1958, p. 39-67.

14. Sondage post-électoral réalisé par la SOFRES, publié par *le Nouvel Observateur*, juin 1974. Au lendemain des élections législatives de 1973, les paysans affirmaient avoir voté : 13 % communiste, 17 % socialiste, 1 % extrême gauche, 13 % réformateur et 56 % pour la majorité (sondage SOFRES, publié par *le Nouvel Observateur*, 28 mai 1973, p. 50).

15. J. Jaurès, *Histoire socialiste*, t. I, *la Constituante*, Paris, publications Jules Rouffet Cie, p. 756.

16. C. Bettelheim, *Bilan de l'économie française, 1919-1946*, PUF, 1947, p. 173; G. Duveau, *Histoire du peuple français*, t. III, *De 1848 à nos jours*, sous la direction de L.-H. Parias; J. Mettas, *Histoire de la France de 1852 à nos jours*, t. III, sous la direction de G. Duby, 1972, p. 255.

17. *Journal officiel*, éd. des « Débats parlementaires », Chambre des députés, séance du 19 juin 1897, p. 1592.

18. J. de Pesquidoux, *Pour la terre*, Plon, p. 72.

19. M. Augé-Laribé, 1950, p. 214.

20. J. Le Roy Ladurie. *Vers une politique paysanne*, Union nationale des syndicats agricoles, congrès de Caen, 5-6 mai 1937, Flammarion, 1937, p. 28.

21. Ph. de Las Cases, « L'école pour le paysan ? » Semaines sociales de Nantes, p. 332.

22. P. Caziot, *la Terre à la famille paysanne*, Payot, 1919.

23. M. Augé-Laribé, 1950, p. 396-398 et p. 413.

24. F. Goguel, *la Politique des partis sous la Troisième République*, le Seuil, 1958, p. 330.

25. Voir S. Grenier, *le Blé dirigé en France*, Lyon, Bosc frères, 1939, p. 112.

26. *Le Figaro*, 2 avril 1935.

27. H. Mendras, *la Fin des paysans*, Armand Colin, 1970, p. 243-244.

28. Voir G. Dupeux, *le Front populaire et les Élections législatives de 1936*.

29. Voir C. Bettelheim, *Bilan de l'économie française, 1919-1946*.

30. Voir notamment : « Léon Blum, chef de gouvernement, 1936-1937 » (Colloque de la Fondation nationale des sciences politiques), A. Colin, 1967.

31. K. Loustau, Discours, prononcé au 49e congrès national de la SFIO, Toulouse, 1937 : « La politique agricole du parti socialiste », supplément au bulletin intérieur n° 95.

32. J. Barthélemy, « Fenaisons tardives », *le Temps*, 28 juillet 1936.

33. L. Latty et J.-M. Royer, « Les radicaux » in J. Fauvet et H. Mendras, 1958, p. 106.

34. J. Le Roy Ladurie, 1937, p. 12.

35. É. Grenadou et A. Prévost, 1966, p. 152.

36. *Revue des Deux Mondes*, 15 août 1960.

37. R. Rémond, *la Droite en France de 1815 à nos jours*, Aubier, 1954, p. 229.

38. P. Caziot, *l'Agriculture française dans l'économie européenne*, Paris, Imp. Boll, 1941, p. 17.

39. Voir p. 102.

40. R. O. Paxton, 1973, p. 33.

41. De juillet 1940 à avril 1942.

42. R. O. Paxton, 1973, p. 335.

43. J. Le Roy Ladurie, « Produire ou mourir », discours du 2 juin 1942 prononcé à Lyon, Informations de l'État français, 1942, p. 2.

44. *L'Ordre éternel des champs*, l'ouvrage de R. Maspétiol, paraît en 1946.

45. Premier plan de modernisation et d'équipement, p. 169.

46. La vulgarisation s'est effectuée par le canal des centres d'études des techniques agricoles, CETA, créés à l'initiative des gros exploitants, et sous l'impulsion des directeurs des services agricoles assistés de conseillers techniques dans les cantons.

47. R. Dumont, *le Problème agricole français*, les Éditions nouvelles, 1946, p. 251.

48. Discours-programme prononcé à l'Hôtel de Ville de Paris, le 18 mars 1945, devant le congrès d'unité paysanne de la CGA.

49. P. Viau, *Révolution agricole et Propriété foncière*, Éditions ouvrières, 1963, p. 84.

50. « Les aspects sociaux de la vie rurale », 4e colloque des facultés de droit, Rennes et Nantes 28-31 mai 1956, Dalloz, 1958, p. 46 et 56.

51. Voir Ourliac et de Juglard, *Jurisclasseur périodique*, I, 836 (1950) et A. Martin, *Paysans* février-mars 1961.

52. Le statut des coopératives agricoles a été promulgué par l'ordonnance du 12 octobre 1945.

53. J. Le Bihan et Ph. Coquart, « La croissance de la coopération agricole en Bretagne », *Économie rurale*, no 82, octobre-décembre 1964.

54. Voir les nombreuses citations dans G. Wright, 1967, p. 166.

55. La loi du 10 juillet 1952 organisant un régime d'assurance-vieillesse pour les exploitants est l'un des rares textes de caractère social adopté au cours de cette période.

56. Artaud, *le Métier d'agriculteur et l'Agriculture nouvelle*, Éditions ouvrières, 1968, (la première partie, « Le métier d'agriculteur », parue en 1946).

57. J. Morille, « Organisation professionnelle et intérêts agricoles », *Esprit*, juin 1955 (voir M. Debatisse, 1963, p. 98).

58. Présidés par Bourgès-Maunoury et Félix Gaillard.

59. P. Pellegrin, « Pourquoi sauvegarder l'exploitation familiale ? », rapport présenté au 8e congrès de la FNSEA, 25-26 février 1954.

60. Général de Gaulle, *Mémoires d'espoir, Le Renouveau*, Plon, 1970, p. 164.

61. Rapport sur la situation financière présenté à M. le ministre des Finances et des Affaires économiques, en exécution de sa décision du 30 septembre 1958, le 8 décembre 1958. Rapport sur les obstacles à l'expansion économique présenté par le Comité institué par le décret du 13 novembre 1959.

62. H. Delorme, « La France et le Marché commun agricole », in *la France et les Communautés européennes*, Paris, LGDJ, 1975, p. 609-634.

63. Loi no 60808 du 5 août 1960 relative à l'orientation agricole, article 7.

64. Pour une connaissance approfondie de la législation agricole, voir le remarquable ouvrage de Guy Cotton, *Législation agricole*, Dalloz, 2e éd., 1976.

65. La superficie doit être comprise entre le chiffre déterminé en application de l'article 7 de la loi d'orientation et le chiffre minimum applicable en matière de réglementation des cumuls. Dans un premier temps, les prêts bonifiés sont accordés pour des exploitations d'une valeur comprise entre 60 000 F et 180 000 F (en fait 240 000 F).

66. Le montant peut en être augmenté en fonction du revenu cadastral du bien cédé, jusqu'à un certain plafond. Cette partie mobile devient, en 1967, l'indemnité complémentaire de restructuration (ICR) qui est accordée lorsqu'il y a disparition de l'exploitation en tant qu'unité économique indépendante et lorsque l'opération permet de constituer une nouvelle entreprise dont la surface est au moins égale à trois fois la surface de référence.

67. A. Sauvy, « Remous sur la propriété », *Jeune Patron*, août-septembre 1962, p. 21-24.

68. E. Labat, *l'Ame paysanne, la terre, la race, l'école*, Delagrave, 1919, p. 297.

69. Il suffit que les deux tiers des agriculteurs commercialisant la moitié de la production, ou que la moitié des agriculteurs commercialisant les deux tiers de la production se prononcent en ce sens lors d'une consultation organisée par les chambres d'agriculture.

70. Lorsque les cours atteignent ce niveau, une partie de la récolte est éliminée afin que les prix augmentent. Les producteurs dont les marchandises ont été mises hors commerce en perçoivent cependant l'essentiel de la valeur.

71. Voir la première partie : l'Agriculture dans l'économie nationale.

72. L. Namy, parti communiste, séance du Sénat le 12 mai 1964, *Journal officiel*, éd. des « Débats parlementaires », 13 mai 1964, p. 251.

73. H. Delorme, « La France et le Marché commun agricole », in *la France et les Communautés européennes*, Paris, LGDJ, 1975, p. 611.

74. *Le Monde*, 29 juillet 1965.

75. F. Clerc, *le Marché commun agricole*, PUF, « Que sais-je ? », 1964, rééd. 1973, p. 38.

76. Discours de Georges Pompidou, Assemblée nationale, 21 octobre 1964.

77. H. Delorme, « La France et le Marché commun agricole », in *la France et les Communautés européennes*, Paris, LGDJ, 1975, p. 616.

78. *L'Opinion agricole*, août 1968.

79. R. Serieys, Rapport moral, 1967, p. 55-56.

80. Troisième chambre civile : affaire SAFER contre époux Leducque-Boscher et affaire SAFER de Gascogne-haut Languedoc contre Poucy Dicard et autres.

81. P. Houée, *les Étapes du développement rural*, Éditions ouvrières, 1972, 2 vol (I, p. 62).

82. B. Lambert, 1970, p. 73-74.

83. Voir p. 502-505.

84. Relative à l'organisation interprofessionnelle.

85. Le négoce a en effet préféré commercialiser le vin italien plutôt que le vin français parce qu'il lui assurait un taux de profit plus élevé. La complémentarité des fonctions et la solidarité régionale autrefois tant vantées parce que créatives de solidarités profondes n'ont pas résisté au calcul économique.

86. Voir H. Delorme, « Monnaies flottantes et Marché commun : une logique mondiale », *le Monde diplomatique*, septembre 1975.

87. Sur 1 597 540 exploitants agricoles recensés en 1970, 189 829 d'entre eux seulement étaient employeurs de main-d'œuvre.

88. Les baux à long terme sont de dix-huit à vingt-cinq ans. Voir la loi du 31 décembre 1970 et la loi du 15 juillet 1975.

89. Loi du 31 décembre 1968, dite « loi Boulin ».

90. Directive communautaire 159 du 17 avril 1972 et décret du gouvernement français du 20 février 1974.

91. Conditions posées par la directive communautaire pour l'obtention d'un plan de développement.

92. Voir notamment F. Guillaume, « Le syndicalisme agricole d'ici à 1980 dans un monde en changement », rapport moral, 30e congrès de la FNSEA, Versailles, 17-18 mars 1976.

93. Cette volonté d'intégration de l'agriculture dans le système économique se traduit de multiples façons : la plus spectaculaire étant son assujettissement à la taxe à la valeur ajoutée depuis le 1er javier 1968 (loi du 6 janvier 1966).

bibliographie
index

SOURCES

RAPPORTS ET PROCÈS-VERBAUX

– Le Journal officiel : Débats (comptes rendus in extenso pour les deux assemblées parlementaires et le Conseil économique et social); Documents (rapports présentés à l'occasion des débats sur le budget de l'agriculture ou des grands débats agricoles).

– Rapports des commissions spécialisées du Commissariat au Plan depuis 1946.

– Rapports et éventuellement procès-verbaux de congrès :

pour les syndicats agricoles : depuis Lyon, 1894,

pour la coopération et la mutualité agricole : depuis Bordeaux, 1907,

pour la Confédération nationale des associations agricoles : depuis Paris, 1919 jusqu'à Dijon, 1936.

pour la Confédération générale de l'agriculture : congrès d'unité paysanne, Paris, 16 au 18 mars 1945.

– Comptes rendus des « Semaines sociales de France », notamment 16e session, Rennes, 1924 : « Le problème de la terre dans l'économie nationale »; 27e session, Angers, 1935 : « L'organisation corporative »; 37e session, Nantes, 1950 : « Le monde rural dans l'économie moderne ».

ENQUÊTES STATISTIQUES
ET PUBLICATIONS SCIENTIFIQUES

1. Pour l'évolution d'ensemble de l'économie française : les publications de la Statistique générale de la France, Paris, devenue en 1946 Institut national de la Statistique et des études économiques notamment :

Indices généraux du mouvement économique en France de 1901 à 1931, 1932; Mouvement économique en France de 1929 à 1939, 1941; Mouvement économique en France de 1938 à 1948, 1950; Mouvement économique en France de 1944 à 1957, 1958; Fresque historique du système productif de 1952 à 1972, INSEE série E n° 27, octobre 1974; les publications collections de l'INSEE série C (comptes et planification) qui éditent chaque année le rapport sur les comptes de la nation et les comptes de l'agriculture, ainsi que celles de la série E (entreprises).

2. Pour l'étude des relations économiques internationales de la France, les publications du Centre français du commerce extérieur ainsi que l'hebdomadaire *Moniteur du commerce international*.

3. Pour les études d'économie rurale :
Les grandes enquêtes agricoles de 1929, 1942, 1955, 1963, 1967, 1970.

La statistique agricole annuelle et notamment les « rétrospectifs 1930-1964 », SCEES, Paris, ministère de l'Agriculture, 1966.

La collection des suppléments série Études du service central des études et enquêtes statistiques du ministère de l'Agriculture.

L'ouvrage de J.-C. Toutain, *le Produit de l'agriculture française de 1700 à 1958*, Cahiers de l'ISEA, Paris, 1961.

Les publications des différents laboratoires du département d'économie et sociologie rurale de l'Institut national de la recherche agronomique dont on trouvera une liste complète pour la période 1960-1972 dans *Publications des chercheurs*, Paris, INRA, 1973.

Les rapports des recherches financées par la Délégation générale à la recherche scientifique (DGRST) et par le Comité d'organisation des recherches sur le développement économique et social (CORDES).

4. Pour l'étude des problèmes démographiques :
Les recensements de la population de 1911, 1921, 1926, 1931, 1936, 1946, 1954, 1962, 1968, et sauf en 1921, les statistiques des familles correspondant à ces recensements.

Les publications des collections de l'INSEE série D (Démographie et emploi).

Les travaux de J.-C. Toutain, *la Population de la France de 1700 à 1959*, Paris, ISEA, 1963.

5. Pour l'étude des habitudes de consommation alimentaire, d'équipement des ménages, des dépenses et des budgets familiaux :
les enquêtes périodiques de l'INSEE publiées dans la série M (Ménages), en particulier les numéros de synthèse (données sociales).

Les habitudes de consommation alimentaire entre 1946 et 1952 sont examinées dans les enquêtes de l'Institut national d'hygiène : A. Bouche, H. Desroches, « Les enquêtes alimentaires en France, aperçus bibliographiques et méthodologiques », Bulletin de l'INH 8-9, Paris, 1953.

6. Pour l'étude de la vie rurale :
a. A la veille de la Seconde Guerre mondiale, les publications de la Société des nations préparatoires à la Conférence européenne de la vie rurale, Genève, 1939. Depuis 1945 les mêmes publications sont reprises sous l'égide de l'ONU.

L'enquête sur l'habitation rurale en France, Paris, H. Dannaud, 1939.

L'ouvrage de A. Van Gennep, *Manuel du folklore français contemporain*, Paris, A. et J. Picard, 9 volumes, 1937-1958.

b. Sur l'électrification, l'adduction d'eau potable, les équipements publics : enquêtes périodiques du ministère de l'Agriculture (Direction du Génie rural et de l'Hydraulique agricole).

c. Sur le tourisme rural, les équipements et les caractéristiques d'ensemble des communes rurales : Enquête communale 1969-1970 du SCEES (ministère de l'Agriculture).

d. Sur le classement des communes en communes rurales et urbaines : INSEE. Les zones de peuplement industriel et urbain : INSEE. Villes et agglomérations urbaines.

REVUES

Économie rurale, bulletin de la société française d'économie rurale depuis 1953; trimestrielle.
Revue française de science politique (en particulier pour la période 1962-1968).
Études rurales, revue de l'École pratique des hautes études depuis 1961.
Ethnologie française, revue du Musée des arts et traditions populaires.
Revue française de sociologie, CNRS, depuis 1960.
Population, revue de l'Institut national d'études démographiques depuis 1946.
Pour la presse agricole, le lecteur trouvera une liste complète des principaux organes de presse dans P. Barral, *les Agrariens français de Méline à Pisani*, p. 366-368.

RÉPERTOIRES BIBLIOGRAPHIQUES

Atlas de la France rurale, Paris, A. Colin, 1967.
Les sociétés rurales françaises, éléments de bibliographie réunis par le groupe de sociologie rurale du centre d'études sociologiques, Paris, FNSP, 1962.
Les Sociétés rurales, avant-propos de I. Chiva, Paris, La roue à livres, 2e trimestre 1975.
Pl. Rambaud, *le Village français*, bibliographie méthodique, Arch. int. de Social. Coop., 29, janvier-juin 1971.
P. Houée, *Coopération et organisations agricoles françaises, bibliographie*, Paris, Éd. Cujas, 1969.
M. Augé-Laribé, « Répertoire bibliographique d'économie rurale », numéro spécial du Bulletin de la Société française d'économie rurale, Paris, 1953.
G. Debrégéas-Laurenie, « Les centres de recherche sur la société rurale française » (avec une liste de leurs publications), *Études rurales* n° 28, oct.-déc. 1967.

BIBLIOGRAPHIE

OUVRAGES GÉNÉRAUX

M. Augé-Laribé, *la Politique agricole de la France de 1880 à 1940*, PUF, 1950.
P. Barral, *les Agrariens français de Méline à Pisani*, Armand Colin, 1968.
R. Cameron, *la France et le Développement économique de l'Europe*, le Seuil, 1971.
J. J. Carre, P. Dubois, E. Malinvaud, *la Croissance française, essai d'analyse économique causale de l'après-guerre*, le Seuil, 1972.
G. Duveau, *Histoire du peuple français*, t. IV, *de 1848 à nos jours*, Nouvelle Librairie de France, 1958.
J. Fauvet, H. Mendras (sous la direction de), *les Paysans et la Politique dans la France contemporaine*, Armand Colin, 1958.
G. Friedmann (éd.), *Villes et campagnes, Civilisation urbaine et Civilisation rurale en France*, Armand Colin, 1953.
M. Gervais, Cl. Servolin, J. Weil, *Une France sans paysans*, le Seuil, 1965.
M. Jollivet, H. Mendras (sous la direction de), *les Collectivités rurales françaises, étude comparative de changement social*, Armand Colin, 1971.
M. Jollivet (sous la direction de), *Sociétés paysannes ou luttes de classes au village, problèmes théoriques et méthodologiques de l'étude locale en sociologie rurale*, Armand Colin, 1974.
H. Mendras, *la Fin des paysans. Innovations et changement dans l'agriculture française*, SEDEIS, 1967.
—, *Sociétés paysannes. Éléments pour une théorie de la paysannerie*, Armand Colin, 1976.
P. Rambaud, *Société rurale et Urbanisation*, le Seuil, 1969.
A. Sauvy, *Histoire économique de la France entre les deux guerres*, Fayard, 1965 à 1975.
Y. Tavernier, M. Gervais, Cl. Servolin, *l'Univers politique des paysans*, Armand Colin, 1972.
P. Viau, *l'Agriculture dans l'économie*, Éditions ouvrières, 1967.
G. Walter, *Histoire des paysans de France*, Flammarion, 1963.
G. Wright, *la Révolution rurale en France*, Éd. de l'Épi, 1967.

L'AGRICULTURE
DANS L'ÉCONOMIE NATIONALE

M. Augé-Laribé, *l'Évolution de la France agricole*, Armand Colin, 1912.
R. Badouin, *Économie rurale*, Armand Colin, 1971.
M. Braibant, *la France, nation agricole*, Les documents contemporains, 1943.

A. de Cambiaire, *l'Autoconsommation agricole en France*, Armand Colin, 1952.

M. Cépède, *Agriculture et Alimentation pendant la Seconde Guerre mondiale*, M.-Th. Génin, 1961.

—, *Du prix de revient au produit net en agriculture*, PUF, 1946.

CNEEJA, *De l'industrialisation à la régression de l'agriculture*, Grenoble, IREP, 1971.

R. Colson, *Motorisation et Avenir rural*, CNER, 1950.

P. Cornut, *Répartition de la fortune privée en France au cours de la première moitié du XXe siècle*, Armand Colin, 1963.

M. Degon, *le Crédit agricole en France*, Sirey, 1939.

R. Dumont, *Misère ou Prospérité paysanne*, Fustier, 1936.

R. Dumont, *le Problème agricole français*, Éditions nouvelles, 1946.

R. Dumont et F. de Ravignan, *Nouveaux Voyages dans les campagnes françaises*, le Seuil, 1977.

H. de Farcy, *Économie agricole*, Sirey, 1970.

J. Fericelli, *le Revenu des agriculteurs*, M.-Th. Génin, 1960.

C. Fohlen, *la France de l'entre-deux-guerres*, Casterman, 1966.

A. de Fontgalland et coll., *le Développement économique de la France*, A. Rousseau, 1912.

P. Fromont, *Économie rurale*, M. Th. Génin, 1957 et 1962.

Hauser, *Enquête sur la production française et la concurrence étrangère*, Paris, 8 place de la Bourse, 1917 (notamment le t. v).

H. et J. Hitier, *les Problèmes actuels de l'agriculture*, Payot, 1923.

J. Klatzmann et coll., *la Planification interrégionale dans l'agriculture*, SEDES, 1967.

C. Lacour, *Revenus agricoles et Croissance régionale en France*, Bordeaux, Éd. Bière, 1966.

M. Latil, *l'Évolution du revenu agricole*, Armand Colin, 1956.

J.-C. Lebosse et M. Ouisse, *la Transformation de la structure de la sphère de la production alimentaire consécutive au processus de développement du capitalisme français*, thèse d'économie, université de Nantes, 1972.

L. G. Michael, *Agricultural survey of Europe : France, Technical Bulletin* no 37, USDA, 1928.

J. Milhau et R. Montagne, *Économie rurale*, PUF, 1968.

A. Mollard, *l'Exploitation du travail paysan*, Grenoble, IREP, faculté de Sciences économiques, 1975.

H. Noilhan, *Histoire de l'agriculture à l'ère industrielle*, Éd. de Boccard, 1965.

B. Oury, *l'Agriculture au seuil du Marché commun*, PUF, 1959.

J. Pautard, *les Disparités régionales dans la croissance de l'agriculture française*, Gauthier-Villars, 1965.

H. de Peyerimhoff et coll., *Intérêts économiques et Rapports internationaux à la veille de la guerre*, Alcan, 1915.

H. Queuille, *le Drame agricole*, Hachette, 1932.

Ch. Rist, G. Pirou, *De la France d'avant guerre à la France d'aujourd'hui*, Sirey, 1939.

G.-H. Rivière et coll., *la France en guerre*, Plon, 1940.

B. Rosier, *Structures agricoles et Développement économique*, Mouton, 1968.

G.-F. Teneul, *Contribution à l'histoire du financement des entreprises en France depuis la fin du XIXe siècle*, Librairie générale de droit et de jurisprudence, 1961.

F. Walter, *Recherches sur le développement économique de la France 1900-1955*, ISEA, 1957.

C.-K. Warner, *The winegrowers of France and the government since 1875*, New York, 1960.

J. Weiller, *Échanges extérieurs et Politique commerciale de la France depuis 1870*, Cahiers de l'ISEA, octobre 1969.

H.-D. White, *The French International Account 1880-1913*, Harvard University Press, Cambridge (Mass.), 1933.

D. Zolla, *l'Agriculture moderne*, Flammarion, 1913.

EXPLOITATIONS ET FAMILLES

Almanach de la Famille paysanne, Éditions rurales, 1947.

Ph. Ariès, *Histoire des populations françaises et de leurs attitudes devant la vie depuis le XVIIIe siècle*, Self, 1948.

R. Bonnain-Moerdijk, *l'Alimentation paysanne en France entre 1850 et 1936, Études rurales*, no 58, avril-juin 1975.

J. Bonnamour, *le Morvan : la Terre et les Hommes*, PUF, 1966.

F. Bourquelot, *les Salariés agricoles en France*, thèse de doctorat de 3e cycle, École pratique des hautes études, 1973.

P. Brunet, *Structures agraires et Économie rurale des plateaux tertiaires entre la Seine et l'Oise*, Caen, Caron et Cie, 1960.

R. Brunet, *les Campagnes toulousaines, étude géographique*, Toulouse, faculté des Lettres et des Sciences humaines, 1965.

P. Caziot, *la Valeur de la terre en France*, J.-B. Baillère et fils, 1914; 3e édition, 1952.

J. Chombart de Lauwe, *Bretagne et Pays de la*

Garonne, *Évolution agricole comparée depuis un siècle*, PUF, 1946.

—, *Pour une agriculture organisée. Danemark. Bretagne*, PUF, 1949.

J. Chombart de Lauwe, J. Poitevin, J.-C. Tirel, *Nouvelle Gestion des exploitations agricoles*, Dunod, 1963.

H. Nallet, M. Colson, F. Colson, *René Colson. Un paysan face à l'avenir rural*, l'Épi, 1976.

P. Coulomb, M. Gervais, H. Nallet, C. Servolin, *l'Agriculture dans le système social*, INRA, 1974.

J.-M. Delord, *la Famille rurale dans l'économie du Limousin* (1769-1939), Limoges, impr. de C. Pauhac, 1940.

A. Demangeon, G. Mauco, *Documents pour servir à l'étude des étrangers dans l'agriculture française*, Hermann, 1939.

M. Desaccords, *le Mariage et la Condition de la femme dans la famille paysanne, Informations sociales*, 12 (6), juin 1958.

R. Dugrand, *Villes et Campagnes en bas Languedoc. Le réseau urbain du bas Languedoc méditerranéen*, PUF, 1963.

R. Dumont, *Voyages en France d'un agronome*, M.-Th. Génin, 1951.

M. Dunant, *Ce que vaut la terre en France*, Hachette, 1962.

J. Ferté, *la Comptabilité agricole en France*, La Maison rustique, 1939.

L. Gachon, *les Limagnes du sud et leurs bordures montagneuses, étude de géographie physique et humaine*, Tours, Arrault, 1939.

A. Girard, *le Choix du conjoint. Une enquête psychosociologique en France*, PUF, 1974 (Institut national d'études démographiques, Travaux et documents, 70).

A. Girard, H. Bastide, *le Budget-Temps de la femme mariée à la campagne, Population*, 14 (2), avril-juin 1959.

P. J. Hélias, *le Cheval d'orgueil. Mémoires d'un Breton du pays bigouden*, Plon, 1975.

M. Huber, *la Population de la France pendant la guerre*, PUF, 1931.

T. Jolas, Fr. Zonabend, *Cousinage et Voisinage*, in *Mélanges offerts à Cl. Levi-Strauss*, Paris, La Haye, Mouton et Cie, 1970.

T. Jolas, Y. Verdier, Fr. Zonabend, *Parler famille*, L'homme, x, 3, juillet-septembre 1970.

É. Juillard, *la Vie rurale dans la plaine de basse Alsace, essai de géographie sociale*, Les Belles Lettres, 1953.

Cl. Karnoouh, *l'Oncle et le Cousin, Études rurales*, n° 42, 1971.

Comtesse de Kéranflech-Kernezne, *la Femme de la campagne, ses épreuves et ses responsabilités*, Spes, 1933.

E. Labat, *l'Ame paysanne. La terre, la race, l'école*, 1919.

Fr. Langlois, *les Salariés agricoles en France*, Armand Colin, 1962.

G. Lanneau, Ph. Malrieu, *Enquête sur l'éducation en milieu rural et en milieu urbain, Enfance*, 10 (4), septembre-octobre 1957.

J. Larue, Ph. Malrieu, *Enquête sur l'éducation à la ville et à la campagne, Enfance*, 11 (1), janvier-février 1958.

R. Lebeau, *la Vie rurale dans les montagnes du Jura méridional, étude de géographie humaine*, Lyon, Impr. de Trévoux, 1955.

G. Le Bras, *Étude de sociologie religieuse*, PUF, t. I, 1955; t. II, 1956.

M. Le Lannou, *Géographie de la Bretagne*, Rennes, Plihon, t. I, 1950; t. II, 1952.

M. Lévy-Leboyer et coll., *le Revenu agricole et la rente foncière en basse Normandie*, Klincksieck, 1972.

J. Maho, *l'Image des autres chez les paysans. Méthodologie et analyse de sept villages français*, Le Champ du possible, 1974.

J. Maître, *les Prêtres ruraux devant la modernisation des campagnes*, Éd. du Centurion, 1967.

L. Mallassis, *Économie des exploitations agricoles*, Armand Colin, 1958.

H. Mendras, *Étude de sociologie rurale. Novis et Virgin*. Armand Colin, 1953.

P.-L. Menon, R. Lecotté, *Au village de France, la vie traditionnelle*, Bourrelier, 1954, 2 vol.

J. Miège, *la Vie rurale du sillon alpin, étude géographique*, M.-Th. Génin, 1961.

E. Morin, *Commune en France, la métamorphose de Plodémet*, Fayard, 1967.

Comte de Neufbourg, *Paysans. Chronique d'un village du Xe au XXe siècle*, Bloud et Gay, 1945.

Ph. Pinchemel, *Structures sociales et Dépopulation rurale dans les campagnes picardes de 1836 à 1936*, Armand Colin, 1954.

J. Pluvinage, *Regards sur l'élevage bovin français et son avenir*, M.-Th. Génin, 1971.

G. Postel-Vinay, *la Rente foncière dans le capitalisme agricole*, Maspero, 1974.

P. Rambaud, *Économie et Sociologie de la montagne : Albiez-le-Vieux en Maurienne*, Armand Colin, 1962.

—, *les Transformations d'une société rurale : la Maurienne (1561-1962)*, Armand Colin, 1964.

Les Résidences secondaires en France dans le cadre de l'habitat de loisir, la Documentation française, 9 novembre 1972 (« Notes et Études documentaires », n°s 3939-3940).

U. Rouchon, *la Vie paysanne dans la haute Loire*, Le Puy en Velay, Impr. de la haute Loire, 3 fasc., 1933-1938.

P. Rouveroux, *le Financement de l'entreprise agricole*, Dunod, 1968.

C. Servolin, *l'Absorption de l'agriculture dans le mode de production capitaliste*, in *l'Univers politique des paysans français*, Armand Colin, 1972.

M.-F. Souchon, *le Maire, élu local dans une société en changement*, Éd. Cujas, 1968.

A. Thibault, *Villes et Campagnes de l'Oise et de la Somme*, Beauvais, Centre départemental de documentation pédagogique de l'Oise, 1967, 2 tomes.

A. Varagnac, *Civilisation traditionnelle et Genres de vie*, Albin Michel, 1942.

L. Wylie, *Un village du Vaucluse*, Gallimard, 1968.

L. Wylie, *Chanzeaux, village d'Anjou*, Gallimard, 1970.

LE PAYSAN DANS SES VILLAGES

Ph. Arbos, *la Vie pastorale dans les Alpes françaises. Étude de géographie humaine*, Armand Colin, 1927.

Ph. Ariès, *les Traditions sociales dans les pays de France*, Nouvelle France, 1943 (Cahiers de la restauration française, 1).

Aspects du monde paysan, études et chroniques, J. Dumoulin, 1944.

Atlas de la France rurale, *Études rurales*, nº 27, juillet-septembre 1967.

M. Augé-Laribé, *Situation de l'agriculture française, 1930-1939*, Berger-Levrault, 1941.

P. Barral, *le Département de l'Isère sous la Troisième République, 1870-1940*, Armand Colin, 1962.

A. Bernard, C. Gagnon, *le Bourbonnais*, Gallimard, (« Les provinces françaises », 3), 1954.

L. Bernot, R. Blancard, *Nouville, un village français*, Institut d'ethnologie, 1953.

P. Bois, *Paysans de l'Ouest. Des structures économiques et sociales aux options politiques depuis l'époque révolutionnaire dans la Sarthe*, Le Mans, Impr. M. Vilaire, 1960.

M.-A. Boudeweel-Lefèbvre, *la Mutation de la campagne française*, Éd. Ophrys, Gap, 1969.

F. Boulard, *Essor ou Déclin du clergé français ?*, Éd. du Cerf, 1950.

—, *Problèmes missionnaires de la France rurale*, Paris, Éd. du Cerf, 1945, 2 vol.

P. Bourdieu, *Célibat et Condition paysanne*, *Études rurales*, avril-septembre 1962.

P. Bozon, *la Vie rurale en Vivarais*, Valence, Impr. réunies, 1961.

A. Burguière, *Bretons de Plozevet*, Flammarion, 1975.

R. Chapuis, *Une vallée franc-comtoise : la haute Loue, étude de géographie humaine*, Les Belles Lettres, 1958.

P. Clément, *Le Salavès, étude monographique du canton de Sauve (Gard)*, Anduze, Languedoc Éditions, 1953.

P. Clément, P. Vieille, *l'Exode rural*, in *Études de comptabilité nationale*, nº 1, Imp. nationale, 1960.

J. L. Courchet, P.-H. Maucorps, *le Vide social, ses conséquences et leur traitement par la revendication, recherches biologiques et sociologiques*, Paris, La Haye, Mouton et Cie, 1966.

J. Cuisenier, *Accumulation du capital et Défense du patrimoine*, in Darras, *le Partage des bénéfices*, Éd. de Minuit, 1966.

R. Darpoux, *Mémoires sur l'évolution économique d'une commune rurale : Saint-Laurent-Chabreuges (Haute-Loire)*, Paris, ministère de l'Agriculture, 1946.

M. Derruau, *la Grande Limagne auvergnate et bourbonnaise, étude géographique*, Clermont-Ferrand, Delaunay, 1949.

M. Dion Salitot, M. Dion, *la Crise d'une société villageoise*, Éd. Anthropos, 1972.

W. Egloff, *le Paysan dombiste*, Paris, E. Droz, 1937.

Enquête à Chardonneret (Orne), *Ethnologie française*, nouvelle série, t. IV, nº 1-2, 1974.

H. de Farcy, *Paysans du Lyonnais. La vie agricole dans la vallée de l'Yzeron*, Lyon, Audin, 1950.

L. Gachon, *l'Auvergne et le Velay*, Gallimard, « Les provinces françaises », 1, 1948.

G. Garrier, *Paysans du Beaujolais et du Lyonnais 1800-1970*, Grenoble, Presses universitaires, 1973, 2 tomes.

F.-P. Gay, *la Champagne du Berry. Essai sur la formation d'un paysage agraire et l'évolution d'une société rurale*, Paris, Tardy, 1967.

Abbé H. Godin, Abbé Y. Daniel, *la France, pays de mission ?*, Éd. du Cerf, 1943.

J. Gottmann, *Documents pour servir à l'étude de la structure agraire dans la moitié occidentale de la France*, Armand Colin, 1964.

J.-F. Gravier, *Paris et le désert français, décentralisation, équipement, population*, Paris, Le Portulan, 1947.

E. Guillaumin, *Panorama de l'évolution paysanne 1875-1935*, Paris, L'émancipation paysanne, 1936.

M. Halbwachs, *Esquisse d'une psychologie des classes sociales*, M. Rivière, 1955.

Loisirs et Formation culturelle de l'enfant rural, Centre international de l'enfance, PUF, Travaux et Documents, 11, 1956.

L. Malassis, *Économie des exploitations agricoles*, Armand Colin, 1958.

R. Maspetiol, *Économie paysanne*, Librairie de Médicis, 1939.

—, *l'Ordre éternel des champs, essai sur l'histoire, l'économie et les valeurs de la paysannerie*, Librairie de Médicis, 1946.

—, *Sociologie de la famille rurale de pays traditionnel*, in *Sociologie comparée de la famille contemporaine*, CNRS, 1955.

J.-P. Moreau, *la Vie rurale dans le sud-est du Bassin parisien entre les vallées de l'Armançon et de la Loire, étude de géographie humaine*, Les Belles Lettres, 1958.

M. Moscovici, *le Changement social en milieu rural et le rôle des femmes*, Revue française de sociologie, 1 (3), juillet-septembre 1960.

Le niveau intellectuel des enfants d'âge scolaire, Paris, PUF, t. I, 1950, t. II, 1954 (Institut national d'études démographiques. Travaux et Documents).

Enquête nationale sur le niveau intellectuel des enfants d'âge scolaire, PUF, 1973 (Institut national d'études démographiques, Travaux et Documents).

E. Pérochon, *les Gardiennes*, Plon, 1924.

M.-C. Pingaud, *Terres et Familles dans un village du Châtillonnais*, Études rurales, no 42, 1971.

A. Ramus, *Vie paysanne et Technique agricole : exemple de la Bresse louhanaise*, Armand Colin, 1952.

G. Risler, *le Travailleur agricole français*, Payot, 1923.

S. Sailly-Laisné, *Orage sur la moisson, le drame vécu par les jeunes ruraux, enquêtes 1939-1941*, Spes, 1941.

M. Segalen, *Nuptialité et Alliance, Le choix du conjoint dans une commune de l'Eure*, Paris, Maisonneuve et Larose, 1972.

J. Tremolières, Y. Serville, *Géographie de l'alimentation en France*, recueil des travaux de l'INH, 1952, t. IV, vol. 2.

Y. Trouard Riolle, *les Activités féminines en agriculture*, Spes, 1935.

LE MOUVEMENT PROFESSIONNEL ET LES FORCES POLITIQUES

M. Augé-Laribé, *Syndicats et Coopératives agricoles*, Armand Colin, 1926.

M. Arland, *le Paysan français à travers la littérature*, Stock, 1941.

M. Bernard, *le Syndicalisme paysan dans l'Allier*, A. Deneuvy, 1910.

V. Boret, *Pour et par la terre*, Payot, 1921.

S. Berger, *les Paysans contre la politique*, le Seuil, 1975.

L. Chevalier, *les Paysans*, Denoël, 1947.

F. Clavaud, G. Marchais, *les Communistes et les Paysans*, Éditions sociales, 1972.

A. Compère-Morel, *le Socialisme et la Terre*, Librairie populaire, 1928.

M. Debatisse, *la Révolution silencieuse, le combat des paysans*, Calmann-Lévy, 1963.

P. Delourme, *Trente-cinq années de politique religieuse ou l'Histoire de « l'Ouest-Éclair »*, Éd. Fustier, 1936.

H. Dorgères, *Haut les fourches*, Paris, Les Œuvres françaises, 1935.

— *Au XXe siècle, dix ans de jacquerie*, 1959.

M.-T. Durupt, *Action catholique et Milieu rural*, thèse de troisième cycle, Fondation nationale des sciences politiques, 1963.

M. Faure, *les Paysans dans la société française*, Armand Colin, 1966.

H. de Gailhard-Bancel, *les Syndicats agricoles aux champs et au Parlement, 1884-1924*, Valence, Impr. valentinoise, 1930.

L. Gerault, *Petit Catéchisme corporatif paysan*, Éd. des Loisirs, 1943.

F. Goguel, *Géographie des élections françaises de 1870 à 1951*, Armand Colin, 1951.

P. Gratton, *les Luttes de classes dans les campagnes*, Éd. Anthropos, 1971.

—, *les Paysans français contre l'agrarisme*, Maspero, 1972.

É. Grenadou et A. Prévost, *Grenadou paysan français*, le Seuil, 1966.

D. Halévy, *Visites aux paysans du Centre*, Grasset, 1935.

S. Hoffmann, *le Mouvement Poujade*, Armand Colin, 1966.

P. Jouve, *Un mouvement d'organisation professionnel agricole : le Plateau central*, Aurillac, 1921.

B. Lambert, *les Paysans dans la lutte des classes*, le Seuil, 1970.

L. Lauga, *CNJA*, 1970, Éd. de l'Épi.

J. Le Roy Ladurie, *Vers une politique paysanne*, UNSA, congrès de Caen, Flammarion, 1937.

S. Mallet, *les Paysans contre le passé*, le Seuil, 1962.

H. Mendras, *Sociologie de la campagne française*, PUF, « Que sais-je ? », 1959.

H. de Montbron, *l'Action syndicale dans l'agriculture*, Sirey, 1965.

H. Noilhan, *la République des paysans*, Paris, 1932.

H. Pitaud, *la Terre aux paysans*, Éd. Pierre Bossuet, 1936.

L. Prault, *Paysans, votre combat !*, S. L. Paysans de la Loire, 1963.

Près de la ville nouvelle de
Meulan, dans les Yvelines.

Village du Haut-Rhin, où le neuf
encercle l'ancien.

L. Prugnaud, *les Étapes du syndicalisme agricole en France*, Éd. de l'Épi, 1963.

W. Rochet, *Ceux de la terre*, Éditions sociales, 1963.

G. Roupnel, *Histoire de la campagne française*, Grasset, 1932; rééd. Plon, 1974.

H. Roussillon, *l'Association générale des producteurs de blé*, Armand Colin, 1970.

L. Salleron, *Un régime corporatif pour l'agriculture*, Dunod, 1937.

—, *Naissance de l'État corporatif*, Grasset, 1942.

Y. Tavernier, *le Syndicalisme paysan*, Armand Colin, 1969.

P. Toulat, A. Bougeard, J. Templier, *les Chrétiens dans le monde rural*, le Seuil, 1962.

A. Toussaint, *l'Union centrale des syndicats agricoles, ses idées directrices*, Paris, 1920.

A. Vial, *la Foi d'un paysan*, Éd. de l'Épi, 1967.

L'ÉTAT ET LES PAYSANS

Artaud, *le Métier d'agriculteur et l'Agriculture nouvelle*, Éditions ouvrières, 1968.

M. Augé-Laribé, *l'Agriculture française pendant la guerre*, PUF, 1925.

—, *le Paysan français après la guerre*, Paris, 1923.

—, *la Révolution agricole*, Albin Michel, 1955.

Ch. Bettelheim, *Bilan de l'économie française, 1919-1946*, PUF, 1947.

M. Bodiguel, *les Paysans face au progrès*, Presses de la Fondation nationale des sciences politiques, 1975.

J. Bourrinet, *le Problème agricole dans l'intégration européenne*, Éd. Cujas, 1964.

P. Bye, A. Mounier, F. Pernet, *Dynamique des industries agricoles et alimentaires et Évolution de l'agriculture*, Grenoble, IREP, 1971.

R. Cartier, *France, quelle agriculture veux-tu?*, Plon, 1960.

P. Caziot, *la Terre à la famille paysanne*, Payot, 1919.

M. Cépède, *Agriculture et Alimentation en France durant la Seconde Guerre mondiale*, M.-Th. Génin, 1961.

M. Cépède, G. Weill, *l'Agriculture*, PUF, 1965.

F. Clavaud, J. Flavien, A. Lajoinie, L. Perceval, *Quelle agriculture pour la France*, Éditions sociales, 1974.

F. Clerc, *le Marché commun agricole*, PUF, « Que sais-je? », 1964.

G. Cotton, *Législation agricole*, Dalloz, 2e éd. 1976.

H. Delorme, Y. Tavernier, *les Paysans français et l'Europe*, Armand Colin, 1969.

S. Grenier, *le Blé dirigé en France*, Lyon, Bosc frères, 1939.

P. Houée, *les Étapes du développement rural*, Éditions ouvrières, 2 t., 1972.

—, *Quel avenir pour les ruraux?*, Éditions ouvrières, 1974.

J. Klatzmann, *les Politiques agricoles*, PUF, 1972.

L. Leroy, *Exode ou mise en valeur des campagnes*, Flammarion, 1958.

P. Le Roy, *l'Avenir de l'agriculture française*, PUF, « Que sais-je? », 1972.

Y. Malgrain, *l'Intégration agricole de l'Europe des six*, Éd. Cujas, 1965.

R. Maspetiol, *l'Ordre éternel des champs*, Librairie de Médicis, 1946.

J. Méline, *le Salut par la terre*, Hachette, 1919.

H. Mendras, Y. Tavernier, *Terre, Paysans et Politique*, SEDEIS, 2 t., 1969, 1970.

J. Meynaud, *la Révolte paysanne*, Payot, 1963.

J. Milhau, R. Montagne, *l'Agriculture aujourd'hui et demain*, PUF, 1961.

A. Mounier, *le Complexe agro-alimentaire dans le capitalisme contemporain*, Grenoble, IREP, 1970.

R. O. Paxton, *la France de Vichy, 1940-1944*, le Seuil, 1973.

L. Perceval, *Avec les paysans pour une agriculture non capitaliste*, Éditions sociales, 1969.

V. Petit Laurent, *la Politique française d'aménagement des structures des exploitations agricoles*, Paris, 1968.

Le Plan Mansholt et le rapport Vedel, Société d'études et de commercialisation La Fayette, 1969.

Les Problèmes de la paysannerie française, colloque du Grand Orient de France, 3-5 mai 1963 (Bulletin du centre de documentation 40).

P. Viau, *Révolution agricole et Propriété foncière*, Éditions ouvrières, 1963.

Vingt ans d'agriculture française, Économie rurale, 1969.

F.-H. de Virieu, *la Fin d'une agriculture*, Calmann-Lévy, 1967.

G. Walter, *Histoire des paysans de France*, Flammarion, 1963.

J. Yole, *le Malaise paysan*, Éd. Spes, 1929.

A. Zeller, *l'Imbroglio agricole du Marché commun*, Calmann-Lévy, 1970.

INDEX DES NOMS

INDEX
THÉMATIQUE

Histoire de la France rurale

tome 4
La fin de la France paysanne
de 1914 à nos jours

par Michel Gervais, Marcel Jollivet, Yves Tavernier

sous la direction de Georges Duby,
professeur au Collège de France et Armand Wallon,
inspecteur général de l'Agriculture

troisième partie
Le paysan dans ses villages

quatrième partie
Syndicalisme et politique

illustration

Archives départementales : Aisne, 49, 52, 53; Corrèze, 26, 27 (2), 41, 185, 186 (1), 330, 332, 337, 530; Nièvre : 299 (3), 316 (4, 5). – Assemblée des chambres d'agriculture : 148, 270 (2), 457, 491. – Bas Rhône-Languedoc, photo Fonzes : 611 (1). – Bibliothèque nationale, Paris : 23, 96 (2), 165, 293, 444 (1), 445, 565 (1), 570, 571 (2); BN/Meurisse-Mondial : 38 (1, 2), 214 (2), 569, 578; BN/Seuil : 406, 407 (2, 3), 417, 420, 429 (2, 3), 435, 556, 561. – Centre d'études de la vie politique française : 524, 525 (2, 3), 526 (1, 3). – EDF : 120, 239 (2), 282, 323, 328, 329 (1), 373, 381, 602 (1). – Esso : 231, 238 (1). – Fédération nationale de la mutualité et de la coopération agricoles : 170, 535 (1). – La Franciade (Blois) : 402. – Institut national agronomique, chaire d'agronomie : 22, 27 (1), 63, 118 (2), 198, 541 (1). – JAC : 265, 339, 342, 343 (1, 2, 3), 352 (1), 465 (1). – Ministère de l'Agriculture : 126 (2), 215 (2), 248 (1), 264, 273, 276, 298 (3), 325 (2), 363. – MODEF : 494. – Musée des arts et traditions populaires : 17 (1), 192, 575. – Shell : 143 (2).

Archives Seuil : 534 (1, 2). – Collections privées : 27 (3), 46, 47 (1, 2), 48, 96 (1, 2, 3), 97, 99, 215 (1), 236, 309, 312 (4), 317, 318, 377, 384, 385 (2), 392, 418, 438, 439, 441. – Eric de Gaudémont, 374.

ABC : 117. – Docteur A. Cayla : 16 (2), 199. – Paul Cherfils : 20/21, 631. – Bernard et Catherine Desjeux : 367 (1). – Claude Despoisse : 149, 205, 218, 373, 456 (1, 2). – Fotogram : 206 (1) et 267 (P. Chemin), 239 (Shumsky), 243 (J.-F. Ferré), 245 (T. Boulley), 326 (J. Mounicq), 375 et 626 (Chauvaud de Rochefort), 385 (Picou), 386 (J.-P. Le Bihan), 387 (J. Peluard), 390 (Y. Temple), 396 (D. Gaugez), 489 (1) (J.-P. Favreau), 489 (3) (Michel Cabaud). – Gamma : 519. – Marie-Paule Guéna : 479, 490, 502, 503, 514, 587. – Hachette : 63 (1, 3), 67 (3), 72, 179, 217, 372. – Béatrice Heyligers : 266, 303 (1). – Keystone : 95, 133, 407, 429 (1), 437, 455, 465 (2), 476 (1, 2), 486, 496, 497, 518, 550, 553, 573, 576, 579, 584, 586, 614, 616, 622. – Kollar : 16, 58, 66 (2, 4), 76, 188 (2), 198 (2, 3), 316 (3). – Michel Langrognet : 625. – Noël Le Boyer : 187 (2), 214 (1), 215 (3), 333. – Jos Le Doaré : 66 (1, 3), 67 (2, 4), 164, 166 (1, 2), 167, 178 (1, 2), 179 (1), 335, 571 (1). – Loïc-Jahan : 151. – Magnum : 560. – Guy Michelat : 207 (1), 371. – Janine Niepce/Rapho : 163 (2), 235 (1), 270 (1), 283, 290, 298 (1), 299 (2), 312 (1, 2), 313, 329 (2), 346 (1, 2), 347, 376, 377, 378, 380 (2), 590 (2), 591. – Paris Match : 389. – Marcel Poulain : 59, 67 (1), 118 (1), 146 (1). – Rapho : 126 (1), 127 (1), 307 (Nora Dumas); 155 (C. Santos); 162 (Ciccione); 188 (1) (Foucault); 325 (1), 367 (2) (Lajoux); 351 (Belzeaux); 536 (Rouget). – Jean Ribière : 127 (2), 129, 132, 144, 156, 157, 206 (2), 241, 242, 246, 248, 259, 320 (1), 324, 327, 372, 379, 476, 515, 526 (2), 582, 600, 620 (2). – Jean Roubier : 60, 72 (1), 80, 203, 219, 302, 303, 316 (1), 320 (2), 380 (1), 424. – Françoise Saur : 122, 143 (1), 146 (2), 147, 163 (1), 271, 292, 366. – Roger Schall : 79, 146, 183. – Sygma : 252, 362, 597, 620 (1), 621, 627. – Top : 312 (3), 516 (Édouard Boubat). – Viollet : 38 (3), 42 (1, 2), 62, 101, 110, 118 (3), 187 (1), 211, 558, 566, 567, 568 (1, 2, 3, 4); Branger-Viollet : 32, 33, 35, 50; Boyer-Viollet : 43, 73; Harlingue-Viollet : 189, 201, 215, 413, 416, 564; Lapi-Viollet : 56, 565 (2). – Viva : 355, 282, 383, 525 (1), 537. – Jacques Windenberger : 16 (3), 17 (2), 125, 158, 163 (3), 232, 233 (2), 238 (1), 255,

270 (3, 4), 284, 352 (2), 354, 356, 450, 465 (3), 468, 469, 470, 472, 473, 489, 506, 507, 590 (1), 602 (2), 603, 611 (2). – Yan : 119, 150, 207 (2), 224, 230 (1, 2, 3), 238 (2), 244, 248 (2), 285, 298 (2), 353, 358, 391, 541 (2).

© Spadem 1977, p. 23, 165, 293.

Hors-texte couleurs : BN/Seuil (en face de la page), 80; Bulloz, 433; Cedri (Francis Jalain), 145; Jean-Loup Charmet, 81; Serge Chirol, 368, 656; Anne Gaël, 496, 497; Giraudon, 432; Daniel Jalmain, 144, 240, 273; Michel Langrognet, 657; Magnum (J.-P. Paireault), 272; Top (Jean-Noël Reichel), 241, 369. © Spadem 1977, p. 433.

LES QUATRE TOMES
DE L'HISTOIRE DE LA FRANCE RURALE
SONT PUBLIÉS DANS LA COLLECTION
L'UNIVERS HISTORIQUE
DIRIGÉE PAR JACQUES JULLIARD ET MICHEL WINOCK

La mise en page et l'illustration ont été réalisées par
Françoise Billotey, Claude Hénard, Anne Wolff;
les cartes et graphiques par Christian Bansse;
« la France éclatée », p. 88 de ce tome
par Claude Pauwels.

Achevé d'imprimer en 1978
par l'Imprimerie-Reliure Mame à Tours,
D.L. 2e TR. 1977, No 4637-2.